汲古叢書38

和田正広著

明清官僚制の研究

汲古書院

序言

1　序言

第二次大戦後の日本における明清時代史研究では、社会経済史分野の諸研究が「基本問題」として優越先行し、政治制度史[1]なかでも旧中国にみられた、分掌・官階・文書・裁量（法治・専門化の稀薄性）を内実として持つ人格的支配（徳治・人治）に基づく家産官僚制[2]乃至は官僚政治[3]の研究は等閑視されてきた傾向が見られたが、同時に当該分野の研究が長らく遅れを来たした状況にあった点も否定はできない。ただ、家産官僚制の基礎を成す科挙制[4]に関しては、宮崎市定氏等による明清以前から近代に至る科挙制の解明が精力的に進められてきた[5]。特に官僚の選任（他薦）に係わる科挙前史の研究である『九品官人法の研究』では、漢・魏・西晉・北魏・梁へと進展を見せた官僚考課について、北魏における考課の励行が貴族社会脱皮の方向を必然化ならしめた試験制度、つまり隋代科挙制（自薦）への志向を強める結果を将来した点の重要な指摘がなされる[6]。

中国の科挙制研究も膨大なものがあるが、科挙体験者の商衍鎏『清代科挙考試述録』[7]は、極めて有用である。しかし、宮崎市定『科挙史』[8]は体系的にして且つ的確・明瞭な点で他の追随を許さないものがある。

こうした選任制との絡みの中で発達を遂げるに至った考課制については、日本側にも漢[9]・北魏[10]・唐[11]・宋[12]各時代の法制の整備や政治過程から分析した若干の蓄積はある。だが、評定要素・評定基準については、余り明瞭でない。

明清期の考課制についても最近、著者[13]以外に岩井茂樹[14]、車恵媛[15]、櫻井俊郎[16]といった若手の研究者がやっと現われてきた。また、考課に連動した研究としても、阪倉篤秀氏による吏部尚書の職掌の重要な一翼を成す選任に係わる著書[17]

や、城井隆志氏による吏科を中心とした科道官の任用人事に対する糾劾に係わる論考が相次いで発表されてきた。[18] ただ、従来より著者の明清時代の官僚制ないし官僚政治に対する関心は、そうした法制や政治過程の分析だけに向かうものではなかった。

とはいっても、今回私が『明清官僚制の研究』と題して上梓することになった本書は、従来の分析手法を大幅に逸脱するものではないと同時に、明清官僚制の全分野を網羅したものでも決してない。本書に収録した十七本の論考（原論文一覧）は、中国的官僚政治乃至は政治社会的文化に対する私の関心事に沿って焦点を当てた、謂わば明清官僚制の基礎研究に属するものである。

特に明清の官僚制乃至は官僚政治の問題でこれまで最も興味を抱いてきたのは、官僚特有の貪汚や政治社会的腐敗の諸問題であった。従って、本書の主要なテーマを為す考課（勤務評定）と腐敗の問題でも単に考課の制度的研究に属する邱宝林・呉仕龍『中国歴代官員考核』[19] よりも、むしろ考課を行政管理の一環として捉え、そこに醸成された官僚病を分析して官僚政治の周期的動乱というダイナミックな見方をする李治安・杜家驥『中国古代官僚政治』[20] に共鳴を覚えるのである。そこでは、留意すべき以下の諸点も指摘される。官僚の政績考課は正負の評価を伴うものの、二千年にわたる封建官僚政治（吏治）の混乱や腐敗を粛正するメカニズムの必須の一要素として存在してきた。歴代、考課の評定作業は、官職のグレイドに基づき、上司が下僚を考課したのち、中央政府の吏部・監察系官僚の協業によって行なわれてきた。年功によって官位が上るという在職期間が重視され、当該期の一時期に実施された北魏の「停年格」や南北宋代の「磨勘」を除いて、「考課標準」（＝評定要素・評定基準）の変化を眺めた場合、封建官僚政治の形成された戦国期の官僚考課の評定要素は、賦税の収入額であったが、秦代には「五善・五失」の道徳律一色となった。しかし、前漢期における地方官の評定要素は、実績（戸口墾田、銭穀入出、盗賊多少）の評価へと一変した。

この秦漢期における謂わば虚実を融合して、道徳・才能・功績の三者を巧く結合させたのが唐代の「四善（徳・

慎・公・勤）・二十七最」であった。さらに、職種による対象ごとの区分と具体的な要求が考課規定に現われたのは、宋代の州県官に対する「四善・三最」と監司（転運使等官）に対する「七事」とであった。例えば、四善とは唐代と同様であるが、三最とは「治事之最」（裁判に冤罪がなく、徴税も円滑に行なわれること〈獄訟無冤、催科不擾〉は、政治・行政的事務処理能力の最高評価に値する）、「勧課之最」（農業と養蚕及び土地の開墾と耕作、水利の改修が成ること〈農桑墾殖、水利興作〉は、為すべき仕事を奨励した能力の最高評価に値する）、「撫養之最」（悪質な盗賊を排除して民が安全に暮らすことが出来、経済的弱者を救済して流亡させなかったこと〈屛除奸盗人獲安處、賑恤困窮不致流移〉は、民に社会生活上の安心と安全とを得させた能力の最高評価に値する）の三者を指していた。金代は、唐制に倣い「四善・十七最」であったが、宣宗以後、このうちの十七最は「六条」（田野辟、戸口増、賦役平、盗賊息、軍民和、詞訟簡）となり、簡素化の基本型が完成した(21)。

右の李・杜両氏の言う考課標準の簡素化とは、評定要素のそれを意味している。両氏が明代の考満では考課標準が称職・平常・不称職と簡潔になったというのは、総合評定要素のことを指している。本書でも触れる如く、明初の地方官を対象とした評定要素は、考満・考察倶に着任心得の三十一項目から成る到任須知、繁簡度（税糧石数）、罪科の程度など多様な内容を含んでいたが、それらの等級を意味する評定基準から編み出された総合評定要素は称職・平常・不称職と確かに簡潔とはなった。さらに、明代後半以降清代にかけての京察や大計（朝覲考察）では、それらの評定要素が「守（道徳）、才（才能）、政（労績）、年（年齢）」という所謂『四格』へと簡潔明瞭化＝抽象化への途を歩み、次いで四格を等級化した評定基準からは、「貪汚・酷暴、年老・有疾、罷軟・不謹、不及・浮躁」の所謂『八目（八法→六法）』という総合評定要素が創出され、これに対応した四種の処分（為民、致任、閑住、調用）が適用されたのである。

李・杜両氏の指摘の如く、考課は封建法制を運用して、奨懲を手段とし、官僚に忠を尽して職務に専念し、善を行ない悪を戒め、仕事の効率を上げることを強制したものである。この考課と行政命令とは相い俟って、上司の権威と下僚の服従とを強化したが、これこそは正しく封建官僚機構が上から下を正常に支配・統制するための必要条件でもあった。だが、前近代における官僚の政績考課には、明らかな限界と弊害とが必然的に発生した。例えば、唐代の「四善・二十七最」を評定要素とした考課において、上上より下下に至る九等級の評定基準に位置付けされた官僚のうち、大部分の者は中上（二善・無最）で占められていた如く、実際の考課では政治・道徳的評定要素（＝操守）が優先して、効用・功能的評定要素（＝才・政）は軽視された結果、官僚は道徳修養の励行（＝迎送）を余儀なくされ、行政上に達成するべき目標を設定して実績を上げる意欲など減殺されていった。また、下僚を服従せしめる威力を持つ上司の下僚に対する政績評価は、片や功績の調査は回避し乍ら、欺瞞・恣意性（印象や臆断による評定）にはこれつとめ、金銭と人情の交易を介在せしめるなど官場の腐敗を助長していった。(22)

本書でも指摘した如く、古来中国では〝汚職はある種の美徳〟とする政治社会的土壌下で醸成された文化観念が支配していた。最近、社会主義解放経済下に於ける腐敗の蔓延と摘発に手を焼く党・政府の対応と市民の反応とについて、現代中国の政治メディア（『人民日報』二〇〇〇年十月七日、第九面）は、中国では今でも「清廉を笑い、腐敗を笑わない」風潮があると指摘した。私は従来不十分ながらも政治社会的に分析してきた旧中国官僚制下の官場腐敗の実態が、市場経済下の現代社会主義中国に於ける党・政府幹部の腐敗情況とあまりにも酷似している共通点の多いことに深い嘆息を禁じ得ない思いがある。だが他面においてはまた、「深刻化している汚職・腐敗が国民の強い不満を引き起こしている中国では、古代の清官（清廉な役人）の墓を参拝するブームがおこっている」（『中国巨龍』二〇〇一年九月十八日、第六面、「安徽省の包拯墓に年間20万人」）という報道があり、そこからは「清官文化」の連綿とした精神的伝統が脈打っている中国社会の庶民の願いをも認識させられるのである。しかし翻って思うに、旧中国の「封建」専制的集権官僚制権力（並びにこれを支えた父系同姓の血族組織＝宗族）と、新中国の一党独裁的集権官僚制権力とには、ある面での共通性が見出せるのを想起する時、この新・旧権力構造と腐敗構造との関連性は十全に究明されるべき将来的課題ではないかと思われるのである。

さて、本書の構成は、科挙制度、科挙身分の問題、官僚考課制と腐敗の三篇から成る。第一篇は、旧中国官僚制の基礎を為す科挙制度としたが、本音としては学校制度に包括された科挙制度と呼ぶべきものである。明清時代では、科挙身分の者は学校を経由して出身したのであり、学校に在籍するか科挙に合格した者は等級差はあるものの、いずれも終身に亙って特権的資格身分が保証されていた点に特色がある。本篇ではまた、明律の制定をはじめ官僚の腐敗を法的に極力防止しようとした太祖朱元璋の姿勢が三百余年に亙り科挙に詩賦を削除して判語を導入せしめた点、宗族内において学校や科挙の諸身分の者が宗譜の科挙条例としての捐田・捐金の則例に如何に拘束されて、そうした社会文化的背景が官場の腐敗に波及連関していったかの点、について法制的に社会文化的に検討した。

第二篇は、学校・科挙より出身する特権的な法身分が社会的に或いは官場的に如何に機能したかについて検討した。本篇ではまず、行政区画＝省以下の郷里が呼称の機軸をなす郷紳、或いは法身分である紳士の用語が変容した諸々の要因、更には生員・監生・貢監生層よりもピラミッドの上位に支配身分として位置するようになった挙人層、徭役改革に伴う優免条例が展開する中で、法の建前を無視するかの如く実態的には挙人の法的地位が上昇したこと、等について論証に努めた。次には、同年録といった科挙の同期合格者のリストを計量的に分析して、何らかの学位身分か官僚身分、またはその双方の身分の保持者が家系の世代ごとに如何なる位置を占めていたかについて、優免や宗譜の記載上の特徴とも併せて検証し、その連続的側面を推定した。本篇の終章では、明代の学校・科挙身分の保持者が任官した場合に、資格の偏重主義に基づくポスト（缺）の固定化によって、結局は貪官へと転落する官場腐敗の必然的要因を対照的な清代と比較して論じた。

第三篇は、明代の地方官を対象とした考課制の展開と矛盾の増進による腐敗の蔓延化という問題を扱っている。本篇ではまず、伝統的考課である考満とは別に、明初に創設された朝覲と併設され、以後の明清期に伝統的考課の考満を形骸化せしめて定着する、貪官部分の排除を狙った朝覲考察の創設要因、考察結果に対する不服申し立ての漸増に見る考察矛盾の深化を論じた。次には、監察制度に属する撫・按による地方官への薦挙・糾劾（挙劾）を考課の一環として捉え、考察と倶にそれらの評語を意味する官評の報告ルートが変質する過程、並びに官評の出現過程の検討を通じて、地方官の報告する官評を再調査する訪察の矛盾の深化、及び評語の採訪対象が変質したことによって、民間に於ける非合法な政治情報の探索・配信組織である窩訪が訪察に介入したこと、更には窩訪の出現する過程とその実態の一面とを明らかにした。続いて中盤では、考察の総合評定要素である処罰の八つの考目の内、明代中後半以降に出現する不謹・不及等の考目が、腐敗官僚の増大に伴って、彼らが官界からの追放処分を免れるための処分緩和の考目として現われた点を検証した。最後の二章では考察の評定要素と評定基準を吟味した後、その内包する矛盾から生まれた貪官の態様を郷評の書である地方志で検証した後、地方政治の中で巡江御史によって貪官と評定された一知県の罪状について、数年に亙る審理過程を検討した結果、彼が清廉の能吏であった点を突き止め、当該嘉靖期に顕在蔓延化した官場腐敗の構造を考察矛盾の実態的側面を通して検証した。

註

（1）中国歴代の内閣制度、特に明代のそれについては、山本隆義『中国政治制度の研究』同朋舎出版、一九六八年、三八八〜五三二頁。尚、中国側の研究としては、例えば梁希哲編『明清政治制度述論』吉林大学出版社、一九九一年、王天有『明代国家機構研究』北京大学出版社、一九九二年、参照。

（2）官僚制にまつわる理論書又は概説書としては、以下のものがある。M・ウェーバー『支配の社会学Ⅱ』（世良晃志郎訳）創文社、一九七四年（第九刷）。同『支配社会学Ⅰ』（世良晃志郎訳）創文社、一九七六年（第十二刷）。同『儒教と道教』

（木全徳雄訳）創文社、一九八七年（第八刷）。湯浅赳男『官僚制の史的分析—ウェーバー「支配の社会学」による—』御茶の水書房、一九七一年、第三章　家産官僚制、三　旧中国の官僚制（九二〜一〇六頁）。カール・A・ウィットフォーゲル『Oriental Despotism〔新装普及版〕専制官僚国家の生成と崩壊』（湯浅赳男訳）新評論、一九九五年（初版、一九九一年）。王輝『中国官僚天国』（橋爪大三郎他訳）岩波書店、一九九四年。足立啓二『専制国家史論』柏書房、一九九八年。李明伍『現代中国の支配と官僚制—体制変容の文化的ダイナミックス』有信堂高文社、二〇〇一年。暁冲編（高岡正展訳）『汚職大国・中国腐敗の構図』（原書名『中央反貪大案重案』）文藝春秋、二〇〇一年。岩見宏「中国の官僚制」『世界歴史』4、人文書院、一九六五年、三五一〜三六九頁。『歴史教育』13—6、一九六五年、所収の以下の論考、木村正雄「古代官僚制の起源」、鎌田重雄「秦漢の官僚制」、宮崎市定「中国官制の発達—古代より唐に至る—」、荒木敏一「官吏任用法—郷挙里選・九品官人法・科挙—」、築山治三郎「隋唐の官僚制」、参照。礪波護「唐末五代の官僚制」『歴史教育』12—5、一九六四年。宮崎市定「宋代官制序説」佐伯富編『宋代職官志索引』一九六三年。梅原郁『宋代官僚制度研究』同朋社出版、一九八五年。宮崎市定「宋代の士風」『史学雑誌』62—2、一九五三年。小野和子「読書人と諸生」、石田米子「大官僚と郷紳」、倶に小倉芳彦編『中国文化叢書』8、文化史、大修館書店、一九六八年、に収録。宮崎市定「清代の胥吏と幕友—特に雍正朝を中心として—」『東洋史研究』16—4、一九五八年。市古尚三「清朝貨幣史考—（中略）江南地方官の腐敗と暗躍—」『拓殖大学論集』一三五、一九八二年。臨時台湾旧慣調査会『清国行政法』汲古書院、一九七二年、のうち、第一〜六巻（本体）及び第七巻所収の山根幸夫編「清国行政法索引」。拙稿「『親民類編摘抄』の成立過程と内容㈠、㈡」『西日本史学会宮崎支部報一九八〇年—一九八四年』一九八五年、『同支部報一九八五年—一九八八年』一九八九年。山本英文「明末清初における地方官の赴任環境」『史潮』45（新）、一九九九年。参照。

（3）外国人の著作としては、王亜南『中国官僚政治研究』中国社会科学出版社、一九八一年、一〇〇〜一一一頁。尚、本書の初版は一九四八年に上海の時代文化出版社より上梓された。EDITED BY CHARLES O. HUCKER {Chinese Government in Ming Times} Columbia University Press 1969. 拙訳「エチアヌ・バラーシュ『一七九三年（乾隆五八）の地方行政の実務に関する手引書』」『西日本史学会宮崎支部報一九八九年—一九九四年』一九九五年。参照。

（4）同註（3）王亜南『中国官僚政治研究』一五一〜一七一頁。

（5）宮崎市定『九品官人法の研究―科挙前史―』同朋舎、一九七四年（初版、一九五六年）。同『科挙』秋田屋、一九四六年。同『科挙―中国の試験地獄―』中央公論社（中公新書）、一九六三年。同『科挙史』平凡社（東洋文庫）、一九八七年。荒木敏一『宋代科挙制度研究』東洋史研究会、一九六九年。

（6）同註（5）『九品官人法の研究』四五九～四六六頁。

（7）商衍鎏『清代科挙考試述録』生活・読書・新知三聯書店、一九八三年、第2版（中央党校・謝邦宇教授寄贈本。初版、一九五八年）。尚、何忠礼「二十世紀的中国科挙制度史研究」『歴史研究』2000年第6期、陳高華「『二十世紀的中国科挙制度史研究』的一点補充」『歴史研究』2001年第3期、参照。

（8）同註（5）『科挙史』。

（9）大庭脩「漢代における功次による昇進について」『東洋史研究』13―3、一九五三年。

（10）福島繁次郎『増訂　中国南北朝史研究』名著出版、一九七九年（初版、一九六二年）、第一章　北魏前期の考課と地方官、附録（三論考）。

（11）大庭脩「建中元年朱巨川奏授告身と唐の考課（上）、（中）」関西大学『史泉』11、12、一九五八年。同論文（下）『史泉』18、一九六〇年。築山治三郎「唐代地方官僚の遷転と考課について」『京都府立大学学術報告』13、一九六一年。根本誠「唐代の勤務評定と人事管理」『早稲田大学大学院文学研究科紀要』11、一九六五年。

（12）古垣光一「宋初の考課について―太祖・太宗時代の整備過程を中心として―」『目白学園女子短期大学研究紀要』10、一九七三年。同「宋真宗時代磨勘の成立について」『青山博士古稀記念宋代史論叢』一九七四年。同「真宗時代京朝官の磨勘の法について―特に沿革を中心として―」北海道大学『史朋』11、一九八〇年。

（13）和田の明初における考課研究と一部重なるものとしては、潘良熾「明初官吏考核制度述評」『明代史研究』14、一九八六年、参照。

（14）岩井茂樹「明末の集権と治法主義―考成法のゆくえ―」和田博徳教授古稀記念『明清時代の法と社会』汲古書院、一九九三年。

（15）車恵媛「明末、地方官の人事異動と地方輿論」『史林』79―1、一九九六年。同「明代における考課政策の変化―考満と考察の関係を中心に—」『東洋史研究』55—4、一九九七年。
(16) 櫻井俊郎「隆慶時代の内閣政治—高拱の考課政策を中心に—」『明末清初の社会と文化』(京都大学人文科学研究所)一九九六年。
(17) 阪倉篤秀『明王朝中央統治機構の研究』汲古書院、二〇〇〇年。
(18) 城井隆志「万暦二十年代の吏部と党争」『九州大学東洋史論集』13、一九八四年。同「万暦三十年代における沈一貫の政治と党争」『史淵』122、一九八五年。同「明代の六科給事中の任用について」『史淵』124、一九八七年、参照。
(19) 邱宝林・呉仕龍『中国歴代官員考核』雲南教育出版社、一九九六年、第一版。
(20) 李治安・杜家瓚『中国古代官僚政治』書目文献出版社、一九九三年、第一版。尚、尹秀民『中国古代人事行政概要』山東人民出版社、一九八九年。張晋藩『中国古代政治制度』北京師範学院出版社、一九八八年、参照。
(21) 同証(20)李治安・杜家瓚『中国古代官僚政治』一六〇〜六六頁、参照。
(22) 同証(20)『中国古代官僚政治』一六六〜六八頁、参照。

目次

明清官僚制の研究

第一篇　科挙制度

第一章　明代科挙の性格

はじめに

「開科取士」、つまり儒学経典の注釈、詩文、政治論文、判例作成等の科目による試験によって官僚候補者を合格させる所謂る科挙が、実際には唐の時代から始まっていたことは周知の事実である。科挙は唐以前の官吏候補者採用方式が簡単な試験を伴いながらも、地方豪族の輿論を背景とした地方官の推薦（他薦）に基づいていたのとは大いに異なり、謂わば受験者本人による自薦の形式に基づいた厳格な試験を伴う官吏採用候補者選抜試験であった点については、宮崎市定氏の指摘の通りである。(1)

本論は、こうした唐以降、特に明清の科挙における受験者の選考過程の問題、つまり科挙の受験生である生員や彼等の在籍する学校に対する地方官の職責や管理の問題、受験生に地方政府より支給される旅費等の公的助成の問題を再吟味したのち、明代科挙の内容が果たして文字通り自薦と言えるのかどうかを問い直し、出願形式は自薦であっても、その内実は「郷挙里選」の理念に基づく地方政府による推薦の制度に近いものであった可能性について、若干の検討を試みたものである。

第一節　地方官の評定推薦（貢挙）

貢挙とは、地方官が試験や儒教規範に照らした行動評価等を通じて、生員を歳貢生や挙人に選考し、その責任において中央政府の国子監や礼部に官僚採用予定候補者として推薦するその職責に係わる作業である。

宮崎市定氏は、「明代において科挙は学校制度を包摂することによって大いに拡充整備された(2)」と言われる。だが、明の基本法典である正徳『大明会典』巻七十六、礼部三十五は、「学校一」の項目に「国子監、府州県儒学、社学」を掲げ、同書巻七十七、礼部三十六は、「学校二」の項目に「科挙（郷試・会試・殿試）」を載せている。会典のこの形式には、科挙が学校制度に組み込まれたことが表明されているのである。少なくとも郷試については、各省の布政使や知府・知州・知県といった提調官の管理下にある学校試の延長線上に位置づけられるのではなかろうか。『明史』巻六十九、志第四十五、選挙一に、「科挙は必ず学校に由るも、学校より起家するには科挙に由らざるべし」とあるのは、科挙つまり郷試の受験を志す生員は、絶対的に学校に拘束されるのに反して、学校より任官を志す生員は科挙に拘束される必要のない点を指摘したものである。

しかし、何れにしても明初において、科挙が学校制度の制約を受けて、これと一体化した事実には疑問の余地はない。

1　郷試受験者の形式的自薦出願

狭義の科挙の第一段階であり、全国各省の省部で三年に一度挙行される郷試の受験を志願する応募者の法的手続きについては、正徳『大明会典』巻七十七、礼部三十六、学校二、科挙、郷試、事例の条に以下の記述がある。

洪武十七年、頒行科挙成式。……一挙人試巻及筆墨硯自備。毎場、草巻正巻各紙十二幅。首書姓名年甲籍貫三代本経会試同殿試。前期、在内赴応天府、在外赴布政司印巻。置薄附寫、於縫上用印鈴記。

これによれば、「挙人」つまり郷試の受験に出願してそれに合格する可能性を持つ者は、先ず本人が三回の試験（一場は経義・四書義、二場は論・詔・誥・表・判語、三場は策が課された）[3]の各回毎の答案用紙（正巻十二幅）とその草稿用紙（草巻十二幅）、筆・墨・硯は全て自己負担で準備する必要があった。受験者は各省の試験場（貢院）では、正巻・草巻の冒頭に、本人の姓名・年齢・戸籍の種類と郷里（省・府・州・県・郷・都・里〈廂・坊〉）、曾祖父・祖父・父の科挙身分や任官の有無などを記入しなければならなかった。

注意すべきは、これらの郷試の受験が確定した出願者は試験期日以前に、応天府（永楽期以後は順天府も加わる）或いは各省の布政司に自ら出向いて受験の意思を告げて姓名を届け出たのち、それらの答案用紙に官印を押してもらう必要のあった点である。確かにここには、郷試を受験する以前の段階で、答案用紙等を準備して各布政司等へ出願する自薦の手続きが述べられており、そこには他人の推薦する余地などなかったかの如き感がある。果たして、受験者の殆どを占める生員達は自由意思に基づいて主体的に出願できたのであろうか。

2　郷試受験予定者の限定選考

(1)　郷試受験の有資格者

明初の洪武十八（一三八四）年、太祖朱元璋は、郷試の受験を許可する者に一定の基準枠を設けた。正徳『大明会典』巻七十七、礼部三十六、学校二、科挙、郷試、事例には、次のように見える。

洪武……十七年、頒行科挙成式。……一応試。国子学生、府州県学生員之学成者、儒士之未仕者、官之未入流而無銭糧等項粘帯者、皆由有司保挙性資敦厚、文行可称者、各具年甲籍貫三代本経、県州申府、府申布政司、郷試。其学官及罷閑官吏、倡優之家、隷卒之徒、與居父母之喪者、並不許応試。

これによれば、郷試受験の有資格者としては、国子監の監生並びに府学・州学・県学の生員で学問的に成熟した者、民間の儒学研究者でまだ任官していない者、九品の品級外に置かれている現職官員のうち租税等に滞納のない者があげられている。各級地方官（有司）は、これらのうち、生まれつき真心があって人情深く、文章能力と素行とが儒教規範に照らして優れている者を保証推薦する。しかるのち、有司は保証推薦したこれら四種の受験確定者をそれぞれについて、年齢、戸籍と出身の府州県郷都里といった郷貫、曾祖父・祖父・父三代の身分が潔白であることの証明、といった出願書類＝願書を取り揃え、彼ら地方官の手を経由して、即ち州県は府へ申請出願し、府は布政司へ申請出願するという手続きが取られて初めて郷試の受験は可能となった。

なお、郷試の受験が許されないのは、学校試の成績上位者以外の生員は勿論のことであるが、法規上で受験が禁止されたのは、府州県学の各教官（学官）、罷免されて官僚身分を剝奪された元官員（罷閑官吏）、代々芸能を職業としてきた家柄（倡優之家）の子弟、官署で雑多な謂わば現業の下働きの役務に就いた皂隷等の最下級役人（隷卒之徒）、父母が喪中にある者、などであった。

さらに、明代では前述の監生・生員・儒士・未入流官以外にも、表1「明代郷試の受験有資格者」にみるように、首都衙門の額設胥吏である吏典・承差、両京（北京・南京）で在職中の天文生・陰陽人・官生子弟、在京の医士・医生や太医院の各官医の子孫弟姪、両京の武学幼官・軍職子弟、同じく両京の文職衙門及び各布政司の弟男人らにも郷試の受験は許されていた。但し、これらの特殊な専門的職業に任じた人々に許容された郷試受験の枠は、明代の登科録から判断しても、監生・生員・儒士・未入流官などと比べると微々たる部分に過ぎなかったものと思われる。

要するに、郷試受験者の殆どは生員で占められていたと考えられる。

(2)　郷試受験予定者の厳選

前述の如く、郷試の受験が確定した者の出願手続きは、地方官の手を経由して布政司に集約されていた。これらの受験確定者は、そこに辿り着くまでの過程において、提督学校官つまり正統元（一四三六）年に始まる提学官（正四品の按察司副使、正五品の按察司僉事）による試験や評定によって、多数の受験希望者の中から篩にかけられて析出されたエリートであった。

『明史』巻六十九、志第四十五、選挙一は、郷試受験者の確定作業について、次のように指摘する。提学官の任期三年のうちには、生員に対して歳考（歳試）と科考（科試）の二種類の試験があり、受験者の成績は何れも六等級に区分される。先ずは歳試が行われ、成績優秀な一等（廩膳生員）、二等（増広生員）の者は科挙生員とされて郷試受験の可能性が付与される。次に歳試一・二等の科挙生員を試験（四書義一道、二百字以上、経義一道、三百字以上）して、歳考と同様に六等級に分ける。このうちの一・二等の成績優秀者が最終的に郷試受験の権利を取得する、[4]という。

『明史』は歳考・科考の六等級制について明快に解説しているが、それが何時頃から確立したかについての歴史過程の説明はしていない。この点は、国家の基本法典である会典にも歳考・科考についての明快な説明がないのである。

表1に立返った場合、郷試の受験（入場・入試・応試）切符を取得するためのテスト（考・考試・考選）の管理は、殆どは提学官の担当であったことが分かる。例えば、正統九（一四四四）年の生員、天順八（一四六四）年の依親監生、正徳十（一五一五）年の両京文職衙門及び各布政司の弟男人ら、嘉靖六（一五二七）年の歳貢出身教職、同二十二（一五四三）年の歴満監生は、何れも提学官の試験である考試（正徳十年、嘉靖六年）とか考選（嘉靖二十二年）を受けてパスしたのち、始めて郷試の受験を意味する入場（正徳十年）とか入試（嘉靖六年）・応試（嘉靖二十二年）の資格を確実

表1　明代郷試の受験有資格者（[　]は受験が禁止されていた者）

法令年代	国家身分	受験が許可されるための条件 提学官の考試など	受験が許可されるための条件 有司の保挙（○）及びその条件	典拠
洪武四年 （一三七一年）	[吏	心術壊、不許応試。]		正徳大明会典巻七十七、礼部三十六、学校二、科挙、郷試、事例（以下正徳会典巻七十七と略記）、洪武四年令。
洪武一七年 （一三八四年）	国子学生 府州県学生員 儒　士 官 [学　官 罷閑官吏 倡優之家 隷卒之徒 居父母之喪者	学成者。 未仕者。 未入流而無銭糧等項粘帯者。 並不許応試]	（○）由有司保挙 性質敦厚、文行可称者。 （○）〃 （○）〃	正徳会典巻七十七、洪武十七年頒行科挙成式、一応試。
正統九年 （一四四四年）	生儒人等（生員） 在京各衙門吏典承差人等	従提学官考送。 礼部厳考通経無犯者送試仍行原籍勘実。	聴本衙門保勘。	正徳会典巻七十七、正統九年奏准。
景泰元年 （一四五〇年）	儒　士 各衙門官舎軍余 [儒　士 贅　壻 義　男 文武官舎軍校匠余	冊内原有名籍。 曽送入学者。 其査無名籍。 不許於外郡入試。]		正徳会典巻七十七、景泰元年令。
天順二年 （一四五八年）	両京　天文生 陰陽人 官生子弟	許就在京郷試。		正徳会典巻七十七、天順二年令。

天順八年（一四六四年）	依親監生	従提学官考就本処郷試。		正徳会典巻七十七、天順八年奏准。
成化二一年（一四八五年）	南京監生人等	従南京都察院考送応天府郷試。		正徳会典巻七十七、成化二十一年令。
弘治五年（一四九二年）	吏部聴選監生給假在家者 医士・医生	許就本処郷試。 在冊食糧執役者、方許在京応試。		正徳会典巻七十七、弘治五年奏准。
	不係在任 依親官生・天文生・陰陽人　例不許習他業者	皆不許入試。		
弘治一〇年（一四九七年）	太医院各官医下子孫弟姪	本院冊内有名者、照旧郷試。		正徳会典巻七十七、弘治十年令。
正徳一〇年（一五一五年）	両京　武学幼官・軍職子弟	有志科目者、亦許応試。惟不充貢。		万暦大明会典巻七十七、礼部、科挙、郷試、凡応試（以下、万暦会典巻七十七と略記）、正徳十年令。
	両京文職衙門及び各布政司弟男人等、回籍郷試者	転送提学官考試入場。	令赴告本州県取結明白。	万暦会典七十七、正徳十年奏准。
嘉靖六年（一五二七年）	歳貢出身教職	歴任三年、教有成効、提学官考試文学優長者、許就見任地方入試。		万暦会典巻七十七、嘉靖六年奏准。
嘉靖一〇年（一五三一年）	直隷徳州左等衛儒学	聴山東提学官管轄、就于山東布政司応試。		万暦会典巻七十七、嘉靖十年題准。
	遼東生儒	聴遼東巡按御史考、送順天府応試。		
嘉靖一六年	順天府郷試儒士	務要查審弁験籍貫明白。	其附籍可疑之人、取有同郷正途出	万暦会典巻七十七、嘉靖十六年題

（一五三七年）			身官印信保結、方許応試。	准。
嘉靖二二年（一五四三年）	在京応試監生 其歴満 歳貢 援例 } 監生	備査在監在歴、果無増減月日、託故遅延及選期未及先到等項情弊方許収考。 有志進取者、許赴原籍提学官処、同生儒考選、応試。		万暦会典巻七十七、嘉靖二十二年議准。

に取得したことが分かる。

　では郷試の受験資格を得るための考・考試・考選などという提学官のテストは、万暦初年までの記事を載せる会典には何故に現れないのであろうか。

　正徳『大明会典』巻七十六、礼部三十五、学校一、府州県儒学、学規、事例には次のように言う。

　洪武……二十五年、定礼射書数之法。一朝廷頒行経史律誥礼儀等書。生員務要熟読精通以備科貢考試。

　ここには、太祖が生員に儒教の経典や刑罰法規の律等の書を配布して熟読理解に努めさせ、「科貢の考試に備え」させた点がみえる。科貢の考試とは、科挙＝郷試の受験や、歳貢の為の試験とも解釈できる。しかし、ここでは「科」の考試を郷試の受験資格を確実に取得するためのテストと解釈しておこう。だが、ここでも考試の内容は依然として不明である。

　次に、正徳『大明会典』巻七十六、礼部三十五、学校一、府州県儒学、学規、事例では以下のように記される。

　成化三年、令提学官躬歴各学督率教官化導諸生。仍置簿考験其徳行優、文芸贍、治事長者、列上等簿。或有徳行而劣於経義、或有経義而短於治事者、列二等簿。経義雖長、治事雖長、而徳行或缺者、列三等簿。歳課月考、循序而升。非上等不許科貢。

右の成化三（一四六七）年の規定の最後に見える科貢とは、明らかに郷試と歳考のことであり、それに至る資格取得の前段の試験のことではない。また本条では、科＝郷試を受験する資格取得の試験が、『明史』に言う提学官が三年の任期の内、各府学を巡歴して挙行する一年目の歳貢、二年目の科考をまとめて表現した「考験」という表記になっている。その評価基準は、徳行・文芸（経義）・治事（律の理解度？）の順位であったことが分かる。三等級のリストに登載される考験の結論は、おそらく徳行は地方官の保証推薦に基づく評価（考）により、文芸・治事は試験（験）に依拠して出されたものと推察される。

なお、歳課・月考とみえる歳課とは、提学官による歳考（のちの歳試）と考えられるが、月考とは後述のように、提学官の考課を受ける当該府州県学教官による生員に対する毎月の教育課程を示すものと思われる。

十六世紀後半の万暦『大明会典』巻七十八、礼部三十六、学校、儒学、風憲官提督の条には、次のように言う。

万暦三年、換給提学官勅諭。……一両京各省廩膳科貢、皆有定額。近来、有等姦徒利他處人才寡少、往往詐冒籍貫投充入学、及有詭寫両名、随處告考。

これによれば、万暦三（一五七五）年の時点において、全国の府州県各学校の学費である廩膳を支給される生員のうち、科試（科考）に合格する生員、歳貢される生員の両者には定員枠という規制が敷かれている。

因みに、当時の郷試合格の挙人一人当りに対して、それへの合格を目指す受験者全員（応試生員・科挙生員）の枠は三十名（競争率三十倍）であった。(5) そこで、例えば科考への早期合格を目指す打算的な生員の中には、生員数の少ない府州県学へ戸籍と郷貫とを詐称して移し替えて入学する者とか、本人の当該官学と他府州県の官学の双方に姓名を登録する者とか、何れかの県学において郷試受験者枠への合格を目指して、科考の受験を願い出る等の悪質な生員（姦徒）の存在が問題化していたのである。しかし、万暦初年の時点でも会典には未だに科考・科試等の用語は現れず、単に「考」と見えるだけである。この点は、『明史』や清代の科挙に関する政書に見える歳試・科試の用語と倶(6)

に更めて検討を要する。

(3)　地方官の保証推薦

先述の正徳『大明会典』巻七十七、礼部三十六、学校二、科挙、郷試、事例の条にみえる洪武十七年頒行の科挙成式の応試の条によって、生員・監生・儒士・未入流官のうち、地方官（有司）によって「性資敦厚にして、文行称《たた》うべき者」として保証推薦された郷試の受験希望者のみが、始めて姓名・年齢・戸籍と郷貫、三代直系身分の清白証明など一式の書類を整えて、地方官の手を経由して郷試を主管する布政司に申請出願できた点の指摘は行なった。つまり明初において、郷試を受験できる可能性を持つ資格の保持者である学籍に登録された生員等は、自由意思に基づいて随意に郷試への出願ができたのでは決してなかった。後述のように、彼らは毎日学校に出席して勉学したわけではないが、地域社会では学校管理者の府州県長官や教官などの提調官によって厳しく管理されていた。さらに生員は、歳考・季考の主催者である提学官によって幾段階もの倫理規範的資質評価とか、経学上の更には法的な能力試験を経て、始めて郷試の受験資格を確実にし、書類を揃えたのち、地方官を経由して布政司へ申請出願できたのである。尚、明代中後半には、右の提学官と提調官との合同による考試・考選において、生員たちを「充吏」「為民」の身分剝奪で処罰する厳しい規定が現れていた。

そこで、再び表1「明代郷試の受験有資格者」の洪武以降について見た場合、正統九（一四四四）年の在京各衙門の吏典・承差人等の郷試受験では、所属衙門が保証（保勘）している。正徳十（一五一五）年の両京文職衙門及び各布政司の弟男人等の帰省（回籍）による郷試受験では、当該州県官が保証（取結）している。嘉靖十六（一五三七）年の順天府で郷試を受験した儒士の場合は、同郷の正途出身官が捺印保証（印信保結）している。

このほか明末では、万暦『大明会典』巻七十八、礼部三十六、学校、儒学、風憲官提督の条に以下の記述がある。

万暦三年、換給提学官勅諭。……一両京各省廩膳科貢皆有定額。近来、有等姦徒……或假捏士夫子弟、希圖進取。或原係娼優隷卒之家、及曽経犯罪問革、易姓名援例納粟等項、僥倖出身。殊壊士習、訪出厳行拏問革黜。若教官納賄容隠生員、扶同保結者、一体治罪革罷。

これによれば、十六世紀後半の万暦三（一五七五）年ともなると、例えば隆慶四（一五七〇）年の浙江では六十三倍に、万暦元（一五七三）年の湖広では三十一倍に達していたという如く[7]、郷試の競争率の激化を反映してか、各省の生員たちは「希図進取」「僥倖出身」という如く、不正な手段で郷試にパスしようと奔競していた。不正手段とは、士夫（中央の高官や布政司官?）の子弟だと詐称したり、受験が禁止されていた娼優・隷卒の家とか、犯罪により身分剝奪された元官員とかが、姓名を変更して納粟生員となることで再度郷試に挑戦しようとしていた事態である。問題は、生員を教育すべき所管の教官が収賄して当該生員の不正入学の事実を隠蔽すると同時に、郷試受験に必要な保証推薦者となるものの存在が示唆されている点である。これは、明末では郷試受験者の保証推薦制度が最早や矛盾を来していた点も推測させている。

第二節　地方官の学校管理と公費助成

1　地方官の学校管理（提調）

(1)　行政職地方官の提調

『明史』巻七十五、志第五十一、職官四、承宣布政使司の条には、「布政使は一省の政を掌る。……合省の士を賓興し貢してこれを提調す」と言い、同じく府の条には「知府は一府の政を掌る。……凡そ科貢を賓興し、学校を提調す」と見え、同じく県の条には「知県は一県の政を掌る。凡そ……士を貢し讀法す」とある。

右の『明史』の記述によれば、行政職地方官の職責からみた場合、布政使や知府さらには知県は、科貢つまり科挙（郷試）や歳貢を目指す、或いはその枠を割り当てられる生員を激励すること、つまり後述の「賓興」することや、郷試や会試といったテストを通じて中央政府の礼部へ、又は直接に国子監へ「貢挙」つまり推薦する一方、そこに至る過程において生員が係わる学校及び郷試の「提調」つまり管理に任じていたことが分かる。

正徳『大明会典』巻七十六、礼部三十五、貢挙、歳貢の条には次のように言う。

洪武……十八年、令歳貢不中式者、遣復学肄業。提調官吏、論以貢挙非其人律。教官訓導罰俸一年。貢不如期者、以違制論。

右では、府州県長官によって、その各学校より北京の国子監へ歳貢された生員が、礼部での翰林院官による試験（経義・四書義各一道、判語一条）に落第した際の責任の所在と処罰とが示される。それによると、生員を学校での素行の評価や試験の成績に基づいて、礼部へ歳貢つまり推薦して国子監へ送り届けた責任者である提調官吏たる知府・知州・知県は、『大明律』巻第二、吏律一、職制計一十五条にみえる「貢挙非其人」[8]の律（杖八十）で処罰され、教官（府教授・州学正・県教諭）と訓導とは罰俸一年の処罰を受ける規定があった。

右は、礼部での試験不合格となった歳貢生員を貢挙した提調の地方官及び教官への処罰であるが、嘉靖期には歳貢生員のみならず、郷試受験の科挙生員や会試をめざす挙人の不正受験と、彼らの不正に関与した官員への処罰をめぐって『問刑条例』[9]の出現をみた。

正徳『大明会典』巻七十六、礼部三十五、学校一、府州県儒学、風憲官提督の条には、次のように見える。

天順六年、復設各処提督学校官。仍賜勅諭。……一府州県提調官員、宜厳束生徒、不許出外遊蕩為非。……一科挙本古者郷挙里選之法。今南北所取挙人名数、已有定制。近年奔競之徒、利他處学者寡少、往往赴彼投充増広生員、詐冒郷貫、隠蔽過悪、一概応試。所在教官僥倖以為己功。其弊滋甚。今後不許。違者、聴本職及提調科挙官、監試官拿問。

十五世紀後半の天順六（一四六二）年に提学官（提督学校官）に下された右の勅諭によれば、先ず遊蕩に流れはじめた生員（生徒）に対しては、知府・知州・知県等の提調官による厳重な管理が命ぜられていた。また、郷試を受験する生員の中には、受験者の少ない他地域の府州県の学校（儒学）に増広生員として潜り込んだり、出身地の郷里を詐称したり、過去の悪事を伏せて貢院への入場を狙う等の弊害が甚だ目立つようになった。そこで、提学官及び提調科挙官や監視官に対しては、それらの不正入試を図ろうとする生員を逮捕尋問することが命ぜられた。

ここに言う提調科挙官とは、表2「山東陝西郷試の試験官」[10]の山東や陝西の郷試の事例では、項目にみえる「提調官」として、山東左布政使と左参政、陝西左布政使と右参政がそれぞれ就任していたように、郷試の実施委員長と副委員長とみなされる。「監視官」とは、山東按察使・副使及び陝西按察使・副使という如く、郷試貢院の警備局長と副局長と考えられる。答案の審査に当る試験官（考試官）及び副試験官（同考試官）は山東では六名全員が他省の教官、陝西では二名の他省教官と本省の推官・知県及び中央の吏部主事・中書舎人であった。また、郷試以外の場では提調官でもある府州県の長官たちは、郷試の際にも収掌・受巻・彌封・謄録・対読等の不正を防止するための緊要な作業部署に配属されていたようである。

(2)　教育職地方官（教官）の提調

教育職地方官＝府州県の儒学官（学官・教官）の職責と行政職地方官のそれとの関係からみよう。『明史』巻七十五、志第五十一、職官四、儒学には、「教授、学正、教諭は所属生員を教誨するを掌り、訓導はこれを佐く。……儒学官

表2　山東・陝西郷試の試験官　※（　）内は人数の内訳

成化元年山東郷試（合格者：75名）				崇禎十二年陝西郷試（合格者：71名）			
項　目	人数	項　目	人数	項　目	人数	項　目	人数
監臨官	1	謄録官	2	監臨官	1	謄録官	3
巡按山東監察御史	(1)	山東経歴司経歴	(1)	巡按陝西監察御史	(1)	慶陽府推官	(1)
提調官	2	済南府下知県	(1)	提調官	2	臨洮府　〃	(1)
山東左布政使	(1)	對讀官	2	陝西左布政使	(1)	鳳陽府下知県	(1)
〃　左参政	(1)	山東理問所理問	(1)	〃　右参政	(1)	對讀官	2
監試官	2	済南府下知県	(1)	監試官	2	鞏昌府下知県	(1)
山東按察使	(1)	巡綽官	2	陝西按察使	(1)	西安府下知県	(1)
〃　副使	(1)	済南衛指揮使	(1)	〃　副使	(1)	巡綽官	4
考試官	2	〃　指揮僉事	(1)	考試官	2	西安衛指揮使	(1)
山西儒学学正	(1)	捜検官	4	吏部主事	(1)	〃　指揮僉事	(1)
南直儒学教諭	(1)	済南衛正千戸	(4)	中書舎人	(1)	〃　指揮同知	(2)
同考試官	5	供給官	3	同考試官	12	捜検官	4
順天儒学教諭	(1)	済南府同知	(1)	西安府推官	(1)	西安衛指揮僉事	(2)
南直儒学訓導	(1)	〃　経歴司経歴	(1)	〃　下知県	(8)	〃　指揮	(1)
湖広儒学訓導	(2)	東昌府倉大使	(1)	河南教諭	(2)	〃　百戸	(1)
河南儒学訓導	(1)			山西教諭	(1)	供給官	11
印巻官	1			印巻官	2	西安府同知	(1)
山東経歴司経歴	(1)			陝西経歴司経歴	(2)	〃　経歴司経歴	(4)
収掌試巻官	2			収掌試巻官	2	〃　雑造局大使	(1)
東昌府下知県	(1)			鳳翔府推官	(1)	〃　断事司断事	(1)
済南府下知県	(1)			西安府下知州	(1)	〃　下県丞	(3)
受巻官	2			受巻官	3	〃　下県典史	(1)
山東経歴司経歴	(1)			西安府同知	(1)		
済南府下知県	(1)			平涼府推官	(1)		
爾封官	2			西安府下知県	(1)		
袁州府曹州同知	(1)			爾封官	3		
済南府下知県	(1)			西安府同知	(1)		
				〃　下知州	(1)		
				鳳陽府下知県	(1)		
典　拠	『明代登科録彙編二』台湾学生書局1969年			典　拠	『明代登科録彙編二』		

は月ごとに士子の芸業を課してこれを奨励す。凡そ、学政は臥碑に遵う。〔学校行政の万般は〕みな提学憲臣の提調を聴く。府〔学官（従九品の教授、訓導）〕は〔知〕府〔の提調〕に聴く。州〔学官（学正・訓導）〕は〔知〕州〔の提調〕に聴く。県〔学官（教諭・訓導）〕は〔知〕県〔の提調〕に聴く。其の殿最は郷挙の有無多寡を視る」という。[11]

つまり、府州県教官の職責は、所属生員に教えること（教誨）であり、具体的には毎月生員に学業（五経義・四書義の各一経の専攻とか判語など）の研修を義務付けて奨励することであった。教官は、また提学官による考課や府州県長官の管理（提調）に服していた。

なお、『明史』はいとも簡単に、教官は本学から何如ほどの挙人を郷試に合格させたかという一つの基準でもって提学官の考課を受けていたという。そのような実態も見られたであろうが、教官の生員に対する月課の蓄積の上に、提学官の歳考・季考等の考試・考選による「充吏」「為民」等の処分は成立していたことも確かであろう。

それゆえ、提学官の考試・考選は、提調教官と共同（公同）して行われていたと表現されたのではなかろうか。例えば、正徳『大明会典』巻七十六、礼部三十五、学校一、府州県儒学、考選、事例には、以下のように見える。

正統……十年奏准。提学官会布政司堂上官一員、両直隷会巡按御史、公同提調教官考選生員。年四十以上、不諳文理者、廩膳十年以上、送吏部。六年以上送附近布政司。増広十年以上、送本布政司、両直隷送本府、倶充吏。六年以上并鄙猥残疾者、悉黜為民。雲南貴州免考。

正統十（一四四五）年の奏准によれば、生員の年齢と学業成績とか、学費支給あるいは在籍の年月、さらには在籍ならびに品格・疾病の程度を評定して「充吏」、「為民」の処分を下す提学官の考選という評定義務は、各省（又は両京）では布政司堂上官（両京は巡按）を立ち合わせて、提調の教官と倶に行われている。[12]

右の「提調教官」が提調官と教官とではなく、提調の教官である点は、正徳『大明会典』巻七十六、礼部三十五、学校一、府州県儒学、学規、事例でも確認できる。

正統六年、令提調官置簿、列生員姓名。又立為籤。公暇掲取、稽其所業。提学官所至察提調勤怠、以書其稱否。其生員有奸詐頑僻、藐視師長、齟齬教法者、悉斥退為民。

右の正統六（一四四一）年の令にみえる提調官は、生員の姓名を記した簿冊を備え、同時にそれら生員の姓名又は番号を包む籤をも作成しておき、公務の休憩中に籤を引いて、簿冊中の或る生員の学業の進捗度を調査している。ここに見える提調官は、提学官によって勤勉か怠堕かを考課される存在であることより、明らかに提調の教官を意味する。十五世紀前半のこの時点において、生員の中には、いつわりのねじけた心で教官（師長）を軽視し、教官の教えに従わない者の存在が指摘されており、彼らは片っ端から除籍（為民）されるべき厳しい処分の対象となっていた。

2　地方官の公費助成（賓興）

(1)　賓興諸経費の財源

賓興とは、周時代において知識人（士人）を官吏に採用する方法であり、学校の成績優秀な学生を郷飲酒の礼を催して、賓客として官員に推挙したことを語源とする。

地方政府の賓興への対応をみた場合、貴州布政使司に直隷していた普安州について、嘉靖『普安州志』巻二、食貨志、恵政の条は、次のように言う。

先王之政、莫先於恵。而煦煦之恵、非備政也。是故、恵学校而励人材也。恵孤老恤無告也。我国家及諸當道之恵亦周矣。承流宣化、可不加之意乎。賓興銀二百両。弘治元年貴州僉事呉発下茴銀一百両。正徳三年提学毛発下茴銀一百両。給散本衛殷実之家、毎両毎月取息二分。（以下、○印の原文につづく）

○凡生員、蒙提学道考居七名以前、及教官一員、毎月毎員名、支茴銀八銭作燈油之廃。

○科挙生員、毎名支茴銀一両、作路費。
○毎新中挙人、毎名支茴銀十五両、作路費。
○舊挙人、支茴銀三両、作復班盤纏。
○歳貢生員、茴銀二十五両、作路費。
○旧監生支茴銀三両、作復班盤纏。
　倶於利銀内支給。本銀二百両、流水生放、不許停滞、亦不許別項支鎖。永為定規。

　右には明朝「国家」と、その地方における治安警察を担当する按察司官僚のうち、一省内の分掌地域を分巡する道官である副使・僉事より任命される提学道＝提学官とが、学校の人材育成＝賓興にかける情熱が称揚宣伝されている。就中、ここでは普安州に残してくれた誇るべき二名の提学官の業績が恵政として顕彰されている。

　先ず、貴州提学道に任じた弘治元（一四八九）年の呉倬[13]と、正徳三（一五〇八）年の毛□□[14]とは、十五世紀末〜十六世紀初頭のそれぞれの任期中に、普安州の賓興銀の原資である百両を、該州の普安衛城内の素封家に貸付けて、月毎に銀一両につき二分の利息を納めさせて預蓄し、この利息分を賓興費に充当していた。そして、嘉靖期の時点で、その賓興銀の原資額は二百両に達し、茴銀以外への支出が禁止されて以後は定規とされていた。この嘉靖期の賓興銀額二百両は、北京での会試の貢院運営経費（一省の郷試運営費は不明）[15]が弘治七（一四九四）年で銀八百両、正徳九（一五一四）年で銀約千二百両、嘉靖期頃では銀約二千両ほどであった[16]のと比べても大そうな額である。

　該州の提学官による歳考・季考を受験する生員や、同じく提学官の考課を受ける教官は、毎月一人当り茴銀《ういぎん》、つまり科挙・歳貢の成果が期待される香わしい国家補助である銀両八銭を灯油代として受領していた。

　省城へ郷試受験に趨く科挙生員は、毎名茴銀一両を、郷試初合格で北京の会試へ赴く新挙人は、毎名茴銀十五両を、同じく会試へ赴く旧挙人は茴銀三両を、北京へ歳貢される生員は茴銀二十五両を、同じく旧監生は茴銀三両を、何れ

表3　明代地方志にみえる科挙銀の諸項目

項目	単位	嘉靖太原県志巻一、戸口、田賦、徭役（山西省）	嘉靖隆慶［州］志巻三、戸口、財賦（河北省）	嘉靖馬湖府志第四巻食貨（戸、口、田、賦、庸調〈銀差表箋〉）	嘉靖洪雅県志巻三、食貨志（戸、口、田、賦、歳弁、庸調〈銀差〉）	嘉靖雲陽県志巻上、食貨（以上、四川省）	嘉靖応山県志巻上、戸口、田賦、徭役（里甲歳用、丁糧坐派、均徭銀差）
田地	（頃）	四七七九 地	五六三 秋地	二七五 官民田	五二二 田	二二一 官民田	五九九 官民田地塘
秋糧	（石）	二二五九	三〇一七 米正耕	二六一四	三五六一	二〇八二 夏秋半	四七七〇
公費	（銀両）						
科挙銀（上供会試）	（銀両）						
挙人盤纏	（銀両）					三〇両 銀差	
挙人貢士盤纏（起送会試）	（銀両）				二二両		
旧挙人盤費・酒席	（銀両）						？ 里甲三年の用
会試挙人水手	（銀両）						
科貢銀	（銀両）						
歳貢盤纏	（▲印は花紅・酒席のみ）（銀両）		？ 歳貢銭	四五両 銀差 毎年額編		二〇両 銀差	一五両 銀差 毎年帯編 ▲六両 里甲一年の用
科挙銀（科場〈郷試〉供費）	（銀両）	一四両					一三両 丁糧坐派
迎宴挙人（新挙人花紅酒席）	（銀両）						？ 里甲三年の用
科挙生員盤纏	（●印は花紅酒席を含む）（銀両）						●？ 里甲三年の用
歳考・季考	（銀両）						？

万暦郴州志巻十、食貨、貢課。巻十一、食貨、庸調（州銀差・里甲）	七五八九 州県田地 塘	三五四二 官民米	一七三両 里甲							二二両 銀差	十九両 貢課存留			
万暦慈利県志巻八、戸口、田賦。巻九、国家経費。（以上、湖広省）	一五五四 官民田地 塘	一三六九 官民米	一七五両 支費	五二両 上供										
万暦通州志巻四、則壤、戸口、貢賦、徭役	四四一一 官民田地 草	一五〇六七 税糧									八銭 毎年攤派 続増銀差		二八両 筵席花紅 のみ経費	
嘉靖呉江県志巻十、食貨志二、徭役	一〇八五〇 官民田地	一六三五〇両 田一畝銀 一分二釐	一一七九両						二三五両 里甲余撥 余撥総計 二八三八両			？		
嘉靖江陰県志食貨記第四上、戸口、田賦徭役（以上、南直隷）	一一四一六 官民田地 山灘	八一二〇七	？ 里甲の役						？ 里甲の役					
嘉靖翁源県志（不分巻）戸口、貢賦、力役	一六九九 官民田地 山塘	七三一八	五三四両 均平銀					八両 銀差	六四両 二年一貢					
嘉靖仁化県志巻二、田、戸口、徭役	七〇七 官民田地 山塘	三三二〇	三一七両 均平銀					五両 銀差		三三両	二両 毎科二両 八銭	？ 於各年多 留銀支用		三両・一両 歳考 （季考） （歳考）
嘉靖広東通志巻二十二、徭役						？ 三年共派 額辦				？ 府貢歳辦 州貢県貢 額辦	？ 三年共派 額辦	？ 三年共派 額辦		？ 季考 ？ 歳考

嘉靖欽州志巻三、欽州、民数、田賦、力役（以上広東省）	七六七 官民田地 塘	三〇三七 米	三五九両 年額均平 銀 里役均平					一〇両 銀差		四四両 里役均平			三両 里役均平	四両・二両 季考 歳考 （提学道）

※?の印は、項目はあるが銀両の明記がないもの

も旅費代（路費、盤纏・盤費）として支給されていた。このほか、当州では茴銀以外にも、郷試をめざす科挙生員一名につき銀二両が余祖銀両から、また甲科（進士）をめざす挙人（郷貢）や歳貢監生（歳貢）をめざす歳貢生員に対しても牛租銀が支給されていた。(17)

なおここで、倶に北京へ上る新歳貢生と新挙人との旅費には、歳貢生が挙人よりも銀十両ほど多いという支給格差（表3の項目「歳貢盤纏」でも同様）がみられる。同じく貢挙とは言え、地方官の管理下にテストの成績や素行等の評定によって科挙と歳貢とに分かれるのではあるが、歳貢生員は古来よりの貢挙の理念を襲う本流であり、且つ礼部での試験はあっても監生となる確率が高いのに対して、新挙人は謂わば貢挙理念のバリエーションとして析出され、さらには会試の競争率も高いゆえ、進士となる可能性が低いために、投資効果の面からも旅費は歳貢生員よりも低めに抑制されたものであろうか。

要するに、こうした国家から、生員・挙人の受験に対して与えられる賓興の在り方については、嘉靖『呉江県志』巻十三、典礼、風俗の条も、「朝廷の待士の礼、有司の奉行の意は、厚し厚しと謂うべし」と激賞している。

さて、生員・挙人が歳考・季考や郷試・会試、或いは歳貢に対して国家より支給される補助金（賓興銀）の支出状況を、明代後半の嘉靖〜万暦期の一部地方志より抽出したのが表3「明代地方志にみえる科挙銀の諸項目」である。

前述のように、賓興の主体は恐らく交通・宿泊費を含むと思われる盤纏・盤費・路費・脚力などと称された旅費であり、そのほかにも郷試受験の生員や郷試合格の挙人に対する祝儀（花紅）・酒宴（酒席）、さらには提学官の歳考・

季考を受ける生員への補助金などがあった。また、賓興とは直接に関係はないが、郷試・会試の会場運営費を意味する既述の科挙銀もあった。

それら賓興銀の捻出経路を示したのが、表4「明代科貢銀の捻出経路」である。

表4によれば、郷試・会試の会場費（科挙銀）は上供物料として、成化・弘治期の里長・甲首の役によって負担されるものと、弘治・正徳期の湖広や華北の一部地域では、銀差による負担とがあった（表3の項目「科挙銀」、参照）。

次に、科挙と歳貢のための賓興銀である科貢銀は、存留分の租税より支弁される公費の中に含まれる部分と、公費とは別会計として存在する部分との両者があった。それらの公費・科貢銀は、成化・弘治年間の里長・甲首の一部負担と、弘治・正徳期の華北の一部地域における銀差による一部負担とによるものであった。以下では、各省における賓興の個別具体例の一端について、表3「明代地方志にみえる科挙銀の諸項目」を参照しながら、生員と挙人に分けて若干検討したい。

表4　明代科貢銀の捻出経路

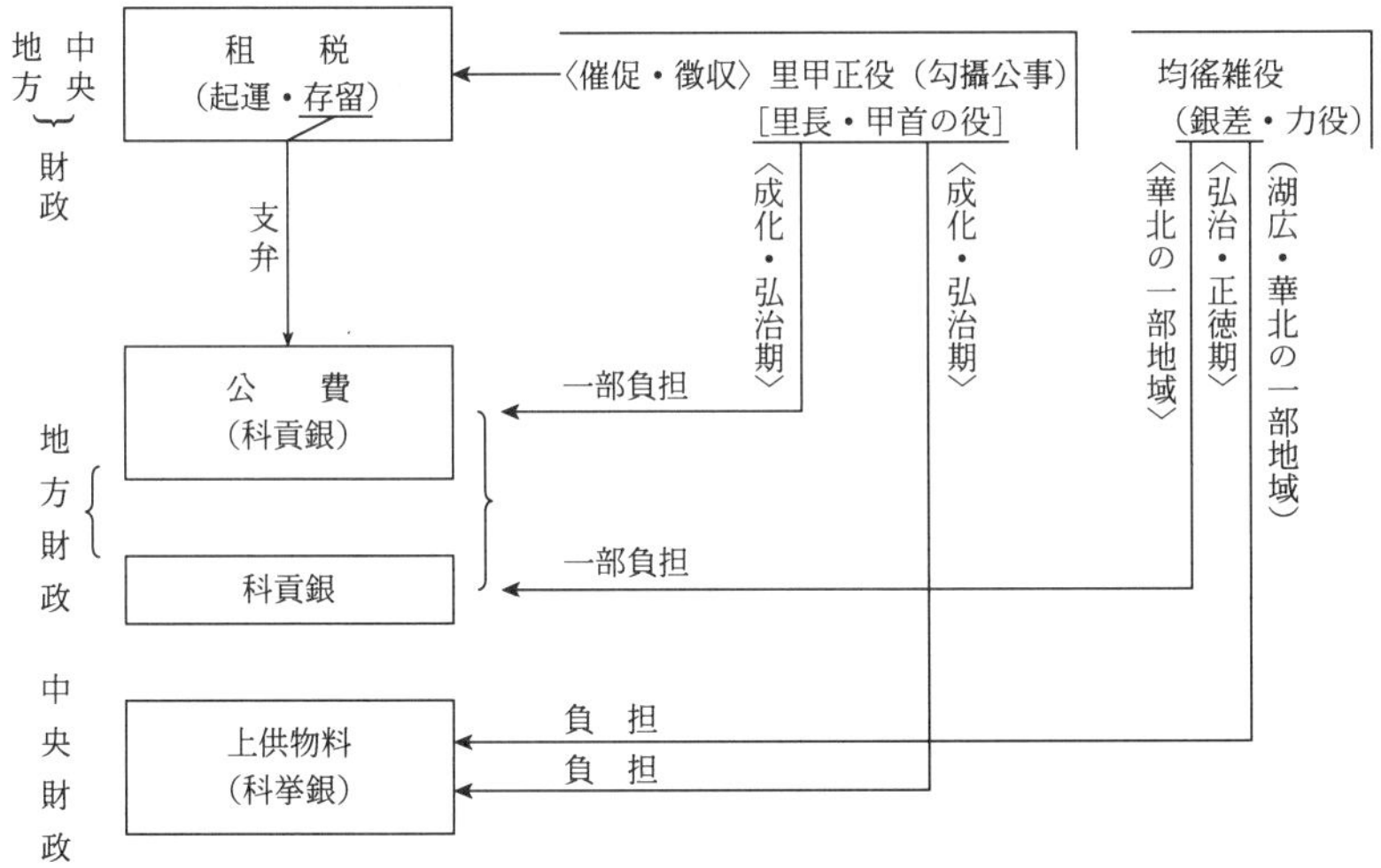

参考文献：岩見宏『明代徭役制度の研究』東洋史研究叢刊之三十九、同朋社出版、1986年、第二章明初における上供物料と地方公費、第三章上供・公費と徭役との関係。

(2)　生員への賓興

A　歳考・季考の生員

先述のように、提学官による歳考等の際、貴州・普安州の生員は、その成績上位七番目迄の者が賓興銀（灯油代）として毎月（月課）毎名につき茴銀八銭を支給されていた。

次に、湖広・随州所属の嘉靖『応山県志』巻上、徭役、里甲、歳用一年之用の条には、

歳季考試生員、試巻、茶食、激賞、花紅、紙張、筆墨。朔望并上司按臨読書勧賞生員、紙張、筆墨。

とみえ、提学官による歳考・季考の試験の際には、生員たちは応山県より答案用紙、お茶や食事代、祝辞、祝儀、用紙、筆や墨などを支給されていた。

表3の項目「歳考・季考」に立返った場合、広東韶州府の嘉靖『仁化県志』巻二、田、戸口、徭役の条には、「歳考」として「三両、一両」と分けて記載がある。同じく嘉靖『広東通志』巻二十二、徭役にも「季考・歳考」とみえる。同じく廉州府の嘉靖『欽州志』巻三、欽州、民数、田賦、力役には、「季考四両、歳考二両」とみえる。なお、春夏秋冬の四季毎に行なわれる季考と歳考の関係及びその詳細な試験内容については、後考に俟つ。

B　郷試受験の生員

前述、嘉靖期の貴州・普安州では、郷試受験の生員に毎名旅費として銀一両が支給されていた。

同じく湖広の嘉靖『応山県志』巻上、徭役、里甲、歳用、三年之用には、

応試生員、花紅、酒席、盤費。

というように、郷試に赴く生員へは、祝儀、酒宴、旅費が与えられ、お祝い気分の中で省城へ送り出されていた。応山県よりも派手に生員を省城の貢院へと送り出していたのは、蘇州府の呉江県であった。嘉靖『呉江県志』巻十三、典礼志三、風俗の条には、次のように記される。

生儒応試、則提調官与僚佐、至学宮、簪花、掛紅、侈馬而送之。導以綵旗音楽。至北郊外、飲餞仍贈、以贐名曰送科挙。

生員が省城へ出発する当日は、学校の管理者たる提調官の知県以下県丞・主簿等の僚佐が呉江県学に馳せ参じて、生員の髪にかんざしを刺し、くれないの綾絹を掛け連ね、乗馬を用意し、色どりを施した旗を建て、音楽を奏でて送り出したが、城北まで至ると生員に飲食や餞別が贈られる風習があり、これが当地では「送科挙」と称されたという。表3の項目「科挙生員盤纏」でも、前述した広東の嘉靖『欽州志』巻三、欽州、民数、田賦、力役の条には、旅費として里役均平銀より三両が支出されている。表3の万暦『通州志』巻四、則壌、戸口、貢賦、徭役の条では、はなむけの酒宴及び祝儀費の銀二十八両が計上されている。

⑶　挙人への賓興

A　郷試初合格の新挙人

郷試に初めて合格して会試に赴く新挙人に対しては、正徳『大明会典』巻七十七、礼部三十六、学校二、科挙、会試の条に、

洪武……十七年、頒行科挙成式。凡郷試中式挙人、出給公拠、官為応付、廩給脚力、赴礼部、印巻、会試。

とあるように、中央政府より通交証明書（公拠）と倶に旅費（脚力）が支給される国家規定があった。

地方志では、前述した貴州の嘉靖『普安州志』巻二、食貨志、恵政の条に、新挙人の旅費として当州より茴銀十五両が支給されたことがみえる。

また、表3の項目「挙人盤纏」「挙人貢士盤纏」のうち、四川の嘉靖『雲陽県志』巻上、食貨志では、旅費として銀差より三十両が支給されている。同じく四川の嘉靖『洪雅県志』巻三、食貨志では、旅費として銀二十二両が支給

されている。旅費支給は、広東の嘉靖『広東通志』巻二十二、徭役条にも見えている。

さらに、旅費の一環としては、挙人に随行奉仕する徭役である船頭または水夫を意味する「水手」[18]の支給も見られた。表3の項目「会試挙人水手」については、広東の地方志のうち、嘉靖『翁源県志』(不分巻)戸口、貢賦、力役には銀差として八両が、嘉靖『仁化県志』巻二、田、戸口、徭役には銀差として五両が、嘉靖『欽州志』巻三、欽州、民数、田賦、力役には銀差として十両がそれぞれ計上されている。

花紅・酒席については、湖広の嘉靖『応山県志』巻上、徭役、里甲、歳用、三年之用の条に、

新挙人、紅花、酒席。

とあって、郷試合格の挙人には、祝儀と酒宴が与えられていた。この点は、南直隷・蘇州府の嘉靖『呉江県志』巻十三、典礼志三、風俗の条にも次のように記される。

有中式者、帰則迎而賀之。郡中統宴則県自備花幣、綵帳、酒席、如期応之。復贈白金百両為坊價。至会試則復餞之如初。仍侑以贐。

呉江県では、省城のある南京応天府での郷試に合格した挙人が帰郷した際には、蘇州府下で祝賀の宴が催された。呉江県でも祝儀、いろどりを施したとばり、酒宴の席が準備・設営されたほか、牌坊を建立するための建設費(坊價)として銀百両も支給されていた。さらに、新挙人が会試に赴く際には、再び酒宴が開かれ、祝儀等の餞別が贈られた。

表3の項目「迎宴挙人」にみえる広東の嘉靖『仁化県志』巻二、田、戸口、徭役や、嘉靖『広東通志』巻二十二、徭役の条でも、花紅、酒席銀の支出が確認される。

B　会試再受験の旧挙人

会試の際の旅費支給については、貴州の嘉靖『普安州志』巻二、食貨志、恵政に、

舊挙人、支茴銀三両、作復班盤纏。

とあるように、以前に落第したために、会試に再度挑戦する旧科の挙人に対して、当州は新挙人の五分の一に減額された盤纏（茴銀）三両を支給していた。

湖広の嘉靖『応山県志』巻上、徭役、里甲歳用、三年之用の条には、

舊挙人、盤纏・酒席。

とあって、当県でも銀額は不明であるが、旧挙人に対しては旅費と酒宴が与えられていた。

南直隷・蘇州府の嘉靖『呉江県志』巻十三、典礼志三、風俗の条にも、

至会試則復餞之如初、仍侑以贐。再赴則贈長夫二名、贐亦如初。

とあって、呉江県では会試再受験の挙人に対しては、旅費の一環として長夫二名が贈られていた。この長夫とは、北京の会試受験の往復路を含めて、長期にわたって挙人に随行しながら世話をする徭役として、地方政府から支給された人夫を意味している。当県では同時に、会試初受験の際と同様に酒宴による餞別等も贈られていた。

おわりに

明代の生員たちは、自己の強固な自由意思に基づき、主体的に科挙の受験（自薦）を目指しても、府州県各官学で教育管理に当る提調の教官による儒教規範の涵養とか、月毎の強制研修ともいうべき月課や、同じく学校を行政管理する提調の府州県長官による素行管理とか、更には提督学校官（提学官）による歳考・季考等の試験や素行の評定という如く、幾重もの厳しい選考下に置かれていた。従って、生員達がたとえ郷試を受験したいという切ない願望や旺盛な意欲を持ち合わせていたにしても、その前途には大きな制度上の壁が立ちはだかっていた。

生員たちのうち、学校試をパスして地方官の保証推薦を得たのち、目標とする科挙（郷試）に地方官経由で出願（自薦）できたのは、極く一部の生員に限定されていた。それゆえ、郷試の受験が許可された科挙生員の自薦とは、応募したいという自由意思の謂わば排除された極めて限定された形式的なものでしかなかった。

他方、歳考・季考を受験する生員や、郷試受験の生員、さらには郷試初合格の挙人や会試再挑戦の挙人に対しては、地方政府によって旅費の公的補助や祝儀・酒宴といった手厚い賓興が与えられていた。

このことは、前述の地方官の保証推薦を伴う郷試受験者の限定選考と倶に、明代の科挙が自薦の形式は取りながらも、実際には学校を取り巻く管理者群による、謂わば学校試の延長線上にある国家による推薦の制度であった側面を窺見させるものである。そこからは同時に、学校の教育を担う提調の教官や、学校並びに生員の学力・素行管理に当る提調の地方官によって培養推薦される「歳貢」の生員と、提調の地方官が管理する省都の貢院での郷試に学校の科挙生員がパスして授与される「郷貢」の挙人とが、地方政府の責任において倶に中央政府の礼部へ評定・推挙される存在であるという「貢挙」の持つ語義のニュアンスを読みとることができる。

礼部に推挙される「歳貢」と「郷貢」の相違点は、学校行政を総管理するべき礼部による「貢挙之法」[19]の手続きにおける推薦の場の違い、つまり「歳貢」は府州県の各学校より、「郷貢」は省都の貢院より、それぞれ推挙されたという点にもあった。

嘉靖『普安州志』巻七、選挙の条に「科貢年表。甲科。郷貢。歳貢」という如く、科＝甲科＝進士を除けば、郷試合格の挙人（「郷貢」）と、歳貢生員として学校より推挙され、礼部の試験に合格した歳貢監生（「歳貢」）とは、倶に《貢》の範疇として礼部へ推挙＝貢挙されたのであった。

要するに、「科挙は古《いにしえ》の郷挙里選の法にもとづく」[20]という会典の貢挙に対する基本理念の表明とか、郷試又はその合格者が「郷貢」「郷挙」[21]「郷薦」[22]「里選」[23]などと称された背景には、学籍に登録された生員に対して、礼教秩序の遵守如何といった素行や、経学等の研修・試験に基づく評定をテコとして、強力に学校の管理行政の中に拘束し、同時に科挙・歳貢等への公費助成を行なうことを通して、中央政府（礼部）に対して省＝郷レベルの責任において貢挙、つまり評定推薦しなければならなかった地方官にかかわる学校制度上の職責があった。

註

（1）宮崎市定『科挙史』平凡社、一九八七年、第一節　明以前の科挙（22頁）。
根本的なる差違は、漢代の選挙はあくまで地方官の推薦に基づき、後世の科挙は候補者自ら出願して試験を受くる点に存する。そして漢代においてもっぱら重きを置くは地方官の推薦自体にあり、いわゆる対策のごときも最初は試験の意味でなく、せっかく立派な人物が出頭したから、天子がこれに政治上の意見を求むるというに過ぎず、それが次第に人物考査的の意味に変化しては来たが、なおその試験ははなはだ簡単であったに反し、後世の科挙は候補者の自薦なるをもって、これに対する試験は厳重を極め、全く試験成績の如何によって進退が決定されるのである。

（2）同註（1）『科挙史』21頁。

（3）拙稿「明代科挙制度の科目の特色―判語の導入をめぐって」『法制史研究』四三号、一九九三年、参照。

（4）『明史』巻六十九、志第四十五、選挙一、郡県之学
提学官在任三歳、両試諸生。先以六等試諸生優劣、謂之歳考。一等前列者、視廩膳生有缺、依次充補、其次補増広生。一二等皆給賞。三等如常。四等撻責。五等則廩増遞降一等、附生降爲青衣。六等黜革。継取一二等為科挙生員、俾応郷試、謂之科考。其充補廩増給賞、悉如歳試。其等第仍分為六。而大抵多置三等。三等不得応郷試。撻黜者僅百一、亦可絶無也。

（5）万暦『大明会典』巻七十八、礼部三十六、学校、儒学、風憲官提督
万暦三年換給提学官勅諭。……一遇郷試年分、応試生儒名数、各照近日題准事例、毎挙人一名、取科挙三十名。此外不許過多一名。

（6）商衍鎏『清代科挙考試述録』生活・読書・新知三聯書店、一九八三年、第2版（初版一九五八年）、第一章、参照。

（7）拙稿「明代挙人層の形成過程に関する一考察—科挙条例の検討を中心として—」『史学雑誌』第87編第3号、一九七八年、七〇頁、参照。

（8）『大明律』巻第二、吏律、職制計十一条、貢挙非其人、
凡貢挙非其人、及才堪時用、応貢挙而不貢挙者、一人杖八十、毎二人加一等、罪止杖一百。所挙之人、知情与同罪。不知者不坐。○若主司考試芸業技能而不以実者、減二等。○失者、各減三等。

（9）『問刑条例』吏律、職制、貢挙非其人條附
一応試挙監生儒及官吏人等、但有懐挟文字銀両、并越舎与人換写文字者、倶遵照世宗皇帝聖旨、拏送法司、問罪仍枷號一箇月満日発為民。……官縦容者、罰俸一年、受財以枉法論。

（10）後掲の「順天府・応天府郷試の試験官の一覧表」、参照。

（11）『明史』巻七十五、志第五十一、職官四、儒学
府。教授一人。従九品。訓導四人。州。学正一人、訓導三人。県。教諭一人、訓導二人。教授、学正、教諭、掌教誨所属生員、訓導佐之。凡生員廩膳、増広、府学四十人、州学三十人、県学二十人、附学生無定数。儒学官月課士子之芸業而奨励之。凡学政遵臥碑。咸聴於提学憲臣提調。府聴於府。州聴於州。県聴於県。其殿最視郷挙之有無多寡。

なお、清代前半でも明代と同様に、教官による生員に対する毎月の研修は月課と称され、提学官による生員への四季毎のテストは季考と呼ばれていた。嘉慶『大清会典事例』巻三〇六、礼部七四、学校、諸生考課、乾隆元年覆准にみえる雍正五年定例、参照。

（12）正徳『大明会典』巻七十六、礼部三十五、学校一、府州県儒学、考選、事例
宣徳三年奏准。巡按御史、会布按二司幷提調教官考選生員。廩膳十年之上、学無成効者、発附近布政司、直隷発付近府州充吏。六年以下、鄙猥無学者、追還廩米為民。増広必選聡俊能文者留充。其魯鈍鄙陋、不通文理、幷額外者、悉黜為民。

（13）嘉靖『普安州志』巻六、官師志、僉事呉倬
浙江淳安人。進士。剛毅敢為嚴而能恕。多方區畫。任意儒林、置賓興。而士懐其徳。置餉田。而軍懐其恵。

順天府・応天府郷試の試験官の一覧表

弘治五年 応天郷試（合格者：135名）				嘉靖十年 順天郷試（合格者：135名）			
項目	人数	項目	人数	項目	人数	項目	人数
提調官	2	謄録官	2	提調官	2	謄録官	2
応天府尹	(1)	南直隷下知県	(1)	順天府尹	(1)	広西知州	(1)
〃府丞	(1)	応天府下知県	(1)	〃府丞	(1)	湖広知県	(1)
考試官	2	對讀官	2	考試官	2	對讀官	2
右春坊右諭徳	(1)	南京経歴司経歴	(2)	翰林院侍講学士	(1)	広東知県	(2)
司経局洗馬	(1)	巡綽官	2	右春坊右賛善	(1)	巡綽官	4
同考試官	7	南京衛指揮使	(1)	同考試官	9	山東衛指揮使	(1)
孔顔孟教授司教授	(1)	〃指揮僉事	(1)	刑部員外郎	(1)	直隷衛指揮同知	(1)
浙江教授	(1)	捜検官	4	戸部主事	(1)	山東衛指揮同知	(2)
江西教授	(1)	南京衛千戸	(1)	刑部〃	(1)	監門官	2
山東学正	(1)	〃副千戸	(1)	行人司行人	(2)	鳳陽衛指揮同知	(1)
河南〃	(1)	〃百戸	(2)	福建教授	(1)	山東衛指揮僉事	(1)
北直隷教諭	(1)	供給官	8	浙江教諭	(1)	供給官	14
福建訓導	(1)	応天経歴司経歴	(1)	江西〃	(1)	順天府経歴司知事	(1)
監試官	2	〃知事	(1)	広東〃	(1)	〃照磨所照磨	(1)
南京御史	(2)	応天府下知県	(1)	監試官	2	〃下知県	(2)
収掌試巻官	1	〃県丞	(1)	浙江御史	(2)	〃県丞	(4)
応天府通判	(1)	〃主簿	(2)	印巻官	1	〃主簿	(2)
印巻官	2	〃典史	(2)	順天府治中	(1)	通州経歴司経歴	(1)
応天府通判	(1)			収掌試巻官	1	順天府下駅丞	(3)
〃推官	(1)			福建通判	(1)		
受巻官	2			受巻官	2		
南京経歴司経歴	(2)			福建知事	(1)		
爾封官	2			湖広〃	(1)		
南直隷下知県	(1)			爾封官	2		
応天府下知県	(1)			河南知県	(1)		
				湖広〃	(1)		
典拠	『明代登科録彙編四』台湾学生書局1969年			典拠	『明代登科録彙編七』		

(14) 嘉靖『普安州志』巻六、官師志の条には、同書巻二、食貨志、恵政の条にみえた按察司官であるはずの毛の姓名が記されていない。

(15) 正徳『大明会典』巻七十七、礼部三十六、学校二、科挙、郷試、事例
洪武……十七年、頒行科挙成式。……一、在京及各布政司搭蓋試院房舎、幷供用筆墨、心紅、紙劄、飲食之類、皆於官錢支給。咨報戸部。

(16) 朱国楨『湧幢小品』巻七、会場支費、
会場支費、旧皆取之順天府宛大二県、裁數百金。民已不堪用亦不給。弘治七年、礼部尚書倪岳議。各省郷試用度、皆有羡余、請限數解部貯。順天府支用凡八百金。以後、費用日多、正徳九年、尚書劉春奏派加旧額三之二。諸用以足。
葛守礼『葛端粛公家訓』巻下、
儀制司管会試挙人。毎開科年、各省布政各帯銀若干送部約二千兩。修理貢院、擺設筵宴、場内供給印刷試録各若干、例有定数。

(17) 嘉靖『普安州志』巻二、食貨志、恵政
余租銀両、係先年丈量出余田、不係在官屯田数目、給与付近軍余耕種。総計毎年征収白銀二十一両。三年共該六十三両。毎科挙生員一名給銀二両。余租下勾、支銷於牛租銀内補数。牛租銀両、弘治十四年、叛賊米魯反後、屯田牛隻、倶被搶擄、征粮不完。軍余告称、牛隻被賊搶去、難以耗種。蒙布政司発下銀八百両、買牛給散各屯。牛免還官。毎隻毎年止収租牛銀二銭八分、給与儒学科貢赴京、坐監復班、科挙盤纏、亦不許別項支銷。

尚、明清期の宗譜の科挙条規にも、族内の科挙受験生に対して、国家による公費助成（賓興）とは別に、宗族からも科挙受験のための助成金を支給するとの建て前が記されている。拙稿「明清の宗譜にみえる科挙条規—官僚制における腐敗の中国的特質—(一)(二)」『八幡大学論集』第三八巻第三・四合併号、同第三九巻第一号、一九八八年、参照。

(18) 水手とは、本文でも少しふれたように、会試受験のために江南デルタ地方のクリークや運河を利用したり、更にはデルタや海上を利用して広東地方から北京をめざして北上する挙人の船旅に奉仕する、地方政府から支給された徭役としての船頭もしくは水夫のことである。しかし、実際に挙人へ支給されたのは、明末では彼らを雇用する資助となる銀差から支出され

た代価としての銀両であった。

(19)『明史』巻七十二、志第四十八、職官一、礼部
　尚書一人、正二品、左右侍郎各一人、正三品。……尚書掌天下礼儀、祭祀、宴饗、貢挙之政令、侍郎佐之。……以学校之政育士類。以貢挙之法羅賢才。以郷飲酒礼教歯譲。以養老尊高年。以制度定等威。以恤貧広仁政。以旌表示勧励。以建言会議悉利病。以禁自宮遏奸民。

(20)正徳『大明会典』巻七十六、礼部三十五、学校一、府州県儒学、風憲官提督の条。

(21)万暦『通州志』巻一、選挙表、国朝、通州
　甲科、郷挙、歳貢、例貢

(22)嘉靖『寧夏新志』巻二、祥異、黒豬変白
　成化二十二年、衛庠生胡璉家黒豬變而純白。人咸以爲凶。胡獨曰、此善變者也。殺而為牲。是年、其子領郷薦。明年登進士。

同書巻二、選挙、進士
　成化二十三年、丁未状元費宋榜一名胡汝礪、官至兵部尚書。

(23)崇禎『長楽県志』巻一、封域志、風俗
　方五六十。庠士之在学宮者至七百余。応里選者、可四千余。

第二章　明代科挙制度の科目の特色

はじめに

私は歴代科挙の出題科目の変遷を調べるうちに、明の洪武三（一三七一）年より清の乾隆二十二（一七五七）年迄の三百八十七年間、つまり歴代科挙実施期間の三分の一弱に相当する時系列上に、詩・賦は除去されて判語（明律の条目）が導入されている事実を突きとめた。判語導入の期間は、実際には洪武十七（一三八四）年より清の康熙二十六（一六八七）年迄の三百四年間であるが、この明代以前における歴代科挙の主要受験科目は、五経義・四書義、詩・賦、論、策という道徳的識見及び文才をテストする、所謂る「先徳行、後文学」[1]の徳治主義に立脚した専制集権官僚制国家の支配理念を反映するものであった。しかし、史上に絶えず問題化したのは、科挙試における詩・賦は浮華に流れ、経義は暗誦に堕する弊害であった。そこで、行政の現場に役立つ知識（実学＝実用の学）を体得した本当の人材（真才）を科挙試によって獲得したいとする議論も絶えず現われたが、「先徳後刑」[2]の理念に阻害されて、受験科目としては実施し難い局面があった。清末に科挙を体験した商衍鎏氏は、「判も亦た甚しくは要義なし」[3]と略論されてはいるものの、明の太祖朱元璋が実用の賢才を求めて科挙試から詩・賦を除外して代りに判語を導入したことは、徳行の学と刑名の学とが同時並列的に科目上に出現した意味で注目すべきであると考えられる。

以下、本稿では先ず、明代の受験科目より従来の詩・賦が除去されて、新たに論、詔・誥・表、判語、特に判語の導入された意味について、歴代科目変遷表の概括を踏まえて検討を行なったのち、判語の出題内容とその実際政治との関連についても言及したい。

第一節　明代科挙制度の新特徴

1　従来の見解

明代科挙制度の特色については、宮崎市定氏の研究に詳細である。宮崎氏はその主な特色として、科挙が学校制度を包括した結果、郷試の応試資格が府州県学の生員に限定された点、郷試合格の挙人の資格が一種の学位の如きものに固定化した点、生員となるための試験である童試が競争激化の中で県試・府試・院試の三段階制となった点、等の指摘をされてきた。(4)

又、宮崎氏は、「進士科試験の内容において、宋一代幾多の変遷の後に、詩賦・経義・策論の三課目制度が成立して後世の定法となった。(5)」とも言われる。この見解は、千四百年に亙る科挙科目の総論としては一面で正しいとしても、十四世紀後半より十八世紀半ば迄の約四百余年弱の期間における各論としては正しくない。この期間中、受験科目「詩・賦」が除去され、「判語」の導入された意義は、史上に正当に位置付けて見直す必要があると思われる。

2　歴代受験科目の概括的検討と明代科目の意義

前述のように、明代進士科試験の受験科目には、旧来の詩・賦に代って論、詔・誥・表、判語、特に判語の導入さ

章	箴	賛	律義	令義	判語	策	経史策	事務策	典拠及び備註
						○			『新唐書』巻45、志第35、選挙志下。
					○判*3条			○5道	『宋史』巻155、志第108、選挙一、科目上。
									＊銓試
						○			
						○5条			
							○明経策3道	○5道	
	○	○				○3道			
							○3	○2	
						○5道			『宋史』巻155、志第108、選挙一、科目上。
			*1○10道			(○)			(　)内は推定
						(○)			*1太平興国8年だけに科試
						○			*2一経のみ専攻
						○			*3論語・孟子
						○			*4補官試
									*5王安石献策
									*6司馬光献策
			○*4	○		○3道			(a)試賦進士
							○子史策	○	(b)専経進士
							○子史策	○	
						(○)			
									『宋史』巻156、志第109、選挙二、科目下。
						○3道			*1論語・孟子
									*2子史論
								○1道	
									『元典章』巻31、礼部巻之四、学校一、儒学、科挙条例。
○*1							○*3	○*3	『元史』巻81、志第31、選挙一、科目。
									*1各治一経
									*2何れか1道選択
									*3何れか1道選択
									正徳『大明会典』巻77、礼部36、学校2、科挙、郷試、事例。
							○*1	○*1	*1何れか1道選択
○*2					○5条		○*3	○*3	*2何れか1道選択
									*3経史・事務策計5道
									商衍鎏『清代科挙考試述録』生活·読書·新知三聯書店、2版1983年(謝邦宇先生寄贈本。初版は1958年)、
					○5道		○*3	○*3	第2章挙人及関挙人系内之各種考試、第三節、郷試之
					○5道		○*3	○*3	考源、〈考試題目〉63～64頁及び、103頁、251頁、283頁。
							○*3	○*3	宮崎市定『科挙史』32頁。
							○*3	○*3	*1孝経
									*2何れか1道選択
									*3経史・事務策計5道
									*4五行八韻詩

表１　歴代進士科試験科目変遷表

科目／年代	経義	四書義	帖経	墨義	詩	賦	雑文	論	議	詔	誥	表
隋　大業中(605～616)												
唐〔省試〕			○									
調露２年(680)			○				○					
永隆２年(681)							○２篇					
天宝11年(752)	○１経					○						
建中２年(781)以前					○	○						
建中２年(781)								○				○
大和３年(829)			○					○	○			
大和８年(834)			○		○	○		○				
北宋〔州・省試〕			○10帖	○10帖	○1道	○1道		○1道				
太平興国８年(983)				(○)	(○)	(○)		(○)				
〃　９年(984)			○	(○)	(○)	(○)		(○)				
宝元中(1038～39)			○	○	○	○		○				
范仲淹在任中	○10道				○	○		○				
范退職後			○	○	○	○		○				
熙寧２年(1069)*5	*2 ○10道	*3 各３道						○1首				
元祐４年(1089)*6(ａ)	○２道	*3 ○各１道			律詩1 ○首	○1首		○1首				
(ｂ)	○計６道	*3 ○各１道						○1首				
紹聖(1094～97)初	○	(○)						(○)				
南宋〔州・省試〕												
建炎２年(1128)	○３道	*1 ○各１道			○1首	○1首		○1道				
紹興13年(1143)	○１道	*1 ○各１道			○1首	○1首		*2 ○1道				
元〔郷・会試〕												
皇慶２年(1313)11月定	*1 ○１道	○				○				○*2		○*2
明〔郷・会試〕												
洪武３年(1371)	○２道	○１道						○1篇				
〃　17年(1385)	○４道	○３道						○1篇		○*2	○*2	○*2
清〔郷・会試〕												
順治２年(1645)	○４題	○３題						*1 ○1道		○*2	○*2	○*2
康熙26年(1687)	○４題	○３題						*1 ○1道				○
乾隆22年(1757)	○４題	○３題			*4 ○1首							
乾隆53年(1788)	○５題	○３題			○1首							

れた点が注目された。

表1、「歴代進士科試験科目変遷表」を眺めた場合、各科目のさきがけは、唐代に始まっている。経義の初見は唐・天寶十一（七五二）年であり、四書義の開始は宋・熙寧二（一〇六九）年である。五経義のうちの一経だけを専攻するようになったのも、同じく宋・神宗の王安石改革期である。一経専攻の本制度は明一代に踏襲され、清の乾隆五十三（一七八八）年に五経内より各々一題が出題される迄継続した。賦の導入は唐・天寶十一年であるが、詩・賦の同時導入は唐・建中二（七八一）年である。論、詔・誥・表、判語の各導入のうち、論、表は唐・建中二年であり、詔は元・仁宗・皇慶二（一三一三）年であり、誥は洪武十七（一三八四）年である。判は進士科試験の範疇にある吏部の詮試において、唐代に導入された。策は隋代より始まるとされるが、経史策・事務策に分かれて出題されたのは唐・大和八年（八三四）からである。

問題の受験科目より詩・賦が除去され、或いは判語乃至律・令義が導入される胎動は、既に明以前よりあった。詩・賦が除外された先例としては、唐の建中二年、権知貢挙で中書舎人趙賛の上請によって、詩・賦をやめて代りに箴・論・表・賛が導入された。この背景には、詩・賦、論・表や策で科試する進士の文格が浮薄に堕していた矛盾があったが、中でも宰相まで登りつめた鄭覃が進士の浮薄を深く嫉んでいた点もあった。(6) 詩・賦はこれより半世紀後の大和八（八三四）年に復活したが、次に詩・賦が進士科試験科目より除外されたのは、北宋の神宗・熙寧二（一〇六九）年である。

今の試験制度でも十分やっていけるとする蘇軾の科挙改革反対論に対して、王安石は天下国家を論ずべき青年時代に家の中に閉じ籠って詩・賦の勉強にうつつを抜かし、任官後は実務がまるで駄目という現状は、科挙制度が人材を破壊しており、受験生の学ぶ学術が混乱していることにあるゆえ、道徳を統一して学校を再建するために科挙制度改革の必要を訴えた。これが神宗の同意を得た。改革では、詩・賦、帖経、墨義を罷め、易・詩・書・周礼・礼記の五経より一経だけを専攻させ、同時に論語・孟子各三道、論一首、策三道を科試することになり、同時に及第者の割合も進士科七割、諸科三割となった。(7)

ところが、二〇年後の司馬光時代の元祐四（一〇八九）年になると、詩賦進士と詩賦の出題がない経義進士とに分離したが、紹聖（一〇九四—九七）の初めには、進士科より詩・賦を除去して経義だけの出題に変った。(8)次に詩・賦が復活するのは南宋・建中二（一二二八）年であり、元の仁宗・皇慶二（一三一三）年の科挙復活時には賦だけが科試された。明では詩・賦は全廃され、清では乾隆二十二（一七五七）年に詩のみが復活するまで詩・賦は出題科目より除去されていた。(9)

判語乃至律・令義が進士科或は諸科に導入されるのは、唐代に遡る。先ず、礼部所管の進士科については、北宋・太平興国八（九八三）年に律義十道を科試されたのが最初である。しかし、既に唐代において、科挙合格諸生の任官試験である吏部所管の銓試では、身・言・書と倶に判つまり判語がテストされていた。本制度は、王安石宰相期の北宋・神宗熙寧二年に復活した。これは多分、科挙及第以前に詩・賦だけを習い、任官後は行政実務に全く不慣れであるという現実の改革を目指した王安石が、任官後の官僚に刑を恤れむの意義を体得させたいとする実学的志向の現われと推定される。(10)この時の銓試において、進士については始め成績上位の第三人以外の者だけに法（律義・令義）がテストされたが、のちには進士全員に科試された。(11)しかし、王安石の施策に反対した司馬光の献策により、元祐四年、進士科に律義を課すことは廃止された。(12)進士科一本となった明一代では、洪武十七（一三八四）年の郷試・翌年の会試より判語五条が出題され、清の康熙二十六（一六八七）年、「剿襲雷同の多きに因る」(13)との理由で廃止される迄続いた。

明代以降の判語の内容は以下に検討するが、明代判語の内容に近いものとしては、北宋・神宗期の王安石科挙改革における諸科中の明法科の内容があげられる。表2、「歴代明法科試験科目変遷表」によれば、先ず唐代の明法科で

表２　歴代明法科試験科目変遷表

年代＼科目	律	令	宋刑統	兼経	小経
唐	○7条	○3条			
宋	○*1	○*1		○	
太平興国8年（983）	○10道*2				
〃　9年	○				
淳化3年（992）	○	○			○
熙寧2年（1069）	○*3	○*3	○*3		

典拠及び備註
『新唐書』巻44、志第34、選挙志上。『宋史』巻155、志第108、選挙一、科目上。
＊1　律令計40条
＊2　律義
＊3　大義・断案を試す。

は律七条と令三条とが科試された[14]。宋代明法科は、律令四〇条を答えさせ、兼ねて兼経を科試した。しかし、乾徳六（九六九）年の殿試（殿試はこれ以後常制化）及第者（進士二六人、五経四人、開元礼七人、三礼三八人、三伝二六人、三史三人、学究一八人、明法五人）に占める明法科及第者は進士科の約五分の一程度という微微たるものであった。太宗の太平興国八（九八三）年には、既述のように明法科を含む諸科と進士科とに律義十道が科試されたが、進士科は当年のみ科試されただけで、明年からは帖経の科試が復活した。さらに、淳化三（九九二）年の明法科は、旧試六場より七場に改訂され、第一・第二・第七場は律、第三・第六場は令、第四場・第五場は小経が出題された。司馬光宰相時代の元祐期の礼部の上奏によれば、旧明法科において律・令義の外に兼経が課されたのは、「先徳後刑」の古来の統治思想の遺意によるものであった[15]、という。

　だが、明代判語のさきがけをなすと思われるのは、王安石宰相時代の科挙改革である。後代の縉紳は漢代以来の六学の一つであった律学を学ぶことを恥に思い、旧明法科の受験生も、律令の暗記に終ってその意義を理解しない傾向を辿っていた。そこで神宗は、新科明法科を創り、従来諸科中の最下科とされてきた旧明法科の地位を引き上げて合格者枠を増やし、叙名は進士及第者より上位に置いて厚遇した[16]。だが、本制度ものちの元祐期には、なるほど律令は任官者に必要なものではあるが、仕官前の科挙の受験生は、経義・論・策等によって道義を体得しておれば、任官後には自然と法律は暗々裡に解り会えるものであるゆえ、何も明法一科を置いて、苛酷で薄情な法律を学ぶ必要はない[17]、との徳治主義偏重の観念論である司馬光の反対に遇った。

しかし、明代進士科の受験科目との関連における新科明法科の最大の意義は、律・令・宋刑統の各おのについて、大義と断案特に断案を科した点にある[18]。律・令の大義は従来より課されており、それは謂わば単なる法の解釈にすぎなかった。だが、断案は案件に裁きをつける、裁断を下す、判定を下す、の意であり、法の適用の仕方を問うものであった。筆者は、この王安石科挙改革の一環としての新科明法科における断案こそ、明代の判語に連なるものと考える。

以上、歴代科挙の受験科目を検討した場合、詩・賦の導入は八世紀後半の唐代に遡る。建中二（七八一）年には、進士の文体が軽薄に流れたことを理由に詩・賦が科目より除外されたが、詩・賦は半世紀後の大和八（八三四）年に復活した。しかし、北宋・王安石宰相時の熙寧二（一〇六九）年には、詩・賦にうつつをぬかせば任官後の実務が駄目になるとの意から詩・賦は科目より除外され、詩・賦は司馬光宰相期の元祐四（一〇八九）年迄二十年間科目より除外された。その後詩・賦は、紹聖（一〇九四―九七）の初めに科目より除外され、三十年後の南宋・建炎二（一一二八）年に復活した。詩・賦は、元代の皇慶二（一三一三）年に賦のみ復活したが、明代では洪武十七（一三八四）年以降全廃され、清の乾隆二十二（一七五七）年迄の三百七十四年間、科目より除外された。詩・賦は、乾隆二十二年には詩のみ復活したが、科挙実施期間千四百年の内、詩・賦が科目より除外されたのは、その三分の一に相当する四百五十四年間にも上る。

一方、科挙科目への律義・判語の導入をみた場合、進士科・諸科は、唐代では吏部の銓試に判語が導入されたが、北宋では太平興国八（九八三）年の一年だけ律義十道が導入された。その後熙寧二（一〇六九）年には、刑を恤む意義を体得させたいとの王安石の実学志向を反映して、吏部の銓試に律義・令義が導入され、司馬光宰相期の元祐四（一〇八九）年に廃止される迄約二十年間続いた。明・清の判語は、進士科に洪武十七（一三八四）年以降導入され、康熙二十六（一六八七）年に科目より除外される迄の三百四年間存続した。但し、律・令義は謂わば法の解釈であるのに対して、判語は法の適用の仕方を問うものに属した。法の適用の仕方を問う形式は、遠くは唐代の科挙における銓試の判に淵源するが、宋代では諸科の明法科の中に求められる。明法科には唐・宋以来、科目として律・令義が出題されていたが、北宋・神宗の改革期に合格者枠を増やした新科明法科が、叙名でも進士の上に位置するなどの厚遇を受けて新設され、律・令・宋刑統の大義と断案とが導入されたこと、特に事件に裁きをつけさせる断案の科目への導入は、法の適用の仕方を問うものとして、明代判語のさきがけをなすものであったと考えられる。

では、明代に受験科目より詩・賦が除外されて、判語が導入されたのは何故か、その点を次章で検討したい。

第二節　詩・賦削除の意味

1　現実即応の能吏（徳行の賢才）起用策

明代の郷・会試は元代の名称を踏襲したものであるが、受験科目は元代はまだ詩・賦の内、賦が残存していたのに対して、明代では詩・賦倶に完全に姿を消した。詩・賦削除の理由は、太祖朱元璋の科挙による官僚起用策から推定する必要がある。『明実録』太祖・洪武六年二月乙未の条には、科挙による人材起用の方針が次のように見える。

詔、設科取士。詔曰。……漢唐及宋科擧取士、各有定制。然但貴詞章之學而不求德藝之全。……今朕統一華夷、方與斯民共享昇平之治。所慮官非其人、有殃吾民。願得賢人君子而用之。自今年八月爲始、特設科擧以起懷才抱道之士、務在経明行修、博通古今、文質得中、名實相稱。

太祖が天下を統一して官僚に民を支配させるに当って最も心を砕いたのは、人治主義の限界とは言え、民が人を得ない官僚によって災害を蒙ることであった。太祖が科挙を通じて求めたのは、賢人つまり才能・徳行（懐才抱道）に優れた人材を起用することであった。又、太祖の求める懐才抱道の受験生とは、礼教秩序の貫徹する経義を理解して道徳的修業を積んでいること、古今の歴史に広く通じていること、文章の技量は中程度でよく、要するに名目と実質とが相応している人材であった。太祖が科挙による人材にそうした注文を付けたのは、漢・唐・宋の科挙が詩・詞・賦・雑文などの文章を書く技術（詞章の学）を尊重する余り、道徳・倫理的修養の練磨度（徳芸の全き）を追究しなかった点を認識するに至っていたからであった。さらに『明実録』太祖・洪武六年二月乙未の条でも、大祖は左のように述べている。

上諭中書省臣曰。朕設科擧以求天下賢才。務得経明行修之士、以資任用。今有司所取、多後生少年。観其文詞、若可與有爲、不試用之、能以所學措諸行事者甚寡。朕以實心求賢。而天下以虚文應朕。非朕責實求賢之意也。今各處科擧宜暫停罷、別令有司察擧賢才、必以徳行爲本而文藝次之。庶幾天下學者知所嚮而士習歸於務本。

右は、洪武四年五年六年と三年連続して科挙を実施して(19)得た人材に対する太祖の感想である。太祖は三年連試で才・徳に優れた所謂る賢才の選抜を目論んだが、その期待は大きく外れた。各省郷試の合格者は、大抵が青二才であり、文面を見れば将来に希望のもてる人材のように思えるが、いざ官僚として起用してみると、学問を実際の政治に応用できる者は非常に少なかったのである。それは、誠実な心から才・徳に優れた人材を得ようとした太祖を失望させた。天下の受験生が実用を離れた無用の文（虚文）で応えたと受けとめた太祖は、今後しばらくは科挙を停止することを決断した。のちに科挙が三年毎に再開されるのは洪武十五年八月の詔(20)においてであり、実際には同十七年八月より郷試が再開された。

さて、科挙を止めた太祖は、しばらくは地方官に才・徳に優れた賢才を推薦させることにした。賢才の推挙に当って太祖が求めた人材の適格要件の第一は、有徳の立派な行為（徳行）を根本とし、文芸能力は第二義におかれた。この要件は、太祖が科挙に求めた理想の人材像のそれと同様である。

同じく官僚養成機関であった国子監の監生教育についても、太祖は科挙再開近くの『明実録』太祖・洪武十五年九月癸亥の条で、

然國學首善之地、既選名儒、以五経分教諸生、必先徳行而後文藝。抑浮華而尚淳篤。未可驟用以啓其奔競之心。

という如く、監生の教育に当っては文芸よりも徳行つまり儒教倫理の実践を優先させて文芸は第二次的地位においたが、それは諸生が華やいだ浮薄な意識に染まって出世をあせる心に狂奔し、農桑をはじめとした現実の小農民の再生産に配慮できる純朴で篤実な心に欠ける点の排除を狙ったものであった(21)。ここで言う徳行を試すべき科挙の科目とは、主に経義・四書義であり、文芸を試すべき科目とは、主に詩・賦・論・策ということになる。

2　事実隠蔽の虚文（浮文）の排除

太祖は又、官僚の文体論にも厳しく規制を加えた。『明実録』太祖・洪武六年九月庚戌の条には次のように見える。

詔、禁四六文辭。先是、上命翰林儒臣、擇唐宋名儒表箋可爲法者。翰林諸臣、以柳宗元、代柳公綽謝表、及韓愈賀而《表而?》表進。上命中書省臣、錄二表頒爲天下式。因諭群臣曰、唐虞三代、典謨訓誥之辭、賀實不華、誠可爲千萬世法。漢魏之間、猶爲近古。晉宋以降、文體日衰、駢儷綺靡而古法蕩然矣。唐宋之時、名儒輩出、雖欲變之而卒未能盡變。近代制誥表章之類、仍踏舊習。朕□《?》厭其彫琢殊異古體、且使事實爲浮文所蔽。其自今、凡告諭臣下之辭、務從簡古、以革弊習。爾中書、宜播告中外臣民。凡表箋奏疏毋用四六對偶、悉從典雅。

右によれば、太祖が最も模範として推奨したのは、何と伝説上の唐虞三代に行なわれたと言う『書経』に見える文

体である典・謨・訓・誥の古体の文辞であった。典とは堯舜の徳教を記したものである。謨とは禹・皐陶・益稷等が献賛・賛襄の道を尽したものである。訓とは敷奏諫説の辞である。誥とは臣下を暁説する辞である。太祖は、これら典謨訓誥の辞は真実をよしとして派手なところがないことより、永久に手本とすべきであるとした。

太祖が古体を形骸化せしめたと考えたのは、綾絹の如く派手やかな六朝時代の四六駢儷体の文章であった。この傾向は、唐宋時代に輩出した名儒によって改革されようとしたが、不十分なものに終って明代に至ったという。従って、太祖は臣下への告諭文である明代の制・誥や、臣下の上奏である表・章（何れものちに受験科目化）が旧習の垢を付着させており、字句をとりつくろった文体は古代の文体と著しくかけ離れているゆえ、その真実味のない浮文が事実関係を隠蔽する恐れの将来される事態を最も厭がったのであった。そこで太祖は、翰林院の諸臣に対し、柳宗元に代って唐宋の名儒の中より柳公綽の謝表及び韓愈の賀表を手本として上進せしめ、謝表とか奏疏の文章に四六文を使用することを詔によって禁止した。

しかし、太祖以後の百年間は経義の文も、ただ伝註を敷衍するだけで文章の定式化は回避されていたが、十五世紀後半の成化年間（一四六五〜八七）以後は、初場の経義文に始めて八股文（制芸・時芸・時文・四書文経文）が導入され、以後清朝に至るまで文章の形式化が踏襲された。(22)

このように、太祖が科挙の受験生や官僚そのものに要求した理想の官僚像は、徳行を基本として文芸能力は第二義的なものに位置付けられていた。しかも、文体そのものも、真実味のある古代『書経』中の簡潔且つ典雅なものが要求された。こうした太祖の認識が、次にみるような科挙試の受験科目より詩・賦を除去して、詔・誥・表・章や判語を導入せしめた要因と考えられる。

第三節　判語導入の意味

1　生員・監生への明律学習の義務化

任官前の郷試の受験有資格者であった生員や監生、或は国子監への歳貢の対象である生員に対する学習の科目は何であったか。洪武十七年八月実施の郷試再開前については、『明実録』洪武十六年二月乙未条に次のように言う。

命天下學校、歳貢生員。時諫官關賢言。……今宜令府州縣官、歳貢生員各一人。如考試中式則賞及所司教官、否則所司論如律。教官訓導停其廩祿。生員罰爲吏。如是則士有勸懲、學有成功。從之。命禮部、稽諭天下府州縣官、自明年爲始、歳貢生員各一人、正月至京、從翰林院試経義四書各一道、判語一條。中式者入國子監、不中者罰之。

諫官関賢は、天下の府・州・県学より毎年生員各一人を国子監へ歳貢つまり入学させ、国子監で試験を行ない、合格した生員の所属する府州県官や教官には褒美を取らせ、不合格の生員の所属する府州県官については明律で処罰し、教官は俸給を停止し、生員の処罰は終身身分を降格して胥吏とする、というもので関賢の提案は太祖の裁可をえた。次いで太祖は、礼部に命じて全国の府州県官に通達を出させ、毎年各府学・州学・県学より一人ずつを国子監に入学させるが、その際の入学試験は翰林院に担当させることにした。翰林院の入試科目は経義一道、四書義一道、判語一条の簡素なものであったが、不合格者が処罰される点において、科目の学習は権力的強制的なものであり、特にここでは判語一条が出題された点が注目される。これは、地方の生員に明律の学習を義務付けたことを意味している。

この点は、万暦『大明会典』巻七八、礼部三六、学校、儒学、学規の条にも、

洪武……二十四年、……又令生員熟讀大誥律。歳貢時、出題試之。

とあって、洪武二十四年には生員に律・令、更には太祖が群臣に暁説する辞としての誥の学習を命じている。学習の目的は、歳貢の際の翰林院のテストに備えるためであるという。さらにこの点は、正徳『大明会典』巻七六、礼部三五、貢挙、学校一、府州県儒学、学規、事例の条には、次のように言う。

洪武……二十五年、定禮射書數之法。一朝廷頒行経史律誥禮儀等書。生員務要熟讀精通以備科貢考試。

洪武二十五年、太祖は官学に礼・射・書・数の法という如何にも実学的科目の学習法を定めた。その際太祖は、天下の府州県学校に経書、史書、礼儀等の書と倶に律・誥をも配布させ、それらの書を熟読精通することを命じたが、その目的の一つには郷試や歳貢の際の試験に備えさせるためであった。こうした律・誥学習の生員への義務付けの通達は、明末の万暦三年にも出されている(23)。

次に、律誥等の監生への学習義務化については、『明実録』太祖・洪武三十年秋七月己巳の条に、次のように見える。

申明學規教條。上謂禮部臣曰。太學育才之地。朝廷厚廩祿、廣學舍、延致師儒、以教諸生、期于成爲國家用。近者、師道不立、學規廢弛、諸生惰業、至有不通文理、不精書算、不諳吏事。……於是、復頒學規教條于國子監曰。……諸生每三日一背書、日讀御製大誥、及本経四書各一百字、熟記文詞、精解理義。……每月作本経四書義各二道、詔、誥、章、表、策、論、判語、內科二道。每日習倣書一幅二百余字。

洪武年間、科挙がまだ定着しない時期において、国子監生は官僚の予備軍として期待されていた。科挙確立後の洪武三十年の時点でもその意義に変りはなかったものと見え、太祖は大誥や経義・四書義の文詞・理義に通ぜず、書道や算数に弱く、行政実務に不慣れな国子監生の存在を諸生の惰業と見倣して、その統制策に乗り出した。国子監に頒布された「学規教条」の中で太祖は、監生が三日毎に鞄に御製大誥・経書・四書を詰めて登校し、一日に大誥及び五経・四書を各おの百字熟読することを課し、毎月については、五経義・四書義各二道、詔・誥・章・表・策・論・判語内より二道を選択させて作文することを義務付けた。

こうした生員・監生に学習を課された科目は、明らかに郷試や、歳貢時の翰林院の試験のために準備されたものであることが分かる。というのは、生員に課された誥及び律・判語や、監生に課された詔・誥・章・表及び判語は、郷試の受験科目として明代に新たに導入された科目であったからである。律と判語の違いは後述するが、次にそれらの科目が科挙に導入された過程を見よう。

2　律・判語の郷・会試への導入

判語が洪武十七年の翰林院による歳貢生に対する試験として出題された点は前述したが、同年の生員・監生を対象とした郷試にも判語は始めて導入された。しかし、判語の名称ではなく律なる科目が郷試合格の挙人に対して、郷試及第後の十日目に課されたのは、洪武三年のことであった。正徳『大明会典』巻七七、礼部三六、学校二、科挙、郷試事例には、次のように見える。

洪武三年、詔開科擧。以今年八月爲始、使中外文臣、皆由科擧而選。京師及各行省郷試。八月初九日、試初場。復三日、試第二場。又三日、試第三場。直隷府縣貢額百人。河南山東山西陝西北平福建浙江湖廣、各四十人。廣西廣東、各二十五人。若人材多處、或不及者、不拘額數。初場、経義二道、四書義一道。第二場、論一道、第三場策一道。中式者、後十日、復以騎射書算律五事試之。

詔によって文官は全て科挙の合格者より選任することが表明され、各行省の合格者挙人の額数（貢額）も決定した。科目については、詩・賦が除外された以外は、元代の科目が踏襲されている。さらに、郷試合格の挙人に対しては、十日後に太祖の強調した実用の学に属する騎馬・射的・書写・算術・明律の五事が課された。この内、律が如何なる形式で出題されたかは不明であるが、既述のように太祖が生員に対して誥・律等の書を熟読精通させて科挙や歳貢試

表３　明代の郷試・会試受験科目の一例証

	三場科目／年代	直省	第一場		第二場					第三場	典拠
				一経専攻		一道選択					
			四書義	五経義	論	詔	誥	表	判語5条	策５道（事務2 経史3）	
郷試	成化元年（1465）	山東	3	4	1	(1)	(1)	(1)	5	5	『成化元年山東郷試録』
郷試	崇禎12年（1639）	陝西	3	4	1	(1)	(1)	(1)	5	5	『崇禎十二年陝西郷試録』
会試	建文２年（1400）	礼部（南京）	3	4	1	(1)	(1)	(1)	5	5	『建文二年会試録』
会試	正統10年（1445）	礼部（北京）	3	4	1	(1)	(1)	(1)	5	5	『正統十年会試録』
会試	万暦14年（1586）	礼部（北京）	3	4	1	(1)	(1)	(1)	5	5	『万暦十四年会試録』

に備えさせていた点を参考にすれば、恐らくこの律とは律義即ち明律の条文の意味についての解釈ではなかったかと推定される。

郷試はこのあと前述のように、科挙の人材に失望した太祖によって停止され、再開されたのは洪武十七年八月のことであった。『明実録』太祖・洪武十七年三月戊戌朔条には、次のように言う。

命禮部頒行科擧成式。凡三年大比。……郷試八月九日、第一場、試四書義三道、毎道二百字以上。経義四道、毎道三百字以上、未能者許各減一道。……十二日、第二場、試論一道、三百字以上、判語五條、詔・誥・章・表、内科一道。十五日、第三場、試経史策五道、未能者許減其二、倶三百字以上。次年、禮部會試。以二月初九日十二日十五日爲三場。

洪武十七年の郷試科目では、同三年のそれと比べて、初場の四書義は二道増えて三道となり、経義も二道増えて四道となり、合計七道所謂る清代に所謂る七芸の基礎が出来た。第二場の論一道は変らないが、[24]生員・監生に学習を義務付けられた判語（五条）と、詔・誥・章・表（内一道選択）とが新たに課せられた。又、策は四道増えて経史策五道が課せられた。会試の科目も郷試と同様であった。

ここでは、太祖の重視した実用の学たる騎・射・書・算・律の内、律が判語という形で残存した意義を重視したい。張徳信氏は、洪武三年の科挙条例の特徴であった騎射書算律の学が同十七年の科挙定制では消失したとして、これを明代科挙の実用から空疏化への転換点と把えているが、[25]筆者は律の判語への継承こそ実学的志向の継続と把えたい。

洪武期の郷・会試受験科目は、その後変更があったであろうか。この点を現存する登科録で確認してみよう。最も洪武期に近い郷・会試録としては、建文二年会試録と成化元年山東郷試録とが現存するに過ぎない。それら明代前半の郷・会試における受験科目と明末のそれとを比べたのが、『明代登科録彙編』[26]より抽出した、表3、「明代の郷試・会試受験科目の一例証」である。

これによれば、明代では初期より末期に至るまで、郷試・会試ともに受験科目は同じ形式で出題されていたことが分かる。尚後述するように、科挙に合格後の進士・挙人、或いは貢監生出身の官員達にも、律・令・条例の学習が強制されたことは言うまでもない。

第四節　出題科目「判語」の実態

1　判語の計量的考察

郷・会試や歳貢生の翰林院での試験に出題された判語と、それ以前より郷試に出題され且つ生員・監生に学習を義務付けられていた律とは、如何なる内容を持ち違いがあるか等の点については、科挙の登科録より推定する必要がある。『明代登科録彙編』22冊中に収める計三十一種の郷試と計八（九）種の会試との内容を数量的に統計化して検討

表４　明代郷試の年代別判語例

（31種、▲印は出題頻度の高い条目）

判語５条 ＼ 郷試年代	吏　律 共計33条	戸　律 共計95条	礼　律 共計26条	兵　律 共計75条	刑　律 共計171条	工　律 共計13条
成化元(1465)年 山東郷試	挙用有過官吏（職制15条）	任所置買田宅（田宅11条）	▲禁止師巫邪術（祭祀６条）	承差転雇寄人（郵駅18条）	詐欺官私取財（賊盗28条）	
成化７年 広西	上言大臣徳政（職制15条）	出納官物有違（倉庫24条）	▲禁止師巫邪術（祭祀６条）	縦放軍人歇役（軍政20条）	詐欺官私取財（賊盗28条）	
弘治２(1489)年	照刷文巻（公式18条）	収養孤老（戸役15条）	▲禁止迎送（儀制20条）	優恤軍属（軍政20条）	弁明冤枉（断獄29条）	
弘治２年 湖広		匿税（課程19条）	失儀（儀制20条）	夜禁（軍政20条）	闘殴（闘殴22条）	
					賭博（雑犯11条）	
弘治５年 応天府	挙用有過官吏（職制15条）			不操練軍士（軍政20条）	官司出入人罪（断獄29条）	失時不修隄防（河防４条）
	講読律令（公式18条）					
弘治15年 応天府	▲官吏給由（職制15条）	▲人戸以籍為定（戸役15条）	致祭祀典神祇（祭祀６条）	邊境申索軍需（軍政20条）		
		守掌在官財物（倉庫24条）				
正徳11(1516)年 浙江		私剏庵院及私度僧道（戸役15条）	収蔵禁書及私習天文（儀制20条）	私出外境及違禁下海（関津７条）	獄内脱監及反獄在逃（捕亡８条）	
		守支銭糧及擅開官封（倉庫24条）				
正徳14年 山東	信牌（公式18条）	私茶（課程19条）	失儀（儀制20条）	越城（宮衛19条）	誣告（訴訟12条）	
嘉靖元(1522)年 応天府	増減官文書（公式18条）	▲人戸以籍為定（戸役15条）	▲禁止師巫邪術（祭祀６条）	縦放軍人歇役（軍政20条）		修理橋梁道路（河防４条）
嘉靖７年 浙江	上言大臣徳政（職制15条）	検踏災傷田糧（田宅11条）	▲禁止師巫邪術（祭祀６条）	関防内使出入（宮衛19条）		失時不修隄防（河防４条）
嘉靖10年 順天府	封掌印信（公式18条）	銭糧互相覚察（倉庫24条）	上書陳言（儀制20条）		▲軍民約会詞訟（訴訟12条）	
					長官使人有犯（断獄29条）	

（31種、▲印は出題頻度の高い条目）

判語５条 / 郷試年代	吏律 共計33条	戸律 共計95条	礼律 共計26条	兵律 共計75条	刑律 共計171条	工律 共計13条
嘉靖10年 山西	官員赴任過限（職制15条）	人戸以籍為定（戸役15条）	▲禁止師巫邪術（祭祀６条）	縦放軍人歇役（軍政20条）	▲詐欺官私取財（賊盗28条）	
嘉靖10年 雲貴	濫設官吏（職制15条）	脱漏戸口（戸役15条）	失占天象（儀制20条）	私売戦場（軍政20条）	干名犯義（訴訟12条）	
嘉靖16(1537)年 貴州	▲官員赴任過限（職制15条）	▲人戸以籍為定（戸役15条）	▲禁止師巫邪術（祭祀６条）	承差転雇寄人（郵駅18条）	▲詐欺官私取財（賊盗28条）	
嘉靖19(1540)年 応天府郷試	信牌（公式18条）	銭法（倉庫24条）	祭享（祭祀６条）	夜禁（軍政20条）	越訴（訴訟12条）	
嘉靖28年 応天府	講読律令（公式18条）	私借官車船（田宅11条）	上書陳言（儀制20条）	官馬不調習（厩牧11条）	官司出入人罪（断獄法29条）	
嘉靖31年 山東	同僚代判署文案（公式18条）	器用布絹不如法（市廛５条）	見任官輒自立碑（儀制20条）	隠匿孳生官畜産（厩牧11条）	官吏詞訟家人訴（訴訟12条）	
嘉靖31年 福建	同僚代判署文案（公式18条）	棄毀器物稼穡等（田宅11条）	蒙古色目人婚姻（婚姻18条）	禁経断人充宿衛（宮衛19条）	誣告充軍及遷徙（訴訟12条）	
嘉靖37年 江西	▲官員赴任過限（職制15条）	起解金銀足色（倉庫24条）	致祭祀典神祇（祭祀６条）	懸帯関防牌面（宮衛19条）	軍民約会詞訟（訴訟12条）	
嘉靖37年 広東	磨勘巻宗（公式18条）	功臣田土（田宅11条）	上書陳言（儀制20条）	関津留難（関津７条）		修理倉庫（営造９条）
嘉靖43年 四川	▲官吏給由（職制15条）	功臣田土（田宅11条）	▲禁止迎送（儀制20条）	門禁鎖鑰（宮衛19条）		修理倉庫（営造９条）
隆慶元(1567)年 陝西	磨勘巻宗（公式18条）	荒蕪田地（田宅11条）	▲禁止迎送（儀制20条）	駅使稽程（郵駅18条）	私鋳銅銭（許偽12条）	
万暦元(1573)年 雲南	官員襲廕（職制15条）	転解官物（倉庫24条）	▲禁止迎送（儀制20条）	門禁鎖鑰（宮衛19条）	聴訴廻避（訴訟12条）	
万暦元年 貴州	▲官吏給由（職制15条）	賦役不均（戸役15条）	▲禁止迎送（儀制20条）		聴訴廻避（訴訟12条）	冒破物料（営造９条）
万暦７年 河南	▲官員赴任過限（職制15条）	起解金銀足色（倉庫24条）		私役民夫擡轎（郵駅18条）	子孫違犯教令（訴訟12条）	修理橋梁道路（河防４条）
万暦７年 雲南	▲官吏給由（職制15条）		▲禁止迎送（儀制20条）	申報軍務（軍政20条）	弁明冤枉（断獄29条）	
			服舎違式（儀制20条）			

（31種、▲印は出題頻度の高い条目）

判語5条／郷試年代	吏　律　共計33条	戸　律　共計95条	礼　律　共計26条	兵　律　共計75条	刑　律　共計171条	工　律　共計13条
万暦10年　浙江			収蔵禁書及私習天文（儀制20条）		投匿名文書告言人罪（罵詈8条）	虚費工力採取不堪用（営造9条）
					在官求索借貸人財物（受贓11条）	織造違禁竜鳳文叚疋（営造9条）
万暦13年　山東	▲官吏給由（職制15条）	功臣田土（田宅11条）	▲禁止迎送（儀制20条）	優恤軍属（軍政20条）		盗決河防（河防4条）
万暦22年　山東	信牌（公式18条）	銭法（倉庫24条）	祭享（祭祀6条）	夜禁（軍政20条）	越訴（訴訟12条）	
天啓7(1627)年　江西	▲官員赴任過限（職制15条）	検踏災傷銭糧（田宅11条）	致祭祀典神祇（祭祀6条）	辺境申索軍需（軍政20条）	官吏出入人罪（断獄29条）	
崇禎12(1639)年　陝西	事応奏不奏（公式18条）	市司評物価（市廛5条）		不操練軍士（軍政20条）	老幼不考訊（断獄29条）	造作不如法（営造9条）

表5　郷試実施例（31種）の時代区分

成化	弘治	正徳	嘉靖	隆慶	万暦	天啓	崇禎
2例	4例	2例	13例	1例	7例	1例	1例

表6　郷試実施例（31種）の地域区分

順天	山東	河南	山西	陝西	応天	浙江	江西
1例	6例	1例	1例	2例	5例	3例	2例
湖広	四川	雲南	貴州	雲貴	福建	広東	広西
1例	1例	2例	1例	1例	1例	1例	1例

したい。

先ず、登科録全巻を繙けば「判語」五条とは、明律の条目ではないかと目を疑う。『大明律』は洪武六年十一月に詳定され、旧律二八八条、続律一二八条、旧令改律三六条、因事制律三一条、擬唐律以補遺一二三条の六〇六条三〇巻として一応の完成をみた。[27] 次いで洪武九年十月には、同六年の六〇六条より四四六条を差引いた一六〇条に考訂・釐正が加えられて十三条が創出され、合計では四四六条に十三条を加えた四五九条となった。[28] 同十六年にも修訂を経た『大明律』は、洪武二十二（一三八九）年八月、四六〇条三〇巻に改訂され、同三十年に最終的な完成をみた。[29]

現存の『大明律』四六〇条本の各条目と、三十一種の郷試登科録及び九種の会試登科録所載の判語五条とを丹念に調べた場合、判語とは何れも明律の各条目に相当することが分かる。表4、「明代郷試の年代別判語例（31種）」によれば、三十一種の郷試例は、明代中期の成化元（一四六五）年の山東郷試より、崇禎十二（一六三九）年の陝西郷試に至るものであり、明代の前半が欠落している。この欠落している部分については、僅か十例ではあるが、若干の明代前半部分を含む「明代会試の年代別判語例（9種）」[30] で補完できる。例えば、本表の『建文二（一四〇〇）年会試録』『正統十（一四四五）年会試録』によれば、明代前半では吏・戸・礼・兵・刑・工の六律の中、刑律の出題が至って多い点が注目される。これは、太祖以来の厳罰主義を反映した名残りではないかと推測される。

表4によれば、判語五条つまり明律の条目五条は、少なくとも明代中期の成化元（一四六五）年以後、ほぼ吏・戸・礼・兵・刑・工の六律の順位に、条目中より一題ずつ計五題が出題されていることが分かる。又、「明代会試の年代別判語例」によれば建文二年会試録では、刑律四条、兵律一条が出題され、以後と同様に、名例律は見えない。[31] 表4では、吏・戸・礼・兵・刑の各律に比べて工律の出題回数は少ないことが分かる。尚、▲点は出題頻度の高い条目である。

表4より抽出した表5、「郷試実施例の時代区分」によれば、出題例の年代は、嘉靖が十三例で最も多く、以下万

暦七例、弘治四例、成化・正徳各二例、隆慶一例、天啓・崇禎各一例の順位である。同じく表4より抽出した表6、「郷試実施例の地域区分」によれば、出題例の地域は、山東が六例で最も多く、以下応天五例、浙江三例、江西・陝西・雲南各二例、順天・河南・山西・湖広・四川・貴州・雲貴・福建・広東・広西各一例の順位である。

次に、表4より抽出した表7、「郷試出題判語の明律条目別集計」によれば、吏・戸・礼・兵・刑・工の各律の総条目中に占める出題条目の具体的名称と出題回数とが総花的には分かる。出題回数の多いものには、礼律26条目〈儀制20条目〉中の「禁止迎送」7回、礼律26条目〈祭祀6条目〉中の「禁止師巫邪術」6回、吏律33条目〈職制15条目〉中の「官員赴任過限」5回、「官吏給由」5回等が際立っている。これら礼律・吏律中の三条目は、官員の行動様式に関わる条目である点が注目される。

そこで、31種郷試例の判語総数の中で、重複する回数の多い判語＝条目は、吏・戸・礼・兵・刑・工各律のどの篇目に集中していたかについて、表7より抽出した表8、「郷試出題判語の明律条目別頻度表」に目を通そう。

表8の条目総数、出題条目、条目の出題回数、出題率、出題条目の重複回数の内、注目すべきは、条目の出題回数と出題条目の重複回数とである。先ず、条目の出題回数の中、最も注目すべきは、吏律〜工律の篇目中に占めるそれである。篇目に占める条目の出題回数八回以上のものとしては、吏律〈職制〉十六回、同〈公式〉十三回、戸律〈戸役〉八回、同〈田宅〉九回、同〈倉庫〉九回、礼律〈儀制〉十七回、同〈祭祀〉十一回、兵律〈軍政〉十四回、刑律〈訴訟〉十一回、〈断獄〉七回があげられる。

問題は、こうした明律の篇目に占める条目の出題回数より出題条目を差し引いた出題条目の重複回数である。その五回以上のものとしては、吏律〈職制〉十回、同〈公式〉五回、礼律〈儀制〉十回、同〈祭祀〉八回、兵律〈軍政〉七回があげられる。要するに、判語の出題頻度は、礼律・吏律・兵律の各特定篇目の順位に高率を占めており、そこには礼教秩序、人事行政重視の国家の支配理念をも窺うことが可能である。

表７　郷試(31種)出題判語の明律条目別集計

明律篇目	出題判語
吏律　計33条目中 14条目（42.4%） 計29回	〔職制　15条目中６条目、計16回〕
	官員赴任過限　5回
	官吏給由　5回
	挙用有過官吏　2回
	上言大臣徳政　2回
	濫設官吏　1回
	官員襲廕　1回
	〔公式　18条目中８条目、計13回〕
	信牌　3回
	講読律令　2回
	同僚代判書文案　2回
	磨勘巻宗　2回
	照刷文巻　1回
	増減官文書　1回
	封掌印信　1回
	事応奏不奏　1回
戸律　計95条目中 23条目（24.2%） 計30回	〔戸役　15条目中５条目、計８回〕
	人戸以籍為定　4回
	収養孤老　1回
	私剏庵院及私度僧道　1回
	賦役不均　1回
	脱漏戸口　1回
	〔田宅　11条目中６条目、計９回〕
	功臣田土　3回
	検踏災傷田（銭）糧　2回
	任所置買田宅　1回
	私借官車船　1回
	棄毀器物稼穡等　1回
	荒蕪田地　1回
	〔婚姻　18条目中１条目、計１回〕
	蒙古色目人婚姻　1回
	〔倉庫　24条目中７条目、計９回〕
	銭法　2回
	起解金銀足色　2回
	出納官物有違　1回
	守掌在官財物　1回
	守支銭粮及擅開　1回
	銭糧互相覚察　1回
	転解官物　1回
	〔課程　19条目中２条目、計２回〕
	匿税　1回
	私茶　1回
	〔市廛　５条目中２条目、計２回〕
	器用布絹不如法　1回
	市司評物価　1回
礼律　計26条目中 10条目（38.4%） 計29回	〔儀制　20条目中７条目、計17回〕
	禁止迎送　7回
	上書陳言　3回
	失儀　2回
	収蔵禁書及私習天文　2回
	失占天象　1回
	見任官輙自立碑　1回
	服舎違式　1回
	〔祭祀　６条目中３条目、計11回〕
	禁止師巫邪術　6回
	致祭祀典神祇　3回
	祭享　2回
兵律　計75条目中 19条目（25.3%） 計28回	〔軍政　20条目中７条目、計14回〕
	不操練軍士　2回
	縦放軍人歇役　3回
	優恤軍属　2回
	優境申索軍需　2回
	夜禁　3回
	私売戦馬　1回

明律篇目	出題判語
	申報軍務　1回
	〔郵駅　18条目中3条目、計4回〕
	承差転雇寄人　2回
	駅使稽程　1回
	私役民夫擡轎　1回
	〔関津　7条目中2条目、計2回〕
	私出外境及違禁下海　1回
	関津留難　1回
	〔宮衛　19条目中5条目、計6回〕
	門禁鎖鑰　2回
	越城　1回
	関防内使出入　1回
	禁経断人充宿衛　1回
	懸帯関防牌面　1回
	〔廐牧　11条目中2条目、計2回〕
	官馬不調習　1回
	隠匿孳生官畜産　1回
刑律　計171条目 19条目（11.1%） 計28回	〔賊盗　28条目中1条目、計4回〕
	詐欺官私取財　4回
	〔断獄　29条目中4条目、計7回〕
	官司出入人罪　3回
	弁明冤枉　2回
	長官使人有犯　1回
	老幼不考訊　1回
	〔訴訟　12条目中8条目、計11回〕
	軍民約会詞訟　2回
	越訴　2回
	聴訴廻避　2回

明律篇目	出題判語
	誣告　1回
	干名犯義　1回
	官吏詞訟家人訴　1回
	誣告充軍及遷徙　1回
	子孫違犯教令　1回
	〔闘殴　22条目中1条目、計1回〕
	闘殴　1回
	〔捕亡　8条目中1条目、計1回〕
	獄囚脱監及反獄在逃　1回
	〔雑犯　11条目中1条目、計1回〕
	賭博　1回
	〔詐偽　12条目中1条目、計1回〕
	私鋳銅銭　1回
	〔罵詈　8条目中1条目、計1回〕
	投匿名文書告言人罪　1回
	〔受贓　11条目中1条目、計1回〕
	在官求索借貸人財物　1回
工律　計13条目中 7条目（53.8%） 計10回	〔河防　4条目中2条目、計4回〕
	失時不修隄防　2回
	修理橋梁道路　2回
	盗決河防　1回
	〔営造　9条目中5条目、計6回〕
	修理倉庫　2回
	冒破物料　1回
	虚費工力採取不堪用　1回
	織造違禁竜鳳文叚疋　1回
	造作不如法　1回

表８　郷試（31種）出題判語の明律条目別頻度表

明律条目＼明律篇目	条目総数 (a)	出題条目 (b)	条目の出題回数 (c)	出題率 $\frac{b}{a}\times100(\%)$	出題条目の重複回数 (c)−(b)
吏　律	33(条)	14(条)	29(回)	42.4(%)	15(回)
職　制	15	6	16	40	10
公　式	18	8	13	44.4	5
戸　律	95	23	31	24.2	8
戸　役	15	5	8	33.3	3
田　宅	11	6	9	54.5	3
婚　姻	18	1	1	5.6	0
倉　庫	24	7	9	29.2	2
課　程	19	2	2	10.5	0
市　廛	5	2	2	40	0
礼　律	26	10	28	38.4	18
儀　制	20	7	17	35	10
祭　祀	6	3	11	50	8
兵　律	75	19	28	25.3	9
軍　政	20	7	14	35	7
郵　駅	18	3	4	16.7	1
関　津	7	2	2	28.6	0
宮　衛	19	5	6	26.3	1
厩　牧	11	2	2	18.2	0
刑　律	171(条)	19(条)	28(回)	11.1(%)	9(回)
賊　盗	28	1	4	3.6	3
断　獄	29	4	7	13.8	3
訴　訟	12	8	11	66.7	3
闘　殴	22	1	1	4.5	0
捕　亡	8	1	1	12.5	0
雑　犯	11	1	1	9.1	0
詐　偽	12	1	1	8.3	0
罵　詈	8	1	1	12.5	0
受　贓	11	1	1	9.1	0
工　律	13	7	10	53.8	3
河　防	4	2	4	50	2
営　造	9	5	6	55.5	1

表９　郷試出題頻度上位の明律条目例

郷試31事例中、出題３回以上の条目（判語）	年代／省／篇目	成化元年（一四六五）	成化7年	弘治2年（一四八九）	弘治2年	弘治5年	弘治15年	正徳14年（一五一九）	嘉靖元年（一五二二）	嘉靖7年	嘉靖10年	嘉靖10年	嘉靖16年	嘉靖19年	嘉靖28年	嘉靖37年	嘉靖37年	嘉靖43年	隆慶元年（一五六七）	万暦元年（一五七三）	万暦元年	万暦7年	万暦7年	万暦13年	万暦22年	天啓7年（一六二七）
		山東	広西	山東	湖広	応天	応天	山東	応天	浙江	順天	山西	貴州	応天	応天	江西	広東	四川	陝西	雲南	貴州	河南	雲南	山東	山東	江西
官員赴任過限	吏律・職制											●	●			●						●				●
官吏給由	吏律・職制						●											●			●		●	●		
信牌	吏律・公式							●						●											●	
人戸以籍為定	戸律・戸役						●		●			●	●													
功臣田土	戸律・田宅																●	●						●		
禁止迎送	礼律・儀制			●														●	●	●	●		●	●		
上書陳言	礼律・儀制										●				●		●									
禁止師巫邪術	礼律・祭祀	●	●						●	●		●	●													
致祭祀典神祇	礼律・祭祀						●									●										●
縦放軍人歇役	兵律・軍政		●						●			●														
夜禁	兵律・軍政				●									●		●										
詐欺官私取財	刑律・賊盗	●	●									●	●													
官司出入人罪	刑律・断獄					●									●											●

最後に、右の礼律・吏律・兵律条篇目に占める出題頻度上位の重複する条目を表7より抽出したものが、表9、「郷試出題頻度上位の明律条目例」である。

表9によれば、出題回数三回以上の条目＝判語としては、礼律が最も多く、「禁止迎送」七回、「禁止師巫邪術」六回、「上書陳言」三回、「致祭祀典神祇」三回の計十九回を占める。次いで吏律のそれは、「官員赴任過限」五回、「官吏給由」五回、「信牌」三回の計十三回である。戸律のそれは、「人戸以籍為定」四回、「功臣田土」三回の計七回である。刑律のそれは、「詐欺官私取財」四回、「官司出入人罪」三回の計七回である。兵律のそれは、「縦放軍人歇役」三回、「夜禁」三回の計六回である。

では、こうした「判語」五条として出題された、明律の吏・戸・礼・兵・刑等の五律、或いは工律を含む六律の条目は、条目の如何なる内容について設問されたのであろうか。以下では、この点について出題頻度が明末の嘉靖〜万暦期に最も高い礼律〈儀制〉「禁止迎送」に焦点を当てながら検討を加えたい。

2　出題判語の内容的検討（法の適用の仕方を問う）

郷・会試では明律の条目がそっくり判語として出題されたわけであるが、判とは一体、律の解釈を要求したものか、或は律の適用の仕方の一面を要求したものであろうか。単なる律の解釈であれば、律義ですむはずであり、「判語」の字を用いる必要はない、と考えられる。そもそも「判語」とは如何なる官用語＝法制用語であろうか。

滋賀秀三氏は、旧中国の広い意味の判例集に刑案の類と判牘の類とがあり、この判牘の内容は刑事、民事、行政にわたる案件を豊富に含み、人民生活を比較的如実に反映している判決文集とも言うべきものだとされる。[32]同氏は又、「過去の中国において、訴訟案件を扱った地方長官が、何らか裁きを与える意味をもって書き記した文章、これを広く一応『判語』もしくは『判牘』と総称するならば[33]」というように、判語を判牘と同義の言葉として解されているが、判牘と判とには用語法上に広・狭の差違があったともされる。即ち氏は、清代に関して、州県の判断に委ねられていた掌責などの軽度の刑罰及び民事関係の処理（州県自理の案）をめぐって生ずる文案を収録した書籍が判牘であるのに対して、訴訟当事者に向って官が判断を宣示する形式の文章たる批（当事者の提出した書面に対して同じく書面で回答する言葉）・諭（口答弁論を聞いたあとにその結論として与える言葉）の内、諭は内容的に判であり、判牘は広義、判は狭義の用法とされる。(34)

しかし乍ら、現存の登科録には「判語」の模範解答が収録されていないことより、判語の実態は関連の史資料より推定する外はない。そこで、明代では郷・会試或いは歳貢の試験の際に律義や判語が課されたが、彼らは任官後にも特に地方官には律・令・条例の講読が強制された。例えば正徳『大明会典』巻一六五、都察院二、出巡条には、

諸司職掌〔洪武二十六年定〕。……凡至地方、所有合行事件、著令首領官吏抄案施行。……一講讀律令、仰本府幷合屬官吏、須要熟讀詳玩、講明律意、取依准回報。……

という如く、洪武二十六年制定の『諸司職掌』の中で、太祖は全国に出張して巡察する監察御史又は按察司官に対して、府州県官吏に律・令を講読させることと同時に、彼ら地方官に律意を熟読玩味せしめるように命じた。同条には又、

憲綱〔正統四年定〕。……凡國家律令、幷續降條例事理、有司官吏、須要熟讀詳玩、明曉其義。監察御史按察司官所至之處、令其講讀。或有不能通曉者、依律究治。

という如く、正統帝は制定した『憲綱』の中で、地方官に対して、彼らが律・令・条例を熟読して細かく味わい、その意味を理解するように命じた。同時に帝は、監察御史・按察司官が地方を巡察する際には、地方官に律・令・条例を講読させ、通暁していない者は処罰せよと命じた。

右によれば、少なくとも明代前半の地方官は律・令・条例の意味に通暁することを義務付けられていたことになる。

しかし、律・令・条例の注釈書は明末のものが多数残存し、内容も単なる注釈だけではなく、特に万暦～崇禎期のものには、裁判の審理過程における法の適用の仕方を解説したものが多くなる。又、民間の書肆で出版されたこれらの解説書は、日本では旧前田家の尊經閣文庫に比較的まとまって所蔵されている。本稿では、その中の重要と思われる幾種類かを検討の対象とした。

先ず、律・令・条例の購読者としては、右にみた官僚が考えられるが、彼らのみであったであろうか。明・蘇茂相『新刻大明律例臨民寶鏡』（崇禎版）〈臨民寶鏡序〉には、次のように言う。

此書眞爲鏡矣。宦官必鏡以斷獄訟。考吏必鏡以定殿最。掾吏必鏡以備考試。書辦必鏡以供招擬。業儒必鏡以科命判。簡驗必鏡以洗無寃、以知趨避。此鏡亦寶矣。其共珍之。因端其額曰寶鏡。崇禎歳次壬申端陽潘士良題。

一六三二年（崇禎五年）の潘士良の序文によれば、購読対象者は基本的には臨民宝鏡、又は臨民典則（後述）というように、本書は支配者として官僚のためのものであった。購読者としては官員の外に、胥吏、科挙の受験生も想定される。官員では、刑事裁判を担当する官僚、人事行政を担当する撫・按以下の各級長官や中央の吏部官僚、府州県学の生員の歳試・科試等に備えるための教育課程を担当する屬官つまり教官があげられている。胥吏が想定されたのは、後述するように彼らが裁判の招擬つまり審理の原案作成を担当していたことによる。府州県学の生員や国子監生、挙人等の業儒つまり科挙の受験生が想定されたのは、科挙に判語が出題されたことによる。

明・余員『新刻御頒新例三台明律招判正宗』の裏表紙に記される〈増補二刊新板〉にも、

一增各房招擬　　一增鄉會判語
一增新式告示　　一增瑣言管見
一增行移體式　　一尾附先寃錄

とあって、増補された第二版では、郷試・会試に出題される判語及び、六房の胥吏用の招擬（判決の原案）が増えたことが記されている。その後、告示、瑣言、行移体式も増やされ、後尾に先冤録が収録されたことが宣伝されている。明末、巷の書店より律・例の解説書が「新刻」と銘打って続々と出版されたのは、右にみた官僚や胥吏或いは科挙の受験生に需要があったことを意味している。では、何故に各書肆はそれらの購買者に次々と増補された詳細な注釈書を提供する必要があったのか、更には増補された内容は何であったか、については、次の幾つかの注釈書が暗示している。右の『新刻大明律例臨民寶鏡』臨民寶鏡序には、以下のように言う。

　高皇帝開天剏制、視漢三章、痛法脂茶、參以大誥、不啻炳若日星。列聖相承、代有令甲。又有問刑條例、新頒更定重修續補、益廣茲仁、燦然備矣。是書也字字箋釋、句句註解、加以審參斷議判示。凡臨民典則莫不畢具。一閲自明如對鏡自見。

右では、先ず明初以来の法典（大誥・律・令・問刑条例）について、新たな頒布、更定、重修、続修補正等が頻繁に行なわれるようになった点があげられている。本書は、それらの法典に箋釈・注解を行ない、同時に審理過程の審・参・断・議といった所謂る招擬と、判語及び告示とを加えて万全を期してあると自慢している。

しかし、右の書肆は読者に法義を十分理解させ得たであろうか。明版で蜀・資陽・貢挙（貢子。科挙経験者）達廷の纂修した『鐫大明龍頭便読新例律法全書』（書林「安正堂」劉双松氏梓）の序文を書いた南京刑部湖広清吏司郎中・成都・資陽の鳳石（進士出身）は、次のように述べる。

　在科甲之志、則窮經史而造大業。在刑名之學、則精律例而贊洪猷。夫道一而已。但從事於法家者、以律例各成一書、苦於誦讀者、多謂浩翰。旨意難明者、不便追求。……今以律刊一書、隨條附例。註以諸家釋意。至於假如招擬、判、告、體式行移、捷錄、非不備載於中。使學者隨便觀、勿勞尋究。雖不能以會其意而備其全、抑少足以省其繁而便其讀矣。……此蜀館達廷貢子纂要便讀之意。因乞余言以爲之序云。賜進士第奉直大夫南京刑部湖廣清吏司郎中、成都、資陽、鳳石任甲第、撰書于安正堂。

右によれば、鳳石は律例が膨大且つ煩雑となって、読みづらい上に、主旨も理解し難くなった点を律・例注釈書が出版される要因とみなしている。充実した内容としては、招擬、判、告等があげられている。

明・陳孫賢『新刻明律統宗為政便覧』（「積善堂」の陳奇泉梓、万暦版）の裏表紙にも、〈御製頒行〉と題して次のように言う。

律乃繩民要覽。第條例繁劇、中肯綮者十鮮四五。惟茲集出法家攷正招擬、告示、判語、復增新例。展帙閲之、井井有條、言言精切。誠熙朝惠民祥刑也。名曰明律統宗、云。建邑陳孫賢謹識。

これによれば、本書は民を拘束する縄民の要覧たるべき律例が複雑を極め、しかも要点にふれてないものが五～六割にも上る現状より、法家の校訂した招擬、告示、判語を収録し、更に新例を増補した、と自慢している。

では、律・例に関する招擬・判語・告示は如何なる手順で収録され、その内容は如何なるものであったであろうか。尊経閣所蔵の明末に出版された比較的詳細な明律注釈書に見える明律各条目毎の審理手順を、出題判語の中で頻度が高く明末の嘉靖～万暦期に集中していた判語＝明律の条目たる礼律〈儀制〉「禁止迎送」について、『A』～『H』の八種の注釈書より抽出したのが表10、「礼律〈儀制〉『禁止迎送』の審理手順を記述する律・例解説書の内容」である。表10によれば、律の審理手順が全て揃っている注釈書はない。しかし、律条目の本文と注釈、招擬の内の審・断・議、及び判語については、約半数が揃っている。

先ず、礼律条目の「禁止迎送」の本文と注釈について、『D』＝『鐫大明龍頭便読新例律法全書』巻四、礼律、禁止迎送では、

凡上司官及使客《朝廷所差》経過、若監察御史、按察司官、出巡按治《去處》、而所在各衙門官吏出郭迎送者杖九十。其容《上司使客等官》令迎送不擧問者、罪亦如之。（※傍線は『E』にない注を指す。）○按治、所按臨之處也。所在官吏、指使客上司経過府州縣之官吏。内曰城、外曰郭、不許出郭迎送。

と見え、『E』＝『刻精注大明律例致君奇術』礼巻五、礼律、禁止迎送では、

凡上司官（指監臨上司及風憲官）及使客経過（欽承朝廷差使）若監察御史按察司官出巡按治、而所在各衙門官吏出郭迎送者（内曰城外曰郭）杖九十（媚上狥私。罪難逃也。）其容令迎送不舉問者（好人承順殊乖風紀）罪亦如之（縦罪於逢迎。之亦杖九十）。（※傍線は『D』にない注を指す）

と見える。

『D』巻四、礼律、禁止迎送、『E』巻五、礼律、禁止迎送の本文及び注を総合すれば、「禁止迎送」の意味は次のようになる。

知州・知府・布政司（・巡撫）等の管理官たる監臨の上司[35]や、朝廷より欽差された特命の官僚たる巡按御史等官、若しくは監察御史・按察司官が、出張視察するところでは、府州県の官員で城外に出て歓迎歓送した者は、上司に媚びを売って公務を忘れた罪として杖九十の刑で処罰する。又上司及び朝廷欽差の特命官僚で、府州県官の風紀に乖る右の行為に迎合して処罰しない者に対しても、逢迎を放縦した罪として杖九十の刑罰に処する。

右の礼律〈儀制〉「禁止迎送」という律条目の本文に違反する事件が発生した場合、その審理は如何なる手順で行なわれたであろうか。『D』巻四、礼律、禁止迎送、《仮如招擬》には、次のように見える。

(a)　一趙甲、依上司官使客経過、監察御史按察司官出巡按治、而所在衙門官吏出郭迎接者。錢乙、依容令迎送者。問擬。

(b)　一審得。趙甲、迎送過於常規、其媚上狥私之罪、合究。錢乙、故縦其亦樂於逢迎者、罪亦如之。

(c)　一議得。趙甲錢乙、律各杖九十、俱有大誥減等、各杖八十。俱官納米等項完日還職。

右の招擬に仮如つまり「例えば」とあるのは、審理は行なうが決定権はもたない州県の立場より判決の原案を作成すれば、右の如くなる、との意であろう[36]。『E』巻五、礼律、禁止迎送では、右の『D』《仮如招擬》の箇所は《断律捷指》と表現される。『D』の(a)に相当する部分の書き出しは、『E』では「仮如」で始まり「何如」で終る以外は、

表10　礼律・儀制・禁止迎送の審理手順を記す律・例解説書の内容（アリ＝収録アリの意）

	律・例 註 釈 書	律		令	招擬			判 語	告 示	新 例	纂修者
		条目・本文	注 釈		審	断	議				
A	大明律例巻12、礼律・儀制10冊（嘉靖版）	アリ	アリ	洪武三十三年令							明・劉惟謙等
B	刻大明律例注解巻11、礼律8冊（万暦版）	アリ	アリ								明・姚思仁
C	新刊便読律例附注龍頭主意詳覧、礼律4巻6冊（明版）	アリ	アリ								蜀・資陽・貢挙
D	鐫大明龍頭便読新例律法全書巻4、礼律、8冊（明版）	アリ	アリ		アリ	アリ	アリ	アリ（題目のみ）			蜀・資陽・貢挙（貢子）
E	刻精注大明律例致君奇術、礼巻5、8冊（明版）	アリ	アリ		アリ	アリ	アリ	アリ			明・朱敬順他
F	新刻明律統宗為政便覧、礼律巻7、礼律、8冊（万暦版）	アリ			アリ	アリ	アリ	アリ		成化六年七月十五日行	明・陳孫賢
G	新刻御頒新例三台明律招判正宗、巻5、礼律、8冊（万暦版）	アリ	アリ					アリ	アリ		明・余員
H	新刻大明律例臨民寳鏡巻4、礼律、12冊（崇禎版）	アリ		大明令	アリ			アリ	アリ		明・蘇茂相

内容は全く同じである。『D』の(b)に相当する部分の書き出しも、『E』では『断云』で始まり「具小招」で終る以外は、内容は全く同じである。『D』の(c)に相当する部分の書き出しも、『E』では『D』の「一議得」が「一議」とあるだけで、他は全く同内容である。

次に、『F』＝『新刻明律統宗為政便覧』巻七、礼律、禁止迎送では、右の『D』《仮如招擬》の箇所は、《法家審擬》と表現される。『D』の(a)に相当する部分の終りが「問擬」とあるのに対して、『F』では「何如」（『E』の(a)と同じ）とある以外は、内容は全く同じである。『D』の(b)に相当する部分は、『F』では『D』(b)と全く同じ内容である。『D』の(c)に相当する部分は、『F』では形式的には殆ど『D』(c)と同様である。但し、『D』(c)の「律各杖九十」及び「倶官納米等項」が『F』では「律各杖一百」、及び「倶係官納米等項」と字句の違いがあるだけである。

こうしてみると、『D』の《仮如招擬》つまり《判決原案の一例》の(a)の部分は、上司に対して出郭迎送した主犯の趙甲及び、趙甲の迎送を容認した従犯銭乙に対する容疑の認定（《問擬》）である。(b)の部分は、県城内での上司への迎送の礼＝常規を逸脱し、城外の郭外に出て迎送するという上司に媚びて公務を忘れた趙甲の非は糾すべきであり、又それを容認して逢迎されることを楽しんだ銭乙の罪も同様にただされるべきである、との趙甲・銭乙に対する罪状の擬定（《断》）・（《審》）である。(37) (c)の部分は、趙甲・銭乙の罪に対する杖刑九十という律の刑罰の擬定（《議》）である。但し(c)では、趙甲・銭乙両人は御製大誥の減等規定により杖八十に減らされ、且つ実刑を受ける代りに米等の穀物を完納する贖罰の規定が許容されている。

『D』巻四、礼律、禁止迎送では、「判決原案の一例（仮如招擬）」として「判語」の名称だけは記されるが、内容が欠落している。そこで判語の内容については、表10の『E』巻五、礼律、禁止迎送、『H』＝『新刻大明律例臨民寶鏡』巻四、礼律、禁止迎送、『G』＝『新刻御頒新例三台明律招判正宗』巻五、礼律、禁止迎送、『F』巻七、礼律、禁止迎送に見える判語について検討してみよう。

先ず、礼律、禁止迎送における判語の総字数は、㋑＝『E』と『H』が百三十字、㋺＝『G』が一四二字（欠落した一字を含む）、㋩＝『F』が百字というように、全て偶数から出来ている。

次に総字数を句＝判詞の節ごとに分解して粗訳を付せば、以下のようになる（判詞上段の数字は字数を示す）。

㋑＝『E』＝『H』の場合。

10杜欽伏道還貽朝仕之羞

漢の成帝の時、大将軍王鳳に仕えた杜欽は、土下座して迎送の礼を行なったことにより、官界に恥辱をさらした。

10潘岳望塵自屈文人之氣

詩賦にすぐれた晉の給事黄門侍郎潘岳は、時の権力者賈謐に諂事して、文人としての気節を放棄してしまった。

11有陶元亮之清節始不折腰

彭沢令となった晉の陶潜（淵明）は、在官八十余日にして上司の視察に当り、束帯で見えるべしとの吏の発言に「五斗のために腰を折って郷里の小児に向はんや」と反発し、即刻辞任して帰郷したが、その清廉の節操は陶にして始めて堅持し得たものである。

11非汲長孺之高風誰能長揖

清静の政治を評価され、面接廷諍することによって武帝に一目おかれたほどの気風の持ち主だった漢の汲黯でなければ、誰が手をこまねいて前方のやや上にあげ、そのまま下へおろす動作を大きくする長揖の礼などできようか。

8故送迎乃大諛之擧
こういうわけで、送迎とはへつらいの度合いが昂じた挙動である。
8而禁止斯範俗之防
従って、それを禁止するのは、礼法の常識をまもるためである。
8今某不思節義自開
いま、誰がしは節を守り義理を立てることを怠り、
6惟務逢迎爲悦
ひたすら上司を迎接することだけに努めて満悦している。
10餞班生於水滸徒羨仙舟
昔、漢の班固を水滸に送って、やたらと華麗な装飾を施した遊山船を羨むものがあった。
12迓桓温於新亭倒持手板賀言
又、権勢を誇った晉の桓温を新亭に迎えて手板（笏）を逆さに持ち喜びの気持をあらわすものがあった。
8蔡邕倒屣王粲醉心
後漢の時、左中郎であった蔡邕は、王粲（魏の高平の人）の奇才を評価していたが、ある時粲が邕の家を訪問したところ、邕はとっさに履物を逆さに履いて迎え、粲もこれに甘んじたが、

7於文學之名實效
それは文学の名において敬意を表わしたものではあったが、へつらいの度合いが昂じたものであった。
9孔光優謁董賢
孔光は、媚びを手段に哀帝の恩寵を極めた漢の董賢に土下座して見えたが、
7惕志於權貴之灼
それは己れの志を権力の座にあぐらをかく貴人の威光に屈伏させたものであった。

4自開納侮
自らの矜持をすてて礼法を侮辱するものの罪は
4難免罷民
律の適用で官職の剝奪による庶民への格下げの処罰をまぬがれない。
㋺、㋩も㋑の組替えであり、判詞の分解だけを行なえば、以下のようである。
㋺＝『G』の場合。
11王政謹委積之需無忘賓旅
11問官設候人之屬用待遠人
12陶潛不爲五斗折腰允稱直節
12張禹祇因一時屈膝致長諛風
10迓桓温於新序倒執手板

10飲《ママ》班生於水滸徒羨登仙
10今某心存孤媚計作猿攀
10襲鞬櫜以出迎不値蔡州
12初附具戎容而遠送漫稱臺席
⑿甫離賀言蔡邕倒履王粲灼□
8非寇恂之宿怨兼饌
8何爲異丁寇之深仇
4蒸羊徒饋
4勞而無禮
4則莒國有
4常刑罔赦

㈧＝『F』の場合。

5居官有常度 → 6惟盡清愼之司
5人臣不私交　6毋煩迎送之禮
5故李友之越　6魯見譏於麟經
5而若水之盛　6荐貽羞於唐史
8今某不愼居官之禮　6顧爲媚悦之交
10非寇公之解仇何費兼饌　10乃文饒之交宦重賄珍奇
7用民膏以悦故友　7要黨畜而沽朝歡

4是何心哉　4刑其及矣

以上の㋑、㋺、㋩の判詞は、八股に分解できる。一股の字数は、㋺＝『G』の場合のみが同数である。㋑＝『E』＝『H』の場合は、八股の前半は一股の字数が同数であり、後半は一股の字数が同数ではない。㋩＝『F』の場合は、八股の前半は一股の字数が同数ではないが、後半は一股の字数が同数である。

官僚行政上の法務手引書または郷・会試の判語問題集とも称すべき明末の律例注釈書に現われる判語は、先ず八股文の形式で出題されていたらしいということが分かる。次に、判語八股文の内容はほぼ共通しているが、特に粗訳を施した㋑＝『E』＝『H』について言えば、以下のようである。それは、節操を逸脱し、或いは堅持した迎送の礼について歴史上の人物の故事を引用しながら、礼法の道理を説諭し、判詞の中途で被告の容疑を認定し、後半は故事の悪例を引用して訓戒（罪状を擬定）したのち、処罰を宣示する体裁をとっている。つまり、礼律、禁止迎送の判語とは、官僚の司法行政における礼法上の迎送を遵守又は逸脱した歴史上の人物の善悪の論理的例証に照して礼法の道理を説諭したのち、法の適用については、故事に基づく容疑の認定につづいて、やや抽象的に罪状の擬定と刑罰の宣告に関して裁決・判断を下す文言を、八股の多分に駢文の体裁で作成することが要求されたものと推定される。

判語の八股文が駢文を要求されたか否かについては、詩・賦に素養のない筆者には何とも言えない。但だ、金諍『科挙制度与中国文化』によれば、唐代任官のための銓試（関試）に出題された身・言・書・判の中では書・判に重点がおかれ、書・判とは応試者に明確な判決文を作文させて書写させ、行政官としての実務能力を試すもので、五六十字より二三百字に亘る麗文が要求されたとされる。金氏はさらに、貞元十八（八〇二）年冬の吏部抜萃考試の前夜に白楽天が判語の練習文として記した「百道判」（『白居易集』）を引用され、一般的に唐代の判詞は大抵は駢麗文であり、名目は判でも実際には礼部科挙試における詩・賦・雑文と特別に変ったものではなく、又行政実務に密接に関連したものでもなかった、とされる。又氏は、こうした判詞は封建社会の司法文書として作成されるものであり、唐から清までさほどの変化はなかったとされ、蒲松齢『聊斎志異』の「畫皮」、「席方平」等篇に見える判詞は典麗精致な駢文であって、唐代のそれと変るものではないとされる。(38)

明律注釈書に記される審理項目としては、《律本文と注解》、《招擬（審・断・議）》、《判語》が現われる。次いで、示（告示）と例（新例）とが審理項目の末尾に付加される。例えば、崇禎版の『H』巻四、礼律、禁止迎送、「示」には次のように見える。

巡按監察御史某爲禁約事。照得。本職欽承命、來按是邦、採訪巡察、固本院之當然。遠迎遠送、誠屬官之阿諛。近來有等不才官員、不遵憲綱、毎遇本院出巡到處、率領在官人等、出郭迎接。或有餚饌於驛舍、供茶水於道傍。爭獻諂媚、妾婦所爲、不恤廉恥、仕途有玷。若不預爲禁止、誠恐踵習如常。有累名節、深爲未便。爲此合出告示、發去司府州縣衛所等衙門、一體知悉。散有故違不遵、臨期提問、決不輕恕。

明末に出された巡按の出巡事宜の本物に似せて作成された右の禁約事宜では、先ず採訪・巡察を仕事とする皇帝の特命を帯びた巡按の職分が述べられている。次いで、律の精神に即して、巡按の来訪に際して地方官が城外へ遠く出かけて歓迎・歓送することは属官の「阿諛」であると断定する。ところが最近では、巡按の出巡する地方の才能に乏しい地方官が正統四年制定の『憲綱』を遵守せず、属官を引き連れて城外遠く迄出迎え、駅舎に酒肴を贈り、道端で茶水をふるまう、というように恥知らずで仕官の倫理を傷つける諂媚を競争する実態がある。本巡按は、こうした名教の節操を阻害する行為が常習化することを事前に予防するために、この告示を発布するものである。と言うような、告示発布の理由が述べられたのち、司・府・州・県・衛・所各衙門に指令した告示を不届きにも遵守しない者は、決して容赦はしない、との断固たる決意が表明されている。問題なのは、律・例注釈書の条目の審理過程を例示した告示の中に、禁令違反の諂媚に狂奔する事態が当然の如く記されている点である。この点は、迎送を取締るべき巡按の当該明末期における職務上の倫理如何とも絡んでいた。

告示の次には、最後に例（新例）が記される。このケースとしては、『H』巻四、礼律、禁止迎送に見える洪武期の『大明令』と、『F』巻七、礼律、禁止迎送に見える成化六年七月十五日新例とがあげられるが、関連する次節で検討しよう。

3　明末官僚政治の矛盾と出題判語との関連

明代後半の科挙の郷・会試登科録に見える出題判語としては、特に嘉靖～万暦期に集中して、礼律・儀制の「禁止迎送」が顕現する点は前述の通りである。その外、明末の判語としては、吏律の官僚行政にまつわる条目の出題も多かった。こうした傾向は、出題判語と明末官僚政治の矛盾との関連を想定させる。

「禁止迎送」という明律の条目は、洪武三十（一三九七）年に最後の完成をみた『大明律』では、

凡上司官及使客經過、若監察御史按察司官出巡按治、而所在各衙門官吏、出郭迎送者杖九十。其容令迎不擧者罪亦如之。

と記されていた。これに関して『H』巻四、礼律、禁止迎送に見える同時期の『大明令』洪武三十三《ママ》年月令には、

軍民人等、于街市、遇見官府、即須下馬躲避。如有衝突、問不應杖。(39)

とあって、軍戸や民戸としての民が都市の大通りで官員と出遇った際には、直ちに下馬して避けよ、若し軍民が衝突した場合は、「不応」の律、つまり「不応為」の律で処罰する、と見える。この律は、律・令の本文にはないが、道理上なすべきではないことをした場合に適用される律である。(40)右では杖罪とあることにより、「不応為」は「不応事重」即ち「凡不応得為而為之者笞四十。事理重者杖八十」に相当すると考えられる。

右は民の官員に対する礼法であるが、地方官の上司に対する迎送の禁止令は、正統四（一四三九）年制定の『憲綱』に現われる。正徳『大明会典』巻一六五、都察院二、出巡には、

憲綱。……凡監察御史、按察司官巡歴去處、各衙門官吏、不許出郭迎送。違者擧問如律。若容令迎送、不行擧問者、罪同。如有規避者從重論。都司、布政司、府州縣官、所至亦同。

とあって、右の前半部分は、洪武期の「禁止迎送」律の繰り返しである。後半部分は、前半部分の処罰規定を巧みに避けて罪を逃れようとする者に対して重罰で対処することを宣示したものである。この新たな付加規定は、「禁止迎送」規定の形骸化を示唆している。

次いで、「禁止迎送」律に関する新たな条例が出現するのは、成化六（一四七〇）年であった。この点は、『F』＝『新刻明律統宗為政便覧』礼律巻七、礼律、禁止迎送、〔附加新例〕に、次のように言う。

一公差使臣幷分巡等官按臨、不許四散傳報、預撥夫馬。及不許索要馬導吹手、虚張聲勢。成化六年七月十五日行。

右の成化新例では、公差使臣や分巡官の按臨に際して禁止すべき迎送の具体的内容が記されている。それによれば、地方官の上司に対する迎送は、この時点では上官の検察ありとの情報を周辺地域へ流し、夫馬の役を徴発する準備をさせること、及び馬の手綱引きやラッパ吹きを捜し求めて見かけ倒しの虚勢を張ろうとする動きであった。ここには、明代中後半に地方官の上司に対する迎送が更に具体的にエスカレートして、禁令が骨抜きになっていた官界情況が窺われる。

同条には続いて、府・州・県学の学生たる生員による提学官に対する迎送の禁例が次のように記されている。

一在外擬《提?》學官務要遍歴府州縣學考試生員、不許任意提取數學合於一處考試。按臨地方務要預先移文、禁止迎送。

若謂生徒樂從、不行禁止、以致下請不堪、士風尚薄、聽巡撫巡按勘奏究治。

前半は、提学官が生員に郷試受験の可否を判定する「科試」のテストを行なう際に、数校を一箇所に集めて試験することを禁ずる通達である。後半は、提学官が地方の府・州・県学を検察する際には、事前に迎送を禁止する通達を出せと言う。もし、提学官が生徒の楽従に迎合して見逃し、禁止を行なわず、民情も見聞するのに堪えられなくなり、知識人の気風が破廉恥に衰退するような場合は、巡撫・巡按が調査のうえ上奏し、取調べて処分することとする、と見える。

右では、撫・按の職権が正常に機能している状態を前提に撫・按の機能が述べられている。ところが、撫・按の職権は明代後半以降、贈収賄をテコとして急速に形骸化していった。例えば、撫・按の挙劾・考察という職権の中、特に薦挙・糾劾を意味する挙劾は、薦挙だけが多いものとなり、一省の薦挙員数は、弘治・正徳期までは四〜五人、嘉靖期で十人未満、隆慶期で二十人、万暦期では二十人以上に達していた。又、撫・按が北京の吏部・都察院で行なわれる考察のために報告する評語である考語＝官評も、嘉靖〜万暦期では情実や賄賂を内実とする愛憎に基づき、考察処分も形骸化を深める方向へ緩和されつつあった。(41)

弾劾されるべき者が推挙され、推挙されるべき者が弾劾される、という挙劾の矛盾が顕在化していた嘉靖期にあって、例えば呉江県知県の林応麒は、豪家施政らに対する脱税分の金花銀追徴返還の措置が施政らの反感を買い、施政らと通ずる巡按や巡江御史に告訴された。特に巡江苟御史は林応麒を『貪官』と弾劾したが、審理過程より林は貪官ではないことが判明した。裁判過程で呉江県の生員達も連名で林に対する「貪・酷」の罪状が事実無根であることを証言したが、その中で彼ら生員達は、林が巡按・巡江等の上司に対する歓送迎の礼を粗略に行なっている点が、上司より好評を得られない理由の一つだと述べている。(42)

とすれば、明末では律の禁令を犯して迎送を派手に行なうほど上司の受けがよく、従って出世の早道でもあったことになる。例えば、管志道「直陳緊切重大機務疏」（『皇明経世文編』巻三九九、管東溟奏疏巻一）には、次のように見える。

朝廷設撫按、本以糾察百司之職業。今致以職業爲第二義而唯事趨承。□按臣巡歴所至、則分巡分守兩道官必隨之。……朝送夕迎、碌碌奔走、乞無寧日。各府推官、不復理本府之刑、專于答應巡按矣。府州縣出廓迎送、違者至數十里外。按臨之日、則百事俱廢。多方、逢迎臣爲諸生時、親見一縣官諂事按臣、至以貂皮飾溺器、以茵褥鋪厠中、按臣受而安之晏如也。既以諂導有司、而復望其擧劾之公哉。

万暦初葉の管志道の見解では、地方官をただし調べることを職業として設置された巡撫・巡按、なかでも巡按は本務を忘却し、地方官に迎合することだけを本務としていると極論されている。巡按の検察とあれば、分守・分巡の両道官は一日中ピタリと付き添って世話をやき、府の推官も府内の司法事務を放置して巡按への受け答えに専念しており、知府・知州・知県等官に至っては、出郭迎送の禁を破って城外遙かに数十里まで出迎え、巡按滞在中の府州県官は全く仕事に手が付かない、という。では、道官、府〜県官という地方官はどうして巡按に対して、これほど迄におもねりへつらうようになったのか。それは、彼ら地方官が学生時代に、県官のある者が巡按にへつらい切って、巡按を迎えた際には貂皮で尿器を飾り、便所の内に敷き物を鋪き、巡按もこれに迎合して甘え切っていたのを目撃していたからである、という。管志道は、こうした実態を踏まえて、諂ねりへつらう地方官に対して迎合する巡按は、挙劾の職権を公正に行使し得ない、と言う。

明末の郷試に出題された判語の内、「禁止迎送」が嘉靖〜万暦期に頻出されるようになったのは、少なくとも明末の官僚統制の核心、つまり撫・按の職権である挙劾・考察を崩壊に導く政治予盾の顕在・深刻化に郷試の出題者が並々ならぬ関心を抱いていたことと関連があるものと考えられる。

おわりに

歴代科挙の受験科目を概括的に検討した場合、唐代に導入された詩・賦は、進士の文章が軽薄に流れたことを理由に、建中二（七八一）年に一旦は廃止されたが、半世紀後には復活していた。ところが、北宋・熙寧二（一〇六九）年には、任官後の行政的現実への対応を念頭においた王安石の科挙改革によって、詩・賦は除去され、経義・四書義と、銓試における律・令義とが導入された。他方、明代進士科の判語は、唐代銓試の判語に淵源するものと考えられるが、判語に関連する律・令義の導入は、唐代の明法科に始まる。

古来、中国の君主専制集権官僚制国家では、先徳後刑の徳治主義を標榜する支配理念上、科挙の受験科目にしても、五経・四書や詩文が優先され、法治に関わる実学的な律義・判語等の出題は、差し控えられてきた。従って、明法科も宋代に至るまで冷遇されてきたが、王安石執政期の神宗・熙寧二年には、任官後の現実に対応できる人材の育成をめざして、前述の如く進士科の銓試に律・令義が導入され、同時に厚遇された新科明法科にも律・令・宋刑統の大義と断案とが導入され、これは二十年後の旧法党期の元祐四年迄つづいた。案件に裁断を下す、即ち法の適用を意味する新科明法科の断案は、明代には同じく法の適用の範疇たる判語として導入され、清の康熙二十六（一六八七）年迄の三百四年間続いた。

元末以来の農村の荒廃を再建し、農桑の基礎を確立して小農民の再生産の保証に熱意を注いだ太祖は、官僚任官有資格者としての科挙の受験生に対しても、彼らが将来に貪官となる事態を極度に嫌い、統治能力や倫理道徳に優れた人材の登用を目指した。それゆえ、太祖は文芸的能力は第二義におき、なかでも官僚の作成する告諭や上奏の文体は、事実を隠蔽する恐れのある六朝期以来の駢麗文を禁止し、古代『書経』中の簡潔・典雅な文体を奨励した。こうした政治倫理に優れた官僚像を求めた太祖の実学志向（この点は王安石の志向と一致）が、郷・会試の科目より詩・賦を除去させた要因と考えられる。

太祖は、生員に対しては洪武十七年の郷試再開前後に、監生に対しては洪武末年に、郷試や歳貢の際の試験に備えさせるために、律や判語の熟読を命じたが、のちには地方官にも律・令を熟読玩味することを命じた。律義＝法の解釈と考えられる「律」は、始め洪武三年の郷試に導入された。同十七年の再開郷試では、「判語」＝法の適用を意味する判決の文句が律に代って出題されるようになった。

郷試・会試の登科録に収録される判語とは、明律の吏・戸・礼・兵・刑・工（但し、工律の出題は稀少）の各条目であった。郷試三十一種、会試九種の登科録より計量化した統計表によれば、判語を含む郷試例は十五世紀後半の成化元年（一四六五）以後のものばかりである。それ以前の判語例は、十四世紀末年の建文二（一四〇〇）年会試録や正統十年会試録に収録され、それら判語の出題率は刑律に偏向している。この点は太祖の官員に対する厳罰主義の名残りとも考えられる。又、明代中後半以降の郷試例よりみた判語の出題頻度は、礼律〈儀制〉吏律〈職制〉等の各特定篇目の順位に高率を占めており、そこには礼教秩序・人事行政重視の支配理念さえ窺われる。又、郷試出題頻度三回以上の条目例としては、礼律が最も多く「禁止迎送」七回他計十九回、吏律「官員赴任過限」五回他計十三回、戸律「人戸以籍為定」四回他計七回、刑律「詐欺官私取財」四回他計七回、兵律「縦放軍人歇役」三回他計六回の順位である。

この中、出題頻度が高いのは礼律・吏律の条目であるが、例えば嘉靖～万暦期に頻出された礼律「禁止迎送」という条目を検討した場合、判語＝「禁止迎送」の内容は、解答例のない現在では、科挙の受験参考書でもあった明末の律例解説書から推定可能である。

明末に官員・胥吏・科挙の受験生向けに出版された比較的詳細な明律注釈書に見える明律各条目の審理手順（招擬・判語）を、明末に最も出題頻度の高い判語たる礼律・儀制・「禁止迎送」という条目についてみた場合、判決原案の一例たる《仮如招擬》は、以下のようであった。それは先ず、上司に対して城外へ出て迎送した主犯の趙甲及び、趙甲の迎送を容認した従犯の銭乞に対する容疑の認定（問擬）に始まる。次の部分は、県城内での上司への迎送の礼＝常規を逸脱し、城外の郭外に出て迎送するという上司に媚びて公務を忘れた趙甲の罪は糾すべきであり、又それを容認して逢迎されることを楽しんだ銭乞の罪も同様に糾されるべきである、との趙甲・銭乞に対する罪状の擬定

（断・審）である。最後の部分は、趙甲・銭乞の罪に対する律の杖刑九十という刑罰の擬定（議）である。

次に《判語》の総字数は百字〜百四十二字の偶数から成る。又、字を句＝判詞の節ごとに分解した場合、判語は何れも八股の対句から成っていた。例えば判語＝「禁止迎送」は、官僚の司法行政における礼法上の迎送を遵守又は逸脱した歴史上の善悪の例証に照らして道理を説諭したのち、法の適用に関しては、具体的故事に基づく容疑の認定を行ない、故事の悪例に照らした罪状の擬定ののち、刑の宣告についての判断を下す文言を、多分に八股の駢文の体裁で作成することを要求したものではなかったかと推定される。

律例注釈書には、審理項目の《招擬（審・断・議）》、《判語》に次いで、《告示》、《新例》が付加される。《告示》には、問題集とは言え、地方官が属官を引き連れて城外遠く迄上司を出迎え、駅舎に酒肴を贈り、道端で茶水をふるまう等の諂媚に狂奔する現実まがいの明末の姿が活写されている。《告示》に次いで記される《新例》は、明末に変質した撫・按の実態を窺わせるものであった。

官僚行政を崩壊に導く官僚統制の矛盾が深刻化する明末には、出題判語の条目もそうした官界情況を反映して頻出されていた。「禁止迎送」の審理過程の最後に付される新例をみた場合、洪武二十二年に『大明律』が事実上完成した後、正統〜成化期の十五世紀前半より後半には、処罰規定を巧妙に逃れる者への重罰規定や、上司検察の情報を広報し、夫馬役の徴発やラッパ吹きの徴発を準備するために虚勢を張ろうとする者の動きを禁ずる規定が現われた。こうした地方官による撫・按等の上司に対する迎送の禁例を破る行動は、嘉靖〜万暦期には更にエスカレートした。嘉靖期に迎送を粗略にしたとの理由も絡んで清廉の能吏たる一知県が上司の巡江御史より貪官と弾劾され、万暦期の地方官が巡按の視察時に、城外数十里まで出迎えたうえ、尿器を貂皮で飾り、厠中に敷物をしくなどした行動の一端は、当該期に賄賂・情実を手段とした挙劾、つまり薦挙・糾劾が逆転し、人事考課的負の部分を処罰する考察の評価が逆立ちする等の官僚統制の核心をなす撫・按職権の形骸化と連動する矛盾であった。律の条目たる「禁止迎送」が判語として明末嘉靖～万暦期の郷試に頻出されたのは、こうした官僚政治における挙劾・考察体制の矛盾が深刻化する度合いの一表現であり、それは清廉且つ能吏の選定を期すべき官僚資格認定試験の第一階梯たる郷試の出題科目としては当然のことであったのかもしれない。

註

（1）『宋史』巻一五五、志第一〇八、選挙一、科目上、
元祐初、知貢舉蘇軾、孔文仲言、毎一試、進士諸科及特奏名約八九百人。……時方改更先朝之政、禮部請置春秋博士、專爲一經。尚書省請復詩賦、與經義兼行、解經通用先儒傳注及己說。又言、新科明法中者、吏部即注司法、敍名在及第進士之上。舊明法最爲下科。然必責之兼經古者先德後刑之意也。欲加試論語大義、仍裁半額、注官依科目次序。詔近臣集議。左僕射司馬光曰、取士之道、當先德行、後文學。就文學言之、經術又當先於詞采。神宗專用經義論策取士、此乃復先王令典、百王不易之法。但王安石不當以一家私學、令天下學官講解。至於律令、皆當官所須、使爲士者果能知道義、自與法律冥合。何必置明法一科。習爲刻薄、非所以長育人材、敦厚風俗也。四年、乃立經義詩賦兩科、罷律義。

（2）同註（1）。

（3）商衍鎏『清代科挙考試述録』生活・讀書・新知三聯書店、一九八三年、第2版（一九五八年初版）、四頁。

（4）宮崎市定『科挙史』東洋文庫470、平凡社、一九八七年。

（5）同註（4）『科挙史』四六頁。

（6）『新唐書』巻四四、志第三十四、選挙志上、
建中二年、中書舍人趙贊權知貢舉、乃以箴、論、表、贊代詩賦、而皆試策三道。大和八年、禮部復罷進士議論、而試詩賦。文宗從内出題以試進士、謂侍臣曰、吾患文格浮薄、昨自出題、所試差勝。……是時、文宗好學嗜古、鄭覃以經術位宰相、深嫉進士浮薄、屢請罷之。

（7）『宋史』巻一五五、志第一〇八、選挙一、科目上、
神宗篤意經學、深憫貢舉之弊、且以西北人材多不在選、遂議更法。……蘇軾曰、……雖用今之法、臣以爲有余。……帝

……他日問王安石、對曰。今人材乏少、且其學術不一、異論紛然、不能一道德故也。一道德則修學校、欲修學校則貢學法不可不變。……今以少壯時、正當講求天下正理、乃閉門學作詩賦、及其入官、世事皆所不習。此科法敗壞人材、致不如古。……於是改法、罷詩賦、帖經、墨義、士各占治易詩書周禮禮記一經、兼論語孟子。每試四道、初大經、次兼經、大義凡十道、後改論語孟子義各三道。次論一首、次策三道。……取諸科解名十之三、増進士額。

(8)『宋史』巻一五五、志第一〇八、選挙一、科目上、

元祐初、……時方改更先朝之政、禮部請置春秋博士、專爲一經。尙書省請復詩賦與經兼行、……四年乃立經義詩賦兩科、罷試律義。……紹聖初、議者益多、乃詔進士罷詩賦、專習經義、廷對仍試策。

(9) 同註（3）『清代科挙考試述録』六四頁。

(10) 同註（7）。同註（11）参照。

(11)『宋史』巻一五五、志第一〇八、選挙一、科目上、

又立新科明法、試律令、刑統大義斷桉、所以待諸科之不能業進士者。未幾、選人任子亦試律令始出官。又詔進士自第三人以下試法。或言、高科任簽判及職官、於習法豈所宜緩。昔試刑法者、世皆指爲俗吏。今朝廷推恩既厚而應者尙少。若高科不試則人不以爲榮。乃詔悉試。帝嘗言、近世士大夫、多不習法。吳充曰、漢陳寵以法律授徒、常數百人。律學在六學之一。後來縉紳、多恥此學。舊明法科徒誦其文、罕通其意。近補官必聚而試之、有以見恤刑之意。

同註（7）参照。

(12) 註（1）参照。

(13) 同註（3）『清代科挙考試述録』六四頁。

(14)『新唐書』巻四四、志第三四、選挙志上、

凡明法、試律七條、令三條、全通爲甲第、通八爲乙第。

(15) 同註（1）。

(16) 註（1）参照。

(17) 註（1）参照。

(18) 註(11)参照。
(19) 『明実録』太祖・洪武四年春正月丁未、
上謂中書省臣曰。今天下已定。致治之道、在於任賢。既設科取士。令各行省連試三年。庶賢才衆多而官足任使。自後則三年一擧。著爲定制。
(20) 『明実録』太祖・洪武十五年八月丁丑、
詔禮部、設科擧取士。令天下學校、期三年試之。著爲定制。
(21) 拙稿「朝覲考察制度の創設」『九州大学東洋史論集』10、一九八二年、百十三頁、参照。
(22) 同註(3)『清代科挙考試述録』六三頁。
(23) 万暦『大明会典』巻七八、礼部三六、学校、儒学、風憲官提督、
萬曆三年、換給提學官敕諭。……今後、務將頒降四書、五經、性理大全、資治通鑑綱目、歷代名臣奏議、文章正宗、及當代誥律典制等書、課令生員誦習講解、俾其通曉古今、適於世用。
(24) 『明代登科録彙編』(計22冊、台湾中央図書館蔵本)、台湾学生書局、一九六九年、所収の明初に最も近い『建文二年会試録』より明末の『崇禎十二年陝西郷試録』に至るまで、第二場の出題科目の中には、「章」は見当らない。
(25) 張徳信「明代科挙制度述論」中国明史学会編『明史研究』第一輯、黄山書社、一九九一年、一八二〜八三頁、一八七頁、参照。
(26) 同註(24)。
(27) 『明実録』太祖・洪武六年十一月庚寅。
(28) 『明実録』太祖・洪武九年冬十月辛酉。
(29) 『明実録』太祖・洪武十六年三月壬申、同二十二年八月庚申、同三十年五月甲寅。
(30) 「明代会試の判語例(9例)」左表。
(31) 判語五条に名例律が出題されていない理由は明らかではない。名例の晉律以来の理念は、『晉書』刑法志(張斐の律注の上表)に見える例をもって、名つまり罪名を求める、というものであった。明代でも名例律は律の正文の形式に組み込まれ

註（30）明代會試の判語例（9例）［※成化2年會試録は、國立國會圖書館・古典籍資料室所藏貴重書。その他は『明代登科録彙編』に収録］

年代＼判語	吏律（共計33條）	戸律（共計95條）	禮律（共計26條）	兵律（共計75條）	刑律（共計171條）	工律（共計13條）
建文2年會試録					因長擅科斂（受贓11條） 風憲官吏受贓（受贓11條） 在官求索借貸人財物（受贓11條） 罪人拒捕（捕亡8條） 知情藏匿有罪（捕亡8條）	
正統10年會試録		違禁取利（錢債3條）		私役弓兵（關津7條） 關使稽程（郵驛18條）	詐欺官私取財（賊盜28條） 因公擅科斂（受贓11條）	
成化2年會試録※	擧用有過官吏（職制15條）	丁夫差遣不平（戸役15條）	禁止師巫邪術（祭祀6條）	縱放軍人歇役（軍政20條）		織造違禁叚匹（營造9條）
弘治15年會試録	擧用有過官吏（職制15條）	脱漏戸口（戸役15條） 沮壞鹽法（課程19條）		擅調官軍（軍政20條）	有事以財請求（受贓11條）	
嘉靖20年會試録	大臣專擅選官（職制15條）	人戸以籍爲定（戸役15條）	服舍違式（儀制20條）	關津留難（關津7條）	官司出入人罪（斷獄29條）	
嘉靖38年會試録		錢糧互相覺察（倉庫24條）	致祭祀典神祇（祭祀6條）	不操練軍士（軍政20條）	老幼不拷訊（斷獄21條）	修理橋梁道路（河防4條）
嘉靖41年會試録	擧用有過官吏（職制15條）	卑幼私擅用財（戸役15條） 監臨勢要中鹽（課程19條）		邊境申索軍需（軍政20條）		織造違禁〔龍鳳文〕叚疋（營造9條）
隆慶2年會試録	同僚代判署文案		見任官輒自立碑	禁經斷人充宿衛	聞有恩赦而故犯（斷獄29條）	

隆慶2年會試録	（公式18條）		（儀制20條）	（宮衛19條）従征守禦官軍逃（軍政20條）	聞有恩赦而故犯（斷獄29條）	
万暦14年會試録	上言大臣德政（職制15條）	人戸以籍爲定（戸役15條）		懸帯關防牌面（宮衛19條）	詐爲官私取財（賊盗28條）	修理橋梁道路（河防4條）

てはいるものの、名例が来源的に律令の正文とは見做されていなかったことにより、判語の条目から外されたものではないかと推測される。仁井田陞『補訂中国法制史研究刑法』東京大学出版会、一九八〇年、一八七頁、一九六～九七頁。内田智雄日原利国校訂・荻生徂徠著『律例対照定本明律国字解』創文社、一九六六年、一一五頁「引律比附」、参照。

（32）滋賀秀三『清代中国の法と裁判』創文社、一九八四年、九五頁。

（33）同註（32）一四五頁。

（34）同註（32）一五〇～五一頁。

（35）『小林宏高鹽博高瀬喜朴著大明律例訳義』創文社、一九八八年、四七九頁、一三一頁、参照。

（36）註（32）『清代中国の法と裁判』一四九頁、参照。

（37）註（32）『清代中国の法と裁判』一四三頁によれば、「断」とは「裁きがある」「裁き」「裁定」と見える。

（38）金諍『科挙制度与中国文化』上海人民出版社、一九九〇年、六五～六六頁。

（39）当該史料は、古典研究会本『皇明制書』に収録される『大明令』には見当らない。但だ、同じく『皇明制書』収録の洪武二十年刊『禮儀定式』官員相遇廻避等第凡八條には、関連する左の史料が見える。

　一京師人煙輻輳。其街市軍民人等買賣、及乗坐驢馬出入者、遥見公侯駙馬、一品以下至四品官過往、即便下馬讓道。

（40）拙稿「嘉靖期の呉江県知県林応麒の『貪』官問題㈡」九州国際大学『教養研究』一―一、一九八九年、二三頁。

（41）拙稿「考察『八法』の形成過程㈠」『九州大学東洋史論集』11、12、一九八三年。同「朝観考察制度下の奏弁について」和田博徳教授古稀記念『明清時代の法と社会』汲古書院、一九九三年。参照。

（42）註（40）拙稿二二頁。

第三章　明清の宗譜にみえる科挙条規

はじめに

旧中国の官僚制、就中腐敗の特質を究明する上で、官僚の出身する社会的基盤をなす、厳格な父系を辿って同一の祖先をもつ、同姓の極めて利己的な血族集団である宗族は、科挙体制と密接に関わるが故に、我々に重要な課題を投げかけている。従来、官僚制（科挙制）と宗族制との構造的連関は、部分的指摘に止まっており、実証的究明は今後の課題として残されてきた。本稿は、課題解決のための初歩的作業である。

ところで、本稿で扱う捐銀規定の初めて出現した一五一七（正徳十二）年に直接する嘉靖期（一五二二―六六）以降の明末・清初の中国社会は、商品貨幣経済の展開と北虜南倭の猖獗、宦官派遣による商工業者からの富の根絶的収奪、金権・淫欲の極致と倫理的警告とを織り込む風俗小説『金瓶梅』等の出現、官界に彌満した贈収賄の風潮等々、全てに金がものをいう世の中へと向かっていた。特に経済的には、農業生産力の発展の下に、地域的には米・綿花・桑・茶・藍・甘蔗等の商品作物の栽培、都市・農村における紡績・染色等の手工業の発達、絹織物・綿織物等でみられた前期資本主義的な商品生産（補註）が活発化して銀経済が展開する一方、紳士階級の免役特権をテコとした土地兼併の拡大等による里甲制の崩壊、税・役改革の進捗という経済・社会矛盾の一大転換期にあった。

又、政治的には、明初に学校制度と合併した科挙の生員・監生・貢生・挙人・進士というピラミッド的な各級の終身に亙る特権身分＝資格の保持者層＝紳士層を基盤として、その上に官僚制として聳立した君主専制権力が、明末の構造的腐敗を経たのち、それを継承した清朝では保守反動的に一旦は粛正されていた。しかし、その後半には官僚政治の腐敗が、例えば劉鶚の『老残遊記』をして、清官・貪官を含めて官僚の全面否定へと向わせたように、深刻の度合いを更に一層昂進させていた。

本稿は、こうした時代情況の特色を基本的には反映しつつ、十六世紀初葉以来の明末・清初以降の宗譜（族譜・家乗・家譜・支譜・家記）の中に、科挙試の無償投資の見返りの形で、族規（祠規）や義田条規として顕現してくる官僚・紳士等に対する捐田・捐金の義務規定＝科挙条規（不文の義務規定を含む科挙関連規約の意）の内容を検討し、併せてこの科挙をめぐる新たな強制規定がもつ社会的意義にも言及したものである。

第一節　期待される族内清官像―儒教理念

明・清の宗譜にみえる科挙条規には、教育投資によって幾段階もの科挙試の過程を経て官僚予備軍又は官僚となる可能性を持つが故に、宗族に名誉と実利とをもたらすべく期待される人材に対する建前と本音とが見え隠れしている。浙江・嘉興府・嘉興県・姚氏の光緒34（一九〇八）年『姚氏家乗』第五本、義荘贍族規条、計開には、

一義塾之設、所以培植子弟、得能人材成就、即為宗族之光。

とあって、宗族という共同体の私学である義塾（義学・家塾・家学）が設置されたのは、宗族に栄誉をもたらす人材を族内の子弟より養成するためであった。なお、義塾の教育基本法ともいうべき精神については、義荘田五百五畝を所有した(1)、江蘇・松江府・華亭県・顧氏の光緒20『華亭顧氏宗譜』巻七、義荘規条、光緒十八（一八九二）年十一月璜

謹擬に、

一実在無力応試者、准支応県府院試、毎試考費銭一千文。……俾励廉隅而杜躁進。蓋此塾、以孝弟忠信礼義廉恥、培植本根、実行為重。非欲其専攻挙業、求取科名。

とみえる。顧璜は族内の子弟に対して、あくまでも儒教の階級差別的な縦の規範秩序を正当化する孝・弟・忠・信・礼・義・廉恥という徳目の実践を課しており、科第のみに邁進して倫理的操守を怠り、出世盲者となること（躁進）を夢みないようにと戒めている。

宗族・家族に栄誉をもたらす人材とは、科挙の各級有資格者さらには官僚となった者で、政治倫理に優れた者を指していた。南直隷・徽州府・休寧県・汪氏の嘉靖『休寧西門汪氏族譜』遺墨、家訓正徳八（一五一三）年には、

孜孜《トシテ》為《つとムルハ》レ学《ニ》、期《スルタメナリ》下取《リ》二科第《ヲ》一以《テ》栄《アルヲ》中其《ノ》親《ニ》上。

とあって、科挙及第こそは親（父母）に栄誉をもたらすという。だがここには、資格を取得する際の当人の倫理的姿勢は問題とはなっていない。しかし、族内子弟への一般論としてではあるが、明・清族譜の家訓には、「寧ろ清貧を守るも、貪濁すること勿れ〈弘治九〈一四九六〉年〉[2]と戒める事例が多い。特に明末では、次に述べるように猟官男一代の営利事業（利禄）と見做す辱知らずな蓄財盲者となり下った受験生を批判した蘇州府崑山県の人、帰有光（一五〇六―七一）の書簡が有名である。これに関して、浙江・蕭山県・沈氏の光緒19『蕭山長巷沈氏続修宗譜』巻三四、家訓、鷺鄉公諱守謙（乾隆期の人）には、族内の有資格者及び官僚を戒めて次のように言う。

余家世業儒。課爾等成名。或膺貢、或郷挙人、多以是為余幸。余滋懼焉。近代帰震川先生[3]、与潘子家書曰。科挙之学、駆一世於利禄中、無復知有人生当為之事。僅於栄辱得喪間、栄繫痞寐、至老死而不悟。真可惜也、此言深中応挙士子之弊。故毎戒爾等。教人総期不倦。服官、以潔己愛民為本。不則競騖虚名、鮮徴実済、恐非久持之道。

〔傍線部は、書簡の原文〕

貢生・挙人等については前述の明末の事例を継承しているが、任官者については、「己れを潔くして民を愛」せよ、つまり不法な搾取によって民の再生産を危くしてはならぬ、と『大学』の精神を基本とすべきことが説かれている。従って、浙江・紹興府・山陰県・呉氏の民国13『紹興山陰呉氏族譜』第三部元字集、家訓三十則に、

一子孫有出仕者、惟当随職、奉公竭忠報国。毋得狥私黷貨利己妨人、有玷名教為祖宗之羞、可也。戒之、戒之。

と言うように、族内子弟の仕官した者で、不正な手段によって財貨を取得して民の利益を損った者は、公・忠という儒教の名分に関する教えに背き、代々の先祖である祖宗の顔に泥を塗る、即ち面子〔祖宗が社会的信頼に外面的・形式的に対応している特殊な状態・気分—後述〕を傷つける行為と見なされ、訓戒の対象となった。

任官前の有資格者についても、広西・泗城府・西林県・岑氏の光緒14『西林岑氏族譜』巻三、祖訓四篇共二十六条、修身篇計五条に、

如為士則須先徳行、次文芸。切勿因読書識字、舞弄文法、顚倒是非、造作歌謡。挙・貢・生・監、不得出入公門有玷行止。仕宦不得以賄敗官、貽辱祖宗。

と見え、挙人・貢生・生員・監生は、科挙試の文芸に励む前に、徳行に努めて官署に出入りしないことが品行を保つ条件として訓戒されている。任官者に対しては、贈収賄によって官箴を破ることが祖宗の面子を傷つける行為として戒められている。

このように、宗譜は、族内の子弟が資格の取得や就官する際に、儒教倫理〔通時的な正統儒学の綱常倫理〕の実践に努める姿勢を保持するようにと訓戒している。子弟が族訓に違反して祖宗の面子を傷つけた場合の罰則はどうか。全国に同族の義田四百余頃〔約二・六八万*ha*〕を所有した南直隷・廬州府・廬江県・何氏の民国10『廬江郡何氏大同宗譜』廬江郡何氏家記序宣徳九年、「大明洪武壬子五年〔一三七二〕、中奉大夫、山東等処行中書省参知政事何真義祠序〔以下「洪武五年何氏義祠序」と略記〕には、

一子孫為官吏、貪贓罷職者、絶其分贍。更不与祠祭之列。如贓之枉誣者、不在此限。庶義無軽棄。

というように、任官後に収賄で罷免された者は、同族の義つまり相互扶助を理念として設立された義祠＝宗祠＝宗廟所有の義田の租米収入より宗族成員に支給される口米の支給を停止し、さらには春秋の例大祭への参加も禁止された。この点は、義田六百畝（役田二百畝・勧学田百畝・報本田五〇畝・敦睦田五〇畝・嘉礼田五〇畝・凶礼田五〇畝）(4)を所有した江蘇・呉県・呉氏の光緒8『呉氏支譜』巻十二、勧学田記にも、

始学之、即与之書籍・紙筆、能為文而培之。遊痒序之、賓興而贐之。薦於郷而益厚之。凡以与進也。進則必行所学、斯不負立教之意。如以不廉壊家法、則合宗之学者、共辱之。廟中、惟仕有操守者、凡祭与宴、与宗人歯。……順治戊子〔五年、一六四八〕又三月曽孫愉謹識。

とあって、義学への入学（と童生時代）、生員・挙人時代を経て仕官する際には、義学における家法の精神である儒教の倫理的操守（清廉）を堅持する必要があった。これに違反した任官者は、同族知識人の面子を傷つけたことにより、祭礼及び祭礼後の酒宴に族人と同席することを許されなかった。

仕官後に贈収賄という家法・族規への違反を犯した場合、族規がその建前・原則としての理念通りに果して現実に発動されたかという点は、甚だ疑問である。というのは、宗族より出身する官僚は、特に科挙試の過程で無償援助を受けた場合、公然の暗黙として宗祠への送金を迫られていた。実際には、これが本音であった。又祠規は、子弟の科挙合格を宗族の栄誉とみなし、それ故に義塾の充実や義田の増殖に努めるように奨励し、受験競争を過熱化せしめる規定に変質していたからである。

次に、この科挙条規の変容する過程を確認しよう。

第二節　変貌する科挙条規—貪官化の前提

1　科挙投資の無償援助規定

近藤秀樹「范氏義荘の変遷」『東洋史研究』21—4、一九六二年（以下、近藤論文と略記）によれば、范仲淹が北宋・仁宗・皇祐二（一〇五〇）年に、呉県・長洲両県に設置した千畝（十頃）の義田は、清代後半の嘉慶二十五（一八二〇）年には、呉・長洲・元和の三県に計五千三百余畝を数えた。本来、族人各位の衣食住を保証することから出発した范氏義荘は、康熙十七（一六七八）年の必英続定規矩十項及び同三十二年の能濬規矩八項によれば、呉県・長洲県の義田計二千余畝の租田収入の中からは、先ず最重要な税糧・祭祠費用を差引き、残りの義米の中、三分の二が雑用（一応公用）に充てられ、三分の一が宗祠・義田の管理者である主奉以下の各酬労米・焼香・紙筆（科挙米を含む）・喪葬・賙給の順序で支給された。(5)天平山南三譲里に屋三十余楹もの范氏の義学が建立されたのは、南宋・端宗・景炎二（一二七七）年、元の世祖・至元十四年のことであり、教授には族人の中で学問・徳行に優れた者が充てられ、生徒は族内の子弟のみならず四方より来学する者も収容された。(6)その際、「田山一百五十畝を増置し、義学の用に充つ」(7)とみえるので、生徒の教育費がこの中から支給されたことは想像できる。しかし、生徒への毎月の支給米についての記述は見当らない。州試に赴く生徒に義荘より旅費（裏足銭）が現銭十貫文（約十石）支給され、且つ生徒（六人〜十人）を教育する教授二人に、各々月ごとに謝礼（束脩）として玄米五石（十人の場合）が支給されたのは、熙寧六（一〇七三）年が初見であることより、(8)范氏の義学は何らかの形でこの当時、既に設置されていた可能性もある。

明代では、前述の「洪武五年何氏義祠序」に、

一義塾、歳延才徳師儒訓子孫。族有通儒者、即請為師。如入学、家貧及家遠者、月支谷貳石贍用。房長・主祠、至齋考課。毋忽。

というように、何氏の義塾に入学する子孫の中、学資に乏しい家庭の生徒、或は家が義塾より遠方にある者は、毎月穀二石（年間二十四石）が支給された。万暦期の南直隷・徽州府・婺源県・汪氏の『溪南江氏家譜』祠規には、

一育人才。族中子弟、天資穎異。富者自行擇師造就。貧者、祠正・副于祭品内、量貼燈油、四季会考。敦請科第者、主其事、以次給賞紙筆、以示勧勉。其費皆動支祠銀。

とみえ、族内の子弟に秀才がおれば、富者は自力で家庭教師を雇って子弟の教育に当り、貧者の子弟は、宗祠の祭費より燈油代が支給され、特に科挙の受験を希望する者には、答案用紙や文房具代が支給された。なお、江氏では教育費や科挙の費用が宗廟の祭費より支出されているが、これらの費用は仮に祭田・義田・学田の何れより支出されたとしても、「祭田・義田・学田の章程は各おの殊るも、実は則ち均しく義田なり」(9)と言うように、同一の実体より支出されていた。

各級科挙試に対する宗族の無償投資については、江蘇・金匱県・安氏の咸豊元年『膠山安氏家乘贍族録』贍族条件（万暦二十三〈一五九五〉年）に、

一族中子弟有読書向進而貧者、県試給紙筆銀三銭。正案府試給紙筆路費銀五銭。院試給紙筆路費銀壹両。進学助巾衫銀壹両五銭。郷試助路費銀二両。領銀不赴試者、聴作下次、不准再給。

とあって、銀三銭の県試より銀二両の郷試に至る紙筆銀や、紙筆・路費銀の支給は、貧者のみが対象となっている。事情は清代でも明代と余り変らないが、清代科挙投資の無償援助規定では、貧者と限定しない場合もみられる。前述の光緒8『呉氏支譜』巻十二、勧学田記、順治戊子（一六四八年）又三月曽孫愉謹識に、

遊庠賞米三石、毎年紙筆米二石。応郷試米二石、中式五石。会試三石。発甲十石。初学成文毎年紙筆米一石。院

試一石。考遺才一石。放科一石。

というように、呉氏では義学入学後の毎年の紙筆米一石より進士合格時の十石に至る義田（勧学田）からの支給規定があった。

前述の北宋期范仲淹の子孫の宗譜である乾隆11重修『范氏家乗』巻一五、家規記にみえる康熙十七（一六七八）年の主奉必英呈憲続定規矩には、范氏伝来の義学が子孫の繁殖と居住の拡散化のために、処々に設置できないことを理由にあげたのち、

嗣後、会文書院挙業成篇者、諒給紙筆五斗。文理畧通者給一石。文理清通与遊庠・貢・監、並給三石。得与大比者、毎次科挙米五石、稍示勧励、以存教族遺意。

というように、書院入学時の紙筆米五斗より、郷試受験の際の科挙米五石に至る無償の教育投資がみえる。

しかし、宗族の科挙投資は、一般には自力で教育費の工面が困難な家庭が対象であった。前述の光緒20『華亭顧氏宗譜』巻七、義荘規条にみえる「光緒十八（一八九二）年壬辰十一月璜謹擬」には、

一実在無力応試者、准支応県府院試、毎試考費銭一千文。県府試終場者加銭一千文。入学者准支進費銭十千文。赴郷試者准支盤川銭五千文。赴会試者准支盤川銭二十千文。均臨行方発。稍有力者、不得冒濫擅支擅発。

とあって、童試（県・府・院試〈絵図1〉）の受験費より会試の旅費に至る経費は、少しでも経済的余裕のある者には、むやみには支給されなかった。[10] この点は、前述の光緒34『姚氏家乗』第五本、義荘贍族規条、計開にも、

一子姓之応県府試、正場給銭五百文。覆試毎場三百文。如能入泮、優奨花紅銭四千文。……如能中進士者、優奨銭四十千文。……如家境寛裕、不欲預者聴。

とあって、経済的余裕のある家庭の子弟は、童試受験時の給銭五百文・覆試毎場三百文と生員合格時の祝儀銭四千文より、進士及第時の祝儀銭四十千文に至る支給を辞退するように勧告されている。だが注目すべきは、例えば道光中

に義荘二千四百余畝を所有した江蘇・呉県程氏の光緒31『程氏支譜』巻一、成訓義荘規条（道光25・一八四五）にみえる次の規定である。

一子弟、院試送考費銭一千文。郷試考費銭三千文。会試考費銭六千文。其有力不願領者聴。……

一本支郷榜・甲榜、均准供俸右楹、以慰先志、以励後学。

程氏では、子弟に対する義荘からの受験費用の支出と同時に、郷・会試の合格者全員が義学に捐金することで祖宗に感謝し、後輩を激励することをゆるす、との半ば強制的規定をこしらえている。

以上、明・清時代には族内貧困子弟に対する見返りが要求されていない科挙費用の無償援助規定が存在する一方、他方ではこの規定と対をなす形で郷・会試の合格者全員に対して、半強制的に義塾への捐金を奨励する規定も現われていた。特に後者の規定は明末以降に現われたが、次節では既に宋代より明・清まで一貫して見られる無償投資の財源である義田を増殖すべしとする勧誘・奨励規定の続出する過程から検討しよう。

2　義田増殖の勧誘・奨励規定

宋代以来の范氏義荘における千畝より五千余畝に至る義田の増加は、族内の官僚経験者が自主的に捐田したことによるものであり、本族には科挙の各級身分＝資格の取得者や任官者に対して、捐田・捐金を義務付ける強制規定は設けられてはいなかった。だが范氏義荘においては、義田を否定する傾向、つまり少数の族人から成る義荘運営当事者による義荘収入の私有化と、一般族衆が規定に違反して耕作することによる義田の私有化という二つの傾向が指摘される。前者の傾向は、事実上少数の族人が義田の名を偽った大土地所有者となる傾向であった。後者の傾向は、族人による義田耕作の禁止が、族人佃戸が小作料を滞納（欠租）しがちであるために設けられた規定であることより、族衆が佃戸となる傾向は、事実上族衆が義田を分割して私有化する傾向と考えられている〔近藤論文〕。

范氏の義荘は、宗族共同体の義、つまり成員に奉仕すべしとする理念を地で行くものであった。同じく山西・聞喜県の北宋の宰相趙鼎も、金軍に逐われて南渡したのち、家族のために紹興府等に田産を置き、南宋・高宗・紹興十四（一一四四）年、一族に累世同居を求める等の内容をもつ家訓を残した。趙鼎『忠正徳文集』巻十、家訓三十項、第十四項には、

仕宦稍達、俸入過厚、自置田産。養贍有余、即以分給者、均済諸位用度不足或無余者。然不欲立為定式。此在人義風何如耳。能体吾均愛子孫之志。

とみえ、仕官者の捐田より上る収入で族内の成員を均等に救済するのは、同族愛（一種の利己的愛）の倫理を実践することにつながる、という。従って趙は、捐田を定式化して族員各自に均等に義務づけるのを避け、正しく義風（義挙）という道徳的判断に基づく自主的な奉仕の精神として強調したものであろう。

義挙による捐田規定は、明・清時代にも一貫して見られたが、当該時代の特徴は、捐田をすすめ誘うか、一歩進んで実行を促し励ます勧誘・奨励規定が現われる点である。前述九一頁の「洪武五年何氏義祠序」には、宗祠の事業として、祭祀・戸役・義塾等と倶に、「余積」つまり族産の増殖があげられ、

一顕達子孫、能出財増田入祠者、終生口《ママ》祀于祠。

というように、祠廟への入祠を保証することで捐田を勧誘している。

万暦期の前述、南直隷・徽州府・婺源県の『溪南江氏家譜』祠規には、

一守祀田。祠田為祭品之資。各処祠田、支下子孫、務宜勤加照管其田租、自置祭品外、有余贏、増置附近膏腴、以広孝思。毋許子孫侵尅私鬻重取罪罰。

とみえ、祠廟の例大祭に供える供物を支出する祭田を増殖することが、祖先に対する孝の実践とみなされている。逆に祭田の勝手な売却等は、不孝の罪として処罰された。この点は、義田三百畝を有した浙江・湖州府鄜・潘氏の万暦

42（一六一四）『呉興純孝里潘氏世譜』襍記、祠堂約に、

一宗人、凡有不肖、干犯名義、或変売祭田、……即当以不孝論。通族共致之祠下、軽則朴責、重則送官懲治、不得軽縦。

とみえ、名教の義を犯し、祭田を売却して換金する等の行為は、不孝の罪として族内の公開裁判で杖刑を受けるか、送官して懲罰された。

清代でも、江蘇・鎮江府・丹徒県・柳氏の康熙36（一六九七）『潤州柳氏宗譜』巻五、宗祠条例には、

一建立宗祠、置買田産、乃義挙也。一経入祠、即係祠中公物。……凡祠中所入義田・義産、後人無得垂涎。無得強占。無得盗典・盗売。倘有一於此、合族押入祠中、当祖宗神位前、責以不孝之罪、痛加懲治。如仍不服、立即鳴官究治。

というように、宗祠を建設する際に義田・義産を供出することは、あくまでも自主的な義挙であり、且つ捐田した子孫による田産の盗売等は、超法規的な不孝の罪として重罰に処せられた。清末の安徽・安慶府・桐城県・劉氏の同治9（一八七〇）『劉氏宗譜』巻一、家規には、次のように言う。

設義田。族繁則不無貧富之異。以後酌設義田。凡出仕与富饒者好義楽助者、多寡惟命。着公正無私者、管之。広儲積、建義塾。族中有俊秀子弟貧而不能読者、延師教育之。餘則視孤寡老病者周恤焉。

劉氏でも、義田設置の建前は、階級分裂した族孫の経済的困窮者を救済することにある点が示唆されており、好義の任官者や素封家の捐田の多少は、本人の自主性に俟つという。しかし宗廟の優先事業としては、田産の増殖を含めた財政基盤の拡充や、義塾の建設と、貧しい族内の秀才に対する科挙投資という本音があげられている。従って、本来理念的には優先すべき筈の孤児・寡婦・老人・病人等の弱者の救済は第二義とされていた。

こうした科挙投資は、遂にはその見返りとして、科挙に及第して任官する族内子弟に対して、直接的な捐金の強要

を誘発していった。この点は、例えば、浙江・湖州府・帰安県の光緒20『菱湖王氏支譜』第三本、家塾章程に、

一家学、原為培養子弟而設。……光緒壬辰公議。九分子性、応童子試者、院試時、毎人由公堂給発川資二千文。郷試毎人給発川資四千文。会試毎人給発川資二十千文。日後出仕者、酌量助資、以作賓興之費。

とみえ、王氏では、光緒十八（一八九二）年の宗族会議において、院試に二千文、郷試に四千文、会試に二〇貫文の各受験費用を支給することと同時に、後日任官した者には地位相当の捐金を行なわせて、塾賓＝塾師への謝礼に充てることが決議された。但し、王氏の規定では捐金額の明示がない。

以上にみた宋より明・清の族規には、族内の任官者等に対して、義挙という当人の倫理的価値判断に基づき、捐田・捐金を勧誘・奨励する規定が一貫していることも事実である。ところが、義挙の本質は同じでも、これとは別の流れとして、明代後半より清代にかけての宗譜の科挙条規には、学校制度と合併した科挙の各級有資格者や任官者等に額数を明示して捐田・捐金を義務付けた強制規定が現われてきた。次にはこの点を具体的に検討しよう。

3　明末・清初以降の捐田・捐金の強制規定

①南直隷・揚州府・江都県（府城）・卞氏の道光10『江都卞氏族譜』巻三、卞氏祠初訂条約には、正徳十二（一五一七）年の族約を次のように記す。

一子孫有登科第者、将旗・匾・牌坊銀、盡入祠中、聴其建立。其入学・納監並登仕籍者、諒出銀若干、送祠登簿。宗子収貯以補祭費。正徳十二年歳次丁丑仲秋吉日訂。

族内の子弟で郷試・会試・殿試に合格して挙人・進士の資格を取得し、終身に亙る特権身分の仲間入りを果した者は、その栄誉を誇示するシンボルである旗杆や、板に字の書かれた匾額とか、鳥居形の門を指す牌坊とかを建立するために地方政府、さらには宗祠より支出される銀両を、個人の懐中に入れることなく宗祠に預けた形で建立に使用す

る必要があった。又、生員とか、銭穀を捐納して得た監生とか、貢生・挙人・進士の任官可能な資格の取得者は、祖宗の恩徳をおもいやり、銀若干両を宗祠に供出して帳簿に記録したのち、族長が管理して例大祭の経費を助ける必要があった。

②南直隷・徽州府・休寧県・呉氏の万暦19（一五九一）『茗洲呉氏家記』巻七、家典記、一仕進には次のようにいう。

族有初進学者、衆具賀儀伍銭為衣巾之助。其進学者、則二倍之以覆（壹両伍銭）入衆。有中挙者（輸拾伍両）。中進士者（輸参拾両）。有歳貢・納粟出仕者（輸銀柴両）。有吏員出仕者（輸銀伍両）。

族内の子弟で院試に合格して生員となった者には、襴衫や帽子を揃えるための祝儀として宗族より銀伍銭が贈られた。だが、祝儀に対する返礼として、生員は銀一両五銭を、挙人は銀十五両を、進士は銀三十両を、各々宗廟に供出する義務があった。その他、科挙制以外からの仕途である吏員（胥吏出身）は、任官した場合に銀五両を供出する必要があった。科挙制下の国子監生である歳貢生と納粟監生とが任官した場合、彼らは銀七両を供出する必要があった。

③福建・泉州府城内（晉江県）に居住した蘇氏の『燕支蘇氏族譜』巻十二[11]にみえる万暦二十三（一五九五）年の規定には、次のように言う。

会議。子孫郷試中式者、置租五石。会試中式者加之。以充公用。

「〔宗族〕会〔議〕は、子孫の郷試に中式《ごうかく》した者は〔佃〕租五石〔分の土地〕を置〔買〕し、会試に中式した者は〔さらに〕これ〔同額の土地〕を加え、〔それらを〕公用に充てなければならない、と議〔定〕した[12]」。「当時の泉州における一畝当りの佃租率は約一石五斗ないし二石であり、従って、挙人に合格すると二畝ないしは三畝余の田を購入しなければならず、進士の場合はそれが五畝ないし六畝余となるのである。こうしたことも、土地の高度な集中をもたらした原因の一つであった[13]」。なお、泉州府では、特に明・清時代において、盛んに祠宇・祭田が設置され、祭田等は不断に拡大し、租収入は誠《まごころ》を極めた祭祀や、族内子弟の科挙受験の費用に充当される風潮がみられた[14]。

④浙江・杭州府・聞氏の嘉慶8『聞氏族譜』巻八、乳泉公宗約十条にみえる万暦二十八（一六〇〇）年の規定には、

一勧置義田。……茲或幸庇先徳之培植、有読書成功発科者、置田五畝。発甲者、置田十畝。商賈克家計、有羨余亦聴百分之一以助義挙耳。……万暦庚子仲冬吉旦。

とあって、祖宗の徳沢によって挙人となった者は田五畝を、進士となった者は十畝を宗廟に供出する勧誘を名目とした事実上の義務を課せられた。又、商人も営業に成功して余財のある者は、その百分の一の供出が強制された。

⑤広東・広州府・香山県・何氏の光緒33『何鳥環堂重修族譜』巻一にみえる嘉靖～万暦期とおぼしき「族規」[15]には、

一益祀田。吾家瓜瓞綿綿。科甲聯登、居官享禄、応送田入祠、以光祀典。四品以上、送田一頃。尚書二頃。拝相三頃。五品以下、諒其家業厚薄、多則一頃、少則五十畝。

とあって、挙人・進士を連綿として出した大族何氏の任官して出世した者の中、二品の尚書は田二頃（二〇〇畝）、一品の宰相は田三頃、三品・四品は田一頃を供出すべきこと、五品以下の者は、家産の厚薄の情況を察して五〇畝より一頃を供出すべきことが規定されている。

明末の捐田・捐金の義務規定は、目下以上の南直隷二、浙江一、福建一、広東一の計五事例しか検出しえていない。しかし、清代には更に豊富な事例が現われ、むしろ捐金の事例が多くなる。以下、主要なものを浙江五、江蘇二、安徽一、江西二（内一例は後述の⑫）、貴州一、福建一、河南一、山西一（後述の⑯）の計十四例について検討しよう。

⑥安徽・徽州府・歙県（府城）・黄氏の雍正9『潭渡孝里黄氏族譜』巻六、祠祀にみえる康熙五十三（一七一四）年の「附公議規条」には、

一輸貲入祠定例。……其入学・納監・登科・発甲・入仕者、酌量輸貲多寡、以花紅。以上、公議宗祠規条計三十二則、……康熙甲午仲春下浣七日議定。

とあって、生員・貢監生・挙人・進士・任官者は、その資格・官職に応じて宗祠に捐金することが義務づけられ、こ

の点が定例化した。又、生員~任官者は、捐金の多寡に応じて花紅＝祝儀に差等を設定された。

⑦浙江・紹興府・蕭山県・沈氏の光緒19『蕭山長巷沈氏続修宗譜』巻三四、宗約、乾隆六（一七四一）年八月日董事公具には、次のように言う。

一議、嗣後、子孫如有発甲者、花紅銀領出、宗嗣門外、豎旗杆一対、使祖廟増光。倘有実力不及者、将公項代彼承辦抵鎖、無妨本身出仕。即令帰還此項、并量力加捐。

族内の子弟で進士に合格した者には、宗祠より祝儀が支出され、その銀で宗祠の門外に一族の栄誉と特権を誇示する二本の旗桿を建てることが強制された。又、任官に必要な経費を調達できない経済的に余裕のない者は、宗祠より公金を貸与され、任官後に返還する際には地位相当の捐金が強制された。

⑧道光九年重修時に義田三千両（千畝?）を所有した、浙江・湖州府・沈氏の光緒10『竹溪沈氏家乗』巻七、祠規にみえる「乾隆二十（一七五五）年重修」条には、次のように言う。

一続置祭産及修祠各費計、惟捐助可以日増。凡読書上進、顕親揚名、固由子孫之賢、無比祖宗徳澤所致。嗣後、凡遊庠者、捐銀一両。貢監捐銀二両。郷試中式捐銀四両。会試中式捐銀六両。鼎甲捐銀十六両。翰銓科道捐銀十二両。初選京選京職及県令捐銀十両。凡陞転捐銀十両。至開府捐銀五十両。遇覃恩、得封誥、其所捐各随其官為差。此皆国恩・家慶一挙両得也。

族内子弟の科挙合格や任官は、祖先の徳沢（又は「祖先之蔭庇」）(16)によるゆえ、それらの子弟は、祭田や宗祠の修理費を捐助すべしと義務づけられた。捐銀額は生員一両、貢・監生二両、挙人四両、進士六両、状元・榜眼・探花十両であった。任官者のそれは、六部主事・知県が十両であり、昇官時のそれは十両であった。総督・巡撫のそれは五〇両であった。任官者の祖父母・父母で官職を封贈された者は、官品の差等に応じて捐助させられた。

同条には、又次のようにも言う。

一嗣後、子姓郷試中式、省城栄帰之日、会試中式及内外仕宦、遠方栄帰之日、合族代備祭品、鼓楽於家廟。本人服公服（中式者、加花紅）謁見祖宗行礼。次与合族行礼。是晩、合族置酒欵待、以寓鼓励之意。

族内の子弟で挙人に合格して省都より帰郷した者、或は進士に合格して北京より帰郷するか、又は内外官として遠方の任地より出世して帰省・帰郷した者に対しては、宗族全体が宗廟に供物を備えて管・弦・太鼓で歓迎する。特に郷・会試の合格者には祝儀が与えられる。これに対して、本人は公服を着用して一族の祖先、次いで宗族の人々に敬礼する。夜は夜で全族人が酒宴を開催して当人を激励する、という。

⑨祭産数十畝を有した浙江・紹興府・山陰県（府城）・王氏の乾隆28（一七六三）『石池王氏譜』雍字行十世孫続纂、捐款には次のように言う。

凡族属、進学者、上戸捐貲一両。中戸五銭。下戸三銭。入太学者、概捐二両。従優者聴。凡族属、起家明経者、捐貲三両。登郷榜者十両。甲榜二十両。凡族属、仕雑流間員者、捐俸二両。広文三両。州県佐五両。積而上、毎任捐五両。州県正十両。積而上、毎任捐十両。従優者聴。京職同。凡族属、有仕至顕要者、不設常例、聴其願捐。

族内生員の捐銀額は、資産状況に応じて上戸は一両、中戸は五銭、下戸は三銭である。監生のそれは二両、貢生のそれは三両である。挙人のそれは十両、進士のそれは二十両である。任官者のそれは、倉官・巡検等の雑職が二両であり、広文（教官—府教授正七品、州学正正八品、県教諭正八品、府訓導従八品）[17]が三両、州同知・県丞等の州県佐官が五両である。更に彼らは昇任毎に五両を捐銀させられた。知州・知県のそれは十両であるが、彼らは昇任毎に十両を捐銀させられた。〔五品以下の〕京官も右の規定を準用される。〔四品以上〕の高官については、その捐銀は義挙＝本人の道徳的判断に任せ、不文の義務とすることが規定されている。

⑩清代では少ない直接的な捐田の規定は、浙江・寧波府・万氏の乾隆37（一七七二）『濠梁万氏宗譜』内集巻十三、「厚宗儀」に、

一仕而有餘禄、富而有餘資、則置義田、以済群族。

とみえ、任官者と富裕な者とは義田を置けとあるが、額数は規定していない。しかし、同巻の「祀規、墓祭」の条には、

吾寧之巨族、率置祀産。其累登仕籍者遞有所置。毎一世、或多至百余畝、少亦数十畝。後人、以次歳収某租祀祖。即値某祖之祀、故祭毎従豊、而莫重於清明之墓祭。上巳前後、郊外畫舫絡繹、鼓吹喧闐、婦女亦乗之。

というように、王氏では同地方の大族と同様に、族内の任官者は数十畝より百畝の祭田を供出する必要があった。その租田収入で宗廟の祭祀は挙行されたが、春のお彼岸ともいうべき清明（現在の四月五日頃）の大祭は特に重視され、桃の節句の頃に当るこの墓祭は、郊外まで画舫が艫を連ね、鼓笛喧騒の中を、ご婦人方も画舫に乗り込むなど盛況を極めた。

⑪多賀秋五郎『宗譜の研究資料篇』東洋文庫、一九六〇年、七九七頁（以下同様に、※七九七頁などと略記）より引用した、江蘇・鎮江府・丹徒県（府城）・趙氏の乾隆44（一七七九）『大港趙氏族譜』巻六、趙氏祠規には、経済的余裕のない者に対する学費の無償援助を記した「五、立義塾」がみえる。次いで「六、厳会課」には、次のように記す。

貢士出仕者、輸銀参両、送祠祀祖。願多輸聴。郷会中式、演戲祀祖、享餕照前増各分、分長与席。科出仕、輸銀貳拾両、送祠祀祖、甲出仕、輸銀伍拾両、送祠祀祖。願多輸者聴。文武出仕者、毎陞一級、送祠俸銀壹拾両。願多輸者聴。教官照八品例。文武雑職、照九品例。錦旋之日、一品者出銀百両。二品者出銀九十両。照品送祠祀祖。祠中鼓楽張筵以寵之。

趙氏では、任官後の捐金額の下限が貢生出身三両、挙人出身二〇両、進士出身五〇両と資格による差等がみられる。なお、郷・会試の合格者が出た場合、宗廟ではその名誉を祖先の賜物として感謝するための演劇が上演された(18)。又、教官の捐銀額は八品に準じ、雑職は九品に準じている。文武官は昇任毎に銀十両を供出させられた。特に円満退職者

は一品で銀百両、二品で銀九〇両を捐金させられ、鼓楽による酒宴に招かれた。

以上の十八世紀段階の捐金額は、一品の退職者に銀百両の捐金が強制された外は、内外官の最高額は銀五〇両以下であった。ところが、十九世紀段階の捐銀額は一挙に百両より三百両の間に跳ね上った。但し、次の江西の一例だけは例外的である。

⑬民国22『江西黄氏宗祠五修主譜』第一本、道光甲申（四年、一八一四）公儀条規（※八〇三頁）には、族内子弟の入学や郷会試の受験の際に祝儀が支給される規定と倶に、次の規定が見える。（尚、⑫は一一三頁に記す）

一吾宗人文蔚起。簪笏相承。凡登仕籍者、例応入主以盲祀事。……公議。京外各官、酌出喜金入祠拓充経費。題名者、京官一品出喜金十六両。二品十四両。三品十二両。四品十両。五品八両。六品六両。七品四両。八九品二両。外官照品加倍。至議叙・捐職喜金、倶照外官銀数。

黄氏では任官者の捐金額について、京官一品の銀十六両、二品の十四両より八・九品の二両までスライドしてあるが、外官は京官の二倍であった。従って、総督・巡撫といえども二十八両止まりであった。又、議叙（功績ある人物の登用）・捐納官の捐金額は、外官に準拠されていた。

⑭浙江・湖州府の光緒10『竹渓沈氏家乗』巻七、祠規、「道光九（一八二九）年重修」条にみえる〈又倡立義庄各捐銀数〉には、次のように言う。

義庄之設、係倣范氏遺制。而區區三千金、何足済事。……議。自庚寅為始。凡現任四品以上者、歳捐百五十金。七品以上者百金。佐貳減半。其職僅佐雑及未仕、有力者、聴其自便。但願、従此熾昌・積累不已、何必不与范氏比隆乎。

嘉慶期に五千三百畝を有した范氏の義庄を目標とした沈氏の義庄では、当時銀三千両（約千畝？）の義田しかなかった。そこで沈氏では、道光十（一八三〇）年を始期として、以後現任の四品以上の尊官は毎年銀百五十両を捐金し、五品～七品の長官は百両、佐貳官は五〇両を各々捐金せよと規定した。又、雑職官や未出仕の各級有資格者の中、経済的余力のある者は捐金してもよろしい、と規定された。

⑮貴州・平越直隷州・楊氏の咸豊七重修『楊氏小宗祠譜』巻一、原刑条規十二則（※八一六～一七頁）には、経済的に余裕のない族内子弟に対する入館の費用、官学への入学金、補廩者への幫助、郷・会試の受験費用の宗祠からの支給と同時に、任官後の倍増返還（「照数加倍捐繳入祠」）を規定している。特に、咸豊元（一八五一）年の捐金規定は次のように記す。

一経費宜籌画也。……以咸豊元年為始。凡我祠中子孫、不拘男婦老幼、該得志行捐助。其男丁、毎年各捐銀一両。女口毎年各捐銀五銭。秀才・監生、毎年各捐銀二両。女眷毎年各捐銀一両。貢生・挙人、毎年各捐銀四両。女眷毎年各捐銀二両。進士・翰林、毎年各捐銀八両。女眷毎年各捐銀四両。他如出仕者、外官八品以下、毎年各捐銀三十両。女眷毎年各捐銀十五両。五六七品、毎年各捐銀六十両。女眷毎年各捐銀三十両。四品以上、照品加倍。京官八品以下、毎年各捐銀二十両。女眷毎年各捐銀十両。五六七品、毎年各捐銀四十両。女眷毎年各捐銀二十両。四品以上亦照品加倍。均於清明日先一半、重陽日再交一半。此外、京官如有蒙恩出差、外官如有陞転者、毎一次捐銀二百両。当年寄到祠中、不在年例応捐之内。過期不交、祠中専人取討。内外官員、致仕・回籍、不拘品級大小、其年例応捐、均照進士翰林之例。

楊氏一族では、資格身分を持たない男丁・女口も毎年捐銀（男一両・女五銭）を義務付けられていた。生員・監生の毎歳捐銀額は二両（女眷一両）、貢生・挙人のそれは四両（女眷二両）、進士・翰林のそれは八両（女眷四両）であった。外官八品以下の毎歳捐銀額は三〇両（女眷十五両）、五・六・七品のそれは六〇両（女眷は三〇両）、二・三・四品のそれは百二〇両（女眷六〇両）であった。京官八品以下の毎歳捐金額は、地方官の約六七％（以下同様）に当る二〇両（女眷十両）、五・六・七品のそれは四〇両（女眷二〇両）、一・二・三・四品のそれは八〇両（女眷四〇両）であった。

捐銀の納期は年二回であり、三月の清明の節と九月の重陽の節と決められていた。この外、各省の提督学政又は郷試の試験官・税務査察官等として中央より地方に派遣された者、或は地方官で昇官した者は、その都度二百両を捐銀する義務が課せられた。捐金の義務をもつ以上の族人が滞納した場合は、族内より取立ての専従者が派遣された。更に、退職者については、品級を問わず、進士・翰林並びに銀八両（女眷四両）が毎年徴収された。

⑰光緒二（一八七六）年に義田千四百二〇畝を所有した江蘇・蘇州府・彭氏の民国11『彭氏宗譜』巻十二、荘規（光緒二年、※五四六頁）には、経済的困窮の有無に拘らず、族内の子弟に対して、荘塾での教育費、童試や郷・会試の旅費等が宗祠より支給されることを記す。次いで、その任官後については、次のようにいう。なお、本規定は、後述の河南・安陽県・馬氏の規定と殆ど一致している。

一子姓除現在捐田外、仍宜随時捐助、以期経費日充。……此後、凡仕宦、京官、学差捐銀一百両。試差五十両。一品一百両。二品五十両。三品三十両。四品以下量力捐助。外官、督撫藩運司各二百両。臬司五十両。道府州県三十両。優缺加倍。以上、無論実缺署缺、均照数按年寄助。局差薪水較優者、酌助薪水百分之三。佐貳塩場以至雑職、量力輸助。其業商・業田日増、饒裕者亦宜量力捐助。皆先後積算、俟合例附祀、則議祀。

京官と外官の捐銀の最高額を比べた場合、勅任の学差と京官一品の各百両は、二品以下の地方の督・撫・藩・運司の各二百両の半額であった。特に知県～道官の中、財政上豊かなポストにある者は捐銀六〇両であり、勅任の試差・京官二品・臬司の各五〇両を上回った。又、彭氏の捐銀は、毎歳とは限らず随時とある点が注目される。又、地方に出張した官僚は、俸給の三%を捐金させられた。府・州・県の佐貳官や塩官、駅官・倉官・巡検等の雑職官も地位相応に捐金を義務付けられたが、商人・地主として成功した者も、財力相応に捐金を奨励された。さらに、彭氏の捐金者は、前後の捐金額が合算され、荘規に適った場合、合祀の資格を取得した者とみなされた。

⑱福建・福州府・龔氏の光緒9（一八八三）『福州通賢龔氏支譜』中巻、祠堂条例（※八二六頁）には、族内の経済

力の弱い子弟に対して、書田より、生員には書籍代（巻金）が、挙人には旅費（盤費）が各々支給されることを記したのち、次の捐銀額を記す。

一報喜告祖宗也。……其喜金、仕至督撫者参百両。布司貳百。按司・道・府壹百陸拾両。提学使如之。州県壹百両。翰林・部属五十両。同知・通判・提挙等如之。首領佐襍参拾両。教官貳拾両。誥封二十両。捐者同之。捐職銜者、視現任之品級半之。捐貢者捌両。捐監者四両。郷飲大賓者四両。畢婚及得男者伍銭或三銭。喬遷夏屋者伍両。開設大當者伍両。

龔氏の捐銀者には、生粋の生員〜進士の資格身分の者は見えないが、捐貢生（八両）と捐監生（四両）とが見える。又、捐銀の対象は、主に任官者であるが、郷飲大賓（四両）や結婚した者及び男子を出産した者（三銭〜五銭）、別荘の所有者（五両）、大きな質屋（大當、五両）も含まれていた。任官者の捐銀額では、京官は僅かに翰林・部属の五〇両が記されるだけである。外官の最高額は、督・撫が遂に三百両の大台に上った。次いで、布政使の二百両、按察使・道台・知府及び学政の百六〇両、知州・知県の百両、同知・通判・塩課提挙使等官の五〇両、首領官・州県佐貳官・雑職官等の各三〇両、教官・封贈官の二〇両の順位であった。捐納官は、現任品官の半額であった。

⑲光緒十二（一八八六）年現在、義田二六〇畝を所有した河南・彰徳府・安陽県（府城）・馬氏の光緒16『安陽馬氏義荘条規』（※五六〇頁）には、族内子弟への科挙投資と捐田の規定が次のように記される。童生には府・県の正試に銭五百文、再試に三百文が（歳試・科試も同様）、郷試の受験者には一万文、会試の受験者には五万文が義荘より支給される。又、各級科挙合格者に対する祝儀は、院試合格の生員には四千文が、郷試合格の挙人には一万文、そのトップ合格である解元には二万文が、会試合格者（貢士＝事実上の進士）には三万文、そのトップの会元には六万文が、殿試合格の進士の中、状元には九万文、榜眼・探花・伝臚には六万文が、それぞれ義荘より支給される。さらに、郷試受験に北京へ赴く者には二万文が、北京に寄留して順天郷試・会試を受験する監生・生員には規定の半額が、それぞ

れ支給される。歳・抜・副・恩・優貢の貢生には、挙人の六〇%が支給される。義荘より支給される科挙投資は、経済的窮・通を問わない、と。

右の義荘条規によれば、馬氏の各級有資格者は、任官後に官品に応じて随時次のような捐金を義務付けられた。

一除現在捐田外、仍宜随時捐助、以期経費日充。凡仕京官。学差捐銀一百両。試差五十両。一品一百両。二品五十両。三品三十両。四品以下、量力捐助。外官。督・撫・藩・運司各二百両。臬司五十両。道・府・州・県三十両。優缺倍加。以上、無論実缺・署事、均照数按年寄助。願多捐者聴。下至佐貳塩場・各雑職、並業農日増饒裕者、均宜随時量力捐助。皆先後積算、侯合例、附祀。

河南・安陽・馬氏の義荘条規にみえる捐金額に関する規定は、蘇州・彭氏の荘規に倣っており、殆どが彭氏の引写しである。但だ、馬氏では規定以上の捐金を許す点と、農・商については富裕農民にだけ捐金を奨励している点とが彭氏と異なっている。馬氏の場合、商人の捐金規定が欠落していることは、南北経済情況の微妙な影を感じさせるが、それ以上に本事例では、江南の科挙条規が十年後に華北へ波及している点を留意しておきたい。

以上、明・清の宗譜にみえる科挙条規には、一般に独自で受験費用を調達する経済的余裕のない子弟に対して、科挙投資の無償援助が規定されている。こうした科挙投資の無償援助規定が存在する一方、科挙投資に要する教育財源を、科挙の有資格者や官僚に対して、本人の道徳的奉仕の精神としての捐田・捐金に求める不文の義務（義挙）も宋代以来一貫して存在した。右の不文律は、明初には本人の宗祠への合祀を保証条件とする勧奨規定を派生させた。更に万暦期以降には、祖宗への「孝」の実践として「祭田・義田」の供出を勧誘・奨励する規定が出現した。従って祭田等の売却は、「不孝の罪」として重罰の対象であった。こうした捐田の勧奨規定は、明末以降には強制的義務規定に変貌した。その具体像は既述の通りであるが、明末以降清代における捐田・捐金を公然と義務づける強制規定の中には、任官後に援助額の倍増返還を求めたり、納期に遅れた族内官僚の赴任地へ、宗族より専従の取立て人が派遣さ

官						昇転者	捐納者	封贈官	進士	会試中式	挙人	貢生	監生	生員	男丁	致仕・回籍
知州	知県	佐貳		塩場首領	雑職											
		歳貢7両　吏員5両					7両		30両		15両			1.5両		
									10畝		5畝					
5品……………………9品 田 1頃～50畝																
	10両					10両		随其官以為差	鼎甲16両	6両	4両	2両	2両	1両		
7品以上100両		50両			聴其自便				未任「聴其自便」							
10両		佐貳5両	広文3両		2両	佐貳5両 州・県正10両			甲榜20両		10両	3両	2両	上戸1両 中戸5両 下戸3銭		
					雑職照九品例 教官照八品例	文武官毎昇一級祠奉銭10両										二品90両 一品100両
5品16両	7品8両	(6品12両)					議叙捐職俱照外官銀数				喜銭(匾額)6000文			喜銭 2000文		
60両 女眷30両		八品以下30両 女眷15両				毎一次200両			8両 女眷4両		4両 女眷2両		2両 女眷1両		1両 女口0.5両	8両 女眷4両
		量力捐助														
100両(50両)		同知・通判・提挙50両(25両)		首領佐雑30両(15両)	教官20両(10両)		20両(10両)					(8両)	(4両)	開設大当者・喬遷夏屋者 5両 郷飲大賓 4両 畢姻及得男者5銭～3銭		

表１　明・清時代の捐田・捐金事例（一部）

		京官											外						
		学差	試差	1品	2品	3品	4品以下 4	5	6	7	8	9	総督	巡撫	藩司	運司	臬司	道台	知府
②	万暦19(1591) 南直・休寧・呉氏																		
④	万暦28(1600) 浙江・杭州・聞氏																		
⑤	嘉靖〜万暦 (1522〜1619) 広東・香山・何氏			宰相 田 3頃	尚書 田 2頃	田 1頃		5品……9品 田 1頃〜50畝					3品……………………4品 田 1頃						
⑧	乾隆20(1755) 浙江・呉興・沈氏 続置祭産及修祠各費							科道翰林 12両	初選京職 10両				開 府 50両						
	道光9(1829) 倡立義庄各捐銀数	4品以上 歳捐150両											現任4品以上 歳捐150両						
⑨	乾隆28(1763) 浙江・山陰・王氏 捐欵	「京職同」 「族属有仕至顕要者、不設常例聴其願捐」																	
⑪	乾隆44(1779) 江蘇・丹徒・趙氏	貢士出仕者輸銀　参両送祠祀祖 科　出仕者輸銀　貳拾両送祠祀祖 甲　出仕者輸銀　伍拾両送祠祀祖																	
⑬	道光4(1824) 江西 黄氏			16両	14両	12両	10両	8両	6両	4両	2両	2両	2品〜3品 28両〜24両			4品 20両		6品 12両	
⑮	咸豊7(1857) 貴州・平越 楊氏	蒙恩出差 200両		四品以上照品加倍 （80　両） （女　眷） （40　両）				40両 女眷 20両			20両 女眷 10両		四品以上照品加倍 （120両） （女　眷） （60　両）						
⑰	光緒2(1876) 江蘇・蘇州・彭氏	100両	50両	100両	50両	30両	量力捐助						200両	200両	200両	200両	50両	30両	
⑱	光緒9(1883) 福建・福州 龔氏	160 (80)						翰林・部属 50両 捐職銜者(25両)					300両 (150両)		200両 (100両)		160両 (80両)		
⑲	光緒12(1886) 河南・安陽・馬氏	100両	50両	100両	50両	30両	量力捐助						200両	200両	200両	200両	50両	30両	

れる等の露骨なものも現われるに至った。今や宗族の建前とする儒教倫理より背反しつつあった現実の強制規定は、族内当該官僚に搾取の強要を必然ならしめ、貪官化を誘発する前程条件を具備していた。

なお、明・清の強制規定計十九事例の中（後述の山西・江西の二事例を含む）、捐田・捐金額の比較的明確なもの十一事例の表示を試みたのが表1「明・清時代の捐田・捐金事例（一部）」である。次節では、こうした多彩な内容をもつ捐田・捐金規定の出現した社会文化的背景と、そのもつ意味とを検討したい。

第三節　捐田・捐金規定出現の社会的意義

1　強制規定の集中的表現—先進経済地帯

多賀秋五郎『中国宗譜の研究』下巻（日本学術振興会、一九八二年、特に結語）には、日・中・米国現存宗譜の類型的・数量的調査・分析の結果として、以下の諸成果が得られている。即ち、十一世紀以来士大夫階層の間で発達した宗譜は、十五世紀より十七世紀には江南等の経済・文化的先進地帯の庶民（農・商）層へも浸透しはじめた。「宗譜は、㈠血縁の関係を明らかにして、族人意識を自覚させるための世系・世表・淵源記・支派記など、㈡宗族の栄誉を知らせて、族人の奮起を促すための誥勅・像賛・登第記・仕官記・墓誌記・文苑など、㈢祭祀の記録をしめして、始祖への帰一を促すための墳塋記・祠堂記・祭文・祭産記・祠規などを内容とし、さらに、㈣宗族の規範を明らかにして、族人生活を統制するための家訓・宗約（四五六頁）」などを収載したが、こうした宗譜の様式は明末に一応の完成をみた。又、宗譜の数量的推移を時代的にみると、明末につづいて清代では、順治・康熙・雍正と次第に多くなり、乾隆・嘉慶・道光と一層多くなったが、咸豊期に太平天国軍の占領地で一時的な衰退をみたものの、同治年間には回復に向い、光緒・宣統期には爛熟時代を迎えた。以後、地主制の温存された辛亥革命期や、軍閥政権、国民政府下でも依然として修譜は行われた。この間の五・四運動や新生活運動による宗族への批判を通じて、宗族内部には動揺も見られたが、基本的には新中国の成立まで存続した。又叙譜堂・祠堂の設立、義田・義荘の設置、族食・族燕の挙行、義学・義冢の設営、家訓・規矩などの宗族結合の強化の中心は、宗譜の二、三十年毎の再編纂である修譜であったが、その成立には、宗族単独の場合、修譜を推進すべき人材（知識人）がいること、宗族に編集や印行の負担に耐えうる財力のあることが要件であった。さらに、修譜の盛行したのは、華中・華南の中でも特に江蘇・浙江・安徽・江西・湖南・湖北や福建・広東等の省であった、とされる。実は、これらの諸地域は、明末より清代に現われた捐田・捐金の強制を規定した科挙条規を収載する宗譜の出現する諸地域とほぼ重なるのである。

清代の捐田・捐金の強制規定は、限定された事例に拠っても、地域的には明代の華中（南直二例、浙江一例）、華南（福建一例・広東一例）の事例から、華中は江蘇二例・安徽一例・浙江五例・江西二例・貴州一例、華南は福建一例、華北は河南一例、山西一例へと拡大した。

既述の第二節第三項、及び後述の第三節第三項に見える捐田・捐金規定の十九事例が出現した年代的推移と地域を表示した表2「捐田・捐金条規の出現した年代的推移と地域（19事例）」をみた場合、時代的には十六世紀三例、十七世紀二例、十八世紀六例、十九世紀八例と時代の下降するほど増加している。

従来、捐田・捐金は不文の義務として宗譜には記載されなかったものが、明末十六世紀初葉以降に族産の増殖＝宗族繁栄の肯定という形で現われた背景としては、資本主義の萌芽もみられる程の社会経済的発展の画期的段階における、地主支配の階級的イデオロギーの変容という点も考えられる。明末以来のこうした地主制の特質を担った流派としては、所謂る王学を通過した新朱子学派の東林派地主が蓋然性として想定可能ではある。即ち東林派は、「公貨公色」論、つまり「存人欲的天理観」によって、「自私自利的民の主張（都市商工層とも利益を共通する中小地主＝富民層の

表2　捐田・捐金条規の出現した年代的推移と地域（19事例）

No.	地　　域	捐　田	年　　代	宗族	義田・祭田所有額
①	南直隷・江都県（揚州府城）	銀	正徳12年（1517）	卞氏	
②	南直隷・休寧県（徽州府管内）	銀両	万暦19年（1591）	呉氏	
③	福建・晉江県（泉州府城）	石（畝）	万暦23年（1595）	蘇氏	
④	浙江・杭州府	田畝	万暦28年（1600）	聞氏	
⑤	広東・香山県（広州府管内）	田畝	嘉靖～万暦期（1522～1620）	何氏	
⑥	安徽・歙県（徽州府城内）	貲	康熙53年（1714）	黄氏	
⑦	浙江・蕭山県（紹興府管内）	加捐	乾隆６年（1741）	沈氏	
⑧	浙江・湖州府	銀両	乾隆20年（1755）	沈氏	義田三千両（千畝？）
⑨	浙江・山陰県（紹興府城）	銀両	乾隆28年（1763）	王氏	祭田数十畝
⑩	浙江・寧波府	田畝	乾隆37年（1772）	万氏	
⑪	江蘇・丹徒県（鎮江府城）	銀両	乾隆44年（1779）	趙氏	
⑫	江西・新城県（建昌府管内）	銀両	嘉慶６年（1801）	陳氏	義田二千余畝 祭田・学田五千余畝
⑬	江西	銀両	道光４年（1814）	黄氏	
⑭	浙江・湖州府	金（銀両）	道光９年（1829）	沈氏	義田三千両（千畝？）
⑮	貴州・平越直隷州	銀両	咸豊元年（1851）	楊氏	
⑯	山西・洪洞県（平陽府管内）	捐輸	同治４年（1865）	劉氏	
⑰	江蘇・蘇州府	銀両	光緒２年（1876）	彭氏	義田千四百二十畝
⑱	福建・福州府	銀両	光緒９年（1883）	龔氏	
⑲	河南・安陽県（彰徳府城）	銀両	光緒16年（1890）	馬氏	義田二百六十畝

私的財産保有の主張）」を行ない、家産形成上の欲求を天理として自己の経営地主的立場を自負・肯定しつつ、半面では「為善・施恩」を通して族内貧民層や佃戸・奴僕層を郷村秩序の下に再編成しようとする観点より、エゴイスチックな郷紳的土地所有に対しては相互補完的留保の下に批判を展開し、やがて皇帝に対する中堅地主層の「私」の承認を前程とした「富民分権的専制」論を展開するに至ったのであった。(19) 右の点については、捐田・捐金規定と東林派思想との関連として別途に検討の余地はある。だがしかし、表2の捐田・捐金規定を宗譜に明記した宗族には、千畝単位の族産をもつ大宗族が確認されるのである。又、族産収入の使途も、族人の救済はむしろ二の次であ

り、祭祀・科挙投資への偏重がみられた。家産・田産の保持の目的からとは言え、親族や奴僕・佃戸層に恩恵を施すべき中堅地主層の側より、果して不分の義務を突き破って露骨な捐田・捐金規定が出現したとは考え難い[20]。むしろ本規定は、エゴイスチックな経営を前程とする郷紳地主層の側の論理ではなかろうか。何れにせよ右の点は、資料不足もあってこれ以上は踏み込めない。

本章では、清代において、明代と比べた場合、捐田・捐金規定が長江デルタの経済・文化的先進地帯のみならず、華中の辺境や華北へと拡大している事実のもつ意味を科挙制との関連より検討してみたい。

2　受験過熱の後進地域への波及

『明清歴科進士題名碑録』（台北・華文書局股份有限公司、一九六九年）に拠って、以上に検出した捐田・捐金規定の見える族譜の所属する各省を抽出し、明・清時代を各々約五〇年間隔で各省毎の進士合格者数を出して折れ線グラフ化した表3「明・清時代の各省別進士合格者数の推移」を眺めよう。

表3によれば、明・清倶に政権が安定するまでの激動の初期五十年間は、科挙合格者にも著しい偏重がみられる。明代の前期（永楽二十二年以前）は、江西（六二五名）[21]・浙江（四八三名）・福建（三七六名）の三省が進士を輩出している。南直隷は三〇三名と異常に少ない。清代の前期（康熙三九年以前）は、江蘇（含安徽、一〇七三名）・浙江（六五四名）・河南（四九二名）・山西（四二四名）が上位を占めている。明代初期に伸びた江西は二百名、福建は二百十一名と激減している。問題は、明・清の政権安定期の中半から、政権の矛盾が深まる後半の約百年にかけて、明と清とでは進士合格者の各省の比率が如何なる推移をみせたかである。表3からは、先進地帯の進士合格者の比率が、清代の後半は、明代後半に比べて減退している点が推測される。

右の点につき、『明清歴科進士題名碑録』に拠って、表4「各省進士合格者数の時代別明・清対比増減率」では次

表3　明・清時代の各省別進士合格者数の推移

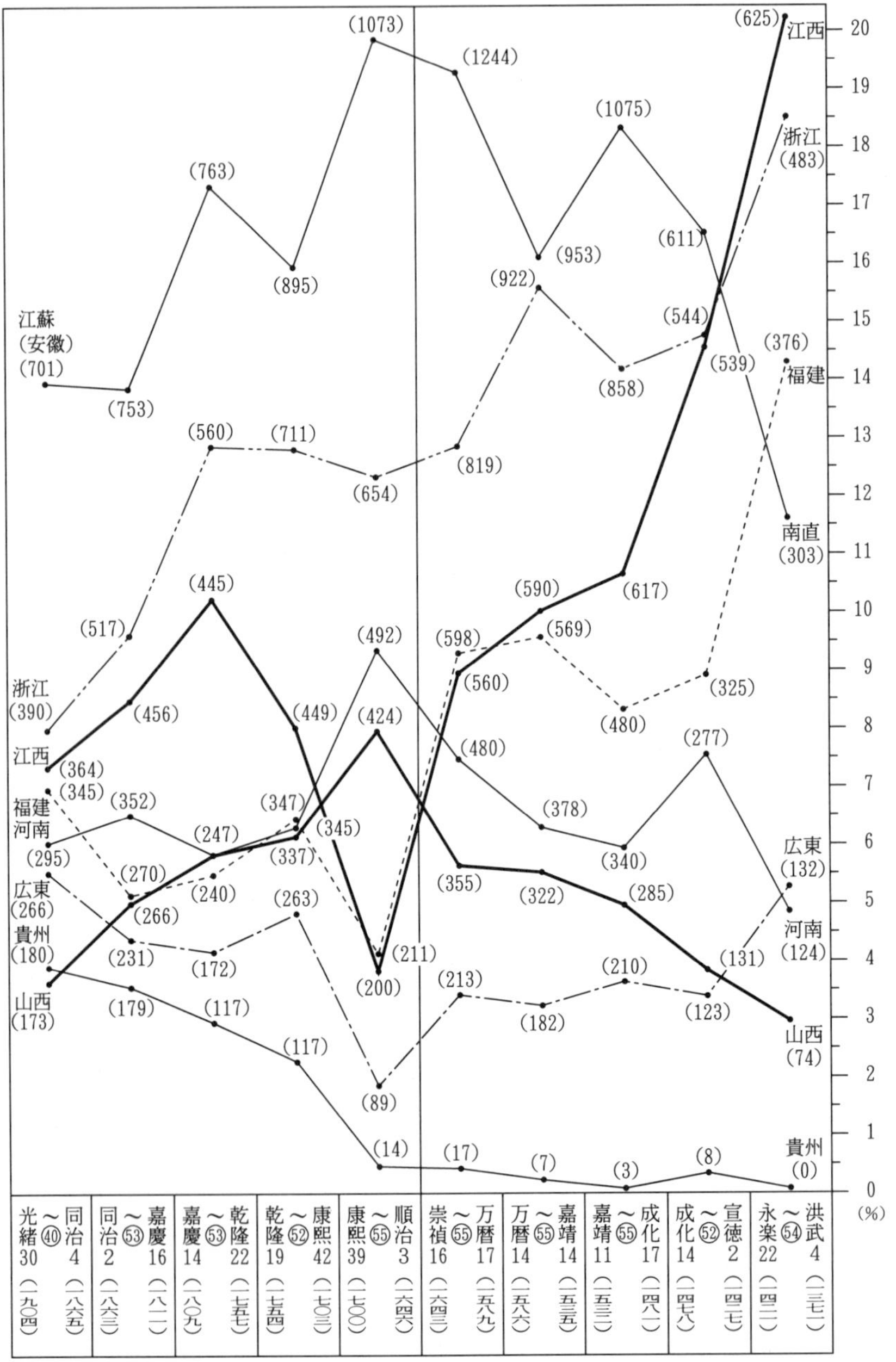

の（イ）・（ロ）・（ハ）・（ニ）の四つのケースを検討しよう。

清代の進士合格者総数の、明代のそれに対する増減比率（イ）。明代後半（嘉靖十四年以降）約百年の進士合格者数の、明代前半（嘉靖十一年以前）の約百五十年のそれに対する増減比率（ロ）。清代後半（嘉慶十六年以降）約百年の進士合格者数の、清代前半（嘉慶十四年以前）の約百五十年のそれに対する増減比率（ハ）。（ロ）と（ハ）との増減比率の対比（ニ）。

（イ）の場合。清代の進士合格者総数の対明代比率は、減少した地域が江西の四・五八％、浙江の三・八五％、福建の三・五八％、四川の二・五％、江蘇、安徽（南直隷）の〇・八％の順位で続いている。逆に増加した地域は、北直隷（三・八六％）、貴州（二・二五％）、雲南（二・二三％）、山東（一・七九％）、湖北・湖南（湖広、一・六〇％）、陝西（含甘粛、一・五三％）、広西（一・四六％）、山西（〇・八四％）、広東（〇・二三％）、河南（〇・一七％）の順位である。

（ロ）の場合。明代後半に、前半と比べて減少した地域は、五・三八％減の江西、一・四五％減の浙江、〇・六三％減の広東、〇・三七％減の北直隷、〇・三一％減の広西、〇・二八％減の福建、〇・〇七％減の四川の順位である。増加した地域は、山東（三・〇七％増）、山西（一・四四％増）、南直隷（一・三九％増）、河南（〇・八四％増）、陝西（含甘粛、〇・八一％増）、湖広（〇・六九％増）、雲南（〇・一七％増）、貴州（〇・一％増）の順位である。即ち、ここでも減少した地域の減少率は、先進地域が著しい。増加した地域の増加率も、一％を越えたのは、山東・山西・南直隷のみであり、他の河南・陝西（含甘粛）・湖広・雲南・貴州の増加率は、後述の清代と比べて微増である。即ち、ここでも先進地帯の進士合格者数の後退現象と、後進地域の伸張とが概略窺見できる。

（ハ）の場合。清代後半に、前半と比べて減少した地域は、三・九％減の江蘇（含安徽）、三・八九％減の浙江、二・四四％減の直隷、二・三九％減の山西、一・五五％減の山東、一・一四％減の河南の順位である。増加した地域は、広西（二・五一％増）、四川（二・一七％増）、雲南（一・九七％増）、湖北・湖南（一・八九％増）、貴州（一・八二％

明代前半の進士合格者総数	進士合格者総数			直省
	清代	清代の対明代増減比率（%）	明代	
490（4.04%）	1447（5.61%）	＋0.84%	1167（4.77%）	山西省
741（6.11）	1731（6.71）	＋0.17	1599（6.54）	河南省
1989（16.41）	4185（16.32）〔安徽 690（2.71）〕	−0.8	4186（17.12）	南直隷（清代は江蘇・安徽）
1885（15.56）	2832（10.99）	−3.85	3626（14.84）	浙江省
1781（14.70）	1914（7.42）	−4.58	2931（12.00）	江西省
11（0.09）	607（2.39）	＋2.25	35（0.14）	貴州省
1181（9.74）	1413（5.48）	−3.58	2348（9.06）	福建省
465（3.83）	1021（3.99）	＋0.23	860（3.76）	広東省
667（5.50）	2280（8.84）	＋1.79	1725（7.05）	山東省
937（7.73）	2939（11.39）〔盛京 187（0.72）〕	＋3.86	1846（7.53）	北直隷（清代は盛京を含む）
442（3.64）	1154（4.77）	＋1.53	992（4.05）	陝西省（明代は甘粛を含む）
	256（0.81）			甘粛省
	830（3.24）	＋1.60		湖北省
	649（2.55）			湖南省
691（5.70）	482（1.86）		1480（6.05）	湖広
117（0.96）	574（2.26）	＋1.46	196（0.80）	広西省
666（5.49）	769（3.00）	−2.45	1335（5.45）	四川省
51（0.42）	695（2.73）	＋2.33	124（0.50）	雲南省
12114（100%）	25779（100%）	（＋1329）＋5.43%	24450（100%）	総計

表4　各省進士合格者数の時代別明・清対比増減率

清代後半の進士合格者総数	清代後半〔嘉慶16（1811）以後〕の対前半増減比率（％）	清代前半の進士合格者総数	明代後半の進士合格者総数	明代後半〔嘉靖14（1535）以後〕の対前半増減比率（％）
439（4.19％）	－2.39％	1008（6.58％）	677（5.48％）	＋1.44％
647（6.18）	－1.14	1084（7.07）	858（6.95）	＋0.84
1454（13.9） 〔安徽 571（5.45）〕	－3.9 〔＋4.72〕	2732（17.8） 〔安徽 119（0.77）〕	2197（17.80）	＋1.39
907（8.67）	－3.89	1925（12.56）	1741（14.11）	－1.45
820（7.83）	＋0.69	1094（7.14）	1150（9.32）	－5.38
359（3.43）	＋1.82	248（1.61）	24（0.19）	＋0.1
615（5.87）	＋0.67	798（5.20）	1167（9.46）	－0.28
497（4.75）	＋1.33	524（3.42）	395（3.20）	－0.63
829（7.92）	－1.55	1451（9.47）	1058（8.57）	＋3.07
965（9.22）	－2.44	1787（11.66）	909（7.36）	－0.37
670（6.40） 〔甘粛 227（2.17）〕	＋1.57 〔＋1.99〕	740（4.83） 〔甘粛 29（0.18）〕	550（4.45）	＋0.81
488（4.66）	＋2.43	342（2.23）		
425（4.06）	＋2.6	224（1.46）		
	＋1.89	482（3.14）	789（6.39）	＋0.69
389（3.71）	＋2.51	185（1.20）	79（0.64）	－0.32
447（4.27）	＋2.17	322（2.10）	669（5.42）	－0.07
404（3.86）	＋1.97	291（1.89）	73（0.59）	＋0.17
10460（100％）		15319（100％）	12336（100％）	

増）、陝西（含甘粛、一・五七％増）、広東（一・三三％増）、江西（〇・六九％増）、福建（〇・六七％増）の順位である。即ち、ここで注目されるのは、明代後半の（ロ）の場合と比べて、清代では先進地の江蘇（含安徽）と浙江とが約四％も大幅に減少したのとは対照的に、後進地の広西・四川・雲南・湖南北・貴州等が約二乃至二・五％台に躍進増加した点である。

右の点を、（ロ）と（ハ）とを比べた（ニ）の場合についてみよう。清代後半の増加率を、明代後半のそれとの倍率で眺めた場合、四川は三十二倍増、貴州は約十八倍増、雲南は十一・五倍増、広西は約九倍弱増と著増しており、全般的に後進辺境地域の相対的増加率が目立つ。これとは逆に、先進地域の江蘇では、明末の一・三九％増より清末の三・九％減へと三・八倍の減少、浙江では明末の一・四五％減より清末の三・八九％減へと二・七倍の減少である点が注目される。減少した他の地域でも、同様に直隷は六・六倍の減少、山西は二・六倍の減少、河南は二・三倍の減少、山東は一・五倍の減少である。本稿に関係する地域の内、貴州は進士合格者の著増が、逆に江蘇・浙江・山西・河南はその著減がみられた。この数値は、各省の郷試合格者の定員（清代は、明代より若干増の千二百名程度）[22]という制約された枠内での激烈な競争率が、中央礼部の会試でも過熱化していた反映と推定される。

例えば、清代の会試の合格者は初め、南巻（江蘇・浙江・福建・湖広・広東）、北巻（直隷・山東・山西・河南・陝西・四川・広西・雲南・貴州）等の区分に、各省受験者の多少に応じて随時に合格者が振り分けられていた。ところが、康熙五十一（一七一二）年の上諭は、清初に比べて倍増した各省受験者に対して、合格者の振り分けが各省別ではなく、こうした南・北巻別になされた場合、進士合格者が一省に偏る弊害を緩和するために、今後は上京した各省別の受験者の実際数を把握した上で、省の大小と人材の多寡とを酌定して各省毎に合格者の額数を割り出す決定を下した[23]。この点は、乾隆五十三（一七八八）年の上諭でも言うように、各省別に合格者を振り分けなかった場合は、勢い文芸レベルの高い（従って経済力の強い）江浙等の大省に合格者の大半が偏る恐れがあり、それは「地に就いて才を取る」[24]科挙の趣旨に悖るものであったことからも頷けるのである。

こうした、郷試・会試における各省毎の競争、特に受験者数の増大に伴う競争の激化は、経済・文化的レベルの低い地方の受験者には、科挙合格を相対的に有利に導いたと考えられる。逆に、経済・文化的レベルの高い先進各省の受験者は、より苛烈な競争に巻き込まれて、合格のための社会的対応にも迫られていたに違いない。即ちその影響は、宗譜の科挙条規にも何らかの変化をもたらしていた可能性が強いのである。

本稿で扱うその他の地域の場合でも、江西は、明末の五・三八％減より清末の〇・六九％増へと一・一倍の増加と殆ど変化はなく、且つ実際の合格者数は減少しているので、受験競争率は依然として厳しかったものと推定される。福建は、明末の〇・二八％減より清末の〇・六七％増へと三・三倍の増加であり、広東は、明末の〇・六三％減より清末の一・三三％増へと三・一倍の増加ではあるが、広東の微増（但し、明・清の前半と比べて、その後半は何れも微減）を除けば、福建の実際の合格者数は減少しているので、競争率は厳しい情況にあったと考えられる。

以上、明・清の地域別・時代別進士合格者数より、地域別の科挙受験競争の熾烈度を推定するために、本稿で扱う地域の内、明末以降と清末以降とを概略比べた場合、後進地域の相対的伸張を代表する貴州のそれを除けば、特に先進地の南直（江蘇）・浙江・江西を中心に、以下福建・広東、山西・河南等の諸地域では、明末よりも清末にかけて、進士合格者数の相対的減少が見られ、科挙の受験競争は一段と過熱の度合いを深めていたことが推測できる。[25]

こうした進士合格者数の相対的な、先進地帯での後退と、後進地帯での伸張とは、郷試競争率の酷烈度が先進地より後進地へと波及していた現象と推定される。例えば、明代では会試の競争率は、十五世紀中葉より明末の間に十数倍であったが、郷試の競争率は十五世紀前半に十倍程度、同世紀後半の江西では二十倍、十六世紀後半の浙江では六十三倍、湖広では三十一倍にそれぞれ上昇していた。国家は万暦三（一五七五）年にそれを全国一率に三十倍と規定したが、南直隷では数十倍に上った。又、清代のそれは百倍に及んでいた。[26]

科挙試の過熱化は、必然的に義塾や童試・郷試・会試等の教育費とか受験費用の充実を宗族に課したにちがいない。例えば、蘇州の大地主王世貞には、十六世紀半ば、会試受験のための上京旅費は銀三百両を要したが、中には百両も工面しかねる者もいたこと、同世紀後半には、その額は銀六百両より七百両にはね上った、との証言がある。[27]大地主は自ら費用を調達できたであろうが、族内貧民の子弟は、旅費や答案用紙代等を府・県や宗祠、中でも後者に頼らざるを得なかったことは既述の通りである。明末より清代の地方志の風俗条にみえる祠堂・祭田設置の盛行は、[28]そうした族内受験生の旅費調達の要請に応える意義をも担っていた。だが、宗族からの無償供与は、科挙合格更には任官後の子弟にとって、捐田・捐金の強制という過重な負担となってはね返っていた。

3　捐田・捐金規定と腐敗構造との関連

以上にみた中国的大家族制度の特質をなす、宗族による族内子弟への科挙投資と、資格の取得や任官後における公然たる捐田・捐金の義務とが、結局は官僚による人民への搾取強化と政治腐敗の必然化へとつながる関係を、検索した明末より清代の史料に即して検討してみよう。

⑯山西・平陽府・洪洞県の同治4（一八六五）『洪洞劉氏宗譜』巻七、闔族公約には、天啓六（一六二六）年正月二日に開催された家廟の例大祭に欠席した劉承鼎ら五名に各々罰銀五両が課せられ、これで祭田を置買したことが見える。又、祭田の収入は、その年の例祭の費用と税糧とを差し引き、残額は貯蓄せよとみえる。同条には、次のようにも言う。

……

一科甲・貢例、以及出仕位顕者、各量力捐輸、以襄祀事。毋得吝嗇貽譏。

一族中有応郷試会試者、皆読書上進。栄宗耀祖之事、理宜奨助以示鼓励。公議於祭田餘銀内、郷試者送巻価銀三銭、会試者送巻価銀一両。

郷試の受験者には、答案用紙代が銀三銭、会試のそれには銀一両が、祭田収入の貯蓄分より支給された。それらの受験者が合格して挙人・進士となるか、又は合格せずに貢生となった場合、及び彼らが任官して高級官僚となった場合、各人はそれぞれの特権的資格や官職相応に捐田・捐金して祭費を援助させられた。その際に、「吝嗇し、譏を貽《のこ》すを得ることなかれ」と見える点は、極めて重要である。これは、当人が捐田・捐金を出し渋って族人に悪口を叩かれて面子を失うこと、換言すれば、当該紳士・官僚が族人の社会的信頼に外面的・形式的に答えている特殊の状態・気分[29]、つまり社会的生命が断たれることを意味した。捐田・捐金に関して、族約にそこまで踏み込んで記されることは甚だ珍しいのであるが、清末には歴代の不文の義務も露骨な義務規定に変身を遂げていた一端の事実が窺われるのである。

問題は、捐田・捐金額が、任官後の本人の歳費の中より如何なる程度要求されたかである。既述の、京官には最高で学差・一品の百両、外官には督・撫・藩・運司の二百両、臬司五十両、道・府・州・県長官の三〇両（優缺六〇両）という捐銀を義務付けた河南・安陽県の光緒16『安陽馬氏義荘条規』には、捐金規定の末尾に次のように記す。

然必潔己奉公、実為廉俸所餘、方准収存。否則貪贓犯法、捐欵雖多、義荘勿収。

右によれば、捐金はあくまでも俸給の余りを送るべきであり、不法手段で取得した財貨の中より送金した場合は、義荘では受け付けない、と言う。この条規がいかに絵空事であるかは、後述するように、清朝官僚の薄給をみれば納得できるのである。

⑫江西・建昌府・新城県の嘉慶24『江西新城雲路啓賢陳氏三修家譜』巻十、義田誌によれば、江西・建昌府・新城県の陳氏は、昔（孔明公＝始遷祖）より祭田を所有していたが[30]、嘉慶二十四（一八一九）年三月、候補内閣中書の陳守誉は、布政使に申請して義田二千余畝、祭田・学田共に五千余畝、義谷四千石、租田四百畝を県内の各郷・都に設置

した。同書巻十、義田誌、義田三修規条及び、巻八、祀事誌、賀儀例によれば、表5のように、十五歳以上の義学への入学者で向学心がありながら経済力の弱い者には、五年間に限り、老師への謝礼金が年間に銀四両支給された。この規定は原定義産条規に見えており、少なくとも乾隆三十七年以前のものである。大志を抱き学問に励むが経済力の至って弱い童生が県学に入学した場合、嘉慶六年より祝儀銀八銭と、年間に学費が六石支出された。又、生員で歳試・科試の受験生には、銀一両が規条制定時以来支給された。生員より恩・抜・優・副・歳の各貢生となった者には、嘉慶六年、旗杆・匾額の建立費として銀八両の祝儀が支給された。省都の南昌に郷試を受験に行く生員・貢生で資力のない者には、原定規条以来、銀二両が、乾隆三十七年規条以降は銀六両が、嘉慶六年以降は銀四両が、同二十四年以降は銀二両が、それぞれ援助支給された。郷試に合格した挙人は、嘉慶六年、宗

表5　江西・新城県・陳氏の科挙投資規定

			原定義産条規	義田続修条規(乾隆37年11月)〈1772〉	義田三修規条(嘉慶6年長至月)〈1801〉	義田四修条規(嘉慶24年3月)〈1819〉
巻十、義田誌、義田三修規条	年十五以上向学而無力者	従師修金	年4両(限度5年)	(年4両)(限度5年、但し孤子のみ)	年4両(限度5年、但し孤子のみ)	年4両(限度5年、但し孤子のみ)
	篤志励学不怠、赤貧不能自贍者	秀才者歳贍(生員)			年6石	年6石
	応試無資者	歳試科試(生員)	1両	(1両)	(1両)	1両
		郷試	2両	6両	4両	2両
		会試	10両	30両	16両	10両
	挙・進赴選無資者	盤費		50両	20両	
	挙・貢得教職赴任無資者	盤費		30両	20両	
巻八、祠事誌、賀儀例	入学者・賀儀銀				8銭	
	恩・抜・優・副・歳貢旗・匾賀儀銀				8両	
	中挙者				醮一年	

廟の祭祀に祭品（酒）を供えることを一年間免除された。会試受験に上京する挙人で資力のない者には、原定規条以来銀一〇両が、乾隆三十七年以降は銀三〇両が、嘉慶六年以降は銀一六両が、同二十四年以降は銀一〇両が、それぞれ援助支給された。既述のように、会試の受験費用は、明末でも銀六百乃至七百両を要した富裕者もあったが、宗族の援助といえども、この明末の最高額で計算した場合は、二％未満の微々たる額であったことがわかる。

挙人・貢生で教職のポストは得たが赴任に資力のない者には、原定規条以来銀三〇両が、嘉慶六年以降は銀二〇両が、旅費として支給された。挙人・進士で知県のポストをめざして選考を受けるために上京する者で資力のない者には、原定規条以来銀五〇両が、嘉慶六年以降は銀二〇両が旅費として支給された。ところで、巡按御史蕭東之の証言する明末の進士は、知県に選任されない以前に銀千両を借金し、選任後に更に銀九百両を借金するので、赴任後の元利合計は四千両にも達した。従って、ポストを得て赴任する進士や挙人には、彼らに金を貸与した金融ブローカーの「債主」が同行して取り立てた。こうして就任した知県は、必然的に借金の返済をめざして人民に酷刑を伴う搾取を加重したが、彼らを管理する上司は、（該知県の借金より収賄し得たが故に）これを咎めるどころかアベコベにほめたたえる、という官界の腐敗構造がみられた。[31] 赴任費用も清代では更なる上昇が予想されるのであるが、仮にこれに拠っても、陳氏の挙人・進士が知県に赴任するに際して宗族より銀五〇両の援助を受けた場合、それは利子を除いた借金額の僅か三％未満という微々たる額ではなかったかと推測される。

右の⑫『江西新城雲路啓賢陳氏三修家譜』巻十、義田誌、義田三修規条にみえる任官者についての最後の二条を摘記すれば、次のようである。

一、挙・進赴選、無資者、原定助盤費銀五十両。今酌減為二十両。

一、挙・貢得教職、赴任無資者、原定助盤費銀三十両。今酌減為二十両。二条、公議。於本人凡到任後、各捐養廉十分之四、送廟広醮。未来者、専人往署坐取、并須加息。盤費亦本官給発。……嘉慶六年長至月日守詒謹誌。

注目すべきは、陳氏では嘉慶六年の宗族会議において、族内の任官者は、赴任後に養廉銀（或は廉俸？）の四〇％を宗廟に仕送りして祭祀の費用に充てることが決定された。但し、所定の養廉銀を期日までに送付しない官僚については、族内より専従の捐金取立て人が赴任地に派遣され、納付するまで現地に滞在して取り立てた。その際には、滞納期間に亙る養廉銀額の利息と、取立て人の旅費も当官僚より供出すべし、とされた。こうした宗族による捐金の強制取立てが、ただでさえ多額の借金を背負って赴任したであろう宗族出身官僚を、必然的に貪官化、即ち搾取強化と贈収賄化へと導くことは、前述した明末における官界の腐敗構造や、清末の一連の譴責小説の叢生によっても想像に難くないところである。

右の陳氏にみるような、科挙投資の見返りとしての養廉銀四〇％の宗廟への償還という規定は、原理的には文字通り「官史が廉潔を守るための手当」という意味を形骸化するものであった。

ところで、雍正以前には、租税の基準を出来るだけ低くして人民負担の軽減を図る政策があったが、これに対して薄給の地方官が租税附加税の中から俸給の千倍をも着服する弊害が生じていた。清朝の俸給制度の特色をなす養廉銀の制度は、右の弊害を除去するために、制度上は増税の形を取りつつも、徹底的な税制整理を行い、地方費をも認め、地方官にも生活給を与えることで人民負担の実質的な軽減を狙ったものであった。

河南巡撫田文鏡によって着手されたこの改革は、河南の租税銀額三百万両に附加税一割三分を掛けて約四十万両を得、その中から地方費を支弁すると同時に、官吏にも勤務地手当＝養廉銀を与えた。召使いを含めて四五十人より四五百人の大家族を抱える地方の大官、特に右の河南巡撫の養廉銀三万両（清末では一万五千両）[32]は、歳俸銀百五十五両（明代では従二品で約百二十両）[33]の約二百倍に相当した。[34]又、雍正五年二月、浙江巡撫李衛は、家人などに対して郷里から食糧を運搬して支給した外に、諸経費約八千両を要したが、雍正十年の浙江巡撫の養廉銀額は一万両（清末も同様。本俸の約六十五倍）であった。[35]今、仮に清末における巡撫の宗族への捐金が養廉銀額に占める割合を右の河南・浙江についてみた場合、既述の⑲光緒16年・河南・安陽・馬氏の巡撫相当（毎歳）捐金額二百両は、約一・三%に相当する。同じく⑭道光9（一八二九）年・浙江・呉興・沈氏の巡撫相当毎歳捐金額百五十両は、約一・五%に相当する。但し、沈氏の場合、⑧乾隆二十（一七七五）年の督・撫捐金額は五〇両（養廉銀額の約〇・五%）であったものが、⑭道光九年には三倍に増額されていた。又、前述の⑫江西新城県陳氏の嘉慶六年規条のように養廉の四〇%を捐金させる規定では、江西巡撫の養廉銀は清代を通じて一万両前後であったことより、約四千両が捐金させられたことになる。

次に、正七品の知県の場合、清代では歳俸銀四十五両（明代では約二十七両）[36]に対して、養廉銀は四百両より二千両の間で幅があったが、一般には約千両程度であった。[37]つまり、養廉銀は本俸の約二十二倍であった。そこで、知県の養廉銀額中に占める宗族出身の知県相当捐金額の割合をみよう。既述の表1によれば、知州・知県の捐金額は十両・三〇両・六〇両・百両のケースがみられた。知県の場合、乾隆期までは十両が一般的であったことより、宗族が知県に強制した養廉銀額に占める捐金額の割合は、十両（乾隆20・浙江呉興沈氏、同28・浙江山陰王氏）で約一%程度であり、後には、三〇両（光緒2・江蘇蘇州彭氏、同12・河南安陽馬氏）で約三%、六〇両（咸豊7・貴州平越楊氏）で約六%、百両（道光9・浙江呉興沈氏、光緒9・福建福州龔氏）で約一〇%へと増額されていったことがわかる。又、嘉慶24・江西新城県陳氏のように、四百両≒四〇%もの捐金を強制した事例は、その利己的過熱振りを象徴していた。

以上の如く、宗族の強制した捐金額は、総督・巡撫より知県に至る地方官の歳俸銀を上回る額であり、所謂る廉俸の余りで調達できるシロものではなかったので、それは江西新城県陳氏の如く、養廉銀額より支出されざるを得ない性質を帯びていた。族内出身官僚に対して、規定の養廉銀額を割いて宗族の強制的取立てに応じさせることは、宗族自身が既に、該官僚の廉潔を養うべき政治倫理を阻害する行為であり、且つ宗族の該官僚に期待する儒教倫理とも相矛盾する自己疎外であり、正しくそれは貪官化の奨励に連がるものであった。しかしながら、該官僚は、族恩に奉じて体面を擁護せざるを得ない無言の社会的圧力下に置かれていた。

中国人の社会生活を規制する重要な精神的思惟の構造をなす慣習（形式）又は知性（観念）の一つには、前述の面子の意識があった。特に文官の場合、彼らが官場と郷党＝宗族とに対処する社会的生命ともいうべき面子を保持するためには、必然的に次のような人民への搾取強化による貪官化が要請された。この点につき、橘樸氏は、李寶嘉『官場現形記』の分析を通して、次のように言う。第一に官僚には、朝廷又は上官の冠婚葬祭・節日・祝事等に際して、少なくとも銀数百両以上、数万両に至る高価な珍品の付届＝賄賂を差し出す必要、という以上に一種の義務があった（昇官の前提）。第二に官僚は、一切の動産・不動産を所有する特権の代償として、全家族成員に扶養義務を負う家長（更には族長）に対して、彼の取得した消費財以外の田地又は現金を供出する不文の義務（発財の要件）があると同時に、彼の衙門内の官邸に異姓の親戚を含む族人を収容して公私の職務を与える必要に迫られていた。従って、彼が任官後に（官僚政治若しくは搾取構造の矛盾の所在に開眼して、社会的信頼を内面的・良心的に受容して民の再生産の保証に努力を傾注し、又それ故に）清廉潔白を貫いて、彼の地位に相当すると認められている程度を越えて、実家への送金や居候の収容という義務の実行を拒否した場合、彼は忽ち面子を顧みないバカ者として、郷党より激しい批難を受けた。このように、「官僚の面子は官吏に罪悪を強ひ政治を汚穢ならしめ、其の結果必然的に人民への搾取を奨励する」[38]ことにつながった。この搾取について林語堂は、社会的精神の欠如する社会では、「政治上から得た不当利得、即ち搾取は、公（現代的な国家・社会―和田）の悪徳であるかも知れないが家族的には常に美徳なのである」[39]という。

呉晗も「論貪汚」[40]（『投槍集』）において、貪官の必然的来因を、大家族制度の中に個人が埋没させられる点に求めた。即ち、中国の政治・社会組織・文化は、全て家族を基本単位として成立し、官僚が三人も出れば、父母への封官、妻子への蔭官の実現は勿論のこと、親戚や郷里の人さえも地位が上昇する。それ故に、「作官・発財」の実践は、父から子へ、兄から弟へと訓令され、且つ親戚・朋友もこの事業に相い勉《はげ》まし、社会もこれを羨望視するので、「個人」の存在などはあり得ない。一族より任官した者が出れば、忽ち同姓・異姓の親族や、昔の友人とか郷里の人間までがドッと官署に押しかけて食い倒しにかかるので、薄給ではとても養えないが、たとえ厚禄でも十分ではない。ましてや官僚には上官との諸々の交際があり、金はいくらあっても足りない。従って、もし身を貪官に落しめず、清廉の官を通した暁には、「餓死凍死」はまぬがれない、と。右の呉晗の見解は、林語堂の認識とも共通する。(41)

又、官僚が親族を特権の傘の下に庇護する現象もよく知られる。明末では、官僚・紳士が徭役の優免特権を兄弟・親族・親友まで不法に拡大する矛盾が特に江南地方で激化した。(42)清初には順治年間に優免の範囲が本人一丁に限定されたにも拘らず、康熙年間までは江南地方でこの矛盾が存在していたし、十八世紀前半でも禁令が出されていた。(43)

では、郷里の人々が、同郷出身官僚の政治倫理的操守よりも、その蓄財手腕を評価する風潮が問題化するのは何時頃からか。例えば、広東省広州府・新会県では、明の正徳・嘉靖〔前半?〕以前には、地元出身官僚が清貧を貫いて帰郷しても、郷里〔の知識人〕は彼を慰労し、その高潔な人柄をしきりとうわさし合い、これに背いた官僚とは交際をも止めた。ところが、「嘉〔靖〕隆〔慶〕以後は、仕〔官するもの〕の帰るや、人の品第は問わず、懐金の多寡を問いて重軽となす。あいともに姍笑して痴物となす者は、必ず其の清白にして長物なき者なり」(44)というように、郷里の読書人は、該休退職官僚の人柄の善し悪しという倫理道徳性は問題外となし、多く金をため込んだか否かによって人物の優劣を評定することになったが、彼らがおろか者とあざ笑う対象は、決まって彼らにとりメリットのない清廉潔白な官僚であった、という。右の指摘は、宗譜に捐田・捐金の強制規定が出現する時期とほぼ符合しているが、今やこれらの清官は郷里で面子を失っていたことになる。右の情況は、明末には更に昂進したらしい。浙江省山陰県出身の江南巡撫祁彪佳は、崇禎十五（一六四二）年八月の上疏で、「有司は閭閻の膏血を剝ぎて、桑梓の親知を飽かす」(45)というように、地方官が農民を誅求して得たものを郷里の親戚知人に分与する模様をのべている。

では、官僚が農民を搾取して郷里の親戚・知人に貢ぐのは何故か。(46)この点につき、乾隆期（一七三六―九五）に挙人・進士に合格後も刑名・銭穀の幕友生活三十年のキャリアを経て、五十七歳で湖南・寧遠県知県となった浙江省紹興府・蕭山県出身の汪輝祖は、『学治臆説』巻下、「親戚宜優視」(47)と題する中で、次のように言う。

然れば則ち一たび作吏に行かば、親に至るも疏《うとん》ずべきか。然らず。未だたまゝ以て通籍に至らざるより、厚く我に望まざるはなくんば、その情たるや重く感ずべきなり。幸にも服官を得れば、これを念《おも》うなきに如何せん。事件を以て畀《あた》えざれば、則ち負才の者は肆《ほしいまま》にする所なし。功能を以て責めざれば、則ち無才の者は自ら容すべし。我の力に称《かな》ってこれに衣せしめ、これに食ましめ、禄を分ち以てこれを周《すく》うは、吾の心を尽すのみ。心に余り有りて力の逮ばずんば、如何とすべきもなし。第いで吾の力を勒《お》しみて吾の情を薄むれば、他日郷里に還るも相い見ゆるなきを致すのみ。

官途につく以前より親戚の大いなる期待を受けている我が身であれば、役人になって以後は、その有難い期待に応えるべく、能力のある者、ない者を〔役所内〕に居候させて管理し、〔一方、親戚の者には〕官職相応に衣・食を提供し、俸給を分与して救済の情をかけなければならない。でなければ、後日帰郷の日には親戚に合わせる顔〔=面子〕がないからだ、という。実際、汪輝祖は幕友時代に家族に仕送りしているが、『佐治薬言』「勿軽令人習幕」には、「〔毎〕歳〔の束〕脩(謝礼)百金、家に到るものは、亦た六七十金に過ぎず。八口の家は僅かに敷衍に足るのみ」(48)と言うように、年間手当ての六、七割が家族への仕送りに当てられていた。清廉の誉れ高い汪輝祖にしても、なお且つ面子だけは失ってはいなかったのである。

さらに、家族や宗族が族内出身官僚の徴税歳額(公帑)以外の付加徴収分(羨餘)に如何に大きな期待を寄せており、又それ故に公帑に欠額を生じて罪を得、羨余が期待できない儘に帰郷した場合について、「帰るも亦た其の族戚に見ゆるに顔なからん」(49)との雍正帝の諭旨こそは、皇帝自身が羨余(一種の陋規)を家族・親族への仕送り分として官僚に容認し、それが実現しない場合、官僚の顔=面子はつぶれる社会慣習を認めたものとして極めて注目される。ここに我々は、宗譜の中に捐田・捐金の強制規定が出現した社会的精神的基盤を見い出すと同時に、当該明清官僚政治における腐敗の中国的特質の一要因をみることができる。

おわりに

本稿では、明・清時代の官僚政治の特質をなす腐敗―貪官化の一要因が、旧中国の極めて利己的で強固な社会組織である宗族による族内子弟への科挙をめざした教育投資と、その見返りとしての暗黙又は公然の謂わば利子付き奨学金返還の義務にあると想定し、歴代特に明・清時代の族譜＝宗譜の祠規や義田条規に見える科挙規定＝条規の変容する過程と、その社会的意義とを追求した。宗譜は、建前としては、族内の子弟に対して、科挙を目ざすだけが人生ではないとして儒教倫理の実践を課し、任官後の彼らには、汚職によって祖宗の面子を傷つけることのない清官となれと強要している。ところが一方、宗譜には、右の理念に背反するかの如く、科挙に合格することこそが家族に対する栄誉であり、そのために挙業に励むのである、との本音も現われていた。

何れにせよ、宗譜は一般に族内の経済的に余裕のない家庭の子弟に対して、その義学における教育費や科挙の受験費用に対する援助を無償と規定するが、そのための財源は、任官者や紳士（進士〜生員）の供出に期待する外はなかった。問題は、そうした期待が潜行より顕在化へと向う過程にあった。

捐田・捐金の不文の義務、即ち「義挙」という道徳的判断に基づく自主的奉仕の精神で捐田・捐金を促す規定は、明初より清末まで貫徹してはいたが、明初の洪武年間には捐田者本人を終身的に宗祠に祀ることを保証条件として捐田を勧奨する規定が現われた。更に明末万暦期以降には、祖宗への「孝」の実践として祭田・義田の供出が奨励された。十六世紀初葉の正徳年間には遂に捐金を強制する義務規定の出現をみた。捐田・捐金を強制する主要な対象は、明代では科挙の各級有資格者＝紳士と現任官とであったが、清代ではそのほか任官者の中、昇任者・特命派遣官・退職者等も加えられた。強制規定の現われる時間的頻度は、明末の万暦期以降、特に清代後半に集中する。その地域的拡りは、明末では華中の南直隷・浙江、華南の福建・広東に見られ、清代後半では華中の江蘇・安徽・浙江・江西・貴州、華南の福建、華北の河南・山西に見られたが、特に華中の数的増加と華北への波及とが注目される。又、万暦期では捐田規定が、清代後半以降には捐金規定が多く見えるが、その額面も次第に上昇傾向をみせていた。十八世紀段階の捐金額は一品の退職者＝銀百両を除けば、内外官の最高額は銀五〇両以下であった。十九世紀段階のそれは、知県では銀十両より百両、督・撫では銀百両より二、三百両に急上昇する事例も現われた。又、人民より直接に搾取する機会の少ない京官＝中央官の捐金額は、一般に外官＝地方官の約三分の二乃至半分であった。

右の捐田・捐金規定が現われる地帯には、人材と財源を要件に編まれる宗譜の盛行した江蘇・浙江・安徽・江西・湖南・湖北や福建・広東等の華中・華南の経済的先進地帯の大部分が含まれてはいる。しかし、捐田・捐金規定は、そうした宗譜の盛行地帯を突破して、清代には華中の辺境や華北へも拡大している。その一斑の理由は、明・清の進士登科録の計量分析より概略推定できる。進士の合格者数は、明末に躍進した江南地方が清代後半にはその比率が相対的に後退し、その後退した分を辺境や華南・華北地帯が補完している。この統計値は、これらの地帯の各省が、郷試同様に厳しい定員枠の制約下にあった北京の会試でも、酷烈の受験競争の渦中に叩き込まれた江南地帯とは相対的に有利の地歩を占める一方、先進地帯より波及する受験過熱にも対応しつつ浮揚していた現象の一面を示唆しており、華中の辺境や華北への捐田・捐金規定の拡がりとも符号する。

こうした科挙体制の末期症状とも思える熾烈な受験競争、並びにそのための財源調達と表裏の関係をなす捐田・捐金の強制規定の広がりは、宗族の集団的利己主義をも露呈していた。例えば、清代後半以降では、当人の任官後に宗族による従前の援助額の倍増返還を求める規定が現われた。又、知県より督・撫に至る捐金額は、微々たる俸給以外の勤務地手当＝養廉銀額の中で一乃至十％のウェイトを占めたが、中には四〇％の捐金を強制し、納期の遅れた場合には、族内より専任の徴収人が派遣されて旅費や利子込みで取立てる規定まで現われていた。かりそめにも、当該官僚がこのように露骨な宗族の要求、即ち捐田・捐金に伴う搾取の強要と貪官化とを拒否した場合、彼は忽ち郷党の族人より面子を頼みないオロカ者として批難の集中砲火を浴びたのち、社会的生命を失う文化的環境下にあった。そのうえ、地方の清廉な知県より皇帝に至るまでが、任官過程より搾取される陋規を放出して、宗族に対する衣・食諸般に亙る生活費の一部を保証することを官僚の義務として公然と是認していたのであれば、かの清末に叢生した譴責小説に象徴される官場の腐敗構造には、不可避の社会的必然性が内包されていたと理解されるのである。

註

（1）光緒20『華亭顧氏宗譜』巻八、義荘田畝、
　以上共計中田伍百伍畝。
（2）光緒10『古虞金罍范氏宗譜』巻二、家訓四章、有叙
　宏治九年三月既望、宗長八十七翁宜休道人書示。
（浙江・上虞県）。
（3）帰有光『帰震川全集』巻七、書、与潘子実書、
　科挙之学、駆一世于利禄之中、而成一番人材。世道其敝已極。士方没首濡溺于其間、無復知有人生当為之事。栄辱得喪、
　纏綿縈繫、不可脱解、以至老死而不悟。
（4）光緒8『呉氏支譜』巻十二、創立継志義田記。
（5）乾隆11重修『范氏家乗』巻十五、家規記。
（6）乾隆11重修『范氏家乗』巻十六、義荘歳記。
（7）同註（6）。
（8）乾隆11重修『范氏家乗』巻十五、家規記、忠宣右丞侍郎公続定規矩、熙寧六年六月日二相公指揮修定。

(9) 嘉慶24『宗祠経費章程附租約佃約合同式』跋章程後、(河北省懐柔県)

(10) もっとも、科挙の受験生に対する援助は、貧しい家族の子息よりも平均以上の経済力をもつ家族の子息に有利に配分されがちであった、との見解もある。何炳棣『明清社会史論』(THE LADDER OF SUCCESS IN IMPERIAL CHINA—Aspects of Social Mobility, 1368—1911) COLUMBIA UNIVERSITY PRESS, 一九六二年、二一一頁。M・フリードマン(田村克己・瀬川昌久訳)『中国の宗族と社会』弘文堂、一九八七年、第三章「社会的地位、権力、そして政府、」参照。

(11)『燕支蘇氏族譜』巻十二は、王連茂著・三木聰訳「明末泉州の佃租収奪と『斗栳会』闘争」『史朋』17号、一九八四年、より転載した。三木氏によれば、本譜は日本に現存しないという。多賀秋五郎『中国宗譜の研究』下巻、日本学術振興会、一九八二年、によれば、蘇氏の族譜は日本公機関現存宗譜目録には三種、米国のそれには九種、中国のそれには三種と見えるが、本譜の名称は見当らない。

(12) 同註(11)三木聰訳・王連茂論文。

(13) 同註(12)

(14) 同註(12)

(15) 光緒33『何鳥環堂重修族譜』巻一、始建、

大宗祠、始建在嘉靖元年壬午、九世定庄公之力也。

同書巻一、改建、

時万暦四十六年歳次戊午、十一月至日、八十三歳、十一世孫思怡頓首識。

(16) 嘉慶12『蕭山任氏家乗』巻十二、宗祠条欵、

一嗣後、族中子姓、或以科第紹其弓裘、或以仕宦光夫乗伝。此皆祖先之蔭庇。而亦無不於生監始之。凡有得功名、進爵秩者、倶宜按其品級、随其力量、踴躍輸捐。

(17) 光緒刊『新増宦郷要則』(不分巻、内閣文庫蔵)、京省官及科甲別名、

一直省官別名。……教官通称広文・孝博。

『清史稿』巻一百十六、志九十一、職官三、儒学

府教授正七品。訓導従八品。州学正正八品。訓導。県教諭正八品。

訓導、倶一人。教授、学政、教諭掌訓迪学校生徒、課藝業勤惰、評品行優劣、以聴於学政。

(18) 田仲一成「清代浙東宗族の組織形成における宗祠演劇の機能について」『東洋史研究』44―4、一九八六年、によれば、元宵・清明・冬祭等の祖先祭祀に、宗族が俗礼として軽視する演劇が用いられることは、伝統的宗族観念からは異例であり、江南以外では事例が少ないが、明末以降の江南地域では普遍的に現われた、とされる。又、こうした宗祠演劇の盛行は、地域的に分派した同族の統一を図り、城鎮の不在地主と化した宗族地主が、個別分散的に取得した田土を支配（収租）し、村を越えた図・都レベルの在地権力を維持する等の背景をもつ、とされる。

(19) 溝口雄三『中国前近代思想の屈折と展開』東京大学出版会、一九八〇年、特に序章及び下論第一・第二章。

(20) 張耀宗「東林党人繆昌期的家譜―《東興繆氏宗譜》」『文献』（北京図書館刊）一九八七年第一期は、蘇州府・常熟県・東興里出身で、万暦癸丑の進士、天啓六年三月五日丙寅に逮捕され、のちに宦官魏忠賢派の拷問で獄死した東林派の繆昌期の家譜の内容を紹介している。家譜巻二十八で繆は、逮捕されて北京に赴く途中、子供達に宛てた書簡において、先祖伝来の「祖宗租簿」と繆自身の設置した「自種租田」とが計約六頃内外あり、この中の二頃を母の生計費（二頃の中から四人の貧しい妹達へ若干畝を分与すること）に充て、残りの四頃を七人の息子達が均分（一人約五七畝）するようにと遺言している。右は、中小地主・東林派官僚の家産状況の一端を知らせてくれるが、家訓家規等の中に、捐田・捐金規定は絶えて見えなかったものか、紹介されてはいない。

(21) 明初における江西の科挙合格者が激増した基礎的要因としては、唐末・五代以来、戦乱等で北方知識人による、米産地帯の鄱陽湖や贛江地方への移住があり、特に元代には経済的地力を背景に、儒者と書院の簇生・普及がみられたことがあげられている。何炳棣『明清社会史論』（『THE LADDER OF SUCCESS IN INPERIAL CHINA―Aspects of Social Mobility, 1368―1911』COLUMBIA UNIVERSITY PRESS new york, 1980年第3版）二二六―二三一頁。JOHN W. CHAFFEE『The Thorny Gates of Learning in Sung China―A SOCIAL HISTORY OF EXAMINATIONS』Cambridge University Press 1985）一四六頁、参照。

(22) 因みに、明・清の郷試合格者（挙人）の定額数の推移は、明代については、拙稿「明代挙人層の形成過程に関する一考

表6　清代郷試合格者の定額数の推移

（　）内は内訳。〔　〕内は中額・額中。〈　〉内は原額。

直省名＼年代	順治2年	同13年	同17年（照旧額減半）	康熙8年	同35年	同41年	同50年（酌量加増）	雍正元年	同7年	乾隆9年（一割酌減）	嘉慶7年	道光元年	咸豊11年	光緒元年
順天　貝字号	171名		58		75	86	104			〔113〕 102	106	106		
監生　北皿字号	—	—	43	51	65	66	〔78〕 79	—		〔39〕 36		38	41	
監生　南皿字号										〔39〕 36		38	43	
監生　中皿字号													3	
奉天府　夾字号			2			5	3					4		
奉天府　旦字号(宣化府)			2									4		
満州 満字号	—	40		10	20	23	27	—		〔30〕 27	—	27		
蒙古 満字号		15												
漢軍　合字号		40		10	10	11	13			12		12		
江南　上江（安徽）	163	—	63	—	83	—	99			〔50〕 45		45		
江南　下江（江蘇）										〔76〕 69		69		
浙江	107		54		71	83	99			〔104〕 94		94		
江西	113		57		75		90			〔104〕 94		94		
福建	105		53		71		85	〔85〕 89	87	〔94〕 85		85		
（台湾）									2					
湖広　湖北	106	—	53	—	70	83	99	50		〔53〕 48		48		
湖広　湖南								49	47	〔49〕 45		45		
小　計	765		385		540		698			〔751〕 693		709		
山東	90		46		60		72			〔76〕 69		69		
山西	79		40		53		63			〔66〕 60		60		
河南	94		47		62		74			〔78〕 71		71		
広東	86		43		57		68	〈68〉 74		〔79〕 72		72		
陝西　陝西	79		40		53		63			〔67〕 61		62		41
陝西　甘粛														30
四川	84		42		56		67		63	〔66〕 60		60		
小　計	512		258		341		407			〔432〕 393		394		
雲南	54		27		42		56			〔59〕 54		54		
貴州	40		20		30		36			〔40〕 36		36		
広西	60		30		40		48			〔50〕 45		45		
小　計	154		77		112		140			〔149〕 135		135		
総　計	1,431		720		993		1,245			〔1332〕 1,221		1,238		

※順治８年（定額＋加増＝1,716名、以下同様）、同11年、康熙８年（868名）、同20年、同42年（1,163名）、同61年（1,604名）、雍正13年、嘉慶元年（1,594名）、同治元年、光緒元年の各恩詔による増額分（康熙８年～同42年迄は、大省10名・中省７名・小省３名。康熙61年以後は、大省30名・次省20名・小省10名）は除外し、あくまでも郷試合格者の定額の推移を確認したものである。

※順天～湖広は大省。山東～四川は次省（中省）。雲南～広西は小省。

※典拠：光緒『大清会典事例』巻 348、礼部、貢挙　郷試中額一。

同書　巻 349、礼部、貢挙　郷試中額二。

察」『史学雑誌』87―3、一九七八年、六六頁（註25）、及び本書二四〇～四一頁、清代は本書一三六頁表6、参照。

(23) 光緒『大清会典事例』巻三五〇、礼部、貢挙会試中額、

〔康熙〕五十一年諭。近見直隷各省、考取進士額数、或一省偏多、一省偏少、皆因南北巻中、未経分別省分。故取中人数甚属不均。今文教広敷、士子皆鼓励勤学。各省赴試之人、倍多於昔。貧士自遠方跋渉、赴試至京、毎限於額、多致遺漏。朕深為軫念。自今以後、考取進士、額数不必豫定。俟天下会試之人齊集京師、著該部将各省応試到部挙人実数、及八旗満州蒙古漢軍応考人数、一併査明豫行奏聞。朕計省之大小、人之多寡、按省酌定取中進士額数。考取之時、就本省巻内擇其佳者、照所定之数取中。如此則偏多偏少之弊可除。而学優真才、不致遺漏矣。著九卿詹事科道確議具奏、欽此。遵旨議定。嗣後会試、不必豫定額数、亦不必編南北官民等字号。惟按直隷各省及満州蒙古漢軍分編字号、印明巻面。於入場時、礼部将直省挙人各実数奏聞、酌定省分大小、人材多寡、欽定中額。行文主考、就各省内擇其文佳者、照数取中。

(24) 光緒『大清会典事例』巻三五〇、礼部、貢挙会試中額、

〔乾隆〕五十三年諭。前銭灃奏科場事宜一摺、請将順天郷試毋庸分別南北中皿、会試亦毋庸分別省分、概憑文芸取中、以防査認関節之弊。固為剔除関節積弊起見。但国家取士、博採旁求、於甄録文芸之中、原寓広収人才之意。且各省文風高下互有不齊。若如銭灃所奏、勢必至江浙大省、取中人数居其大半。而辺遠小省、或竟至一名不中、殊非就地取才之意。銭灃係雲南人。或所奏尚無別故。若伊籍隷江浙等省、則迹渉阿私、必至有干吏議矣。著毋庸議。

(25) 明末については、入矢義高「受験地獄体験記―艾南英『前歴試巻自叙』―」『明代詩文』（中国詩文選23所収）、筑摩書房、一九七八年を、清代後半については宮崎市定『科挙―中国の試験地獄』中央公論社、一九六三年及び、同『科挙史』（東洋文庫470）平凡社、一九八七年を、参照。

(26) 拙稿「明代挙人層の形成過程に関する一考察」『史学雑誌』87―3、一九七八年、七〇頁。

(27) 同註（26）。

(28) 嘉靖45『徽州府志』風俗巻之二、

徽之山大抵居十之五、民鮮田疇、以貨殖為恒産。……家多故旧。自唐宋来、数百年世系比比。皆是重宗義、講世好。上下六親之施、村落家構祠宇、歳時俎豆。

乾隆『泉州府志』巻二〇、風俗、
祀先之礼、必極其誠。百人之族、一命之官、即謀置祠宇祭田
同註（11）三木聰訳・王連茂論文、五〇頁。王思治「宗族制度浅論」『清史論叢』第四輯、一九八二年、参照。
（29）仁井田陞『補訂中国法制史研究 法と慣習 法と道徳』東京大学出版会、一九八〇年、法と道徳、第二章　旧中国の規範意識の性格と構造、第六節　とくに面子の性格と構造。右書では、面子は史記・漢書以来水滸伝に至るまで、面目・面皮・面などと見える、と言う。なお、「面子」の用語は『旧唐書』巻一七九、列伝第一二九、張濬伝に見える（李鑑堂編『俗語考源』上海文芸出版社、一九八五年、三五一六頁）。
（30）嘉慶24『江西新城雲路啓賢陳氏三修家譜』巻八、祀事誌、吾族宗、
孔明公為始遷祖。自一世祖華夫公以下、各祖皆有祭田。俱足供祀事。今届三修宗譜、允仁等公議捐貲挙祭。
（31）拙稿「考察『八法』の形成過程(一)」『九州大学東洋史論集』11、一九八三年、七五頁、九三頁註（21）。葛守礼『葛端粛公集識闕』疏、及時用才以臻化理疏 闕後、
夫、進士之待三年観政為名、其実旅寓僦賃。僕馬之需、往往称貸以足。且未為官而先負債、将来取償、必有不善者矣。州県缺宰治之人。而進士有債負之累。此豈不可以変通旧者乎。

参照。
（32）『清国行政法』第一巻（下）、第三編官吏法、第五章　官吏ノ権、第二節　俸給、二八六～八七頁。
（33）万暦『大明会典』巻三九、戸部二十六、廩禄二、俸給、の前文、弘治十六年令、嘉靖七年題准、及び『明史』巻八十二、食貨志六、俸餉の条による。但し、日支米十二石と折鈔俸三百五十六石四斗との折銀額を除く。田村実造「明朝の官俸と銀の問題」東方学創立三十五周年記念『東方学論集』一九七二年、参照。
（34）宮崎市定『雍正帝』岩波書店、一九五〇年、九九～百三頁。なお、山西より始まる耗銀帰公の詳細については、安倍健夫『清代史の研究』創文社、一九八一年、第七章　耗羨提解の研究―『雍正史』の一章としてみた―、三　雍正期―司庫への耗羨の帰公、特に六四二～六四頁、参照。
（35）佐伯富『中国史研究』第三、同朋社、一九七七年、第九章「清代雍正朝における養廉銀の研究―地方財政の成立をめぐっ

て―」一四六頁及び二五九頁。

(36) 註(33)同様、約二十七両とは、月支米十二石と折鈔俸百九十二石六斗を除いた数値である。従って、これらの数値を換銀加算すれば、明代知県の歳俸銀は清代の四十五両とほぼ同額と考えられる。

(37) 註(35)佐伯論文二六二～六三頁。拙稿「明代の地方官ポストにおける身分制序列に関する一考察」『東洋史研究』44―1、一九八五年、八八～九頁、参照。

(38) 橘樸『支那社会研究』日本評論社、一九三九年(第四版)、四三八～四一頁。五三四頁、五三八～三九頁、五四一頁も参照。

(39) 林語堂(新居格訳)『我国土・我国民』豊文書院、一九三八年、二九六頁。

(40) 呉晗「論貪汚」(『雲南日報』一九四三年、のち『投槍集』所収)、丁望主編『中共文化大革命資料彙編』第四巻―呉晗与「海瑞罷官」事件―、香港・明報月刊社、一九六九年、二三八―四二頁、

宋代厚禄、明初厳刑、暫時都有相当効果、却都不能維持久遠。原因是這両個辨法只能治標、対貪汚的根本原因不能発生作用。治本的唯一辨法、応該従整個歴史和社会組織去理解。一直到今天為止、我們的政治、我們的社会組織、我們的文化都是以家族為本位的。在農村裏聚族而居、父子兄弟共同労作、在社会上工商也世承其業、治国平天下的道理也従修身斉家出発。孝友睦婣是公認的美徳、幾代同居的大家族更可以誇耀郷党。作官三輩爺、不但誥封父母、蔭及妻子、連親戚郷党也鶏犬同升。平居公詔其子、兄詔其弟以作官発財、親朋也以此相勉、社会也以此相欽羨、個人在這環境下不復存在。一旦青雲得路、父族妻族児女姻戚和故旧郷里都一擁而来、禄薄固不能支給、即禄厚又何嘗能够全部応付。更何況上官要承迎、要人要敷衍、送往迎来、在在需銭！如不貪汚非餓死凍死不可！固然過去也有清官、清到児女啼飢號寒、死後連棺材買不起的、也有作官一輩子、告休後連住屋也没有一間的。

(41) 註(39)林語堂『我国土・我国民』二九四頁、参照。

(42) 拙稿「明代科挙官僚家系の連続的側面に関する一考察」『西南学院大学文理論集』24―2、一九八四年。

(43) 康熙5・汪杰『仕学大乗』五、暁諭紳衿完糧浙撫院朱雲門諱昌祚高唐人

浙俗紳袍一登仕路、叔伯昆季各冒戸口、親戚友朋、倶称宦籍。平時仮借、無非躲避差徭。

康熙20『嘉興府志』巻一八、詩文三、奏疏、国朝、更定充役之法疏何鼛
一詭寄之陋規宜懲也。……至正額糧賦、各自照規完納。但因雑差繁苦、未免有親族人等冒借戸名希図倖免、以致紳衿名下之田、半皆影冒。
雍正10『大清会典』巻一五五、刑部、律例六、戸律一、戸役一、賦役不均、
雍正五年、律例館奏准増定附律例文、
一凡紳衿優免本身丁銀外、倘借名濫以子孫族戸冒入者、該地方官査出。生監申革。職官題参。各杖一百。受財者従重論。如有私立官儒圖戸名色包攬詭寄者、照脱漏版籍律治罪。詭寄与受寄者同論。
尚、本書第七章、二六六～六七頁、及び本書第五章、二〇五頁参照。

(44) 万暦37『新会県志』巻二、風俗紀、
正徳嘉靖以前、仕之空嚢而帰者、閭里相慰労、嘖嘖高之。反是則不相過。嘉隆以後、仕之帰也、不問人品第、問懐金多寡為重軽。相与姍咲《ママ》為痴物者、必其清白無長物者也。於是見今昔風俗之高下。

(45) 祁彪佳『祁彪佳集』（中華書局、一九六〇年）巻十、遺事
壬午八月三日、上疏言。有司剝閭閻膏血、飽桑梓親知。或故郷情面、或權要竿牘。

谷口規矩雄「東陽民変―所謂許都の乱について」『東方学報』第58、一九八六年、六二七頁、参照。

(46) 小竹文夫「乾隆末の一抗糧事件―汪輝祖と何凌漢に関連して―」『史潮』59・60、一九五六年によれば、汪家の履歴と汪輝祖のキャリアは次のようであった。
〈汪家の履歴〉代々商家。父は援例（政府に献金して官職を買う）→河南淇県典史（八年間）＝官界の陋習に合わず帰郷（清廉）＝多少の田地を弟がバクチで蕩尽し、広東へ小商いに→正母・生母は、機織や紙錠の糊付け等の手内職で汪輝祖に読書させた。輝祖は怜悧で五歳より読書、但し人の家塾で少し学んだ程度。

〈汪輝祖のキャリア（怜悧だが才子型にあらず実直誠実型の人）〉乾隆元（一七三六）年生員・17歳→家庭教師をしながら郷試の準備→同17年・33歳・幕友を始む→同33年・39歳で郷試に合格（12回落第後に挙人となる）・幕友をつづける→同40

年・46歳で進士となる（2回落第）・幕友をつづける。同50年・56歳迄幕友→同51年（一七八六）57歳で湖南省永州府・寧遠県知県となり、三年間清廉を通す。

（47）汪輝祖『学治臆説』巻下、親戚宜優視、

然則一行作吏、至親皆可疏乎。曰不然。自未遇以至通籍、莫不厚望於我。其情重可感也。幸得服官、如之何勿念。不畀以事権、則負才者無所肆。不責以功效、則無才者可自容。称吾之力、衣之食之、分禄以周之、盡吾心焉而已。心有餘而力不逮、無可如何也。第不可靳吾力而薄吾情。致他日還郷里、無以相見耳。

（48）同註（46）。こうした貪官の対極にあり、清官にして帰郷後も田・宅拡張の執着は放棄し、在職時に蓄めた余俸の殆んどを宗族・親戚へ散財していた事例は、既に明代正徳期にも現われていた。例えば、応大猷『容菴集』巻一、行状、大司寇容菴応公行状、

公字邦陞、別号容菴、……至十八歳帰家補弟子員。二十一歳挙正徳丁卯郷薦。……二十八歳登正徳甲戌進士。……是時、分宜用事、攘斥異己。有戸部郎中孫繪素以清愼名、為中貴所搆、送法司鞫問。公力為申救。分宜嗾言官以是詆公、得間住。既帰家盡散其履官余俸、給宗族親戚。恥言求田問舎事。見人貧困、毎傾嚢周恤。雖家無擔石不憂也。人有善行及美才、必汲汲引誘成就。如己有然。惟恐其行之弗竟、才之弗成也。

（49）『清実録』世宗・康熙六十一年十二月辛酉、

諭総理事務王大臣等。往年税差官員、公帑無虧。而羨余又足養贍家口、兼及親族。近日則不然。率多虧帑獲罪。帰亦無顔見其族戚。公私均属無益。

（補註）田中正俊『中国近代経済史研究序説』東京大学出版会、一九七三年、第二篇　旧中国社会の解体と西欧資本主義、第一章　十六・十七世紀の江南における農村手工業。同「明・清時代の問屋制前貸生産について」一九八三年十一月十五日における東洋文庫での講演資料。参照。

第二篇　科挙身分の問題

第四章　明末清初の郷紳用語

はじめに

従来、日本における前近代中国明清時代のいわゆる郷紳論については、史料用語「郷紳」の時代的語義が十分に吟味されることなく、学術用語としての郷紳用語が上層郷紳・下層郷紳などと漠然とした形で先行的に使用されてきた。筆者は、そのような学界情況について、酒井忠夫[1]・奥崎裕司[2]の両氏によって提起された郷紳＝任官者説を再検討する必要があると考えてきた。この学説は、極く狭い意味の郷紳の解釈であって、明代中期以降の郷官の流れを指称したものである。任官者だけが郷紳であれば、例えば宋代の士大夫・郷官と比較して、どこにその明末清初的な特殊歴史性を見いだしうるのかという考えも、素朴にわいてくる。

本稿は、右の反省点に立ち返って、郷紳概念の明確化を期する極く初歩的作業として、史料用語の郷紳を「郷」と「紳」とに分離して外面的に分析したものである。その結果、郷とは、国に対して地方である省・府・州・県の地方行政区画に相当する郷里・同郷の意味であり、郷を冠して称された郷紳・（郷）縉紳等の紳の用語には、狭義の郷紳の外に、明初以来学校制度に合併された科挙制下の、挙人層、貢・監生層（以上は任官が有利）、生員層という支配階級内部に新たな序列を伴って形成されてきた膨大な数量を誇る科挙受験の終身有資格者＝学位身分の保有者層[3]までを含む広義の郷紳として使用される事例があり、それらの事例の出現には時代的推移の中で、諸階層間にズレのあることが判明した。

第一節　郷について

「郷紳」の郷が意味する内容としては、一応、郷村行政区画としての都、地方区画としての郷、地方行政区画としての省・府・州・県とが想定される。そこで、郷の最小単位である郷・都の地方行政組織との関係における形成過程から検討したい。

1　郷・都の形成過程についての学説史的概要

最初に、従来の研究成果を概観してみよう。中国では、古代の秦漢魏晉の間、県の下の地方行政区画としての郷―亭（後世の小県に相当）の官吏である郷官は名誉職であったが、北朝から隋唐に及んで、特に隋の郷官廃止以後は賤しい職役となり、管轄範囲も秦漢の一郷一万家より唐では一郷五百家（一里＝百戸）という如く狭くなり、権力も衰微した。宋初にも、県に次ぐ行政上の単位としては、小都市の鎮と並んで農村の郷があり、郷の下の里が税役賦課の単位となり、自治的村落の基準的なものであった（郷里制）。だが、郷は、唐制の踏襲とは言え、戸数規模も以前の厳密な規定は失われ、現在の日本の郡の如く地方行政区画というよりも、単なる地方区画に変化しつつあった。[4]

北宋中期では、陝西京兆府下の一県の管轄する郷の数が平均して唐代の約五分の一に減少していた如く、一郷の規模は拡大していた。恐らく、それを促進したのは、郷里制の里の崩壊であり、華北では北宋中期に、江南では南宋中期以降に、里に代って新しい村が現われたが、この時点でも地方志上に残存する旧来の里は、実質的には村に近い性格に変化していた。[5]

華北では、北宋中期以降の郷村制の確立によって、村が行政＝税役徴収の最末端単位であったが、南宋に入り江南では、北宋王安石の保甲法の影響をうけた保正・保長が村落の治安機構と同時に、従来の耆長・戸長に代って税役事務まで関係するようになり、戸数単位の行政組織として発足した保甲法は、やがて一つの徴税単位として都保制に展開して職役（郷役）化し、郷村区画は、郷里制から郷都村制へと変化した。[6]

即ち、江南において、里を分解させながら、国家の戸数・土地把握を可能ならしめる税役徴収・科派単位と化した都保＝都は、唐末・五代以来の水利田開発に基づいて、地主層の管理の下に、地主・佃戸間のみならず中小土地所有者をも含む圩岸・陂塘の修築、河渠の浚渫、使水管理等の共同労働を通じた地縁的結合関係の形成、並びに農業土木技術の進歩や農業生産力の発展に伴って形成されてきた新しい多数の村を、専制支配のために上から吸収して形成された郷村行政区画として生れ変った。ここに、郷村（都—村）関係は、一都二百五十戸の戸数単位の原則をも崩壊させ、一都の戸数は、二三百戸〜千戸の幅に増大していった。[7]従って、郷を超えて通し番号をもつ都の順位に排列された郷は、いわば土地の広さを単位とした州県以下の単なる地方区画と化したのであった。

明代江南における里甲の編成・改編は、在地の再生産維持の区域である南宋以来の都の内部でしか許されなかった。つまり、百十戸（プラス不定数の「帯管戸」・畸零戸）の里の区画・領域は、宋元以来定着していた郷村行政区画である都下の基底集落＝旧里・保や村を基礎に編成されていた。[8]また長江下流域に設置され、主に税糧の徴収と所定倉庫への運納を主要な責務とした糧長も、この都を基礎として、これを分割・併合し、若干里を組み合わせた区毎におかれた。即ち、長江デルタでは都が数区に分割され、それ以外の長江下流地域では複数都が一区とされた。[9]因みに、南宋江南における一郷に含まれる都の数はほぼ十以下であったが、[10]そのような地方区画・郷村行政区画としての郷・都の規模は、基本的には以後の元・明・清の各時代に受け継がれた。[11]

2　明代郷村行政区画としての都＝郷の用例

『御製大誥三編』臣民倚法為姦第一において、太祖は、「本より大戸を以って糧長と為す。〔糧長は〕本都の郷村人民の秋夏税糧を掌管す」と述べている。既述の都を基礎に設置された区の税糧・徭役を徴収、運納した糧長が担当した税糧については、正徳『大明会典』巻三七、戸部二二、倉料、徴収一、税糧、事例に

洪武四年、令天下有司度民田、以万石為率、設糧長一名専督其郷賦税。

という如く、「其の郷の賦税」と呼ばれた。糧長は、「郷政を掌る」とも称された。このように里甲制崩壊以前の明代前半の史料には、頻りに都が郷・郷村の用例として現われる。都は、後述の郷と一体の用例としても現われる。しかし、最も狭義の郷＝都の紳又は士を意味する用例は、管見では見当らず、そこには郷人とか郷の人などの用例は見える。[12]

3　明代地方区画としての郷の用例

明代の郷村行政区画である都は、その上の地方区画の郷と一体のものとして、例えば在城—在郷、城市—郷都・郷鎮、城市・郊郭—郷村、郡県—郷村などの用例で現われる。[13]郷約は、例えば嘉靖四十年に江西吉安府吉水県の「同水郷郷約成[14]」るという如く、文字通り郷の約である。だが、例えば天啓『渭南県志』巻三、建置志に「郷約所、皆僦于各郷寺廟」という如く、郷の寺廟におかれたという郷約所は、実際には郷下の各都の寺・観・廟・社学などに置かれたものであった。[15]要するに、「藩省者一邑之積也。合郷而為県」（王樵『方麓集』巻三、序、贈袁二尹序）などという、地方区画である県下の「郷[16]」の紳士等を指称した用語は発見できなかった。但し、県内を土地の高低によって区分した地域を高郷・低郷などと呼んだ際の郷士夫の用例は確認される。[17]

4 明代地方行政区画（省・府・州・県）＝郷の用例と郷縉紳

十六世紀に入った明代の特に嘉靖年間以降には、「今世士大夫、居郷居官相反有二事」（陸楫『蒹葭堂雑著摘抄』）という如く、士大夫の任官時と、休退職した郷里在宅中の相反する行動形態が問題化した[18]。郷里とは、具体的には「近者、吾郷府県欲迎上司取財之意」（黄綰『明道編』巻四）とか、「郡県学廟之廡、皆有所謂郷賢者」（陳廷敬『午亭文編』巻三六、従祀録序）とか、或いは「吾郷之甲于天下者、非独賦税也。徭役亦然。為他省他郡所無」（葉夢珠『閲世編』巻六、徭役）という如く、地方行政区画である郷里の府・県や省・府を指していた。以下、省・府・州・県を意味する郷、並びに郷を冠した郷縉紳・郷大夫・郷士夫等の用例を確認しておこう。

(a)《郷里＝県と郷縉紳》

先ず、金幼孜『金文靖集』巻七、序、贈周公明赴長洲教諭序に、

黄岡県学教諭周先生公明、以九載秩満上吏部。吏部考其績在優等。循例将陞教授於郡学。先生以老且病、乞仍旧任。於是改教於蘇之長洲。郷之士夫相与賦詩為別。

というように郷の士夫とみえる郷は、湖広黄州府の黄岡県を指している。

毛憲『古菴毛先生文集』巻三、序、義興邑侯劉君受旌序に、

予頃歳得告南還。聞吾年友劉侯貫道、令吾常属邑之義興有声。当軸旌典。頻至私心且善、欲書以賀人事匆遽未能也。尋詢其邑之耆民、及得諸郷大夫之議論、如前日所聞而加詳焉。

「諸郷大夫の議論」とみえる郷とは、常州府宜興県を指している。この郷大夫とか郷士夫などの大夫・士夫は、後述の縉紳と同義語である。

さらに、羅洪先『念菴文集』巻一四、行状、東川先生行状に「東川先生、吉水郷先生」とか、徐階『世経堂集』巻

二四、与朱泰菴郡侯に「敝郷、往時士大夫以不入公門為高。郡中亦以此目為人物、厚加敬礼」とか、胡直『衡盧続稿』巻八、墓誌銘亡友月塘曾君墓誌銘に「己巳（隆慶三年）、邑士彙君異行、陳諸督学使者、乃列祀郷賢祠。大夫士聞者、鼓躍若有勧焉」とか、施閏章『学余堂文集』巻十一、記、宣城会館記に「吾宣城故有会館。郷之諸先達卜築以会邑之遊宦往来者也」などとみえる郷は、郷里としての県を意味しており、明末清初の史料に夥しい用例がみえる。(19)

次に、県＝郷の縉紳などと表現された用例を嘉靖期以降についてみよう。孫承恩『文簡集』巻二三、七言律詩に「臘月十日郷縉紳邀会宣城私第、小詩紀事、兼述鄙懐二首」とみえる郷とは、南直隷寧国府城の宣城県をさしている。王道行『桂子園集』巻九、序六、馬大公七十寿叙に、

封侍御馬公太原人。自上世多篤老衿珮之士。専門易詩。後先輩出。……今年且七十矣。而履翼如、而貌充如。望其門藹如也。類有道者、蜡月之十有八日、届懸弧之辰。吾郷薦紳先生造焉、属王子揚觶。

とみえる吾が郷とは、王道行の郷里である太原府太原県をさしている。胡直『衡盧続稿』巻八、故太学生陳芙野君墓誌銘に、

明年秋、遂随部牒、援例赴北雍。行次臨清、痛作竟客死焉。時嘉靖丙午七月日也。訃聞、郷縉紳士痛惜之。

とみえる郷縉紳士の郷は、胡直の郷里である江西吉安府の泰和県をさすと考えられる。

張鼎『呉淞甲乙倭変志』巻下、十徳伝には、

丙辰、上海倭猝至。臨城而城新造、守備単弱。常州通判劉公本学、来署県。郷薦紳、請貸庫金二千両為犒費。督兵画地分守。賊環攻十日、城中有備、竟保無事。故上海、至今、頌署県事劉公云。

とあって、嘉靖三十五（一五五六）年、倭寇の侵略から上海県城を防衛した際に、知県代理の通判劉本学に官庫銀二千両を支出して将兵の犒賞費に充てよと要請した郷薦紳の郷とは、上海県に外ならない。徐階『世経堂集』巻一四、復碧山吟社記には、

碧山吟社、在恵山之麓。其始作於封武昌太守修敬秦翁。翁没而拠於邑之豪某。後六十年、翁曾孫従川先生始克復之。葺其堂若榭。以与郷縉紳顧憲副洞陽、王僉憲仲山、学士鴻山、王侍御石沙、賦詩其中、而不敢有加焉。重修敬之旧也。

とあるが、後述の狭義の郷紳に相当する任官経験者のみを指す郷縉紳の郷とは、徐階の郷里である邑＝華亭県をさしている。葉春及『絅斎先生文集』（内閣文庫所蔵）公牘一、諭民有文見教類、置節度守家の条に、

県南十里盤龍山下、有唐武威軍節度使王潮之墓。郷縉紳黄森為職言。潮墓被発何年。児時、嘗見牧竪往往入其盤中、中為便房者三。

とみえる郷縉紳の黄森は、嘉靖三十二年の進士で南京戸部主事を歴任した黄森であり[20]、郷とは、隆慶期に葉春及が知県であった福建泉州府の恵安県を指している。

右に検証した郷の縉紳・士という場合の縉紳＝搢紳・薦紳とは、多分に任官経験者を指しているが、士がどの階層まで含まれるかは、不明である。

(b)《郷里＝州と郷大夫》

儲大文『存研樓文集』巻一五、碑銘表誌、書瀲洋先生之墓には、

瀲洋先生、姓牛氏、名兆捷、字月三。瀲洋其号也。沢州高平県市王里人也。……沢州陳文正公。嘗歎曰吾郷第一才也。

とあって、吾が郷とは、山西沢州をさしている。趙貞吉『趙文粛公文集』巻一六、賀蜀綿州孫翁栄封序には、

歳辛丑冬、予謁告起家。綿州孫道夫、始以進士授秋官郎主事。無幾、予以使別去。去三年復来、則孫主事考成著声于司功省中。司功郎持令甲、詔太宰請曰、主事臣績考甚称。在令文、得封親如其官。上曰可。択日授制詞。于是、孫主事喟然歎、蹶然喜曰、予親廼自今得不落莫矣。郷大夫士詣睹制、盖称、翁淵源由来、遠非凡近人。

とあって、嘉靖二十年頃、四川成都府綿州の進士孫道夫は、刑部主事の政績が優秀であったために、吏部考功司郎中の申請によって、その父に主事＝正七品の贈官が許された。天子の制詞が下った日、綿州出身の同郷の大夫・士は、制詞を拝閲しにやってきた、という。

(c)《郷里＝府と郷縉紳》

胡直『衡盧精舎蔵稿』巻二五、墓誌銘、平楽府節推劉公墓誌銘に、

吉水龍山劉公、以万暦改元癸酉、終于南洲里第。……公業挙、至年二十一室楊孺人。始従臾治経学文。踰年、又従其伯赴官九江。郷先生廖憲副奇之迎教子姪。而文遂蔚然。尋補邑庠生。……嘉靖丁酉始以詩挙于郷。尤喜読易。故三試春官、俱以易。甲辰落第、就選授広西平楽府推官。

とみえる郷先生の郷とは、江西九江府を指している。陳継儒『眉公見聞録』巻三に、「謚法通載。吾郷王洪州公圻所著也」とみえる吾郷の吾とは陳継儒のことであり、彼は華亭県の人である。吾郷の王圻は上海県の人であるから、郷とは松江府を指している。(21) 沈徳符『万暦野獲編』巻二二、司道、郷紳見監司礼に「如弇州〔王世貞〕之郷為蘇州、止一兵道」とあるのも郷＝府の例である。

次に、府＝郷の縉紳という事例を検証しよう。方良永『方簡粛文集』巻二、序、送林宗盛分教宿松序には、

興両庠文士、歳応貢来京師、授校職去者、郷縉紳例有言為之贈。弘治己未夏五月、郡庠貢士林君宗盛、実領安慶府宿松司教。

とあって、福建興化府莆田・仙游両県学の歳貢生が上京し、教職に選授されて赴任する際に、郷つまり興化府の縉紳は、慣例に従って赴任者に贈言した、という。ここには、弘治十二（一四九九）年の興化府府学貢生林宗盛が南直隷安慶府の宿松県学教諭に赴任した際の例がのべられている。(22)

正徳十二（一五一七）年の朝観考察に関連して、孫承恩『文簡集』巻二七、序、送侯大夫詩序には、

> 凡侯牧、三歳一入覲京師、制也。侯牧缺、或始視篆、則佐弐代亦制也。明年丁丑、為今天子正徳十二年。吾松別駕侯大夫当行。於是、郷搢紳士、議所以為言以贈大夫者。

とあって、欠員の松江府知府代行となって治績をあげた通判の侯大夫に対して、郷つまり府の搢紳・士が祝詩を贈っている。「郷搢紳士」の読み方については、孫承恩『文簡集』巻二九、序、送蔣石厓致政帰序では、

> 吾松水部司務石厓蔣子、頃以微疾上疏乞休致。郷之搢紳士莫不惜之。

とある如く、郷の搢紳・士と表現されている。

「郷之搢紳士」は、『文簡集』巻二八、序、疏鑿功成詩序に、

> 解州曲君伯玉、以名進士自部曹為松倅、実専茲事。考求其故而興嘆曰。天下事、豈有卒不可為者、亦惟人耳。正徳戊寅春、亟請於郡伯崇仁呉公従事焉。議既合則大召徒卒、躬督勧之。十夫為圩、十圩為塘而皆有長。界地而治標其名以誌之。……若横淞塘青龍之属、号湮塞久弗治。至是亦就緒。防必崇且厚。疏必深且濶。至支涇曲港亦掘淤鑿塞。……於是、呉公作詩美之。郷大夫士咸属和之。

という如く、松江府通判として圩塘の修築・浚渫に治績のあった曲伯玉が郷の大夫・士より頌詩を贈られているように、「郷大夫士」とも表現されていた。

『文簡集』巻二七、序、送節推詹君詩序には、

> 楽安詹君東魯職是於吾松也、究習法律、以勤慎自将。予毎接其論議、蓋真知所重而不苟焉者。……茲以三載献績北上。諸郷大夫士、賦詩為餞謂、余与君同年也、宜為叙。故不得辞。

とあって、政績の査定を受けるために北京に参観する松江府推官詹東魯に餞別の詩賦を送ったのは、もろゝの郷つまり府の大夫・士であった。「諸」が「大夫・士」を修飾して郷を修飾すべきでない点は、『文簡集』巻二七、序、安耆会序に、

安耆会者何。吾定菴曹先生与諸大夫士村下之会也。

とあるように、「諸大夫士」の「諸」は、大夫・士を修飾する関係にあるのが参考になる。

要するに、郷の縉紳は郷の大夫と同義であったから、嘉靖期には「郡搢紳大夫・士」と一括して表現された事例もみられた。(23) 万暦期においても、唐伯元『酔経楼集』巻三、序類、酔経楼会序に、

友人南城王惟一氏与余、相期遠、相得深也。蓋自同挙進士時、既十年余而来丞吾郡也。……惟一曰。吾吏於茲、日跂子不至也。吾好与博士李君暹、談其郷縉紳中、則毛公紹齢、蔡公汝漢、鄒君廸、蔡君徳璋、鄭君育漸、諸君子者、吾楽親焉。

というように、広東潮州府同知に赴任した王惟一が博士李暹と談論した対象は、「其の郷の縉紳」つまり潮州府（＝郷）の縉紳であったことがわかる。(24)

(d)《郷里＝省と郷縉紳》

陸楫（一五一五―五五二）『蒹葭堂雑著摘抄』には、

本朝両畿十三省郷貢士、倶有定額。雲南貴州二省、以夷方地僻、解額独少。二省郷試士、倶合試于雲南。共五十五名。雲南三十四、貴州二十一。……

とあって、雲南・貴州両省の郷試合格者の定員がみえる。挙人は、郷貢の士又は郷試の士とも呼ばれているが、「二省の郷試の士」という如く、この場合の郷は、省を意味しており、郷試とは、省段階の科挙試の意味である。趙貞吉『趙文粛公文集』巻一五、送朱鎮山督福建学政序には、同じく嘉靖中葉について、

江西朱君惟平之再為郎、曰与余論学。…閩使之命下。聞之、閩有達官負望者、盖力薦朱君云。夫即人人争得君為其郷提学使者。

とあって、「其の郷」とは、朱惟平が提学官に任命された福建省をさしている。

査鐸『刻毅斎査先生闡道集』巻六、文類、山東郷試録序には、

　皇上万暦紀年之元、是秋八月、適当解士。巡按御史某、実莅省事。乃豫計所司校芸者、得某等、聘而徃。既至則遂提学副使某所取士若干人、如例三試之、抜其中式者七十五人、幷其文之粋者録以献。……今多士生於其郷、日誦其遺言、以明経応主司之求矣。

とあって、「多士、其の郷に生る」という其の郷とは山東省を指しており、それ故に「山東郷試録序」と記されたものである。巡按御史が監臨官となり、考試官に中央官を加え、副考試官には外省官をも混じえる以外は、省内の府県官が主宰した郷試は、「郡邑郷試」(25)とか「有司試吾省之士」(26)などとも表現された。このほか、貢生の任官について述べた「文学才行を以って貢を蜀郷に膺く」(27)という場合の蜀郷とは四川省の意味であり、顧苓『三朝大議録』に、

　〔万暦〕二十一年癸巳正月、王錫爵還朝。……又一日、孟鏧偕顧憲成・于孔兼・張輔之、以同郷誼見錫爵。

という場合の同郷は、顧憲成が常州府無錫県、于孔兼が鎮江府金壇県の各出身者であることより、南直隷を指している。(28)

　次に省縉紳の同義語である郷縉紳の事例を検証しよう。正徳期に浙江左布政使、嘉靖初期に鄖陽・応天巡撫、南京刑部尚書を歴任した方良永の『方簡粛文集』巻九、書啓、与同郷諸台諫には、

　夫仕而安其身、必有人在乎君側。若投之閑散、無先為容其名声、能遽達官秩、能自至乎、生固知十。而人者、陽而薦挙之、陰而吹嘘之。皆郷縉紳如列位先生者之力也。生亦何幸得厠十而人之後而亦誤蒙余蔭有今日耶。

とあって、福建興化府莆田県出身の方良永が同郷出身の中央政府の科道官に与えた書簡には、任官後の昇進が中央政府の高官として或は地方の督・撫・巡按等の高官としてある同じ郷里の福建省出身の縉紳の推薦の力にかかっていることを述べている。同じく嘉靖中葉のこととして、趙貞吉『趙文粛公文集』巻一五、贈江西学僉胡青厳序には、

　蜀郡胡仲望氏、以祠部右郎、領提学江西之命。……夫校士優劣而等差其文、能不失者学官之能也。胡子既深于道

徳之指、必有進於此。何則胡子之学南楚縉紳先生、皆能言之。既以風其郷人子弟而唱和之。

とあって、四川省出身の胡仲望の学識を評価したという南楚縉紳先生の南楚とは、江西省のことであり、其の郷人の郷に相当している。

万暦期に入って、申時行「贈撫台周公」（『皇明経世文編』巻三八〇、「申文定公集」）には、

大中丞撫台周公之及再考、而以最績聞于朝也。余既以四郡守丞之請、業有贈言。而吾郷之縉紳大夫謂。公臨鎮郡中、吾曹在宇下、目接公之厝注、而身被其沢。黙而息乎非情也、則以余備糠粃而属詞焉。

とあって、原任大学士申時行は、応天巡撫周孔教の六年考満の上京に際して、南直隷下四府の知府・同知の要請で周公に贈る祝詞を書いている。「吾が郷の縉紳大夫」の吾が郷とは、蘇松常鎮各府を中心とした南直隷のことである。

清初刊行の楊漣『楊忠烈公集』の原序（「前都察院左都御史趙開心頓首拝撰」）には、

及二十四悪之疏上、而殺人者有題目矣。或為発蹤、或為下石。誣以封彊。誣以贓款。騎四出而身家立尽。於是、楚紳之受累独多。楚紳之受禍独惨。

とあって、楚紳とは、湖広全省の縉紳の意であることより、郷縉紳又は郷紳と言い換えることができる。順治三（一六四六）年の進士、陳廷敬『午亭文編』巻三八、記、三晉会館記には、

尚書賈公治第京師崇文門外。……一日又過公。公従容語余曰。吾欲使郷之大夫士従宦於京師者、歳時伏臘、以時会聚、敦枌楡之義、飲酒献酬、雍容揖遜宴処游息之有所也。割宅以南以館三晉之人子。以為何如。

とあって、尚書賈公が北京崇文門外に新築した私邸の南の部分を郷の大夫士に解放して会館としたいとの意向を、同郷の陳廷敬（沢州の人）に語ったところの郷とは、三晉＝山西省をさす。つまり、郷の大夫・士は、山西の縉紳・士の意である。

以上、国家の支配機構に連関する郷の意味する内容を歴史的に検討した場合、郷には、南宋以来定着しつつあった

郷村行政区画である都、及び都を包括する地方区画化した郷そのものを指す場合と、地方行政区画である省・府・州・県などを指す場合とがある。早くは十六世紀初頭の弘治・正徳期より嘉靖・万暦期以降の明末清初に現われる「郷縉紳」「郷大夫」「郷士夫」等の郷は、後者の地方行政区画が郷里・同郷の意で表現されたものであることが判明した。つまり、万暦期の顧憲成『涇皋蔵稿』巻五、簡呉徹如光禄に、

羅王二老人、多訾其質行。至其自少而壮而老、無一日不講学。自家而郷而国而天下無一処不講学。

という如く、天下↑国↑郷↑家と統属する天下に対する国と郷とは、地方である省と府・州・県という各級行政区画に言い換えることが可能な郷里（one's native province）であると考えられる。

次の問題は、右の「郷」が古来官人が腰に締めた幅広い絹帯の下に垂れた部分「紳」や、その帯に笏をさしはさむことを指す意から官吏・紳士の意に転化した「搢紳＝縉紳・薦紳」の語と連結されて使用された際の紳の範疇に、明清「封建」国家の集権官僚制を機能せしめた科挙制下の支配身分を構成する諸階層が、時代的推移の中で包括されていく過程を検討することである。

第二節　紳について

1　狭義の紳（任官経験者）

明末、万暦前半の史料に現われる郷紳の用語は、郷官・士大夫・郷士夫・郷大夫と同義に使用されており、(29) 清初の郷紳用語には、縉紳・郷紳士夫・士紳と同義に使用された事例もみられる。(30) 既述のように、郷縉紳は郷大夫・郷士夫と同義語であったことより、結局、郷紳＝郷官・縉紳・士大夫・郷士夫・士夫・士紳という図式が成り立つのではあ

るが、この中、最も遅れて出現したのは郷紳の用語であり、後述するように、それは初め郷官より転化した任官経験者だけを指す狭い意味で使用されていた。これに対して、（郷）縉紳＝（郷）士大夫・（郷）士夫・士紳以下の用語は、明初以来といわず超歴史的範疇で使用されてきた用語であり、且つ後述するように、むしろ郷紳用語よりも広義に多用されていたことより、以下においても、狭義の郷紳範疇が広義に拡大されてゆく過程を確認する上から、(a)郷紳（＝郷官）範疇の用語と、(b)（郷）縉紳以下の範疇の用語とに区別して検討してゆきたい。

(a)　郷紳＝郷官

明代後半以降の史料上に「郷紳」という用語が現われて、それが任官経験者を意味していた点は、既述の酒井・奥崎の両氏によって指摘された。明末における郷紳の用語は、(31) 万暦十五（一五八七）年刊の万暦『大明会典』にはまだ見えないが、『明実録』神宗・万暦十六年二月庚辰の条に、浙江の事例として、

巡按浙江御史傅好礼、劾郷紳副使呉遵晦、左布政使陶幼学、苑馬寺少卿戴鳳翔、招納投献蔑法欺公、事跡彰著。乞提問如法。詔許之。

とみえるのが初見である。非特権地主の田地の寄託を積極的に受け入れるなどの法禁を犯して巡按御史に弾劾された右の三人の郷紳は、何れも原任官を指している。郷里である郷の紳とは、郷の官を指す。郷里に居住して過去に任官の経験があり、現在は休・退職している郷官が郷紳と呼ばれていた広西の事例は、『明実録』神宗・万暦三十五年十一月壬寅の条に、次のように見える。

全州郷官荘成材伍大成等、以抗訐州守、論杖贖為民。劉白之為全州、頗察察有能声。而設坐都皂隷、使里長自為馬戸。諸郷紳不便之也、持之稍急。諸郷紳遂豎旗噪之。広西巡撫楊芳以荘成材伍大成等、皆嘗為州県而唱乱無法、俱擬決遣。副都御史詹沂言、以州官故遣衆郷紳、亦抑揚稍過。議遣其持訐者、而改荘成材等杖贖為民。従之。

新設の皂隷・馬戸の役を科派された場合の不利益に反対し、デモ騒乱を敢行して身分剥奪の厳罰に処せられた荘成

材・伍大成らの郷官は、以前に州県官に任じて現在は郷居している諸郷紳＝衆郷紳とも呼ばれている。つまり、紳は官と同じ意味で使用されている。なお、郷宦・郷官の用語は、休退職官僚のみならず、現任官をも指しており[32]、郷紳の用語が現われる万暦十年以前より史料上に現われていた[33]。

福建長溪県の人である游朴の『游参知蔵山集』游参知蔵山集序には、

鳴鶴以隆慶改元〔一五六七年〕補博士弟子。是歳参知游先生挙於郷。……万暦甲戌〔二年、一五七四年〕先生挙進士。……游先生八歳能詩博極羣書。郷紳林僉憲試以典故、無所不知。僉憲大驚、遂引与抗礼為小友。……万暦丙辰〔四四年、一六一六年〕臘月望日候官後学陳鳴鶴序。

とあって、游朴が少年時代の嘉靖期に交友のあった僉都御史林は、郷紳と称されている。しかし、このことは、嘉靖期に林僉憲が郷紳と呼ばれたことを必ずしも意味しない。

明極末の陝西については、孫伝庭『白谷集』〔『乾坤正気集』〈以下、乾と略記〉巻四九七〕巻四、派就壮丁暁示闔城告白に、巡撫孫伝庭と在城の郷紳＝郷官との間に、農民軍の攻撃から城内を防衛するための壮丁の供出をめぐっての応酬がみえる。その一節には、

初議郷官自身応免。今除家人住戸照例抽派外、仍議令帮応有差。且視余人帮応独多矣。……倘派定之後、郷紳責余曰。我輩叨在仕宦。奈何反視平民帮応独多。伝庭則曰。我輩曾沾俸禄、宜為地方倡義乎。

とあって、郷紳は仕宦つまり任官経験者であることを自称している。

北直隷については、申佳允『申端愍公集』（乾巻三八〇）巻全、挑外河疏に、

吏部考功清吏司署員外郎事主事、臣申佳允奏為守城先守関議築尤当議鑿、……臣家広平府永年県幅員雖小、実為畿南要害之区。……即此浚池一事、宜如宋玟与臣治杞之法行之。断不可派之民間。又増一害也。城以内計見任郷紳若而人、在籍郷紳若而人、殷実挙監宦裔若而人。毎人名下田若干。毎田一頃応挑若干。

とみえ、郷紳は、見任官と郷里に休退職している在籍官僚とに限定されている。この場合、挙人・監生は、未出仕であるため当然のことながら郷紳範疇には入れられていない。未出仕の進士は見えないことより、彼らは、任官していたか又は聴選官かの何れかの身分で郷紳範疇に入れられていたと考えられる。(34)

清初の山東については、『明清史料』（台湾国立中央研究院）丙編、第三本、二六九頁、《山東巡按李之奇啓本》に、

謹啓為四催在籍進士挙人以便銓選事。……今在籍郷紳伍拾洙員、進士貳名、挙人捌拾陸名、履歴冗繁、未便臚列、致煩睿覧。謹備細造冊、送部稽覈。……順治貳〔一六四五〕年陸月貳拾肆日

とあって、初期清朝政府の緊急の官僚採用においても、在籍郷紳と未出仕の進士・挙人の三者が候補者として調査の対象となっている。

光緒『大清会典事例』巻一七二、戸部、田賦、催科禁令には、

〔順治〕十五〔一六五八〕年覆准。文武郷紳進士挙人貢監生員及衙役、有拖欠銭糧者。……

とみえ、松江府の青衿葉夢珠の『閲世編』巻六、賦税には、

〔康熙〕十四年乙卯〔一六七五年〕、以軍興餉欠、広開事例。戸部始于酌議捐省条例。内一欵、順治十七年奏銷一案。凡紳衿無別案、被黜者分別納銀、許其開復。……若運米豆草束于秦楚閩粤危彊輸納者、減本省之半。……故郷紳于百中尚納一二。進士挙人于十中尚納二三。至貢監生員、納者則千中不過一二人矣。

とあって、郷紳には文武の別があり、任官経験者の文武郷紳は、未出仕の進士、挙人層や生監層とは区別されている。(35)

十八世紀半ば清代中期の湖南巡撫陳弘謀『培遠堂偶存稿』文檄巻三七、飭取州県輿図檄、乾隆二十〔一七五五〕年十月には、

一郷紳某某。原任某官、因何回籍。或現任某省。已故者不列。

一文進士某某。武進士某某。挙人某某。武挙某某。故者不列。貢生幾名、不列姓名。出仕者列入郷紳条内。

一捐納正印雑職候選官某某。監生几名不列姓名。

一歳科考童生几百名、生員几百名。武生几百名、……

とあって、地方巡撫の布告にみえる郷紳は、任官経験者であることが条件となっている。これら諸身分のうち、文武の郷紳・進士・挙人と捐納の正印・雑職・候選官などは、州県官が巡撫に上申する報告書に姓名が記載されたが、貢生・監生・生員・童生は姓名が記載されなかった。但し、出仕可能な貢生は、任官すれば郷紳として姓名が登録されたことがわかる。このほか、酒井・奥崎両氏によって引用された『福恵全書』等の官箴書には、この種の任官経験者だけを指す郷紳の用例がみえる。

(b)　（郷）縉紳（任官経験者）

呉承恩『文簡集』巻三七、頌、代巡周観所勛徳頌には、余姚県の人で嘉靖期に南直隷を巡按して倭寇を防衛した周如斗の功績が、

松人謂監司前是若公者実無。于是諸郷搢紳呉長史稷、憑御史恩、沈参政愷等、偕諸郷進士李宜等、洎太学両学諸生弁郷耆宿謀立石載公勛徳、来丐予文。予曰周公奉命来按呉地、不専于松。松豈得専公。

とみえる。ここに言う呉稷・憑恩・沈愷らの郷の搢紳、つまり郷里＝松江府の搢紳は、任官経験者である。李宜らは、郷の進士つまり未だ任官しない郷居の挙人として搢紳の列からはずされている。

隆慶期に福建泉州府恵安県知県であった葉春及の『石洞集』巻三、恵安政書二、図籍問には、

問父老鄭若晦等。……人物之係於郷尚矣。以其品隲者定也。縉紳先生予既知之。若子孝孫順夫義節婦、及抱徳而隠者無其人乎。其具之。弟子員、社学師亦具之。凡技芸有足述者亦具之。科第貢薦貤封掾職亦存其数。恵才藪也。

とあって、知県の人物調査書の中にみえる縉紳先生とは、生員である弟子員、貢監生である貢薦、挙人・進士を意味する科第とは区別された任官者であることがわかる。

朱鶴齢『愚菴小集』巻一五、太僕卿呉公伝には、万暦四十三（一六三七）年に太僕寺卿となった呉江県の呉黙に関する崇禎期の動向が、

当是時、縉紳若文公震孟、姚公希孟、徐公汧、孝廉若張公世偉、楊公廷枢輩、皆以文章気節、主持清議。公恒執其魁柄云。自公歿後、文姚張三公相継云。亡徐公楊公又皆殉節死。而呉風靡靡鮮有激濁揚清、振万一時者矣。

とみえる。右の三人の縉紳は任官経験者であり、二人の孝廉とは未出仕の挙人と考えられるが、挙人も張公と尊称されて清議に参加している点は、注目される。

崇禎期の陶奭齢『小柴桑喃喃録』巻上には、

郷先輩縉紳多有不可及者。如方伯王積斎之清真。学憲銭岳陽之恬澹。鄭肖龍参政之事嫡母孝廉無方。葉継山副使之字猶子恩勤靡間求之、後来殆難其比。

という如く、品性にすぐれた四名の郷先輩縉紳が記されている。郷里の先輩である縉紳とは、何れも任官者を指している。この場合の郷先輩縉紳こそは、郷紳そのものに一致する。

清初では、『徐乾学等被控状』（『文献叢編』五輯）、「崑山県貢生沈磬呈控徐乾学元文状」に、

抄粘撫院条陳稿並憲批条陳、為豪宦貪残崑邑大害、敢進蒭蕘仰祈電採事。……夫縉紳実従士民起家。乃至今日而一登仕籍遂忘士民之苦。……就一省而論縉紳最盛於蘇松。就両郡而言縉紳又莫盛於崑邑、且莫悪於崑邑。……上

陳康熙三十年二月日具。

とあって、崑山県豪宦徐乾学一族の士民への暴力支配を告発した一節にみえるこの場合の縉紳は、仕籍に登った任官経験者に限定された用語である。省郡の縉紳という表現は、明末以来使用された郷縉紳、つまり郷紳の意に外ならないと考えられる。

以上に検討した任官経験者を意味する郷官・郷紳・縉紳・郷縉紳や、郷士夫・郷大夫・士紳・士大夫等の用語は、

狭義の紳を指している。従来の酒井・奥崎両氏の郷紳任官者説はこの狭義の紳の範疇を出ないものであった。次節では、さらに一歩を進めて、広義の紳の範疇を分析したい。

2　広義の紳（任官経験者〜生員）

《挙人以上＝紳の場合》

(a)　郷紳

後述するように、正徳・嘉靖期以来、挙人以上が生監層と倶に郷士夫・郷士大夫等の用語で包括して表現される事例はあるが、彼ら各層が郷紳の用語で表現されるのは、天啓期の一例を除けば、明の極末以降である。

明末崇禎四（一六三一）年の南直隷池州府貴池県の挙人呉応箕の『樓山堂集』（乾巻四八六）巻十一、上郡守孫公論考童生薦名書、辛未の一節から検討しよう。

姑即一考試童生之事論。而風俗之壊于茲極矣。揆厥其繇則以士大夫不知廉恥。公受賄賂、相為請託。而公祖父母、不務教化、専以考試媚悦郷紳。生聞之長老、六十年前、童生有従府考託名者、挙以為羞。士夫亦深自愛而重冒嫌。故其時、窮郷単戸之子、多奮勉学問。……生見近来童生、以孤寒而能上達者蓋無幾矣。郷官挙人、一遇考其家人子弟、四出招攬、以位之崇卑、情之厚薄、為請之多寡。而黠者又負権術、持短長、以益倍其数。又互相把持、巧為揺惑、以益昂其直。嗚呼、豈祖宗所謂造就人材者、尽為仕宦作情面増田産之資乎。

池州府の孫知府＝祖父母が童試＝府考を、郷紳の請託を受けて賄賂を収納する発財の機関と化していると糾弾した右の上書において、呉応箕は、郷紳を士大夫＝士夫＝郷官・挙人と同列においている。

崇禎八（一六三五）年、陝西西安府同州韓城県を攻略する李自成農民軍の動向を報告した当知県の左懋第『左忠貞公文集』（乾巻四〇五）巻五、申報賊情文には、

幸諸紳合力、士民同心。北門則原任兵部右侍郎真定巡撫郷官解経伝、丁憂在籍翰林院編修郷官解允樾等、同訓導喬王佐、典史梁大宋、同士民人等、分守。……西門則今已故原任遼州知州郷官孫応挙、挙人衛之琯等、同士民分守。卑職分巡四門。而因西門当賊之衝、夜宿城頭以備策応。……卑職同郷紳各官士民共守孤城。雖四面賊囲、前後四十余日、而卑職恐郷民避難者無帰、城門時時啓閉、薪米之出入不絶。郷民入城者、廟宇公廨街市皆満、城未至坐困。

とあって、諸紳と士民とは区別されている。諸紳は、原任の郷官・丁憂在籍の郷官・挙人等と、現任の訓導・典史等の官とを指しており、郷紳・各官とも表現されている。つまり、郷官・挙人は郷紳とみなされていたことがわかる。

明末地方官の上奏文や上官への報告書には、郷官・進士・挙人が紳＝郷紳範疇で表現された事例は多い(36)。

『明季実録』陝西監軍御史題奏諸臣殉難請旌表疏（『昭代叢書』癸集巻第十六）

陝西監軍御史霍達題、為確報延鎮殉難各官幷各鎮死難郷紳、懇乞聖慈優恤以培忠義事。……賊初八日入関時、攻陥商州。道臣王世清不屈惨死。已経奏報外、城内郷紳士民惨遭屠戮。惜無主名、不敢請卹。至于郷紳。原任冢宰南企仲、老臣倔強辱死道傍。礼部主事南居業、被執不屈罵賊而死。宣府巡撫焦源清、不授偽職凌辱至死。大同巡撫焦源溥、被執罵賊割断其舌。山西参政田時震、誥封副都御史朱常徳、俱不授偽官自尽。山東巡按王道純、奉其親于蒲城北殷堡、賊拿到省、大罵不屈而死。咸寧県挙人朱誼、係四川王奉国中尉、賊欲加以偽官、投井自尽。凡此皆聞見極確極真、所謂精忠不二、視死如帰、実足以風励臣節、扶植綱常、所当従優賜卹、以慰忠魂、以示風励。

甲申二月廿七日、吏部確報延鎮殉難事。

とあって、崇禎十七年の農民軍の陝西西安府商州城攻陥の際に、投降を拒んで殺害された郷紳として、七名の原任官と一名の挙人があげられている。

光緒『楼霞県続志』康熙十一（一六七二）年修志姓氏の条には、〈郷紳〉の項に李唐裔・牟国須・牟国玠の三名がみえ、〈諸生〉の項に林善声以下十二名がみえ、〈知県〉として胡璘がみえる。この中、巻六人物上、科貢表、国朝の条を調べた場合、李唐裔は順治三年の進士で礼科給事中、牟国須は順治十五年の進士で澠池県知県とあるが、牟国玠は康熙五年の挙人で同二十一（一六八二）年に進士となっている。つまり、進士合格以前の康熙十一年に挙人であった牟国玠は、郷紳とみなされていたことがわかる。

康熙五十一（一七一二）年、『清康熙硃批諭旨』（『文献叢編』十輯）、「江寧織造通政使司通政使曹寅奏奉到御書懇請勒石摺」には、

前邸報中、伏見、皇上御試翰林、題天下士人、已経家絃戸誦。今又蒙恩、頒賜御書、伝奉旨意。臣随伝示、素識人士、咸跪捧敬誦、感戴無極。二三日間、闔城進士挙人郷紳士庶、皆已週知。……目下郷紳士庶現在相度地形。遴選碑石。敬加磨勒。俟其事定、臣始発刊、並将輿情詳細、再当奏聞。……伏乞睿鑒。康熙五十一年六月初三日、硃批、朕安知道不必勒石。

とあって、江寧府城内の進士・挙人・郷紳・士庶は、郷紳・士庶とも表現されており、進士・挙人は、郷紳範疇とみなされている。

(b)　（郷）縉紳（挙人以上）

万暦期以降について、孫継皐『宗伯集』巻六、尺牘、副には、

謹啓生之邑父母柴令恪、賢令也。在事五年、任労而任怨不激而亦不随。無論其它時。而上好催科、令亦催科。然而敲扑緩矣時而上好搏擊、令即搏擊。所保全衆矣。凡此皆苦心調停。蓋仰以無失上人之意、而下以無破壊一邑之元気。林林士民、固陰受其賜而不知者。邑故多薦紳大夫及太学諸生。高者或意見有所不同而以訾令。卑者或関請有所不遂而以望令。無論其它、即如邇時攤糧一件、高低郷之薦紳大夫及太学諸生、分塁而争、攘臂而闘。此亦一是非、彼亦一是非。令諸此則彼譁矣。諸彼則此譁矣。為此之邑、不亦難哉。

とあって、逕継皐は、無錫県知県柴格の徴税・裁判における政治的調停能力を評価した中で、県内高郷・低郷の薦紳大夫と太学諸生とを区別している。太学諸生は、貢監生・生員を指す。薦紳大夫とは、任官経験者より挙人までを指している。

明末の江天一『江止庵遺集』（乾巻五三五）巻四、寄周仲馭先生書には、

今之縉紳先生、何嘗不口道忠信之言。何嘗不歎美古人之行。而居郷則日与有司為市肆。立朝則日与下僚競錙銖、実薦賂也。而猶文其名曰薦賢。忘其身為挙人進士之身而時時導入以媚。嗟乎上作之、既以其偽下応之、皆無其良。……嗟乎、今之過吾郷、与慨慕於吾郷之縉紳者、孰不以其地之多利也。

とあって、忠信の言辞を弄して古人の行動を嘆美すべしと期待される縉紳像からは変身して、利権つまり昇官発財の賄賂を行為の基準とするに至った憂うべき現在の吾が郷＝徽州府歙県の縉紳とは、多分に任官経験者としての縉紳を指している。しかし、その縉紳がもともと挙人・進士という学位身分の保有者であるというからには、任官前の挙人・進士そのものも、縉紳と呼ばれるべき存在であった。江天一の「吾が郷の縉紳」つまり実質的な郷紳という言い方は、留意したい。

乾隆五十（一七八五）年桂月の序文がある顧公燮『消夏閑記摘抄』巻上、明季紳衿之横には、

明季縉紳、威権赫奕。凡中式者。報録人多持短棍、従門打入庁堂、窓戸尽毀。謂之改換門庭。工匠随行、立刻脩整、永為主顧。有通譜者、招壻者、投拝門生者、乗其急需、不惜千金之贈、以為長城焉。尤重師生年誼、平昔稍有睚眦、即嘱撫按訪拏。

とあって、明末の縉紳＝紳衿となりうる契機が、科挙の合格者＝挙人に中式することであった点が述べられている。清初についても葉夢珠『閲世編』巻四、士風に「一たび科甲に登れば、便ち縉紳に列ぶ」という如く、挙人・進士の学位を取得すれば、彼らは縉紳とみなされた。

右にみた挙人以上の（郷）縉紳とは、郷紳と一致する語義であることがわかる。但し、後述するように、挙人も、縉紳（郷紳・挙・貢）という形で表現された場合は、当然のことながら狭義の郷紳範疇からは外れていた。

《貢監生以上＝紳の場合》

(a)　郷紳

十七世紀後半の康熙前半に書かれた松江府の青衿葉夢珠『閲世編』巻八、交際には、

> 前朝郷紳。凡科甲出身者、無論爵之尊卑、郡県倶答拝。貢監起家者、則但以名帖致意。貢監未仕者、謁郡守倶用名掲。国初亦然。自順治季年李公茂先、以明経来守吾郡、凡明経授職者、一概答拝。未授職者、亦用名帖、以後、凡貢監授職者、倶管拝。

とあって明末の郷紳範疇としては、挙人・進士出身者と、貢監生＝明経出身者と、未出仕の貢監生とがあげられている。なお、爵の尊卑とは官階をさすが、科甲の未出仕者についての特別な規定は見えないので、彼らは任官者扱いであったと考えられる。右では、明末と比較した清初における彼ら郷紳が府県官に謁見した際の府県官の答礼の変化が注目される。

(一) 明末では、任官の有無や官位の高低に拘らず、挙人・進士出身者が府県官に謁見するために出向いた場合、府県官は、答礼のために、それらの科甲出身者を訪問した。この点は、清朝でも変化はない。

(二) 明末では、任官した貢監生が府県官に謁見した場合、府県官はただ名刺を差し出して礼意を表明しただけであったが、順治末年以来の府県官は、それらの任官した明経出身者を答礼のために訪問するようになった。

(三) 明末では、任官前の貢監生が知府に謁見した場合、知府は名掲で答礼しただけであったが、順治末年以来の知府は、それらの未出仕の明経にも名刺を差し出して答礼するようになった。

右によれば、松江府一帯では、明末清初の間に、郷紳の中でも貢監生に対する地方官の答礼が相対的に敬意の度合

いを増しており、この事実は、貢監生の郷紳としての実質的な社会的地位の向上を反映した現象の一面と考えられる。

葉夢珠は、『閲世編』巻六、賦税においても、

至順治之季、江寧撫臣朱国治無以支吾、遂帰過于紳衿衙役題参。議処之令、先行常之無錫、蘇之嘉定。至十八年五月、通行于蘇松常鎮四府及溧陽一県。所題陳明銭糧拖欠之由、補入年終奏銷之例、一疏是也。……章下所司。部議。不問大僚、不分多寡、在籍紳衿按名黜革。現在縉紳概行降調。于是、郷紳張玉治等二千一百七十一名。生員史順哲等一万一千三百四十六名、倶在降革之列。

という如く、江南奏銷案における処分者を、郷紳＝紳（現任官＝縉紳）と、生員＝衿との両身分階層に区別している。つまり、貢監生は、郷紳範疇とみなされている。

康熙『晉州志』《重修晉州志序》[37]には、康熙十五（一六七六）年魏裔介撰として

奉撫軍諸司憲檄修輯志書。乃聘諸生関永清等、編次採訪。学正程思恭、郷紳紀雲等参訂考較。大夫則修飾潤色、斟酌損益、期於至当。書成、問序於余。……康熙十五年、歳在丙辰、日躔娵訾之次太子太溥保和殿大学士兼礼部尚書、前太子太保吏部尚書、都察院左都御史栢郷魏裔介撰。

という如く、北直隷真定府晉州の地方志編纂に関係した、生員・官員・郷紳の姓名がみえる。同志の《修志姓氏》によれば、生員としては「編次、廩生関永清、郡人。採訪、廩生楊文爃、郡人」とあり、官員としては「参訂、晉州儒学学正挙人程思恭、子遜、香河人癸卯。州判龔思来、綏之、湖広帰州人生員」とみえる。特に郷紳としては、「参閲、詹事府正字紀雲、沢九、郡人、庚戌進士。挙人賈淑、子艾、郡人庚子。国子監生呂叶卜枚之、郡人。」とあって、任官経験者の紀雲の外に、挙人賈淑、監生呂叶卜の二人があげられている。

清代前半の社会情況を反映した、乾隆元（一七三六）年春二月閑斎老人序のある呉敬梓『儒林外史』（九大所蔵本）第四十七回、虞秀才重修元武廟・方塩商大鬧節孝祠には、安徽省鳳陽府五河県の城内に居住して地方官とも交際する

富裕な塩商方杓と、一族の郷紳・生員からも疎遠にされる貧寒の生員虞華軒・貢生余有達らとを対比する形で、三家の貞淑な婦女を祭る祠入りの日の模様が描写され、その中に参列した郷紳・秀才の行列の場面が記されている。その一節には、

方六老爺、紗帽圓領、跟在亭子後。後辺的客、做両班。一班是郷紳、一班是秀才。郷紳是彭二老爺　彭三老爺、彭五老爺、彭七老爺、其余就是余虞両家的挙人進士貢生監生共有六七十位、都穿着紗帽圓領、恭恭敬敬跟着走。一班是余虞両家的秀才也、有六七十位、穿着襴衫頭巾慌慌張張在後辺趕着走。郷紳末了一个是唐二棒椎、手裏拏一个簿子、在那裡辺記賬。秀才末了一个是唐三痰、手裡一个簿、在裡辺記賬那。(38)〔訳文は註（38）参照〕

とある如く、郷紳身分の組には、任官経験者・挙人・進士・貢生・監生等の官階・学位の保持者が含まれ、彼等は秀才＝生員身分の者とは区別されている。しかも、郷紳・生員の区別は、余家・虞家のように、一族の者の間で区別されており、挙人唐棒椎・生員唐三痰の如く、兄弟の間でも区別されていることがわかる。

『儒林外史』第六回、郷紳発病鬧船家・寡婦含冤控大伯には、広東省肇慶府の府城＝高要県城内に住む郷紳厳兄弟の話が出てくる。兄の貢生厳致中(39)は、一昨年貢生の身分を取得して、門前に旗を掲げて酒宴を張り、今年は省城の広州府城へ郷試に赴いたが、それまでの三十年間は、廩膳生員の身分であったという。弟の監生厳致和は、むかし兄と分家して以来の田畑・家産を維持して十万以上の銀子を蓄えてはいたが、兄とは反対に病気がちで科挙挑戦の意欲もなく、正妻の王氏に先立たれたあと、妾の趙氏を正妻に迎えたものの、ほどなく自分も死んでしまった。田畑はとっくに食いつぶし、目下は官憲とのつながりをちらつかせて民衆をおどしては搾取するというタカリを身上とするうすぎたない劣紳に堕していた兄の厳貢生は、弟の死去と、今や正妻趙氏の一人息子が死亡したのをチャンスとみて、強引に趙氏をおしのけて弟の家を自分の次男に跡目相続させようとした。その一節には、

我們郷紳人家、這些大礼、都是差錯不得的。你們各人管的田房利息賬目、都連夜攢造清完、先送与我。逐細看過

好交与二相公査点。比不得二老爺在日、小老婆当家、憑著你們這些奴才、朦朧作弊。

とみえる。「わたしたち郷紳の家では[40]」とは、厳貢生と厳監生の兄弟両家を指している。

(b)　(郷)縉紳(貢監生以上)

張鼎『呉松甲乙倭変志』巻上、紀兵には、

〔嘉靖〕三十五年丙辰(一五五六年)、……五月初一日、倭船五十余艘、自呉淞江入上海。通判劉本学署県。邑縉紳及諸生、詣劉貸帑銀二千両為賞費。募敢死士分守。

とあって、署上海知県劉本学に協力して倭寇の侵略に対応した邑縉紳と諸生の中、諸生は後述の青衿・庠士と同様に生員のことである。従って、邑つまり郷の縉紳とは、貢監生以上を指していると考えられる。

嘉靖三十七年頃の海瑞『海瑞集』上編(中華書局、一九六二年)、淳安知県時期、興革条例、均徭には、

郷士夫に、近日、上司は、礼帖を発す毎に、來文には、「無礙銀若干を動支す」と称して某宅上に送る。帖を取回するに、郷官・挙人・進士・歳貢生には、倶にこれあり。あに無礙の官銀有らんや。

とあって、浙江厳州府淳安県知県に着任した海瑞は、知府以上の地方各級長官が該県に割りつけて郷士夫に贈っていた無礙銀という名目の不正出費を削除したという。海瑞が贈り物の目録である礼帳を取りよせて、中に記された手紙を調べたところ、歳貢生以上の郷士夫には、無礙銀が送られていたことが判明した。

万暦七(一五七九)年に記された李材『見羅李先生観我堂稿』巻二〇、劉太僕伝、己卯に、

劉太僕者、名穏、字朝重、別号仁仙。楚之酃県人也。以経済学行為時所宗。故称仁山先生云。公雖起家進士、歴曹郎、分司藩臬、仕終太僕卿貳耳、官不高。而訃聞日、天下哀之。自縉紳先生以暨青衿韋布士、率涕涕咨嗟、若罔依恃。其為世重如此。

とあって、縉紳先生と区別された青衿[41]韋布の士は、同じ万暦頃の葛昕『集玉山房稿』巻九、書、曾博士に、

今由廟堂而撫按司道府、無不謂。然正天理民彝也。而朝夕相処、宜相厚者、乃不然、無亦夙昔之所以処之者、未尽其道乎。此須託縉紳庠士。

とみえる庠士に相当している。庠士は生員であるから、諸生・青衿と同義語である。従って、縉紳には貢監生までが含まれていると考えられる。この縉紳は、また士夫とも称された。

万暦四十二（一六一四）年に、李鎮原の知県赴任に際して、真定府井陘県知県屈公の書簡を引用して新任知県の心得を述べた、同府趙州高邑県の趙南星『趙忠毅公文集』(乾巻二七四) 巻十一、答李鎮原問政には、

李鎮原将之任、過余問政。時井陘屈公、方有書来、言審編之事曰。不肖初仕為県。而値審編、未能均平。以為、越三年当復審編、而早留意焉。凡戸口之消長、貧富、積書及飛詭、士夫諸生之濫免、戸丁之逃亡、而族人之陪累、一一而稽察之。

とあって、濫免の元凶である諸生は生員を指しているので、同じくその元凶としての士夫も、縉紳に相当する貢監生以上を包括する用語と考えられる。

崇禎十四（一六四一）年の嘉興県の人、蕭師魯『蕭魯菴集』均役均田議[42]には、

優免定矣。又有僉役而止完納役銀之例、何。士夫実繇累世而田多者、諒不肯夷於斉民。今議官図里役、於優免之外、甲准三名、科准二名、官貢一名。及例貢曾経実仕州正府佐以上、竝非納銀挂銜者、亦准一名。

とあって、優免外の官図においても、捐官を除いた士夫には、出身に応じて更に一〜三名の里役が免除されている。この士夫とは、例貢で知州・府同知以上の任官経験者と、任官の有無を問わない官貢以上の出身者とを指している。右では、進士・挙人は勿論のこと、田土所有面積の多い官貢生や任官経験者の例貢生が官図に編入されている。

万暦期以降の江南の均田均役法下の優免の運用規定では、進士・挙人の科挙出身者は勿論品官扱いであったが、法制上で任官が可能な貢監生に対しても、品官扱いがなされていた例がみられる。[43]

崇禎期の蘇州府常熟県の銭謙益『牧斎初学集』巻八七、与楊明府論編審には、

今将通県優免数目、本邑郷紳挙貢等項若干、客戸若干、別戸若干、抝現造冊籍、先送闔邑縉紳公議。或免或否、各各公同注定。一則為通邑清役。一則為父母分怨。料縉紳必不辞也。次則送本学師長、集諸生公議。

とあって、常熟県の徭役編審において、優免の数目を公議した闔邑の縉紳とは、その中に狭義の郷紳や挙人・貢監生を含む広義の用語である。葉夢珠『閲世編』巻六、賦税にも、

〔康熙〕十五年丙辰、御史張維赤建言。軍興餉缺、人臣分宜、尤当急公。請案天下地丁銭糧。除生員田畝及民田照常徴課外、凡縉紳本戸銭糧、原額之外、加徴十分之三、以助軍需。俟事平之日停止如旧。于是、在任在籍郷紳及貢監諸生、不論已未出仕者、無不偏及。

とあって、一六七六年の御史張維赤の上疏にいう、三藩の乱鎮圧のための軍餉調達として、地丁銭糧を三十%加徴されたのは、任官経験の有無に拘らず、縉紳の範疇としての在任・在籍の郷紳と貢監生とであった。但し、ここでも郷紳は、挙人・進士以上の狭義のそれとして使用されており、郷紳＝縉紳と直接的には等置できないが、郷紳を更に貢監生まで広く含める用法は、既述のように清代では社会通念化しつつあったのである。

《生員以上＝紳の場合》

(a)　郷紳

崇禎『嘉興県志』巻十、賦役、所収の天啓元（一六二一）年の知県蒋允儀「嘉興府嘉興県、為釐正賦役、以甦民困事」にみえる〈均田十議〉の第二条《一議限田兼論自運》[44]には、

凡郷紳優免之数、自甲科郷貢以及衿士。自三千畝以及三十畝。層累而上下之。各有等則毋得浮于外也。前冊詳議視海塩例。

とあって、優免の恩典に浴する郷紳範疇には、衿士＝生員以上の学位の保持者が包括されている。

清初康熙年間でも、魏裔介『兼済堂文集』巻九、書、与郝雪海書に、

今天下之財不在国、不在民、亦不在郷紳。此今日之三空也。独老年翁親台、巡視淮上、溢額至六十余万、足以抵一省之賦矣。洵哉、救時之奇才也。

とか、『王鴻緒密繕小摺』（『文献叢編』三輯）二十四、康熙四十七年六月初五日至九月初七日、2《浙江撫藩加派公費案》に

浙江藩司黄明、本行伍出身。聞与巡撫亦不甚合。去夏、曾請郷紳議行加派。因百姓炒鬧、亦遂中止。

とあって、民・百姓と郷紳とが漠然と区別された表現がみられる。しかし、清代のそれは広義の郷紳範疇として表現されたものには違いないが、明末清初では、まだ既述の貢監生をして自ら「わたしたち郷紳の家では」と言わしめた如き生員の事例はみられない。従って、前述の天啓元年の事例も、漠然と包括して表現されたもので社会的認知を経ていない特殊事例に属するものと考えられる。むしろ清初の生員は、捐納が多くなり事実上任官が困難となった監生と倶に、紳衿の衿の範疇で表現されていた。[45]

但し、清末には生員の社会的地位は上昇していたと推定される。例えば、近代に入った清末社会を留学見聞した井上陳政『禹域通纂』下巻、内治、郷紳（明治二十一（一八八八＝光緒十四）年十一月廿九日出版届、大蔵省）には、

郷紳ハ一地ニアリ名望財産ヲ兼有スル者タリ。名望ハ現ニ貴顕ノ地ニ在ルカ、或ハ曾テ父祖子弟ノ貴顕ニ在ル者アルカ、或ハ学位ヲ有スルカ、或ハ博学徳行等ニヨリ郷人ノ景慕スル所トナルナリ。財産ハ或ハ農ヲ事トシ一二千畝ノ地ヲ有スルカ、或ハ商ヲ営ミ質舗銭荘等ヲ経理シ其入ル所自立スルニ足リ、旁ラ一族ニ贍助スルニ足ルナリ。（百二十一～二十二頁）

とみえ、郷紳となりうる条件としては、名望と財産を兼備することがあげられている。名望家としては、現任の高官、或いは過去に父・祖・子弟が高官であった者、科挙制下の生員以上の学位身分の保持者、郷里の人々から尊敬されて

いる博学徳行の者がその対象としてあげられている。

同じく、服部宇之吉『清国通考』第一篇、第五、学校と科挙〔明治三十八（一九〇八＝光緒三十一）年、三省堂〕にも、

生員ニシテ資産多ク地方ニ勢力有ル者ハ、勢ヲ恃ンデ郷曲ニ武断スルモ、地方官ハ之ヲ処分スルコトヲ得ザルコト多シ。此弊ハ武生員ニ最モ多シ。地方官ノ最モ怖ルルトコロノモノハ、此種ノ悪劣郷紳ナリ。（百六頁）

とみえ、根岸佶氏も、「秀才挙人進士の学位を有するものは所謂郷紳となり得るものである」[46]ことを説いている。

(b)（郷）縉紳（生員以上）

十五世紀前半の宣徳年間に蘇州府知府であった況鍾『明況太守龍岡公治蘇続集』巻七より巻十一にみえる《縉紳貽贈諸詩》には、内外の見任官・郷宦・邑進士・治下進士・治下庠生・治下儒生・呉江耆民・呉邑民人・城郭耆民などの贈詩がみえる。耆民や生員が進士等の学位の保持者や任官経験者と同列に、果して当時社会的に縉紳とみなされていたかは、疑問の残るところである。

明代後半以降の史料上に、生員を郷士大夫に含めた事例は、管見では十六世紀前半の山西平陽府属の正徳『絳州志』巻二、民物志、民壮[47]に、

免役。郷士大夫　謂見任・致仕・聴選官・儀賓・挙人・監生・生員

とみえるのが早期のものである。次いで、嘉靖三十七年頃の『海瑞集』上編、淳安知県時期、興革条例、均徭の条には、

俗称一富敗三村。昔之士子、計所獲不甚多。雖居官日久、無大蓄積。故当時之民、殷殷屯屯、人衍家富。今之士子、今之居官人、所得校前十百千万矣。天地生財、止有此数。豊於此、必歉於彼。郷士夫、則富若此矣。而欲小民之裕於食也、其可得乎。乃今小民困苦之多、乃今郷士夫富足之多為之也。

とあって、一富三村を敗るの俗諺を地で行くほどに小農民を収奪するに至った郷士夫には、居官と士子とが含まれている。士子は、厳密には科挙及第以前の貢監生・監生・生員を指すと考えられるが、この場合は、既述の海瑞が貢監生以上を郷士夫と表現していたことより、恐らく監生・生員層を指すと考えられる。

山東済南府下の万暦『章丘県志』巻十二、条編志[48]には、万暦十一（一五八三）年の該県知県茅国縉の治績が、

按茅公条編之法、業已詳安。……其調停丁銀優免略曰。士夫之与斉民、礼待原自有厚薄。貧民之与富戸、賦役原自有軽重。所以存体統恤貧窮也。本県未行条鞭之先、郷宦・挙・監・生員、各照例優免糧銀丁銀之外、一応雑辨差銀、毫不与及其種地。

とみえており、士夫である生員以上の諸階層には、均徭の糧銀・丁銀が則例に応じて優免され、里甲雑弁銀は全額免除されている。

浙江嘉興府秀水県の郷官徐必達の『南州草』巻十、公移、梓理事宜、《賦役条議》計開十二項の第一条[49]には、万暦四十年頃について、

一議均甲。……合無比照海塩嘉興平湖事例、士紳限田免役。自甲科挙監生員以至吏承、有差各若干外、其余計田分甲、各長其賦。既甦小民之困、亦不失厚士之遺。即今三県行之、小民万口称便、而士紳亦不厲。何憚不為乎。

とあって、限田免役の対象である士たる紳＝士紳には、生員以上の学位の保持者が包括されていた。

また、康熙刊の陸寿名『治安文献』巻二、徭役部、均徭之法、劉勿所諱時俊には、万暦二十九（一六〇一）年の蘇州府呉江県知県劉時俊の限畝優免の議が収録されている。

一議優免。……今倡限畝優免之議。縉紳忻然楽従。曾無齟齬其間。称不便者、第限外余田、若一体裁編与斉民同役、恐亦不宜。蓋庶人往役、自古為然。厳然縉紳之家、下与小民交臂共役、体統謂何。一不便也。……惟優免之外、随例出貼、則体統以別、官事以辨。小民之累少甦。而于士夫亦未始非便計矣。惟是免例難斉。縉紳有品秩之

差、亦有資格之異。若止論資格則難乎品秩崇者。止分品級則難乎資格高而品尚卑者。今議甲科。京官自五品以下、外官自四品以下与初中未選者、以若干畝為限。京官三品、外官二三品、以若干畝為限。春元不分已未仕、六品以下、以若干畝為限。五品以上者、以若干畝為限。生員監生以若干畝為限。貢生官監品卑者、以若干畝為限。品略高及在京者、以若干畝。封君官生以春元為例。武生以監生為例。限外寔田、一体量派役米、仍免当役結役。

斉民・庶人・小民には全額科派される徭役を、士夫・縉紳の家には出仕の資格＝学位や品級の差等に応じて、徭役科派対象である田畝を一定額免除して、限外の余田は役米を量派しようとする右の提議において、進士出身者、挙人・封君・官貢生（以上三者は任官の有無を問わない）出身者、貢生・官監生出身者は、何れも品官として各ランクに応じた優免を受け、生員、監生・武生員の優免は、品官待遇ではないという。右では、生員以上が縉紳の「紳」の範疇にくみ込まれている点に注目しておきたい。

以上の検討によれば、明末清初の官撰書や野史に現われる郷紳とか、（郷）縉紳以下の（郷）士大夫・（郷）士夫・士紳等の用語は、任官経験者より生員までを包括する広義の紳の範疇で使用される幅の広い用語であることが、全国各省に亙って確認できる。

先ず、万暦十六（一五八八）年に現われた任官者のみを指す狭義の郷紳＝郷官の用語は、弘治・正徳・嘉靖期以降に地方行政区画の省・府・州・県に相当する郷＝郷里の意味を冠称して頻出する（郷）縉紳以下の用語と同義に使用されている。

次に、科挙制下の諸身分階層まで包括した広義の郷紳用語は、時代的推移の中で諸階層に適用される時期にズレがみられる。この中、進士・挙人以上を包括する郷紳の用語は、明極末の崇禎年間より康熙末年の主に地方志や文集等に使用されている。貢監生以上を包括する郷紳の用語は、管見では清朝前半の順治・康熙・雍正年間の地方志や野史・小説類に現われてくる。

生員層以上を郷紳範疇に含めて表現した事例は、天啓元（一六二一）年の浙江嘉興県の知県の呈議の中に一例だけ現われたが、これをもって生員層一般の郷紳範疇への包括化とみなすのは、時期尚早と考えられる。その理由としては、少なくとも以下の三点が指摘できる。（一）天啓元年以降清朝前半にかけて、生員を包抱した郷紳用語が見当らず、且つ明末以来、生員は縉紳の紳の呼称と同時に青衿の衿＝士の用語でも呼称され始めたこと。（二）明初より科挙制と合流してきた学校制度の再編過程の中で現われた清初の生員は、明代と比べてその法身分の相対的上昇にも拘らず、更めて紳とは区別された衿＝士の範疇に限定して表現され始めたこと。(50)（三）生員層が地方社会で郷紳となりうる可能性を認知されるのが清末に推定されること。

要するに、生員以上の諸階層は、広義の郷紳範疇に時代的間隔をおいて包括されたのに対して、縉紳の範疇には明末清初を一貫して包括されている。つまり、古来使用されてきた縉紳の用語は、郷紳用語よりも更に幅の広い用語であることがわかる。

おわりに

『明実録』神宗・万暦十六年二月庚辰の条に現われた「郷紳」の用語を、郷と紳とに分解して、それが現われる以前の明末の「(郷) 縉紳」等の用語や、それ以後の清代前期に亘る「郷紳」「(郷) 縉紳」等の用語と前後関連的に検討した結果、以下の点が判明した。

「郷」には、宋代以降に形成された郷村行政区画の都や、地方区画の郷を指す用例もあるが、十六世紀初頭の弘治末年より正徳・嘉靖期以降に、古来存在した縉紳・大夫等の用語に冠称して郷縉紳・郷大夫などと表現された場合の郷は、地方行政区画である省・府・州・県が郷里・同郷の意味で使用されたものである。即ち、当該時代の官僚士大夫層にとって、自己の出身する郷里である地方の省・府・州・県が郷として強く意識されだしたことは、注目される。

各省に亙る史料上に普遍的にみられる郷紳や（郷）縉紳等の用例における「紳」には、広狭の両義がある。狭義の用法は、現任・休退職の任官経験者＝郷官だけを指す場合である。広義の用法としては、科挙合格者の進士・挙人、本来は国子監に存学すべき任官可能な貢・監生や、更には地方官学の生員層までを包括した事例が確認される。右の科挙制下の諸階層を包括する広義の（郷）縉紳の用語が、生員層を除けば明末清初を通じてみられるのに対して、それら諸階層を包括する広義の郷紳用語が使用され始める時代的推移には、ズレがみられる。即ち、挙人以上が包括された郷紳用語は明末崇禎年間より、貢・監生以上が包括されたそれは清初より、それぞれ現われるが、生員層までを含むそれが現われるのは、清末以降に推定される。

ところで、任官経験者より生員層までを包括した広義の（郷）縉紳・（郷）士夫等の「紳」を意味する用語が、既述の十六世紀初頭の正徳期より清初に出現する過程は、明極末以降に未出仕の科挙・学校出身者層が広義の郷紳範疇に包括されてゆく前提をなすものではなかろうか。その一理由は、「郷紳」とは、地方行政区画である省・府・州・県としての郷理＝「郷」の名望家たる「紳」に外ならないと考えられるからである。問題は、十六世紀以降の「紳」の範疇に包括され始めた科挙制下の膨大な諸階層の中で、俱に円襟・大袖の藍色の単衣の着用が許される身分でありながら、生員層だけは、如何なる理由から「紳」の範疇と、「郷縉紳・士」「郷大夫・士」「縉紳・庠士」「縉紳・青衿」などという「衿＝士」との両範疇で呼称されているのかという点である。この点は、清初に生員層を広狭両義の郷紳・縉紳等の範疇に包括した事例が見い出せないのはなぜかの問題とともに、次の第五章で更に検討したい。

註

（1）　酒井忠夫『中国善書の研究』国書刊行会、一九七二年版、七八～八五頁。

（2）奥崎裕司『中国郷紳地主の研究』汲古書院、一九七八年、三〜十二頁。

（3）宮崎市定『科挙』秋田屋、一九四六年、三八〜九頁。谷光隆「明代監生の研究（一）（二）」『史学雑誌』七三―四、七三―六、一九六四年。小山正明「中国社会の変容とその展開」西嶋定生編『東洋史入門』有斐閣双書、一九六七年、四八〜五一頁。拙稿「明代挙人層の形成過程に関する一考察」『史学雑誌』八七―三、一九七八年。呉金成「明代紳士層の形成過程について（上）」（山根幸夫・稲田英子訳）『明代史研究』8、一九八〇年。参照。

（4）和田清編『中国地方自治発達史』汲古書院、一九七五年影印版（一九三九年初版）第一〜三章。

（5）柳田節子「郷村制の展開」岩波講座『世界歴史』9、中世3、一九七〇年、三三一〜三六頁。同じく「宋代の村」『唐代史研究会報告』第Ⅲ集、一九八〇年。なお、佐竹靖彦「太平寰宇記における統計的諸事項の性格についての覚え書」『唐代史研究会報告』第Ⅲ集、一九八〇年、八八〜九頁によれば、宋初の郷数の減少と郷分の拡大については、華北と華中華南とでは、地域差がみられたという。

（6）註（5）柳田論文三一八〜二九頁。

（7）註（5）柳田論文三三五〜三七頁。

（8）鶴見尚弘「明代における郷村支配」岩波講座『世界歴史』12、中世6、一九七一年、七〇頁。川勝守『中国封建国家の支配構造』東京大学出版会、一九八〇年、第一章、参照。

（9）小山正明「明代の糧長について」『東洋史研究』二七―四、一九六九年、二五〜三五頁。註（8）鶴見論文七七頁。

（10）註（5）柳田論文三二五〜三三頁。

（11）栗林宣夫『里甲制の研究』文理書院、一九七一年、第一章里甲制の施行、三七〜四四頁。

嘉慶『涇県志』巻二、郷都

涇郷都、唐以前無考。唐十八郷、名無考。宋十一郷、轄里二百六十一。……元或仍或改。其詳無考。明于県城内、分三隅、轄坊四。……郷仍宋旧。洪武二十四年、改設都三十二、轄里一百一十七。戸籍糧冊以此為定。……国朝定鼎、隅郷都名、悉仍洪武之旧。惟改里為図、稍有増減。郷轄都、都轄図、図轄甲十。按甲編戸。或一姓分数甲、或数姓朋充一甲。

（傍点は筆者、以下同じ）参照。

(12)　葉盛『涇東小稿』巻四、許翁徳器挽詩序
　許翁。……理其郷之租税徭役。
呉寛『匏翁家蔵集』巻二六、周原凱墓誌銘、
　君諱南。字原凱。姓周氏。崑山石浦人也。……当国初、初選長郷賦者。周氏在選中。至原凱蓋百年于此。原凱尤郷人所謂賢者。……其終以成化甲午三月廿六日。享年六十。
顧清『東江家蔵集』巻二九、闞氏三世墓表、
　闞氏世為上海人。……君之祖疇隠翁。……自疇隠以来世掌郷政。強威弱撫、税役必均。郷之人咸徳之。
以上の史料は、註（9）小山論文三六頁、四八～九頁所引。（傍点は引用者）
史鑑『西村集』巻八、墓誌名、処士朱君墓誌銘、
　君諱忠。字思誠。姓朱氏。其先呉江同里人也。大父福、洪武中徙居嘉興思賢郷。宣徳五年、割思賢郷等数郷為秀水。今為秀水人。父達務本業致富、長其郷税。
同巻、行状、故中憲大夫江西南安府知府汝郡行状、
　君諱訥。字行敏。蘇州呉江黎里人。……君之先故巨室、以貲長郷税。
(13)　夏尚樸『東巌集』巻四、書類、上南都李巡撫書、凡在城在郷、悉依此法処之。
周瑛『翠渠摘稿』巻五、書、奉王司馬書、
　蓋能使民無争心則詞訟自簡矣。能使民懐耻心則盗賊自息矣。故於聴政之初、嘗令各県自城市以至郷都、皆以十家為保。
　大郷十数保、小郷一二保。
堵允錫『堵文忠公集』（『乾坤正気集』〈以下乾と略記〉巻四九九）巻二、地方利弊十疏、第七款、
　為保甲之法不行、民将潰、……事。……村落有大小則議聯絡。寇賊有猝発則議救援。故、郷鎮為急、城市次之。今之為保甲者附郭而止。郭以外非民乎。
陳継儒『眉公見聞録』巻七、
　城市不如郊郭。郊郭不如郷村。

『王門宗旨』巻五、王陽明先生語抄之五、奏疏三道、八寨断藤峡捷音疏、

断藤峡等処猺賊、上連八寨、下通仙台花相等峒、累年攻劫郡県郷村。

葉夢珠『閲世編』巻一、災祥、

康熙二年癸卯六月至十月終、疫疾遍地、自郡及邑以達郷。家至戸、到一村数百家、求一家無病者、不可得。

(14) 胡直『衡盧精舎蔵稿』巻二三、行状、念菴先生行状

時、同水郷郷約成。適春饑。先生預択士友密訪邑中窶人、移書郡県請賑、得穀数千石。……次年邑当攅造。先生念詭洒未絶、乃戒同水郷各都分置区域、按畝出収。択士友公正者、尸之俾人得自尽。一時称平。於是、黄冊道陳公、就以冊事敦請先生処分。……次年癸亥(嘉靖四二年)五月……。

(15) 万暦『将楽県志』巻二、建置志一、郷約所の註、

〔万暦〕十三年、又于高灘・蛟湖・永康・池湖等都、各立一所。仍頒条約、命遵行之、以相勧成俗。

崇禎『烏程県志』巻一、

郷都五所、……今俱在各郷寺観。

右の二史料は註(11)栗林著書二五七頁所引。

史桂芳『皇明史惺堂先生遺稿』巻一、序、別鄰父母黄新陽序、

乙亥春、新陽黄君、以徳興令、擢南工部主政。……十九都祝陳二姓、争地不盈畝。訟六年不結。感郷約互相推譲。……継君者、以郷約為迂則此風亦去矣。

(16) 夏良勝『東洲初稿』巻七、郡志略、沿革叙、

新城県。宋紹興八年、分南城之東五郷、置新城県。属建昌軍。其郷曰旌善、曰東興、曰豊義、曰礼教、曰徳安。故名猶有存者。

史鑑『西村集』巻八、行状、故奉訓大夫工部営繕清吏司員外郎呉君行状、

蘇州府呉江県范隅郷韭溪里。呉君璠、字朝用。

『皇明史惺堂先生遺稿』巻五、与陳汝時書、

　郷約要実行。善悪要実書。……太翁秋高必出巡各県各郷、善悪自知、則約中容隠之罪難辞。

徐愛『横山遺集』巻上、寿長楽君八十叙、

　予宗平野公久賓于仁和之長楽郷。

胡直『衡盧精舎蔵稿』巻二六、水部尚書郎張玉屛先生寿蔵銘、

　乙巳補任江浦。……是歳旱無収。……公乃移銀起運而躬詣各郷行賑。尚余銀三百。因為築圩費。盖邑後永豊順済二圩。自成化間盡圯、田潦税懸。公増措金修築。次歳大獲粮、乃有帰。

同書巻二六、蕭小峯処士墓誌銘、

　始徙泰和之鳳岡。……天貞号晴峯翁、以行誼表諸郷。

(17) 孫継皐『宗伯集』巻六、尺牘、答趙撫台寧宇、

　敝邑田糧事。不肖、頃承清問、思得当以報。而平郷之諸士夫、忽以聯牘来。其大指、不出所以籲老公祖者。而中有一刻掲今昔之故、似明且備。恐竟須仍旧貫無疑也。敢封上掌記。蓋敝邑今日之勢、平低郷与高郷之民情既以乖離。而三郷士夫之体亦既稍傷矣。

(18) 方良永『方簡粛文集』巻一、辞月米疏、

　有居官居郷節行可称如臣之類者、一体優礼、等因。

黄綰『明道編』巻第二、

　我朝立国以来、不知何自変為好名尚気節之習。如当時前輩及吾郷前輩、有務此者。其居官居郷、雖在人倫至親。上下交際、為之已甚、言之可駭。至今歴歴在人耳目、不可勝数。

王道行『桂子園集』巻十一、序八、唐子観先生八十寿叙。

　先生自少時、以貴家子、布袍苴履、苦為生之難。居官居郷一銭不妄取。雖有家伝亦其天性然也。

(19) 『桂子園集』巻十、序七、晉陽令侯太和考績叙、

　吾邑侯太和先生、文学政事褎然称首。……吾郷諸孝廉来自長安、往往称侯先生。不佞益艷慕之。

趙貞吉『趙文粛公文集』巻一八、明処士任公墓誌銘。

任処士者、諱某、字良佐、重慶巴県人也。先世自湖広孝感郷来。遷居四世。

呉時来『呉悞斎先生摘稿』巻三、五言律詩、

一自離郷県、風塵未有邪。

陳龍正『幾亭全書』巻二二、政書、郷籌一、郷籌序、

居此郷〔嘉善県〕則籌是郷之利弊。

陳廷敬『午亭文編』巻三一、奏疏、請厳督撫之責成疏、

臣郷山西寧郷県。

なお、森正夫「明代の郷紳―士大夫と地域社会についての覚書」『名古屋大学文学部研究論集』26、一九八〇年、一三頁参照。

(20) 道光『福建通志』巻五二、選挙、明進士、黄森の条。

(21) 陳継儒『眉公見聞録』巻五、

正徳十三年五月八日、寓郡城。雨中書見費文憲公集。荘簡公宅、在吾郷郡城南門外。牌坊有完名全節四字。乃玉音也。

徐階『世経堂集』巻二二、書一、寄游行簡進士、

延平科第寂寥久矣。得執事振起之。豈郷邦之幸。実有司者之光也。

(22) 石珤『熊峯集』巻六、贈山東張太参序、

若今山東左参政張公抑之、……弘治乙卯、果以明績上之天子、陟参東藩。……侍御夏君時雍、黄君時清則其産之選也。皆亟称曰、吾師張公非秦隴之望、固天下之望也。……噫、予又安知抑之之能成功烈抑移其平日所教于郷者而推之乎。……始公以乙卯赴任。蓋逾年而二君偕郷之大夫士始克挙。

(23) 胡直『衡廬続稿』巻十、確斎処士墓表、

吾胡氏自仲祖、承先大夫緒業、以富厚甲閭右。……吾胡氏亦故有家約而従臾後先之者、則処士力多也。末年敦樸猶故、不一御綺麗訓其子。素無広田宅。素守其言。到今不敢違。生平自以仗義惇信履謙守倹四者確乎無以易也。故自号確斎。郡搢紳大夫士高其為人咸有文、叙述処士行事具悉。

(24)　孫継皐『宗伯集』巻六、尺牘、与方按台岱陽、
不肖還山以来、継不聞戸外事。而情累有所不忍見、分義有所不忍避、不得不為調停収拾者、則敝座師大司成家門之禍也。前是范師既以身殉難。……在郡無有為請命者。不肖頃過其家、家師在殯未葬也。師母哭泣告訴、若不欲生凋残喪敗之状。真使人傷心酸鼻不揣。輒為召集郷搢紳之為其密親者、呼嫡四孤而以哀言感動之。

(25)　羅洪先『念菴文集』巻一五、墓誌銘、明故慈谿県知県双渠謝君墓誌銘、
君至四十以上猶不第。更名之幾年為嘉靖戊子。会朝廷遣京朝官主考郡邑郷試。

(26)　許相卿『雲村集』巻六、与子聞過論試、
今茲有司試吾省之士者、何芸也。

(27)　徐愛『横山遺集』巻上、横山送別詩、
聞吾上世有号元礼先生者、称英傑。始謫戍于越嶲。居今王世矣。……其在越嶲猶其在郷邑。厥有自矣。越嶲有叔氏曰。以成公者、蚤以文学才行膺貢于蜀郷。故歳癸酉将謁選于京師。乃発西川。下巴峡泛江、歴荆漢金陵、抵瓜歩。遂于道鎮江、来訪故里。

(28)　葉夢珠『閲世編』巻六、賦税、
吾郷賦税甲于天下。蘇州一府贏于浙江全省。松属地方、抵蘇十分之三。而賦額乃半于蘇。則是江南之賦税、莫重于蘇松。而松為尤甚矣。

(29)　何良俊『四友斎叢説』巻三四、正俗一、
士大夫正当相体、以時進見、使郡県先生得盡心民事、庶可以仰承朝廷委任之重。况華亭郷官今已十倍於前矣。使府県諸公日有送迎之労、則於公事不無少妨耶。……今郷士夫皆郡県邑子也。既受其覆庇含育之恩而一無所報。於心安乎。亦当於歳終刲羊持酒拝献于公堂、以伸一念之愛敬。而郡県先生亦必受之。蓋所以通上下之情也。
沈徳符『万暦野獲編』巻二二、司道、郷紳見監司礼。
弇州謂。郷大夫謁撫台布政司官及府州県、宜以民部礼、趨旁門、走東階。

(30)　葉夢珠『閲世編』巻八、交際、

前朝守制郷紳、謁当事、見賓客、必麻冠喪服轎傘倶用白布。本朝喪服惟去帽上紅項、不着衰麻。故縉紳守制者、謁当事、亦然。轎傘亦不用白而改用緑紬、若雨天然。見賓客則或用素服、上加黒色外套。

鄭端『政学録』巻二、官評、

余自強曰。衙門中置有官評底本。其底本、自太守而下人各二葉、小官各半葉。凡所聞見、或従招詳中得。或従賓客士紳中得者。或従百姓輿隷中得者。……近者郷紳、遠而過客、下而百姓、又下而衙役輿卒、皆可訪之人、可問之処也。但、問百姓恐防仇口。問衙役恐防私譖。問郷紳士夫、又恐其非端人正士。須要兼聴而博訪之。

(31) 初期の郷紳用語について、酒井忠夫氏は、凌蒙初『初刻拍案驚奇』巻一〇、呉太守憐才主姻簿と、憑夢龍『醒世恒言』巻二九、盧太学詩酒傲王侯とに現われる郷紳をあげられているが、両書とも明極末の刊刻本であり、当時の用語で潤色してあるので、その記事内容中の用語については、史料ソースの面からも再検討する必要がある。例えば、康熙『大名府志』巻三一、芸文新志伝、明尚書王世貞盧太学伝には、郷紳の語はみえず、薦紳の語だけがみえる。なお、荒木猛「『二拍』における娯楽性と戯作性」『集刊東洋学』41、一九七九年、五二頁参照。

(32)『提督学政』(万暦三十八年五月の日付)

及佐貳首領教官与各属履歴。次郷官見任致仕丁憂養病等項、不拘顕晦、各類開官爵姓号及挙貢監生姓名。挙人仍開註某科。

(33) 況鍾『況太守龍岡公治蘇政績全集』巻一四、聴納、致仕郷官方献忱上太守書。

『皇明条法事類纂』巻四四、嘱託公事、《勢家嘱託官府買鈔、本犯問罪、鈔貫没官、聴従者以枉法論罪》

弘治二年四月内、戸部尚書李等題准。……有内外勢要及郷官之家、弟男家人、投書献賄、転相嘱託売鈔者、就便問如律。

(34) 黄希憲『撫呉檄略』巻五、拯救摂生事宜、軍門示。炤得。地方饑荒案。奉明旨。……仰長呉両県巡捕官、即持本院名帖、伝致合城各郷紳孝廉以及監生生員的。于初八日黎明、斉集城隍廟公所、酌議接済平糶之法、以救時難。如有規避不至、罔以急公為念者、本院即指名入告、決不曲狥。崇禎十四年六月初六日出示轅門。

(35) 范承謨『范忠貞集』巻一、忠貞范公祠堂碑記、福建烏石山上、

郷紳陳軾(以下十二名は省略)、挙貢監生員(王化純以下六十名は省略)、郷耆(何維章以下二十名は省略)大清康熙二

十六年歳次丁卯臘月朔日穀旦立。

(36) 崇禎十三年頃の左懋第『左忠貞公文集』（乾巻四〇一）巻一、敬陳救荒疏、

今畿南山左皆有荒形。豫浙江右又各災告。各省未報、恐尚多也。救荒無奇、真可憂思。因思。臣令秦時、曾遇大荒、無可奈可　中設為各里賑各里之法。謹陳愚慮、乞聖明採焉。曰各里審饑之法。州県里有其長。十甲亦各有長。甲中各戸、各有戸長、以綱領賦役。而饑民因此、可知其数。官示饑民具状、各書里中。而官散各里長。里散各甲長。甲散各戸長。戸長于戸内、擇一人為首。有郷紳則郷紳為之。或貢監生員則擇其公平者。無則擇其長徳會為耆約者、報官、定之為首者。

崇禎『興寧県志』巻二、政紀、駅逓、附劉侯熙祚允詳夫差碑記、

恵州府興寧県為乞均工夫差遣、以蘇貧苦、以平民心事。崇禎九年六月初一日、奉欽差提督糧儲帯管分守嶺東道参政劉批。……歴奉分守嶺東道按察司洪詹事倶批。仰与興寧県査議、報先経前県無従詳議。随該本県正堂劉蒞任清査未完事件。随将此案、毎於朔望、挙行郷約、会集郷紳士庶詳議査行。随拠郷約王有註等具呈、為乞均夫役差遣、以蘇貧苦、以平民心事。議称寧邑四廂、総甲三十六名、保長一百六十四名。在城総甲保長、照額答応。儀門外守宿更夫。……

『明末農民起義史料』公元一六四二年、明崇禎十五年、兵部為懇憐忠烈特賜題䘏事、

拠随州郷官劉廷漢等、貢監廩増附生員何敦廻等、郷約里老宮諶楚等、連名呈前事。呈称。原任随州知州徐世淳、才兼文武、性禀忠貞。用人者、簡抜於万難措手之地、而受事者、肩苛於百端破壊之余。本州於崇禎十年賊破之後、半死於賊、半死於荒、半死於疫。……今拠合州郷紳貢監生員郷約里老所呈前情。拠此該本府知府懋邦正。看得、本官之任随也、承破陥之余、値災荒之後、丁口殺竄、守備空虚。本官蒞任未及半載善政不止千端。

(37) 魏裔介『兼済堂文集』巻七、序、《重修晉州志序》所収。

(38) 稲田孝訳『儒林外史』中国古典文学全集23、平凡社、一九六〇年版、三四二頁。

方杓は紗の帽子に円襟の服を着て、廚子の後につき従い、つづく参列者は二組に分れている。一組は郷紳たち、一組は秀才たちだ。郷紳の方は彭の二番目と、三番目と、五番目と、六《ママ》番目の旦那、あとは余家・虞家の挙人・進士・貢生・監生たちで、およそ六七十人、いずれも紗の帽子に円襟の服をつけ、うやうやしくつき従っている。もう一組は余・虞両家の秀才たちで、やはり六七十人、襴衫を着、頭巾をつけ、アタフタ、アタフタと、後の方から追いかけるようにし

て、ついてくる。郷紳の組のどんじりは唐棒椎で、手に一冊の帳簿を持って、それへなにやら書きこんでいる。秀才の組のどんじりは唐三痰で、これも手に一冊の帳簿を持って、それへなにやら書きこんでいる。

(39) 酒井忠夫『中国善書の研究』国書刊行会、一九七二年版、八七頁に「厳貢生も任官したに違いない。」とあるが、そのような形跡は見当らない。

(40) 前掲稲田孝訳本呉敬梓『儒林外史』五四頁、

わたしたち郷紳の家では、こういう大きな儀礼はまちがえてはならぬ。お前たちが管理している田畑・家屋・利息の帳簿は、夜なべで集めて整理し、まずわしに持ってこい。わしが仔細に見ておけば、次男が譲り受けて調べるのに都合がよくなる。弟が存命中のように、あの妾に家をみさせたり、お前たちのような連中にまかせて、うやむやにしておくわけにはいかんのだ。

(41) 胡直『衡盧続稿』巻九、墓誌銘、亡妻蕭安人墓誌銘

比癸酉〔万暦元年〕冬、予為太安人、再疏乞養帰。視安人、布素糌糲、猶然句曲刑曹。時四方縉紳青衿日見叩者充盧。安人治具不皇寝食。

(42) 註(8)川勝著書四八二頁所引。

(43) 拙稿「徭役優免条例の展開と明末挙人の法的位置」『東洋学報』六〇—一・二、一九七八年、参照。

(44) 濱島敦俊「均田均役の実施をめぐって」『東洋史研究』三三—三、一九七四年、七七頁所引。

(45) 藍鼎元『鹿洲公案』巻上、五営兵食、

潮陽一県、歳徴民米軍屯一万一千余石。……闔邑郷紳挙貢文武生員、不下七八百人。捐納監生一千三四百人。……余曰。不然。紳衿独不畏詳革乎。

光緒『大清会典事例』巻一七二、戸部、田賦、催科禁令、

雍正二年諭。百姓完納銭糧、当令糧民戸戸到官。不許里長甲頭巧立名色、希図侵蝕。聞有不肖生員監生本身原無多糧、倚恃一衿、輒敢包攬同姓銭糧、以為己糧。

(46) 根岸佶『中国社会に於ける指導層―耆老紳士の研究』平和書房、一九四七年、七五頁。

(47) 註(8)川勝著書八〇頁所引。
(48) 註(8)川勝著書四三三〜三四頁
(49) 註(8)川勝著書四七六頁所引。
(50) 拙稿「明末清初の紳士身分に関する一考察」『明代史研究』第9号、一九八一年。この中では、清初に規定された法身分としての「衿」の呼称が社会的には紳の呼称に転化してゆく過程を分析した。

第五章　明末清初以降の紳士身分

はじめに

本稿は、前稿「明末清初の郷紳用語に関する一考察」[1]（以下前稿と略記）に続いて、史料用語「紳士」に若干の検討を加えたものである。[2] 王朝国家の身分制秩序に組み込まれた人民は、士農工商の「四民」[3]に細分しても表現されたが、大きくは士＝紳衿の士と、民＝庶とに区分された。[4] 支配身分の士は、「学校の士」「縉紳の士」「郷居の士」などと個別にも称された。[5] 明末清初では、縉紳の士、郷居の士は紳の範疇で称され、貢監生・監生・生員（以下貢・監・生員と略記）等の学校の士は、士＝衿の範疇で称されて、両者を合体した「紳・士」「紳・衿」「衿・紳」等の用語が使用された。「紳・士」「紳・衿」が国家理念を体現する『大清会典』に初めて記されて以来、士＝衿の法身分は明確化した。

明末の学校の士は、士＝衿の表現だけでなく、前稿で指摘した如く、特に地方政治の場では縉紳・士紳等の紳の範疇で称される場合もあった。明末清初以降の挙人は品官扱いを受けて縉紳、紳士、更には郷紳範疇でも表現された。[6] 従って酒井忠夫氏の検証された「明末には生員を主として挙人等を含めた読書人で官僚となっていないものに対し、士・士子・衿士の用法が行われていた」[7]との結論も相対的なものである。

清初の士＝衿は、その身分を保障した法規定の整備された雍正・乾隆期以降、地方政治レベルでは紳の範疇に包括されて「紳士」と表現され始めた。

以下、本稿では明末清初以降、紳士なる用語が支配階級内部の諸階層、つまり任官経験者及び科挙制下の進士・挙人・貢・監・生員等の諸身分を包括して変容を遂げる過程と、用語の変容を促した法的要因とを検討したい。

第一節　法身分としての紳と士＝衿

古来、紳士とは任官経験者を意味していた。この紳士、更には紳衿の語は、明代後半以降、紳と士、又は紳と衿に区別して表現されるようになった。

1　広狭両義の士＝衿

万暦期の李廷機『李文節集』巻二八、雑著二、咨訪単には「今士一挙于郷、即志在温飽」という如く、士とは基本的には郷試合格以前の貢・監・生員を指していた。従って紳とは任官経験者や未出仕の進士・挙人を指していた。但し前稿で指摘した明代後半以降の貢・監・生員を指す士＝衿も、〔郷〕縉紳、〔郷〕士大夫、〔郷〕大夫、〔郷〕士夫、士紳等の紳の範疇として表現され始めた。とすれば明代より「紳士」「紳衿」の紳や士＝衿の包括する諸身分には広狭の両義があったといえる。士＝衿についてのそれらの用例は、前述酒井氏の指摘する通りである。だが紳士と呼ばれた事例は確認できない。

清代の士＝衿の用例は、広狭両義に明確化した。生員を指す狭義の士＝衿について、『吏治約言』（陳于豫『文舂《しょう》』所収）査門牌戸口には、保甲門牌と保甲冊に平民に伍して記されるのは体面にかかわるとの理由から、登録を拒否した「紳衿貢監」の例が見える。康熙頃の『撫浙条約』（『文舂』所収）革積歇にも、里役に包充する歇家として「積棍

制縛人には、

幷貢監劣衿豪紳家僕」がみえ、劣衿とは悪質な生員を指す。嘉慶『大清会典事例』巻六三二、刑部、刑律闘殴、威力

一、凡不法紳衿、私置板棍、擅責佃戸者、官員照違制律議処。余罪収贖。衿監革去衣頂杖八十、亦照例准其収贖。

……謹案此条係乾隆五年改定。

とあって、乾隆五年に改定された紳衿による、自己の佃戸に対する私刑を禁じた条例中にみえる衿監の衿とは生員を指す。

貢・監生まで含む広義の士＝衿の例は、康熙・乾隆初年頃の無錫・金壇両県の状況を記した黄印・修『錫金識小録』巻一、備参上、士習に、

国朝邑中未遇之士、以志節学行表見者、較諸邑紳似反勝之。

とあり、郷試合格以前の貢・監・生員が士と表現され、紳とは区別されていた。戴兆佳『天台治略』巻九、雑著、親催紳衿完粮説にも、紳と倶に藍衫の着用が許される衣冠に列ぶ「厚望」を担う身分でありながら、税糧を滞納する「生員貢監」等の諸生が、紳衿＝紳士という形で、紳とは区別された衿＝士としてみえる。(8) 光緒『大清会典事例』巻一七二、戸部、田賦の道光二三年咨准にも、

如有生監包攬、該管官不行査出、照失察紳衿貢監生員包攬銭糧例、議処。

とあって、紳と、衿である貢・監・生員とは、税糧を包攬する主体にあげられている。次に、明末以来広狭両義に使用され始め、『大清会典』では法定用語化した衿の態様をみよう。

2　「衿」の出現と劣衿化

先ず紳と士とを区別した表現は、宣徳八年の進士李賢の『古穰集』巻六、戸部尚書古公輓詩序に「搢紳大夫士」と

か或は了慧道人『三教破迷語録』（不分巻、明鈔本）に「上通朝廷縉紳下通閭閻士庶」という形でみえる。この士に相当する青衿の語は、正徳元年序のある楊循吉『蘇州府纂修識略』巻三、人物上、学官一員の条に、

袁春、江西豊城県人。由挙人任呉県儒学教諭。振挙学規、不受束脩。由是青衿充満黌舍。

とあり、生員を指す語として現われる。黒襟の衣服を意味する青衿を縉紳と区別した表現は、嘉靖末年の胡直『衡盧精舎蔵稿』巻二三、念菴先生行状に「薦紳青衿」とみえる。その略称である紳衿の用例は、万暦期の顧憲成『涇皋蔵稿』巻一三、題邑侯林平華父母赴召贈言に「衿紳」と転倒した形や、乾隆『盧氏県志』巻一六、芸文にみえる兵部尚書李化龍の著した王孝子墓表に「冠紳衿帯」という形で現われるが、万暦『大明会典』にはみえず、崇禎期には「紳・士」＝「紳・衿」の意で普及した。例えば、朱鶴齡『愚菴小集』巻一五、同安葉公伝には、

復委紳士之賢者、稽戸口……団保甲練民兵……其団甲也、委紳衿以聯其人民。

とみえる(9)。

「時望之紳衿(10)」と宣統末年まで現われる清代の紳衿も法制上は紳と士の意味で使用されていた。各階級内部の身分序列の画定・遵守を意図した雍正帝の『欽頒州県事宜』聖諭律条、待紳士に、

紳為一邑之望、士為四民之首。在紳士与州県既不若農工商賈、勢分懸殊、不敢往來。……頑紳劣士……

とか、乾隆西江衙門刊行の『西江政要』巻三、実力奉行保甲条目に、

一保内紳士之安静与否、宜令保甲査察也。査紳為一郷之望、士為四民之師。

と言う如く、紳士とは一県の名望を担うべき紳と、四民の首・師であるべき士とを指す。雍正期には頑紳劣士の存在が示唆されているが、『新増更定六部考成現行則例』刑部巻二、賊盗には、既に康熙年間について、

失察紳衿悪跡処分。康熙二十九年八月内、刑部題為悪棍郷紳等事。……以後紳宦監生生員倚仗勢力……免自己之銭粮而令百姓代納行兇。……即行題参照例従重治罪。

とあり、紳＝郷紳・紳宦と衿＝生・監の中、自己の税糧を民（百姓）に代納させる等の罪悪を犯す者は、厳罰の対象とされた。以後、国家の支配秩序を乱す悪質な紳衿は、例えば『撫呉条約』（『文昚』所収）厳剔漕糧積弊に、包攬の主体として、劣紳や永年歇家に積充して頂価を売買する黠衿とか、更には悪衿・劣紳[11]・豪紳・劣衿[12]などとみえる。ただ清代前半の政書に劣紳の用例が少なく、包攬の主体となる劣衿[13]、図頭に充当して包攬・抗糧を謀る悪質な貢・監・生員を指す衿棍[14]とか、行状劣悪な生・監を指す劣生[15]、劣監[16]などの用例が多いのは、長単（貢監）や学冊（生員）に姓名を載せ[17]、国家に忠実な官僚予備軍としての育成を期する清朝の政策意図に彼らの行動が著しく背馳していたからに外ならない。

　劣衿化の一要因には、後述の法的優遇措置の他、捐納の監生・武生の増大[18]も挙げられよう。『撫浙条約』正風俗には、市井の例監が「既に歳考の憂なく、名は辟雍に厠り、儼に郷紳の勢を作」したとか、告頂生員や販夫市儈出身の捐納の武生が護符を恃み党を結んで「把持官府、恐嚇郷愚、開椿局賭、包攬詞訟、謀当里長」等の害をなしたという。

　嘉慶『大清会典事例』巻一四四、戸部一七、田賦、催科禁令の雍正二年の上諭によれば、「頑抗生監」は儒戸（生員）や官戸（監生）を自称し公然と同姓の税糧を包攬して己れの糧とした。拖欠《たけん》抗糧の憂慮すべき風潮に直面した国家は、これに対して重罰を伴う禁令で対処した。清末の光緒『広安州志』巻一〇、戸口志、戸役には、

　州之戸役、大要郷宦挙貢曰宦戸、曰紳戸。生監旧戸、曰衿戸、曰儒戸。皆免丁役。

とあって、任官可能な貢生以上の身分の者は宦戸＝紳戸と称されていた。これは後述の衿戸の紳戸への変容の過程を示唆している。朱徳の語るところでは、劣紳の用語は清末の民衆には階級的憎悪の対象として語られていたらしい[19]。尤も辛亥革命による封建王朝の倒壊によって、以後「衿」を使用する必要性は失われたのであるが、例えば一九二〇年代の劣紳とは、旧封建王朝下の如何なる支配身分であったかについて、第一次国内革命戦争時期の農民の階級闘争について述べた「広東省農民協会成立宣言（一九二五・五）[20]」は、次のように言う。

(3)　農民のすぐ目の前の敵は劣紳士豪である。……現在農村にはまだ部分的に宗法社会のなごりをとどめ、秀才の学位をもった先生がたは依然として赫赫たる威厳をもって役所に坐っている。かかる前清官僚の残滓はたいてい郷村における実際上の政府であり、ほとんど仰視することすらできないのである。

前清官僚の残滓で郷村政治を牛耳る秀才＝生員は劣紳であるという。その様な郷村の政治状況は、かの藍鼎元が広東省潮州府潮陽知県に着任した雍正五年当時の情況の二重写しの如くである。該県では「催糧之差」といえども、狼虎たる威権をもつ七、八百人の紳衿、千三、四百人の捐監、数千百人の胥吏・衙役に対しては、催税はおろか「これを見るも惴惴として敢て仰視するなし」(21)という実態がみられた。

そこで清朝で官用語化した紳衿の「衿」が劣衿→劣紳化の過程で「紳」又は「紳士」に転化して使用された事例を次に検証したい。

第二節　士＝衿の「紳」への変容

1　清代後半以降の「紳士」の事例

生員以上の官位の保持者を紳士と呼んだ確実な例は、管見では光緒『米脂県志』巻十一、芸文志一、重修文廟記、雍正八年、邑知県欧陽永健の条に見える。永健が聖廟修理に協力した諸紳士の石碑の建立を述べた一節に、

庚戌之夏……余既嘉諸紳士経営之切、興作之勤。……諸紳士、今日為茂才、為明経、為孝廉、為賢良方正者、即異日為斯民作保障、為斯世作霖雨、為朝廷熙庶績。

とあって、諸紳士とは生員・監生・挙人等の学位身分の者で、将来任官が期待されるべき存在であった。(22)光緒『潜江

県志』巻一〇、河防志、修築沙窩騎馬大月隄碑記邑令杜汝愚には、

各憲念切民依、檄催如雨。予正蒿目躊躇間、適各垸士民楊明濬等、合議呈請、照旧於利害相関之三十八垸、起費募夫。並公挙紳士鄧師虞挙人、鄭擅采・涂廷桂以上生員、楊応国・欧陽錫勇以上監生等督理。議頗妥協、実獲我心。……紳士鄭擅采等、栖宿工所、昼夜督催、罔辞労怨。……顧五紳士之始終勤労、諸垸士民之急公趨義、不可不勒石誌奨以為後來者勧。

とあり、乾隆一六年冬より翌一七年三月[23]にかけて、湖北安陸府潜江県では、公挙された五紳士（挙人一、生員二、監生二）が一致協力して三八の堤防からなる通称沙窩垸の修築工事を監督し、四ヵ月で竣工させたことが記されている。

『湖南省例成案』巻一〇、官吏詞訟家人訴〈紳士詞状禁止、教官用印移送州県〉には、

乾隆十四年二月二十四日布政使司温福按察使司周人驥詳為檄行査議事。乾隆十四年二月十三日、奉本部院牌開。照得、紳士為斉民之表、事非切己、固不得恃符好訟混具呈詞。而教官職司、訓迪尤宜稽察有方。不便借査核之名、率意妄作、有干例。議査生員貢監投遞呈詞。従前曾有先行赴学掛号用戳之例。嗣経部議。恐教職中有挟嫌勒索、当用戳記而不用、狥情容隠、不当用戳記而濫用者。名為防閑、実啓弊竇。况生監果係出入衙門、恃符健訟、原許地方官詳革究治。遂将掛号用戳之例、停止在案。……乃本部院聞得、湖南紳士詞状、多有赴教官処、投遞、輒用印封移送地方官批発者。

とあり、乾隆一四年の六部都察院は、以下の点を確認した。教官によって学力審査を受ける身とはいえ、紳士である生員・貢監生・監生が訴状を上呈する際には、本人が直接地方官衙に出向くことは禁止されており、条例では紳士の訴状は先に教官に提出し、教官が書留め印封して地方官に発送する建前である。中央政府では、この条例が搾取を目論む教官によって悪用される点が審議されたが、部院の確認した情報によれば、該湖南の紳士は大抵は右の条例を遵守しており、教官より印封発送されてきた訴状の公文は、地方官によって受理され、然るべき指示回答がなされてい

る、という。

嘉慶六年頃の湖南三府に関する張五緯の公牘、『涇陽張公歴任岳長衡三郡風行録』巻五、衡州府、清泉県民何仁表呈詞批には、

> 抝稟、漕糧積弊、衿書一気串通、勒折、浮収、貽害閭閻。懇請示禁等語。査漕米、為天庾正供顆粒、皆係民膏。理応按額征収。況粮書乃在官人役、紳衿為衆士楷模。更宜安分守己、恪守臥碑。無如世風不古。不肖紳士往往串通衙蠹、狼狽作奸。或額外浮収、或違例勒折、以小民之膏血供若輩之誅求。

とあり、衿・書が気脈を通じて漕糧を額外に不法徴収するなどの禁令を犯しており、紳衿・粮書、紳士・衙蠹とも表現されている。つまり、書とは粮書＝衙蠹（胥吏）と同意である。衿とは紳衿＝紳士と同意であり、明倫堂の学校教令＝臥碑を遵守すべき存在である。従って、この場合の紳衿とは紳である衿、紳士とは紳である士の意味であって、紳と衿、紳と士とを区別すべきではない。

なお、清末の衿＝士の用例は、「衿耆」(24)「紳耆」(25)としても現われる。但し、衿耆・紳耆も、衿・紳である耆老という意味と、衿・紳と耆老との両方の意味がある。李程儒『江蘇山陽収租全案』公呈、山陽紳士公呈二次奉批には、

> 具公呈、挙人陳爔・恩貢馬喬年・抜貢許汝衡・職貢李程儒・附貢丁晨・廩生許聯甲・廩生丁曇・増生王潜・附生范廷桂・附生張清源、為謝恩沐恩賞示暁諭、通飭遵照事。切爔等前次稟請、詳禁悪佃攬種業田、私典盜売、放水煞壩、揹稲還債、恃頑拐租。唆使篤疾老親、無恥悍婦、架命図頼、欺業醸事等情、並仿照前督憲通行定案、因地制宜、另議章程、勒碑永禁。荷沐仁憲洞悉刁風、賞詳府憲、批准勒石、……道光七年五月二十五日、奉山陽県正堂譚批准、出示暁諭、一体遵照。

とあり、山陽紳士と総称される淮安府城＝山陽県の挙人一人、貢監生四人、生員五人を含む十人が、連名で佃戸の抗租に耐えかねて禁令の布告を知県譚に要請した結果、知県は憲臣である知府・道官・督撫などの上官の許可を得て批

准した。その経緯が、彼らの中の職貢李程儒の手で編輯されて、道光七年五月二五日に刊刻されたという。道光『新会県志』巻一四、事略下には、

　□(八)年戊子七月、按察使姚祖同、委竜川県知県保淳、到県毀□□□□□、差役於県署両旁、設私館、藉端私捕私羈。其□□□□□何年幾何人。至是、庠生李如梅上控、継以副貢李炳南等聯名疊控。故有是挙。……副貢李炳南等聯名拆除班房呈。……拠紳士李炳南李如梅等具呈、差役藉廟為名。……

とあり、広東恵州府竜川知県保淳は、道光八年七月按察使姚祖同の委官として、広州府新会県衙門の東西両旁に皂隷・快手等の差役によって許可なく設置されていた班房＝私館を強制撤去したという。人を勝手に逮捕するなどの不法を働く拠点である班房の撤去を、按察使に要請したのは、副貢李炳南や生員李如梅らの紳士であった。

　胡林翼『胡文忠公遺集』巻五八、書牘六、飭郡紳緝拏土匪諭道光己酉鎮遠任内には、

　惟沿河司附近一帯、著名巨匪迭次派差、往緝総未応手。皆因差役得賄縦放、与匪同一気也。……細思緝匪之法、用兵用差、不如用士用民。……目今、該匪等僅止訛詐居民鋪戸。若因循姑息則肆行無忌、必駸駸擾及爾等紳衿矣。為此札委該処挙人生員知悉。照另単所開姓名、密約該処暁事族長郷民設計誘擒、随擒随送、派委妥実郷民持該挙人等稟帖送至府署。毎名賞銭十千文、幷大銀牌一面、以酬其労。

とあって、一八四九年貴州鎮遠知府の胡林翼は、郡紳つまり府下の紳衿＝挙人生員に公文を通達して、彼らを匪賊討伐の責任者に任命し、彼らに地方の実情に明るい族長・郷民を指揮して擒獲・護送・賞賚等の実務を担当させたという。紳衿＝挙人生員を紳・衿＝挙人・生員と言う如く、国家の強制する身分序列に忠実な表現と解釈することも可能であるが、郡紳は広義の士とも表現されているので、この場合の紳衿は、紳である衿又は士と解釈できる。つまり挙人生員は、紳と解釈すべきである。(26)

　光緒年間、清国に留学した井上陳政、服部宇之吉は、各自の見聞記の中で、地方において生員以上の学位の保持者

であること、過去に高官であった父祖子弟をもつこと、博学徳行によって郷人に敬慕されること等を条件とする、名望と財産とを兼備する者が郷紳となりうることを述べた（前稿）。宣統元年刊の浙江省衢州府竜游県の上級官庁への報告書である『竜游県法制調査報告初編・地方紳士辨事習慣』一巻によって、財産身分の布衣でも自身が政治参加して、科挙秩序体系に子弟が参与することで、紳士身分に列することができたとの報告もなされている。(27)

以上、地方志や省例・公牘・公呈・文集等によって、雍正・乾隆期以来「衿」が紳又は紳士に変容した事例が検証された。では次には、「衿」を変容せしめた要因を、法制的側面より検討したい。

2　衿の「紳」化した法制的要因

a. 衣頂の賜給

正徳『大明会典』巻五八、礼部一七、冠服二、生員巾服の洪武二四年の規定では、生員に対して玉色布絹で織られた（丸襟）大袖の（藍色の単衣に）黒縁の施された襴衫＝衣と、絹糸で平らに編んだ紐の付いた靴である絛靴、軟巾、垂帯が礼装として賜給された。(28) 会典の進士巾服に「進士巾如今烏紗帽之製」とみえ、状元冠服に「紗帽一頂」とみえるので、頭巾である巾＝儒巾をかぶる生員・進士と、紗帽をいただく品官扱いの状元とは区別されていた。明代でも成化・弘治より嘉靖以降、年老・有疾の生員・監生に対しては、冠帯つまり衣（襴衫・絛靴・垂帯）と冠（紗帽等）の一式を与えて品官待遇とし、定期試験並びに郷試は免除された。(29) つまり、明代では状元を除く進士より挙人・監生・生員までの身分の者は原則上は頭巾を戴いていた。(30) 万暦期の挙人・監生・生員の中には、品官の戴く忠静金線冠巾をひそかにかぶる者が現われ、禁令が出された。(31)

康熙・雍正期の社会状況を反映した呉敬梓『儒林外史』第四七回、虞秀才重修元武廟、方塩商大鬧節孝祠には、郷紳たちの行列にみえる挙人・進士・貢監生・監生たちは紗の帽子をつけ、生員の行列の者は頭巾をつけていたとあり、明代に比べ清代では紗帽を戴く身分の者が監生まで拡大していた。然し、清代の生員も衣巾の着用のみでなく、衣冠の着用を許された者もいた。『欽定学政全書』や清会典では、衣冠は衣頂と表現され、頂は九品頂戴とも表現される。九品頂戴＝銀頂子とは、九品官に準ずる鏤花銀頂の礼帽を意味した。監生も生員と同じ待遇を受けたが、貢監生は八品官待遇であった。(32) 生監でも年八十に至れば八品官待遇が許された。(33)

清代でも全ての生員に無条件に衣頂が賜給されたわけではなかった。乾隆39（一七七四）年刊〔以下、同本使用〕『欽定学政全書』巻三五、告給衣頂の条には、

順治九年題准、年老生員、呈学転申提調官、査無違礙、取結於案臨半月前、申詳免試。若已赴考、及縁事未結、青衣発社、与行止不端者、倶不准給頂。

とあって、歳試・科試に赴いている者、連坐した事件が解決していない者、青衣発社の処分を受けた者、態度不良の者を除いた年老の生員は、儒学教官＝学官に衣頂の賜給を請う理由書を提出し、学官は学政の考試を提調する知府に文書を取りついで提出する。提調官は調査して間違いのない場合、提学官つまり学政が各府を巡回する半月前に保証書を取り揃え、当該生員に関する一切の試験を免除してもらい、衣頂を給与されるように提学官に文書で詳細に説明を行なうとあり、この要請は裁可された。

給頂を要請した告頂生員は、既述の康熙年間には国家秩序を乱す存在と化した。これに対して、同条の雍正七年議准は「文武生員五人互結之例」という連帯責任制を採用する一方、該学教官をして歳考と同時期に「優劣清冊」を学政に提出させ、素行不良の者は詳革、つまり詳細な説明書を添えた身分剥奪＝黜革の要請を行わせた。同条雍正二年の議准は、満州・蒙古・漢各軍の年老・有疾の生員に対して、衣頂の給与を許可した。同条乾隆五年の奏准は、文武生員の内、篤疾の者と在学三〇年に達した者、及び在学三十年未満でも年令七〇歳に達した者に衣頂の給与を規定した。同条同年の議准は、成績劣等で優遇措置停止の懲戒処分を受けた青社生の武生でも在学三十年と年令七〇歳に達

した者には衣頂の給与を規定した。同条乾隆八年の議准は、武生で年齢六〇歳に達した者にも衣頂の給与を規定した。
要するに、清代では老齢→疾病→在学年数の三点を基準とした文武の生員に対する給頂規定が乾隆初年までに確立した。

b．免役特権

明初より体制擁護の忠実な官僚予備軍の育成を期して学校制度を整備した太祖は、洪武二十年、生員に本人を除く二丁の差役を優免した。監生・挙人に対する優免額も生員と同額と考えられ、同年代に付与されたらしい。(34) 一五世紀末の弘治年間に徭役科派対象が、戸則より戸則・田粮へと変化したのに伴って、八品以下の地方官や挙人・監生・生員に対しては、一律に人丁四丁、田粮四石が免除された。最終的には嘉靖二四年の統一基本条例で教官や挙人・監生・生員の優免額は、人丁二丁・田粮二石と決定し、これが清初まで機能した。但し、嘉靖期の丁・糧准田総額は約七〇畝であったが、万暦一四年のそれは約四四畝に減少していた。(35)

清初の生員に対する「優免丁糧」は、『欽定学政全書』巻二五、優恤士子の条に順治一二年の上諭としてみえる。雍正『大清会典』巻一五五、刑部、律例六、戸律一、戸役一、賦役不均の条の「紳衿之家」に対する雍正五年の規定で優免の対象となったのは、保長・甲長や支吏・看柵等の役であった。『欽定学政全書』巻二五、優恤士子の条の乾隆元年の上諭は、本来「紳衿は例として優免」があるのに、各省でみられた雑色差徭の総甲・図差に生員を充当する事態を禁じて、以後は「挙貢生員等」に雑差を免除した。

なお清初の生員に対する優免の丁糧准田額は、数十畝とも言い、(36) 或は三〇畝（相当の差銭）であったが、清末光緒年間では五〇畝より二百畝に及ぶ場合もみられた。(37)

c．納税延期の特権

万暦『大明会典』の戸部徴収の条には、生員・監生はおろか官員についても納税延期の特権の記載はない。嘉慶

『大清会典事例』巻三〇六、礼部七四、学校、勧懲優劣の条には、

雍正……十二年……又議准、貢監劣生……拖欠銭糧、革後全完者、該地方官即照例詳請開復。

とあって、期限までに税糧を完納せず滞納したために、学政によって貢・監・生員の身分を剝奪された者の中[38]、黜革後に完納した者は、地方官より学政に事情を詳細に説明して身分の回復が可能であった。納税期限の延長について同条の乾隆元年の議准は、富生の上戸は「五月完半、十月全完」後の二ヵ月延長、中下の貧生は「八月完半、歳底全完」後の二ヵ月・四ヵ月延長とし、延長期限を越えて完納しない者は、詳革されるが、詳革後に完納しても身分の回復が可能であった。更に赤貧無力にして滞納額が僅少な者も、詳革は免除された。

d．体面擁護の特権

〈体罰・叱責免除の特権〉生員が官府を挾制する等の政治的妨害行為に対する禁令が現われるのは、正統四年、弘治一六年のことである[39]。それらの行為を含めて、教官やその教えに背く生員に対する「充吏」→「為民」の身分剝奪＝黜革権は、提学官に専権として付与されていたが[40]、有司や教官の生・監に対する体罰・逮捕権の規定は、明会典の刑部の条にも見当らない。『欽定学政全書』巻二五、優恤士子には、

康熙九年題准、生員関繫取士大典。若有司視同斉民撻責、殊非恤士之意。今後如果犯事情重、地方官先報学政、竣黜革後、治以応得之罪。若詞訟小事、発学責懲。

とあり、康熙九年の題准によって、生員は何か重大な罪を犯した場合、地方官が学政に報告し、学政より黜革の処分が下りたのち平民として罪に服した。もし本分を犯す小さな訴訟に関与した生員は、教官の責任で懲戒された。従って以後地方官は斉民と一律に生員に対して笞打つ等の体罰＝撻責＝朴責を加えることが禁止された。

この点は、乾隆『欽定大清会典則例』巻七〇、礼部、儀制清吏司、学校三、一勧懲優劣、雍正一二年の議准では、

雍正……十二年、……又議准。嗣後如地方官果有不公不法凌辱士子等情、生童等身受其害者、準其赴該管上司控

告。

という如く、地方官が法に背いて生員や童生を凌辱した場合、生・童は該官の上官のもとへ出向いて控訴できるようになった。光緒『大清会典事例』巻三九二、礼部、学校、優恤諸生、乾隆元年の議准は、戒飭すべき生員に対して、地方官は教官と協議して審査した結果を学政に報告して批准を仰いだ後、該生員を学内の明倫堂において朴責できるとした。但し地方官が生員の言葉尻を把えて勝手に叱責したり、学政に文書で詳細に説明することなく、教官とも協議せずに勝手に朴責することは禁止された。

要するに康熙～乾隆期の地方官が儒学に在学する生員を叱責したり体罰を加えるためには、教官との協議やその結果を学政に仰ぐなどの煩瑣な手続きを要したので、生員は事実上、地方官によって身体上の保護を受けていたも同然の存在であった。また、地方官が生員・童生を勝手に凌辱することが禁止されていた点も注目される。

〈不逮捕・弁明の特権〉　生員以上の身分の者が地方官によって逮捕を免れるという規定は、明会典には見当らない。但し天啓刊、王世茂『仕途懸鏡』巻七、牧民四慎、儒紳勿軽捕の条には、次のように言う。

儒紳体面、寧厚毋薄。即倉場雑職与監生生員亦応優礼。除重大事情、依法捕治外、其細小及牽連、不得輒捕。知則票内標除、不知則捕到先釈。

生員以上の身分の者が重大な罪を犯した場合、地方官は法令によって逮捕できるが、それ以外の些細な罪の場合は、連行することはあっても、儒紳の体面を優遇する国体に則って、その都度逮捕してはならない。収監についても儒紳は衣冠の体面を全うする国家の意思に則って、「大過悪」でない限りは投獄されることはない、という。[41]

右は明末地方官の準則を示したものであるが、「重大な事情」例えば河南開封府杞県知県宋某が「挙人李巌は不軌を為さんことを謀」っていると按察司に申報して撫・按の批准を俟って李巌を逮捕・監禁したように、[42] 知県は重大犯罪人を逮捕する際には、上官の許可を必要とした。

『欽定学政全書』巻二六、整飭士習の条にみえる順治一八年題准には、奏銷案に関連して税糧の納入を拒否した「紳衿貢監」を地方官が逮捕できたケースが見える。然し同書巻二四、約束生監の条の乾隆元年議准では、

生監既隷儒学。果有抗糧包訟等事、該学自可詳革。

と言う如く、教官は生監が抗糧、或いは訴訟の請負いといった不法をはたらいても詳請褫革、つまり身分の剝奪を学政に要請できるに止まった。同書巻二六、整飭士習の条の雍正三年議准では、

如有生監人等、仮托文会結盟聚党縦酒呼盧者、該地方官即拏究申革。

とあって、文会学社に仮托して集会結社をもち飲酒賭博に走る生監に対して、地方官は即座に逮捕究問して学政に身分の剝奪を要請できた。同書巻二四、約束生監の条の乾隆二四年議准では、以下のように見える。

至於生監為人作証、如係他人妄行牽連、許本生自行弁明、免其開註。……一有唆訟之輩、飭令地方官厳拏重懲。

生監が人のために裁判の証人となった際、もし他人が勝手に生監を公庭に連行した時、生監は弁明できると同時に証言を記録されない、つまり証言に責任を負う必要はなかった。又、地方官は詞訟を教唆した生監を逮捕できた。そこで同書巻二六、整飭士習の条の乾隆三六年議准では、地方官の審査で生員の証言が全て偽証であった時、生員は詳革されることとなった。

要するに生・監が地方官に逮捕されるのは、詞訟を教唆するか集会結社に及んだ場合だけであり、その他の場合は逮捕を免れた。

以上、貢・監・生員に付与された諸特権、中でも衣頂の賜給と免役とは明代より制定されていた。清代、雍正・乾隆期を中心に更に整備されて、新に納税延期、体面擁護等の特権が法制化された。特に品官の待遇を受ける貢監や告頂の生員は、青社の武生にも及んだり、雍正十二年、黜革された貢・監・生員に衣頂を冒給した学政に禁令が出されたように、増大傾向を示唆していた。(43) 既述の劣衿化とは、身分制秩序を維持する品官に準じた名誉として付与された

右の法制的優遇（建前）が、実利に転化した不法行為（実態）として機能した際に発生したものであり、実態の社会的認知が結局は公権力をして「衿」の変容を追認し、「紳」又は「紳士」の使用を促進させたと想定される。

おわりに

古来、任官者を呼んだ「紳士」なる用語も、明代後半以降、紳と士つまり任官経験者や進士・挙人と、学校の士である貢監・監生・生員とを指す用語と化した。士は衿＝青衿とも呼ばれ、紳と連ねて紳衿などと称された。但し明末の士＝衿は、紳の範疇で表現されることもあった。清代では、紳・士＝紳・衿は会典に記された官用語と化し、士＝衿は生員又は貢・監・生員を指した。

然し「封建」国家の強制する身分制秩序を体現した紳・士＝紳・衿の呼称と併存して、一八世紀前半以降の清代の地方志・省例・公牘・公呈・文集等に記された地方政治の場では、紳＝士＝衿を意味する生員以上の学位身分を包括した「紳士」なる用語が現われた。「紳士」出現の一要因としては、雍正・乾隆年間までに整備され、体制擁護の期待すべき予備軍としての貢・監・生員の名誉と実利を特権的に保証した、(44) 衣頂の賜給・免役・納税延期・体面擁護等の法的優遇措置があげられる。

註

（1）『九州大学東洋史論集』九、一九八一年。

（2）学術用語の紳士については、呉金成（山根幸夫・稲田英子訳）「明代紳士層の形成過程について」（上）、『明代史研究』八、一九八〇年。山根幸夫「明末農民反乱と紳士層の対応」『中嶋敏先生古稀記念論集』一九八一年、参照。

(3) 戴兆佳『天台治略』巻七、告示、一件申厳招揺撞歳貴謀請託之禁以粛法紀共保身家事。

(4) 葛昕『集玉山房稿』巻九、書、沈東華公祖。天台治略巻四、告示、一件厳禁奸徒販米出境以足民食事。同書巻五、告示、一件禁革加派考試供応事。

(5) 『王門宗旨』巻一〇、銭緒山先生語抄、語録三三則。なお皇甫汸『皇甫司勲集』巻四五、贈送奉賀開府胡公宗憲加宮保進位左司馬序。王文禄輯『百陵学山』書牘巻二、上侯太府書「郷官亦士也」。陳廷敬『午亭文編』巻三六、送張公箸漢侍郎帰展先壠序。

(6) 拙稿「徭役優免条例の展開と明末挙人の法的位置」『東洋学報』六〇―一・二、一九七八年。註(1)拙稿。民国『順徳県志』巻六、経政、光緒四年闔邑呈准規定稟案房差各費厳禁苛索碑に「具呈闔邑紳士挙人陳淦等、呈為……」とある。

(7) 酒井忠夫『中国善書の研究』国書刊行会再版、一九七二年、八三頁。

(8) 陸寿名等輯『治安文献』巻二、徭役部、条議、通詳均田均役条議、嘉興県尹潘湛明諱必鏡、一公優免。黄六鴻『福恵全書』巻四、莅任部、待紳士。『撫浙条約』厳剔地丁積弊

　一紳衿戸役、応量加優恤。但乞田濫免致累図内窮民、則非賢士大夫所為。已後郷紳照宦戸加徴原額優免。

(9) 黄希憲『撫呉檄略』巻五、拯救摂生事宜、為督撫地方事。『崇禎長編』巻一、崇禎十六年十一月壬寅の条、参照。

(10) 『宣統政紀』宣統三年辛亥十二月壬寅。

(11) 『硃批諭旨』雍正五年六月初四日、蘇州巡撫陳時夏、同日又奏為抛実奏聞仰祈睿鑒事の条に見える「硃批」。

(12) 『硃批諭旨』雍正六年五月二二日、雲貴総督鄂爾泰。

(13) 『撫浙条約』厳剔地丁積弊。

(14) 戴兆佳『天台治略』巻一、詳文、一件衿棍違禁充当図頭包粮抗逋顱請褫革完追事に「査定例内開、如有貢監生員拖欠銭粮、一経州県衛所報到学臣、即行黜革」とある。

(15) 光緒『大清会典事例』巻三九〇、礼部、学校、告給衣頂、雍正一二年議准。

(16) 『清実録』高宗・乾隆元年六月癸酉。

(17) 同註(8)『治安文献』の同条に「貢生貢監則覈長単、生員則憑学冊」とあるを参照。

(18)　藍鼎元『鹿州公案』巻上、五営兵食。
(19)　A・スメドレー『偉大なる道―朱徳の生涯とその時代』(阿部知二訳) 上冊、岩波書店、一九七四年 (第20刷)、二六～二七頁。
(20)　日本国際問題研究所中国部会編『中国共産党史資料集』2、勁草書房、五五七頁。
(21)　註 (18) に同じ。
(22)　乾隆『江南通志』の序、及び原修姓氏〈紳士〉には、薦挙布衣もみえる。
(23)　光緒『潜江県志』巻一〇、河防志、重修沙窩垸騎馬隄碑記署邑令曹鑾、参照。
(24)　卞宝第『撫湘公牘』巻二、札各府州庁。
(25)　道光『尉氏県志』重修尉氏県志序。
(26)　左宗棠『左文襄公奏稿』巻七、余姚殉難紳士請卹片同治二年十二月初四日。民国『陝西通志稿』巻五八、水利二、同州府華州、参照。
(27)　中村哲夫「郷紳の手になる郷紳調査について」『社会経済史学』四三―六、一九七八年。
(28)　万暦『大明会典』巻二二〇、国子監、監規、洪武二十年定。銭一本編『万暦邸鈔』万暦一五年九月、革淩雲翼原官閑住。康熙『常熟県志』巻二六、雑記、少参趙承謙為諸生時。
(29)　万暦『大明会典』巻二二〇、国子監〈考選〉成化二年令。同〈依親〉弘治十二年奏准。同〈考選〉嘉靖六年令。同巻七七、礼部三五、貢挙、歳貢〈凡不願授職〉嘉靖十三年令。同巻三六、学校、儒学〈選補生員〉嘉靖十五年詔。同巻七七、礼部三五、貢挙・歳貢〈凡不願授職〉嘉靖一八年詔。同巻七八、礼部三六、学校、儒学〈風憲官提督〉万暦三年換給提学官勅諭。
(30)　呉金成氏は、『明史』巻一三八、薛祥付秦逵伝の「賜監生藍衫縧各一」を根拠に「監生は又生員とは違う巾服を着用し」たというが (註 (2) 論文四八頁)、会典に拠る限りその様な事実は見当らない。
(31)　万暦『大明会典』巻六一、礼部一九、冠服二、士庶巾服、万暦二年の条。
(32)　服部宇之吉『清国通考』大安、第一篇第五章、学校と科挙。『清国行政法』第三巻、四〇七―一三頁。
(33)　『清実録』高宗・乾隆元年丙辰二月壬申。
(34)　註 (2) 呉金成論文。

（35）註（6）拙稿参照。

（36）『撫浙条約』厳剔地丁積幣。本書第三章、一二九頁、及び本書第七章、二六二～六三頁、参照。

（37）張之洞『張文襄公全集』巻八九、公牘四、咨学院籌商学校事宜光緒　年　月　日に

一免差徭以尊学校。査生員優免差徭、例准免三十畝差銭。來咨、以歳考之等第、定免役之多寡。自二百畝至五十畝不等。於例似有窒礙

とある。

（38）光緒『大清会典事例』巻七五八、刑部、戸律倉庫、収粮違限に

一応納銭粮、以十分為率。欠至四分以下者、挙人問革為民、貢監生員並黜革杖六十。……其文武進士及在籍有頂戴人員、並与挙人同。謹案此条、雍正五年定

とある。

（39）万暦『大明会典』巻七八、礼部三六、学校、儒学〈考法〉正統四年令。同じく〈学規〉弘治十六年題准。

（40）万暦『大明会典』巻七八、礼部三六、学校、儒学〈学規〉正統六年。同じく〈風憲官提督〉万暦三年換給提学官勅諭。明代では、清代と異なり、監生の身分剝奪権は依然として天子にあった。万暦『大明会典』巻二二〇、国子監給假の条に、

〔洪武〕三十年定。省親等項限期。……凡過限……俱発充吏。礼部引奏発落。

とある。挙人の黜革権が天子にあった点は、拙稿「明代挙人層の形成過程に関する一考察」『史学雑誌』八七―三、一九七八年、五八～六〇頁。本書二三三～三四頁、註（38）の事例も参照。

（41）王世茂『仕途懸鏡』巻七、牧民四慎、儒紳勿軽監。

（42）計六奇『明季北略』巻十三、李巌帰自成。註（2）山根論文三六九頁、参照。

（43）『欽定学政全書』巻三五、告給衣頂、雍正十二年議准。

（44）註（32）に同じ。

第六章　明代挙人層の形成過程

はじめに

明末清初の謂わゆる郷紳による階級支配、なかでも郷紳の支配身分を成立せしめた契機としては、これまで以下の主要二点が指摘されてきた。第一点は、王朝国家の賦役制度の変革による封建的地主支配の特質であり、第二点は、宋代以来、集権官僚制の支柱の一角を構成した科挙制度の社会的機能の変化である。(1) しかし、第二の点は、いまだ具体的に検討を経ていない。(2)

万暦『漳州府志』によれば、任官の経験の有無を問わず、洪武十八（一三八五）年より隆慶四（一五七〇）年の間において、進士・挙人・歳貢生の各数量の倍率は、ほぼ一対三対六である。(3) 隆慶以降において、葉春及は、官員の出身別にみた数的倍率は、挙人は進士の三倍、歳貢生は挙人の三倍（進士の九倍）である、と指摘する。(4) 明代の進士合格者は、二万四、四五〇名（因みに、清代のそれは、二万五、七七九名）である。(5) これに従えば、明一代の挙人数は、約七万三、一五〇名、歳貢生は、約二二万五〇名に比定できる。顧炎武は、明末の全国の生員数について、「天下の生員を合〔計〕するに、県〔学〕は三百を以って計れば、五十万人を下らず」(6) とのべている。明代の進士・挙人・貢監生・生員という特権的身分各階層を、仕官の有無に拘らず量的な倍率で眺めた場合、それは、約一対三対九対二一となる。このような各階層の社会的機能を構造的に理解するためには、たしかに郷紳各層或は郷紳・士人層の構成を、資格の程度と機能という制度的な側面からだけではなく、実態的側面より分析する必要がある。(7)

だが、小稿は、当面明代における任官候補者を採用するための資格試験―科挙のもつ社会的機能を明らかにするための基礎的作業の一環として、科挙試の第一段階であり、三年毎に八月（新暦の九月）十五日より始まる郷試《きようし》（大比・棘闈・秋試・省試・郷挙）によって産出される、官位取得の有資格者であって、会試《かいし》（春闈）受験の終身有資格者である未出仕の挙人（乙榜・孝廉・春元・郷科・郷貢・郷進士・郷書・賢書・郷薦）が、本籍地の郷村において、新たな支配層として、その社会的身分を形成しながら定着してゆく過程を、法制的側面に係わる以下の二点より検討したい。第一点は、会試落第後に、国子監に入監した挙人が財政的矛盾によって、又は入監しない挙人が直接に、それぞれ本籍地へ帰還する情況の推移である。第二点は、任官上の諸矛盾によって、復監・入監を忌避する挙人に対して、さらには郷居の挙人の存在形態の変化に対して、王朝政府が科挙規制を展開する過程と、その実効いかんについてである。

第一節　会試落第挙人の本籍地帰還の推移

明代において、科挙受験の有資格者である生員・監生等が、郷試に合格して挙人の資格を取得すれば、会試に落第してもそのような資格身分は消滅しなかった点については、例えば、嘉慶二（一七九七）年重刊『宜興県旧志』（記載は、全て雍正三（一七二五）年以前のものである）(8)巻七、選挙志、挙人の条に左の如き説明がある。

進士必由郷挙。唐宋元、挙進士不第者、復試乃解。復試仍属諸生矣。至明定為挙人、可以会試、可以謁選、則郷榜非可略也。(9)贛州府志曰。郷挙在宋為漕試。謂之登《発》解。第偕送南宮会試。不第者須再試。未偕以入仕也。及累挙不第、然後有推恩、謂之特奏、不復繋諸郷挙。元時亦然。至有明、始定為入仕之途、則一代新制。

唐・宋・元の各時代、科挙の進士科をめざす者が中央政府の礼部の貢挙（明の会試）を受験するためには、必ず地方の郷挙（宋代では解試・州試・秋試・漕試）に合格した者でなければならなかった。もし、郷挙の合格者が貢挙に落第（下第）すれば、彼らは諸生の身分に戻ったので、再度郷挙を受験し直す必要があった。しかし、明代では、郷挙（郷試）に合格した者には、挙人という科挙の終身資格又は学位の名称が定着した。彼ら挙人は、会試を受験（して進士をめざすことも）できる一方、吏部の選考にあずかって任官できる。これは、明代科挙制度の新しい側面である、という。右の指摘は、明代の支配階級内部に、資格身分を保有する新たな特権階級が出現する可能性をのべている点で極めて重要である。ただし、挙人なる資格が、それらの取得者に付随する終身に亙る身分として、無条件に授与されていたか否かの点は、以下の行論の過程より確認されるべきである。

ところで、挙人は、郷試に合格（中式）して会試に合格すれば、殆どの者（貢士）は、殿試を経て進士の資格身分を取得したのち、政府高官への昇進コースの途につく希望をつないだ。会試に落第した挙人の進路は、三つに区分される。第一は、副榜（乙榜—補缺）(10)の挙人として直接教職に任官できる道である。第二は、国子監に入監（入学の意）して、学業精進→実務修得の過程で会試に挑戦する一方、就職も可能となる道である。第三は、入監せずに直接本籍地に帰郷して、次回の会試に備えたと想定される道である。以下、科挙条例との関連で検討すべき対象は、主に第二、第三の問題である。

中華書局本『明史』（以下、同本を使用）巻六九、志第四五、選挙一の条には、「挙人の入監は、永楽中に始まる」とみえるが、これは、事実に即していない。万暦『大明会典』巻二二〇、国子監、生員入監の条にみえる洪武十八（一三八五）年の令は、「会試下第の挙人は、送監卒業せしめ」ている。同時に、同年の令は、会試に落第した挙人に帰郷することをも許している（後述）。しかし、そこには、十五世紀後半より挙人を強制的に復監・入監せしめようとした政府の姿勢は、まだみられない。つまり、洪武・永楽年間の会試落第挙人の大部分の者は、入監していたと考えられる。このように、挙人は、明初より国子監と密接不可分の関係にあった。以下、財政上の矛盾によって、依親（在学中途に一定期間帰省して勉強する）回籍（帰省）の挙人、或は会試落第後に直接帰郷する未入監の挙人、の全員を復監・入監せしめようとする科挙条例が出現する嘉靖二十七年までの、それら挙人の帰還の情況を確認しておきたい。

1　国子監在学挙人の帰省の情況

〈南京国子監の場合〉（谷光隆氏が、黄佐『南廱志』（嘉靖二十三年刊）巻一五、儲養考、〈儲養生徒之数〉に拠って作成された、南京国子監の実在＝在籍監生（入監の事情により、挙監・貢監・廕監・例監の区別あり）の「増減表」[11]によれば、南監の在籍監生数は、永楽二十（一四二二）年の九、九七二名、成化元（一四六五）年の六、一七五名をピークとして、成化中葉以後は、二、三千人に、正徳・嘉靖以降は二千未満に激減している。さきの在籍監生（坐堂・坐班・坐監＝在学監生と、依親等の回籍監生）の減少は、老疾鄙陋な監生の追放と歴缺（歴事のポスト）の増加、及び歴事（政府官署の事務見習い）[12]期間の短縮と密接に関連する在監年数の短期化（特に成化以後）とに起因していた。また、依親等の回籍監生と在学監生との割合は、成化十九（一四八三）年より弘治十八（一五〇五）年の間に限定した場合、前者は千数百名（約七〇％）で、後者は数百名（約三〇％）であった。そのような傾向は、以後の嘉靖〜万暦年間（一五二二〜一六二〇）においても同様であって、在学監生数は、一般に数百名以内に止まっていた。[13]在学監生の依親放回は、[14]宣徳・正統年間に、政府が経費節減策として、監生に毎日支給する廩膳（八合五勺〜一升の廩米と青菜・みそ・しょうゆなど）を停止したことに始まるが、それは、景泰以後、監生数の増大や物価の騰貴によって一層促進された。[15]

右の在籍監生数に占める、在学・依親の挙人監生数に関する指摘は、戴金編『皇明条法事類纂』（巻五〇畢、以下の不分巻の部分。嘉靖初年までの記事を含む）《依親監生不許囑託等》、成化十四（一四七八）年四月二十二日（癸丑）の条に左のように出現する。

太子少部《ママ》礼部尚書鄒等題為建言事。……続該南京国子監学録明輔奏称。朝廷設置科挙、所以広開賢材之仕路。建立両京国学、所以分育天下之英材。近年以来、挙人多入北監。間有告入南監者、不過三二百人。……南京広西道監察御史許《ママ》俊亦奏称。……毎科挙、又下第、倶送北監。間有願告者、方送南監、以致南監生徒数多。見坐堂者、不過百人。

礼部の題本の中で、南監学録の明輔は、当時挙人の大抵の者は北監に入学していたので、南監在籍の挙人は約二、三百人にすぎなかったこと、同じく南京御史談俊は、それらの挙人の中で在学する者は約半数弱の百人にすぎなかったこと、をそれぞれ証言している。[16]

弘治十七（一五〇四）年四月、南京国子監祭酒章懋は、選貢法について上疏した。[17] 上疏の概要は、張萱『西園聞見録』巻四五、外編、礼部四、国学、前言の条に採録されている。この中で、険しい任官までの過程で既に年老いた歳貢監生とは異なり、比較的任官が容易で（後述）将来の州県官として期待されるべき挙人監生の入監状況は、次のようである。

章懋疏曰。……洪武永楽年間、在太学生徒、動数千計、……近年、生徒漸少計。今、本監見在之数、科貢両行共止六百余人。其歳貢一行、非無可与共学之資。而衰遅不振者十常八九。蓋由積累歳月挨次而升故也。誨誘雖勤不無扞格。其挙人一行、節該、南京礼部劄附開送新旧挙人共該六七百人。又多不肯前来坐監。罰雖厳于違限、彼亦視為泛常。夫歳貢之入監既由挨次。而挙人之坐監、又毎後時。故差撥常患于不敷。……命下所司議行。

このとき、南監には、挙人監生と歳貢等の監生とが計六百余人在学していた。弘治十八年二月の南監在籍監生は、一、九七六人であった（前掲『南廱志』巻四）。[18] 従って、南監の在籍監生中に占める在学監生（六百余人）の割合は、約三割に、回籍監生（約千三百余人）の割合は、約七割にそれぞれ比定される。因みに、弘治十七年より二年前の同十五年の会試受験者は、三、七〇〇人で、中式者は三〇〇人であった（「明朝科挙実施一覧」〈拠『皇明貢挙考』〉内閣文庫本。初版は万暦五年九月以前。のち増補されて同十七年までの記事を含む）。[19]会試受験者数より、中式者と若干の副榜の挙人（約百名以内）[20]とを差し引けば、新科・旧科を含む落第挙人数は、三千三百余人である。この中の六、七百人の名簿が、南京礼部の帰属分として北京の礼部より送付されて来たので、南京礼部は、入監予定者名簿として南監に送付したと考えられるのである。

南監に入学すべき六、七百人の新・旧両科の会試落第挙人は、すなおに南監に在籍してはいなかったらしい。前述の、南監在籍監生数の「増減表」によれば、南監在籍挙人数は、永楽四年の二十人より記載が始まって以来、二、三十人内外にすぎなかったが、成化年間以後は二百人前後に増加している。政府は、この事態を認めて、成化十四年の令で、南方（華中・華南地方）の挙人で、南監に入学を願う者は許すに至った。[21]問題の弘治十七年の在籍挙人数は、「増減表」に欠落しているが、その前後の同十五年のそれは、一一四八人であり、正徳三年のそれは、一一五三人である。この事実は、落第挙人のうち、まともに南監に入学在籍していた者が、既定の約三割程度にすぎなかったこと、換言すれば、既定の約七割の挙人は、直接帰郷していた未入監の挙人であったことを示唆している。且つ、入学した約三割の挙人といえども、その中には、その後帰省した者が含まれるのである。章懋は、弘治十七年、南監に在学する挙人と監生とは、合計六百余人と言うが、その内訳は、不明である。前述、章懋の上疏によれば、当時の挙人は、厳罰を科されても入監を拒否する傾向にあった。南監在学中に占める挙人数は、微々たるものであった可能性が強い。

〈北京国子監の場合〉『明実録』英宗・天順四年三月己丑の条には、

国子監祭酒劉益等奏。朝廷設国子監、以育天下英才。自宣徳正統以前、凡科貢生員、俱在監肄業。至景泰年間、戸部奏欲存省京儲、止留監生千余人、余放依親。於是、三十二班学官、毎員所教生徒、不満二、三十人。廩禄虚糜、六堂寂寥、誠非祖宗設監育才之盛意也。今辺境無虞。糧儲有積。乞将天順元年以前依親年久挙人、今会試中副榜不願就職、及下第挙人、悉令在監。庶学官不致素飡而教育英才日以益盛、足備国家之用。上従之。未幾、言者、仍以存省京儲為説。復放依親。

とあって、北監祭酒劉益らは、景泰年間に依親が行なわれた結果、天順四（一四六〇）年の現在、三十二班の各教官の担任する生徒数は、定額にも満たない二、三十人（在学監生数は、六四〇人より九六〇人の間か）にすぎない、と上疏している。右にいう景泰年間とは、実録によれば、景泰五（一四五四）年三月のことである。このとき、政府は、山東・河南等処の天災並びに首都の財源節約等を理由に、在学監生二千余人の中、若年で撥歴（歴事に出されること）までには間のある監生を本籍地に帰省せしめている。(22) 祭酒劉益らは、宣徳・正統年間（一四二六〜四九）以前の北監の科・貢、即ち挙人監生や歳貢監生には帰省は認められていなかった(23)、とのべて定員不足の監生を補充するために、挙人については、長期間の依親者、会試副榜の挙人で就職を希望しない者(24)、一般の会試落第の挙人、の三者を全員入監せしめよ、と要請して納れられた。しかし、その後間もなく、財政上の理由から再び依親は始まった、という。

なお、千人弱にすぎない当時の在学監生中に占める挙人数は、不明である。ただ、前述「明朝科挙実施一覧」表には、天順四年の会試受験者は三、〇〇〇人で、中式者は一五〇人、とみえる。会試落第挙人数、及び再受験者数の推移を示す左表1「明代の会試落第挙人数及び再受験者数の推移」(25)によれば、当時の郷試取士額数は、千百余名である。従って、北監に在籍すべき新科の挙人が千名程度存在した可能性は、十分考えられる。だが、依親が再び開始されていた点は、留意すべきである。

孫承沢（一五九三〜一六七五）『春明夢余録』巻五四、国子監、監規の条には、左の如き嘉靖八年の題准事例（実録は、記載なし）が見える。

嘉靖八年題准事例。教習、務俾学有成効。庶文武兼済、他日可備干城之用、而不墜其先世閥閲之風矣。祭酒呂柟疏。歳貢入監即古郷挙里選六徳六行六芸之士。……又挙人在監、本以観光皇極薫陶徳性。今、査在監実数、天下之広、僅止二三十人。蓋自会試之後、支称他故、駿奔原籍。有志者、国不廃学。余多交際郡邑、開治産業、侵陵

表1　明代の会試落第挙人数及び再受験者数の推移

年代	郷試取士額数	郷試合格者の実際の推定値(26)（新科の挙人）	本回以前の会試落第挙人中の再受験者数の推定値(26)(旧科の挙人)	会試人員	会試額取挙人数	廷試人員	本回の会試落第挙人数（新・旧両科）
洪武5～6	五一〇	六一〇～七一〇		中止			
宣徳元～2	五五〇	六五〇～七五〇		不明	一〇〇	一〇一	
宣徳4～5	五五五	六五五～七五五	一、二四五～一、三四五	二、〇〇〇	一〇〇	一〇〇	一、九〇〇
宣徳7～8	五八五	六八五～七八五		不明	一〇〇	九九	
正統6～7	七六〇	八六〇～九六〇	四〇～一四〇	一、〇〇〇	一五〇	一五〇	八五〇
正統9～10	七六〇	八六〇～九六〇	二四〇～三四〇	一、二〇〇	一五〇	一五〇	一、〇五〇
景泰7～天順元	一、一四五	一、二四五～一、三四五	一、六五五～一、七五五	三、〇〇〇	三〇〇	二九四	二、七〇〇
成化4～5	一、一五五	一、二五五～一、三五五	一、九四五～二、〇四五	三、三〇〇	二五〇	二四七	三、〇五〇
成化13～14	一、一六〇	一、二六〇～一、三六〇	二、一六四～二、二六四	四、〇〇〇	三五〇	三五〇	三、六五〇
弘治8～9	一、一六五	一、二六五～一、三六五	二、一三五～二、二三五	三、五〇〇	三〇〇	二九八	三、二〇〇
嘉靖28～29	一、一九〇	一、二九〇～一、三九〇	三、一一〇～三、二一〇	四、五〇〇	三二〇	三二〇	四、一八〇
万歴元～2	一、一九五	一、二九五～一、三九五	三、一〇五～三、二〇五	四、五〇〇	三〇〇	三〇〇	四、二〇〇

　　郷曲。比及試期、方攢監簿、計水程用規撥歴。未仕若此。居官可知。

北監祭酒呂柟は、以下のように証言する。会試（嘉靖五年二月、又は八年二月）が終了すれば、落第の挙人は、様ざまな理由にことよせて、素早く本籍地に帰郷する。彼らの大抵の者は、「府県官に交際を求め、地主経営に乗り出し、勢をたのんでは村びとを侮り侵す」等の行為に走るが、会試の時期が近づくと、はじめて在籍の手続きに国子監にやってくる者がいる。従って、現在、北監の在学挙人は、僅かに二、三十人に過ぎない、と。

嘉靖八年の北監の在学生は、不明であるが、同十年二月のそれは、撥歴の歳額（原額は、八八七名、註28）の半分以下である四〇〇人にも及ばない程度であり、[27] 以後の嘉靖年間には、一、二百人に減少していた。[28] つまり、嘉靖八（一五二九）年頃における北監の在学挙人は、在学監生中のほぼ一割弱にすぎなかったと考えられる。因みに、前述「明朝科挙実施一覧」表によれば、嘉靖五年二月の会試受験者は、三、八〇〇人で、合格者は、三〇〇人であった。既述のように、南監帰属の新・旧両科の落第挙人は、六、七百人であった。従って、二、八〇〇人ないし二、九〇〇人の会試落第挙人は、北監に在籍すべき者と、直接帰郷した者とを含んでいた。しかし、現実には、当時二、三十人しか在学していなかったという事実は、彼ら新・旧両科の挙人の殆どの者は、在籍直後に帰省したか、若しくは未入監の挙人の何れかであったと考えられる。

2　未入監挙人の帰郷の情況

『明実録』太祖・洪武十八年六月丁巳の条には、「下第の挙人は、倶に教官を授く」とあって、会試落第挙人の全員が任官したかの如き記載がみえるが、既述の同年の令は、落第の挙人は、国子監に入学せしめることをも規定していた。さらに、正徳『大明会典』巻七七、礼部三六、学校二、科挙、会試、事例の条には、

洪武……十八年……又令会試下第挙人、願回読書以俟後挙者、聴。三十年、令再試寄監下第挙人、中式者、次其等第、除授教授教諭訓導。不中者為州吏目。永楽七年……又令　下第挙人、再試送国子監進学。其優等者、仍賜冠帯、或加俸級。後令発回原学進業。

とあって、科挙（洪武六年より同十六年まで中止）再開後の最初の会試年である同十八（一三八五）年の令は、落第の挙人で、帰郷して後挙つまり次回の会試に備えたい者は許す、と規定している。つづいて、永楽七（一四〇九）年の令は、落第の挙人を再試験（任官のために洪武三十年に始まる）ののち入監せしめる、と規定している。だが、その後の

永楽期に、落第の挙人は、郷里の出身学校へ送還された、という。

未入監の挙人の存在は、例えば、洪熙元（一四二五）年に、会試落第挙人の中、入監者と、還家つまり未入監の帰郷者とが、落第者総数の八、九割を占めていた、という一知県の証言によっても知られる。[29] 以後、正統七（一四四二）年には、永楽十五（一四一五）年以来、「林下に潜心すること二十六年」などという挙人の事例もみられる。[30] 成化二十三（一四八七）年の礼部の題本は、同年二月の会試を受験するために上京した旧科の落第挙人の中に、未入監の者がいた、[31] と言う。既述の弘治十七（一五〇四）年頃の南監において、入監すべき約七割の挙人は、未入監の挙人であった。

実録によれば、正徳十一（一五一六）年五月、[32] 江西吉安府安福県の挙人劉養正[33]は、提学官田汝耔によって吏部の選考に推薦された。吏部は、審議の結果、養正の人物については、江西の巡按御史に徹底調査を依頼すべし、と主張した。これは、皇帝の裁可を得た。養正の任官に吏部が異議を申し立てたのは、提学者の軽率な推薦に対して、吉安府の人心が「譁然として服さなかった」からである。養正は、早くから文才の名声を博していたが、軽薄・偽善の態度が窺われ、且つ人との協調性に欠けていたので、郷評は頗るよくなかった。連続して会試に落第したあげく、府城外のとある尼寺を計画的に不法占拠して、ここを根城に官僚と結託して利財を追求していた。養正は、のち「隠者の巾服」を着こみ、儒教の性理学を説いて人を煙にまいていた。当時廬陵の知府であった王守仁は、養正と親交があり、「此れは、吾れの道学の友なり」[34] というほどに養正を高く評価していたが、吉安府を通過する士大夫で養正の処に趨いて、その教えに浴さない者はないほどであった、という。養正は、正徳十四年七月に発生した寧王宸濠の叛乱に投じて、原任都御史李士実とともに[35]その最高顧問（「左右丞相の爵を拝す」[34]）となり、宸濠挙兵後の四十三日目には処刑された（実録は、王守仁の陰謀が働いていた、ともいう）[34]。当時の士大夫の間では、養正に対して、言行相反く、深く戒むべき郷居の挙人の典型としての評価がなされていた、という。

以上、明初以来、会試落第挙人の殆どは、国子監に在学する挙人監生であった。宣徳・正統年間の財源節約を契機として、在学監生の一時帰省である依親は、十五世紀半ばの景泰年間以後に促進され、両監の挙人監生は、激減していた。一方、明初以来確認される未入監の挙人は、十六世紀初頭の弘治十七年には漸増していた。この点は、徭役優免条例において、挙人が監生身分より分離させられた独自な存在として登場するのが弘治七（一四九四）年であり、(36)後述の科挙条例の中に未入監挙人が初めて現われるのが嘉靖十五（一五三六）年であることからも裏付けられる。右の両種の郷居の挙人は、以後、監生数の増大による就職難や、任官後の会試受験の際の諸制約によって復監・入監を拒否したり、或は郷居の態度を危険視された結果、科挙規制の対象となった。

第二節　郷居の挙人に対する科挙規制の展開

会試を受験できる挙人の資格身分に制約を加える科挙規制は、以下の三つに区分される時期の諸条例、即ち復監・入監並びに推薦・考課規定を条件とする科挙条例の中で展開する。

1　一部の挙人に対する復監・入監規定

先ず、成化十四（一四七八）年二月の会試終了後の、北監在学中の挙人監生が本籍地へ帰省するに至った情況を説明した、『明実録』憲宗・成化十四年夏四月癸丑の条を分析しよう。(37)

○礼部詳定監生依親坐監事例。先是、礼部奏。不就教職及下第挙人、宜依旧例、倶送北監、不許依親。

○南京御史談俊言、欲将新旧挙人、分送両監。皆不果行。

○至是、尚宝司卿李木又奏。挙人監生、上縁会試而来。不意留之坐監、供給不周、艱辛万伏。

○礼部乃為覆奏言。洪武永楽年間、挙人歳貢、悉留坐監、三年一省親、初無依親之例。至正統十四年、存省京儲、始以年浅監生放還原学依親読書。其放肆無耻者、遊説干謁、靡所不為。且挙人、旧例俱在北監。後有告入南監者、径還原籍。既迫会試、始赴監取文以来。所以送送《ママ》北監、不許依親者、懲宿弊也。今、木欲仍放依親。俊等欲分送南監。宜移文国子監以挙人年浅者放還、俾提学等官、時常考較。如遇所司迎詔拝表、須令儒巾行礼、不許戴大帽繋帯、遊説干謁。其願入南監者、仍聴之。如有愆期両月、雖有病帖、亦罪之。且以其名上本部、次科毋容会試。詔可。

〔下文の（　）内の説明は、註（37）に引用した『皇明条法事類纂』の同日の条にみえる、長文の詳細な礼部尚書鄒幹の題本によって補足した。〕礼部、南京御史談俊、尚宝司卿李木の三者は、会試落第の挙人を本籍地の郷里に放還依親せしめるか、又は南京国子監に在学せしめるかを建議している。それを受けて、礼部は、再審議を行ない、皇帝は決裁を下した。これ以前に、礼部は、直接に任官が可能であるのに任官しない会試副榜の挙人と、一般の会試落第の挙人とは、あくまで（洪武・永楽年間の）旧例に従って、全員を北監に在学せしめて依親を許さない方が望ましい、と上疏していた。

既述の南京御史談俊は、本年四月七日、新・旧両科の挙人を南・北二監に分離入学せしめよ、と主張していた。ところが、両者の主張は、現在に至るまで実行に移されていなかった。

今回、尚宝司卿李木は、会試受験のために、本籍地の郷里より上京した依親の挙人監生を、いきなり北監に入学させても、政府と挙人双方において、財政・経済的に無理があると主張した。

礼部は、右の諸要請を再検討して、国子監に送付して協議の上、次の結論に至った。北監に在学する挙人中の年浅の者（在学年数が短く、まだ撥歴に至らない者、及び地方に派遣中でない者）[38]に限って、本籍地に帰還せしめ、提学等官（提調学校官（両直隷は巡按御史、十三省は按察司の副使・僉事等官）、按察司分巡副使、僉事、各該有司正官）などに管理・監督させる。もし、儒巾を頂き行礼すべき礼法に違反して大帽繋帯を着用したり、「遊説」（本籍以外の府・州・県に出向いて、友人を訪問したうえ、賄賂をねだる〈a〉とか、「干謁」（面会を求めて地方官に賄賂を送り、官署に出入りして相手の職務上の地位を利用した請託を行なったり、官僚の悪口をいう〈b〉とかの所業に及ぶことは許されない。（もし禁令を犯した挙人は、府・州・県官が、捕縛・尋問して按察司及び巡按御史へ護送して処罰してもらう。）

一方、〔年浅の挙人以外の在学の挙人でも〕〔華中・華南地方の人で〕南監に入学を希望する者は、許す。北監を離れて以後二箇月の間に南監に入学しない者は、たとえ医者の診断書が送付されてきても処罰される。処罰された以上の挙人のリストは礼部へ送られて、彼らには、会試の受験が許されない、と。これが、皇帝の裁決を経て条例化したのである。但し、会典には、科挙規制が欠落している。(39)

要するに、成化十四年四月二十二日（癸丑）、国家は、年浅の挙人以外の北監に在学する挙人で、南監へ入学を希望して許可されながら、勝手に本籍地に帰省したのち、会試の時だけ南監に赴いて、受験に必要な礼部に提出すべき入監文書（起送文書）の交付を求めて、〔本籍地の布政司発行の身分証明書（批文）〕と倶に持参する者、及び本籍地に帰省して依親読書を許された年浅の挙人の中で、帰省後に礼法に背く者の両者に、初めて会試受験の終身資格を制約したのである。

右の礼部の上疏を検討して留意すべきは、以下の諸点である。旧例では、会試落第の挙人は、全て北監に入学するのが定制であったという。しかし、前述、谷氏の南監実在監生「増減表」の中の挙人の項（正徳三年まで確認される）によれば、永楽四年以降成化以前の南監には、実際には毎年二、三十名内外の挙人監生が在籍していた。ところが、成化年間（一四六五〜八七）に入って、南監の在籍挙人数は、成化元年の一九一名を皮切りに、以後は二〇〇名前後に急増している。この事態は、本文でも指摘がある。北監の収容能力の限界という現実に直面した政府（礼部）は、年浅の挙人監生の依親も従来の如く認める一方、年浅以外の挙人監生が、北監より南監へ入学することを条例として正式に認めたのである（前述、会典の同年の令）。法令が目前の実態を承認せざるを得ない過程の中より出現してきたこと、特に南監近傍の江南を中心とする地方の挙人で、南監への在籍者が著増してくること、依親監生としての年浅挙人の郷村社会における存在形態が、非常に問題化してくること等の事実は、注目される。しかも、既述の成化十四年頃の南監在籍挙人の中、約半数以上の者は、帰省していた。政府は、南監へ入学を願う年浅以外の挙人監生が、「ただちに原籍に還」って、年浅の挙人と同様な行動に走る事態を防止するための条件として、南監への入学期限を二箇月以内に限定した。この規定に違反する者は、科学規制の対象となって、会試の受験が認められなくなったのである。

弘治十二（一四九九）年の奏准[40]では、挙人等監生の依親が一時停止されて、依親期間終了の者に対する復監規定が厳しくなっている。だが、前述弘治十七年四月の南監祭酒章懋の上疏によれば、厳罰で対処しても、おおかたの挙人は、南監への復学を忌避していた。そのような背景には、以下の如き制度的矛盾が存在していた。その第一は、慢性的就職難の現実である。例えば、成化十一（一四七五）年より弘治九年に至る二十年の間に、挙人・監生で吏部の選考を待つ者は、一万二千余人にも上っており、彼らは任官までに十三、四年を要した。彼ら以外にも、額設胥吏より出身する任官候補者が、三万三千九百余人も実在していた[41]。その第二は、比較的任官が容易な挙人（註24参照）が復学することを嫌悪した以下の理由である。教官就任後の挙人は、後述するように昇進過程で冷遇される一方、彼らが会試を受験する際には、在職中の功績の有無や年齢制限、或は在職期間の延長など、諸種の制約規定があった[42]。以上の矛盾によって、挙人は、復監・在学→撥歴→聴選→選考・任官の進路に一縷の望みは託しつつも、大抵の者は復学を拒否して、郷村社会の中でその資格身分に立脚した活路を模索していた。

正徳十一（一五一六）年の奏准[43]では、依親等の各種監生の復学期限が一年以内に限定されており、違反者に対する細かな罰則が設定された。依親の挙人等監生に対する復監規定は、建前としては両京歴事衙門の歴事生を充足させるという技術的側面からの要請に基づいていた。だが、王朝政府の本音は、前述成化十四年の礼部の覆奏に、会試落第の挙人を「北監に送り、依親を許さざる所以は、宿弊を懲すためなり」という如く、問題化しつつあった依親等監生を、本籍地の郷村より分離して、両京の国子監に召還せしめようとする点にあったと考えられる。

しかしながら、挙人に対する復監規定は、現実には機能していなかった。既述の嘉靖八年頃の北監の在学挙人は、僅かに二、三十人にすぎず、会試落第後の新・旧両科の挙人は、殆ど帰郷していた。政府内には、そのような現実を認めて郷居の挙人に対する推薦・考課を条例化せよ、との提言も現われた（後述）。にも拘らず、時の政府は、依然としてまだ復監・入監規定の強化による科挙規制に腐心していた。この背景には、前述嘉靖八年の題准事例の指摘するように、地方官に交結して、村びとを威圧しながら地主経営に乗り出す、などという挙人の一般的行動を、将来人民の父母たるべき人材である挙人像の変質としてとらえる国家の危機意識が働いていたと考えられる。万暦『大明会典』巻七七、礼部三五、貢挙、科挙、会試の条（実録は、記載なし）にみえる嘉靖十（一五三一）年の題准には、右の観点が反映されている。

嘉靖十年題准。会試除新科挙人齎執公拠外、凡依親等項復班挙人、有不由本布政司倒文到部者、照例送問。各該承行官吏査参。其止齎原給文引者、不拘日期遠近、一切不准入試。

初めて郷試に中式した新科の挙人は、公拠（布政司交付の礼部への紹介状もしくは身分証明書を兼ねた通行証書）(44)を持参して礼部に到る。それ以外の旧科の依親等項復班挙人、つまり依親の期間を満了して北監に復学すべき年浅の挙人と、休暇・療養などによる回籍の挙人とが、会試の受験に礼部に赴く際には、当挙人は、本籍の布政司において、その帰省中の行動評価に基づいて発行される身分証明書（批文）、及び通行証書（引）を更新して持参する必要がある。従って、今回以前に発行された文引を持参する者には、この文引の発行が今回発行されるべき文引と時間的に近いと否とに拘らず、会試の受験は一切許されない。この規定を犯す挙人は、送検尋問されるが、当挙人の礼部への起送を担当した官吏も査問叫劾される、という。

万暦『大明会典』巻二二〇、国子監、禁令の条（実録は、記載なし）には、

嘉靖……十五年奏准。南北直隷幷浙江等布政司、将原在部在監告病幷依親搬取畢婚等挙人、倶以書到日為始、限三月内、起送発監肄業。如違限半年者、准在監作曠三月、計月加曠。若有違至半年、幷通未入監、会試臨期方至者、送問査勘明白、方准入試。

とあって、これより二十年前の正徳十一年の奏准では、依親等挙人の復監期限は、一年以内であった。嘉靖十五年の今回（一五三六年）のそれでは、歴事もしくは在学中途に、依親等の名目で帰省していた挙人の復監期限は、復学せよとの通達後三箇月以内という如く大幅に短縮された。期限に半年遅れた者は、在学時に三箇月間学業を放棄したものとみなされる。しかも、それらの違反者、ならびに会試落第以来いまだ入監の経験がない者で、会試の受験期日が近づいて初めて北京の国子監に赴く者は、送検尋問して徹底調査のうえ、入監遅延の理由が正当とみなされた者については会試の受験が許される（従って、それ以外の者には許されない）、という。

今回の規定では、会試落第後に一度も入監した経験のない挙人が、初めて科挙規制の対象として登場したこと、復監が規定されたのは、依親等の期間を満了した挙人監生だけであること、の二点が注目される。なお、今回の規定には、毎回の会試に落第した挙人全員を入監せしめよという政府の姿勢はまだ見られない。

2　全ての挙人に対する入監・復監規定

明末では、郷村に居住する挙人の存在形態が問題化してくる。例えば、十六世紀前半における浙江処州府の挙人盧綱の存在形想について、『明実録』世宗・嘉靖十八（一五三九）年閏七月庚戌の条は、次のように記している。

浙江処州府挙人盧綱、先以武斷罔利為郷人所訟。而巡按浙江御史周汝貟傳鳳翔亦咸訪治之。前後累下獄。諸所覇擅田土、多見奪。以是、怨其知府呉仲孫存張一厚、同知車露、通判甯鎬等、乃誣搆仲等贓罪四十餘事、上書闕下。上覧而大怒謂、各官干紀、違法、黷貨、害民、情犯深重。詔各該巡按、械繫至京治之。

右によれば、この時点よりも以前に、挙人盧綱は無理勝手に利益を独占していたことを理由に郷里の人に告訴されていた。これに対して、浙江巡按御史周汝員・伝鳳翔らは相継いで盧綱を捜索逮捕して処罰していた。その結果、盧綱は幾度も牢獄に繋がれる羽目に陥り、揚句の果ては強引に占有していた他人の田土も大抵は取り返されてしまった。こうした知府呉仲・孫存・張一厚や同知車露、通判甯鎬らによる対処方に逆恨みした盧綱は、知府呉仲らが職権等を悪用して不正に賄賂を受け取った罪（贓罪）四十余件に関し、〔どの程度かは不明であるが〕事実を捏ねて彼らを陥れようとして、北京の朝廷に出向いて〔恐らくは宦官を通じて〕告発の趣意書を天子に上呈することに成功した。上書を目にした嘉靖帝はカンカンに怒り、当該処州府の知府・同知・通判たちが服務規律に違反して法を曲げ、商品を汚して民に損害を与えた罪情は極めて重大であると判定し、各巡按御史に命じて当該官僚たちを逮捕して枷をはめ北京へ連行して処罰した。以上である。

実録の記述で注目されるのは、勢力に任せて勝手に他人の田土を占有するなど挙人盧綱の不行跡が確かに存在したと思われる一方、挙人が誣告した筈の府官達によるあまたの贓罪に対して、嘉靖帝が事実として認定を行なっている点である。この背景には、本書で縷々指摘するように、十六世紀前半期における地方官場での憂慮すべき腐敗状況の蔓延化があり、その影響下に最早や彼らの統制には服さない挙人の悪行も存在していた点が考えられるのである。

このような挙人の不行跡がみられた諸地域における(45)、各年間別（区分の基準は、会試受験者の平均値が推移する画期に求めた）(46)の未出仕の挙人数と、仕官の挙人数との推移を示す次頁表2「未出仕及び任官挙人数の地域・年間別推移」によれば、十五世紀半ばの景泰元年以来、終生仕官しなかった挙人数は、漸増の傾向を辿っていた。特に、十六世紀半ばの嘉靖中葉以降の明末に至る間に、南監近傍の華中の地方では、未出仕の挙人が仕官の挙人数を上回って増加してくるという現象がみられる（江南の蘇州・松江・湖州等府でも確認できる）(47)。未出仕の挙人とは、会試落第後に、国子監に在籍する挙人と、直接帰郷した未入監の挙人とを含む。国子監在籍の挙人は、在学する挙人監生と、帰省中の依親等の挙人監生とを含む。在学する挙人監生が成化・弘治年間より、特に嘉靖期以降に激減していた点、及びそれとは逆に増大する郷居の依親等挙人や未入監挙人の存在形態が問題化しつつあった点については、既に述べた。

右の情況が促進される段階において、政府は、遂に嘉靖中葉以後、郷村居住の挙人全員に対して、入監・復監を必須の条件とした一連の科挙規制で対応する。例えば、『明実録』世宗・嘉靖二十七（一五四八）年九月甲戌の条には、以下のようにいう。既定の歳貢等監生以外の定員増加を意味する選貢・増貢の例が始まって以来、吏部の選考を待つ聴選監生数は激増していたが、逆に在学監生数は激減していた（前述、成化・弘治年間を参照）。北監祭酒程文徳は、聴選官の経済的窮状を救済して在学監生の定数を充たすために、彼らを復監させようとしたが、仕官の僥倖に未練をもつ彼らの反対にあって、その企図は、実現していなかった、と。これにつづく礼部の対応策は、以下のようである。

礼部覆言。……乞令今後歳貢生員年力精壮者、送監肄業。其有自願守部就教者亦各従其便。至于下第挙人、則多係年少気高、不屑就監与貢生不同。宜尽発両監肄業。不許託故回籍。其有已送監而遷延不至、及到監而無故潜回者、該監治之。有全不赴監輒持原引及原籍起送入監文書投試者。有回籍之後陸続投告送監以覬赴試者。本部治之、仍不聴会試。如此、則不必假歳貢而国学自実矣。議入。報可。

礼部は、劣悪な監生・貢監生と比較して、科挙にパスした逸材であり、且つ若年者の多い会試落第の挙人全員を、今後南北両監に入監せしめることを要請して許された。それら郷居の挙人を両監に入監せしめる過程の管理規定は、次のようである。会試落第後に、礼部より入監者（在籍者）名簿が両京国子監に送付された後、一度も入監せずに勝手に帰郷したのちぐずぐずして到監しない者、一旦は入監しても正当な理由なく勝手に帰省する者、に対しては、国子監が治罪する。今回以前の会試落第後に、国子監の在籍者名簿に姓名が記載されておらず、一度も入監の経験がないまま帰郷していた挙人で、会試のつど、今回以前の会試の際に発給された通行証書や本籍地の布政司発行の入監文書を持参する者、両監より依親等によって本籍地へ帰省していた挙人で、絶え間なく北監に送監されることを願い出

表2　未出仕及び任官挙人数の地域・年間別推移

府県名	浙江・嘉興府				嘉興府秀水県				江西・臨江府				臨江府新塗県				黄州府	
年代＼挙人・進士の内訳	未出仕の挙人	仕官の挙人	進士( )内は未出仕	計	未出仕の挙人	仕官の挙人	進士〈 〉内は客官	計	未出仕の挙人	仕官の挙人	進士	計	未出仕の挙人	仕官の挙人	進士	計	未出仕の挙人	仕官の挙人
洪武3年 1370 (54)－1423 永楽21年	15	63	19 (3)	97 (3)					56	42	55	153	18	8	1	27	54	85
	15%	65%	20%						37%	27%	36%		67%	30%	3%		35%	55%
宣徳元年 1426 ㉒－1447 正統12年	6	14	10 (3)	30 (3)	0	4	6 〈2〉	10 〈2〉	11	33	15	59	1	6	1	8	6	35
	20%	47%	33%			40%	60%		19%	56%	25%		12.5%	75%	12.5%		13%	76%
景泰元年 1450 (55)－1504 弘治17年	47	60	88 (1)	195 (1)	10 〈3〉	11 〈5〉	22 〈7〉	43 〈15〉	32	59	59	150	21	15	1	37	46	177
	23%	31%	46%		23%	26%	51%		22%	39%	39%		57%	41%	2%		17%	66%
正徳2年 1507 ㊵－1546 嘉靖25年	62	45	80 (9)	187 (9)	9 〈5〉	14 〈3〉	25 〈5〉	48 〈13〉	19	55	25	99	13	12	0	25	43	150
	33%	24%	43%		19%	29%	52%		19%	56%	25%		52%	48%			17%	59%
嘉靖28年 1549 ㉞－1582 万歴10年	70	63	107	240	24 〈2〉	19 〈3〉	46 〈20〉	89 〈25〉	27	16	21	64	44	6	0	20	56	146
	31%	26%	43%		27%	21%	52%		42%	25%	33%		70%	30%			20%	54%
万歴13年 1585 (58)－1642 崇禎15年	230	75	185 (5)	488 (5)	23 〈3〉	0	4 〈3〉	27 〈6〉	48	37	20	105	9	4	0	13	135	210
	47%	15%	38%		85%		15%		46%	35%	19%		70%	30%			30%	46%
典拠	嘉慶『嘉興府志』巻四五、選挙二、明、挙人。				万歴『秀水県志』巻五、選挙志、科第、挙人。※秀水県の万暦十三年以降は、同二十二(一五九四)年までの統計である。				光緒『江西通志』巻二七、選挙表、八、明、挙人一―五、臨江府。				同治『臨江府志』巻一三、郷挙(新塗県)。				光緒『黄州府志』巻一五、選挙志、科貢表、挙人上、明。	

陝西・鳳翔府鳳翔県				黄州府麻城県				湖広・	
計	進士	仕官の挙人	未出仕の挙人	計	進士	仕官の挙人	未出仕の挙人	計	進士
52	5	29	18	31	4	16	11	155	16
	9%	56%	35%		13%	52%	35%		10%
21	3	17	1	17	3	13	1	46	5
	14%	81%	5%		18%	76%	6%		11%
41	7	24	13	128	19	97	12	268	45
	15%	55%	30%		15%	76%	9%		17%
50	6	36	8	78	19	50	9	254	61
	12%	72%	16%		24%	64%	12%		24%
27	1	17	9	68	20	38	10	272	70
	4%	63%	33%		29%	56%	15%		26%
24	6	12	6	115	30	53	32	458	113
	25%	50%	25%		26%	46%	28%		24%
乾隆『鳳翔県志』巻五、選挙、科貢表、明、挙人。				同右書、挙人上、明、麻城県。					

て会試受験の機会を狙う者、に対しては礼部が治罪する。したがって、以上の挙人には、会試の受験が許されない、と。今回の規定で注目されるのは、以下の二点である。第一点は、毎回の会試落第挙人の全員を強制入監せしめたことである。第二点は、以下のようである。依親の挙人の中に無理に会試受験の機会を狙う者がいるという事実は、復監には既述の撥歴の歳額に見合った一定数の枠があって、依親の期間を満了せず、復監の命令を受け取っていない者は、北京までの旅費ならびに滞在諸経費の負担が重かったと考えられることである[48]。要するに、今回の規定は、厳密にいえば、依親郷居する挙人の全員を無条件に復監させたわけではないが、毎回の会試落第挙人の全員が入監させられたのであるから、事実上の全員入監規定と見做してよいと考えられる。

『明実録』世宗・嘉靖三十八年四月丙午の条には、南監祭酒潘晟の条議に対する礼部の覆奏が、以下のように見える。

礼部覆南京国子監祭酒潘晟議。節年、下第挙人、本部俱限定水程、分送南北監肄業。但各生往往不依期赴監。其歳貢援例生員、雖或入監、又多捏告依親患病給假等項回籍、不行依期復監、以致在監少不敷撥歴。請申明典例。凡挙貢援例生員告南監者、通査本部原定水程、如違半年以上者、作曠三月、計月加曠。一年以上送問。其依親養病者、除水程外、亦三月復班。如仍前故違期限者、定行査革、倶咨都察院、転行各巡按御史、将前項生徒下有司、厳限起送、限三月以内赴監。如違半年以上、罪承行吏、一年以上、罪首領官。挙人遷延及迫試期方赴監、或不入監而赴試者、本部送問如例。不許入試。……報可。

先に、挙人全員を入監せしめる条議が施行されたが、嘉靖後年においても、落第の挙人や、依親等で帰省していた歳貢・援例監生は、依然として期限に従って入監又は復監してはいなかった。在学生の減少によって、撥歴に不足を生じた国子監の要請を検討した礼部は、入監・復監のための処罰規定（典例）を重ねて要請した結果、許された。まず、会試落第の挙人は、全員が南・北両監へ入学させられる。その中、北監に在籍する挙人で、南監へ入学を希望して許された挙人については、その者が規定の旅程日数以外に半年遅れた場合は、三箇月の学業放棄とみなし、一年以上遅れた場合は、送検尋問する、と厳しくなった。依親・養病等で帰省した挙人には、嘉靖十五年以来の三箇月以内に復監せしめる規定が踏襲されている。礼部は、都察院にはかって、都察院より各省の巡按御史に示達したのち、巡按は有司に布令して期限を厳守せしめる。しかも、期限に半年以上違反した挙人が出た場合は、挙人復監の事務手続きを担当した当該胥吏を治罪し、一年以上違反した挙人を出した場合は、胥吏の事務を系統的に処理する首領官（流外官）を治罪する。つまり、南・北両監へ入学すべき、或は帰省の期間を終えて復監すべき両種の挙人が、そのような引き延ばし戦術に出て会試の時期が近づいて初めて到監する場合や、未入監の挙人であるにも拘らず、会試の時だけ礼部に赴く場合は、礼部は、それらの挙人を尋問して会試を受験させせない、という。

注目されるのは、嘉靖十年の依親挙人の事務担当官・吏に対する処罰規定が一層具体化した点と、南・北両監への入学・復学規定に違反して会試に赴く挙人に対する管理が、嘉靖二十七年の礼部と国子監の両体系より、礼部の専管事項となった点とである。

礼部は、実際には都察院と協議のうえ、巡按→有司→胥吏を通じて挙人を管理する。しかしながら、入監・復監規定は、現実には機能してはいなかった。例えば、浙江嘉興府海塩県の挙人王文禄は、嘉靖十（一五三一）年に、同府秀水県の呂科は、同十六年に、各おの郷試に合格したのち、万暦十四（一五八八）年の会試に挑戦して落第するまで、延々として前者は五十五年間、後者は四十九年間に亘って郷居していた。(49) 四川保寧府閬中県の挙人傅泰、成都府内江県の挙人趙蒙吉は、隆慶三（一五六九）年二月、郷居中の態度が良好であるとの理由で、南監祭酒姜宝によって教官（学官）の選考に推薦された。傅泰は、嘉靖七（一五二八）年の挙人であり、趙蒙吉は、同十年の挙人である。従って、傅泰は、四十一年間、趙蒙吉は、三十八年間に亘って、それぞれ郷居していたことになる。(50)

郷居の挙人全員を入監せしめようとする国家の基本政策は、十六世紀後半においても維持されざるを得ない必然的情勢下にあった。というのは、挙人には前述した任官後の会試受験における諸制約があり、昇進過程における進士科偏重の風潮を反映して、直接教官代理の職（署職）に任官できる副榜の挙人でさえ就職を拒否した上、一般の挙人と倶に入監を嫌って帰郷していたからである。帰郷した挙人は、官・民の間に立って斡旋の労をとる政治ブローカー的な行為（居間）に走ったり、(51) 既述のように府県官に交際結託して利財を追求したり、請託が拒否された場合は、知県を追い出しさえした（後述）。ところが、帰郷したそれら未出仕の挙人には、彼らの行動を有利に展開しうる条件が、挙人の資格に付随した身分上の特権として形成されつつあった。例えば、張萱『西園聞見録』巻四五、礼部四、国学、往行の条には、万暦三年頃の帰郷中の挙人をとりまく郷村社会の情況が以下のようにみえる。

孫公応鰲、……挙人率多回籍自便、以入監卒業為耻。不知、当其在籍、師儒之訓弗及、憲臣之令弗加。閭党矜其資望。有司遇之隆重。身靡所検而易蕩及。入官材質已壊、莫可如何矣。宜徴天下挙人悉入監。……疏上。倶著為令。

礼部右侍郎掌国子監事孫応鰲（嘉靖三十二（一五五三）年の進士）(52) の伝を記した張萱（万暦十（一五八二）年の挙人、戸部主事→郎中→平越知府）[53]の知見によれば、この当時、挙人は、国子監に入学して卒業（在学→歴事）することを恥辱とみなしており、大抵の者は回籍していた。帰省した国子監在籍の挙人に対しては、学校の教官の訓戒や、提学僉事・副使等官の監督も最早や及ぶことはない。加えて郷村では、彼らは名望家として尊敬され、地方官の礼遇も手厚い（隆慶・万暦以後の明末郷試の競争率は、数十倍にも達して、「金挙人、銀進士」の歌謡さえ現われた）。[54] かくして、検束される恐れのない彼ら挙人の行動は、放縦に流れやすくなる。孫応鰲は、そのような挙人の行動を除去して有能な人材を育成するために、全国在野の挙人を一人残らず入監せしめた方がよい、と上疏した。この要請は、裁可されて法令化した。法令は、万暦三年の題准事例として、以下の実録・会典に登載された。

『明実録』神宗・万暦三（一五七七）年十月丙戌の条には、今や郷村社会の中で、その地位―身分を確立しつつあった挙人を、全員入監せしめた方がよいと主張した孫応鰲の上疏に対する題准事例[55]がみえる。

申厳挙人入監之法。令各該巡按御史督令有司、備本地挙人有未経入監及監事未畢告回者、以文書到日為期、限三箇月、起送到部、発監肄業。願入南監者、仍赴該監。会試年分、査入監者、方許会試。其下第及中副榜不願就教者、照前例盡数分送南《ママ》京国子監肄業、並不許假借名色告回原籍。赴部会試者、除監満撥歴外、其余必由両監起文、方許会試。従祭酒孫応鰲之請也。（榜線部分は註55の会典参照）

前（条）例（嘉靖二十七年）に沿って、未入監挙人と下第の挙人とは、全員が入監させられることとなった。特に、依親郷居する挙人については、依親の期間を問題とすることなく、全員の入監が規定された。さらに、副榜の挙人で就職を願わない者が、同じく前例に従って全員入監させられることとなった。要するに、今回の規定は、歴事生を除く未出仕の挙人全員を入監させようとするものである。つまり、会試の際に、両京各衙門で歴事する挙人監生は、当該衙門より礼部に起送されるが、その他の挙人監生は、両京国子監より公文を起送することが必須の条件とされることとなった。注目すべきは、以下の三点である。第一は、挙人入監の法が厳重となったとはいえ、入監期限の三箇月をオーバーした違反者、及びその担当官・吏に対する処罰規定は、最早や見当らない点である。第二は、会試の際に、依然として未入監の挙人で本籍地の布政司が発行した公文を携行して礼部に到る者の存在が示唆されている点である。第三は、入監の対象である挙人の記載序列は、嘉靖十五年の規定以来これまで、依親等の挙人が未入監の挙人よりも上位にあったが、万暦三年の規定では、その位置が逆転している点である。この点は、国家の科挙規制の主要な対象が、郷村在住の未入監挙人に移行してきたことを裏付けている。

では、右の郷居の挙人に対する入監規定は、実際には機能していたであろうか。例えば、万暦初年に任官して、同十七年七月より十九年まで礼部尚書の任にあった于慎行（一五四五～一六〇七）の会試実施の当時事としての感慨が、張萱『西園聞見録』巻四五、礼部四、国学、前言の条には、左のようにみえる。[56]

于慎行曰。……本朝両京太学号舎亦与相倣先朝教典。方興生徒或至三千。近惟会試年分、間満千人、平時、挙貢諸生、大抵解散。月朔講誦、惟納粟生員数百。不及郡邑大庠之数。而使数十人星羅其上、幾成虚設、殊可嘆也。

当時、北京の例監生数百名を除いた、通常の挙人・歳貢等の在学監生は、僅かに数十名であった。つまり、例監生と挙人・歳貢等の現在の在学監生の総数である数百数十名のうち、挙人・歳貢監生は、約一割にすぎなかった。ところが、会試のときだけは、存学生は一、〇〇〇人にも充ちた、という。とすれば、会試の時だけ復監する約四、五百名の諸生とは、依親回籍の挙人監生に外ならない。この事実からは、会試の挙行された万暦十七（一五八九）年二月前後の、北監の在籍挙人約四、五百名（毎回の会試落第挙人中の約一割強、表1、註46）の中に占める在学挙人数は、一割以下にすぎなかった点が判明する。即ち、北監在籍挙人のうち、約九割以上の者は、本籍地に帰省していた事実が判明する。このような情況の中からは、例えば常州府の挙人呉撝謙の如く、隆慶初年頃に小作料徴収の過程で佃戸を殺害して告訴され、逃避すること二十五年目の万暦十九年六月、書面一封、掲帖二扣、銀三〇〇両を知府銭守成に贈って前事件の揉み消しを図ったが、逆に知府に告発されて巡按御史の逮捕尋問の追求を受ける破目に陥った、など

という事件の発生もみられた。(57)

3　推薦・考課規定の出現

郷居の挙人が提学官によって推薦される例は、既述の正徳十一（一五一六）年にみられたが、その推薦は、まだ実現してはいなかった。嘉靖初年の北監では、殆どの挙人は帰省していたが、それらの挙人に対処するために、考課・黜陟を職掌する吏部の一官僚は、現実的な提言を行なった。それは、『明実録』世宗・嘉靖十（一五三一）年三月庚寅の条に、以下のようにみえる。

南京吏部文選司郎中王邦瑞疏上三事。……二修郷挙。周官司徒、以郷三物、教万民。今挙人監生家居者、宜聴有司提調督学鈐束。有司廉其賢不肖、具考語上之督学。督学後廉其実而懲勧之。甚者、得以薦黜奏聞。歳終類考語、報吏部以佐銓除。……下其章於所司。

布政司以下の有司をして、依親等による郷居中の挙人監生の普段の行動を考課評定（考察）せしめ、有司は、年末に評語（考語）を取りまとめて提学官に報告する。提学官は、考語を再検討して挙人に懲罰又は激励する一方、政府（吏部）への推薦・黜陟の上奏権をもつようにされたい、と。右の文選司郎中王邦瑞の提言は、審議事項となっており、この時点ではまだ政府内の大勢の賛同をかちえてはいなかったとみられる。しかるに、既述の隆慶三（一五六九）年二月になると、態度良好な郷居中の挙人が、南監の学長（祭酒）によって教官の選考に推薦された。この事例は、郷居の挙人を根こそぎ入監せしめようとした、従来の処罰規定を伴う強制入監政策が、修正を迫られつつあった情況の一端を示している。

ところが、『明実録』神宗・万暦三十三（一六〇五）年七月乙酉の条には、礼部の覆奏として、遂に以下の事例が出現した。

礼部覆御史孔貞一疏謂。……臣見、万暦二十九年、浙江巡按御史馬従聘、参嘉興府挙人馬文《ママ》遠鍾世芳、凌辱桐郷知県謝諫。近日、浙江巡撫尹応元、参湖州郷官知県王徳坤、凌辱本府同知尚従試。皆以干謁不遂、横逆相加、令人不堪、至於棄官解印而去。臣愚謂、馬文《ママ》遠鐘世芳王徳坤、並宜黜革。……得旨。……此後、但有決裂行簡《ママ》自底不類的、巡按官査有実拠、開送礼部。不許起文会試。其卓然不凡的、許奏薦掲薦。通行着実奉行、以端士習。

礼部侍郎で尚書事務取扱いの李廷機[58]（臣）が近日見聞したところによれば、万暦二十八年に浙江郷試に合格した嘉興府秀水県の挙人馬来遠（終生未出仕）、鍾世芳（万暦三十八年の進士、六部主事を歴任）[59]は、翌二十九年に、浙江巡按御史馬従聘に弾劾された。弾劾の理由は、彼ら両挙人が、外県の桐郷県に出かけて行き、「干謁」つまり知県の謝諫に面会を求めたが、目的（多分、請託であろうが、内容は不明）を遂げることが出来なかったために、耐えられないほどのひどいやり方で知県に恥をかかせた結果、謝知県は自ら官職を解いて去るに至ったためである、という。そこで、李廷機は、両挙人の資格身分を、剝奪するように要請した。だが、意外なことに、皇帝神宗（批答の票擬権を握る閣臣の見解?）は、二人の処分については言及を避けた。皇帝は、今後このような自己の行動を慎まず、破廉恥な政治的行為に走る挙人が出たときは、巡按御史をして事実調査のうえ、礼部に報告させて、会試の受験を停止させる一方、その態度を模範とすべき挙人は推薦せよ、と全国に命じている。これは、科挙規制を伴う挙人の郷居を認めた推薦・考課規定の出現であった。

なお、李廷機は、御史孔貞一の指摘する、「郷村では勝手な独断的行動に走る」「利権を求めて官僚に請託する」「法令に違反して利益を追求し、税糧を請負い徴収する（包攬）」「官憲を抱き込んで小農民に収奪・搾取を加える」「歌謡をデッチあげ、訴訟の勝敗に関与する」「昼夜貴賤の別なく群がってはバクチを打ち、あげくのはては財産を売り尽して郷村に悪風を広める」、という如き、いわば日常的にパターン化した郷居の挙人にみられる存在形態の一側面の指摘に対して、「全く御史の指摘のとおりである」（同註（58））、と同感の意を表明している。とすれば、皇帝が両挙人の身分を剝奪しなかったのは、恐らく支配階級内部の矛盾として顕在化しつつあった郷居の挙人の行動に対しては、弾圧策で臨むよりも、むしろ彼らに対する巡按御史の管理を密にしながら、薦挙という懐柔策を用いて、儒教イデオロギーの路線上に復帰せしめる方が得策であると判断したからに違いない。

例えば、湖広（湖北）黄州府黄梅県の挙人で、『万暦武功録』の著者として知られる瞿九思は、万暦三年八月、知県張維翰に対する県民の苛税反対斗争を扇動したとみなされ、挙人身分を剝奪されて北辺に流罪となった。同十年、瞿九思の冤罪を訴える浙江出身の文人屠隆・馮夢禎（ともに万暦五年の進士）らによる、湖広出身の閣臣張居正への嘆願書が納れられた結果、瞿九思は身分を回復されて帰郷した。以後、瞿九思は、著述に専念すること二十七年後の万暦三十七年に、郷居中の態度を撫・按官に評価され、その推薦によって翰林院侍詔（従九品）の官を授けられたが、辞退した。そこで、政府は、改めて翌三十八年に瞿九思に対して、原官致仕（翰林院侍詔をもって退職）の侍遇を与えた(60)。このように、万暦後年においても、未入監の挙人、南北両監在籍の依親等の挙人として、郷村に居住する挙人は、厳然として存在していた。この事実は、郷居の挙人全員を執拗に入監せしめようとした万暦三年の科挙条例が、今や形骸化していた情況の一端を露呈している。即ち、そのような抗しがたい情勢が、政府をして、事実上挙人の郷居を認めた同三十三年の推薦・考課規定を公布せしめたものと考えられる。

この中、崇禎年間の挙人の考課のあり方については、談遷（一五九四～一六五七）『国権』巻九三、思宗・崇禎七年閏八月壬寅の条に、

論吏部。……又挙人聴巡按御史考察。議未及行。

とあって、崇禎帝は、郷居の挙人は地方官なみに考課評定せよ、と政府（吏部）に再確認せしめている。職務の遂行者は巡按御史であったが、命令は、いまだに施行されず機能してはいなかった。

崇禎七（一六三四）年といえば、時の明朝政府は、李自成の率いる農民反乱軍と、華北への侵略の機を窺うヌルハ

チの子孫が率いる女直・後金国軍との、双方より夾攻される内憂外患の危局に立たされていた。右の政治情勢下において、天子の代巡官として、地方官に対する弾劾・推薦権を掌握する巡按御史の機能は、特に重要視されていた。崇禎三年十二月以降、遼餉加派（遼東の軍餉のための附加税）の総額は、銀六八五万余両に達していた(61)。これに加えて、正税以外に火耗（めべりぎん）・詞訟（そしょうぎん）・贖鍰（しょくざいぎん）等の常例化した重徴項目が増えつつあった。常例化した重徴項目こそは、官僚の私腹を肥やす源泉として、吏治を腐敗させ、農民起義を叢生せしめる元凶とみなされていた。崇禎十五年十一月、行政の得失を監察し、官吏の正邪を辨じ、人民の冤枉を伸べることを職務とする都察院の左都御史（七卿―政府主要七大臣の一人、正二品）劉宗周（念台）は、「ただ、巡方〔巡按御史〕をして銭を要《もと》めしめざれば、則ち、巡撫〔都御史〕より而下は、皆な銭を要めず(62)」と上疏した。しかし、地方官の贓罰《ぞうばつ》（裁判の結果として生ずる国家収入）を掌る巡按御史自身の収賄の傾向が尤も甚しかった、という。実際、崇禎十一年正月、毅宗（崇禎帝）は、膝元にある首都近傍の州県を秘かに内偵して、貪縦不法な任丘・清苑・淶水・遷安・大城・定興・通州等の地方官を逮捕せしめたが、当地の撫・按は、それまで右の貪官の行為を黙認していた(63)、という。氷山の一角というべきこの事実は、遠方にある巡撫・巡按の実態を推測せしめるに十分である。

要するに、蓄材に汲汲とする巡按御史に、在野の挙人層を管理する余裕などはなかったであろう。だが、明極末の混乱期においても、挙人の考課が内政上の課題とされていた事実は、郷村社会における挙人層の存在形態の由々しい側面を反映していると考えられる。

おわりに

三年毎の会試に落第した挙人の殆どは、洪武・永楽年間（一三六八～一四二四）には歳貢等の監生と倶に、国子監に在学する挙人監生として存在していた。彼らの大部分の者は、宣徳・正統年間（一四二六〜四九）に始まる王朝政府の経費節減策を契機として、景泰年間（一四五〇〜五六）以後は、依親等の名目で一定の期間、本籍地に帰省していた。

その後、在郷の挙人監生は、政府官庁の事務見習生の定員の過不足に応じて国子監に復学していたが、成化・弘治年間（一四六五〜一五〇五）の監生数の増大や見習期間の短縮等によって、吏部の選考を待つ聴選監生数が激増した結果、任官までに十数年を要するほどの慢性的な就職難にみまわれた。諸監生の中でも、挙人監生は任官のチャンスにはめぐまれていたが、任官後の会試受験の際の諸種の制約なども加わって、彼らの大抵の者は、復監を忌避して郷村社会の中で、資格身分をテコとした活路を模索しつつあった。

これに対して、政府は、十五世紀後半以降、彼ら挙人を復監・入監させるために、その終身資格である会試の受験を規制する科挙条例を頻発した。政府の狙いは、納粟監生等の増加による監生の質の低下をカバーして、人民統治の最前線に赴く州県官に人材を得る一方、郷村社会において地方官を抱き込んで小農民を搾取するような、挙人の政治的行為を除去する点にあった。科挙規制は、十六世紀前半には、従来の依親の挙人以外に、明初以来散見される未入監の挙人に対しても適用されるが、同世紀後半には後者を主要な対象としていた。嘉靖二十七（一五四八）年以後の科挙規制は、以上の挙人と毎回の会試落第挙人との全員を対象とした。同時にそれは、巡按御史をして、挙人の送監を担当する官員・胥吏まで処罰せしめる厳重なものであったが、現実には殆どの挙人が帰郷していたように、機能してはいなかった。王朝国家は、十七世紀初頭の万暦三十三（一六〇五）年、遂に従来の強制入監規定を撤廃して、事実上挙人の郷居を認めた推薦・考課規定を公布するという政策の転換に踏み切った。この中、挙人に対する巡按御史の考課は、農民起義の爆発した崇禎年間（一六二八〜四四）でも依然として施行されてはいなかった。

これを要するに、政府の所期の意図とは逆行する右の一連の科挙規制の形骸化の過程は、皮肉にも国家が自らの制度的矛盾によって、挙人の郷村社会における名望家としての地位—身分を不動ならしめ、在地の支配階級内部に形成された新たな支配層の定着を容認する過程でもあった。

註

（1）小山正明「中国社会の変容とその展開」（西嶋定生編『東洋史入門』有斐閣双書、一九六七年）四八〜五一頁。重田徳「郷紳の歴史的性格をめぐって―郷紳観の系譜―」（大阪市立大学文学部紀要『人文研究』二二―四、一九七一年）九四〜五頁。森正夫「日本の明清時代史研究における郷紳論について（三）」（『歴史評論』三一四、一九七六年）2小山の郷紳論の構成（一一四〜一一七頁）、参照。

（2）小山正明「アジアの封建制―中国封建制の問題―」（歴史学研究会編『現代歴史学の成果と課題』2、共同体・奴隷制・封建制、青木書店、一九七四年）、一三四頁。なお、挙人の資格身分に関する小山氏の論拠は、酒井忠夫『中国善書の研究』（国書刊行会、一九六〇年）第二章明末の社会と善書、二郷紳・士人と科挙制度（特に九三頁）にあるらしい。酒井氏の論拠は、宮崎市定『科挙』（秋田屋、一九四六年）三八〜九頁にみえる概説に主に拠っている。荒木敏一『宋代科挙制度研究』（東洋史研究会、一九六九年）第一章解試の条には、過去に解試に合格した挙士（俗称挙人）が、礼部の省試（貢挙）に落第した場合には、再度州の解試より受験し直す必要があったか否かの明確な指摘は、見当らない。ただ、一三八頁に引用された『宋会要輯稿』選挙五、貢挙雑録、（孝宗）淳熙一三（一一八六）年三月五日の礼部、国子監の上言中には、南宋時代、解試に応ずる士子に対して、三人以上をもって一保として連帯責任を負わせ、その保中より発解（解試合格）経験者を選んで保頭としたことが見えている。従って、当時、解試合格者といえども、省試に失敗すれば、解試より再受験していた事実の一端は、窺見できる。清末に自ら科挙を体験したという商衍鎏の『清代科挙考試述録』生活・読書・新知、三聯書店、一九五八年）四八頁（第二章挙人及関於挙人系内之各種考試）には、右の視点からの明確な指摘がある。鄧嗣禹『中国考試制度史』（中華民国・学生書局、一九六七年）には、右の視点は欠落している。

（3）万暦『漳州府志』巻九、選挙、科目、歳貢の各条より作成した左表、参照。

官学／年代	漳州府学	龍溪県学	漳浦県学	龍巌県学	長泰県学	南靖県学	漳平県学	平和県学	詔安県学	海澄県学	鎮海衛学	計	百分比
会試中式者（洪武18年～隆慶5年）「倶見各県衛志」	二九	二六	四一	七	一五	七	二	一	一		五	一三四人（進士）	9.7%
郷試中式者（洪武18年～隆慶4年）「連両監中式在内」	一四七	一八〇	一一五	三〇	四九	三二	五	五	五	一	一七	（五一四）終生の挙人は三八〇人	27.5%
歳貢生（洪武3年～隆慶5年）「倶見各県衛志」	二一八	一〇二	九一	一一二	一〇六	九九	五三	三一	二五	三	二九	八六九人	62.8%
												1,383人	

(4)『皇明経世文編』巻三六五、「葉綱斉集」巻一、策、審挙劾、刺挙務覈、「挙人三倍於進士矣。歳貢三倍於挙人矣」。葉春及については、中華民国・国立中央図書館編『明人伝記資料索引下』（一九六六年）七三〇頁、参照。

(5)『明清歴科進士題名碑録一―四』（中華民国・華文書局股份有限公司、一九六九年）を分析して筆者が算出した統計表に基づく。

(6)顧炎武『亭林文集』巻一、生員論上。

(7)閔斗基「清代生監層の性格（上）―特にその階層的個別性を中心にして―」（山根幸夫・稲田英子訳、『明代史研究』、一九七六年）三六頁。

(8)嘉慶『宜興県旧志』巻目、凡例

一、……今則断自雍正三年以前、定為宜興旧志。蓋視徐志、又増四十年矣。自雍正四年分県以後、曰新修宜興県志、曰新修荊溪県志。……一、県志、自康熙二十五年徐司李修後、百一十二年、未有続編。

(9)天一閣蔵の嘉靖十五年刊本には、挙人の資格身分の言及は見えない。朱士嘉編『中国地方志綜録』〈増訂本〉上海・商務

印書館、一九五八年）、山根幸夫・細野浩二『日本現存明代地方志目録』〈増補〉東洋文庫明代史研究室、一九七一年）に見える、左記の東洋文庫蔵、天啓元年刊『贛州府志』巻一五、選挙志、郷挙の条（山根先生調査）、参照。

按郷挙在宋為漕試謂之発解。第階之解送南宮会試耳。試弗第須再試。未階以入仕也。及累挙弗第、然後有推恩焉、謂之特奏名、不復繋諸郷挙矣。元時亦然。至国朝始定為入仕之途、則一代之新制也。故諸郡邑志、宋元郷挙多不書。今仍旧録存之。見進士特奏名者不重録、省文也。若我朝郷科、各以年以序一如進士例云。

(10) 王恕『王端毅公文集』巻二、序、余慶集序。韓雍『韓襄毅公家蔵文集』巻一三、行状、明故嘉議大夫都察院右副都御史芮公行状。

(11) 谷光隆『明代監生の研究（二）』（『史学雑誌』七三―六、一九六四年）七〇頁。

(12) 坐堂・歴事の期間は、南監では、天順以前に十年内外を要し、成化以後は四、五年以内に止まっていた。谷光隆「明代監生の研究（一）」（『史学雑誌』七三―四、一九六四年）七七頁。

(13) 谷光隆「明代監生の研究（二）」七八頁。

(14) 依親の期間は、南監では、景泰～正徳の間は五、六年、のち漸減して一、二年となり、遂には期間の停止令が出された。谷光隆「明代監生の研究（二）」七七頁。

(15) 谷光隆「明代監生の研究（二）」七七頁。

(16) 許俊は、談俊の誤りである。同治『湖州府志』巻七二、人物伝、政蹟二、明、談俊。南京御史談俊の上疏は、『明実録』憲宗・成化十四年夏四月戊戌の条を参照。

(17) 『欽定続文献通考』巻四七、学校一、《弘治〕十七年四月、南京祭酒章懋請行選貢法。従之》の条。（実録は、記載なし）

(18) 谷光隆「明代監生の研究（二）」七八頁。

(19) 福沢宗吉「明の張朝瑞の『皇明貢挙考』について」（『熊本大学教育学部紀要』一五、一九六七年）四〇～三頁、第二表、明朝科挙実施一覧。

(20) 教官（定員四千二百余員、『明史』巻六九、志第四十五、選挙一）に多数の欠員（員缺）を生じていた正統年間には、副榜の挙人三百九十名（『明実録』英宗・正統元年三月乙亥の条。註24参照）などという数字がみえるが、明代の副榜の挙人は、一般には二、三十人程度に止まっていたと考えられる。『欽定続文献通考』巻四七、学校一、《時会試有副榜》の条。

(21)　万暦『大明会典』巻二二〇、国子監、生員入監、「成化……十四年令。南方挙人、願入南監者聴」。

(22)　『明実録』英宗・景泰五年三月戊午の条。なお、これ以前の北京の在学監生数は、『明実録』英宗・正統四年秋七月乙亥の条には、二千五百余人とみえる。その中で、五、六十歳の老齢者、長期療養の者、或は容貌が醜くて学問に進歩のない者(「貌陋而学無進益者」)は、監生身分を剝奪された。

(23)　『明実録』宣宗・宣徳八年三月戊辰、

　上命行在吏部、……挙人倶賜冠帯、給訓導俸、送国子監進学、以待下科会試。翰林院三月一考其文、与庶吉士同。

(24)　一般の会試落弟挙人の帰郷は、景泰年間に始まっているが、教職に任官できる最短距離にある副榜挙人のそれは、既に宣徳五年に一人が認められている。このとき副榜挙人の約一割の者は、教職を嫌い入監を希望して許されている(『明実録』宣宗・宣徳五年三月丙寅の条)。この傾向は、以後もつづき、正統十三年には、教官に多数の欠員(員缺)が発生している(『明実録』英宗・正統十三年二月丁卯の条)。かくして、政府は、景泰二年には、一般の落第挙人でも教職希望者には、任官の機会を認めた(『明実録』英宗・景泰二年三月癸亥の条)。註31参照。

(25)　表1の典拠は、以下のとおりである。万暦『大明会典』巻七七、礼部三五、貢挙、科挙、郷試、凡郷試額数、及びこれによって作成した左表(〈明代の各省別郷試合格定員枠の推移〉)。同じく、科挙、会試、凡会試額数。註19。

万暦元年(一五七三)														45			一、一九五
隆慶4年	(+15)	(+15)															(一、二二〇)
嘉靖25年															30		一、一九〇
嘉靖19年							90										一、一八五
嘉靖14年														40	25		一、一八〇
弘治7年														50			一、一六五
成化10年														45			一、一六〇
成化3年														40			一、一五五

直・省名＼年代	（一三七〇）洪武3年	洪熙元年	宣徳4年	宣徳7年	正統5年	正統6年	（一四五三）景泰4年
北直隷（順天府）	(北平) 40	洪武17年以来 50		80	80	100	135
北京国子監							
南直隷（応天府）	(府州) 100	80			100		135
南京国子監							
浙江	40	45			60		90
江西	40	50			65		95
福建	40	45			60		90
河南	40	35			50		80
湖広	40	40			55		85
山東	40	30			45		75
広東	25	40			50		75
四川		35			45		70
陝西	40	30			40		65
山西	40	30			40		65
広西	25	20			30		55
雲南		10	15		20		30
貴州							
交阯		10					
計	五一〇	五五〇	五五五	五八五	七四〇	七六〇	一、一四五

（26）正徳『大明会典』巻七七、礼部三六、学校二、科挙、郷試、事例、によれば、洪武三年、同十七年、正統二年、景泰元年の各条例は、郷試中式者は、「不拘額数」と規定している。又後述の洪熙元（一四二五）年十一月当時の郷試合格者の実際数は、定額に百名ないし二百名を水増ししたものであった（註29）。

（27）『明実録』世宗・嘉靖十年二月戊午、
是時、国子生在班者、不及四百人。而各衙門歴事歳額幾有千数。

（28）『明実録』世宗・嘉靖十九年四月甲戌、
国子監司業王同祖疏言。監生撥歴原額正雑歴共八百八十七名。……計今六館諸生僅百余人。
『明実録』世宗・嘉靖四十五年六月辛酉、
礼部奏。……邇者、国子監学舎傾圮、生徒止二百人。

（29）『明実録』宣宗・洪熙元年十一月甲寅、
四川成都府双流県知県孔友諒言六事。……四曰。慎科目。夫科目所以求賢、必名実相副、非徒誇多而已。今秋闈取士、動経一二百名。弊既多端。僥倖過半。及至会試下第、入監幷遷家、十常八九。間有文学中式者、実行或乖、以致真才少、見叨藍者多。

（30）徐紘『皇明名臣琬琰録』後集、巻八、《太常少卿文介劉公墓碑銘李文達公賢》
年二十四、遂領郷薦、春闈中乙榜。不就而還潜心林下二十六年。正統壬戌、乃得雋春闈。庭対有鯁直忠愛之詞。遂擢進士及第第一、授翰林脩撰。

同書、後集、巻十六、《副都御史呉公神道碑銘琛王文粛公倎》

（31）『皇明条法事類纂』（巻五〇畢、以下の不分巻の部分）《挙人就教官任内有挙人許会試》
成化二十三年五月二十五日、太子少保礼部尚書周等題、為乞恩会試事。……欲将成化二十二《ママ》年会試、挙人在監三年、及未入監、幷新科挙人、但中副榜、不許告免、各照等第除授署職。毎遇会試之年、亦不拘曾否其三年六年考満、有願会試者、許其住支俸粮、親赴司府、告給公文、量水程限期、赴部会試、等因。……合無、准其所奏、将今次就職挙人幷下第願告就職者、如遇成化二十八年、准筭六年、於八月以後、俻行本処官司、量水程、給与公文、赴部会試。具題。奉聖旨。是。

（32）『明実録』武宗・正徳十一年五月丁酉、
江西提学僉事田汝耔疏薦養病御史宋景挙人劉養正。吏部議。召景復職。養正宜下巡按覈実起送。従之。養正安福人。早有詞華、議論英発。然浮薄詭譎、与人不相能、殊無郷典之誉。累赴会試不第。遂規奪郡城外尼寺居之、交結官司取利以自給。後乃為隠者巾服、談説性理以聳人観聴。王守仁知廬陵、雅敬重焉。遂与定交相尚為矯飾盗名之習。一時冠蓋過吉者、無不往造其門。汝耔不察、軽率具薦。郡人聞之、皆譁然不服。先是、嶺南張詡起用、過南昌見寧王宸濠、誉其有湯武之資、而惜其無伊呂之佐。濠因訪可当此者為誰。詡以養正答之。養正赴宸濠聘。初見与語意合。後従逆授国師、以及於敗。論者謂、養正事、可為以虚名取士之深戒。而詡以先死免禍為幸、云。

（33）劉養正については、管見の限り、光緒『江西通志』の選挙表及び列伝の各条に記載がない。山根幸夫主編『日本現存明代地方志伝記索引稿』（東洋文庫明代史研究室、一九六四年）には、江西省吉安府関係の嘉靖四年『江西通志』、万暦一三年『吉安府志』、万暦二一年『江西省大志』が引用されているが、劉養正の伝記は見えない。地方志は、劉を抹殺したのであろうか。

王守仁『王文成公全書』巻一二、別録四、奏疏の各条には、劉の関係記事が散見される。

(34) 『明実録』武宗・正徳十四年七月丁巳の条。

(35) 『明史』巻一一七、列伝第五、諸王二、上高王宸濠。

(36) 拙稿「徭役優免条例の展開と明末挙人の法的位置」『東洋学報』第六〇巻第一・二号、一九七八年。

(37) 『皇明条法事類纂』（巻五〇畢、以下の不分巻の部分）《依親監生不許嘱託等項》

成化十四年四月二十二日（癸丑）、太子少部《ママ》礼部尚書鄒等題、為建言事。……及挙人旧例皆在北監。後有告入南監者、不肯依限、不赴監私回原籍。延至将及下第会試特候、方纔到監取討起送文書、有給原籍批文前来者。以此、本部先次擬奏。将前項挙人、俱照旧例、送国子監読書、不許放回依親。……其有司私受賄略、輒入公門、嘱託公事、詆辱官府〈b〉。或游往往別府州県、探望友人、邀求饋送〈a〉。有司拏問送按察司及巡按監察御史処、問罪発落。其不該放回挙人、有南方願入南監者听。送通政司、告送本部、厳立限期送南京礼部。転送南肄業。有仍前不行赴監違水程両箇月者、雖有患病文憑、亦行送。間該部、将問過送監幷未到挙人、通行本部、知会査照、不許下科会試。奉聖旨。是。欽此。

(38) 五十嵐正一「明代における提学官の制度について」（『新潟大学教育学部紀要』六―一、一九六四年）参照。

(39) 万暦『大明会典』巻二二〇、国子監、依親、

成化……十四年令。坐監挙人、撥歴未及、願回依親者聴。提学幷分巡官及各該有司正官、照例提督考校。

(40) 万暦『大明会典』巻二二〇、国子監、依親、《弘治十二年奏准》。

(41) 『明実録』孝宗・弘治九年二月丙辰の条。

(42) 註（24）、（31）、参照。

(43) 万暦『大明会典』巻二二〇、国子監、撥歴、《正徳十一年奏准》。

(44) 『明実録』世宗・嘉靖九年十一月己丑の条、参照。

(45) 挙人の存在形態に関して、主に実録に記される省府段階の諸地域。このほか、『明清史料丙編』第七本、山東巡撫張儒秀掲帖には、山東東昌府堂邑県の「明朝蠹悪挙人路申」らの不行跡が詳記されている。

(46) 次頁の表〈会試受験者の平均値の推移〉は、註19の『皇明貢挙考』に拠って作成。

年代	会試の回数	会試人員の総計（最低—最高）	会試人員の平均値
一三七〇—一四二四 ～(55) 洪武3—永楽22	一五回（うち、13回の会試人員は、不明）	八三九（一八九—六五〇）	四二〇
一四二六～一四四八 ～(23) 宣徳元—正統13	八回（うち、2回の会試人員は、不明）	七、五〇〇（一、〇〇〇—二、〇〇〇）	一、二五〇
一四五〇—一五〇五 ～(56) 景泰元—弘治18	一九回	六六、五〇〇（二、二〇〇—四、〇〇〇）	三、五〇〇
一五〇七—一五四七 ～(41) 正徳2—嘉靖26	一四回（うち、5回の会試人員は、不明）	三二、五〇〇（二、七〇〇—三、九〇〇）	三、六一一
一五四九—一五八九 ～(41) 嘉靖28—万暦10	一四回	六二、四〇〇（四、三〇〇—四、八〇〇）	四、五八八
一五八六—一五八九 ～(4) 万暦14—同17	記載なし		

(47) 光緒『蘇州府志』巻六一、選挙三、明、挙人。嘉慶『松江府志』巻四五、選挙表二、明、挙人表。同治『湖州府志』巻一二、選挙表、挙人、明。以上三府志より作成した統計表（省略）に基づく。なお、そうした現象は、郷試中式者の額数（註25）や、会試中式者の額数において、南巻（浙江、江西、福建、湖広、広東、応天、直隷の松江・蘇州・常州・鎮江・徽州・寧国・池州・太平・淮安・揚州の十六省府）の地方が、五五％を占めていた（註25の会典「凡会試額数」）事実や、既述の成化年間より、華中・華南地方の挙人で、会試に落第した北監在学者の南監への転入学が促進された事実とも関連する。

(48) 会試年に復監（行取）の命令が出されて上京した依親等の挙人監生は、復学するので原理的には滞在費の負担は軽減される。それでも監舎修理のために一時待機させられる彼等と、彼ら以外の一般の挙人とは、随行の者、往来の旅程、滞在等の諸経費に苦慮して、依服を売却したり、随行の家人を傭工に出して費用の足しにした、という。『皇明条法事類纂』（巻五〇畢、以下の不分巻の部分）《依親監生不許囑託等項》

成化十四年四月二十二日、太子少部《ママ》礼部尚書鄒等題、為建言事。該尚宝司卿李木奏。……歳貢監生、先年一同挙人監生、倶放依親。今歳貢監生尚未行取。挙人監生止因会試而来。将帯往還盤纏用度始尽。不料遇蒙例留監読書。此固造就人材美意。但各生家郷附追者。或需子弟供給路途万里者。供給不周。其間、多有鬻売衣服以充盤費者。有将家人与人傭工以資日用者。艱辛万状、疾苦交生。即今修理号房、各生在外賃房安歇。居无定止。業无研精。欲求進学、抑亦難矣。伏望聖旨。乞勅戸礼二部、掲査挙人監生、将該行取、照例留監読書、後撥歴。行取未該者、仍放依親肄業、俾図道循。庶京儲存省而人情両便。具本奏。奉聖旨。該部知道。欽此。

参照。右は、十五世紀後半の例であるが、十六世紀中葉以後の明末については、例えば、万暦『秀水県志』巻三、食貨志、田賦、戸賦徴額、里甲、雑辨の条に、

起送会試挙人酒席幷盤纏巻資。府銀五十三両六銭六分六釐七毫。県銀三十一両六分六釐七毫。共銀八十四両七銭三分三釐四毫

とあって、秀水県の会試上京の挙人に対しては、嘉興府と秀水県より、宴会費・旅費・答案用紙代等が合計して銀八四両余り支出された。これが、新・旧両科の挙人に分配されるわけである。同書巻五、選挙志、科第、挙人の条によれば、同書が刊行された前々年の万暦二十二年の当県の新科の挙人は、十名である。これ以外にも、何倍もの旧科の挙人が存在していたから、公用路銀の分配量は、微々たるものである。というのは、蘇州の大郷紳王世貞は、会試に要する重い負担について、その著書『觚不觚録』（不分巻）の中で、「余挙進士、不能攻苦食倹。初歳費将三百余。同年中、有費不能百金者。今遂過六、七百金、無不取貸于人」と告白しているからである。王が会試に中式した嘉靖二十六（一五四七）年当時、富裕な王は、銀三百両を要したが、同時に会試を受験して中式した者（同年）の中には、百両も工面しかねる者もいた。しかし、万暦初葉の現在では、会試に上京する挙人は、六、七百両は必要だという。本書、第一章、参照。

(49) 清・盛楓『嘉禾徴献録』巻三七、王文禄（濱島敦俊「均田均役の実施をめぐって」〈『東洋史研究』三三―三、一九七五年〉四一八頁）。万暦『秀水県志』巻五、選挙志、科第、挙人、嘉靖十六年丁酉、呂科嘗孫順天中式。

(50) 『明実録』穆宗・隆慶三年二月丙子、

南京国子監祭酒姜宝条奏、飭監務以広聖教八事。……一催取挙人入監。就中、察其志行卓然者、破格用之。因薦四川閬中挙人傅太、内江挙人趙蒙吉、可備学官之選。……下吏礼二部覆議。従之。

嘉慶『四川通志』巻一二六、選挙志五、挙人二、明、

嘉靖七年戊子科、傅泰保寧府人。

嘉靖十年辛卯科、趙蒙吉内江人国子博士。

(51) 拙稿「明代の地方官ポストにおける身分制序列に関する一考察」『東洋史研究』第四十四巻第一号、一九八五年、参照。

(52) 同註（4）『明人伝記資料索引　上』四四四頁、孫応鰲。

(53) 同治『広東通志』巻二九一、列伝二四、恵州（博羅県）二、張萱。

(54) 会試の競争率は、十五世紀中葉以降より明末に至る間において、せいぜい十数倍止まりであった（表1）。郷試の競争率は、十五世紀前半の永楽十六年頃は、まだ十倍程度であったが（楊栄『楊文敏公集』巻九、記、進士題名記、《永楽十六年三月朔》）、十五世紀後半には二十倍に上昇した（韓雍『韓襄毅公家蔵文集』巻一〇、序、江西郷試小録序、《景泰丙子》。謝一夔『謝文荘公集』巻四、記類、南昌府進士題名記）。以後、それは、隆慶四（一五七〇）年の浙江では六十三倍、万暦元（一五七三）年の湖広では三十一倍にも達していたが（王世貞『弇州山人四部稿』巻七〇、序、十四首、浙江郷試録後序、《隆慶庚午歳試浙江録成》、湖広郷試録序、《万暦之紀元秋八月》）、万暦三年の勅諭は、全国一率に三十倍と規定した（万暦『大明会典』巻七八、礼部三六、学校、儒学、風憲官提督、「万暦三年、換給提学官勅諭。……一、遇郷試年分、応試生儒名数、各照近日題准事例、毎挙人一名、取科挙三十名。此外不許過多一名」）。しかし、崇禎末年頃のそれは、数十倍であった（黄淳燿（崇禎十六年の進士）『陶菴集』巻一、論、科挙論三首、「今、主司鑒裁之明、或不如古、而以数十人取一人」）。明末清初に「金挙人、銀進士」の歌謡が流行った江南社会では、郷試に合格した挙人は、死後においても、その栄誉を行述に著された（顧公燮『消夏閑記摘抄』巻中、《金挙人銀進士》）。清代の郷試の競争率は、百倍に及んだ（宮崎市定『科挙—中国の試験地獄』〈中央公論社、一九六三年〉九五—九頁、挙人のえらさ。呉敬梓『儒林外史』第三回、参照）。

(55) 万暦『大明会典』巻七七、礼部三五、貢挙、会試、

万暦三年題准。両京各省挙人、有未経入監及監事未畢、告回原籍者、俱限三箇月内、起送到部発監肄業。其願入南監者、仍赴該監、依期起文会試。若未経入監、雖有原籍起送公文、不准入場。以後、毎科会試畢日、凡挙人下第及中副榜不願就教者、査照前例、盡数分送両監肄業。並不許假借告病依親等項名色、告給引回籍。

(56) 同註（4）『明人伝記資料索引　上』七頁。『明史』巻百十一、表第一三、七卿年表。同書巻二一七、列伝第一〇五、于慎行。

(57) 『明実録』神宗・万暦十九年六月癸丑の条。

(58) 李廷機『李文節集』巻三、奏疏、覆孔御史正士習疏。

題為七習日靡整飭、宜新懇祈聖明、亟勅該部申明規制、以振士気、以裨治事。儀制清吏司案呈。奉本部。送礼科抄出。福建道監察御史孔貞一題前事。奉聖旨。礼部知道。欽此。欽遵抄出。到部。送司、案呈。到部。看得。士子一叨郷薦、

則身離乎黌序、既考校黜斥之所弗加。而足未躡乎仕途、又殿最激揚之所未及。中間好修之士固不乏人。而不自愛者亦往往有之。如台臣孔貞一所云、武断郷曲是閭右之豪也。嘱託行私是墦間之乞也。違法取利包攬銭糧是市儈之事也。把持官府侵害小民是虺蛇之毒也。捏造歌謡興滅詞訟是窮奇之奸也。至羣居賭博窮晝夜、混良賤傾蕩家産、伝染郷閭、此其無行義之尤至者也。蓋台臣之述備矣。而又毎見貧士窶儒甫倖一挙、非綺紈不衣、非輿馬不出。或赴春闈而馳伝輒乗双舟。毎騁浪迹以抽豊不遠千里。驕盈奢侈、猥瑣卑汙。若而人者一得志於南宮、儼然称制科、俛而就官亦将民社寄焉。而素行如此。欲其恪守官方比迹循吏、不亦難乎。台臣所陳深裨風化。合無照義、容臣部移咨都察院、両京行提学御史、各省行巡按御史、転行藩臬二司守巡二道、将所属府州県挙人、査訪其飭躬勵行卓然不凡者、奏薦掲薦。其無行不検、確然有拠者、監司開送巡按不許起文会試。巡按密掲臣部幷吏部、某武断、某賭博列名開註。如其過猶浅能改図者、姑与自新、以観其後。如其行止既虧前愆難、蓋不必憐惜也。而臣又謂禁之以言未若惕之以事。必重懲其已者、方可警其将来。臣見万暦二十九年浙江巡按御史馬従聘参嘉興挙人馬来遠鍾世芳凌辱桐郷知県謝諫。近日浙江巡撫尹応元参湖州郷官知県王徳坤凌辱本府同知尚従試。皆以干謁不遂横逆相加、令人不堪、至于棄印解官而去。夫郡県有司廼朝廷所使執法治人者。而一知県郷官一挙人得而凌轢之、則自此而生員而編氓亦皆以為可侮而無所忌憚。既不知有守令、将不知有朝廷。此其関繫豈為眇小而猶得及於寛政托之乎。憐才、坐令紀綱陵夷、風俗頽敗、将不知其所終矣。臣愚謂、王徳坤馬来遠鍾世芳並宜黜革、然後、可以端士習粛人心整頓紀綱、挽回風俗而天下廼不至於乱統。乞聖明留意、勅下臣部、通行其徳坤応否革職。乞勅吏部議覆。臣等不勝云。万暦三十三年七月初十日題。十三日奉聖旨。這本説的是士子一登郷書、徳業所基前途頗遠。偎自非薄屑越名教。何以望其将来。除已経処的姑不究外、此後、但有決裂行検自底不類的、巡按査有実拠、開送礼部不許起文会試。其果卓然不凡的、許奏薦掲薦。通行著実挙行、以端士習。

(59) 嘉慶『嘉興府志』巻四五、選挙二、明挙人、万暦庚子科、秀水県、馬来遠、鍾世芳。同じく、進士、万暦庚戌科、鍾世芳。
(60) 『明実録』神宗・万暦三十八年閏三月己巳の条。
(61) 和田清編『明史食貨志訳註』（東洋文庫、一九五七年）役法、註（四九四）、山根幸夫執筆、二三二頁。
(62) 『国権』巻九八、思宗・崇禎十五年十一月庚午の条。『崇禎実録』巻十五、崇禎十五年十一月庚午の条、参照。
(63) 『国権』巻九六、思宗・崇禎十一年正月乙丑朔の条。『崇禎実録』巻十一、崇禎十一年春正月乙丑朔の条、参照。

〔付記〕小稿で使用した『明実録』は、一九六二年に出版された、台湾・中央研究院歴史語言研究所の校勘になる、国立北平図書館蔵紅格鈔本である。

第七章　優免条例と明末挙人の法的位置

はじめに

明末に紳士（生員・挙人などを含む）の威風が非常に高まった要因としては、（一）免役、（二）奴婢の私有、（三）死罪を犯しても特赦される、（四）貧困な者は地方官より政府に免税を申し出てもらって天子の裁可を仰ぐ、（五）郷村では官員に準ずる礼法上の待遇を受ける、などの特権の機能があげられている。[1] この中、免役の特権とは、独裁君主によって、賦役労働の一部である雑泛差役を優《てあつ》く免除されることである。徭役優免の恩恵に浴した対象としては、皇族・高官より一般の庶民に至るまで、種々雑多な人々が存在した。[2] なかでも、雑役免除の特権が終身的であって、地方行政において皇帝権力を分有行使しうる者、又はその候補者という観点に立てば、現任・休・退職の文官、挙人、監生、生員、額設胥吏という支配階級内部の諸階層に関する優免規定は、最も注目を要する。

小稿は、十五世紀後半以降の明代郷村社会に定着して、任官並びに会試受験の終身有資格者として、科挙制下の新たな支配身分を形成しつつあった未出仕の挙人層が、[3] 他の官員・士人層と対比した場合、どの程度に免役の特権を享受することを通じて優免制下の法身分を形成しつつあったかについて、徭役制度の改革に付随する優免条例（則例）の展開に現われる、徭役の免除基準の額の推移を分析したものである。考察の地域的対象は、主に江南地方である。

小稿は、また、明末の地方政治において、生監層と倶に支配階級の底辺部を拡大しつつあった未出仕の挙人層が、謂わゆる郷紳支配の展開に係わる新たな階級身分として、如何なる役割を担っていたかを理解するためにも準備された。

第一節　均徭法下の免役基準額と挙人の位置

明初より正統年間においては、里甲正役以外の徭役のうち、雑泛差役・差徭などとよばれる雑役の優免（丁額）が、生員（本人を除く人丁二丁）[4]以下、地方官（全額[5]、但し品級も問題化[6]）・京官（全額）[7]・内外退職官僚[8]に至るまで付与されていた。この間、監生に賜給された免役の恩典は、万暦『大明会典』巻二二〇、国子監、給賜（又は同書巻二〇、戸部七、戸口二、賦役、凡優免差役）の条に、「正統十年令。監生之家、優免二丁差役」（正徳『大明会典』巻二二、戸部七、戸口三、優免差役、事例「正統……十年、令監生家免差役二丁」）とみえる。当時、未出仕の挙人は、その殆どが両京の国子監に挙人監生として在籍していた[9]。彼ら挙人監生は、当然正統十（一四四五）年に規定された監生と同額の人丁二丁を免除されていたであろう。

正統八（一四四三）年に創始されて、弘治元（一四八八）年に全国に施行令が出された均徭法は、各里の人丁・事産の総額が均等であることを前提とした均徭冊に基づき、駅伝関係を除く全ての雑役（均徭）を、里甲正役と同様に里内の各甲に対して、戸の等則（三等九則）に準拠して、正役とは五年間隔で十年間に一度ずつ、従って十年で一巡するように負担させる賦課方式であった[10]。

だが、正統以来、特に均徭法の普及した成化年間には、地方官が官吏～生員の家に、戸則の主要な算定基準と化していた「田粮・人丁」の多少を考慮せず、庶民と一体に斗級・庫子等の重差を割り当てるために、官僚は戸役（里甲正役）の事も気がかりで職務に専念できない、などという上疏も現われた[11]。これに対して、政府は、弘治十八年、見任官と円満退職の官員に対する優免令の遵行を再確認した。[12]

しかし、均徭銀納化の進展に伴って、免役基準は、均徭の賦課基準の変化に即応しつつ、人丁より人丁・田糧へと拡大してゆき、優免令に対する地方官の姿勢も、次第に変わっていった。先ず、天順〜弘治年間以降、官僚側の銀に対する欲求を直接の契機として、均徭内の柴薪皂隷（祇候）・馬夫・斎夫・膳夫の四役目の銀納化が促進された。十六世紀初頭の弘治末年より正徳年間には、これら銀納化された役目が銀差に、また力役のまま残された役目は力差に分類されて、均徭銀納化は一般化した。力差も、嘉靖以降は実質的に銀納化が進んだ。[13]そして、戸数の編成原則の貫徹している点を除けば、均徭負担を均徭里甲内の田土に銀で直接一律に科派する方法は、すでに弘治以前より江南地方で行われており、これは、十段法に連なるものであった。[14]しかし、均徭の最初の銀納形態として成化・弘治頃より出現したのは、聴差（余剰均徭）であって、例えば均徭里甲内の上・中戸には各種の実役が科派され、充役しない人戸には、毎丁・毎畝当りに一律に余剰均徭を出銀せしめた。[15]

戸数原則に拠るとはいえ、徭役（均徭）・軍需の科派基準が丁・田に移行していた弘治年間の浙江各府では、優免の特権をもつ官員（勢家）に対する非特権地主の詭寄が増大して、里甲小農民の徭役負担が過重となっていた。これに対して、刑部主事劉喬は、同十六（一五〇三）年、内外官員の免役基準を丁・田に移して、官品による丁・田の優免額を定めよと要請したが、それは、審議事項に止まっていた。[16]しかし、丁・粮の優免規定は、すでにこれ以前にも現われており、ある一定の期間は、実際に施行されていた。

『節行事例』（古典研究会本『皇明制書』）《内外官員優免戸下差役例》の条を検討しよう。

弘治十七年、戸部為陳言民情以革弊政事。該本部左侍郎王等題。該順天府府尹冀奏。該戸部査得旧例、六部都察院等衙門、随朝官員、本戸雑泛差役丁差全免。内官免二丁。内使免一丁。及査弘治七年、該辨事吏余彦達奏。京官之家、不拘品秩崇卑、丁糧多寡、全戸優免。方面知府等官、各免人丁十丁、田粮二十石。同知以下至知県等官、

表1　弘治7(1494)年〔及び同17(1504)年〕の丁・粮優免額。〔　〕内は、弘治17(1504)年の優免則例における人丁優免額

優免基準の額／地方官の区分	人丁		粮(石)
方面官	10	〔10〕	20
知府等官	10	〔8〕	
同知以下知県等官	5	〔3〕	10
八品以下教職等官及び監生・挙人・生員の家	4	〔2〕	4
雑職・省祭官・聴選等官及び吏典の家	3	〔2〕	3

免人丁五丁粮十石。八品以下、教職等官、及監生挙人生員之家、各免人丁四丁粮四石。雑職省祭官聴選等官及吏典之家、各免人丁三丁粮三石。以励養廉、等因。該礼部会議、行有司斟酌施行。原無議定、有司遂以為例、輒便遵行。事属差錯、合無通行各処。今後、除随朝文職内官内使丁差、倶照旧例優免、其余見任方面官員之家、各免人丁十丁。知府免八丁。同知以下至知県等官、各免人丁三丁。八品以下至雑職省祭聴選等官、及監生挙人生員吏典之家、倶一例各免二丁。着為定例。題奉孝宗皇帝聖旨准擬。欽此欽遵。

弘治十七年、戸部左侍郎・王は、順天府府尹・冀綺の上奏（原案）に基づいて、官員・挙人等の優免による弊害の改革案を題本して孝宗皇帝の裁可をえた。上呈の際の戸部の調査によれば、弘治七（一四九四）年、辦事吏（納粟吏員）・余彦達は、地方官や挙人等の優免を制限すべしとする原案を上呈していた。その内容は、以下のようであった。京官は、官品の高低と丁・粮の多少に拘らず、丁・粮を全額免除される。表1の如く、方面官（布政司・按察司官）と知府は、人丁十丁・田粮二十石が免除される。同知より知県までの官は、人丁五丁・粮十石が免除される。八品より教官に至るまでと、監生・挙人・生員は、人丁四丁・粮四石が免除される。雑職・省祭官・聴選官及び吏典（額設胥吏の通称）は、人丁三丁・粮三石が免除される。礼部は、そのような余彦達の原案を審議検討して、地方官をして実情調査の上で施行せしめることにした。これは、優免則例として議定されたものではなかったが、地方の有司は、それを条例とみなして遵行していた、という。弘治十七（一五〇四）年に至り、戸部は、右の優免基準（丁・粮）に基づく優免額より生じた弊害（詭寄?）を改革するために、丁額について（糧額については不明）の優免の定例化を上呈して裁可（条例化）された。即ち、洪武十三年の旧例に照らして、文官の京官は

丁差を全額免除するが、同じく京官でも宦官の内官は人丁二丁を、内使は人丁一丁を免除する。地方官のうち、方面官は人丁十丁を、知府は人丁八丁を、同知より知県に至る官は人丁三丁を、八品以下より雑職・省祭・聴選等官及び監生・挙人・生員・吏典は一律に人丁二丁を、それぞれ免除されることになった[17]（表1の〔　〕内、参照）。

表1「引治7（一四九四）年（及び同17（一五〇四）年）」の丁・糧優免額」によって弘治七年と同十七年の優免条例を比べた場合、人丁の優免基準については、以下の点が注目される。第一は京官は全額免除である点、第二は初めて官品による地方官の優免額が規定されたが、八品以下の地方官や挙人と額設胥吏との優免額には、まだ明確な格差は設定されていなかった点、第三は優免条例の中に初めて挙人と胥吏が登場して、その優免額も規定されたが、記載序列において一般の挙人は、まだ監生範疇の挙人よりも下位におかれていた点、などである。

十五世紀末の弘治七年の優免条例に、従来国子監生の範疇で取扱われてきた挙人監生が、郷居の未入監挙人とともに、新たに挙人の一項目を設定されて登場してきたのは、以下のような背景との関連においてであった。即ち、挙人監生（長期帰省中の依親の挙人監生を含む）は、成化十四（一四七八）年以降に、また会試落第後に入監せずに直接帰郷していた未入監の挙人は、嘉靖十五（一五三六）年以降に、それぞれ会試の受験を規制された。その後、万暦三（一五七七）年には、未入監の挙人が科挙規制の主要な対象となった。これらの事実は、十五世紀後半以降において、郷村在住の挙人層が増加しつつあった趨勢を裏付けている[18]。

要するに、弘治七年の事実上の優免条例は、均徭科派基準の、戸則に基づく各戸の人丁より丁・粮への移行に即応した、萌芽形態としての丁・粮優免基準及びその額を規定したものであった。このほか、免役基準が直接地畝へ移行する例としては、弘治十二（一四九九）年の北直隷順天・永平両府の場合[19]（銀差）や、表2の如く、正徳十六（一五二一）年二月十六日の、南京戸科給事中孫懋の原案に基づく戸部題准の田畝優免則例[20]があげられる。注目すべきは、従来均徭を全額免除されていた京官が夙弊（詭寄）の除去を理由に初めてその優免額を制限された点である。外官の優

表2　正徳16(1521)年の優免則例における田畝優免額(20)

<table>
<tr><th>優免額
京官の官品</th><th>田畝</th></tr>
<tr><td>一　品</td><td rowspan="3">4,000</td></tr>
<tr><td>二　品</td></tr>
<tr><td>三　品</td></tr>
<tr><td>四　品</td><td rowspan="2">3,000</td></tr>
<tr><td>五　品</td></tr>
<tr><td>六　品</td><td rowspan="2">2,000</td></tr>
<tr><td>七　品</td></tr>
<tr><td>八　品</td><td rowspan="2">1,000</td></tr>
<tr><td>九　品</td></tr>
<tr><td colspan="2">「外官則逓減之」</td></tr>
</table>

免額も規定されたが、「田なき者は田に準じて丁を免ず」という如く田（糧）・丁の相互換算が許された点は、後述嘉靖九年の糧・丁准折優免則例に連なるものであった。

以上、戸則に基づく戸下の人丁を課徴の対象とした均徭法において、戸則決定の主要な基準が丁・産（田地）に移行していたとはいえ、成化年間までの官吏〜生員に対する優免令は、遵行されていなかった。均徭銀納化の進展した弘治・正徳年間には、戸数原則による毎丁・毎畝への直接一律科派という銀差の出現に即応して、優免の基準は、従来の人丁より、人丁・田糧もしくは直接田畝への移行もみられたが、基本的にはまだ人丁におかれていた。これに伴い、非特権地主の官員・挙人等に対する詭寄が発生して里甲小農民の均徭負担が過重となった結果、優免の具体的な制限規定が現われた。この中、任官前の挙人が初めて則例に登場したのは、弘治七年であった。挙人の優免額は、正統十年以来人丁二丁であったが、弘治十七年より正徳年間には、八品以下の地方官や監生・生員・胥吏と同額の人丁二丁と規定された。問題は、均徭法の変革を含む里甲制の解体過程に現われる挙人の優免基準額のあり方である。

第二節　里甲制解体過程の免役基準額と挙人の位置

1　一条鞭法の糧石・人丁優免時代

里甲間の徭役負担の著しい不均衡、徭役銀納化の進展(21)などによって、嘉靖年間、華中・華南では、後述の十段法や一条鞭法[22]が出現した。一条鞭法は、銀額で示された税糧・徭役の諸項目を、それぞれ合算した総額を、項目別ではなしに、糧銀あるいは里甲銀（上洪・公費の銀納化されたもの）・均徭銀として、一括して割り当てる科派方法（賦・役の合併徴収）である。その進展する一条化の内容は、多様であった。徭役面の一条鞭法では、里甲銀および均徭銀を、それぞれ全州県下の丁・田に均等一律に割り当てる場合や、里甲銀・均徭銀・駅伝銀・民壮銀の四差の総銀額が、丁・糧に科派される場合があった。つまり、里甲単位の徭役科派、戸則を媒介とする賦役の割り当て、という明代里甲制の基本形態である賦・役科派原則を最終的に変革しようとしたのが一条鞭法であった。但し、条鞭下の徭役銀の中、丁銀を負担する人丁は、なお編審によって確定される原則があり、且つ条鞭には、後述する正役中の残存力役部分は含まれていなかった。また、税糧の一条鞭法は嘉靖年間を通じて、徭役のそれは特に同末年以降に、それぞれ進展がみられた[23]。特に優免が適用される均徭の条鞭は、北直隷・河南・南直隷・浙江の順に、それらの一部の地域で、嘉靖十年頃から同末年にわたって徐々に開始された[24]。

章潢『圖書編』（万暦五〔一五七七〕年刊）巻九〇、《編審徭役》の条には、嘉靖九年十月、大学士桂蕚の提起した華中・華南の現実に立つ創行期の一条鞭法[25]の内容と、それに付随する従来定則のなかった雑役優免事例の定例化に関する戸部の提議がみえる。これは、再審議ののち、嘉靖帝の裁決を経て、各省に遵守の布令が出されて、効力をえた[26]。

嘉靖九年十月内、戸部題。該学士桂奏為授時任民事。内称。……該本部看得。（中略、条鞭の内容説明）其外官吏監生生員之家、例応優免雑泛差役。……其京官不拘品秩崇卑、一概全戸優免。此乃祖宗優待常朝官員極為隆厚。延今一百六十余年、官属衆盛、差役浩繁、科派益頻、民力日困。加以郷里親戚詭寄賫縁。里書畏勢奉承。有司莫敢窮詰、致将濫免之数一概加派小民。且京官品級本有崇卑、而事産人丁自有多寡。必須立為限制。庶可允塞弊源。……京官一品免糧二十石丁二十丁。（中略、表3参照）其丁多而糧少者則以丁準糧。丁少而糧多者則以粮準丁。戸内丁糧不及数者、止免実在之数。俱以本戸自己丁糧照数優免。但有分門各戸疎遠房族不得一概混免以啓詭寄之端。

表3　嘉靖9（1530）年の優免則例における糧・丁優免額

人丁		糧（石）		優免額／官品
外官	京官	外官	京官	
	20		20	一　品
9	18	9	18	二　品
8	16	8	16	三　品
7	14	7	14	四　品
6	12	6	12	五　品
5	10	5	10	六　品
4	8	4	8	七　品
3	6	3	6	八　品
2	4	2	4	九　品
2		2		教　官
2		2		挙　人
2		2		監　生
2		2		生　員
1		1		雑職・省祭官
				承差・知印・吏典

覆奉欽依。通行各省所属一体遵守。違者従重各治以罪。（以上は、実録に記載なし）

表3「嘉靖九（一五三〇）年の優免則例における糧・丁優免額」によれば、京官の品級に応じた糧と丁の優免額（一品＝糧二十石・人丁二十丁～九品＝糧四石・人丁四丁）を基準として、地方官・挙人・監生・生員・胥吏の各優免額は、決定された。地方官の優免額は京官の半額であり、九品の地方官・教官（流外官）・挙人・監生・生員のそれは、倶に同額（糧二石・人丁二丁）であり、胥吏は挙人・監生・生員の半額であるように、それぞれの等級差が明確化した。注目すべきは、以下の点である。第一は、既述の正徳十六年、京官は田土額によって優免を制限されたが、今回は「一概に全戸優免」されて、規定は機能していなかったので、詭寄を防止するために改めてその優免が制限された点である。第二は、既述の弘治七年に初めて出現した丁・糧の優免額規定が、今回は免糧に重点を移す形で公認されており（但し優免額は減少）、しかも糧と丁の准折が許された点である。第三は、優免を適用する際の有司の姿勢が変化した点である。既述の正統～成化年間（一四三六―八七）までの有司は、内外官に適用される優免令を遵行してはいなかった。十六世紀前半の今回、地方官は胥吏ともども、官員・挙人等が同族や非特権地主の詭寄を受け入れる事態を黙認している。そのため、均徭内の重差が小農民に科派され、農民層の分解なども加わって[27]、里甲間の徭役負担の不均衡が助長された[28]。これに対して、優免の制限令は出されたのであった。こうした優免の適用における有司の姿勢の変化は、既述の弘治・正徳年間に、免役基準が人丁・田糧へ移行しつつあった傾向と関連している。

例えば、嘉靖九年に裁可された一条鞭法を踏襲したとみられる均徭の改革[29]（均攤法）は、嘉靖十六、七年頃に南直隷の応天・蘇州・松江・常州各府内の各県で施行された。だが、丈量を行なった蘇州府知府王儀を除けば、何れも田籍の整理を怠った結果、負担の公平は徹底せず、奸民はその手を上下するを得た。銀納雇役化についても、根本的には搾取に走らざるをえない官吏のあり方に規定されて、庫子・斗級・解戸・禁子等の重役は、力役のまま残存していた。[30] 隆慶期の応天巡撫海瑞が、府県官が郷官・挙人・監生等の嘱託を偏聴すること、つまり不法な土地兼併を黙認する風潮は、嘉靖中葉頃からひどくなった、[31]と指摘したのは、右の情況を示唆したものであろう。まして世宗は、嘉靖十八年二月の皇太子冊立の詔において、文武京官に均徭（雑派差役）を全額免除せしめた如く、既述の優免条例を自ら無視する姿勢すらみせていた。[32]

要するに、そのような情況の下では、優免の限制規定は、十分遵行されてはいなかったのである。その証拠に、官戸と地方官が一体となって優免特権を濫用する結果、不法な土地集積が進展するという矛盾の深化に対応して、政府は、嘉靖二十四（一五四五）年六月、戸科右給事中胡叔廉（江西新淦県の人）[33]の条奏した原案の一つ（「定優免以均田役」）を、戸部が審議（議覆）して、世宗の裁決を仰ぐという手続きを経たのち、優免限制の統一基本条例を公布せざるを得なかった。実録にみえるこの「優免事例」[34]（題准通行則例）[35]は、万暦『大明会典』巻二〇、戸部七、賦役、凡優免差役の条に以下のように収録された。

嘉靖……二十四年、議定優免則例。京官一品免糧三十石人丁三十丁。（中略、表4参照）以礼致仕者免十分之七。間《ママ》住者免一半。其犯贓革職者、不在優免之例（実録の記載はここまで）。如戸内丁糧不及数者、止免実在之数。丁多糧少、不許以丁准糧。丁少糧多、不許以糧准丁。倶以本官自己丁糧照数優免。但有分門各戸疎遠房族、不得一概混免。

右の優免の糧・丁額に、海端が浙江厳州府淳安県知県として赴任した嘉靖三十七（一五五八）年五月以前より該県

表４　嘉靖24(1545)年の優免則例における糧・丁優免額

挙人ほか		外官						京官						官員の区分
		閑住		致仕		現任		閑住		致仕		現任		
丁	糧(石)	丁	糧	丁	糧	丁	糧(石)	丁	糧	丁	糧	丁	糧(石)	糧・丁額
畝	畝	〃	〃	〃	〃	畝	畝	〃	〃	〃	〃	畝	畝	糧・丁の田畝換算額
畝(合計)		〃		〃		畝(合計)		〃		〃		畝(合計)		官品
								15	15	21	21	30	30	一品
								150	375	210	525	300	750	
								525		735		1050		
		6	6	8.4	8.4	12	12	12	12	16.8	16.8	24	24	二品
		60	150	84	210	120	300	120	300	168	420	240	600	
		210		294		420		420		588		840		
		5	5	7	7	10	10	10	10	14	14	20	20	三品
		50	125	70	175	100	250	100	250	140	350	200	500	
		175		245		350		350		490		700		
		4	4	5.6	5.6	8	8	8	8	11.2	11.2	16	16	四品
		40	100	56	140	80	200	80	200	112	280	160	400	
		140		196		280		280		392		560		
		3.5	3.5	4.9	4.9	7	7	7	7	9.8	9.8	14	14	五品
		35	87.5	49	122.5	70	175	70	175	98	245	140	350	
		122.5		171.5		245		245		343		490		
		3	3	4.2	4.2	6	6	6	6	8.4	8.4	12	12	六品
		30	75	42	105	60	150	60	150	84	210	120	300	
		105		147		210		210		294		420		
		2.5	2.5	3.5	3.5	5	5	5	5	7	7	10	10	七品
		25	62.5	35	87.5	50	125	50	125	70	175	100	250	
		87.5		122.5		175		175		245		350		
		2	2	2.8	2.8	4	4	4	4	5.6	5.6	8	8	八品
		20	50	28	70	40	100	40	100	56	140	80	200	
		70		98		140		140		196		280		
		1.5	1.5	2.1	2.1	3	3	3	3	4.2	4.2	6	6	九品
		15	37.5	21	52.5	30	75	30	75	42	105	60	150	
		52.5		73.5		105		105		147		210		
2	2													教官・挙人・監生・生員
20	50													
70														
1	1													雑職・省祭官・承差・知印・吏典
10	25													
35														

で運用されていた規定（旧規）である、糧一石＝田二十五畝、人丁一丁＝田十畝の准折率[35]を適用して算出した優免の田畝換算額は、表4「嘉靖24（一五四五）年の優免則例における糧・丁優免額」として表示される。

表4の外官の優免額が京官の半額である点、教官・挙人・監生・生員の優免額が各々糧二石・人丁二丁である点、胥吏の優免額が糧一石・人丁一丁である点などは、嘉靖九年の規定と変わりない。だが、京官一品では糧十石・人丁十丁、以下京官九品では糧二石・人丁二丁が、それぞれ嘉靖九年の優免額の上に加増された。従って、京官一品は、糧三十石（准田七五〇畝）・人丁三十丁（准田三〇〇畝）＝糧・丁准田総額千五〇畝となり、以下京官九品の糧・丁准田総額は、二一〇畝となった。外官九品の糧三石・人丁三丁の優免額と、教官・挙人・監生・生員のそれとの間には、糧一石・人丁一丁の格差が生じた。つまり、国家は、徭役優免の特権の付与という手段を通じて、品官と教官・挙人・監生・生員という支配階級内部の諸階層間に、厚薄の身分制序列を設定し直した。しかしながら、今回の則例は、新たに円満退職（以礼致仕）官員の優免額を見任官の七割に、謹慎退職官員の優免額は、謹慎退職（冠帯）閑住）官員のそれを見任官の五割とする規定を盛り込んだ。そのため、表4の九品の外官で謹慎退職官員の優免額は、糧一・五石（准田三七・五畝）・人丁一・五丁（准田一五畝）＝糧・丁准田総額五二・五畝と算定されるが、教官・挙人・監生・生員の糧二石（准田五〇畝）・人丁二丁（准田二〇畝）＝糧・丁准田総額七〇畝には及ばない。ただし、今回の規定では、嘉靖九年の糧・丁准折規定が撤廃されており、そこには、官戸の混免による土地集積を抑制するために、優免を限制しようとする国家の一定の意図は窺見できる。しかし、優免額は、前回の規定に比べて高官ほど拡大しており、且つ嘉靖三十年代の地方レベルでは、糧・丁の田畝換算が実施されていたのであれば、優免限制の実際の効果は疑わしい。

というのは、何源が嘉靖三十八年頃に知県をつとめた嘉興県では、郷官の受詭は日常茶飯事であったという[36]。同末年より隆慶期において、詭寄・濫免の深刻化する情況[37]に対する皇帝の優免限制の対応策にも、限制は寛容になせ、などという甘い態度がみられた[38]。詭寄は万暦期においても同様に盛行した[39]。

ところで、前述嘉靖九年の則例を整備した同二十四年の統一制限則例の一条鞭法への適用例は、万暦『秀水県志』巻三、食貨志、田賦の条に収録された「万暦十六年分税糧帯徴徭平幷起存本折銭糧田丁優免科則数目（石碑）」によっても窺見できる。[40] つまり、秀水県では、優免は、里甲正役である上洪物料中の雑辨銀（均平銀）[41]、民壮銀、均徭銀[42]（以上は税糧に附加される）に対して適用されていた。一条化された徭役銀は、優免額を除いて、賦課基準（＝優免基準）の田・地と人丁とに対して、直接一律に割り当てられていた。そして徭役銀における田・地毎畝の科徴額（銀二分四毫）及び人丁毎丁の科徴額（銀三分六毫）は、同時に郷官・挙人等に対する毎畝・毎丁の優免額でもあった。また本県では、税糧を科派する際に、田地・糧米・銀両の三者間の相互換算が行われていた。従って、人丁一丁の田畝優免額は一・五畝であるが、田地一畝が約何升に換算されていたかは不明である。

そのような事例の反映として、嘉靖二十四（一五四五）年に一旦は禁止されていた糧・丁の相互換算は、糧・丁の田畝換算と倶に万暦十四（一五八六）年には公認された。明末の顧炎武『天下郡国利病書』原編第七冊、常鎮、武進県、里徭、優免の条には、

万暦……十四年、河南道御史傅光宅題准。照品免糧、照糧免田。毎田壱畝、准免参升為率。人毎丁、准田弐畝。有丁免丁、不者以田准。有田免田、不者以丁准。例如左。（以下省略、表5参照）

とあって、嘉靖二十四年より四十一年後の万暦十四（一五八六）年の河南道御史傅光宅（山東聊城県の人）[43]の題准（実録は記載なし）によれば、先に一旦は否定された官員・紳士・胥吏の優免規定における糧・丁の准折は、糧六升＝人丁一丁＝田二畝という形で復活した。しかも、今回の規定では、糧・丁の准田額が決定された。[44] その准田額は、表5「万暦14（一五八六）年の優免則例における糧・丁優免額」として表示できる。

表中の糧の准田額について、見任官及び退職官僚と、教官・挙人・監生・生員及び胥吏とを対比検討した場合、前者の准折率によれば、後者の挙人等の優免額のうち、免糧二石（准田四十畝）は、当然約六六・七畝（胥吏の免糧一石

表5　万暦14(1586)年の優免則例における糧・丁優免額

挙人ほか		外官						京官						官員の区分
		閑住		致仕		現任		閑住		致仕		現任		
丁	糧(石)	丁	糧	丁	糧	丁	糧(石)	丁	糧	丁	糧	丁	糧(石)	糧・丁額
畝	畝	〃	〃	〃	〃	畝	畝	〃	〃	〃	〃	畝	畝	糧・丁の田畝換算額
畝(合計)		〃		〃		畝(合計)		〃		〃		畝(合計)		官品
								15	15	21	21	30	30	一品
								30	500	42	700	60	1000	
								530		742		1060		
		6	6	8.4	8.4	12	12	12	12	16.8	16.8	24	24	二品
		12	200	16.8	280	24	400	24	400	33.6	560	48	800	
		212		296.8		424		424		593.6		848		
		5	5	7	7	10	10	10	10	14	14	20	20	三品
		10	167.5	14	234.5	20	335	20	335	28	469	40	670	
		177.5		248.5		355		355		497		710		
		4	4	5.6	5.6	8	8	8	8	11.2	11.2	16	16	四品
		8	133.75	11.2	187.25	16	267.5	16	267.5	22.4	374.5	32	535	
		141.75		198.45		283.5		283.5		396.9		567		
		3.5	3.5	4.9	4.9	7	7	7	7	9.8	9.8	14	14	五品
		7	117.5	9.8	164.5	14	235	14	235	19.6	329	28	470	
		124.5		174.3		249		249		348.6		498		
		3	3	4.2	4.2	6	6	6	6	8.4	8.4	12	12	六品
		6	100	8.4	140	12	200	12	200	16.8	280	24	400	
		106		148.4		212		212		296.8		424		
		2.5	2.5	3.5	3.5	5	5	5	5	7	7	10	10	七品
		5	83.75	7	117.25	10	167.5	10	167.5	14	234.5	20	335	
		88.75		124.25		177.5		177.5		248.5		355		
		2	2	2.8	2.8	4	4	4	4	5.6	5.6	8	8	八品
		4	67.5	5.6	94.5	8	135	8	135	11.2	189	16	270	
		71.5		100.1		143		143		200.2		286		
		1.5	1.5	2.1	2.1	3	3	3	3	4.2	4.2	6	6	九品
		3	50	4.2	70	6	100	6	100	8.4	140	12	200	
		53		74.2		106		106		148.4		212		
2	2													教官
4	40													挙人
														監生
44														生員
1	1													胥吏
2	20													
22														

は約三三・四畝）に換算されるはずである。この格差（挙人等で二二・七畝、胥吏で一三・四畝）は、教官・挙人等や胥吏の粮・田の准折率が、現任・退職官僚のそれ（田一畝＝准免三升）よりも低く算定されていたことを示す。そのため、嘉靖二十四年の規定で、挙人よりも少なかった朝覲考察の処分である謹慎退職（閑住）の外官九品官の優免額は、今回の粮・田准折の規定によって、その粮額一・五石が五十畝に換算された結果、挙人等の粮額二石の准田四十畝よりも上回った。同じく謹慎退職の外官九品官の優免丁額（一・五丁）の准折田畝数は三畝であって、挙人等の四畝に一畝だけ及ばないが、粮・丁を合計した准田額は、謹慎退職の外官九品官が挙人等のそれを上回った。即ち、あらゆる品官は、優免額において、挙人等よりも優位に立った。

なお、嘉靖後年の淳安県の旧規である糧一石＝二十五畝、一丁＝一〇畝の准田率をもとに算定した、前掲嘉靖二十四年の則例における品官及び挙人等の糧・丁准田額を、今回の准折率（粮一石＝三三・三三畝、人丁一丁＝二畝）に基づくそれと比較した場合、京官の現任一品は千五十畝（今回は千六十畝）、以下外官の閑住九品は五二・五畝（今回は五三畝）という如く、両回における各ランクの糧・丁准田総額は、実質的にはさほど変っていない。しかし、両回の糧と丁各々の准田率を比較した場合、前回の糧一石のそれは、今回では約三三・三二％伸張しているが、逆に人丁一丁のそれは、今回約八〇％縮減された。この事実は、既述の嘉靖二十四年に給事中胡叔廉の指摘した徭役の田役化が一段と促進されて、徭役の科派対象の比重が人丁よりも田土へと移行した結果が優免規定の上にも反映されたことを意味している。

ところで、嘉靖の統一則例は、清初の順治十四（一六五七）年まで機能していたが、これ以後、優免は、当該紳衿本人一人の丁徭のみに制限された。[45] だが、本人一人に丁徭（一丁分の丁賦を加うべき田土額）が優免され、且つ丁賦以外の大差（華北諸省）・雑差（全国的徭役）にも優免が適用されていたことは、花分・飛灑・詭寄・包攬等の奸策によって胥吏と結託した官員・紳士の受詭・濫免に道を開き、[46] 丁銀が地畝銀のなかに解消して単一税としての地丁銀制の実施された康熙五十六（一七一七）年より乾隆四十三（一七七八）年に亘る間のみならず、以後の清朝を通じて、貧富の差を一層激化せしめたのであった。[47]

2　里甲制のバリエーションにおける

（a）　十段法の糧石・人丁優免時代

既述の十段法以前の均徭銀は、徭役負担能力の均等化を前提とした戸数原則に基づいて編成された、均徭里甲内の丁・田（或いは糧）に対して直接一律に科派されていた。ここに、詭寄を通じて土地を集中した官員・紳士は、分籍立戸した各戸に優免規定の適用を受けて、十年を通じて均徭を全額免除される可能性を有していた。明朝専制権力は、徭役収取におけるこの重大な矛盾を緩和するために、主に嘉靖年間、華中、華南の各地で十段法の改革を施行した。[48]例えば、嘉靖十三（一五三四）年に施行された常州府江陰県の十段法は、戸数原則によらず（但し、戸数編成による里甲制は残存）、里内の総丁・田（或は糧）額を十等分して、毎年優免額を除いたその一段ごとに、税糧の徴収・治安維持など正役内の残存力役（この部分は、従来の戸数原則による里甲編成を通じて科派された）を除外した、銀納化された里甲銀や均徭銀を、それぞれ単位面積当りに銀若干、一丁当りに銀若干と直接一律に賦課したものであった。この改革は、確かに里内各甲の十年一役が維持されている点を除けば、一条鞭法と同質内容をもつと同時に、戸則に基づく徭役の戸に対する賦課や、里甲編成における戸数原則を倶に廃棄する方向、即ち明王朝の支配原理を体現した里甲制の解体の第一段階をなすものであった。[49]しかし、十段法は、あくまでも戸数原則による里甲組織と同時に存在したものであって、特定部門の徭役にのみ適用されたのであった。「戸数原則による里甲組織が完全に廃棄されるのは、万暦以降の均田均役法の施行に伴う一定田畝（或は糧額など）による里甲編成の出現によってであって、十段法はこの均田均役法の方向への過渡段階であった。[50]」

要するに、基本的には特定の歴史的内容に規定された大土地所有の展開による国家の徭役収取の矛盾を、均徭法の改革で解決しようとした十段法は、広く全国に一般化していたわけではない。且つ、この法を有効ならしめる前提と言うべき丈量による田籍の整理も遂行されないままであった。従って、役法改革の完全な方向は、既述の一条鞭法の成立を俟ってはじめて可能であったと考えられる。[51]

ところで、前述嘉靖九年の一条鞭法の優免則例は、民国『江陰県続志』巻二二、石刻記二、明、優免徭役碑によれば、同十三（一五三四）年以後、江陰県の十段法の改革において適用された（〈碑面〉）。[52]嘉靖九（一五三〇）年の一条鞭法の優免は、該当者全員に毎年適用されるわけであるが、それと同一規定である同十三年の江陰県の例をはじめとする十段法の優免は、十等分された内の一段に一年だけ且つ本戸のみに適用された。[53]つまり、十段法でも、大戸の詭寄と官戸の濫免という表裏一体の弊害を除去するための制度的な一応の保障はなされていた。しかし、条鞭よりも不徹底な改革であり、且つ改廃をくり返した同法の下では、有司の姿勢如何で詭寄の発生する事態は容易に予想されていた。[54]要するに、挙人に関する同法下の優免基準の額は、基本的には一条鞭法下のそれと変わりなかったと考えられる。

（b）　均田均投法の田畝優免時代

嘉靖期以降の前述一条鞭法や十段法における改革対象は、里甲正役内の残存力役を除いた部分や均徭に止まっていた。且つ、濫免を黙認する地方官の姿勢が詭寄を助長した結果、嘉靖二十四年には優免限制の統一則例が出現したが、詭寄は一向に止まなかった。

特に隆慶年間（一五六七—七二）、蘇松地方（万暦以降は嘉興府でもみられた）では、粮長が官戸より税糧を徴収することが困難となって、官戸の土地を民戸の里甲から分離した官戸の里甲（官甲・官図）が設置されて以来、官戸に対する民戸の詭寄が一層集中した。これらの事態に対して、知県のなかには、官戸には優免の制限があり、限外の田土には就役させるゆえ、〔詭寄は相対的には消えるべき筈のものであることより、〕それを洗い出す必要はないのである、との楽観的な姿勢を示す者もいた。[55] 官戸の免役田土の増加、即ち承役田土の絶対的減少は、里甲正役内の残存力役である税糧の徴収・解送や水利事業関係の役目自体の重さよりも、役負担の階層が漸次零細化して、相対的に徭役負担の過重となった。この事態は、従来里甲制下で機能した水利の荒廃や税糧の滞納に結果して、国家権力にとって税・役収取の重大な危機となった。かくして、万暦年間に至り、浙江の嘉興・湖州両府では、雑役の優免を限制した上で（均役）、優免限額外の田土に里長・粮長等の残存力役を科派する基準を完全に移して均等田土額の里甲を再編成する（均田）、謂わゆる均田均役法が施行された。[56] 均田均役法は、万暦後年に蘇州・松江・常州の三府でも試行されたが、畝数による里甲の編成（里長の科派）は、実現していなかった。つまり、同法が施行されても、現実には官戸は就役してはいなかった。[57] ただし、江南の五府（南直隷の蘇州・松江・常州三府と浙江の嘉湖・湖州両府）に、一条鞭法施行後も特殊な力役として残存した里長・粮長の役に包摂された漕運・倉庫関係の解戸・斗級等の雑役部分のみは、万暦後年より崇禎年間における均田均役法の改革過程で解消していく方向が確認されている。[58]

しかしながら、万暦より清の康熙年間まで、江南の一部の地方を中心に試行された均田均役法は、大土地所有者に不利な点や、行政村解体の情勢に反する企図であった点などから、その実効については疑問視されている。[59] 以下、里甲正役内の残存力役負担の不公正を是正して、最終的にはその解消（銀納化の方向）をめざした均田均役法の改革過程に出現する、雑役優免の実際の運用規定における挙人の法的位置について検討しよう。

〈嘉興府下の優免の限制〉天啓『海塩県図経』巻六、食貨編第二下、役法の条には、海塩県において、里甲の編審に当る万暦九年以降、田土面積（三二〇畝＝一甲）に応じた里甲編成の前提として、官員・紳士の優免を限制する以下の一連の改革が施行されたことがみえる。その中で、万暦九（一五八一）年の知県蔡逢時の改革をのべた一節には、「科甲出身者は田若干を免ず。貢士・生員・吏承は各おの田若干を免ず」とみえ、優免基準が田土へ完全に移行しており、且つ進士・挙人出身者（科甲）は、優免額において貢生以下胥吏などとは明確に区別されていた。[60] 注目されるのは、田土によって里甲を編成する際に、従来里甲正役には適用されなかったはずの優免が、雑役の優免という形で準用されている点である。天啓・崇禎期の江南地方で、「其の戸役を優免することは、ただ江南及び浙西のみにはこれ有り」[61]などと指摘されたのには、それなりの根拠があったことになる。この点は、以下においても留意したい。なお、改革を求める中小地主層を、従来暴力的に抑圧していた官員・紳士が、今回知県の改革に合意した背景には、徭役の不均が民心の動揺を招いて人心を不安ならしめ、流亡の発生から民変が起こり官員・紳士が攻撃されることを警告した、郷居の一挙人王文禄の階級的立場からの説得が奏功していた。また、本県の以後の改革が成功した理由としては、そのような郷紳支配の総体的危機感が官員・紳士層に認識されていった点があげられる。[62]

つづいて、天啓『海塩県図経』の万暦二十九（一六〇一）年の知県李当泰の改革をのべた一節には、

酌定優免。槩県甲科免田三千、郷科半之。貢途又各有差。監生免田六十畝。生員免田四十畝。異途出仕免田三十畝。吏農免田二十畝。通計免田八万二千三百畝。各戸免外余田、与斉民一体編戸当差。如後人文漸盛、即在縉紳免田中多寡通融、不得侵踰八万二千三百畝之数、虧損小民役田。

とあって、挙人の優免額は、進士三千畝（万暦十四年の則例にみえる京官一品の糧の准田額の三倍）の半分に当る千五百畝である。万暦十四年の則例では、挙人の優免糧額は、監生・生員と等しい約四十畝であった。従って、今回の挙人の優免額は、万暦十四年則例の三七・五倍である。会典の則例では挙人と同額であった監生の優免額は、万暦十四年の規定額に二十畝加増されて六十畝となり、据え置かれた生員のそれ（四十畝）[63]を上回った。歳貢生をはじめ各種の監生が出仕する貢途の優免額は、酌量の余地が残されている。胥吏などより出仕する流外官出身の優免額は、三十畝である。胥吏の優免額が二十畝であるのは、万暦十四年則例と同額である。要するに、万暦二十九年の海塩県の優免の運用規定の実際によれば、挙人（郷科）は、在地の支配階級内部の階層序列の中に、進士（甲科）とともに科挙に合格した特権身分（科甲）として品官待遇が与えられていた。ただ、内外官の優免額の区別とか、それらと未出仕の挙

人との格差規定がないのは、後述の松江府の場合と同様、品級よりもむしろ科挙・学校等の出身別による資格身分が優免の決定基準として重要視されていたことを示す。なお、優免額の決定基準としては、当時は一般に出身別のほかに、内外官・品級・職権の差等が重視されていた。且つ、海塩県の優免の限制は、一県全体で優免田土の総額を固定して、[64]将来に亙って超過分は全て民田に編入するものであった。従って、以後の優免該当者の増加によって、万暦三十九年、天啓元年、崇禎十四年には、本県の優免額は、それぞれ減額された。[65]しかし、海塩県では、実際には糧役につかない独自な里甲（官図・官甲）が編成されていた可能性も指摘されている。[66]

例えば、嘉興府嘉善県では、優免の総額を定めることなく、個別的に限額を定めて、超過分が官図（平湖・嘉興両県も同様）に編入されていた。崇禎時の嘉善の郷官陳龍正『幾亭全書』巻二七、政書所収の辛巳均役条議（崇禎十四年）には、進士八名、挙人四名から成る「官図」（免額及び免額以外の余田を含む）の存在は認めた上で、優免額の二倍を官図に充て、残りは全て民図に編入して北運の重役に充当せよ、との提言がみえる。しかし、この優免田土のみを対象とした官図の設置は実施されず、優免の限制は実現していなかった。[67]陳龍正の提言にみえる従来からの官図に挙人が含まれていたことは、重要である。万暦四十年前後に均田均役法の構想を提言した秀水県の郷官徐必達の『南州草』巻一〇、公移、梓理事宜、賦役条議計開十二項の第二条には、「貢監・生員・吏承の業寡く勢均しき者は旧に照らすを除くの外、合に科甲の士紳を将って別に官里を立つべし」[68]とあって、挙人は、進士とともに、貢監生以下胥吏に至る諸階層よりも田土の所有面積が多く、権勢の強い存在（科甲の士紳）として意識されており、官員身分に准ずる待遇が与えられていた。かくして、経済的には地位の低い生員でも、一たび郷試に合格して挙人の資格身分を取得すれば、かの生員は、詭寄を通じて忽ち名目的大土地所有者となり得たのであった。[69]

〈湖州府下の優免の限制〉　名義上二千二百畝の土地を持つ湖州府烏程県南潯鎮に住む郷官朱国楨（翰林院検討―従七品）は、万暦二十九年に病気療養のために帰省していた。朱国楨は、同年の編審に際して、旧来の原則による里甲編成の矛盾が顕在化した結果、田土による里甲の編成、優免の参酌、優免限外の田土への派役、という内容をもつ均田均役の改革案を、浙江の巡撫・巡按御史に具申した。しかし、改革を支持する王学左派の一部正義派官僚や、下層読書人～手作地主層に指導された、零細な土地しか所有しない農民＝佃戸層を有力な構成分子とした改革を要求する組織的な示威行動にも拘らず、当地の官員・紳士層の反対によって、改革は挫折していた。同三十四年、朱国楨は、詹事府右諭徳（従五品）に昇進して北京に上ったが、湖州の官員・紳士（諸巨室）に教唆された御史の弾劾にあったため、身の潔白を弁明して徹底査明を求める上疏を行なって、仕官せずに帰郷した。その後、同三十九年の編審には、不満ながらも官員・紳士全体が、一応均田均役の改革に合意した。[70] これ以前の万暦三十六（戊申、一六〇八）年、朱国楨は、撫・按の提示した改革の原案（台議四欵〔定里・優免・詿差・貼銀〕）を参酌して、それを烏程県知県曾紹芳に答申した。書牘の中で、朱国楨は、一品三千畝より吏員十畝に至るまで雑役の優免を限制するという撫・按の提示した優免の原案は極めて妥当なものである、との賛意を表明した（これは、実施されたと考えられる）。その優免原案の内訳は、朱国楨『朱文肅公集』（静嘉堂所蔵本、不分巻）第六冊、朱文肅公救荒略戊申年、答曾父母書、参酌台議四欵開後、《優免》の条によって、表6「万暦36（一六〇八）年の朱国楨による限田優免額答申案（提言）」の如く表示できる。

表6の提言にみえる田畝による雑役優免の限制額は、科挙・学校の出身別、京官の地方官の区別、地方官の中でも一般の府県官と監察官僚との区別、官品の高低など、王朝国家の法身分に応じて詳細に規定されていた。[71] 進士出身の京官一品の優免限田額は、三千畝であって、嘉興府海塩県の万暦二十九年の進士の事例と同額である。それは、万暦十四年則例の糧額の准田額の三倍である。未出仕の挙人のそれ（三百畝―監生出身官員待遇）は、海塩県の万暦二十九年の事例の五分の一、万暦十四年則例の糧額の准田額の七・五倍という如く、幾分低額である。未出仕の貢生のそれ（二百十畝）は、挙人の十分の七であって、優遇されている。だが、監生・生員のそれ（三十畝）と胥吏のそれ（十畝）とは、万暦十四年の則例に比べて、それぞれ十畝減額された。

表6　万暦36(1608)年の朱国楨による限田優免額答申案(提言)

出身	内外官員	官品	一品	二品	三品	四品	五品	六品	七品	八品	九品	流外
進士出身(甲科)	京官	(会典)	1000	800	670	535	470	400	335	270	200	
		(提言)	3000	2000	1400	1300	1200	1100	(1000)	(1000)	(1000)	
	外官	(会典)		400	335	267.5	235	200	167.5	135	100	
		風憲官（提言）		1400	1300	1200	1100	1000	1000	1000	1000	
		府県官（〃）				1100	(1000)	(1000)	(1000)	(1000)	(1000)	
挙人出身(郷科)(任子も同様)	京官	(会典)			670	535	470	400	335	270	200	
		(提言)			1000	900	800	700	600	600	600	
	外官	(会典)		400	335	267.5	235	200	167.5	135	100	
		風憲官（提言）		1000	900	800	700	600	600	600	600	
		府県官（〃）				700	600	600	600	600	600	
		教　官（〃）										600
未出仕の挙人			300									
貢生出身	京官	(会典)			670	535	470	400	335	270	200	
		(提言)			700	630	560	490	420	420	420	
	外官	(会典)		400	335	267.5	235	200	167.5	135	100	
		風憲官（提言）		700	630	560	490	420	420	420	420	
		府県官（〃）				490	420	420	420	420	420	
		教　官（〃）										420
未出仕の貢生			210									
監生出身(＊)(照貢生例)	京官	(会典)			670	535	470					
		(提言)			700	630	560					
	外官	(会典)		400	335	267.5	235					
		風憲官（提言）		700	630	560	490					
		府県官（〃）				490	420					
監生出身	京官	(会典)			670	535	470	400	335	270	200	
		(提言)			350	315	280	245	210	210	210	
	外官	(会典)		400	335	267.5	235	200	167.5	135	100	
		風憲官（提言）		350	315	280	245	210	210	210	210	
		府県官（〃）				245	210	210	210	210	210	
		教　官（〃）										210
未出仕の監生			30									
生　員			30									
胥　吏　(吏)			10									

＊「監生官五品係銓陞非納資径授者照貢生例」

なお、風憲官とは、布政司、按察司官を指す。(　)内は推定値。

〈蘇州府下の優免の限制〉万暦中葉の蘇州府太倉州毛家市の管志道（隆慶五〔一五七一〕年の進士、広東按察司僉事をもって万暦十三〔一五八五〕年に退職）[72]は、親族の田土を受詭していたことを告白した謂わゆる郷紳地主であった。[73]管は、その著書『従先維俗議』巻三、《総核中外変体以遡先進礼法議》（表7はこれに拠って作成）の中で、当時江南地方の郷官の中には、先祖代々の官戸や新参の官戸があったが、数県に跨る所有田土が千頃を踰えようとする程の者が存在したこと、そのような異常な土地集積は、官戸の詭寄に起因していたこと、をはじめ以下の指摘を行った。これより先、万暦二十年四月に応天巡撫に就任した劉応麒（江西鄱陽県の人）[74]は、雑役優免の基準を田土に移して、優免限外の余田は斉民と等しく徭役を科派すべき「限田の説」を提起していたが、これは、管をはじめとする当地の郷紳層の反対にあって潰されてしまった。しかるに現在、管志道は、浙江の嘉興・湖州両府における、特権地主たる郷紳地主と直接生産者佃戸との基本的矛盾や、非特権地主としての中小地主あるいは自作農及び佃戸層と、彼ら郷紳地主との階級闘争の激化する情勢[75]に鑑みて、従来の姿勢を転換する必要に迫られた。管志道が劉応麒の提議した線に沿って按配した私案である優免の限田額は、表7「万暦20（一五九二）年以降の管志道による限田優免額私案」として表示できる。

表7によって、科挙・学校等の出身別、内外官や官職の種類、官品等を設定した管の私案にみられる「均徭」（江南五府に特殊に残存した里長・糧長の役に包摂された解戸・斗級等の雑役か）を編審する際の優免限田額（均役の要件）と、嘉靖二十四年の会典の統一則例の、均徭の優免糧額のみを田畝に換算したもの（＝万暦十四年則例の糧額の准田額）とを比較検討しよう。挙人の任官者以上の各ランクの限田優免額（万畝〜千畝）は、現任の京官・地方官ともに、会典規定の約八乃至十倍である。[76]未出仕の挙人と教官のそれ（千畝）は、会典規定の約二十五倍であって、品官待遇に等しい。恩蔭監生或いは歳貢監生の任官者を除いた未出仕の歳貢監生或いは生員のそれ（百畝以上、或いは百畝）は、会典規定の約二・五倍に過ぎない。管志道の優免額の私案には、科挙出身者と学校出身者の資格身分に基づく優免額の格差が拡大しつつあった点が窺見される。特に会典の規定と比べた場合、管の私案中、未出仕の挙人及び恩蔭監生の

表７　万暦20(1592)年以降の管志道による限田優免額私案(77)

<table>
<tr><th rowspan="2" colspan="2">出身</th><th colspan="2">官階</th><th rowspan="2">優免制限額
（畝）
ムー</th><th colspan="3">会典の優免糧額の准田額(78)</th></tr>
<tr><th>京・外官</th><th>職官・官品</th><th>官品</th><th>京官</th><th>外官</th></tr>
<tr><td rowspan="9" colspan="2">甲科の士（進士）</td><td>京</td><td>一品の勲階〜三台・八座※</td><td>10,000</td><td>一品</td><td>1,000</td><td></td></tr>
<tr><td>京</td><td>未進三台・八座</td><td>8,000</td><td>二品</td><td>800</td><td>400</td></tr>
<tr><td colspan="3">「此下則難銖銖較量、当以品級参権要而折衷之」</td><td rowspan="2">三品</td><td rowspan="2">670</td><td rowspan="2">335</td></tr>
<tr><td>京</td><td>三品〜八品の京堂官(両京堂上官＝正官)</td><td rowspan="4">4,000</td></tr>
<tr><td>京</td><td>部・寺・台・省諸郎官七品以上</td><td rowspan="2">四品</td><td rowspan="2">535</td><td rowspan="2">267.5</td></tr>
<tr><td>(京)・外</td><td>二品〜五品の方面官</td></tr>
<tr><td>京・外</td><td>苑・僕・運府諸大夫の四品以上</td><td rowspan="2">五品</td><td rowspan="2">470</td><td rowspan="2">235</td></tr>
<tr><td>京</td><td>八品以下</td><td rowspan="2">2,000</td></tr>
<tr><td>外</td><td>有司五品以下</td><td rowspan="2">六品</td><td rowspan="2">400</td><td rowspan="2">200</td></tr>
<tr><td rowspan="8" colspan="2">郷科の士（挙人）及び恩蔭監生</td><td>京</td><td>京堂官</td><td rowspan="2">4,000</td></tr>
<tr><td>(京)・外</td><td>方面の大僚(二品〜五品)</td><td rowspan="2">七品</td><td rowspan="2">335</td><td rowspan="2">167.5</td></tr>
<tr><td>京</td><td>台察の郎・署</td><td rowspan="2">2,000</td></tr>
<tr><td>外</td><td>運府の長</td><td rowspan="2">八品</td><td rowspan="2">270</td><td rowspan="2">135</td></tr>
<tr><td>京</td><td>部・院の司務</td><td rowspan="2">1,500</td></tr>
<tr><td>外</td><td>州・郡の正佐大夫</td><td>九品</td><td>200</td><td>100</td></tr>
<tr><td>外</td><td>府佐・県正・教諭等の初任官</td><td rowspan="2">1,000</td><td colspan="3">教　官　40</td></tr>
<tr><td colspan="2">未出仕の挙人及び恩蔭監生</td><td colspan="3">挙　人　40</td></tr>
<tr><td rowspan="5">学校の士</td><td rowspan="4">歳貢監生</td><td>京</td><td>京郎以上</td><td rowspan="2">2,000</td><td colspan="3" rowspan="3"></td></tr>
<tr><td>外</td><td>府正(知府)以上</td></tr>
<tr><td>外</td><td>府佐(同知・通判)・県正(知県)</td><td>1,000</td></tr>
<tr><td colspan="2">未出仕の歳貢監生</td><td>100畝以上</td><td colspan="3">監　生　40</td></tr>
<tr><td>生員</td><td colspan="2">「府・州・県学校の生員」</td><td>100</td><td colspan="3">生　員　40</td></tr>
<tr><td colspan="2">武階</td><td colspan="3">「可倣貢行」</td><td colspan="3">（胥吏）　20</td></tr>
</table>

※　一品の勲階とは、宗人府の宗人令・宗正・宗人と、三公（太師・太傅・太保）、三孤（少師・少傅・少保）、太子三師（太子太師・太子太傅・太子太保）の位階をもつ閣臣とを指す。二品の三台八座とは、三少（太子少師・太子少傅・太子少保）の位階をもつ閣臣と、七卿（六部尚書・都察院左右都御史）とを指す。

限田優免額は、著しく伸張している。

万暦三十八（一六一〇）年、応天巡撫徐民式は、南直隷の蘇・松・常三府地方において、五年一編審の糧役について、優免の限制と照田派役とを骨幹とした事実上の均田均役の改革を実施した（その実効は疑問視される）[79]。この時、徐巡撫は、三府下の各県に「議定せる優免則例」の勒石を命じた。その一つとみられるものが、万暦四十六年編纂の『常熟私志』巻三、叙賦、優免、《優免新則》の条にみえる。濱島敦俊氏作成の表8を検討しよう[80]。

管志道の私案よりも一層詳細な表8の各ランクの優免額を会典の規定と比較した場合、進士出身者の優免額は、十倍（最高は京官一品の万畝）であり、挙人・恩蔭監生出身者のそれは、六倍（最高は京官二品の四千八百畝）であり、歳貢等監生出身者のそれは、四倍（最高は京官四品の二千百四十畝）であり、納粟監生出身者のそれは、二倍（最高は京官四品の千七十畝）である。また、未出仕の各出身者の優免額のうち、三千三百五十畝の二甲進士（登科録によれば、明代では毎回平均約五十名）は、進士出身の七品の京官又は三品の外官に相当する。二千七百畝の三甲進士（科挙の毎回の平均は二百五十名）は、進士出身の八品の京官又は四品の外官に相当する。千二百畝の挙人・恩蔭監生は、その出身の九品の京官又は六品の外官に相当する。四百畝の歳貢等監生は、その出身の九品の外官に相当する。この事実は、蘇・松・常三府、特に常熟県下の未出仕の科挙出身者と学校出身者の一部が、見任又は退職官僚なみの品官待遇をうけていたことを意味している。嘉靖二十四年、万暦十四年の優免の原則規定では、教官・挙人・監生・生員は、一括して同範疇の等級内で扱われていた。今回、この中の教官の優免額は不明であるが、監生層は、挙人と同ランクの恩蔭監生と、歳貢等監生、納粟監生、生員と同ランクの国子監生という如く、四つの部分に分離させられた。なかでも、千二百畝の挙人・恩生の優免額は、他のランクのそれと比べて、会典規定（万暦十四年題准則例の準折率では挙人の糧額は四十畝に換算された）の三十倍という顕著な伸び率を示している。このように、糧役の割り当てにおける科甲出身者の優免額は、会典規定の拡大解釈として実現しているが、この事実は、彼らがそれらの力役を実質的に回避するために

表８　応天巡撫徐民式による万暦38(1610)年の優免新則

	1品	2品	3品	4品	5品	6品	7品	8品	9品
進士照会典加十倍									
京官（典）	1,000	800	670	535	470	400	335	270	
京官（則）	10,000	8,000	6,700	*2,305	4,700	4,000	*3,305	2,700	
外官（典）		400	335	267.5	235	200	167.5		
外官（則）		4,000	*3,305	2,675	*2,305	2,000	*1,707		
未進二甲	3,350								
未進三甲	2,700								
挙人・恩生照会典加六倍。									
京官（典）		800	670	535	470	400	335	270	200
京官（則）		4,800	4,020	3,210	2,820	2,400	2,110	1,620	1,200
外官（典）		400	335	267.5	235	200	167.5	135	100
外官（則）		2,400	2,010	1,605	1,410	1,200	*1,005	810	600
未進	1,200								
選貢照会典加四倍。									
京官（典）				535	470	400	335	270	200
京官（則）				2,140	1,880	1,600	1,340	1,080	800
外官（典）			335	267.5	235	200	167.5	135	100
外官（則）			1,340	1,062	940	800	710	540	400
未進	400								
粟監照会典加一倍									
京官（典）				535	470	400	335	270	200
京官（則）				1,070	940	800	670	540	400
外官（典）				267.5	235	200	167.5	135	100
外官（則）				530	470	400	354	270	200
秀才・監生	80								

封　　君	随品格、加六倍免。
故　　官	未及三年者、照原品級免。
武職・掾職	照会典免。

単位　畝、（典）会典、（則）新則
＊は常熟私志の記載のままである。〔なお、会典の外官についての一部の数字の誤りは、和田が訂正した〕

措定した政治的意図を示唆している。実際次にみるように、明末の松江府では、粮長・里長等の役（の分化したもの）に、進士出身者は全く就役してはいなかったのである。

〈松江府下の優免の限制〉　清初松江府婁県学の生員（青衿）であった葉夢珠は、『閲世編』巻六、徭役の条で、明末清初の松江府において、五年一編審の布解・北運・南運・収催・坐櫃・秤収・収兌・収銀等の大役、十年一編審の排年分催（催弁銭糧を職責とする里長正役の分化したもの）[81]等の小役や、その他の総甲・塘長等の徭役（力役）の優免額について、左のように指摘した。

縉紳例有優免、不与焉。貢監生員優免不過百余畝。自優免而外、田多富家者、亦並承充。大約、両榜郷紳、無論官階及田之多寡、決無簽役之事。乙榜則視其官崇卑、多者可免二三千畝、少者亦千畝。貢生出仕者、亦視其官、多者可免千畝、少不過三五百畝。監生未仕者与生員等、即就選、所贏亦無幾也。

これによれば、縉紳（進士・挙人、又は同出身の現任・退職官僚）は、貢生・監生・生員が右の諸役に当るのに反して、概して就役してはいなかった（そのような情況は、万暦期以来みられた）[82]。厳密にいえば、進士（両榜）出身者は、官品の高低及び所有田土面積の多少に拘らず、徭役を全額免除されていた[83]。但し、挙人（乙榜）出身官僚の優免額は、官品の高低に従って、二三千畝より千畝（会典の規定額の約二十五倍〜七十五倍）の範囲内にあった。貢生出身官僚の優免額は、挙人出身官僚のそれの約二分の一ないし三分の一であった。監生・生員の優免額は、百余畝程度であって、会典の規定額の約二倍強である。未出仕の挙人の優免額は、特別に規定はないが、少なくとも千畝と考えられる。従って、それは、会典の規定額の約二十五倍と推定される。とすれば、未出仕の挙人の優免額の松江府下における実際は、監生・生員のそれの約十倍であったことになる。要するに、右の優免の運用規定は、科挙・学校の出身別に基づく身分制化の意図を露骨に表現したものであった。

おわりに

明朝専制国家の規定した京官より胥吏に及ぶ特権的な徭役の優免条例（則例）を検討した場合、任官前の未出仕の挙人は、均徭法創行直後の正統十（一四四五）年以後は監生範疇、その郷居化の進む弘治七（一四九四）年以後は独自に挙人として、均徭雑役を免除された。優免基準は、均徭銀納化の進展による均徭賦課基準の変化に即応して、弘治・正徳年間には人丁より人丁・田糧へ、或いは田畝のみへも移行したが、当時の挙人の優免額は、基本的には正統以来の人丁二丁のままであった。

優免の特権をテコとした詭寄・濫免等によって、里甲内各戸間に徭役負担の著しい不均衡が生じた嘉靖年間（一五二一―六六）には、一条鞭法や十段法による徭役改革が始まった。優免が適用される均徭の一条鞭法は、嘉靖十年以降に華北・華中の一部の地方で開始された。条鞭の施行令が出された同九（一五三〇）年の則例における優免基準は、均徭の賦課基準に即応した糧石・人丁へと移行した。挙人の優免額も、教官・監生・生員とともに、従来の人丁二丁の外に糧二石が加増されて、初めて胥吏のそれ（糧一石・人一丁）より上位におかれた。特権地主による土地集積の一層の進展に対応した嘉靖二十四年の統一制限則例によって、官員は優免の糧・丁額を加増されたが、挙人のそれは、据え置かれた。さらに、嘉靖末年以降の徭役方面の一条鞭法の進展に伴って、万暦十四（一五八六）年には、糧・丁の相互換算と、糧額に比重を置いた糧・丁の田畝換算とが公認された結果、優免基準は、事実上田土に移行した。しかし、内外品官の優免額の最低額であった閑住の外官が初めて挙人よりも上回ったのに反して、糧・丁の准田率を品官以下に引き下げられた挙人のそれ（四十四畝）は、まだ監生・生員と同列に置かれていた。一方、里甲編成の存続を除けば、一条鞭法と同質内容をもつ均徭課徴の方式である十段法も、嘉靖期の華中・華南の各地で断続的に施行された。十段法には、一条鞭法の優免則例が適用されていたことより、同法下の挙人に関する優免の糧・丁額も、条鞭下のそれと変わりなかったものと考えられる。要するに、弘治七年以後万暦前葉に至る、最終的には銀納化された雑役部分に対する徭役改革における優免額の規定を検討した場合、挙人に対する国家のそれは、品官との間に差等を設定して監生・生員と同列に置こうとする冷遇措置でもあった。

ところが、万暦期（一五七二―一六二〇）以降、特権地主（特に進士・挙人層）による大土地所有の矛盾が激化した江南の五府で試行された、正役中の負担の重い残存力役部分に対する均田均役法の改革では、原則上里甲正役には適用されないはずの優免が、正役に付随した雑役の優免に準拠して拡大適用されており、優免の基準も、人丁が捨象されて田畝のみとなった。官員・紳士の合意に基づく同改革の優免の運用規定（或いは私案）には、科挙・学校等の出身別による身分差が截然と反映されていた。未出仕の挙人の免田額（ほぼ千五百畝より千畝）は、進士出身の一品の京官のそれが会典の原則規定の最高十倍であったのに比べて、二、三十倍にも伸張しており、それは品官侍遇に等しかった。これに対して、会典規定の上で従来挙人と同列に並んでいた生監層の免田額（百畝前後）は、旧態依然であった。このように、明末の江南社会にあって、官戸の里甲に編入されたり、名目的土地集積によって階級矛盾を激化せしめ、役法改革の主要な対象となって台頭しつつあった未出仕の挙人は、国家権力―官員・紳士双方の力関係の産物として、地方政治の場で決定された優免の運用規定においては、科挙出身（科甲）として、学校出身の生監層よりも格段に高い官員に準ずる特権的身分上の地位が保証されていた、と考えられる。

註

（1）呉晗「明代的科挙情况和紳士特権」『灯下集』三聯書店、一九六〇年、九四―七頁。閔斗基「清代生監層の性格（下）」（山根幸夫・稲田英子訳、『明代史研究』5、一九七七年）は、明代と異なり、それ自体では任官が不可能であった清代の生監層は、制度的に平民と違った特権的地位をもつという点では紳士であるが、社会的実際的支配層という観点では中間層である、という。明・清地方官の各出身者別統計によれば、清代生監層の任官率は、むしろ明代よりも高いことより、閔氏の見解は必ずしも正しいとは言えない。本書第九章、三四四頁、三四六〜四七頁他、参照。

（2）正徳『大明会典』巻二二、戸部三、優免差役、事例。万暦『大明会典』巻二〇、戸口二、賦役、凡優免差役。『明実録』英宗・正統六年閏十一月壬辰、同七年六月戊午、同八年八月辛亥、『明実録』世宗・嘉靖二十三年十月壬辰の各条。陳仁錫『皇明世法録』巻三九、優免差役。

（3）拙稿「明代挙人層の形成過程に関する一考察」『史学雑誌』八七―三、一九七八年。

（4）『明実録』太祖・洪武二年十月辛卯の条。正徳『大明会典』巻二二、戸口三、優免差役。万暦『大明会典』巻七八、礼部三六、学校、儒学、選補生員。

（5）『明実録』英宗・正統二年六月乙亥
　直隷楊州府泰州判官王思旻奏。洪武以来、内外見任官、倶免原籍差徭。今有司差派無異凡庶。実違旧制。上命行在戸部、申明旧制行之。

（6）『明実録』英宗・正統十二年正月丙子、同書憲宗・成化二年八月辛丑の各条。

（7）『明実録』太祖・洪武十年二月丁卯。万暦『大明会典』巻二〇、戸部七、戸口二、賦役、凡優免差役、事例、洪武十三年令。正徳『大明会典』巻二二、戸口三、優免差役、正統元年令。在京文武官員之家、除里甲正役外、其余一応雑泛差役倶免。

（8）『明実録』太祖・洪武十二年八月辛巳、『明実録』英宗・宣徳十年二月辛亥、正統十四年十二月戊午の各条。

（9）註（3）拙稿。

（10）山根幸夫『明代徭役制度の展開』東京女子大学学会、一九六六年。小山正明「賦役制度の変革」岩波講座『世界歴史』12、一九七一年。

（11）戴金編『皇明条法事類纂』巻八、吏部類、貢挙非其人、計四十一条、一優免官吏生員雑泛差役、成化四年の条。註（6）参照。

（12）万暦『大明会典』巻二〇、戸部七、戸口二、賦役、凡優免差役、事例、弘治……十八年議准。見任及以礼致仕官員、照例優免雑泛差徭。

（13）岩見宏「銀差の成立をめぐって」『史林』四〇―五、一九五七年、五八―六三頁。註（10）山根著書一〇九―一七頁。

（14）小山正明「明代の十段法について（二・完）」千葉大学文理学部『文化科学紀要』一〇、一九六八年、一六―七頁。

（15）弘治『常熟県志』巻三、叙官治、差役、註（14）小山論文三七頁。

（16）『明実録』孝宗・弘治十六年六月乙巳、

刑部主事劉喬言五事。一謂浙江各府徭役軍需、皆計丁田派徴。而官員之家、率得優免。遂致奸偽者、多詭寄勢家。而徴科重累小民。乞定優免之額。京官及方面官三品以上者、優免若干、七品以上者、優免若干。八品以下者、優免若干。其余丁田悉照民間均派。……命下其奏於所司。

（17）顧炎武『天下郡国利病書』原編第七冊、常鎮、武進県、里徭優免、正徳十六《ママ》年、巡撫都御史羅案験内開によれば、弘治十七年の人丁優免規定は、正徳六年にも再確認された。なお、蘇松巡撫羅鑒の任期は、正徳五年九月より六年二月までである。

（18）註（3）拙稿。

（19）『明実録』孝宗・弘治十二年十月丙辰の条。同書世宗・嘉靖元年十二月癸巳の条参照。

（20）本書二五一頁所引『節行事例』《内外官員優免戸下差役例》。『御選明臣奏議』巻一六、請均田役疏正徳十六年唐龍、参照。

（21）嘉靖期の華北の銀納化については、谷口規矩雄「明代華北における銀差成立の一研究」『東洋史研究』20―3、一九六一年（『明代徭役制度史研究』同朋社、一九九八年、所収）。註（10）山根著書の附論。註（10）小山論文。

（22）藤井宏「創行期の一条鞭法」『北大文学部紀要』九、一九六〇年、二六―七頁。

（23）栗林宣夫「一条鞭法について」『歴史教育』一二―九、一九六四年。註（10）小山論文。

（24）岩見宏「明の嘉靖前後に於ける賦役改革について」『東洋史研究』一〇―五、一九四九年、一六頁。註（22）藤井論文。山根幸夫「一条鞭法と地丁銀」『世界の歴史』（11）筑摩書房、一九六一年。

（25）註（22）藤井論文。

（26）万暦『大明会典』巻二〇、戸部七、賦役、凡優免差役、事例、嘉靖九年令。

（27）註（22）藤井論文二七頁。

(28) 嘉靖『広東通志』巻二二、徭役、嘉靖六年詔。
(29) 註（22）藤井論文四五―六頁。
(30) 註（24）岩見論文一〇―五頁。註（83）参照。
(31) 海瑞『海瑞集』（中華書局、一九六二年）上編、応天巡撫時期、《被論自陳不職疏》。
(32) 『明実録』世宗・嘉靖十八年二月辛丑の条。
(33) 『掖垣人鑑』後集巻一三、胡叔廉。
(34) 『明実録』世宗・嘉靖二十四年六月辛丑の条。
(35) 『海瑞集』上編、淳安知県時期、興革条例、工属、優免、

今後遇徭差、倶照嘉靖二十四年部科題准前項通行則例、酌裁優免、以為中正之法。……仍照本県旧規、以田十畝准一丁、田二十五畝准糧一石以算、為優免之数。

(36) 張萱『西園聞見録』巻三三、外編、賦役後、催科、何源。『皇明経世文編』巻二三二、聶豹「聶貞襄集」巻一、疏、応詔陳言以弭災異疏、《三曰覈官籍以均徭役也》参照。
(37) 『明実録』世宗・嘉靖四十四年二月丁丑、同四十五年四月丁卯の各条。王文禄『書牘』（百陵学山）巻二、上侯太府書。
(38) 万暦『大明会典』巻二〇、戸口二、賦役、凡優免差役、隆慶元年令。
(39) 銭一本編『万暦邸鈔』万暦九年夏四月、行丈量法大均天下田賦。郭元柱編『親民類編摘抄』（万暦十六年序）三、清造編、一禁詭米之弊及び一防倖脱之弊。註（73）。顧憲成『涇皐蔵稿』巻四、又（与諸敬陽儀部）。黄宗羲『明儒学案』巻六〇、東林三、孝廉許静余先生世卿。
(40) 『海瑞集』上編、六、応天巡撫時期、《督撫条約》及び《則例》。『西園聞見録』巻三二、外編、賦役前、《申公時行日優免一事》（申時行は、蘇州地方の圧倒的数量を誇る挙人・監生・生員層の世論を背景として、詭寄・濫免の偉大な機能を隠弊した狡猾な階級擁護論を展開している。）参照。
(41) 田生金『徽州府賦役全書』（不分巻、泰昌元〈一六二〇〉年自序）《休寧県》の条によれば、優免の対象として物料銀と徭費銀がみえる。註（10）山根著書一四四頁と一七二頁によれば、銀差成立以後、南直隷・浙江・湖広・江西・雲南の各府で

は公費の一部が、華北の各地では上供・公費の多くが、均徭銀差の中に繰り込まれていた。この事実は、上供物料中の雑弁銀、或いは民壮銀に優免が適用される契機をなすものではなかろうか。

(42) 夫馬進「明末の都市改革と杭州民変」『東方学報』京都・第四九冊、一九七七年、によれば、明末の江南諸都市に居住する郷官〜胥吏等の特権層は、城郭内巡警役（均徭とは別の雑役）をも全額免除されていた。郭元柱編『親民類編摘抄』四、興革編、一革坊丁以除苦役。呉応箕『樓山堂集』巻一三、与徐令公論流賊防守書。『明実録』世宗・嘉靖七年閏十月甲申条。

(43) 焦竑『国朝献徴録』巻九八、四川、副使、四川按察使提学副使傅公光宅墓志銘于慎行。

(44) 山根氏は、嘉靖二十四年の優免統一則例の中の京官の糧額を、万暦『余姚県志』巻一〇、食貨志上、田畝の条によって、田畝に換算された（註（10）山根著書一七八頁の註（61）・（62）、一二一頁）。紹興府余姚県の糧額の准田率は、果して嘉靖期のものであろうか。

　なお、川勝守氏は『中国封建国家の支配構造』東京大学出版会、一九八〇年、四四四頁において、万暦『武進県志』巻三、銭穀一、優免の条を根拠に、「万暦十四年丁・粮と田相互准折の規定は、嘉靖十年の規定に法的根拠をもつ。[39]」と述べ、その註（39）（四五〇頁）において、和田がこの点を無視しているとされる。たしかに、嘉靖九年十月に裁可された戸部議案に基づく雑役優免事例は、常州府江陰県には一年後の同十年十月に「均徭例免官吏丁粮則例」として通達されてはいる。しかし、その内容は嘉靖九年十月に全国各省へ通達されたものと同じである。むしろ、氏のいわれる法的根拠は、嘉靖九年十月の優免事例に基づくと言うべきではなかろうか。

(45) 『清実録』世祖・順治五年三月壬戌、《定優免則例》。雍正『大清会典』巻三一、戸部九、徴収、凡優免丁糧にみえる順治二年議准、同五年題准、同十四年題准、雍正四年覆准、参照。藤岡次郎「清代の徭役」『歴史教育』一二―九、一九六四年、六九頁。

(46) 『清実録』聖祖・康熙二十九年六月乙亥、丁亥の各条及び同年九月乙卯の条。註（45）藤岡論文六九頁。

『皇朝経世文編』巻三三、戸政八、張杰《均徭文》（嘉慶末年頃の上疏）

　直隷地方、毎値巡幸謁陵諸差、……間亦有按地畝者。而富者地多、可以隠匿。惟貧者分釐必科、亦不能画一。……富紳中之強梁者、不但優免己田、且幷其親友而包攬之。

註（55）、及び本書第三章、一二九頁と註（43）、本書第五章、二〇〇頁と註（36）、（37）参照。

（47）北村敬直『清代社会経済史研究』大阪市立大学経済学会、一九七二年、七一頁。

（48）十段法は、早くは成化初年の福建邵武府下で施行され、嘉靖四十四年には江南で定例化された（その実効は不明）。但し、正徳年間までのそれらの改革における具体的な優免規定は、明らかではない。小山正明「明代の十段法について（一）」『前近代アジアの法と社会』一九七六年、三八二―八三頁。註（14）小山論文八頁。

（49）註（14）小山論文二七―三一頁、一四―七頁。

（50）註（48）小山論文三八三―八四頁。

（51）註（24）岩見論文七―一〇頁。山根幸夫「十五・六世紀中国における賦役労働制の改革―均徭法を中心として―」『史学雑誌』六〇―一一、一九五一年、五七―六四頁。註（10）山根著書一一七―一二八頁。

（52）註（14）小山論文二―七頁。江陰県に適用された優免額規定は、前掲『天下郡国利病書』所引の『武進県志』の里徭《優免》条にみえる「嘉靖十年、礼部尚書汪《ママ》題准」中の優免額規定とも同内容である。それは、嘉靖九年の則例が同十年二月に応天巡撫毛思義によって常州府下に示達されていた（江陰県の優免徭役碑の〈碑陰〉）からであろう。

（53）註（14）小山論文二頁の〈碑面〉。註（37）参照。

（54）唐順之『荊川先生文集』巻九、《答北崖郡守論均徭》。註（14）小山論文二七頁。

（55）王思任『王季重先生文集』巻一、均役全書序

　詭寄不須清、花分必難禁也。何者。官甲有優免之限、則限外皆当役之田、是不須清也。

本史料の解釈に関し、筆者の舌足らずな記述に対して、濱島敦俊氏よりご批判を頂いた。『明代江南農村社会の研究』東京大学出版会、一九八二年、三八〇～八一頁。但だ、明末の特に江南社会における花分・詭寄は、たとえ禁令が出されても消滅し難い情況があった点、並びに優免の限制そのものが機能していない局面があった点等を考えるならば、思任や濱島氏の提示された陳継儒の主張には、地主階級擁護という立場からの利己的姿勢すら窺われる。尚、雍正『大清会典』巻一五五、刑部、律例六、戸律一、戸役一、賦役不均の条にみえる雍正五年律例館奏准には、紳衿本人への丁銀の優免にも拘らず、子孫や族戸への濫免とか、包攬・詭寄の由々しき事態への処罰規定が詳述されている。

(56) 濱島敦俊「明末浙江の嘉湖両府における均田均役法」『東洋文化研究所紀要』五二冊、一九七〇年。なお、湖広では、丁・糧額による里甲の編成もみられた。小畑竜雄「里甲編成に関する諸問題」『山口大学文学会誌』九―一、一九五八年。栗林宣夫『里甲制の研究』文理書院、一九七一年、三三四―三六頁。
(57) 濱島敦俊「明末南直の蘇松常三府における均田均役法」『東洋学報』五七―三・四、一九七六年、九二頁。
(58) 川勝守「明末、江南五府における均田均役法」『史学雑誌』八五―六、一九七六年。
(59) 註(45)藤岡論文六八―九頁。
(60) 註(56)濱島論文。川勝守「張居正丈量策の展開(一)」『史学雑誌』八〇―三、一九七一年、三四―五頁。濱島敦俊「均田均役の実施をめぐって」『東洋史研究』三三―三、一九七四年、七九―八〇頁、九四頁。
(61) 『嘉興県啓禎両朝実録』白糧、所収の崇禎十三年六月の戸部尚書李侍問の上奏に引用された浙江布政使金之俊の上言(註(57)濱島論文一五二頁)。
劉宗周『劉子文編』巻九、正学名臣丁長孺先生墓表崇禎戊辰十二月
　呉俗善逋賦、以郷紳家悉免繇。
嘉慶『嘉興府志』巻五九、列伝一〇、平湖県、孝義、明、倪虬(天啓頃の紳士)
　県中徭役無定律。正差雑差、率脱豪右、科貧弱。
朱国楨『朱文粛公集』(鈔本)第六冊、自述行略、
　寔編審一事、……士夫、固在里甲中有役也。襍差、自吏承而上皆免。品官依品免丁粮、非言常役。以丁粮寛其人、優其体、決不以常役尽寛其家、使無紀極也。……乃其尽免者、起于東南士大夫日増日盛、豪挙把持、習為固然。
参照。
(62) 註(60)濱島論文八二―五頁。
(63) 高林公男「明代の優免規定の変質について」『鹿大史学』二四、一九七六年、三二―七頁は、徭役の科派基準が十段法の田粮・人丁より均田均役法の田土へと移行した要因、及びそれに即応した生員の優免額が嘉靖年間の二石・二丁より万暦年間に田四十畝に移行した要因として、万暦九年の張居正丈量による税の科則性の一律化による各県の土地生産力の均等化を

あげているが、これは誤りである（註（60）川勝論文二六―七頁参照）。また、生員の優免額は、十段法下では七十畝、一条鞭法下では四十畝となり、均田均役法下では四十畝或いは三十畝という如く、変化していた。但し、渡昌弘「明代生員の徭役優免をめぐって」『東方学』九七、一九九九年は、生員への全面的優免については再検討を求める。

(64) 註（63）高林論文（三二―七頁）は、十段法の優免規定では一県全体の優免額は決められていないというが、これは誤りである（註（14）小山論文一〇頁参照）。なお、均田均役法下で一県全体の優免総額が固定されたのは、海塩県の場合だけであって、他の江南五府における優免の限制は、個別的に行われており、官図が設置されて詭寄が集中したのが実態であった。

(65) 註（56）濱島論文一八五頁。

(66) 註（58）川勝論文三九頁。

(67) 註（56）濱島論文一七二―七八頁。

(68) 註（58）川勝論文二六頁において、川勝氏が「郷紳を科甲（進士出身）」というのは、科甲（挙人・進士出身）と訂正すべきである。『清国行政法』第一巻、一七五頁参照。

(69) 崇禎『大倉州志』巻八、賦役志、白糧、

或曰、是在花詭可禁也。夫妻中甲第蟬聯、冠蓋相望。貧士一登賢書、驟盈阡陌。

(70) 註（60）濱島論文八七―九頁。

(71) 註（63）高林論文（三二―七頁）は、十段法の優免規定は官僚層に対して詳細に規定されているが、均田均役法のそれは、士人層をも主要な対象としており、京官と外官、現任官と郷官等の区別が存在しないという。これが誤りであることは、湖州府の事例及び後述の蘇州府の事例でも確認される。

(72) 銭謙益『牧斉初学集』巻四九、行状四、湖広《ママママ》按察司僉事晉階朝列大夫管公行状。『国朝献徴録』巻九七、広東按察司僉事管公志道墓志銘。

(73) 管志道『従先維俗議』（『太昆先哲遺書』所収）巻五、《仕者勿庇族以厲民》。

(74) 『明実録』神宗・万暦二十年四月庚戌、十二月壬子、同万暦四十年七月甲辰の各条。

(75) 註（60）濱島論文七二頁参照。

(76) 嘉興・湖州両府の優免の最高限度額が、会典の規定の約三倍であったのに比べて、蘇州・常州のそれは十倍である。そのような格差は、郷紳的土地所有の程度のあり方と関連するものであろうか。
(77) 本表に類似した註(58)川勝論文所引の表を引用しなかったのは、管志道の原文に対して、川勝氏と筆者との間に若干解釈上の違いがあり、且つ氏も知る如く、筆者は以前より本表を作成していたことによる。
(78) 嘉靖二十四年の統一則例の糧額の准田額は、既述の万暦十四年則例に拠る。
(79) 註(57)浜島論文一〇八頁。
(80) 註(57)浜島論文九六頁。
(81) 註(10)山根著書一四四―一五二頁参照。
(82) 王思任『王季重先生文集』巻一、均役全書序、
此青浦県清田均役之書也。……大役倍為繁苦。往年、……三呉官戸不当役。于是、有田之人、尽寄官戸逃険負嵎。……徐大中丞曰……。于是有清田均役之議、上疏、報可。
(83) 既述のように、明末では、優免の適用範囲が均徭のみならず、法制上は認められない里甲正役(『図書編』巻九〇、本朝差役図、「里甲例無優免」。註(7)参照)内にも及んでいたことを指摘する事例は、特に江南では珍らしくはなかった(註61)。華北でも、『皇明経世文編』巻四一六、「呂新吾先生文集」、疏、摘陳辺計民難疏によれば、万暦二十年頃の山西巡撫呂坤は、同省内の優免限額外の田粮・人丁に編派される「粮長・里長・水馬夫・倉斗・庫役」等の重差は、官僚士大夫より末端の額設胥吏(行頭)に至るまで事実上免除されている実態のみられたことを指摘している。康熙十二年の河南巡撫佟鳳彩の条陳民困疏(雍正『河南通志』巻七六、芸文五)にも、官・儒戸は、「甲に入りても差に当らず」との指摘がある(註(56)栗林著書二三三頁)。多分、そのような傾向は、一条鞭法下において、均徭のみならず、正役の一部(雑弁)や民壮等の役にも優免が適用される情況の推移とも関連するものであろう(註(41)参照)。だが、江南地方において、右の傾向を助長した直接的契機としては、川勝氏も指摘した如く(註(58)川勝論文四―一一頁)、粮長・里長等の正役に不可分に包摂されていた解戸・斗級等の雑役部分に対する優免が、田土によって粮長・里長の役を科派する際に、それらの正役にも波及拡大していた事実があげられる。註(24)岩見論文一五頁。註(22)藤井論文二八頁、四九頁、参照。

第八章　明代科挙官僚家系の連続性

はじめに

古典の教養を試験して広く人材を登用する公平な実力試験である旧中国の科挙は、高級官僚の資格認定乃至選考試験として、隋の文帝時代より光緒三一（一九〇五）年まで約千三百年間行われたのであるが、明代以降その応試資格には重大な変化がみられた。即ち、明初に科挙に応試できた有資格者は、府・州・県の国立学校の学生（生員）や中央の国立大学（国子監）の学生である監生に限定された結果、科挙制度は学校制度に合併又は包括されて生員や監生は終身の資格＝身分となった。これに伴って、狭義の科挙試の第一段落である郷試の合格者である挙人の資格も終身の身分と化した。以上の生員・監生・挙人と、科挙試の最終段階の合格者である進士とは、後述する徭役の免除をはじめとした諸特権を賦与されて、明代中期以降の封建支配階級内部に特権的諸階層を形成して定着した。(1)原則的には、生員以外の監生・挙人・進士は、そのままの資格で任官が可能であった。(2)

本稿は、科挙の合格者である挙人・進士が、彼らや生員・監生さらには官員という特権的身分体系の全体＝官僚体系（広義の官戸・紳戸）に位置する人物を、族的結合という視角よりとらえた家系内の連続的側面においてどの程度に獲得していたかについて、科挙に合格した同期生の履歴簿冊つまりクラス・リストである登科録に記された曾祖父・

祖父・父の三代、及び本人・兄弟・子供に亙る直系・傍系の血族の有資格者の有無を数量分析することと、彼らに付与された特権の主柱をなす徭役優免の適用の実態とを手がかりに検討したものである。

官僚もしくは紳士の家系に関する個別具体的分析は、日本では若干の蓄積がある。(3)しかし、明・清時代を通じて官僚家系の連続・非連続に関する綜体的傾向を占う研究は、日本では殆どなされていないのが現状である。米国の何炳棣『明清社会史論』では、明・清時代の進士の登科録を統計分析して、官僚家系を階層移動の数量的側面から考察したソシアル・モビリティとしての究明が試みられている。例えば後にもふれるように、進士は本人以前の三代において、一人以上の官僚もしくは監生以上の有資格者をもつ家系よりいわば固定的に輩出する傾向をみせていたことが明らかにされている。この点は、本稿の登科録の分析結果とも基本的にはほぼ一致しているが、本稿のそれは特に何説の明・清を通じたトータル・アベレージに接近している。(4)但し、本稿では該進士の三代の祖先の中、一人以上の生員だけしかもたない家系については、特別に一カテゴリーとして分離せず、官僚体系の戸に包括した点が何説とは異なる。また何説では、官僚専制国家の構造的特質をなす宗族ならびに、それを基盤に登場する科挙官僚家系の世代的連続の側面がもつダイナミズムの本質については十分な究明がなされていない。本稿が準備されたのは、知識人の源流をなす旧中国の士大夫・読書人が官僚として登場する前程である科挙の挙人・進士に合格した場合、その家系に連続的側面を濃厚に認めうるとすれば、そのことは特権官僚の族的結合の所産として理解し得るのではないかという課題究明のための極く初歩的作業に着手する目的をもつ。

本稿で使用した登科録は、民国五十八（一九六九）年台北台湾学生書局景印本の明代史籍彙刊に収録された、屈万里輯『明代登科録彙編』（国立中央図書館蔵）の中より選んだ、本人以前の三代の身分が判明する進士登科録十七冊と郷試録二冊との計十九冊である（雛型参照）。(5)『明代登科録彙編』には、明初より崇禎年間に刊行された計六十六種の登科録が収録されている。この中、殿試登科録は二十冊、会試録は十冊、郷試録は三十二冊、武挙録は四冊である。

何炳棣『明清社会史論』の関係書目には、『明代登科録彙編』と共通する進士登科録のほかに、洪武四年・成化十一年・嘉靖三十八年、万暦五年の各進士登科録と、万暦十一年癸未科会試録・万暦壬辰（二〇年）科進士履歴便覧・万暦廿九年辛丑科進士履歴便覧との計七種の新たな登科録がみえるが、本書にみえる嘉靖丙辰（三五年）同年世講録は見えない。また同書の関係書目には、本稿で使用した嘉靖辛酉（四〇年）科山東郷試同年序歯録も見当らない。

第一節　史料の語る官戸の急激な没落傾向

周知の如く明・清時代の科挙制下の諸身分は、終身の身分つまり本人一代限りのものであり、世襲のものではなかった。明末江南の士大夫の文集を検索した場合、富貴の家とか貴室巨家などの官僚家系は、早いものは五～六年で、或いは十年～二十年さらには三十～四十年の間に没落してしまう、(6)との指摘がある。これらの文言は、当該年代における事実の一端を物語っていることも確かであろう。官戸の急激な没落傾向は、すでに十六世紀前半の正徳年間にみられたことが松江府華亭県の郷官何良俊によって指摘されている。『四友斎叢説』巻三四、正俗一には、

至正徳間、諸公競営産謀利。一時如宋大参愷、蘇御史恩、蔣主事凱、陶員外驥、呉主事哲、皆積至十余万、自以為子孫数百年之業矣。然不五六年間、而田宅皆以易主、子孫貧匱至不能自存。宋大参即余外甥家、得之目撃者、此四十年間事耳。然此十万之業、子孫縦善敗亦安能如是之速。蓋天怒而神奪之。……蓋吾松士大夫、一中進士之後、則於平日同堂之友謝去、恐不速。里中雖有談文論道之士、非唯厭見其面亦且悪聞其名。而日逐奔走於門下者、皆言利之徒也。或某処庄田一所、歳可取利若干。或人借銀幾百両、歳可生息若干。或某人為某事、求一覆庇、此無碍於法者、而可以坐収銀若干、則欣欣喜見於面而待之、唯恐不謹。蓋父兄之所交与而子弟之習聞者、皆此輩也。

とあって、官員家の急激な没落要因としては、彼らが進士に合格して以後は礼教には見向きもせず、一心不乱に田土

等の不動産売買や高利貸、地位による特権的庇護等を斡旋するブローカー（言利の徒）の接近を許容し、むしろ彼らと積極的に連携して（多分に暴力的に）蓄財に努めて成金化する一方、己れが国家身分に基づいて富貴を成したという冷厳な宿命を担っているにも拘らず、(7)士大夫の本分を忘れ果てた本人及び子弟が一旦官界における己れの地位に悲劇的変動を来した場合、それを契機に「子孫百年の業をなす」ほどの財産も忽ちのうちに霧散する運命にあった点が考えられる。一族（外甥＝宋愷）の盛衰を四十年間に亙って目撃した何良俊は、それら官戸の没落に対して、「蓋し天怒り神これを奪うが若し」との感慨をもたらしている。この感慨には、王朝末期の貪官ならびにその一族（父兄・子弟）による経済外強制を伴う階級矛盾の激化に対応した、士大夫への勧善懲悪的警告が含まれていると考えられる。

実際、急速な没落官僚としてあげられた五名の中、例えば華亭県出身の御史蘇恩の場合は、こうである。焦竑『国朝献徴録』巻六五、道御史、湖広道監察御史一斎蘇公恩墓誌銘（徐階）には、嘉靖後年に宰相を勤めた同郷の徐階によって蘇恩の治績と人となりが記されている。それによれば、蘇恩は正徳三（一五〇八）年、二十六歳で進士に合格して、翌年郷里より僅か五〇㎞（百里）程の距離にある、姻戚・友人の住む隣省の嘉興府秀水県の知県に就任したのち、湖広道御史、四川巡按御史、広東巡按御史を歴任して、二十年後四十五歳前後の嘉靖初年に退職した。徐階は御史・巡按としての蘇恩の政績が優れていた点を多くの字数を費して称揚しているが、中でも知県や巡按時代の蘇恩は、農民の田土を不法占有した巨族より田土を奪回してやり、姻戚・故友の請託や属官の贈賄、或いは上官への贈答を拒否して、専ら法の厳正な執行者に徹したために、就官ごとに誣告にあって中途退職の止むなきに至った結果、その在職期間は僅か数年に過ぎなかった、という。とすれば、蘇恩は最終退職までの二十年間の中の十四、五年間は郷里の沙岡市(8)に帰郷していたことになる。徐階はその間の蘇恩の行状について、「公は家居するも賓友と過従するを楽しまず、宴術・問遺の跡は郡県に及ばず」とさりげなく記すのみである。これを真にうければ、蘇恩は在地の士大夫読書人とやたらと交際することも好まないが、府や県の地方官と交際してご気嫌を伺い贈賄することも好まなかった品行方正の士と映る。だが、これは何良俊の証言に照らせば虚像であった。ここに伝記史料を使う際の危険な陥し穴がある。しかし、いみじくも徐階の筆致が蘇恩の礼教仲間との絶交をにおわす点に及んでいることは、正しく重大な意味をもつ。即ち、蘇恩は儒数の徒と交わる代りに子弟ともども「言利の徒」と濃密に交わって蓄財に励んでいたことになる。ここには、官僚士大夫のもつ在職・在郷の両時期における謂わゆる二面性が窺見できる。

問題は、右の個別史料に現象的にみられる明代科挙制下の官僚家系の急激な没落傾向は、果して綜体的にみた場合に一般化しうるのか否かという点である。劉宗周（一五七八〜一六四五、紹興府山陰県の人）『劉氏文編』巻九、徴士印台章公墓誌銘（『乾坤正気集』巻四一九）には、

公名徳日醞積而施於郷。……公章氏。諱懐徳。字天成。別号即印台。世家会稽偁山里。偁山之章、世有令人、科名爵位炳朗三朝。而以隠徳耀者亦代不乏人。於今則推徴君矣。始公以諸生進冑監。選人日久謝去。晩……被徴、復不起、終老於家。故称徴君云。公考……小参公、宦橐不踰中人。公力佐以倹約、且耕且読。……迨少参公歿而公竟起家、至素封。余毎見近世士大夫、以墨著者輒不及一伝而敗。小参公、於子孫無厚遺、而独能取償於後日。蓋世徳相仍、服礼秉度之効、非徒居積致然也。

とあって、劉宗周は郷里のとなりの会稽県の偁山里に住む監生章懐徳の家系について、以下のように述べた。章家は明朝三代の皇帝の間に科挙の合格者を出した徳望のある家柄であった。懐徳の父で布政司官に昇った小参公の官場における蓄財は、官界の常識を越えない程度のものであった。そのため、懐徳は倹約につとめて父を助ける一方、農業経営のかたわら経学にも精励したが、父の死後には素封家に発展し、郷里の評判もよかった。自分（劉）が近頃の士大夫を観察したところ、貪官の道で蓄財した者は決まって本人の世代に潰れてしまうのに対して、小参公は莫大な財産こそ残しはしなかったが、その子孫を礼教に導いた徳望こそは家系の隆盛として結実している、と。

腐敗した明末専制官僚支配体制の再編を志した東林派の劉宗周の手になるものであるとはいえ、伝記としての性質

上、右の筆致には章家に対する好意的修辞が含まれていることを考慮する必要はあるが、明末の貪官の対極には、本質的には貪官であるにせよ、士大夫の位置とその地域社会に果すべき責務とを自覚しつつ、官僚家系の安泰を企図する賢明の君子は意外と多かったものと推測される。例えば、奥崎裕司氏の分析された明・清に亙る紳戸として地域社会に応分の貢献を遂げつつ存続した蘇州府呉江県の万暦十四年の進士である袁黄（了凡）のケースは、そのような好事例として貴重である。(9) しかし、これらの点の究明には個別史料の枠内では限界があり、それを克服するうえでも数量的分析の必要性があると考えられる。

第二節　登科録にみえる官戸の連続的側面

表1の「科挙身分取得者の全国（十五直省）同世代以上（後表4のⅰ）の時代別割合」は、『明代登科録彙編』の中より三代の直系尊族及び本人・兄弟・子供の直系血族の身分が記された計十七冊を選び出し、先ず生員より挙人までの科挙身分の戸（A）が画期的に増加し、毎回の進士合格者数が三百人若しくはそれ以上に増加し、且つ累代無官の戸（C）が激減する弘治九（一四九六）年以後の後期十二冊と、それ以前の前期五冊とに分けたものである。次いで（A）と、官員又は官員と科挙身分の戸の混在部分を意味する官員経験の戸(10)（B）と、（A）と（B）とを併せた官僚体系の戸（A＋B）と、（C）との四つの部分に区分して、各冊の総数に占める各区分の割合を算出し、前期と後期の各区分の割合の平均値を、同世代以上つまり全十七冊四千六百八十一名（明代進士総数の約一九％）の全体について調べたものである。

前期・後期の枠を取り払って、各年代毎の（A）、（B）、（A＋B）、（C）の割合の推移を表示したのが表2である。表2によれば、表1を前期と後期に区分した画期がほぼ弘治九年に認められる。従って、以下に検討する科挙身分取

表1　科挙身分取得者の全国同世代以上の時代別割合　※（B）、（A＋B）の項の（　）内の数字は武官を含む進士の家をさす。

<table>
<tr><th colspan="2" rowspan="2">※明・陳瑚編「嘉靖癸丑科進士同年便覧録一巻」は、曾祖の身分が不明のため除外した。
明代登科録彙編　台湾学生書局　1969年　所収</th><th rowspan="2">総数
%</th><th>科挙身分の戸(A)</th><th colspan="2">官員経験の戸(B)</th><th>(A＋B)</th><th colspan="6">累代無官の戸(C)</th></tr>
<tr><th>挙人・貢生・監生・生員</th><th>官員</th><th>官員・A</th><th>官僚体系の戸</th><th>名称なし</th><th>郷飲（郷飲賓・郷大賓）</th><th>寿官（寿民）</th><th>義官（義民・旌表）</th><th>儒官（儒業・儒民）</th><th>儀賓</th></tr>
<tr><td rowspan="3">第1冊所収</td><td rowspan="3">明・陳迪等編「建文二年〔1400〕三月殿試登科録一巻」
（明・烏絲闌鈔本）</td><td rowspan="2">110</td><td rowspan="2"></td><td colspan="2" rowspan="2"></td><td rowspan="2"></td><td>110</td><td></td><td></td><td></td><td></td><td></td></tr>
<tr><td colspan="6">110</td></tr>
<tr><td>%</td><td></td><td colspan="2"></td><td></td><td>(100)</td><td colspan="4">100</td><td>(0)</td></tr>
<tr><td rowspan="3">第1冊所収</td><td rowspan="3">明・呂震等編「永楽十年〔1412〕進士登科録一巻」
（明・永楽間刊本）</td><td rowspan="2">106</td><td rowspan="2">3</td><td colspan="2" rowspan="2">19(1)</td><td rowspan="2">22(1)</td><td>84</td><td></td><td></td><td></td><td></td><td></td></tr>
<tr><td colspan="6">84</td></tr>
<tr><td>%</td><td>2.83%</td><td colspan="2">17.92%</td><td>20.75%</td><td>(79.24)</td><td colspan="4">79.24%</td><td>(0)</td></tr>
<tr><td rowspan="3">第2冊所収</td><td rowspan="3">明・不著編人姓名「天順元年〔1457〕進士登科録一巻」
（明・天順間刊本）</td><td rowspan="2">294</td><td rowspan="2">7</td><td colspan="2" rowspan="2">116(1)</td><td rowspan="2">123(1)</td><td>171</td><td></td><td></td><td></td><td></td><td></td></tr>
<tr><td colspan="6">171</td></tr>
<tr><td>%</td><td>2.38</td><td colspan="2">39.45</td><td>41.83</td><td>(58.16)</td><td colspan="4">58.16</td><td>(0)</td></tr>
<tr><td rowspan="3">第2冊所収</td><td rowspan="3">明・姚夔等編「成化五年〔1469〕進士登科録一巻」
（明・成化間刊行）</td><td rowspan="2">247</td><td rowspan="2">11</td><td colspan="2" rowspan="2">104(4)</td><td rowspan="2">115(4)</td><td>131</td><td></td><td></td><td>1</td><td></td><td></td></tr>
<tr><td colspan="6">132</td></tr>
<tr><td>%</td><td>4.45</td><td colspan="2">42.10</td><td>46.55</td><td>(53.03)</td><td colspan="4">53.44</td><td>(0.40)</td></tr>
<tr><td rowspan="3">第3冊所収</td><td rowspan="3">明・鄒幹等編「成化八年〔1472〕進士登科録一巻」
（明・成化間刊本）</td><td rowspan="2">250</td><td rowspan="2">6</td><td colspan="2" rowspan="2">126(5)</td><td rowspan="2">132(5)</td><td>117</td><td></td><td></td><td>1</td><td></td><td></td></tr>
<tr><td colspan="6">118</td></tr>
<tr><td>%</td><td>2.4</td><td colspan="2">50.4</td><td>52.8</td><td>(46.8)</td><td colspan="4">47.2</td><td>(0.4)</td></tr>
<tr><td colspan="2" rowspan="3">全五冊の総数
（%は平均値）</td><td rowspan="2">1007</td><td rowspan="2">27</td><td colspan="2" rowspan="2">365(9)</td><td rowspan="2">392(9)</td><td>613</td><td></td><td></td><td>2</td><td></td><td></td></tr>
<tr><td colspan="6">615</td></tr>
<tr><td>%</td><td>2.41</td><td colspan="2">37.46</td><td>40.48</td><td>(59.30)</td><td colspan="4">59.51</td><td>(0.2)</td></tr>
<tr><td rowspan="3">第4冊所収</td><td rowspan="3">明・不著編人姓名「弘治九年〔1496〕進士登科録一巻」
（明・弘治間刊本）</td><td rowspan="2">298</td><td rowspan="2">45</td><td colspan="2" rowspan="2">149(13)</td><td rowspan="2">194(13)</td><td>96</td><td></td><td></td><td>8</td><td></td><td></td></tr>
<tr><td colspan="6">104</td></tr>
<tr><td>%</td><td>15.10</td><td colspan="2">50</td><td>65.10</td><td>(32.21)</td><td colspan="4">34.89</td><td>(2.68)</td></tr>
<tr><td rowspan="3">第5冊所収</td><td rowspan="3">明・劉健編「弘治十八年〔1505〕進士登科録一巻」
（明・弘治十八年刊本）</td><td rowspan="2">302</td><td rowspan="2">40</td><td colspan="2" rowspan="2">148(10)</td><td rowspan="2">188(10)</td><td>111</td><td></td><td></td><td>3</td><td></td><td></td></tr>
<tr><td colspan="6">114</td></tr>
<tr><td>%</td><td>13.24</td><td colspan="2">49.00</td><td>62.25</td><td>(36.75)</td><td colspan="4">37.74</td><td>(0.99)</td></tr>
</table>

第６冊所収	明・不著編人「正徳十六年〔1521〕登科録一巻」(明・正徳十六年刊本)	329	41	159(11)	200(11)	100		16	13		
								129			
		%	12.46	48.32	60.79	(30.39)		39.20			(8.81)
第８冊所収	明・夏言編「嘉靖十四年〔1535〕進士登科録一巻」(明・嘉靖間刊本)	227	18	115(5)	133(5)	70		17	6		1
								94			
		%	7.92	50.66	58.59	(30.83)		41.40			(10.57)
第９冊所収	明・厳嵩等編「嘉靖十七年〔1538〕進士登科録一巻」(明・嘉靖間刊本)	320	37	152(12)	189(12)	109		12	9		1
								131			
		%	11.56	47.5	59.06	(34.06)		40.93			(6.87)
第10冊所収	明・不著編人姓名「嘉靖二十三年〔1544〕登科録一巻」(明・嘉靖間刊本)	309	44	144(8)	188(8)	107		8	6		
								121			
		%	14.23	46.60	60.84	(34.62)		39.15			(4.53)
第13冊所収	明・楊道亨等編「嘉靖丙辰〔1556〕同年世講録一巻」(明・隆慶三年刊本)	300	143	138(4)	281(4)	17		1	1		
								19			
		%	47.66	46	93.66	(5.66)		6.33			(0.66)
第15冊所収	明・厳訥等編「嘉靖四十一年〔1562〕進士登科録一巻」(明・嘉靖間刊本)	298	39	157(6)	196(6)	93		7	2		
								102			
		%	13.08	52.68	65.77	(31.20)		34.22			(3.02)
第17冊所収	明・高儀等編「隆慶二年〔1568〕進士登科録」(明・隆慶間刊本)	404	64	172(7)	236(7)	149		17	1		1
								168			
		%	15.84	42.57	58.41	(36.88)		41.58			(4.70)
第19冊所収	明・潘晟等編「万暦八年〔1580〕進士登科録一巻」(明・万暦間刊本)	302	54	158(6)	212(6)	63		24	1	2	
								90			
		%	17.88	52.31	70.19	(20.86)		29.80			(8.94)
第20冊所収	明・不著編人姓名「万暦丙戌〔1586〕科進士同年総録一巻」(明刊本)	355	130	174(6)	304(6)	40	1	6		4	
								51			
		%	36.61	49.01	85.63	(11.26)		14.36			(3.09)
第21冊所収	明・不著編人姓名「万暦三十八年〔1610〕庚戌科序歯録一巻」(明・万暦間刊本・黒批)	230	90	126(2)	216(2)	6	2	6			
								14			
		%	39.13	54.78	93.91	(2.60)		6.08			(3.47)
	全十二冊の総数（%は平均値）	3674	745	1,792	2,537	961	3	114	50	6	3
								1,137			
		%	20.39%	49.11%	69.51%	(25.61)		30.47%			(4.86)

表２　表１の図表化

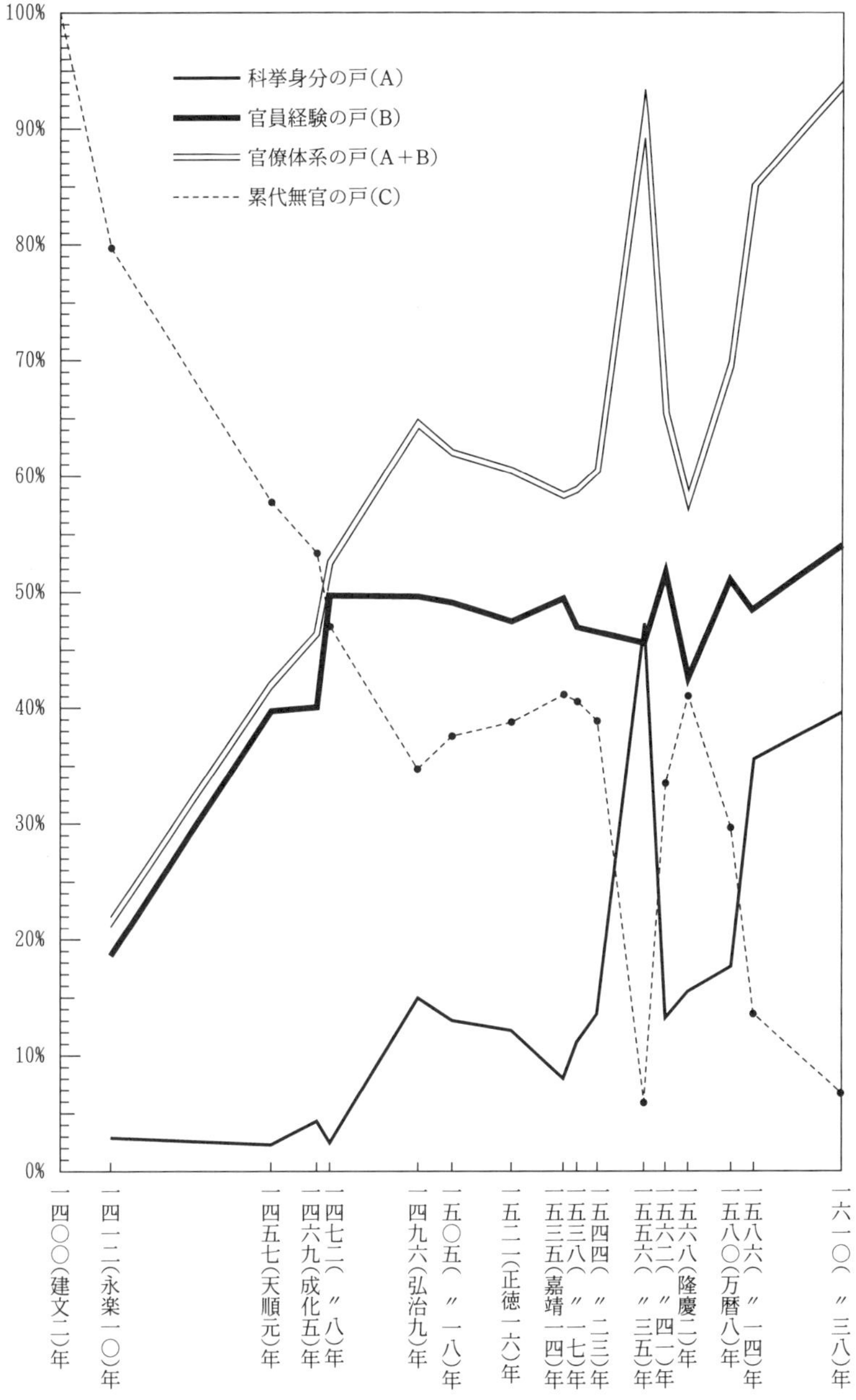

科挙身分の戸(A)
官員経験の戸(B)
官僚体系の戸(A＋B)
累代無官の戸(C)
100%
90%
80%
70%
60%
50%
40%
30%
20%
10%
0%
一四〇〇(建文二)年
一四一二(永楽一〇)年
一四五七(天順元)年
一四六九(成化五)年
一四七二(〃八)年
一四九六(弘治九)年
一五〇五(〃一八)年
一五二一(正徳一六)年
一五三五(嘉靖一四)年
一五三八(〃一七)年
一五四四(〃二三)年
一五五六(〃三五)年
一五六二(〃四一)年
一五六八(隆慶二)年
一五八〇(万暦八)年
一五八六(〃一四)年
一六一〇(〃三八)年

得者の世代別割合は、その推移が明確化する後期に限定したものである。又、元朝で断絶した科挙官僚家系は明朝で復活したが、その連続的側面を窺うには、少なくとも本人以前の三代の身分が確実に記録され始める百年後が適当ではないかと考えられる。

次に、表1を作成した手順は以下のようである。例えば一五五六年の第十三冊については、表3の「科挙身分取得者の世代別統計の一例」の如く、五世代・四世代連続以上、三世代連続以上、二世代連続以上、非連続世代以上、同世代以上の五つの部分に分けて行い、その中の同世代以上の総計の部分（i）だけが表1の統計表に記されることになる。従って、同世代以上の部分については、十七回の作業を要することより、残り四つの部分についても同様に計六十八回の作業によって、表4の全国（十五直省）の統計表がえられる。同様に、南・浙（南直隷・浙江）と江南五府（蘇州・松江・常州・嘉興・湖州）の二つのケースについても、両者合計百七十回の作業によって表4のそれぞれの統計表がえられる。

さて、表4の「進士合格者の直系親族における科挙身分取得者の世代別割合」の後期の部分によれば、全国（十五直省）では三世代連続以上の戸について、科挙身分の戸（A）は三・六%、官員経験の戸（B）は一五・四%であり、官僚体系の戸（A+B）は一九%である。進士合格者の年齢は、表5の成化八（一四七二）年と、約百年後の万暦八（一五八〇）年の進士登科録より統計化した平均年齢が、前者で約三十四歳、後者で約二十九歳であることより、平均した場合、明代では約三十歳前半頃に比定できる。

そこで、進士の在職年数を約三十年とすれば、三世代では約百年程に比定できる。とすれば、百年以上連続して官僚を経験した戸（B）は進士合格者全体の約一五%を占め、官僚体系に位置した戸（A+B）は約二〇%を占めていたことになる。

二世代約六十年以上連続して官僚を経験した戸（B）は全体の約三六%を占め、官僚体系に位置した戸（A+B）

表３　科挙身分取得者の世代別統計の一例（第13冊）

世代区分								科挙身分の戸（A）				官員経験の戸（B）			(A＋B)	累代無官の戸（C）					
全国 第13冊 281/300	曾祖	祖	父	兄	本人	弟	子	挙人	貢生	監生	生員	官員	官員	・A	官僚体系の戸	名称なし	郷飲（郷飲大賓）	寿官（寿民）	義官（義旌民表）	儒官（儒儒業民）	儀賓
五世代連続	━	━	━		━		━							2	5(1)						
	━	━	━	━	━		━							1							
	━	━	━		━	━	━							1							
	━	━	━	━	━	━	━					1(1)									
四世代連続	━	━	━		━							4			27(2)						
	━	━	━	━	━	━						1		5							
	━	━	━	━	━							2(2)		6							
	━	━	━		━	━						1		3							
		━	━	━	━		━							1							
		━	━	━	━	━	━							3							
		━	━		━	━	━							1							
以上総計(a)												9(3)	32(3)	23	32(3)						
非連続三世代連続	━	┅	━		━	━	━	1						1	3						
	━	┅	━	━	━	━	━							1							
三世代連続		━	━		━							11			50						
		━	━	━	━			5				4		3							
		━	━		━	━		4				1		2							
		━	━	━	━	━		4				1		3							
			━	━	━	━	━	1													
			━	━	━		━	1													
			━		━	━	━	3				1									
			━		━		━	6													
小計(b)								25				28			53						
以上総計(c＝a＋b)								25				60(3)			85(3)						
二世代連続……非連続	━	━	┅		━	━		2							4						
	━	━	┅	━	━									1							
	━	━	┅		━							1									

非連続…… …… 二世代 連続								1			16						
									1								
								3		1							
									1	1							
								2									
								1									
								1									
								3		1							
二世代 連続								11	2		103						
								11	4								
								21	1								
								18	27								
								1									
								1									
								2									
								4									
小　計 (d)								82	41		123						
以上総計 (e=c+d)								107	101(3)		208(3)						
非連続 世代									4(1)		24(1)						
								3									
									1								
									2								
								3	1								
								3	1								
									6								
小　計 (f)								9	15(1)								
以上総計 (g=e+f)								116	116(4)		232(4)						
同世代								14	1		49						
									16								
								13	5								
小　計 (h)								27	22								
以上総計 (i=g+h)								143	138(4)		281(4)	17		1	1		
												19					

※　総人員の項の(　)内の数字は武官を含む進士の家をさす。
※　総人員の項の24,450は、明清歴科進士題名碑録より抽出した明代の進士合格者総数である。
※　A、B、Cの各%は、明代登科録彙編計17冊(4,681人)の各冊の進士合格者の総数に占めるA、B、Cの割合を、全17冊を通じて、前・後期に分けた平均値である。

(南直隷・浙江)							江南五府(蘇州・松江・常州・嘉興・湖州)									
経験(B)	(A+B)		累代無官の戸(C)				科挙身分の戸(A)		官員経験の戸(B)		(A+B)		累代無官の戸(C)			
・A	官僚体系の戸		名称なし		寿民・義民他		挙人 貢生 監生 生員		官員	官員・A	官僚体系の戸		名称なし		寿民・義民他	
後	前	後	前	後	前	後	前期	後期	前	後	前	後	前	後	前	後
7.90	0.31	7.90								7.61%		7.61				
7.79	2.3	10.65						2.14	2.34	9.98	2.34	12.12				
15.71	2.61	18.57						2.14	2.34	17.59	2.34	19.73				
17.91	11.48	26.00						9.31	13.06	18.10	13.06	27.42				
33.62	14.09	44.57						11.45	15.4	35.69	15.4	47.15				
9.38	8.74	12.26					0.86	4.16	5.10	9.14	5.97	13.31				
43.	22.83	56.83					0.86	15.61	20.5	44.83	21.37	60.46				
5.64	5.75	10.40					2.76	3.80	4.65	3.89	7.42	7.70				
48.64	28.58	67.23					3.62%	19.41	25.15	48.72	28.79	68.16				
(15) 501	98	(15) 719	197	287	0	53	5	88	31	181	36	269	57	110	1	24
(15)	817(15)		484		53		93		212(4)		305(4)		167		25	
100=28.92%　1,354(15)人							$\frac{497}{1,354}$×100=36.70%　497(4)人									

表4　進士合格者の直系親族における科挙身分取得者の世代別割合

前期：建文2年_成化8年（1400_1472）　後期：弘治9年_万暦38（1496_1610）

明代登科録彙編 全十七冊 ／ 世代区分	全国（全国十五直省）										南・浙		
	科挙身分の戸(A)		官員経験の戸(B)		(A+B)		累代無官の戸(C)				科挙身分の戸(A)		官員の戸
	挙人貢生	監生生員	官員｜官員・A		官僚体系の戸		名称なし		寿民・義民他		挙人貢生	監生生員	官員｜官員
	前期	後期	前	後	前	後	前	後	前	後	前期	後期	前
五世代・四世代連続 (a)		0.05%	1.09	7.88	1.09	7.94							0.31%
三世代連続 (b)	0.1	3.55	4.33	7.64	4.43	11.21					0.31	2.51	1.98
以上総計 (c=a+b)	0.1	3.61	5.42	15.46	5.52	19.08					0.31	2.85	2.3
二代世連続 (d)	0.90	9.42	17.85	22.07	18.76	31.50					0.89	1.62	10.71
以上総計 (e=c+d)	1.00	13.05	22.89	35.96	23.91	48.50					1.2	4.47	13.01
非連続世代 (f)	0.38	2.75	10.47	11.78	10.86	14.45					0.57	2.87	5.2
以上総計 (g=e+f)	1.39	15.83	32.67	43.88	34.07	59.72					1.77	7.34	18.21
同世代 (h)	1.61	4.55	4.79	5.91	6.40	10.46					0.76	4.74	4.44
以上総計 (i=h+g)	2.41%	20.39	37.46	49.11	40.48	69.51	59.30	25.61	0.2	4.86	2.53%	12.08	22.65
総人員	27	745	(11) 365	(90) 1,792	(11) 392	(90) 2,537	613	961	2	176	11	218	87
	772		2,157(101)		2,929(101)		1,574		178		229		588
	$\frac{4,681}{24,450}$×100＝19.14%　4,681(101)人										$\frac{1,354}{4,681}$×		

は約五〇%弱を占めていたことになる。

非連続世代以上の戸、つまり表3のように二世代・三世代以前に既に官僚体系に位置していた戸の中、官員経験の戸（B）は全体の約四四%を占め、官僚体系に位置した戸（A+B）は約六〇%を占めていたことになる。

表5　進士合格者の平均年齢

登録料	総数	平均年令			
成化八年（一四七二）進士	二五〇名	一甲	三名	三九・三歳	（最高四八歳）
		二甲	七八名	三三・三歳	三四・一歳
		三甲	一六九名	三四・三歳	（最小一八歳）
万暦八年（一五八〇）進士	三〇二名	一甲	三名	二七・六歳	（最高四九歳）
		二甲	五七名	二九・九歳	二九・六歳
		三甲	二四二名	二九・五歳	（最小一九歳）

同世代以上連続、つまり全体の中では、科挙身分の戸（A）が約二〇%、官員経験の戸（B）が約五〇%、官僚体系の戸（A+B）は約七〇%を占めている。従って、累代無官の戸（C）は約三〇%であり、その中の約五%は寿民・義民・儒民・郷飲・儀賓等の有力地主であったことが想定される。(11)

表4の計一、三五四名の南直隷・浙江及び、計四九七名の蘇州・松江・常州・嘉興・湖州の江南五府の各ケースでも、全国（十五直省）の平均値とほぼ接近している。ただ、江南五府では、三世代連続以上及び非連続以上の官員経験の戸（B）が全国平均値よりも若干上回っている点が注目される。

ところで、以上の直系血族にみた官戸の連続性は、これを伯・叔等の傍系血族まで含めるならば、更に数値は高くなるものと予想される。その一例として、華北の郷試録について、以上とほぼ同様な手続きで分析した表6の「郷試合格者の直系・傍系親族における科挙身分取得者の世代別割合」を検討しよう。ただ本表では、次の点が表4とは異なる。表4の全国、南浙、江南五府の進士のケースでは、（A）の科挙身分の戸には官員を含んでおらず、（B）の官員経験の戸には同一家系内の科挙身分の取得者をも含んでいた。それは、進士が即に任官が可能なコースであるため、（B）の連続性（実際、BのウェートはAの二倍以上）に重点をおいたからであった。ところが今回の山東・山西の郷試

西　(1639年)					山　東　(1561年)			
官員経験の戸(B′)		(A′+B′)		累代無官の戸	(A′)	(B′)	(A′+B′)	累代無官の戸
ときに、科挙身分の戸を含むケースもある		官僚体系の戸			ときに、官員経験者を含むケースもある	ときに、科挙身分の戸を含むケースもある	官僚体系の戸	
直系血族	(傍系血族)	直系血族	(傍系血族)					
			(1)					
			(4)		2	0	2	
5	(2)	15	(6)		5	3	8	
5	(2)	15	(11)		7	3	10	
7		26						
9.85%		36.61%			5.19%	3.89%	12.98%	
		1						
	(3)	9	(3)		7	8	15	
3		13			7	8	15	
5	(5)	25	(14)		14	11	25	
10		39						
14.08%		54.92%			18.18%	14.28%	32.46%	
2		2			0	4	4	
	(2)	4	(2)		1	0	1	
6	(2)	7	(5)		17	13	30	
12		20			18	17	35	
13	(9)	38	(21)		32	28	60	
22		59						
32.39%		83.09%			41.55%	36.36%	77.92%	
3		4			0	6	6	
3		4			0	6	6	
17	(9)	42	(21)		32	34	66	
26		63						
36.61%		88.73%			41.55%	44.15%	85.71%	
1		3			2	3	5	
1		3			2	3	5	
18	(9)	45	(21)		34	37	71	
27		66		5				6
38.02%		92.95%		7.04%	44.15%	48.05%	92.20%	7.79%

明・不著編人姓名「嘉靖辛酉科山東郷試同年序歯録不分巻」（明・沈白玟朱絲闌鈔本）
『明代登科録彙編』第十五冊。

表6　郷試合格者の直系・傍系親族における科挙身分身得者の世代別割合

世代区分	山西郷試序歯録の続柄(○印は山東郷試の場合)															山 科挙身分の戸(A′) ときに、官員経験者を含むケースもある	
	高祖	○曾祖	叔曾	○祖	叔祖	伯父	仲父	○父	叔父	舅	○兄	○本人	○弟	○子	侄	直系血族	(傍系血族)
六世代連続																	(1)
五世代連続																	(4)
四世代連続																10	(4)
以上総計(a)																10	(9)
																19	
$\frac{a}{71(77)}\times 100\%$																26.76%	
非連続…三世代連続																1	
三世代連続																9	
小計　(b)																10	
以上総計(c=a+b)																20	(9)
																29	
$\frac{c}{71(77)}\times 100\%$																40.84%	
二世代連続…非連続																	
非連続…二世代連続																4	
二世代連続																1	(3)
小計　(d)																8	
以上総計(e=c+d)																25	(12)
																37	
$\frac{e}{71(77)}\times 100\%$																52.11%	
非連続世代																1	
小計　(f)																1	
以上総計(g=e+f)																25	(12)
																37	
$\frac{g}{71(77)}\times 100\%$																52.11%	
同世代																2	
小計　(h)																2	
以上総計(i=g+h)																27	(12)
																39	
$\frac{i}{71(77)}\times 100\%$																54.92%	

典拠：明姚鈿等編「崇禎十二年山西郷試序歯録一巻」(明・崇禎間刊本)『明代登科録彙編』台湾学生書局　第二十二冊。

のケースでは、むしろ挙人合格者としての科挙身分の戸（A′）の連続性（実際、A′のウェートはB′よりかなり高い）に重点を置いた結果、（A′）には時に同一家系内の官員経験者をも含むケースがあり、官員経験の戸（B′）にも時に科挙身分取得者を含むケースがある。

表6の嘉靖四十（一五六一）年の直系親族の身分を記す七十七名の山東郷試録と、崇禎十二（一六三九）年の四代に亙る直系尊族及び傍系血族を含む七十一名の山西郷試録とを比べた場合、どちらも累代無官の戸が数人のため、同世代以上の全体では、山西の科挙身分の戸（A′）は約五五％であり、山東のそれよりも約一〇％高いが、官員経験の戸（B′）は、逆に山東が約四八％であり、山西のそれよりも約一〇％高い。結局、官僚体系の戸（A′+B′）は、山西約九三％、山東約九二％と非常に高くなっている。この点が華北における官戸の連続性の固定的側面と関係があるか否かについては、更に検討を要する。

ところで、両者の世代的連続性を比べた場合、二世代連続以下の割合には大きな変化は見当らない。しかし、三世代連続以上では、さすがに傍系をも含む山西の割合は高く、山西の科挙身分の戸（A′）の割合は、山東の二倍強の約四一％である。四世代連続以上では、山西の（A′）は山東の五倍強の約二七％であり、山西の官員経験の戸（B′）は山東の二倍強の約一〇％を占めている点が注目される。つまりこの事実は、傍系血族まで統計化すれば、先の表4で検討した進士の登科録における全国（十五直省）、南浙、江南五府の場合でも、同世代以上の全体の官僚体系に位置する戸（A+B）の割合が約七割をはるかに越えて、郷試録で得られた九割に近い数値に接近し、且つ三世代連続以上の割合も伸張して、その伸張した分だけ累代無官の戸は相対的に減少するのではないかという点を推定させる有力な根拠となる。

同族結合の強いとされる中部以南の中国の場合、例えば明代福建省の挙人合格者を記録した崇禎刊の邵捷春、肇復甫輯『閩省賢書』巻一、七世科甲、福州府一家より作成した表7によれば、挙人の鄭瑛本人を中心にみた七世代連続

表７　七世科甲鄭氏

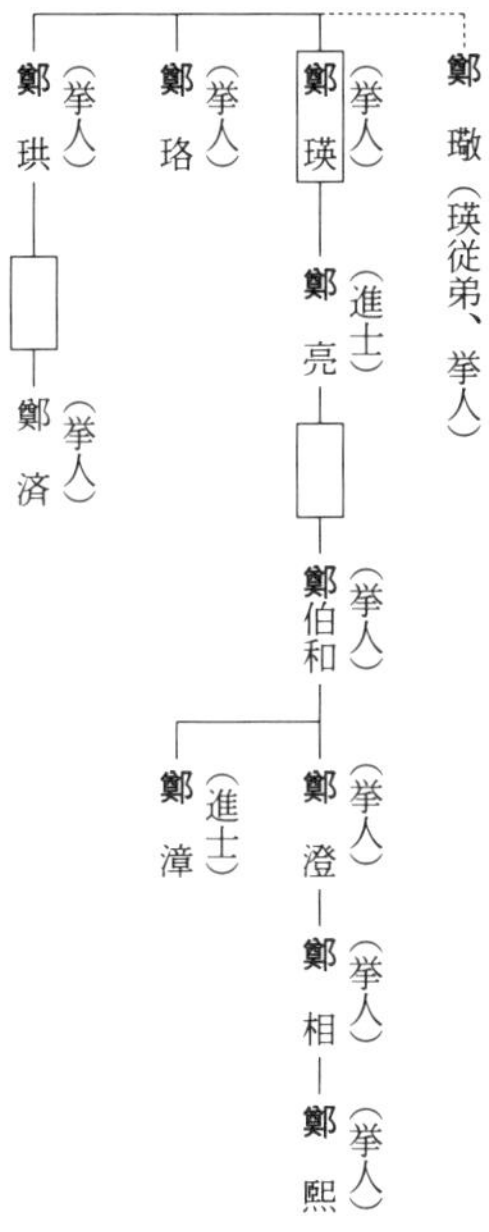

の科甲の数え方は、進士鄭亮と挙人鄭伯和の間の空白世代を挙人鄭済で繋いでいるように、明らかに傍系をも含めて計算されており、この方針は同書に貫徹している。[12] それらの同族は、同籍同居又は別籍異居とにかかわらず、同族子弟の科挙試に投資した構成員[13]と考えられることより、科挙身分に伴うもろもろの特権の傘下に包括される可能性を有していたと考えられる。この点は、先に検討した計十七冊の進士登科録にみえる表3の非連続……三世代連続、二世代連続……非連続、非連続……二世代連続とか、単なる非連続世代の場合についても、そのような非連続性とは、祖先の祭祠に結集しうる父系同姓の血族＝宗族のもつ特権の傘下という範疇で考えるならば、実際には連続的側面として理解できるのではないかという観点に帰着する。次章では、この点について更に、科挙身分取得者に付与された特権の主柱をなす徭役優免の持続性と、一族への波及という実態的側面より主に江南地方を中心に検討したい。

第三節　徭役優免問題と官戸の連続的側面

明・清時代の科挙身分取得者に付与された諸特権には、衣・頂の賜給つまり庶民とは区別される襴衫・礼帽の着用が許される、徭役が優《てあつ》く免除される。納税を延期してもらう、体面の擁護に関わる体罰・叱責が免除されるとか、逮捕を免れて抗弁できる、等が主要なものとしてあげられる。[14] この中の優免つまり免役の特権は、明代後半以降の大土地所有の展開を促進した要因であり、明末には科挙の各級資格と官職の程度に応じて、徭役の科派対象である人丁↓

人丁・糧石→田土というそれぞれの変化に伴う額面が免除され、地丁併徴後は田土に繰り込まれた丁役（銭）の免除として事実上税糧の一部の免除と化して清末まで持続し[15]、例えば地主租桟における税の代納である包攬の基礎[16]としても重要な機能をなしたものである。以下、官僚家系の連続的側面に関わる故宦子孫の濫免と、親族の混免（詭寄）とを検討しよう。

1　故宦子孫の濫免

先ず明代においては、正徳『大明会典』巻二二、戸部七、戸口三、優免差役、事例の条に、

洪武……七年、……又令官員亡故者、免其家徭役三年。

という如く、洪武七（一三七四）年、死亡した現任官僚の家に三年を限度として徭役が免除される原則が確定した。優免は『明実録』太祖・洪武十二年八月辛巳の条によれば、内外の退職官僚にも適用されたので、その子孫も父の死後三年間は徭役を免除されたと考えられる。この退職官僚死亡後の子孫に対する優免の適用については、前述の進士登科録より作成した表3の官僚体系の戸が画期的に増大していた弘治九（一四九六）年後の同十一年に、全国府・州・県の民壮の役を十年に一回編審することを要請した上疏の中でも民壮の優免が許容されたことによっても確認される[17]。問題なのは、この三年を限度とした優免の原則が弘治以降に現任・退職官僚の家で遵守されていたか否かの実態についてである。

だが、故官の子孫の濫免を指摘する史料はむしろ万暦期以降に多く現われ、それ以前については徭役が科派されようとしていたことを伝える史料がある。例えば、代々松江府華亭県の曹涇鎮（のち悦は東南城の河外に移住[18]）に居住した郷官であり、弘治年間の南京兵部尚書であった張悦（荘簡）の子・孫は一人として「衣冠の列」にある者がなく、遂に嘉靖中葉の曾孫煕旧の時代には就役させられた。この現実に対して、科挙をめざす経学の手ほどきをしたことの

ある同郷の後年の宰相徐階は、南直提督学政胡植宛の書簡において、没落した賢者の末流を振興して勧善・教化に寄与させたいと説得し、熙旧の県学への入学に配慮を強く求めている（徐階・『世経堂集』巻二二、書一、与胡象岡学憲）。張悦は正二品の京官であり、優免の適用される父・祖への封官（封君）・贈官、子への蔭監生を贈与される地位にあった。[20] 曾孫の代に遂に就役させられた背景には、親族に有力な郷官がいなかったか、或は後述するように郷官がいても彼らの混免の庇護がえられなかったという点も考えられる。

未出仕の挙人の子孫の場合、例えば湖広常徳府武陵県の挙人冀元亨は、かねて王守仁と対立関係にあったが、元亨が宸濠の乱討伐の義兵の議を唱えるや遂に誣告によって投獄された。正徳六（一五一一）年、科道官や関係当局者の尽力で冤罪の晴れようとした矢先、元亨は獄中で病死した。嘉靖帝の即位後、関係大臣の要請で冀家を優恤する詔が下った。二十年後の嘉靖中葉、冀元亨の義挙を顕頌する祭礼を催すに当り、巡按御史朱思斎が冀家の現状を実地調査させたところ、家運は傾き就役させられていた。そこで朱巡按は、知府張一槐に命じて優免の恩典を復活させた、という（蔣信『蔣道林先生文粋』巻五、明郷進士冀闇斎先生墓表）。この外、万暦十三年の挙人で祭田二百畝のあった松江府青浦県の張誂の家は、誂の死後「里人、役を以ってこれに中てんことを思う者あり」という苦況に追い込まれたが、知県卓鈿の配慮により誂の曾祖父張弼（成化二年進士、南安知府）を郷賢書冊に祠ることで誂なきあとの張家は徭役を永らく免除されることになった、という（陳継儒『眉公見聞録』巻六）。

右の物故した郷官や未出仕の挙人の子孫で一旦は就役しながら再度優免を受けた事例は、曾・祖・父における名節を全うした進士出身の有徳の賢官や、挙人としての義挙の潜徳又は郷賢といった風俗・教化の功績を宣揚するのに価値あるがゆえに特筆されたものであろう。では、そのような特殊事例に属さない一般の物故した郷官・挙人の子孫は殆ど就役させられたのであろうか、という点になると明末の史料は俄然否定的見解を示す。

身分制大土地所有の矛盾が激化した明末清初の江南の事例に限られるのであるが、例えば南直隷では、崇禎『松江府志』巻十二、役法二、役議、「万暦庚戌撫台徐会題均役疏」（徐民式と蘇松兵備李某・巡按房壮麗との合同疏）[21]に次の指摘がある。

東南徭役不均、民生日困。懇乞聖明厳旨清核、以解倒懸。……蓋因隆慶年間、呉中士夫創立官甲、自辨・自比・自兌、未幾巧詐百出、弊竇紛然。有倚官甲為避差之窟而詭寄者。有通銭神於猾胥之手而花分者。有寄庄而図優免者。有故宦而仍濫免者。相沿積習、牢不可破。而長民之吏、莫能究詰。夫総計一県之田、止有此数。此増則彼減。官戸之田、日増一日則民戸之田不減不止。

万暦三十八年、均田均役の実施を要請した応天巡撫徐民式らは、隆慶年間に南直隷では士夫＝官戸の所有田土が民戸の田土と区別されて官甲書冊に記載されて官甲が創立されて以来、徭役忌避の手段としての詭寄・花分・寄庄・故宦の濫免が官甲をテコに盛行して避役の田土が増大するに至った、という。同族の詭寄については後述の通りであるが、ここでは三年を限度とする故宦の優免は長年に亙って一向に遵守されず、濫免の積習となって三年以上に延長されているにも拘らず、知府・知県等の「長民之吏」はそれを究問する能力がない、との指摘を確認しておこう。

同じく、徐民式の改革に関わる万暦『常熟私志』巻三、叙賦、優免新則にみえる万暦三十八年の優免新則（南直三府の統一基準）では、「故宦、未及三年者、照原品級免」という如く会典原則が再確認されたにすぎない。蘇松二府における優免の限制は難航した点[22]に照らせば、以後遵守されたかどうかは甚だ疑問である。例えば、崇禎期の常熟県の郷官であった銭謙益の『牧斎初学集』巻八七、与蔣明府論優免事宜には、

伏承頒示優免書冊、俾各竭芻蕘、仰佐台下。……故宦優免、出自上台徳意、誰敢非之。士大夫、生叨国恩、没而優免三年、逾涯極矣。宦于他方者、誰無故吏、誰無門生。宦于茲土者、誰無挙主、誰無座主。故宦之後、又有故宦、十年之外、又復十年。率是而行、安所底止。上台篤念故旧、夫豈不軫惜小民。小民之膏血有窮、上台之恩施無已。愚以為。故宦不論官職崇卑、有無批免、断以三年為限、在小民無不心服。即上台亦当首肯。其当裁者二也。

とあって、銭謙益は優免の運用に裁量権をもつ常熟県知県蔣文運（在任、崇禎十一年〜同十五年）に対して、次の要請を行った。例えば科挙の座主―門生の師弟関係によって、門下生である某官僚が彼の座主に当る人の郷里に赴任した場合、すでに死去した座主の子孫に遭遇すれば、人情としてその子孫に原則上の優免の期限を延長してやりがちであり、その逆の立場のケースもありうること、又薦挙をめぐる挙主―故吏の場合にもそのような人情に流されがちであることより、小民の役困を救うためには十年、二十年と延長された故官の優免を制限して、官職の高下に拘らず三年間に限定すべきである、と。このように、南直隷の少なくとも蘇州府常熟県では故官の濫免は明末まで放置されていたことがわかる。

浙江の場合、例えば『朱文肅公集』第六冊、朱文肅公救荒略には、湖州府烏程県の郷官朱国程が当県で均田の改革が実施された万暦三十九年に知県曾紹芳の諮問に答えた本文と条議の四款（①定里②優免③詿差④貼銀）から成る「答曾父母書」が収録されている。四款の中、朱国禎が所信を述べたのは④款のみで、①②③款は改革の当事者曾知県の原案であった。その中、②款の優免には、故宦の優免はその子孫に十年間は全額を認めるが、十年を過ぎれば半減し、孫には四分の一を認め、曾孫には認めない、という。(23)

又、嘉慶『嘉興府志』巻七五、芸文二、議、明、文徳翼「厳漕兌議」には、

然持一日之法、不如釐百年之弊。夫官軍之所過、責於糧長者、非敢悍然欲決漕規而隳之也。蓋自詘力於耗贈少也。何以耗贈有額、一旦而漸至少者何也。宦戸日加而民戸日減也。嘉興、人文雖隆盛乎視昔、亦上下而参伍之者也。何以驟盛。曰偽宦戸多也。偽宦戸者、内則綱紀、外則姻戚、假宦以立戸耳。近歳、於徴糧日持一籍、齎至縉紳先生家、取一私記為信。狐鼠稍稍戢去。然此其小者也。至大而可汰者、凡三。曰故宦。曰客宦。曰不成宦。案国制、官故、仍免徭三年。況明徳子孫、理宜優復者。今則強半非是也。且故已数十年至三百矣。優恤之恩、宜有所底止。此豈亦国制不可改者乎。可汰者一也。

とあって、崇禎七（一六三四）年の進士で嘉興府の推官（正七品、進士新任官の多いポスト）に就任した文徳翼（江西徳化県の人）は、該府で糧長が漕糧（漕米＝秋糧）を運軍（官軍）に交付する傜役に任じた際、運軍に贈る漕規としての（税糧に帯徴される）耗米が規定額よりも減少した結果、糧長が運軍に責められている原因としての第一には「偽宦戸」の増大をあげた。偽宦戸とは、（多分、土地を宦戸に投献して奴僕化した民戸である）「綱紀」や、婚姻によって生じた宦戸の親族（生員層や物故した挙人・監生層？）が、耗米の優免特権[24]をもつ宦戸の下に戸籍簿を持参して、その子戸として承認してもらって立戸した家を指す。偽宦戸の増大に伴う民戸の減少による耗米額の不足という右の弊害は、「百年之弊」とも称されているので嘉靖中葉まで遡及するのかもしれない。しかし文徳翼によれば、第一の原因は小さな弊害というべきで、大いなる弊害は第二の原因としての故宦・客宦・不成宦（挙人・貢監生など）の三者にあったという。この中、該府の「故宦」の子孫は官僚であった父・祖の死後数十年間も官戸として優免を適用されている者が三百人（家？）もいた。もっとも、徳望のあった官戸の子孫は、道理にかなう形であれば優免してもよいのではあるが、現在では故宦の子孫の半数以上がこの道理に背く連中である、という。即ち、浙江においても、明末に至るまで故宦の子孫に対する濫免は、三年間に限って適用される法原則を殆ど空洞化する実態として存続していたことが検証されるのである。

2　親族の混免（詭寄）

江西吉安府永豊県の人で、正徳十二年の進士に及第して松江府華亭県知県に就任したことのある聶豹（嘉靖四十二〈一五六三〉年没）の、「応詔陳言以弭災異疏」（『雙江聶先生文集』巻一）には、

臣切見今日士夫、一登進士或以挙人選授一官、便以官戸自鳴。原無産米在戸者、則以無可優免為恨、乃聴所親厚推収詭寄。少者不下十石、多者三四十石或至于百石。原有産米在戸者、後且収添。又於同姓兄弟、先已別籍異居

者、亦各併収入戸、以図全戸優免。

とあって、進士に及第するか、挙人で初めて就官すれば、官戸として威張り出す者の中、もともと田土（産米）を所有していない者は、優免の特権にあずかるべき田土のないことを恨みに思い、遂には彼と親しい厚情をもつ（優免の特権が全くないか、あっても微々たる）戸の要請を容れて、それらの戸の所有する田土を詭って官戸である彼の所有権として認知し、名義変更の登記を行ったが（推収）、受詭した田土の額は、糧十石、更には糧三十〜四十石より百石に相当する額に及んだ、という。恐らく、それらの特権に恵まれない戸とは小農民や小地主ではなかったかと思われる。次いで、元来田土を所有する官戸も受詭を行って自己の所有田土の上に繰り入れていたが、彼らは戸籍を異にして分家している同姓兄弟の田土をもそれぞれ自己の名義に変更して合併登記を行い、兄弟一族全体の優免を実現しようと図っていた、という。

右の上疏は、年代を確定できていないが、正徳末年より嘉靖中葉の間に上呈されたものと考えられる。科挙の諸資格＝身分に基づく身分制地主の土地集積は、進士・挙人クラスの任官者の優免特権をテコに拡大した点が窺見できる。ところで、内外官僚に付与された優免の特権が、承役田土の減少という土地所有の矛盾に至る里甲制の解体要因とみなされて、中央政府高官より地方官に至る各官階の差や、広義の科挙身分である挙人・貢監生・監生・生員等の資格差に応じた、丁・糧を科徴の対象とする優免額が初めて規定されたのは弘治七（一四九四）年のことであった。次いで、従来は全額の優免が認められていた京官に対する優免田土の制限額が初めて規定されたのは、それより二十七年後の正徳十六（一五二一）年二月十六日のことであった。[25] その後、曲折を経ながら優免条例は、土地所有の矛盾の深化に対応して、既述のように徭役科派対象の人丁より人丁・糧石への変化に伴って、内外官の資格と品級とを按配した優免額を規定しつつ、次第に嘉靖二十四年の統一基準へ近づいて行ったのである。そして、この間に進行しつつあった官戸の親族に対する優免の不法な拡大適用＝混免を禁じた規定が初めて出現するのが嘉靖九（一五三〇）年十月の謂ゆる戸部議案（戸部題准）においてであった。

戸部議案は、大学士桂萼が「任民考」七項目として上奏して裁可された三項目の一つである「編審徭役」の中で説いた「優免等則」制定の必然性・必要性に基づいて戸部の審議の末に裁可されたものであった。(26) 今、嘉靖刊『条例備考』巻一、戸部、編審徭役四十六にみえる戸部原案の優免条例は、次のように決定して裁可された。

京官一品免糧二十石、人丁二十丁。……九品免糧四石、人丁四丁。内官内使亦如之。外官各減一半。教官監生挙人生員、各免糧二石人丁二丁。雑職、省祭官、承差、知印、吏典、各免田糧一石人丁一丁。其有丁多而糧少者、則以丁準糧。丁少而糧多者、則以糧準丁。戸内丁糧不及数者、止免実在之数。倶以本戸自己丁糧、照数優免。但、有分門各戸、疎遠房族、不得一槩混免以啓詭寄之端。覆。奉欽依。通行、督行所属、一体遵守。違者、従重各治以罪。

この中では、準折可能な丁・糧を優免される該当者は、当人の家が現在所有する丁・糧の実在数についてのみ優免は適用されるというように、先ず詭寄の発生する余地を閉ざす初歩的な予防措置が規定された。次いで、戸籍上分家した兄弟の家や、祖先の遺産に所有権の一部をもつ疏遠な親族の者の田土を受詭して優免特権の傘下に全て一緒に庇護した者を重罰に処することが規定された。この重罰規定は、嘉靖二十四年の統一優免則例でも再確認された。だが、右の規定はその後遵守されてはいなかった。

例えば、銭一本編『万暦邸鈔』万暦九（一五八一）年四月の「行丈量法、大均天下田賦」の条には、湖広巡撫陳省が土地丈量に伴う優免限制・詭寄抑制を内容とする題本を上り、それが戸部の審議に下されたことがみえる。題本にみえる巡撫陳省へ上呈された張居正の子張嗣修の掲帖には、「父の厳命により戸内の田粮を査べたら、詭寄・影射等の弊害があるらしい。そこで〃賦役文冊〃を弔べたら〃内閣張、優免六百四十余石〃を開《しる》してあり竦駭《おどろき》に勝えない。もともと聞くところでは、父の相続・購入田土はすべて税粮七十余石である。残りの五百余石は、族人・家僮のものが混ったり、奸豪が吏に賄して入れたり、子弟・族僕が私に親故を庇ったりしたものである。我家の分は一割に過ぎず他は他人の包免である。(27)そこで本宅の田粮七十四名《ママ》（石か）は例として優免を得るものであるが、これもすべて小民と一体に差に当たろう……」とあって、意図的と否とを問わず、張家が本家の優免分を除いた九割方について、子弟・一族とその奴僕さらには他人の田土を受詭していた事実が証言された。しかし、張嗣修の申し出にも拘らず、宰相家の体面を考慮した陳巡撫は、属官の算定に基づき、同条に引き続いて、

得大学士張戸下田粮実止七十四石四斗、又筭遺田粮四斗八升。遵例応免共七十二石。房族弟姪、有官職、及生儒人等、応免十五石外、其余狡民以親識是非、共九十九名、冒免粮五百余石、倶拠律問罪。

という如く、優免の対象を、諸子と同居する張居正の本宅の田粮七十二石と、居正本宅の先祖の残した田土・家屋に所有権の一部を有している親族のものたちである房族の弟・姪のうち（「元輔祖業屋居、尽与諸弟姪、惟賜宅純心堂一区、与諸子同居」）官職や生員の身分を持つ者の田粮十五石に確定し、その他九十九名分の田粮五百余石の冒免については、律に拠って罪を問うことを要請した。問題は、土地丈量を断行した張居正の優免限制・詭寄抑制の意図がその後実現したか、という点である。しかしながら、既述の隆慶年間に南直隷で官甲が設置されて以後は、親族の詭寄に対する混免は盛行したのであった。

例えば、万暦十九（一五九一）年の徭役の編審を前にして、松江府華亭県の郷官陸樹声は、直隷巡按御史甘士介の諮問に対して、当県若しくは松江府の紳士総体の意見を反映したと想定される答申を行った。答申書の一節には、郷官＝官戸の名義下に田土を詭って寄せ、徭役を逃れることは三十年前には確かにあったが、今はただ近親・子姪など情として已むを得ないものだけの詭寄を許容している、とみえる。(28)

同じく、万暦十九年と推定される湖州府烏程県の郷官董嗣成の知県宛書簡には、次のように言う。董一族の田土が一里の中の四つの甲に属しており、董氏本家のそれは六甲と十甲に、妹の夫である申経峪のそれは七甲に、その他の

一族のそれは九甲に、それぞれ所属している。今回、解戸の役が編まれるに当り、あえて閣下にお願いしたのは、大臣の家の体面にかけて一族に優免を賜わりたいことであります、と。[29]

万暦中葉、蘇州府太倉州毛家市に住んだ郷官管志道は、士大夫の風俗の変貌を改めて先進の礼法にかえるべしとの復古・保守主義を唱えた一節である『従先維俗議』巻五、仕者勿庇族以厲民において、

乃今賢士大夫、類知同胞之為一体而不知斉民之為一体。目撃里中艱難、而不忍捨昆弟以応役。曰、愛無差等、施由親始也。是里中出一官戸、乃衆戸之蠹耳。……昔劉中丞鋭清三呉官戸詭寄。愚妻中尚守父籍、不無期親之寄産在焉、而不敢吐也。

という如く、官戸が親族の詭寄を許容して混免した従来の風潮を今後は禁止すべしと説いてはいるが、嘗っては管家も親族の田土を受詭・混免していたことを告白している。[30]

万暦二十九（一六〇一）年の蘇州府呉江県知県劉時俊は、保甲制度に関わる戸口冊である烟門冊（各戸の戸主の年齢・職役名・生業や、家族構成及び人数、建物数・僕婢数などが記入される）の運用における優免問題に次のような見解を示した。縉紳の家への詭寄の弊害を除くための調査は行い難い。だが縉紳先生といえども、親族だけは優免の特権で庇護して、郷里の貧民をひたすらに苦しめようと願う者はいないはずである。時たま詭寄を許す者がいるのは、親戚に無理に頼まれ私情として断りきれなかったからにちがいない。しかし、本県ではそのようなケースは一切認めない、[31]と。ここでも劉知県は、従来縉紳＝郷官の家が受詭・混免を行っていたことを認めているのである。

万暦三十二（一六〇四）年、蘇州府常熟県で知県耿橘が水利改革を行うに当り郷官へ根回しした際の郷官銭岱の返書には、福山鎮に居住する銭氏の田土の散在とともに、その官戸名義の田土に「弟男子姪」つまり分籍した兄弟や傍系血族の所有地をも含んでいたことが公然と語られていた。[32]

万暦三十九（一六一一）年、均田均役の推進者であった郷官朱国楨が烏程県知県曾紹芳に送った意見書には、貼銭

を主張する郷官達を批判して、優免制限額の限外の余田については役を負担すべきことを主張すると同時に、その名義の田土には、朱国楨自身の相続・購入分ならびに、母・弟（の妻）・寡妹・息子の嫁のそれぞれが持参した田土の他に、壻の田土も含まれていたとの証言がみえる。(33)

明朝滅亡の次年＝順治二（一六四五）年、蘇州府嘉定県において反清の起義の指導者に推された郷官侯峒曾の書簡には、自らの兄弟の外、叔父や祖父の兄弟である叔祖の所有地をもその名義の官甲に含ませていたことがみえるが、この侯家の宗族を包括した優免の適用は、峒曾の四世代前より存在したものであった。(34)

以上、江南の蘇・松・湖三府や湖広荊州府下の郷官・知県等の書簡や著作によれば、嘉靖九年十月に出された戸籍を異にする親族に対する混免の禁止規定は殆ど空洞化していた実態が確認される。なお右の例は、殆どが進士出身の郷官地主の受詭・混免であったが、挙人においても「貧士一たび賢者に登れば、驟に阡陌に盈つ」という如く、挙人が詭寄を受容していたことが認められる。(35)又、貢生の中にも郷官と譜を通じて牌坊銀を入手した上で、詭寄を受け入れようとした者の存在が指摘されている。(36)しかし、江南の生員においては里甲正役を負担させられる貧士の事例が多く、(37)優免額の低い彼らは詭寄を受容する主体ではありえなかったと考えられる。

おわりに

以上の検討によれば、明代後半の特に江南地方の伝記史料には、狭義の科挙試に合格した終身身分である挙人・進士より任官した官戸について、その没落が数十年以内に多く発生したことを告げるものと、逆に礼教を遵守して身分制地主として地域社会に一定の責務を負いつつ連綿と存続するものとの両タイプがみられた。

そのような個別史料の枠をこえて、総体的に明代官僚家系の数量的動向を進士・挙人の登科録より分析した場合、先ず、「進士合格者の直系親族における科挙身分取得者の世代別割合」では、特に累代無官の戸が激減する弘治九（一四九四）年以後の明代後半に次の顕著な結果がえられた。全国（十五直省）の場合、三世代以上（約百年）→二世代以上（約六十年）→非連続世代以上→同世代以上の全体、という順序でみた割合の推移は、科挙身分の戸（A）では、約四％→約一三％→約一六％→約二〇％であり、官員経験の戸（B）では、約一五％→約三六％→約四四％→約四九％であり、官僚体系の戸（A＋B）では、約一九％→約四九％→約六〇％→約七〇％であった。このうち、（A＋B）の同代世以上の全体約七〇％、換言すれば累代無官の戸（C）約三〇％という数値は、傍系血族まで加算し得るならば相対的に減少して、（A）、（B）、（A＋B）の各連続世代の割合を増大せしめ、或いは各非連続世代の一定部分を連続世代に変化させることを予想させた。又、各数値は、南直隷・江南五府のケースでもほぼ同様に認められた。

次に、「郷試合格者の直系・傍系親族における科挙身分取得者の世代別割合」では、直系親族の身分だけを記す嘉靖四十（一五六一）年の山東の挙人合格者と、傍系親族まで含む崇禎十二（一六三九）年の山西のそれとを比較して次の顕著な結果がえられた。四世代連続以上では、山西の（時に官員経験者をも含む）科挙身分の戸（A′）は、山東の五倍強の約二七％であり、（時に科挙身分取得者をも含む）官員経験の戸（B′）は、山東の二倍強の約一〇％であった。三世代連続以上でも、山西の（A′）は山東の二倍強の約四一％と高率を示した。二世代連続以下及び非連続世代の割合は、両者ほぼ同様であった。結局同世代以上の全体では、山西の（A′）は約五五％で山東よりも約一〇％高く、（B′）は約三八％で逆に山東より約一〇％低いが、官僚体系の戸（A′＋B′）は、山西約九三％、山東約九二％と非常な高率を示した。又、明代福建省の挙人合格者のリストにおける世代の連続性は傍系血族まで算定されていた。

さらに、明初より官員や進士・挙人・監生・生員という広義の科挙身分＝終身資格の保持者に付与された徭役優免の特権をテコに、特に狭義の科挙身分である挙人・進士より出身した官僚によって展開された身分制大土地所有の矛盾緩和策として、明代中期の弘治七（一四九四）年に地方官より生員（さらには胥吏）に至るまで優免の丁・糧額が官階や資格の差等に応じて初めて規制された。右の特権の中、官僚家系の連続性に寄与したものとしては、明初より官員死亡後の三年間に限り子孫に優免が適用される故宦子孫への優免原則があったが、身分制的土地集積の矛盾が激化した明末の江南地方では、この原則は十年より数十年に及ぶ濫免として拡大解釈されていた。

右の弘治七年の丁・糧優免規制に引き続き、嘉靖九（一五三〇）年には内外官員より生員（さらには胥吏）に対して、父の死亡後に戸籍を別にして分家した兄弟の家である「分門各戸」や、先祖の残した財産に所有権の一部を有している遠い血族である「疎遠房族」まで全て一緒に優免の傘下に併入免除（混免）することを禁じた規定が発布された。だが本規定も、明末江南の特に挙人・進士又はその出身官僚の家では、祖・父の各兄弟、分家した本人の兄弟や妹婿・甥・姪、さらには奴僕、職官・生員等を含む疏遠の房族に至るまで混免が広く一般に適用される違法な実態の前に空洞化していた。

これを要するに、明代の挙人合格者のクラス・リストより分析された本人以前の三代に、直系のみならず傍系血族をも含む科挙身分の戸（A′）、官員経験の戸（B′）、官僚体系の戸（A′＋B′）のそれぞれの連続世代の割合が非常に高いことや、世代の連続性を傍系まで含めて算定する事例の存在、さらには徭役の優免が本人死亡後も子孫に長年に亙って継承され、且つその特権の傘下に直系・傍系の親族が包括された普遍的実態が江南地方ではみられたことより、直系親族のみから成る進士合格者のクラス・リストから析出された科挙身分の戸（A）、官員経験の戸（B）、官僚体系の戸（A＋B）の各おのの連続世代の割合も、官僚又は科挙身分取得者の謂ゆる紳士の出身母胎が傍系親族をも包摂する宗族に基盤をおくという実態概念を導入するとき、その数値は実際には更に高くなる可能性を想定する必要があり、そのことは明代官僚家系の連続的側面として理解できるのではないかと考えられる。

註

（1）拙稿「明代挙人層の形成過程に関する一考察—科挙条例の検討を中心として—」『史学雑誌』87—3、一九七八年。同「徭役優免条例の展開と明末挙人の法的位置」『東洋学報』60—1・2、一九七八年。同「明末清初以降の紳士身分に関する一考察」『明代史研究』9、一九八一年。呉金成（山根幸夫・稲田英子訳）「明代紳士層の形成過程について（上）（下）」、（上）は『明代史研究』8、一九八〇年、（下）は『明代史研究』9、一九八一年、参照。

（2）拙稿「明代の地方官ポストにおける身分制序列に関する一考察」『東洋史研究』44—1、一九八五年。

（3）村松祐二「清代の紳士—地主における土地と官職—浙江省永康県胡氏試費義田をめぐって—」『一橋論叢』44—6、一九六〇年。同『近代江南の租棧—中国地主制度の研究—』東京大学出版会、一九七〇年、七八頁、「C官僚・紳士・地主の家としての費家、そこにおける地主の型の変化」。北村敬直「魏氏三兄弟とその時代」『清代社会経済史研究』大阪市立大学経済学会、一九七二年。寺田隆信「陝西同州の馬氏」『東洋史研究』33—3、一九七四年。奥崎裕司『中国郷紳地主の研究』汲古書院、一九七八年。同「蘇州府呉江県の郷紳呉氏の家系」『歴史における民衆と文化』国書刊行会、一九八二年。西川喜久子「『順徳北門羅氏族譜』考（上・下）」『北陵史学』32、一九八三年、『北陵史学』33、一九八四年。特に同論文（上）の五頁、参照。

（4）何炳棣『明清社会史論（The Ladder of Success in Imperial China—Aspects of Social Mobility, 1368–1911—）』Columbia University Press 1980（1962年初版）、Chapter Ⅲ Upward Mobility（92～125頁）の特に112～114頁の左図、参照。同様の傾向については、Zhang-Zhong-Li（張仲礼）『The Chinese Gentry; Studies on Their Role in Nineteenth Century Chinese Society』Seattle 1955, 214～216頁に、父祖が紳士身分（上層〔貢生以上〕、下層〔例貢・生員・例監〕）をもっていない者（new-commer）と、父祖に紳士身分をもっている者（established）に区分して、嘉慶～光緒の地方志統計より、ニュー・カマー三五%、エスタブリッシュド六五%の数字が得られている。閻斗基（山根幸夫・稲田英子訳）「清代生監層の性格（下）—特にその階層的個別性を中心にして」『明代史研究』5、一九七七年、六二頁参照。何炳棣『明清社会史論』114頁（Table 10）Changing Social Composition of Chin—Shin in Various Subperiods

(in percent)

Period	Category A *	Category B *	Categories A and B	Category C *
1371—1496	57.6	—	57.6	42.4
1505—1580	46.6	1.0	47.6	52.4
1583—1610	33.3	11.6	44.9	55.1
Ming average	46.7 *	2.8	49.5	50.5
1649—1661	29.2	13.8	43.0	57.0
1673—1703	17.9	16.4	34.3	65.7
1802—1904	15.5	20.4	35.9	64.1
Ching average	19.2	18.4	37.6	62.4
明・清の Total Average *	31.1	11.6	42.7	57.3

*　本表のカテゴリーAは、自己以前の三代中に全く生員又は監生の資格をもったものがないもの、カテゴリーBは、三代中に一人以上の生員がいて官僚や高位資格の所有者がないもの、カテゴリーCは、三代中に一人以上の官僚や高位資格者をもつものをさす。

*　明代のカテゴリーAの平均値が46.7％と高いのは、本稿のように無官の家が激減する弘治九年以後と、それ以前とを区別せずに一概に平均化した結果に外ならない。

*　明・清の Total Average の項は、何炳棣著書112—113頁の TABLE 9 の Total Average を和田が付け加えたものである。

（5）五代の直系血族の身分を記した嘉靖三五（一五五六）年の進士登科録

陸夢韓

字與文號丹厓治書經丙寅年十二月初三日生

北京錦衣衛官籍浙江平湖縣人　觀刑部政

曾祖銀 知縣累贈都察院右副都御史

弟美 庠生 照 監生 夢熊 庠生 光祖 太常少卿 光裕 舉人 光祚 禮部員外

祖淳 散官

光儒 光倫 夢龍 俱庠生 經 錦衣指揮 光㻶 都事 光宅 夢勳 俱

父楷 太學生封工部主事

庠生 緒 錦衣千戸 光宙 繹 錦衣千戸 光纖 官生

母吳氏 贈安人

娶顧氏　子堯封　堯咨 俱監生

庚子鄉試三十一名　授工部都水司主事 庚申 調兵部陞員外陞[illegible]

會試六名　事諭陝西同州判官致仕

廷試二甲九名

『嘉靖丙辰同年世講録』

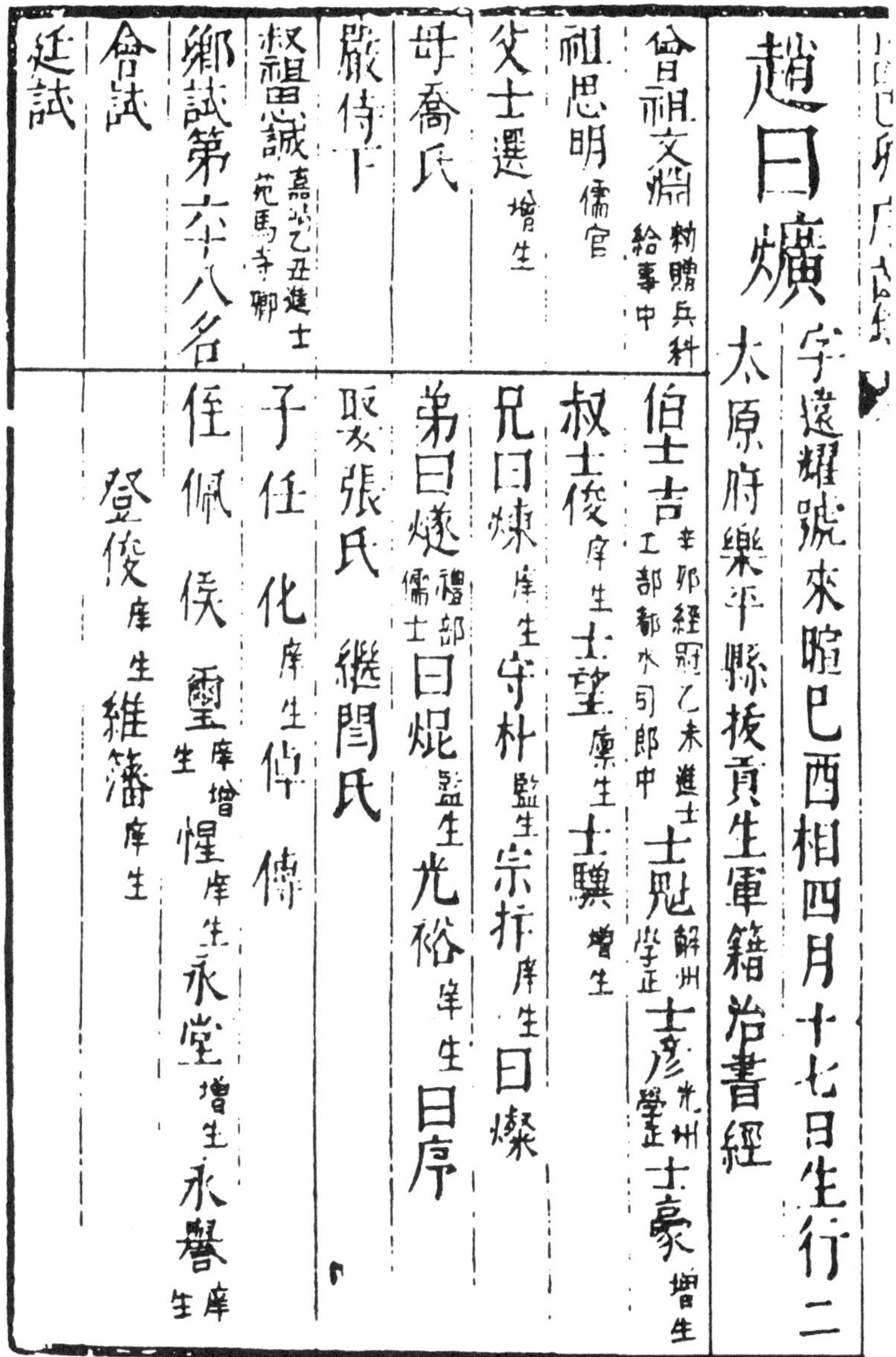

趙曰壙 字遠耀號來暗己酉相四月十七日生行二
太原府樂平縣拔貢生軍籍治書經
曾祖文淵 敕贈兵科給事中
祖思明 儒官
父士選 增生
母喬氏
嚴侍下
叔祖思誠 嘉靖乙丑進士 苑馬寺卿
鄉試第六十八名
會試
廷試

伯士吉 辛卯經魁乙未進士 工部都水司郎中　士魁 解州學正　士彥 光州學正　士豪 增生
叔士俊 庠生　士望 廩生　士驥 增生
兄曰煉 庠生　守朴 監生　宗抃 庠生　曰燦
弟曰燧 禮部儒士　曰焜 監生　光裕 庠生　曰序
娶張氏　繼閆氏
子 任　化 庠生　倬　傳
侄 佩　侯　璽 庠增生　惺 庠生　永堂 增生　永譽 庠生
登俊 庠生　維藩 庠生

12302

『崇禎十二年山西郷試序齒録』

五代の直系・傍系血族の身分を記した崇禎一二（一六三九）年の山西郷試録

（6）温璜（一五八五―一六四五、湖州府烏程県の人）『温宝忠先生遺稿』巻六、居家偶録（『乾坤正気集』巻四七一）

富貴之家、遠者三十年而一変。近者十年而一変。或六七年而一変。

張履祥『楊園先生全集』巻三八、近鑑

崇禎間、松江風俗最豪奢。寒畯、初挙進士、即有田数十頃、宅数区、家僮数百指。飲食起処、動擬王侯。其宦成及世禄者、毋論三呉諸郡、俱弗及也。乙酉以後、盗賊横行、大獄数起、亦惟松江為甚。二十余年、兵戈塗炭、賦役繁苛、向之貴室巨家、無不覆敗。不忍言矣。

葉夢珠輯『閲世編』巻五、門祚一

門祚之靡常由来尚矣。……以予所見三十余年之間、廃興顕晦、如浮雲之変幻。

（7）曹于汴（一五五八―一六三四、山西平陽府解州安邑県の人）『仰節堂集』巻一二、五言古詩、題徐翼所年伯素履図説十二首

人以官拓産。伊産以官落。……所貴在空橐。

（8）嘉慶『松江府志』巻五二、古今人伝四、明、蘇恩。

字従二。華亭人。居沙岡。正徳三年進士。知秀水県。

（9）註（3）奥崎裕司『中国郷紳地主の研究』第一章袁氏一族の歴史、第二章袁了凡伝、第四章郷紳地主の持続力と復元力。

（10）官員経験の戸(B)にいう官員の範疇には、現任・退職の品官・未入流官を含む。但し、本統計では、曾祖、祖、父の各贈官・封官について、祖・父・兄・弟、父・兄・弟、兄・弟の三ケース俱に無官である場合に限り、官僚体系に連なる家とみなして一官に数えた。三ケースの各おの中、何れかが官員である場合の曾、祖、父の贈官・封官については、一官とはみなさず、従って官員としては計算しなかった。

（11）和田清編『明史食貨志訳註』東洋文庫、一九五七年、一〇四八、一〇五三頁。

（12）牧野巽『近代中国宗族研究』（『牧野巽著作集』第三巻、所収）御茶の水書房、一九八〇年、第九「中国における宗族の村落分布に関する統計的一資料」によれば、牧野氏は、浙江省寧波府奉化県剡源郷について、光緒28『剡源郷志』巻四、氏族等の分析を通じて、同族の一村聚居率の高い宗族ほど、儒戸の世代的連続性の高いこと、連続書香の空白世代は、同族間で

埋め合わせる形で連続性が表現されていること、等を指摘されている。

(13) 清水盛光『中国族産制度攷』岩波書店、一九四九年、第四章、族産の規約と運営、第一節族産の使途一四五―一六二頁の明清時代の義荘規条には、幼孤無力にして読書する者、貧乏にして習業を志す者及び科挙の試験（郷試・会試）に応じようとする者には、義田収入より学資＝束修や旅費＝路銀等の資助が行われたことがみえる。

(14) 註（1）拙稿「明末清初以降の紳士身分に関する一考察」。

(15) 註（1）拙稿「徭役優免条例の展開と明末挙人の法的位置」。

(16) 註（3）村松祐二『近代江南の租棧』六八一～八二頁、参照。

(17) 『明実録』孝宗・弘治十一年十二月己酉

巡撫山東都御史何鑑奏。天下府州県民壮、欲十年一次審編。……中間、有仕宦子孫、軍匠竈籍、量加優免。……従之。

(18) 陳継儒『眉公見聞録』巻一。

(19) 註（1）拙稿「徭役優免条例の展開と明末挙人の法的位置」一二一頁。

陸寿名等輯『治安文献』巻二、徭役部、条格、均役立法、劉勿所諱時俊

一義優免。……春元不分已未仕、六品以下、以若干畝為限。五品以上者、以若干畝為限。……封君官生以春元為例。

(20) 焦竑『国朝献徴録』巻四二、資政大夫太子少保南京兵部尚書贈太子太保謚荘簡張公悦墓誌銘曹時中

丁巳〔弘治十（一四九七）年〕進階資政大夫加贈祖与考如公官〔資政大夫南京兵部尚書〕。祖母楊、母陸皆夫人。

張悦が蔭監生を贈与されたか否かについては、目下明らかではない。

(21) 濱島敦俊『明代江南農村社会の研究』東京大学出版会、一九八二年、三五五頁。

(22) 註（21）濱島著書三六一～六三頁。

(23) 註（21）濱島著書三一一～一二頁。

(24) 註（21）濱島著者三九〇頁、参照。

(25) 註（1）拙稿「徭役優免条例の展開と明末挙人の法的位置」九六～九九頁。

(26) 川勝守『中国封建国家の支配構造―明清賦役制度史の研究―』東京大学出版会、一九八〇年、四三六頁。

（27）　註（21）濱島著書二七〇頁。

（28）　註（21）濱島著書三四二頁。註（26）川勝著書四六四頁。

陸樹声『陸文定公集』巻一三、書啓、答甘紫亭按院

一議寄田之習。夫詭寄戸名、影避差役、前三十年固有是矣。今惟近親子姪、情不能已。

（29）　註（21）濱島著書二三九頁。

董嗣成『董礼部集』尺牘下、与徐邑侯

屢以瑣事干瀆、致煩清慮多矣。無任愧感。茲又有不得不陳者。家下有里逓四名。六甲・十甲係家下的産。而七甲則舎妹夫申経峪之産。九甲則寒族之産。……今当編審解戸之時、敢求台下、俯念大臣之体、得賜寛免。

（30）　註（1）拙稿「徭役優免条例の展開と明末挙人の法的位置」一一八頁。

（31）　註（26）川勝著書三二三頁。

陸寿名等輯『治安文献』巻二、徭役部、条格、均役之法、劉勿所

一議優免。本県議行保甲、着各図各造烟門冊一本。逐圩査実戸、逐戸査本戸、随以各戸総即于本名之下。于是有数名帰一名者、花分之弊、或可清其七八矣。詭寄之難于清査者、以受寄係縉紳之家故也。然縉紳先生、豈必欲私庇親族、偏累同郷同井之貧民。所為間有受寄者、無如親戚相強、情不忍拒、難于峻拒也。本県一槩清之。

（32）　註（21）濱島著書二三九頁。

『常熟県水利全書』附上、銭侍御回書諱岱

治生一戸有九都、田有六・七・八・十四等都。……若戸内有弟男姪併入者、只照都分、尽派治生名下、治生別通融計算、分派弟男子姪。総之了治生一戸事而後止。

（33）　註（21）濱島著書二三九～四〇頁。

朱国楨『朱文粛公集』救荒略、答曾父母書四、貼銀

目下某之田、自祖遺続置、母弟寡妹児婦奩産、幷県主批准小壻沈澹七伯余畝之数、共二千二百三零、除優免外、該充四名、願註二差。

(34) 註(21)濱島著書二三九～四〇頁。

侯峒曾『侯忠節公集』巻九、与宗人書、乙酉五月

姪孫某奉白諸叔祖叔父。世事一更、某今得為編氓幸矣。万無復厠冠裳、居然以薦紳自待之理。所有官甲戸田、丞散已晩。若復因循旧轍、毋論議不可居。抑恐禍生不測叱異日使某以叱叔祖叔父者、而反累叔祖叔父、其罪深矣。伏乞、各自為計散帰他所、万勿更存官甲之名。某兄弟薄田数頃、亦将一一分散不得言也。某無任感慨激切之至。

陳継儒『陳眉公全集』巻四三、一貞侯公伝（峒曾の四世前の祖、侯孔昭、号一貞居士）

同母妹適李者、有三甥、偕孫等課之家塾、倶補諸生。李有負郭田、寄公戸下、既庇徭役、又為輸糧者十五年。復帰其已售之居、三百金半収其値。

(35) 註(21)濱島著書二四〇頁。

崇禎『太倉州志』巻八、賦役志、白糧

或曰、是花詭可禁也。夫妻中甲第蟬聯、冠蓋相望。貧士一登賢者、驟盈阡陌。

魏学洢（崇禎期の嘉善県の人）『茅簷集』両漢名吏紀序

邇士人一通籍、輒擁膏腴、纍千百而煩役不及。又且詭覆他人田、議縣之日、又且為它素封者請。

(36) 註(21)濱島著書二四二頁。

註(1)拙稿「徭役優免条例の展開と明末挙人の法的位置」一一五頁。

(37) 註(21)濱島著書五二五～二二六頁。

第九章　明代地方官の身分制序列

はじめに

「官爵は科第に由り出づる者なり(1)」という十八品級の官を得るための前提である科挙の進士・挙人・監生・生員等の資格は、明初に成立した特権を伴う一種の学位に基づく封建的な終身身分を意味した。学校制度と合流して成立したのが明清時代の科挙制度の特色であり、郷試合格者の挙人、国子監在籍の貢監生（貢生）・監生、府・州・県各官学の生員という科挙受験のために必須のヒエラルキー的終身資格の保持者は、可変的な資格の上昇による任官や、徭役優免乃至は礼法上の諸特権をテコに、宋代以来の謂わばピラミッドの上層部に過ぎなかった進士や諸科出身者を主体とした旧士大夫層の基底部を、膨大な数量の身分諸階層（進士の約三十三倍(2)）で拡張せしめ、明代中期以降には、「社会の実質面から紳と士に区分(3)」される紳士層を形成した。しかし、それら諸階層の中、明末の挙人は既に縉紳として紳の範疇で表現されていたが、貢生・監生・生員といえども縉紳と表現される場合もあった(4)。だが、一般的には士の範疇にあった彼らが従来の士の範疇に加えて、紳の範疇を意味する「紳士」の一語で表現され始めたのは、彼らに対する法制上の衣頂の賜給や、免役・納税延期・体面擁護等の諸特権の保証が確立する雍正・乾隆年間であった(5)。それ故、従来は士＝衿の範疇で表現されていた生監層が、清代後半には郷紳範疇で表現される事例も現われた(6)。

こうした点を、礼法上より、郷紳と現任官との交際関係の変化として見てみよう。明末清初の松江府婁県の一生員（青衿）であった葉夢珠は、『閲世編』巻八、交際の条で、明末より清初の順治年間までは、進士・副榜挙人・挙人・貢生・監生・雑途出身の各郷紳が、地方高官の撫・按と交際する時は出身の如何が問題とされた、と言う。つづいて葉は、「康熙初めに至り、郷紳の督撫両台と交際するに、始めて等職を分ち、出身を論ぜず」と述べ、康熙年間に至って、出身を異にする郷紳が督・撫と交際する時でも、職権或いは品級が同等か否かが問題とされ始め、科挙・学校・胥吏といった出身差は最早や問題とはされなくなった、という重要な指摘を行なった。この点は、後述の康熙元年の上諭とも関連する。交際関係における礼法上に、同等の官職という新たな基準が現われ始めたのは、後述する明代以来の昇進における出身資格の差等を問題とした基準が清代には緩和されていた点を示唆している。優免制においても、明末には品級と資格差によって厳重な区別がみられたが、清代には官員より生員に至るまで一様に本人一丁の丁徭（田土額）だけに優免は制限されて、身分差の解消した点は注目される。(7)

本稿は、明初に特権的諸身分が確立し、中期以降に形成された広汎な諸階層の内部において、挙人・貢生・監生層が進士資格の偏重によって、選任・考課の上で差別され、昇進を阻害された情況を史料上に確認したのち、各級資格より成るそれら諸階層が、各級地方官、特に父母・親民官として直接人民を統治する知県以下の県官ポスト＝缺に如何なる比率で存在したかについて、清代地方志の職官条より作成した統計表に拠って清代のそれと比較しながら、明代官場に貫徹したポストに対応する資格の固定化現象、並びに清代選任制の明代とは際立った特色のもつ意義を検討したものである。

第一節　選任・考課における進士偏重の諸情況

崇禎六（一六三三）年、池州府貴池県の副榜挙人呉応箕は、嘉善県出身の内閣大学士銭士升に宛てた書簡（『樓山堂集』巻十一、上嘉善銭相公書癸酉）において、自己を含む不遇な立場の諸出身者を代弁するかのように次のように主張した。

官を設けて資格を立つるは、原より人の奔競の心を抑えて其の積久の効を収むるゆえん。これを今に行えば、則ち害に勝えず。

官僚の任用に当り資格＝出身を条件とした本来の趣旨は、栄達の権化となることを防ぐ禁欲的観点より、資格に基づく終身身分に相応したポストから出発させるが、授官後の政績次第で出世欲を満足させようとする点にあった。現在この方法は（進士偏重の矛盾を来したので）、百害あって行なえない、という。

明初の任官コースとしては、在野知識人より選ぶ薦挙、科挙・歳貢監生、吏員の三途があった。狭義には、吏員を除いて薦挙、科挙、歳貢監生を三途と称する場合が多かった。政権の草創期には薦挙、次いで監生が重要視されたが、洪武二十六年以降は科挙出身者が重要視された。薦挙出身者は天順年間に姿を消したので、成化年間以後の三途とは、科挙、歳貢監生、吏員の三出身者を指すようになった。(8) しかし、明代後期以降、「進士偏重して挙人甚だ軽し」（高拱『高文襄公全集』巻三四、掌銓題稿巻五、議処科目人材以興治道疏。以下、人材疏と略記）という資格偏重の是正を求めて提起された「三途並用議」（李廷機『李文節集』巻十一、舘課二）の三途とは、殆どが進士・挙人（科）・貢生（貢）の三資格を指していた。

進士資格が選任・考課等において殊更に優遇＝偏重される傾向は、嘉靖期以降に顕現した。張居正は、『新刻張太

岳先生文集』巻一八、雑著において、

宣徳以後、獨り進士の一科のみを重んず。郷擧・歳貢といえども、敢えてこれと抗衡すること莫し。

と述べて、進士偏重は既に宣徳以後に始まった、と言う。谷光隆氏は、「国初の薦挙は官僚組織の量的充足を目的として行われ、その必然的結果として出身を重視しなかったが、宣徳以来の保挙は官僚組織の質的向上を目的として行われ、その必然的結果として出身を重視することとなった」[9]と言う。続いて谷氏は、同条で次のようにも言う。国初以来の選除である「循資陞授」即ち年功序列では「地方官は賢否混淆して人民の害を被る者が少なくなかった」ので、質的向上つまり能力本位に切替える必要が生じ、この頃までに進士で独占された六部尚書・都察院都御史・内閣大学士等三品以上の九卿大臣の奏保、即ち保証薦挙を上奏する体制が生まれた。だが保挙の対象は勢い進士・挙人・監生の順序に固定化し、授官の対象が特に二榻（士奇・溥）など挙主の地位に左右される人的関係の悪風が瀰満した。その結果、知県の保挙は正統七年に、次いで知府の保挙が、最後に天順八年に方面官の保挙が廃止され、以後は吏部の自擢となった、と。だが、進士出身者が挙人・監生出身者に比べて文芸の才能に長じてはいても、人民の被害は、むしろ操守の廉潔や統治能力の何如に係わっていたのであり、直接に進士＝質的に能力の向上した者と評価することは問題である。宣徳～天順年間の京官による地方官に対する保挙は、科挙制の整備過程で起きた問題であったが、保挙廃止後においても銓選における科挙の諸身分固定化の現象は昂進していった。

知県の保挙廃止後の『明実録』英宗・正統十四年十二月の壬申の条で、兵科給事中劉斌は、「方今の用人は、ただ進士・監生の二途のみ」と述べたが、挙人を記していない。前年の会試受験者は千三百人であり、合格者は百五十人で、副榜と落第者の合計は千百五十人であった。[10]この中の若干の副榜挙人は府州県の教官を授けられ、知県への昇官をめざした。落第挙人は帰郷するか国子監に入学して挙人監生となり、一定期間の学業修得後に教官を授けられた。劉斌が二途のみというのは、少なくとも明代前半の挙人は直接には知県に任官できなかったことによる。これら不分

表１　嘉靖・万暦期の進士初任官ポストの配分比率

b				観政進士後の初任官（aは嘉靖を、bは万暦を示す）	官品	a			
甲榜	人員（230人）		百分比（%）			甲榜	人員（373人）		百分比（%）
1甲		2	0.8	b　翰林院修撰　a	従6品	1甲		3	0.8
				b　翰林院編修　a	正7品				
2甲	32	36	15.6	翰林院庶吉士　a	未入流	2甲	13	22	5.8
						3甲	9		
				b　北京六部主事　a	正6品	2甲	43	75	20.1
3甲	3					3甲	19		
2甲	1			b　南京六部主事　a		2甲	13		
2甲	1	12	5.2	b　大理寺評事　a	正7品	3甲		5	1.3
3甲	11								
3甲		1	0.4	b　太常寺博士　a				2	0.5
		4	1.7	b　中書舎人　a	従7品			2	0.5
		18	7.8	b　行人司行人　a	正8品	2甲	1	33	8.8
						3甲	32		
				都察院都事　a	正7品			1	0.5
3甲		1	0.4	b　上林苑監典簿	正9品				
2甲	1	6	2.6	b　六部観政進士（卒・終養）					
3甲	5								
2甲	1	7	3.0	b　府　教　授	従9品				
3甲	6								
2甲		4	1.7	b　知　州　a	従5品	2甲	20	21	5.6
						3甲	1		
3甲		25	10.8	b　府　推　官　a	正7品			39	10.4
		114	49.5	b　知　県　a				169	45.3

出典　a　『嘉靖癸丑〔32年、1553〕科進士同年便覧録一巻』
　　　b　『万暦三十八〔1610〕年庚戌科序歯録一巻』
　　　※　進士の初任官以後の陞遷（省略）については、後掲表４を参照。

明な挙人・監生層の知県に占める割合は、確実な進士のケースより推定できる。

三年毎の科挙試によって生まれる問題の進士は、事務見習いの後、右の表1「嘉靖・万暦期の進士初任官ポストの配分比率」に見るような割合で地方官に任命された。

表1の嘉靖三十二年の進士合格者は三七三名であるが、万暦三十八年のそれは二三〇名しか判明しない。地方官に選任されたのは、嘉靖では二三〇名＝六一・七％、万暦では一五〇名＝六五％であった。従五品の知州は嘉靖では二甲廿名、三甲一名の計廿一名＝五・六％、万暦では二甲四名＝一・七％であった。この外、万暦では従九品の府教授が二甲一名、三甲六名の計七名＝三％を占めている点が注目される。正七品の府推官は嘉靖では三甲三九名＝一〇・四％、万暦では三甲二五名＝一〇・八％であった。正七品の知県は嘉靖では三甲一六九名＝四五・三％、万暦では三甲百十四名＝四九・五％であった。知州の定員二三四員、府推官の定員一五九員、知県の定員千百七十一員の合計は一五六四員であったから、表1の嘉靖期の進士新任地方官中の知州・推官・知県二二九名はその中の一四・六％を占め、万暦期の進士新任地方官中の同じく一四三名はその中の九・五％強を占めたことになる。従って、表1の確実な嘉靖期の知州・推官・知県に任官した二二九名の進士新任地方官一四・六％（一六九名の知県は、定員千百七十一名中の一四・四％）を除いた八五・四％の知州・推官・知県は、旧任の進士や挙人・貢生・監生出身者で占められていたことになる。

旧任の進士、つまり表1で省略した陞遷の部分より作成した後掲の表4によれば、同年進士の知県就任者（百％）で知県を一期勤めた者は約六〇％弱であり、二期勤めた者は約三〇％存在し、三期勤めた者は約五％以下であった。とすれば、表1の嘉靖・万暦期では、新・旧合わせた進士出身の知県は、例えば嘉靖の一四・四％プラスαとした場合、各出身者から成る知県全体のせいぜい二〇％前後（二百数十員?）であったらしい。残り八〇％前後の知県は、挙人・貢生層の出身者であったと推定される。なお、推官・知県の定員一三三〇員の中、毎年若干名は中央に行取されて、科・道官や六部主事等官に考選されていた。だが嘉靖十年以前では、将来巡撫と省政を合議すべき一年交代の巡按御史の登龍門である御史等に考選されるのは、貢生はゼロ、挙人はたまに一人という状態であった。「進士に発身する者は、必ずしも循良ならず」と進士を全面的には信用しない嘉靖帝は、挙・貢との併用を幾度となく命令していたが、吏部司官は遵行してはいなかった。(11)

嘉靖期の葛守礼は、『葛端肅公集』巻一、添進士以裕牧疏において、前述の進士外任官の枠を拡げよと次の要請を行なった。

今、天下の州縣は将に二千に及ばんとす。而るに進士を以って任ずる者は二百に満たず。腹裏の大省は猶お十數人、或いは五、六人のごとし。南北邊方の省分は則ち一、二人といえども亦た得るべからず。要郡衝邑は已むを得ず舉人を以って職に充つ。又得べからずんば監生を以ってこれを足す。舉人は任に稱わざる者固より已に十の五六。而るに監生の以って職を舉ぐべき者は百に二、三もなし。

天下の州・県が二千というのはオーバーな表現で、既述のように実際は州二三四、県千百七十一の計一四〇五であった。進士出身の知州・知県は二百未満であるとの表現は、既述の統計数字の進士新任官についてはほぼ一致する。なお実録には、進士不足に対して、嘉靖末年、その増額を要請した上疏に、知州・知県の各出身者に占める進士は二、三割に過ぎないとみえるが、(12)この表現は、新・旧進士の合計額としてほぼ妥当する。右の葛守礼は、挙人・監生出身者で要衝の州県長吏に任命された者の中、挙人の五、六割、監生の九七〜八％は職務能力に劣ると極論して進士新任官の増員を要請した。挙人・監生出身者を蔑視する葛守礼の進士礼讃の根柢には、権威に弱い人民はまだ赴任もしない地方官の出身を進士と聞いただけで既に信頼服従してしまうものだ、との甚だ思い上った認識があった。(13)問題の任地についての文言は、進士新任官は内地の大きな省や南北辺疆の省の中の行政・軍事的に重要な知州・知県に任命されていたことを窺わせる。同時に文言は、要衝の知州・知県には本来挙人・監生は補充されるべきではない、との認識も示す。

右の点については、前述万暦期の李廷機『李文節集』巻十一、舘課二、「三途並用議」に、

今、人を銓ぶに、おおむね進士は畀うに鉅者、繁者、中土者を以ってす。科貢は畀うに小者、簡者、遐陬者を以ってす。


とあって、進士出身者は内地の豊かで行政上重要な大県＝繁県に任命されるが、挙人・貢監生出身者は仮地の瘠せた政治的重要度の低い小県＝簡県に任命された、という。進士偏重の事態は、農民起義や異民族の侵入に直面して緊迫化した崇禎期の劇区や辺境では、逆に無能なはずの挙人・貢生が起用され、有能な進士は内地の安全地帯に任命されようと逃げの姿勢をみせるという深刻な矛盾に転化していた(14)。

嘉靖期に顕現した進士偏重の劃期は、選任制に連繫する考課制においてむしろ明瞭であった。『明実録』世宗・嘉靖二十二年十一月甲寅の条には、進士以外の出身者は、治績・操守が立派でも、一たび上官のご気嫌を損ねでもしたら、その都度中傷を受けて昇進はおぼつかない(15)、と言う。又、隆慶五年六月の高拱の上疏は、「進士の治績の最下なる者は、猶お擧人の治績の最上なる者より勝れるがごときなり」（人材疏）と言う。万暦期の李廷機「三途並用議」には、

進士は稍稍その官を能《よ》くすれば上考を豫う。即ち能せざるも猶おこれを庇うがごとし。科・貢は一たび當らずんば下考に寘む。即ち能するも猶おこれを抑えるがごとし。


との露骨な進士偏重の指摘が見える。

天啓期の趙南星は、進士集団の利己主義について、進士身分で官界を游泳する者同士は、同郷の人や親戚、弟子や昔の部下、家族ぐるみの交際をする親しい人、といった複雑な官僚社会の情実関係で人脈を構成しており、たとえ相手が貪婪な官僚であることを知悉していても、決して口外はしなかった(16)(補註1)、と言う。こうした如何ともし難い進士偏重

の実態については、天啓四年の叙題を記す馮夢龍『警世通言』巻一八、「老門生三世報恩」に見える、巡按御史の成績査定が貪婪酷薄な進士出身地方官を見逃し、逆に挙人・貢生出身者に進士の罪の穴埋めまでさせる現実に絶望した老学生の「死んで閻魔大王の前に出て大聲で不公平を訴えて、あの世で出世した方がましだよ」[17]との怒りの叫びがあり、それは時代情況を端的に象徴していた。

選任・考課で進士集団より学位歴社会の利己的差別に泣かされた挙人・貢生は、宗族に功名をもたらすべき出世が絶望的となるや、蓄財に邁進せざるを得なかった。「県令は挙・貢多く、日暮れて途窮まれば貪得あるのみ」（呉応麟『樓山堂集』巻十二、真陽駅與汝寧守王乾純先生書丁卯）とか、「佐貳官は率ね擧・貢・監生に出身する者多く、日暮れて途に窮し、既に爲民の念なく又治民の才に乏し。撫理あるも貪穢にして治まらず」（『明実録』神宗・万暦三十二年五月丙子）と見えるのは、そうした挙・貢の営みの一端を表現していた。[18]こうした資格偏重の生む地方官の貪官化による吏治の腐敗は、民生の困苦へと必然化していった。

第二節　地方志の職官にみえる資格固定化の実態

1　県缺の繁簡と進士の繁缺への優先配分

府州県の統治上の難易度の準則である「繁簡之例」は、『明実録』太祖・洪武十四年十月壬申の条に官僚考課の枠組みとして現われた。[19]それによれば、統治の繁難を意味する「事繁」の行政区劃は、田糧十五万石以上の府、田糧七万石以上の州、田糧三万石以上の県と、王府や都司・布政司・按察司の所在地、馬隊の駐屯所、駅道の通る所、辺境の要境や首都の官署であった。統治の比較的簡易な「事簡」の行政区画は、田糧十五万石以下の府、田糧七万石以下の州、田糧三万石以下の県や僻地であった。

税糧額主体の「繁簡之例」は、地域差や行政実務の複雑化、さらには統治矛盾の激化と倶に当然変化したであろう。だが、弘治十一（一四九八）年刊『吏部条例』の「計開給由紙牌違礙事例」には、「繁簡則例に照らして一級を降す」などと見えるので、この時点までは洪武の「繁簡之例」が活きていた可能性がある。しかし、地方官特に県缺に衝・繁・疲・難の四等の「字」が現われる端緒は嘉靖末年であった。四等の字が確定するのは、後述の調缺の制定と同時に、雍正六（一七二八）年三月の広西布政使郭鉷の上疏によってであり、字の組合せによって四字缺＝最要、三字缺＝要、二字缺＝中、一字缺＝簡や、無字缺に整備された。[20] 四字缺の四字とは、『雍正硃批諭旨』巻一五、郭鉷、（雍正）六年三月一九日条によれば、「交通頻繁なることを衝、政治業務激しいことを繁、税糧の滞納多きことを疲、風俗純朴ならず犯罪事件多きことを難の字でそれぞれ表現」したものであった。[21]

缺の構成要件である衝・繁・疲・難の四等の字の端緒形態は、元の朱思本の原図を明の羅洪先（念菴）が増纂して、嘉靖四十（一五六一）年に浙江布政使胡松の手で刊補された『広輿図』[補註2]（万暦七年重刊本）に現われた。但し、表2の広輿図の段階では、一県の繁簡度が煩については上・中（冲）・下、簡（僻）については上・中・下と各おの三ランクに分けられてはいるが、煩・簡の具体的説明がない。

隆慶元（一五六七）年の吏部尚書楊博の「議天下郡県繁簡疏」（『皇明奏疏類鈔』巻四〇、輿図類）には、「郡県の如きは、向來繁簡・衝僻・難易を分たざれば、則ち労する者は勸むる所なく、逸るる者は懲しむる所なく、繁を避けて簡を求め、衝を避けて僻を求め、難を避けて易を求む」という如く、吏治の実績を上げる観点より、官僚考課の上に税糧主体の洪武の旧則例の繁簡とは異なる『広輿図』系統の繁簡に加えて、更に衝僻・難易の二要件を採用すべきことが提起されて裁可された点がみえる。今回、全国の府州県は各おの三等級に区別され、「陞擢」と毎年の「行取」の際には、上等・中等・下等の府州県缺のランク、年功（「歳月之遅速」）、任官時の資格（「官資之高下」）、「考語・奨薦」

＊知県の出身は、後掲表５の地方志の職官条に拠る。

大明官制大全（1586年刊）											広輿図（1561年刊）	
缺	万暦14年該県知県の出身*	編戸（里数）	官員	缺の認定要件							缺	編戸（里数）
繁・簡（推定）				（衝）	（繁）	（疲）		（難）			煩〔上・中・下〕（冲）・簡（僻）〔上・中・下〕	
				地	事	糧	差	民・俗・訟	盗・患	治		
簡	貢監	27	無丞	饒				富	多盗		中	20
繁	（不明）	12	〃	狭	冲	重		刁・疲			裁冲	13
簡	挙人	36	〃	僻饒				淳			僻簡中	39
簡	進士	26	全設	僻	簡			淳	地連二省 山賊不時竊発		僻簡中	23
繁	進士	98	二丞 全設	藩封 衝	煩		重	疲			煩冲上	98
繁	進士	171	全設	藩封 頗饒	繁			淳			冲煩上	177
繁	進士	55	全設	衝	繁						煩上	55
繁	進士	668	二丞 二簿 全設	浜江帯河 僻	繁	多	重			難治	僻中	950
繁	選貢	20	無簿		冲	欠	煩	貧・疲	水患		貧冲煩	46
繁	進士	649	三丞 全設	浜海帯河		多	重	繁			上上	600
繁	挙人	37	全設	頗衝	繁			頑	野多盗		冲	37
繁	進士	305	二丞 全設		繁	逋負 多		狡悍	俗澆	難	上	309
繁	進士	161	三丞 全設	浜海 地瘠				頑	民・灶・軍 衛雑処		僻中	160
繁	進士	270	全設	水陸之衝	供応 浩繁			頗淳			煩上	253
簡	（不明）	22	〃					民饒 俗狡			（記載なし）	22
繁	挙人	52	〃	衝	煩			淳		易治	冲煩	52
繁	進士	94	二簿 全設	〃	繁劇			疲・刁	辺江多盗 間有水患		冲煩	86
繁	（不明）	4	無丞	頗衝	供応 煩			刁繁	乱		（記載なし）	4
簡	挙人	60	全設	僻					経流寇		冲上	60
繁	（不明）	136	〃	衝	煩			饒			煩冲	150
繁	進士	177	〃	衝	繁			饒			（記載なし）	199
繁	（不明）	101	〃	浜海	繁劇			殷・疲	近被倭患		上	142
繁	進士	140	〃		繁劇			淳			上	139
繁	進士	138	〃	瀕海				饒	多寇		煩冲上	238?
簡	（不明）	34	無簿 有土官 典史					頗富庶	逼近山猺 時被警擾		上中	36

表２　明･清各県の統治上の繁簡度

			大清仕籍全書（1763年刊）							
			缺	缺の認定要件	徴銀(両) △解銀 ・地丁銀	米（石） △米麦 ・糧	倉穀(石) ・額穀	養廉銀 (両以下切捨)	雑税銀 △折銀採弁 ・牙当畜地	乾隆28年の該県知県の出身
華北8(7)県	北直隷	寧晉県(真定府趙州)	簡	(記載なし)	・ 26,482		14,000	800	弁公 100 254	庚午(進士)
		欒城県(真定府)	〃	衝	・ 16,213		14,000	800	弁公 100 馬90匹 365	丁巳(進士)
	河南	臨漳県(彰徳府)	〃	繁	・ 58,607	7,575	20,000	1,200	700	監生
		商城県(汝寧府光州)	〃	難	・ 14,920		・ 20,000	1,200	857	監生
	山東	歴城県(済南府附郭)	要	衝繁 難	64,291	△ 12,200	2,000	2,000	540	貢生
	山西	長治県(潞安府附郭)	中	繁 難	(糧銀) 62,810		・ 16,000	800	1,900	壬申(進士)
		汾陽県(汾州府附郭)	要	繁 難	(糧銀) 70,099		・ 16,000	850	7,100	副榜(挙人)
	陝西	長安県(西安府附郭)	最要	衝繁疲難	・ 42,520	・ 1,024	・ 75,000	600	・ 470	挙人
華中11県	南直隷(江蘇)	嘉定県(蘇州府)	中	疲難	△ 61,222	9,683	20,000	1,200	△ 1,178	壬申(進士)
		清河県(淮安府)	簡	衝	△ 2,502	3,526	20,000	1,200	△ 69,221	辛未(進士)
		上海県(松江府)	要	繁疲難	△ 69,221	(漕白二米共) 10,464	20,000	1,200	295	貢生
	安徽	盱眙県(鳳陽府泗州)	中	疲難	・ 22,518	2,904	17,000	800	1,982	抜貢
	浙江	帰安県(湖州府附郭)	要	繁疲難	・ 104,431	(漕白二米共) 65,170	17,169	1,600	882	挙人
		海監県(嘉興府)	中	繁 難	・ 64,310	(漕白二米共) 39,953	14,167	1,200	312	貢生
	江西	清江県(臨江府附郭)	要	衝 疲難	・ 46,580	(漕米) 25,110 (兵米) 1,304	8,100	1,200	馬20匹 580	己未(進士)
	湖南	湘潭県(長沙府)	要	衝繁 難	22,780	3,435	49,660	1,000	30	例監
		衡陽県(衡州府附郭)	最要	衝繁疲	13,029	6,030	52,740	1,200	39	壬申(進士)
	湖北	黄岡県(黄州府附郭)	要	衝繁 難	46,634	9,281	9,200	1,200	38	戊辰(進士)
	四川	万県(夔州府)	中	衝繁	3,564		9,750	600	57	保挙
華南7県	福建	寧化県(汀州府)	要	繁疲難	18,415		・ 50,288	1,000	373	監生
		建甌県(建寧府) 建安県(附郭)	中	衝 疲	29,152	2,254	・ 19,085	1,100	1,761	挙人
		建甌県(建寧府) 甌寧県(附郭)	中	衝 難	25,880	3,256	・ 19,913	1,100	2,869	丙辰(進士)
	広東	潮陽県(潮州府)	要	繁疲難	27,547		70,000	1,000		壬子(進士)
		番禺県(広州府附郭)	要	衝繁疲難	44,507		100,000	1,500		挙人
		新会県(広州府附郭)	要	繁疲難	33,573		40,000	1,000		貢生
	広西	貴県(潯州府)	中	繁 難	17,124	5,957	20,283	1,181		(不明)

表３　表２の直省に関係ある繁県の事例－調繁知県（進士）の場合－

繁　県（17例）		調繁知県	編戸(里)	設官	缺の認定要件						
					(衝)	(繁)	(疲)		(難)		
					地	事・務	糧・賦	差・徭	民・俗・訟	盗・災	治
北直隷	棗強県(真定府冀州)	楊呈秀	20	無簿	饒	簡					
	固安県(順　天　府)	孫織錦	37	無丞	頗饒	繁		重			
河南	洛陽県(河南府附郭)	文翔鳳	86	全設	衝	繁	重	多			難治
	靈寶県(陝　　州)	石応嵩	45	全設	衝				民刁		
	汝陽県(汝寧府附郭)	楊巨鯨	33	無丞	軍民雑処	繁			俗刁		
山東	歴城県(済南府附郭)	張翼明	98	二丞 全設	有藩封 衝	煩		重	民疲		
山西	陽曲県(太原府附郭)	趙鵬程	78	全設		繁			疲		
	楡次県(太　原　府)	葛如麟	66	全設	肥	繁			俗刁		
陝西	長安県(西安府附郭)	李燁然	55	全設	衝	繁					
南直隷	丹徒県(鎮江府附郭)	趙昌期	240	全設	浜江帯河	繁劇			疲	多盗	
	華亭県(松江府附郭)	鄭元昭	811	三丞 全設	浜江帯河	繁	多	重	民刁		
浙江	銭塘県(杭州府附郭)	龔之伊	160	全設	衝	繁			俗奢狡雑		難治
江西	清江県(臨江府附郭)	李茂英	270	全設	水陸之衝	繁			頗淳		
	廬陵県(吉安府附郭)	明時挙	603	全設	衝			繁	民疲 健訟		
	新建県(南　昌　府)	馬鳴起	204	全設	衝 地窪	繁			民疲	多水災	
福建	蘭谿県(金　華　府)	荘起元	241	全設	水陸衝劇				頗健訟		
広東	順徳県(広　州　府)	施槃	157	全設	頻海	煩			民富		

典拠：『万暦三十八年庚戌科序歯録一巻』
　　　『大明官制大全』

という四条件を総合評価せよとの詔が下った。府州県缺の上中下三等のランクの認定要件については、「邊方残破、遠方困憊、盗賊猖獗、災沴頻仍、衝繁難支、刁疲難治は上と爲し、稍や易きは中と爲し、易きは下と爲す」というように、六種の要件があげられた。これらの要件は、表2の『大明官制大全』や『大清仕籍全書』の缺の認定要件である衝・繁・疲・難の実体をほぼ示している。六種の要件に該当する地域としては、北直隷・浙江・江西・福建・湖広・広東・広西・貴州の九直省の説明がある。しかし、こうした三等制の府州県のポストが定着したかという点は、甚だ疑問である。その理由としては、万暦十三（一五八五）年脱稿の重修会典に、前述の衝・繁・疲・難に基づく三等の府州県缺の等級が見えず、依然として繁県と簡県の間の更調制が行われていた点、『増修条例備考』巻二、選官抽籤註缺以示至公にみえる万暦二十二年八月の吏部の題本に、「諸缺の中に煩簡あり」とみえる点、さらには『万暦三十八年庚戌科序歯録一巻』にも、更調は繁県・簡県の間で行われていた点があげられる。

だが、具体的内容をもつ衝・繁・疲・難のほぼ明確な要件に基づく繁県・簡県の区分が出来上るのは、『広輿図』より四半世紀後、江西臨江府新喩県丞の陶承慶が校正し、吉安府盧陵県末学の葉時用が増補して、万暦十四（一五八六）年に寶善堂より刊行された重刻増補京板『大明官制大全』（『大明一統文武諸司衙門官制』）においてであった。表2に摘記した『大明官制大全』では、里甲の「編戸」＝里数を記している点は『広輿図』を踏襲しているが、県缺の有無、土「地」の要衝の所＝衝、行政「事」務の繁劇な所＝繁、糧・差が重く逋負の多い所＝疲、「民」の刁・頑・貧・疲、「俗」の狡悍や「多盗」「水患」「訟繁」の所＝難の各内容がほぼ明確化した。

表2「明・清各県の統治上の繁簡度」中の『大明官制大全』にみえる明代25県は、繁県・簡県の何れに判定したらよいか。これは、『広輿図』の煩簡度及び『万暦三十八年（一六一〇）庚戌科序歯録一巻』の両者、特に調繁・調簡の表現が現れる後者に拠って、表2に関係ある各省出身の進士初任知県が調ぜられた繁県とは、一体四字の字数の何字以上を指していたか、という点から推定したい。この点を表3「表2の直省に関係ある繁県の事例」で確認した

場合、棗強県が一字である以外、他の16県は全て二字以上が繁県に相当する。これを基準に繁・簡の県缺を推定したのが表2の『大明官制大全』の缺の項である。明代25県の中、繁県は19、簡県は6を数えるが、地域別では、華中・華南は殆ど繁県であり、華北は繁簡相い半ばしている。

既述の雍正六年に確立した衝・繁・疲・難の四等の字の組合わせに拠る清代26県の固定化された缺は、清・鄂雲閣主人編の乾隆二十八（一七六三）年刊『大清仕籍全書』に拠って表2にまとめた。『大清仕籍全書』には、缺の固定化の要件である四等の字についての内容までは最早や記されてはいないが、地丁銀・漕糧・倉穀・養廉銀・雑税銀や乾隆二十八年時の知県の出身が記されている。清代26県の中、最要缺の県は2、要缺の県は11、中缺の県は8、簡缺の県は5を数え、中缺（二字）以上が明代の繁県に相当している。明・清を通じて繁・簡に変化のみられたのは、欒城・清河・相潭・寧化・貴の五県に過ぎない。

次に、明代の繁県・簡県、清代の最要・要・中・簡缺の各県に就任した知県の昇官・吏調の動向をみよう。表2の『大明官制大全』の刊行された万暦十四年時の知県の出身を各地方志の職官条より検出した場合、明代25県の出身不明者を除いた繁県15県中の12県は進士で占められ、同じく簡県4県は進士一人、挙人二人、貢生一人で占められている。こうした繁・簡の知県缺における各出身の配分は、明代の吏部による地方官選任過程（銓選）の特徴を示す。双月（偶数月）の大選で知県（又は推官）に任命され、或は単月（奇数月）の急選で中央の科・道・六部司官に行取される進士・挙人・貢生・監生出身者の中、進士出身の知県に限定した場合、選任時における繁缺・簡缺の割合と、転任時における統治能力の有無に基づく同一品級内の繁缺〜簡缺間の鞍替えを意味する更調させられた者の割合とは、表4の通りであった。

『嘉靖癸丑（三十二年）科進士同年便覧録一巻』＝aと、『万暦三十八年庚戌科序歯録一巻』＝bとより作成した表4「同年進士の知県就任繁簡比率」によれば、知県を一期（a七二・一%、b五〇・八%）、二期（a二六・六%、b四二・九%)、三期(a一・一%、b四・三%)と勤めた者の中、進士初任官で繁県の知県に就任した者は、aでは$\frac{122}{169}\times100=72.1$%を占め、bでは$\frac{69}{112}\times100=61.6$%を占めていた。これは、後述する外補制成立後の清代の進士初任官のそれとは全く逆の傾向を示していた。簡県の知県に就任した者は、aでは二一・八%、bでは二五%に過ぎなかった。この中、簡県より繁県へ、又は繁県より簡県へ更調(22)された者は、aでは$\frac{18}{169}\times100=10.6$%、bでは$\frac{20}{112}\times100=17.8$%に過ぎなかった。

問題は、表4の進士出身知県の繁簡互調の者がaでは一〇・六%、bでは一七・八%に過ぎない点である。この事実と、簡県だけに在任した者がa$\frac{29}{169}\times100=17.1$%、b$\frac{17}{112}\times100=15.1$%と倶に十数%に過ぎなかった点、並びに繁県だけに在任した者がa$\frac{112}{169}\times100=66.2$%、b$\frac{60}{112}\times100=53.5$%と倶に数十%強の高率であった点とを考え併せた場合、そこには選任・転任における進士に対する優遇措置が窺見できる。

要するに、表2の『大明官制大全』の万暦十四年時の25県中の繁缺が殆ど進士で占められていたのは、繁・簡の更調を少数に止めて、進士の大半を繁缺に温存するという前述の実態を反映したものであったと考えられる。

ところで、繁簡互調の制が行われても、それが撫・按の奏請さらには吏部の裁量によって濫発され、官僚政治(吏治)に弊害を来す恐れもあった(23)。特に大選・急選を通じて地方官の銓選を一手に引受ける吏部に対しては、権力をもつ高級官僚(権貴)の請託が激しく、これを杜すために創出されたのが万暦二十二年八月の吏部尚書孫丕揚の手になる「抽籤之法」所謂る掣籤法であった。だが能力差のある官僚を、これまた繁簡の地域差のある缺に掣籤で機械的に一律に配分することは、「(缺=)地のために人を擇び、事のために才を擇ぶ(24)」銓選の主旨に背いていた。万暦二十六年六月の吏部の覆疏は、全国を東北・東南・西北・西南の四地域(四筒)に分けたのち、「科・貢は前に三名を考選し、進士と同に優缺を掣せしむ。其の餘の擧・監は仍お議有るの進士と一概に抽選す(25)」というように、優缺=繁県には殆ど進士を充て、挙人・貢監生は僅かに三名だけを充てるという掣籤における露骨な進士資格の偏重主義を貫いて

表4　同年進士の知県就任繁簡比率（典拠：『嘉靖癸丑科進士同年便覧録一巻』『万暦三十八年庚戌科序歯録一巻』）

		繁		繁→繁		繁→繁→繁		小　計（%）		簡		簡→簡		簡→繁		小　計（%）		繁→簡		繁→繁→簡		繁→簡→繁		小　計（%）		不　明（%）		総　計（%）	
		a	b	a	b	a	b	a	b	a	b	a	b	a	b	a	b	a	b	a	b	a	b	a	b	a	b	a	b
知県一期	知　県(卒)	5	12					5	12	1	5					1	5									1		7	17
	知　県(致仕)	9	7					9	7	3						3											2	12	9
	知　県(左遷)	5	5					5	5		1						1										1	5	7
	知　県(改教)		4						4		3						3										1		8
	知　県(行取)	72	8					72	8	22	8					22	8									4	1	98	17
	小　計	91	36					91	36	26	17					26	17									5	5	122 (72.1%)	58 (50.8%)
知県二期	知県→左遷→知県				3				3					〔1〕	〔1〕	1	1		1						1			1	5
	知県→丁憂→起復知県			13	9			13	9			3		〔1〕	〔2〕	4	2	5	2					5	2	1	3	23	16
	知県→調知県			6	6	1		7	6					〔6〕	〔5〕	6	5	4	3					4	3	4	2	21	16
	知県→調繁知県				6				6						〔3〕		3										3		12
	小　計			19	24	1		20	24			3		〔8〕	〔11〕	11	11	9	6					9	6	5	8	45 (26.6%)	49 (42.9%)
知県三期	知県→調知県→謫戍→陞知県																												
	知県→調知県→再調知県																			1				1				1	
	知県→調知県→調繁知県																										1		1
	知県→丁憂補知県→調繁知県																						2		2		1		3
	知県→調繁知県→丁憂補知県					1		1													1				1			1	1
	小　計					1		1												1	1		2	1	3		2	2 (1.1%)	5 (4.3%)
総　計（%）		91	36	19	24	2		112 (66.2%)	60 (53.5%)	26	17	3		〔8〕	〔11〕	37 (21.8%)	28 (25%)	9	6	1	1		2	10 (5.9%)	9 (8.0%)	10 (5.9%)	15 (13.3%)	169 (100%)	112 (100%)

註：〔　〕内は、〔繁→簡〕以下のパートにも帰属することを意味する。
(a)　嘉靖32年同年進士（373人）　(b)　万暦38年同年進士（230人、判明分）

いた。沈徳符『万暦野獲編』巻十一、掣籤授官には、南北・遠近・原籍等の各区分（筒）が設けられても、官界に有力な「徑竇《うらぐち》」のない者は貧乏籤を引かされたこと、特に吏部文選司の担当官僚は、大選の二、三日前になると籤の長短・大小・厚薄等を外部にほのめかす者さえいた、という。清・孫承澤『春明夢餘録』巻三四、吏部にみえる崇禎三（一六三〇）年六月の河南道試御史王道純の上疏は、次のように言う。〝擧人・貢監生ともなれば、一旦引き當てた籤には従うのみである。選司官は進士に対しては數籤を取り出して選ばせた上、該進士が美缺を引き當てると知らん顔で盜ませてしまうが、貧乏籤を引き當てた時は次回の候選を許すことさえした（扣籤の弊）[26]〟、と。

要するに、掣籤法によっても、明代地方官の繁缺は進士に独占される傾向にあった。

掣籤法は清代に引き継がれた。その弊害は本人若しくは吏部の堂官が代理して抽籤を行うことに発端した。康熙年間には吏部官僚に贈賄して自己の望む缺を抽籤させる「坐籤の弊」[27]が顕著となった。だが近藤秀樹説によれば、この法が弊害を伴いつつも清末まで維持されたのは、権貴の請托を排除して朋党の暗躍を封ずる点において独裁君主権力の浸透を一歩前進させるものであったからである。しかし、この法の最大の欠陥こそは、適材適所主義が失われて悪平等を生じ、実際政治にマイナスの作用をもたらした点にあった。吏治の粛正に奮励した雍正帝が、この課題解決のために創出したのが「官僚の人材としての適否を、その官界における實務經驗量の多寡によって推し測ることを骨子とする外補の制」[28]であった。

具体的には、吏部の部選＝月選で機械的に繁簡の缺に振り分けられた州県官は、明代以来の繁簡互調の法によって缺を交替させられた。だが、その運用には具体的規定がなく、雍正帝即位の頃には、「調繁調簡は流弊相い沿い、竟に督撫が利を射うの藪となる」[29]という状態になった。この調繁調簡の法を改善したのが、繁缺が空いた場合、地方行政実務に経験済みの同一品級の現任官をその缺に横すべりさせ（調補）、そのために生じた空缺を実務未経験の月選の候選官で補充する方法であった。調補のための缺＝調缺を分類登録する方法は、既述のように雍正六（一七二八）

年三月十九日、広西布政使郭鉷によって「衝・繁・疲・難」の四等の字の組合わせで行うことが建議され、同九年十二月、同知以下知県に至る各缺は四字缺、三字缺を督撫により「具題調補」させることで実施に移された。近藤氏の所謂る調缺の制定と外補の創始である。以後、乾隆十三（一七四八）年には、督撫の具題による陞補つまり下級からの陞任を許す缺である題缺が制定され、題缺は実質歴任年月＝歴俸の五年以上、調缺は歴俸三年以上として外補の制は法制化された。

要するに、これら外補の制は、吏部を媒介としない外省の督撫による、官僚昇進の銓選体系の創出として極めて重要な意義をもつものであった。(30)

ここでは、吏部の月選による二字・一字・無字缺と、四字・三字缺の外補缺（調缺・題缺）との比率を問題としよう。近藤氏作成の表より割合を算出した場合、(31) 県缺の外補缺は四字缺が四・〇四％、三字缺が一七・二六％の計二一・三〇％に過ぎなかった。残りの約八割弱は二字・一字・無字缺の部選缺であった。しかし、「近日督撫定むる所の衝繁疲難の缺は、北方の四項を兼ぬる者は、僅かに南の三を兼ぬるに比し、北方の二項を兼ぬる者は、僅かに南の簡缺に比するのみ」(32) というように、外補・部選の両缺とも南北の地域差の矛盾を内包していた。

そこで、表2に立返ってみよう。『大清仕籍全書』の刊行された乾隆二十八（一七六三）年当時の四ランク26県の知県が、進士・挙人・貢生・監生・例監生・保挙の各出身者に総花的に配分されているのは、明代と異なる顕著な特徴である。十名の進士出身知県に限定した場合、簡缺は三人、中缺は三人、要缺は三人、最要缺は一人である。又例監生が要缺を占め、保挙が中缺を占めている点も注目される。こうした中での清代進士の簡缺・中缺への配分比率の増大は、明代では殆ど進士で占められたはずの、外補缺の挙人・貢生・監生への解放による必然的な結果でもあった。同時に、四ランクの缺へ各資格の出身者が総花的に配分されたのは、後述するように、選任制において明代の進士資格優遇主義から、清代の謂わば人物・能力重視主義の下で、各資格に昇進の展望が開けていた実態の一端を示している。

2　資格身分の県官ポストへの貫徹

明清時代の末端行政単位である県の各級ポストに、科挙制下の終身の資格身分である進士・挙人・貢生・監生・生員、或は胥吏・薦挙の各出身者が如何なる比率で存在したかについて、清代地方志の職官表に拠り、各王朝の前期（洪武〜宣徳、順治〜康熙）、中期（正統〜正徳、雍正〜乾隆）、後期（嘉靖〜崇禎、嘉慶〜宣統）と、華北・華中・華南の地域別とが同時に読みとれるように統計化したのが以下の表5・6である。その際、統計化の過程を、「時代別・地域別にみた知県任官者の出身別割合」として、明・清の前期のみについて例示したのが表5である。この中で、明代25県、清代26県の地域別配分は、明・清を通じて職官表に出身資格の明記が最も一貫しているものを取捨選択したのち、表中の華北・華中・華南の各省数に応じて配列した。各県の繁簡度は、前述のように明代では『大明官制大全』、清代では『大清仕籍全書』に基づいて推定した。明・清を通じて、華中・華南は殆ど繁缺であり、華北は繁・簡相い半ばしている。又、平均員数(a)は、総員数を該当する県志の数で除したものである。平均員数(a)の割合は、進士〜不明に至る各出身の(a)の総和である(b)で(a)を除して百倍したものである。

表6「時代別・地域別の知県・県丞任官者の出身別割合」より検討しよう。各地域の平均値、例えば華北平均値（%）は、前・中・後三期の各出身者別の平均員数の割合を合計して、三で除したものである。同様に全国平均値も、華北・華中・華南の三地域の平均値を合計して三で除したものである。なお、以下の表を含めて、知県〜訓導に及ぶ出身不明者の全国平均値は、明代は清代よりも割合が大きく三割を越えていた。

〔正七品知県の各出身者〕表6によれば、明代の進士・挙人出身知県は、全地域のほぼ中・後期に増大した。特に華中・華南の中・後期における進士の著増は、その繁缺占有状況を示していた。貢生・監生以下の出身知県の割合は、

表5　時代別・地域別にみた知県任官者の出身別割合

＊煩を避けるため、地方志職官条の巻数の註記は省略した。

年代	地域区分		地方志名（出身／王朝）	繁簡度		進士		挙人		貢生		監生		生員		胥吏		推薦		不明	
				明	清	明	清	明	清	明	清	明	清	明	清	明	清	明	清	明	清
前（洪武〜宣徳 順治〜康熙）期	華北（8〔7〕県）	北直隷	民国18(1929)寧晋県志	簡	簡		5	1	5		3									6	3
		北直隷	同治12(1873)欒城県志	繁	簡		5		4		3									1	7
		河南	光緒31(1905)臨章県志	簡	簡	2	2		3	1	9	1	3							8	1
		河南	嘉慶8(1803)商城県志	簡	簡		9		7		4		1				1		1		
		山東	乾隆38(1773) 民国15(1926) 歴城県志	繁	要		4		4		2		2		1						8
		山西	光緒20(1877)長治県志	繁	中		6		5		5		3								1
		山西	光緒8(1882)汾陽県志		要		4		8		9		1								1
		陝西	同治11(1872)長安県志	繁	最要		3		5		3		3							4	4
	総員数					2	38	1	41	1	38	1	13		1		1		1	19	25
	〔(b)＝(a)の総和〕		平均員数(a)			2	4.7	1	5.1	1	4.7	1	2.1		1		1		1	4.7	3.5
	(b)明9.7　清23.1		a/b×100%			20.6	20.3	10.3	22.0	10.3	20.3	10.3	9.0		4.3		4.3		4.3	48.4	15.1
	華中11県	南直隷	光緒7(1881)嘉定県志	繁	中	1	5		13	2	8		3		1		2	1		10	11
		南直隷	光緒2(1876)清河県志	繁	簡		5		5		1		2							7	16
		南直隷	嘉慶19(1814)民国7(1918) 同治10(1871)上海県志	繁	要		8		7		7		6							10	2
		安徽	光緒29(1903)盱眙県志藁	繁	中		7		9			1	5							6	3
		浙江	光緒8(1882)帰安県志	繁	要	1	3		3		7		5							15	3
		浙江	光緒3(1877)海塩県志	繁	中	1	5	2	12		10	2	8		2		1			11	21
		江西	同治9(1870)清江県志	繁	要		4		4		7									6	
		湖南	光緒15(1889)湘潭県志	簡	要		6		3		5		1								13
		湖南	同治13(1874)衡陽県志	繁	最要		5		5		7		3								2
		湖北	光緒8(1882)黄岡県志	繁	要	1	2	1	3		4		3						2	3	1
		四川	同治5(1866)万県志	繁	中		2		1		4		1								3
	総員数					4	52	3	65	2	60	3	37		3		3	1	2	68	75
	〔(b)＝(a)の総和〕		平均員数(a)			1	4.7	1.5	5.9	2	6	1.5	3.7		1.5		1.5	1	2	8.5	7.5
	(b)明15.5　清32.8		a/b×100%			6.4	14.3	9.6	17.9	12.9	18.2	9.6	11.2		4.5		4.5	6.4	6.0	54.8	22.8
	華南7県	福建	同治18(1869)寧化県志	簡	要	1				1										6	
		福建	民国18(1927)建甌県志 建安県	繁	中		6	1	3		6		3		1			1		4	2
		福建	民国18(1927)建甌県志 甌寧県	繁	中		3	1	1		5	2	4				1			5	2
		広東	光緒10(1884)潮陽県志	繁	要		1		3		3	1	1		2					8	
		広東	同治10(1871)番禺県志	繁	要	1	3		7		4		3					2		4	
		広東	道光21(1841)新会県志	繁	要	1	3		6		7	4	3						2	7	3
		広西	光緒22(1878)貴県志	簡	中		4		5		2		3								3
	総員数					3	20	2	25	1	27	7	17		3		1	3	2	34	10
	〔(b)＝(a)の総和〕		平均員数(a)			1	3.3	1	4.2	1	4.5	2.3	2.8		1.5		1	1.5	2	5.7	2.5
	(b)明12.5　清21.8		a/b×100%			8	15.1	8	19.2	8	20.6	18.4	12.8		6.8		4.5	12	9.1	45.6	11.4

微々たるものであった。全国平均値は、進士二六%、挙人一九・三%、貢生五・三%、監生九・八%、胥吏三%（但し、華南中期の新会県のみの統計のため、実質は〇%に等しい）、薦挙二・六%であり、進士出身者の割合が断然トップを占めていた。

清代の各出身知県は、前・中期に増大し、むしろ後期には減少した。その全国平均値は、進士一六・三%、挙人二六・一%、貢生一四・三%、監生一三・四%、生員四・七%、胥吏三・四%、薦挙三・七%であった。

明・清を比べた大きな特徴は、次の点であった。清代の進士出身知県約一六・三%は、明代に比べて約十%減少したが、清代の挙人出身知県は、明代より約十%増加して約二六・一%と全出身者の割合の首位を占めた。同時に、清代の貢生・監生出身知県の割合も、明代より貢生で約九%、監生で約四%弱増加して、進士出身者に逼迫した。一方、明代では殆どゼロに等しかった生員・胥吏出身者も、清代には生員で四・七%、胥吏で三・四%と一定の割合を占めるに至った。

〔正八品県丞の各出身者〕明・清を通じて、県丞缺に占める各出身者は、その五、六割が監生・貢生・胥吏に独占されていた。その全国平均値をみた場合、特に監生の割合（約三二%）は、貢生（約一五%）・胥吏（約十%）の二〜三倍に達し、各地域の中・後期に増大した。又、三出身者の割合は、明代では地域的に偏りがあったが、清代では各地域にバランスがみられた。清代では、生員出身県丞の全国平均値が四・六%を占めた点も注目された。

次に「時代別・地域別の主簿・典史任官者の出身別割合」（表は省略）を検討しよう。

〔正九品主簿の各出身者〕時代・地域倶に若干のバラツキはあるが、裁革が多く統計化できない清代の華南を除いた主簿缺の全国平均値をみた場合、明代の主簿缺は、監生（二八・〇%）・胥吏（二二・四%）や薦挙（八・二%）・貢生（四・六%）に、清代のそれは、胥吏（二七・八%）・監生（一九・七%）や貢生（一〇・八%）・生員（七・二%）に、ほぼ固定的に配分されていた。

		県丞（正八品）															
不明		進士		挙人		貢生		監生		生員		胥吏		薦挙		不明	
明	清	明	清	明	清	明	清	明	清	明	清	明	清	明	清	明	清
19	25		2		5		11	8	4		1	1	4			5	14
4.7	3.5		1		1.6		2.7	8	2		1	1	2			5	3.5
48.4	15.1		7.2		11.5		19.5	57.1	14.4		7.2	7.1	14.4			35.7	25.3
56	33				1	1	6	14	9			1	4			2	6
14	4.1				1	1	2	7	3			1	2			2	3
66.6	13.8				9.0	9.0	18.1	63.6	27.2			9.0	18.1			18.1	27.2
48	57					11	6	18	29		1	3	1			11	13
9.6	9.5					2.7	3	4.5	9.6		1	3	1			2.7	4.3
21.8	17.7					20.9	15.8	34.8	50.7		5.2	23.2	5.2			20.9	22.7
45.6	15.5		2.4		6.8	10.0	17.8	51.8	30.8		4.1	13.1	12.6			24.9	25.1
68	75	4				1	39		26				15	2	3	16	47
8.5	7.5	1				1	4.8		4.3				2.5	1	1	2.2	5.2
54.8	22.8	19.2				19.2	26.9		24.1				14.0	19.2	5.6	42.3	29.2
39	70	2		2	7	2	38	86	83		2	11	14			71	56
4.1	6.3	2		2	2.3	1	4.2	12.2	7.5		1	3.6	2.3			8.8	8
21.8	16.9	6.7		6.7	9.0	33.7	16.6	41.2	29.6		3.9	12.1	9.0			29.7	31.6
25	147	2	1		4	82	27	76	120		11	30	12	1	2	185	157
5	14.7	1	1		2	11.7	3	10.8	12		1.8	5	2	1	1	26.4	14.2
11.6	26.0	1.7	2.7		5.4	20.9	8.1	19.3	32.4		4.8	8.9	5.4	1.7	2.7	47.2	38.3
29.4	21.9	9.25	0.9	2.25	4.8	24.6	17.2	20.1	28.7		2.9	7.0	9.5	7.0	2.7	39.7	33.0
34	10	1					17	5	12		3		2			14	20
5.7	2.5	1					3.4	1.6	2.4		1.5		2			3.5	4
45.6	11.4	16.3					25.5	26.2	18.0		11.2		15.0			57.3	30.0
17	14	1		3	3		17	33	37		3	7	7			21	35
3.4	3.5	1		1.5	1.5		5.6	8.2	12.3		1.5	2.3	2.3			5.2	8.7
15.4	11.3	5.4		8.2	4.7		17.5	45.0	38.5		4.7	12.6	7.2			28.5	27.2
20	41				2	23	12	27	92		5	21	6	2	6	57	55
6.6	8.2				2	5.7	4	6.7	23		2.5	5.2	3	1	2	14.2	13.7
15.9	15.8				3.9	17.3	7.9	20.4	45.8		4.9	15.8	5.9	3.0	3.9	43.2	27.2
25.6	12.8	7.2		2.7	2.8	5.7	17.0	30.5	34.1		6.9	9.4	9.4	1.0	1.3	43.0	28.2
33.5	16.7	5.5	1.1	1.6	4.8	13.4	17.3	34.2	31.2		4.6	9.8	10.5	2.6	1.3	35.9	28.7

表６　時代別・地域別の知県・県丞任官者の出身別割合

地域	時代	職官／出身／王朝／平均値	知県（正七品）													
		出身	進士		挙人		貢生		監生		生員		胥吏		薦挙	
		王朝	明	清	明	清	明	清	明	清	明	清	明	清	明	清
華北（8〔7〕県）	前期	総員数	2	38	1	41	1	38	1	13		1		1		1
		平均員数(a)	2	4.7	1	5.1	1	4.7	1	2.1		1		1		1
		(b)明 9.7 清23.1 $\frac{a}{b}$×100%	20.6	20.3	10.3	22.0	10.3	20.3	10.3	9.0		4.3		4.3		4.3
	中期	総員数	10	37	14	77		23	2	27		2		1		
		平均員数(a)	2.5	4.6	3.5	9.6		3.8	1	4.5		2		1		
		(b)明21 清29.6 $\frac{a}{b}$×100%	11.9	15.5	16.6	32.4		12.8	4.7	15.2		6.7		3.3		
	後期	総員数	12.5	73	63	95	8	50	2	58		3		5		2
		平均員数(a)	20.8	9.1	9	13.5	2.6	7.1	2	8.2		1.5		2.5		2
		(b)明44 清53.4 $\frac{a}{b}$×100%	47.2	17.0	20.4	25.2	5.9	13.2	4.5	15.3		2.8		4.6		3.7
華北平均値（%）			26.5	17.6	15.7	26.5	5.4	15.4	6.5	13.1		4.6		4.0		2.6
華中11県	前期	総員数	4	52	3	65	2	60	3	37		3		3	1	2
		平均員数(a)	1	4.7	1.5	5.9	2	6	1.5	3.7		1.5		1.5	1	2
		(b)明15.5 清32.8 $\frac{a}{b}$×100%	6.4	14.3	9.6	17.9	12.9	18.2	9.6	11.2		4.5		4.5	6.4	6.0
	中期	総員数	52	76	34	112		59	9	47		11		2	1	1
		平均員数(a)	6.5	6.9	4.2	10.1		5.3	3	4.7		1.8		1	1	1
		(b)明18.8 清37.1 $\frac{a}{b}$×100%	34.5	18.5	22.3	27.2		14.2	15.9	12.6		4.8		2.6	5.3	2.6
	後期	総員数	175	68	74	171	11	54	4	95		9		13		9
		平均員数(a)	21.8	6.1	12.3	15.5	2.7	4.9	1.3	9.5		1.5		2.1		2.2
		(b)明43.1 清56.5 $\frac{a}{b}$×100%	50.5	10.7	28.5	27.4	6.2	8.6	3.0	16.8		2.6		3.7		3.8
華中平均値（%）			30.4	14.5	20.1	24.1	6.3	13.6	9.5	13.5		3.9		3.6	3.9	4.1
華南7県	前期	総員数	3	20	2	25	1	27	7	17		3		1	3	2
		平均員数(a)	1	3.3	1	4.2	1	4.5	2.3	2.8		1.5		1	1.5	2
		(b)明12.5 清21.8 $\frac{a}{b}$×100%	8	15.1	8	19.2	8	20.6	18.4	12.8		6.8		4.5	12	9.1
	中期	総員数	16	21	28	56		18	19	18		6	6			
		平均員数(a)	3.2	5.2	5.6	11.2		4.5	3.8	4.5		2	6			
		(b)明22 清30.9 $\frac{a}{b}$×100%	14.5	16.8	25.4	36.2		14.5	17.2	14.5		6.4	27.2			
	後期	総員数	85	50	69	72	4	19	2	37		4		7		7
		平均員数(a)	17	10	13.8	14.4	2	3.8	2	7.4		2		3.5		2.3
		(b)明43.1 清56.5 $\frac{a}{b}$×100%	41.0	19.3	33.3	27.9	4.8	7.3	4.8	14.3		3.8		3.7		4.4
華南平均値（%）			21.1	17.0	22.2	27.7	4.2	14.1	13.4	13.8		5.6	9.0	2.7	4	4.5
全国平均値（%）			26	16.3	19.3	26.1	5.3	14.3	9.8	13.4		4.7	3	3.4	2.6	3.7

〔未入流・典史の各出身者〕地域的にはほぼバランスのとれている典史缺は、その全国平均値をみた場合、明代では胥吏（三七・三％）が独占したが、清代では胥吏（二五・四％）と監生（二〇・八％）とに固定的に配分されていた。又、時代の下降毎に、清代典史缺の胥吏出身者は減少し、監生出身者は増大した。

次に「時代別・地域別の教諭・訓導任官者の出身別割合」（表は省略）を検討しよう。

〔未入流・教諭の各出身者〕明・清を通じて、時代・地域倶に大きな変化のみられない教諭缺の全国平均値は、明代では挙人二四・九％、貢生一七・四％であり、清代では挙人四五・八％、貢生二六・九％であった。つまり、教諭缺は殆ど挙人・貢生出身者で占められる固定的ポストであり、明・清ともに挙人対貢生の割合は、ほぼ六対四であった。

〔未入流・訓導の各出身者〕明代の地域別割合で若干、華中・華南が高い以外は、明清を通じて、時代・地域別割合の大きな変化のない訓導缺は、全国平均値が明代では貢生三一・七％、挙人一〇・七％であり、清代では貢生五五・八％、挙人一九・二％であった。つまり訓導缺は、殆ど貢生・挙人出身者で占められる固定的ポストであり、明・清ともに貢生対挙人の割合は、ほぼ七・五対二・五であった。

要するに、繁缺を主体とした明代の知県缺は、進士・挙人の中、特に進士出身者が高比率を占めていた。殆どを繁缺で占める華中・華南の中・後期の知県缺に進士が著増したのは、進士偏重の傾向を示していた。清代の知県缺は、全地域の各時代を通じて、挙人をトップに進士・監生の各出身者にほぼ同率に配分され、生員・胥吏にも一定程度配分された。

県の佐貳・雑職缺の場合、明・清を通じて、県丞缺は監生・貢生・胥吏の三出身者に、主簿缺は監生・胥吏（清代は胥吏がトップ）に、典史缺は胥吏・監生（明代は胥吏が独占）に、教諭缺は挙人・貢生に、訓導缺は貢生・挙人に、各おの固定的に配分されていた。中でも監生・胥吏は、県の佐貳・雑職缺に大きなウエートを占めていた。

こうした事実は、科挙制下の特権的各級資格＝諸身分が、明と清では昇進の可能性の有無を伴いつつ、任官後も各級県缺の上に序列的に機能していたことを意味していた。

問題は、知県缺にみられた、明代の進士偏重から、清代に各級資格への配分枠が拡大したことのもつ意義である。配分枠の拡大は、知県缺に止まらず全ての各級長吏のポストについても見られた。一例として、民国期の無錫・厳懋功編『清代総督年表』『清代巡撫年表』（俱に『清代徴献類編』所収）に拠って、督・撫の出身構成を統計化したのが表7、表8である。

表7「清代の直隷総督・両広総督の各出身者の比率」に拠って、直隷・両広に共通する傾向をみよう。（○内の数字は比率の順位、以下同様）。①進士は約三十数％、②有効な父祖の廕によって入監せずに直接任官できる廕生は約十一％、④貢生は約八％、⑤挙人は約数％、⑥寫字人の筆帖式は約三～四％、⑦生員は約三％、⑧八旗の官学生は約一％であった（以上共通）。③佐領等の世職旗人は、直隷の約七％に対して両広は約十五％と高いが、他省の統計と平均化すれば約十％弱であった。④監生は直隷の約八％に対して両広は約二％と低いが、他省の統計と平均化すれば前者の数値に近かった。なお、宣統元年の文童出身の両広総督は袁樹勳であった。この外、他省の例として、乾隆四十八年の吏員出身の四川総督には李世傑がいた。

表8「清代の山東巡撫・江蘇巡撫の各出身者の比率」に拠って、山東・江蘇に共通する傾向をみよう。②挙人は約十三～四％、⑥貢生は約五％、⑦生員は約三～五％、⑧官学生は約一％内外であった（以上共通）。①進士は山東の約三六％に対して江蘇は約五九％であり、③廕生は山東の約十％に対して江蘇は約四％であり、④筆帖式は山東の約八％に対して江蘇は約三％であり、⑤監生は山東の約六％に対して江蘇は約二％であり、⑥旗人は山東の約五％に対して江蘇は約一％であるが、他省の統計と平均化すれば、何れもほぼ前者の傍点の数値に近かった。山東には文童・議叙が各おの一人、江蘇には明総兵が一人みえる。他省の文童出身巡撫の例としては、光緒三十一（一九〇五）年の科

生員			附生			官学生			筆帖式			佐領等の旗人			明の武挙人	不明	
a	b	c	a	b	c	a	b	c	a	b	c	a	b	c	c		
								(1)1						(1)1	(1)1		
								(1)1						(1)1	(1)1		
														(1)1			
												1				2	
												1		(1)1		2	
																3	
										1		1					
1									1								
										1							
					1							1				1	
																2	
1					1				1	2		2				6	
1					1			(1)1	1	2		3		(2)2	(1)1	8	
2						1			3			5			1	8	
2.7%						1.3%			4.1%			6.8%			1.3%	10.9%	

廕生			監生			生員			文童			官学生			筆帖式			佐領等の旗人			伯爵	不明
a	b	c	a	b	c	a	b	c	a	b	c	a	b	c	a	b	c	a	b	c		
								(1)1										1		(3)3		
																	(1)1			(3)3	1	1
								(1)1									(1)1	1		(6)6	1	1
															1							1
3	1	(1)1	1		1								1					6		(1)1		2
3	1	(1)1	1		1								1		1			6		(1)1		3
	1					1										1						2
2																						1
																						1
1																						
						1																3
1											1											
4	1					2					1					1						7
7	2	(1)1	1		1	2		(1)1			1		1		1	1	(1)1	(1)7		(7)7	1	11
10			2			3			1			1			3			14			1	11
10.9%			2.1%			3.2%			1.0%			1.0%			3.2%			15.3%			1.0%	12.0%

**同一人物が時代間隔をおいて再度現われた時は数えていない。

表7　清代の直隷総督・両広総督の各出身者の比率

〈直隷総督〉

出身／時代	進士			挙人			抜貢生			歳貢生			附貢生			廕生			監生		
	a	b	c	a	b	c	a	b	c	a	b	c	a	b	c	a	b	c	a	b	c
順治			2															(1)1			
康熙						1						1									
小計			2			1						1						(1)1			
雍正			(1)5									1						1			1
乾隆			5			1									1	2					2
小計			(1)10			1						1			1	2		1			3
嘉慶			6			1												2			
道光	1		(1)1												1	1					
咸豊		1	1													1					
同治			2	1					1												
光緒			2												1				2		1
宣統			2	1																	
小計	1	1	(1)14	2		1			1						2	2		2	2		1
総計	1	1	(2)26	2		3			1			2			3	4		(1)4	2		4
73	28			5			6									8			6		
百分比	38.3%			6.8%			8.2%									10.9%			8.2%		

〈両広総督〉

出身／時代	進士			挙人			抜貢生			恩貢生			歳貢生			優貢生			附貢生		
	a	b	c	a	b	c	a	b	c	a	b	c	a	b	c	a	b	c	a	b	c
順治																					
康熙			1												(1)1						
小計			1												(1)1						
雍正			1									1									
乾隆	1		4	1																	
小計	1		5	1								1									
嘉慶	2		(2)4			1															
道光			7																		
咸豊			4																		
同治			3	1					1						1						
光緒			5			1												2			2
宣統						1															
小計	2		(2)23	1		3			1						1			2			2
総計	3		(2)29	2		3			1			1			(1)2			2			2
91	32			5			8														
百分比	35.1%			5.4%			8.7%														

*a＝満州旗人、b＝蒙古旗人、c＝漢人〔漢人全体に占める旗人は(　)内に示す〕

監生			生員			廩生			文童			官学生			筆帖式			佐領等の旗人			議叙	不明
a	b	c	a	b	c	a	b	c	a	b	c	a	b	c	a	b	c	a	b	c		
					(1)1									(1)1								2
1		(1)1													1					(1)2		4
1		(1)1			(1)1									(1)1	1					(1)2		6
		1													7		(1)1	3				5
		1													7		(1)1	3				5
															1			1			1	1
1															1			1				1
			3																			
1		4						1			1											1
																						1
2		4	3					1			1				2			2			1	4
3		(1)6	3		(1)1			1			1			(1)1	10		(1)1	5		(2)2	1	15
9			5						1			1			11			7			1	15
6.1%			3.4%						0.6%			0.6%			7.5%			4.7%			0.6%	10.2%

監生			生員			官学生			筆帖式			漢旗人	明総兵	不明	
a	b	c	a	b	c	a	b	c	a	b	c	c			
		(1)1						(1)1				(1)1	1	2	
					(1)1										
		(1)1			(1)1			(1)1				(1)1	1	2	
		1													
			2						2					3	
		1	2						2					3	
														1	
						1								1	
														1	
		1													
			2						2						
				1											
		1	2	1		1			2					3	
		(1)3	4	1	(1)1	1		(1)1	4			(1)1	1	8	
3			6			2			4			1	1	8	
2.3%			4.6%			1.5%			3.1%			0.7%	0.7%	6.2%	

**同一人物が時代間隔をおいて再度現われた時は数えていない。

表8　清代の山東巡撫・江蘇巡撫の各出身者の比率

〈山東巡撫〉

出身／時代	進士			挙人			抜貢生			歳貢生			廩貢生			附貢生			廕生		
	a	b	c	a	b	c	a	b	c	a	b	c	a	b	c	a	b	c	a	b	c
順治			1			3															
康熙			6			3						(2)2									(2)2
小計			7			6						(2)2									(2)2
雍正			2			1													1		1
乾隆	7		3	2		(1)3													1	1	(1)4
小計	7		5	2		(1)4													2	1	(1)5
嘉慶	1		(1)8	2	1														1	1	
道光	2		(2)9			1							1						1		
咸豊	1		4			2			1												
同治	1		2			1															
光緒	1		5			1			2			1					1				
宣統						1															1
小計	6		(3)28	2	1	6			3			1	1				1		2	1	1
総計	13		(6)40	4	1	(1)16			3			(2)3	1				1		4	2	(3)8
146	53			21			8												14		
百分比	36.3%			14.3%			5.4%												9.5%		

〈江蘇巡撫〉

出身／時代	進士			挙人			歳貢生			優貢生			副貢生			附貢生			廕生		
	a	b	c	a	b	c	a	b	c	a	b	c	a	b	c	a	b	c	a	b	c
順治			1																		
康熙	1		8			(1)1															2
小計	1		9			(1)1															2
雍正	1		(4)7			1															(1)1
乾隆	3		14	2											1						(1)1
小計	4		(4)21	2		1									1						(2)2
嘉慶			(1)9	1		2						1									
道光			11			2															
咸豊			4			1													1		
同治			4	1		3															
光緒	1		11	2		1		1										1			
宣統			1				1											1			
小計	1		(1)40	4		9	1	1				1						2	1		
総計	6		(5)70	6		11	1	1				1			1			2	1		(2)4
129	76			17			6												5		
百分比	58.9%			13.1%			4.6%												3.8%		

*a＝満州旗人、b＝蒙古旗人、c＝漢人〔漢人全体に占める旗人は(　)内に示す〕

挙廃止以前に限定しても、安徽・新疆にみえる。

こうした清代督・撫の出身別構成にみられる特徴は、明代の進士独占傾向[33]とは一変して、挙人・貢生・監生・生員という広義の科挙出身者や、廕生・旗人・筆帖式・官学生等がポストに一定の割合を占めるに至り、進士出身者は全体の三割強に激減した点である。[34]この特徴は、地方志職官中の前述知県缺の出身構成にみられた特徴ともほぼ一致している。

清代では、法制上でも確かに右の県官や督・撫に検証した各出身者には、任官の方途が開かれていた。『清国行政法』第壹巻下、一七五頁の「文官仕途ノ種類」には、嘉慶『大清会典』巻六に拠って、次のように言う。正途には、(一)科甲、(二)貢生、(三)廕生、雑途には、(一)薦挙（特に雍正四年の学政の薦挙による優行生員の場合[35]、その知県への直接任命は貢生と倶に雍正五年四月に裁可。[36]なお生員・准貢・例監・吏員等の出身官が該堂官又は督・撫の保挙により京官及び地方正印官へ陞転したのは康熙六年の題准に始まった）[37]、(二)捐納、(三)吏胥の特別遷秩（知県への陞転）があった、と。

表6の知県の出身表でもみたように、清代の銓選が明代と異なるのは、生員・胥吏に正印官への仕途（陞転・薦挙擢用）が公認された点であった。この点は先ず康熙六（一六六七）年の題准に規定されたのであったが、康熙帝は元年の勅諭において、「用人は資格に拘らず一体に陞轉せしむ」[38]と確認していた。この中、前述の雍正四（一七二六）年、「有猷（政略）有爲（才能）有守（操守）」の生員に薦挙の道が開けた理由について、『清国行政法』第壹巻下、一八二頁は、殆ど古典の教養試験である科挙の及落判定からは、実際政治に要求される「人品」（倫理的操守）・「才能」（行政的手腕）ある生員が漏れる恐れがあり、この矛盾を緩和するために優秀な生員の薦挙が始まったことを説く。

要するに、昇進を阻害して吏治を腐敗に導く資格偏重の是正こそは、人物・能力本位の適材を、外補制を通じて適所に任用し、吏治の粛正をめざした清朝[39]にとっては必須の前提条件であった。生員・胥吏は勿論、文童までが督・撫へ昇進した事実は、その点を裏付けていた。

おわりに

文献史料によれば、明代中期以降、挙人・貢生・監生の各級有資格者は、地方官に任官した場合、彼らの怨念を大声で閻魔大王に提訴せざるを得ないほど、異常に進士資格を偏重する官界の陋習によって、選任・考課の上で差別され、昇進の願望を打ち砕かれて貪官化していた。彼ら各級有資格者が知県以下の県缺に占めた割合を、地方志の職官条より作成した統計表に拠って清代のそれと対比した場合、各級県缺は各級資格によって固定的に占められていた。特に知県缺の場合、明代の進士は繁缺へ優先的に配分され、且つその割合も高率を占めていた。これに対して清代の進士は、外補の制によって簡缺を経て繁缺へ昇らねばならず、且つその割合も相対的に低下し、挙人・貢生・監生と比肩していた。

こうした事実は、ポスト＝缺が資格＝身分で固定化し、地方官の昇進が絶たれる明代官場に特有の身分制序列の貫徹として理解できる。同時に、清代の知県〜督・撫に至る各級長吏のポストに、生員以上の各級資格からの幅広い任用が実現したのは、資格主義の生んだ明末以来の官僚政治（吏治）の腐敗を継承することを前提に成立した清朝[40]が、県の佐貳・雑職のポストには資格による一定の身分制序列を温存しつつも、地方官に昇進を保証して吏治の粛正を図った政策の一面の成果であったと考えられる。それは又、総体的には資格身分制において、進士に対する挙人・貢生・監生・生員の社会的価値が相対的に上昇することに繋がる意味を内包しており、清代紳士層の存在形態と併せて、更に検討を要する。

註

(1) 管志道『従先維俗議』巻一、答叙科不叙爵駁議。
(2) 拙稿「明代挙人層の形成過程に関する一考察」『史学雑誌』87—3、一九七八年。
(3) 呉金成「明代紳士層の形成過程について（上・下）」山根幸夫・稲田英子訳、『明代史研究』8、9、一九八〇年、八一年。谷光隆「明代監生の研究」『史学雑誌』73—6、一九六四年。註（2）拙稿。拙稿「徭役優免条例の展開と明末挙人の法的位置」『東洋学報』60—1・2、一九七八年。参照。
(4) 拙稿「明末清初の郷紳用語に関する一考察」『九州大学東洋史論集』9、一九八一年。
(5) 拙稿「明末清初以降の紳士身分に関する一考察」『明代史研究』9、一九八一年。
(6) 註（4）拙稿。
(7) 藤岡次郎「清代の徭役」『歴史教育』12—9、一九六四年。註（3）拙稿。
(8) 丘濬『大学衍義補』巻九、治国平天下之要、正百官、清入仕之路。徐学聚『国朝典彙』巻四三、吏部十二、徵召。
(9) 谷光隆「明代銓政史序説」『東洋史研究』23—2、一九六四年、八六〜七頁。
(10) 張朝瑞『皇明貢挙考』巻四、正統十三年。
(11) 『明実録』世宗・嘉靖十年三月辛丑。拙稿「万暦政治における員缺の位置」『九州大学東洋史論集』2、一九七六年、参照。
(12) 『明実録』世宗・嘉靖四十四年二月庚辰、
　御史秦嘉楫言。……今進士一途、布列州縣者、十僅二三。
(13) 葛守礼『葛端肅公集』巻一、添進士以裕民牧疏、
　欲民安事擧、惟守令得其人而已。而守令之得人、惟進士爲最。……百姓之目進士、未見其人、固已委心信服。
(14) 談遷『国榷』巻九五、思宗・崇禎九年十月甲申。陳邦彦『陳巖野先生集』巻一、固圉篇第七、重守令。堵允錫『堵文忠公集』巻四、任命守令疏。
(15) 『明実録』世宗・嘉靖二十二年十一月甲寅、
　吏部議覆。……近年以來、專據資格。其策名科甲者、雖過惡彰聞、而祿位如故。出自異途者、雖殫心勤政、行已無虧、

一或得罪上官、輒被中傷、不無可惜。

拙稿「考察『八法』の形成過程(一)(二)」『九州大学東洋史論集』11及び12、一九八三年、参照。

(16) 趙南星『趙忠毅公文集』巻一四、朝覲合行事宜疏、

今甲科之塗極重。起家甲科者、尊卑長幼皆同袍也。而其中又有郷里親戚、門生故吏、通家朋好、雖知其貪酷、皆不肯言。

陸世儀『復社紀略』巻三、丙子春二月、淮安衛三科武擧臣陳啓新奏。

若進士則朝廷之爵、皆其砧几上物。天下之官、皆其朋比之人。嘘成一氣、打成一片、賢古莫問、賄賂通行。

参照。

(17) 訳文は、千田九一 駒田信二訳『近古奇観3』(東洋文庫77)第二十一話、「老門生三世に恩を報いること」に拠った。この中には、「按院」(巡按御史)を按察使、「科貢官」(挙人・貢生出身官)を推薦組とするなどの誤訳もある。

(18) 田芸蘅『留青日札』巻三七、非武備、非民風、参照。

(19) 拙稿「朝観考察制度の創設」『九州大学東洋史論集』10、一九八二年。

(20) 『清国行政法』汲古書院、一九七二年、第一巻下、三〇頁。

(21) 近藤秀樹「清代の銓選—外補制の成立—」『東洋史研究』17—2、一九五八年

(22) 繁簡互調の制は、万暦『大明会典』巻五、吏部四、改調、降調附。『明実録』憲宗・成化十四年正月丁丑。参照。

(23) 『嘉隆新例附万暦』巻一、隆慶四年十二月吏部題奉聖旨依議行。阪倉篤秀『明王朝中央統治機構の研究』第五章、参照。

(24) 『皇朝経世文編』巻一七、吏政、書雷顧二給事監掣疏後。

(25) 王圻『続文献通考』巻八七、吏部堂属。

(26) 張栄林「『製籤法』考」『大陸雑誌』57—5、一九七八年。阪倉篤秀『明王朝中央統治機構の研究』第五章、参照。

(27) 『清国行政法』第一巻下、二三二〜二三三頁。

(28) 註(21)近藤論文五一頁。

(29) 『雍正硃批諭旨』郭鉷、六年三月十九日硃批諭旨。註(21)近藤論文四五頁。

(30) 註(21)近藤論文一七〇〜七五頁。

（31）註（21）近藤論文一七八頁註（5）。

		府	州	県	※(県)百分比
外補缺	四字缺	27	1	59	4.04%
	三字缺	67	28	252	17.26%
部選缺	二字缺	48	30	428	29.31%
	一字缺	21	4	328	22.46%
	無字缺	0	4	373	25.54%
不明	その他	13	1	20	1.369%
総計		176	68	1460	

※　百分比は、和田が算出した。

典拠：乾隆五十三年自序、洪亮吉『乾隆府廳州県図志』五〇巻（『洪北公先生遺集』、所収）

（32）陶正靖「吏治因地制宜三事疏」（『皇朝経世文編』巻一七、吏政）。

（33）崇禎十四年の明朝の職員録と推定される浙江台州洪家書舗刊の『分省撫按縉紳便覧』（上海古籍書店復印）二冊に拠れば、全国二直隷十三省の十総督、二十八巡撫の計三十八員全員が進士出身者であった。

註（11）『明実録』世宗・嘉靖十年三月辛丑（科目疏）

　若夫京堂之選、則惟進士得之而擧人不復有矣。其偏如此。

参照。

（34）前述の督・撫年表によれば、清代の著名な官僚、例えば康熙二十年の両江総督于成龍は副貢生、雍正二年の河南巡撫田文鏡は監生、同治二年の閩浙総督左宗棠は挙人、同治四年の江西巡撫劉坤一は廩貢生（附貢生？）、光緒二十五年の山東巡撫袁世凱は貢生（監生？）の各出身であった。

（35）嘉慶『大清会典事例』巻五八、吏部、除授、薦挙優行生員、雍正四年諭。

（36）乾隆三十二年奉勅撰『皇朝通典』巻一八、選挙制文科、雍正五年四月の上諭。註（35）の雍正五年上諭には、生員の知県任命を記していない。

(37) 雍正『大清会典』巻十二、吏部十、漢缺推陞、凡生員准貢例監吏員投誠出身等官、康熙元年諭、六年題准。

(38) 註(37)康熙元年諭。

(39) 梁希哲「試論清世宗的吏治思想」『史学集刊』一九八三年、第三期。宮崎市定『雍正帝』岩波書店、一九五〇年。

(40) 松本善海『中国村落制度の史的研究』岩波書店、一九七六年、一四三〜四四頁。

(補註1) 本書で使用する情実とは、日本語の慣用としての所謂る公正な処置を妨げがちな人間関係や感情といった意味を指す。但し、史料用語の「情実」とは、実情とか真相の意であるとされる(白川静『字通』平凡社、一九九七年初版第六刷、八三〇頁)。本書で使用した情実に近似した史料用語としては、「情・情面・人情・情識」(四三五頁)とか、「人情」(四四八、四四九頁)、「情面＝面情」(四四八頁)、「情縁」(五二六頁)といった、相互間での贈答を伴う親しい感情や間柄を指す意味の言葉があげられる。

(補註2) 本書で使用した羅洪先『広輿図』の所在については、当時京大の院生であった大澤顯浩氏に、京都大学人文科学研究所において御教示頂いた。尚、最近の同氏は、「地理書と政書—掌故のあらわした地域—」『明末清初の社会と文化』京都大学人文科学研究所、一九九六年において、明末の地理書(地域性をもつ地方衙門に係わる公牘を用いた掌故の世界として、経世致用を志向する現実的課題解決へ対応した政書)の持つフレキシブルな機能を提起されている。

第三篇　官僚考課制と腐敗

第十章　朝覲考察制度の創設

はじめに

秦漢統一帝国の成立以来、中央集権的官僚制国家を機能せしめた制度の一つには、内外官僚に対する政績評定制度である考課の制度がある。その起源は、十世紀以降に完成する科挙制度よりも、はるかに古い。科挙制の成立に伴って、宋代より君主独裁権力が確立するが、特に明代では考満と呼ばれたこの制度は、より発展をみた。

ところで、明代特にその前半における任官の前提条件には学校制度と合体した科挙と薦挙とがあった。王朝国家がそうした途徑より出身した官僚の昇官の願望に応えた制度的保証策こそは、考課であった。皇帝の階級的人民支配を委任された地方官の治績の良否を評定したのは、被支配階級の小農民等ではなく、例えば十四世紀後半の明初洪武年間では、里老・耆民等の在地地主層であり、明代後半以降では、官評の名が示すように地方各級の長官であった。(1) このように、考課の制度には、階級的性格が貫徹していた。まして税役収取の主対象である広範な小農民に評定権を付与することは、彼らへの参政権の付与を意味し、集権官僚制による君主独裁権力とは矛盾する不可能なことであった。従って、官僚の考課を委任された各級地方長官は、独裁君主にのみ責任を負えば事足りたのであり、一旦彼らに対する皇帝の監督機能が衰退すれば、彼らの運営する評定制度は、官僚集団の利益追求のために、一人歩きを始めて、無責任な発財制度に変貌して官場を腐敗に導く危険性を内包していた。

本稿でとり上げる明の太祖朱元璋の創設した、一定の年限毎に地方官を中央政府（朝廷）へ上京させて天子自らが謁見し、訓戒さらには黜陟する朝覲もしくは朝覲考察制度も、考課の一種である。本制度も当初より右の矛盾を内包してはいたが、倶に功なき者を退ける「黜」に重点のおかれた考満・朝覲考察の中、考満の黜は殆どが降級～左遷に止まっていたが、朝覲考察の黜は、即に免官を意味する部分を含んでいた。本稿は、三十一年間に亙って親しく政務の決裁に精励した太祖が地方官に対して新たに朝覲考察制度を創設した要因を、二つの考課制度の黜陟のあり方や、評定要素並びに貪官排除策等を通じて検討したものである。その結果、朝覲考察制度は王朝の税役収取の基盤である小農民の支配を委任された地方官をして、元末の戦乱で荒廃した彼らの再生産を確立・維持せしめるための制度的な一保証策として機能していたことが判明した。

第一節　考課の展開と黜陟の在り方

1　考満入覲の場合

洪武元（一三六八）年刊の『大明令』吏令には、

凡各處任滿官員、須要隨即、將帶家小、起解任所、親齎解由到省。次日引見。如到來、當該房分、不行引見、問罪。

とあって、任満つまり官僚任期を満了した地方の官員は、素早く家族を引きつれて赴任の地を出発し、中央政府のある金陵の中書省に到って解任の由帖を提出したのち、皇帝に謁見する、との規定がみえる。右では、任満が何年であるかが不明である。

『明実録』太祖・洪武二年九月癸卯の条には、

詔。府州縣正官。三年一考課于吏部、覈其賢否而黜陟之。佐貳及首領官、在任三年、所司具其政績、申達省部。吏目典史在任者、給由赴京。

とみえ、知府・知州・知県等の正印官は、三年に一度、吏部において賢否を評定されて黜陟の決定を受けた。彼らが黜陟されたということは、上京したことを意味する。佐貳官及び首領官も、在任三年目に所管の上司によって政績を中書省・吏部に送られた。しかし、彼らに対する黜陟は不明である。ただ、首領官のうち、吏目・典史は履歴・政績の記された由帖を給されて上京する、とみえる。

次に、黜陟の内容については、『明実録』太祖・洪武三年十二月癸酉の条に、府同知で一考＝三年間に罪過のない者を知府に昇し、知県で二考＝六年間に罪過のない者を知州に昇し、県丞で一考＝三年間に罪過のない者を知県に昇す規定がみえる。

以上、洪武三年間の地方官の考満における黜陟の期限は、三年もしくは六年の如く統一的ではなかった。黜陟の内容は、昇官についてだけがみえる。黜陟期限が九年に決定するのは、後述の空印の案によって江南近辺出身の行省・府州県官僚が弾圧された後、官僚機構の整備が図られた洪武九年であった。『明実録』太祖・洪武九年十二月己未の条には、

命中書吏部、自今諸司正佐首領雜職官、俱以九年爲滿。其犯公私罪、應笞者贖。應徒流杖者紀。毎歳一考、歳終布政使司呈中書省、監察御史按察司呈御史台。俱送吏部紀錄。

とあって、府州県の正・佐官と首領官や巡検等の雑職官の考満、つまり黜陟期限は九年に決定した。公罪・私罪を犯し、笞刑に相当すれば贖罪を許し、強制労働の徒刑、流刑、杖刑に相当すれば履歴に記録される、という如く、黜陟

の内容は、降級・改任や左遷・免官には及んでいない。右に毎歳一考という一考は、一考＝三年の意味ではなく、布政使や御史・按察使等の上司が中央への報告のために毎年の終りに府州県官の政績を評定する、の意味である。政績は歳末に吏部に集約された。

「不称職」つまり職責にかなわず、と評定された地方官が広東、広西、福建汀・漳、江西龍南・安慶、湖広郴州地方へ左遷された例は、『明実録』太祖・洪武十三年正月乙巳の条にみえる。税糧負担額による府州県の繁簡則例及び罪過の程度といった評定要素と、その評定基準から編み出された総合評定要素の「称職」「平常」「不称職」、及びそれに対応した処分とが、「考劾の法」として内外官に適用されるのは、洪武十四年十月以降のことである。考劾の法は、考覈とも称され、同二十六年の『諸司職掌』に採録されて、考満に関する明一代の基本法令となった。つまり、考満の法は、政治的には同十三年正月の胡惟庸事件による天子への六部直属体制＝六部—布政司体制の確立、経済的には同十四年正月に制定されて国家財政を確立せしめた里甲制の発足を俟って確立したといえる。『明実録』太祖・洪武十四年十月壬甲の条(2)にみえる考劾の法は、表Iとして表示できる。

表I〈考劾の法〉によれば、昇任は僅かに三例、留任は五例であるのに対して、降任は二十二例である。つまり、税糧石数の大きい府州県に任官して称職であっても、徒・流罪を犯せば昇官は至難である、というのが法制の建前であった。ただ一例、評定（処分）の陟に当る(A)のケースで徒・流罪を三次以上記録した場合（※印）に「これを黜く」とみえるのは、罷免を意味するものと考えられる。だが、考劾の法の建前によれば、殆どの官僚はクビ＝免官になることを免れていたかの如くである。しかし、後述するように、朝覲による考察の処罰体制が確立する以前においては、微罪でもクビになったケースが多いことにより、「これを黜く」の規定は有効であったともいえよう。なお、実録の右同条に、「在京六部五品以下……各三年一考、九年通考黜陟」とか「内外入流幷雑職官、九年任満、給由赴吏部考劾、依例黜陟」という如く、京官・外官とも三年一考の三考＝九年で通考黜陟されたが、京官の一考は三十カ月、地

表Ⅰ　〈考劾の法〉

			（A）												昇一等						昇一等	昇二等	陟			九年通考の評定（処分）
							本等用							本等用						本等用			留任			
雑職内用	降三等（初考）	降二等（初考）	黜之（※）	雑職内用	降二等	降一等				雑職内用	降三等	降二等	降一等			雑職内用	降三等	降二等	降一等				黜			
									■							■	■	■	■	■	■	■	称職			総合評定要素
			■	■	■	■	■	■		■	■	■	■	■	■								平常			
■	■	■																					不称職			
		■						■		■	■	■	■	■	■	■	■	■	■	■	■	■	繁	評定基準	税糧石数	評定要素
■	■		■	■	■	■	■		■														簡			
							■								■							■	無過	評定基準	罪過の程度	
						■								■							■		私咎公過			
■			三次以上	二次	一次					四次以上	三次	二次	一次			五次以上	四次	三次	二次	一次			紀録徒流罪			

〔註〕塗りつぶした部分は評定の条件である。

方官の一考は三十六カ月で計算された。(3) 但し、同十七年三月以後、京官は三年で考満黜陟されることになった。(4)

次に、考満の黜陟に対する考察の黜陟のあり方を検討しよう。

2　考察の場合

(a) 朝観

朝覲考察、つまり地方官の朝覲の際に併せて考察も行なう方式が現われるのは洪武十一年三月であり、黜陟が現われたのは同十八年正月であった。それ以前は、朝覲の際に天子が訓戒する方式で教育的効果に重点がおかれていた。『大明令』吏令には、

凡各處府州県有司官員、在任三年、不許注代。許令親齎三載任内行過事蹟、赴京朝覲。如無規避、依舊復任。

とあって、洪武元年の令では、知府以下の地方官で三年在任する者は、任内の行過事蹟つまり政績の記録簿を自ら持参して上京し、宮中に参内して天子の引見を受けることが決められた。この令を遵守する者は、復任が許された。但し、朝覲しない者に対する処罰規定は見えないが、彼らは復任を許されなかったのであろう。

洪武年間の朝覲の年月・地方官職名・典拠を記した表Ⅱ〈朝覲年表〉によれば、全地方官を通じて、朝覲はほぼ二〜三年毎に挙行されているが、布政司・按察司官や府州県官の朝覲は、ほぼ三〜四年毎に行なわれている。洪武元年の三年一朝覲制が実行され難かったことは表Ⅱに歴然としているが、その点は以下の史料からも窺われる。『明実録』太祖・洪武九年十二月己未の条には、

命中書吏部。……各處有司知府、以實歴俸月日爲始、毎年一朝覲。其佐二官及知州知縣、毎三年一朝覲。……尋詔。知府亦三年一朝。

とあって、府同知〜知県の三年一朝が確認されたのち、知府の朝覲が一年より三年に変更になっている。『明実録』

表Ⅱ〈朝覲年表〉

朝覲年月	地方官職名		典拠
洪武元年正月	「府州県官」	①	明実録洪武元年春正月辛丑
〃 3年正月	「按察司官」	②	明実録洪武三年正月甲午
〃 6年正月	「守令」	③	明実録洪武六年春正月乙巳
〃 8年正月	「郡県」	④	国朝典彙巻三九、吏部六、朝覲考察、洪武八年正月朔
〃 11年正月	「布政司官」「知府」	⑤	明実録洪武十一年正月乙未
〃 15年正月	「天下朝覲官」	⑥	明実録洪武十五年正月庚戌
〃 18年正月	「布政使司・按察司及府州県」	⑦	明実録洪武十八年正月癸酉
〃 21年正月	「十二布政使司及直隷府州」	⑧	明実録洪武二十一年正月戊寅
〃 27年正月	「按察司官」	⑨	明実録洪武二十七年正月乙巳

太祖・洪武十八年六月戊申の条にも、

上諭吏部臣曰。天下府州縣官、一歳一朝、道里之費、得無煩勞。自今定爲三年一朝。賚其紀功圖冊・文移藁簿、赴部考覈。吏典二人、從其布政司按察司官、亦然。著爲令。

とあって、府州県宮の朝覲は、後述の同十七年七月規定の一年一朝制が三年一朝制に法令化している。また、朝覲年表中には一年一朝の事実は見当らない。ここでは、洪武元年令の行過の事蹟に相当する紀功図冊の他に、文移藁簿の持参が義務化した点が注目される。こうした公文書の原冊檔ともいうべきものが残存していれば、地方政治の実情はもっとリアルに把握できたであろうが、今は見当らない。

また、後述の同二十九年に朝覲の期が辰未戌丑の三年毎に確定した際にも、それ以前は「外官は毎年一朝」などという曖昧な表現がみられる。布政司・按察司官及び直隷府州官については、洪武十七年に、彼らが毎歳年末に上京し、所属官員を評定した「堪用・平常・不堪用の名數」を持参して報告することが法令化した。[5] しかし彼らの朝覲の期も、表Ⅱでは三〜四年毎にしか確認することはできない。彼らの一年一朝制は、後述する同二十六年の『諸司職掌』で始めて三年一朝制となった。要するに、布・按二司官、府州県官の朝覲規定の建前と実際にはズレがあることがわかる。

以下、表Ⅱの典拠（『明実録』）も参照しながら、考察の記載がない朝覲の内容を府州県官について検討しよう。典拠①の洪武元年正月辛丑の条で太祖は、府州県官に対して、元末の戦乱による百姓の経済的疲弊の甦生策として、

上諭之曰。天下初定、百姓財力倶困。……要在安養生息之。惟廉者能約己而利人。貪者必朘人而厚己。……爾等當深戒之。

という如く、彼らの再生産を保証することが必要であり、そのためには搾取の限度を超えてはならない旨を訓戒した。表Ⅱの典拠③の洪武六年正月乙巳の条でも、太祖は、知府に対して、税役・裁判における物欲にたけた或は無能な「姦貪」・「闒茸《とうじょう》」等の県官を摘発排除せよと命じたのち、

復諭之曰。慈祥愷弟身之徳也。刻薄残酷徳之賊也。君子成其徳而去其賊。故恵及於人。小人養其賊而悖其徳。故殃流於衆。且人莫不有是徳。……朕之任官所用、惟賢。擧廉興孝、惟欲厚俗。崇徳勸善、惟欲成風。……爾等宜勉修厥徳、廣施恵政、以副朕懐。

という如く、府州県は民に対して、なさけ深い＝慈祥、なごみやわらぐ＝愷悌の恵政を施せと訓戒し、彼らに本来これらの徳目を実践しうる倫理的善性のあることを認めて、その教化に努めている。

この点は、表Ⅱの典拠⑤洪武十一年正月乙未の条にも、

徴天下布政使司官及各府知府來朝。上謂廷臣曰。……得人則治。否則瘝官曠職、病吾民多矣。朕今令之來朝、使識朝廷治體、以警其玩愒之心。且以詢察言行、考其治績、以觀其能否。苟治效有成、即爲賢才。

とある如く、独裁政治の成否が賢人を得るという人格主義に依拠せざるを得ない必然から、太祖は、職責を忘れて搾取に励む恐れのある布政司官及び知府に対して、王朝の人民統治の理念を再認識させ、もてあそび欲張る心のゆるみ

に警告した。その際、彼らの言行をしらべ治績を考察して能吏か否かも評定するとの方針がうたわれている点は注目されるが、具体的には何ら明らかではない。

この外、太祖は表Ⅱの典拠⑥洪武十五年正月庚戌の条で、「天下朝覲官」に各おの知る所一人を薦挙させているが、その際にも、

> 朕遵倣古制、擧用賢才、各因其器能而任、使之庶幾求其實效。

という如く、職責を実行する能力のある賢才を薦挙することによって任用に期待した。しかし、『明実録』太祖・洪武十七年七月丙午の条には、

> 上諭吏部臣曰。近郡縣推薦多冒濫。……其申諭之。凡賢才必由郷擧里選、擇其徳行著稱、衆論所推者貢之。……違者罪之。

とあって、衆論に支持される徳行の賢才を薦挙せしめようとする太祖の期待は裏切られていた。

ところで、洪武六年二月より同十五年八月までの科挙停止の期間を含む全期間を通じて、太祖は薦挙を任官の主要な方式として採用してきた。府州県官の朝覲に対して、太祖が訓戒でのみ答えて考察の処分に乗り出さなかった理由は、一体何か。『明実録』太祖・洪武四年四月辛卯の条によれば、太祖は洪武三年二月の薦挙の詔、及び同年八月の郷試の実施によって採用・任官せしめた儒者が、十全に皇帝の委任者＝家産官僚としての職責を果していない、と中書省の臣僚を叱責した。しかし、太祖は、任官する際には古今に通じて[6]道理に明るい儒者は、「刑名・銭穀」の文・法に通じて「舞文弄法」する胥吏出身者よりも、よりましであるという。

『明実録』太祖・洪武六年二月乙未の条にみえる科挙停止の詔に拠れば、太祖は、文詞・文芸に長じてはいるが、任官しても事実に基づいた報告をしない青二才の科挙官僚に見切りをつけて科挙を中止し、有司に「文芸」よりも「徳行」＝儒教倫理に忠実な、つまり任官しても皇帝の施政方針に忠実な読書人である「賢才」＝「学者」を薦挙さ

せる政策に転換した。この点は、『明実録』太祖・洪武六年四月辛丑の条にみえる再度の薦挙の詔においても、「徳行・文芸の称ある者」を有司に薦挙させている。

さらにこの点は、科挙再開直後の『明実録』太祖・洪武十五年九月癸亥の条に、晋府長史致仕桂彦良が太平治要十二条を上奏したその第七条で、

七曰。精選擧。夫官得其人、則庶務自理、萬民樂業。……知州知縣、於民最親、亦須選択。宜令按察知府、歳擧廉勤淳厚者一二員。凡所擧、不問已任未任。但得人則有賞、謬擧則有罰。

という如く、按察司官や知府等の上司が親民の官である知州・知県を薦挙する規準として操守＝清廉で政務＝勤勉等の後代の考語の格目を掲げたのに対して、太祖が「彦良の陳ぶる所は、事件に通じて治道に裨するものあり」と承認したことからも確認できる。

要するに、太祖は、科挙再開に至る明朝権力の確立過程で採用した薦挙の際に、推薦担当官僚を信賞必罰で拘束し、任官後に予想される操守・政務等の考語に優秀な評価を期待して、政治倫理に忠実な徳行の士を推薦させた。太祖が朝覲した地方官に訓戒方式だけで臨んだのは、推薦出身の府州県官の治績が江南近辺出身の科挙官僚のそれよりもましであると判断していたからとも考えられる。しかし、推薦官僚といえども、太祖がその貪官化に手を焼いて、個別的に弾圧する厳罰主義で臨んだ点は後述するとおりである。とすれば、地方官が推薦のみで登用されたこの時代にも、朝覲の際に貪官・無能者の排斥を狙った考察の黜陟方式が採用されても、別に矛盾はなかったはずである。だが、あえて太祖が考察処分の断行に踏み切れなかった基本的要因としては、後述する如く洪武九年段階までは小農民の再生産の確立過程にあり、且つ政治的にも不安定要因をかかえており、伝統的な考課である考満制の確立をもみていなかった点があげられよう。従って、太祖は、この過程では、より政治倫理に忠実な儒者官僚を登用し、小農民の再生産の確立を図るために、朝覲の訓戒方式で治績の向上につとめさせつつあったが、同十三年正月の胡惟庸事件を契機

に君主独裁権力を一層強化し、同十四年正月に里甲制の成立した段階以後は、同十三年二月の俸禄制の重定と同十四年十月の考満制の確立、同十五年八月の郷試の実施と同十七年三月の科挙成式の発布につづいて、同年より翌十八年にかけて、収奪機会の増大に対応した小農民の再生産維持のための恒常的な貪官処罰方式の体制化を図るに至った、と考えられるのである。

（b）　朝覲考察

既述のように、洪武元年の朝覲令において、太祖は、府州県官が行過つまり執行済みの事蹟＝政績を記した文簿を持参することを命じていた。この事蹟文簿は、『明実録』太祖・洪武十七年五月戊辰の条では、

詔。天下諸司官吏來朝明年正旦者、各書其事功于冊、仍繪土地人民圖、來上。且計道里遠近、俱期以十二月二十五日至京。其服色各以品級爲差。惟雲南遠在邊鄙、特免其來。

という如く、事功の冊として現われる。翌洪武十八年正月の朝覲考察に備えて、今回新たに朝覲官は土地人民図を持参せよとあるが、これは、既述の同十八年六月の上諭にみえる紀功図冊の図に相当するものである。その上諭には、文移藁簿＝公文書の原簿もみえた。

洪武十七、八年の朝覲規定は、同二十六年に刊行された『諸司職掌』の吏部、孝功部、〈朝覲〉条に次のように再整備された。

凡在外官員、三年偏行朝覲。其各布政司、按察司、塩運司、府州縣及土官衙門、流官等衙門官員。帶首領官吏各一員、理問所官一員、照依到任須知、依式對款、攢造文册。及將原領勅諭、諸司職掌内事蹟文簿、具本親齎奏繳、以憑考覈。……俱限當年十二月二十五日到京。其來朝官員服色、各照品級花樣、及欽依今定樣製。務要新鮮潔浄。俱各自備脚力、不許馳驛、及指此爲由、科擾於民。

この中、府州県官の三年一朝覲制が法令化したのは同十八年六月であり、布・按二司官は同十七年以来一歳一朝で

あったが今回三年一朝となった。上京期限の十二月二十五日と服色とが決定したのは同十七年五月であり、脚力＝旅費規定は今回制定された。右の〈朝覲〉条には文移藁簿はみえず、朝覲の際に持参するのは、原領勅諭と『諸司職掌』内の事蹟文簿だけである。『諸司職掌』内の事蹟文簿とは、同じく〈朝覲〉条に、

諸司職掌。凡諸司置立文簿、將行過事蹟、逐件從實開寫。承行發落縁由、務要簡當。毎季輪差典吏一名、依期賚赴本管上司査考。布政司考府。府考州。州考縣。務從實効。……行移布政司幷直隷府州縣、照依勅諭事理、各置紅油木牌、刊寫青字、於本衙門廳上、常川懸卦、永爲遵守。毎歳進課之時、將考過事蹟、各賚赴京奏繳、以憑通考。若遇三年朝覲、來朝官吏、先將舊年春夏秋三季來考。……

とある部分を指す。これによれば、三年一朝覲の期を除く通常の事蹟文簿は、春夏秋冬に各級地方官の胥吏一名が輪番で所管の上司に提出したことがわかる。右の条は、実は正徳『大明会典』巻十五、吏部十四、諸司職掌、〈事例〉[7]に、

洪武二十三年勅。……所有責任條例。列於後。……一此令一出。諸司置立文簿。將行過事蹟、逐一開寫。毎季輪差吏典一名、賚赴本管上司査考。布政司考府。府考州。州考縣。務從實效。毋得誑惑繁文、因而生事科擾。毎年進課之時、布政司將本司事蹟幷府州縣各賚考過事蹟文簿、赴京通考。敢有坐視不理、有違責任者、罪以重刑。

とある部分を再整備したものである。但し、洪武二十六年の『諸司職掌』〈朝覲〉条では、三年一朝覲の布・按二司官のみならず府州県も「事蹟文簿」を持参せよとあるのに対して、まだ右の同二十三年の「責任条例」では、既述の同十七年に規定された毎歳年末に朝覲する布政司官による事蹟文簿持参の規定が違反者に対する重罰規定を伴ってみえるだけである。

事蹟文簿は、事蹟功業文冊・紀功文簿とも呼ばれたので[8]、〈朝覲〉条にいう「到任須知」に照らして作成した文冊に相当すると考えられる。後述する「責任条例」や『諸司職掌』の中で、「到任須知」は地方官の政治綱領として重

視されているが、「責任条例」と倶にその作成年代は、実録には見当らない。「到任須知」は、朱健の『古今治平略』巻十七、国朝考課に、

（洪武）十三年、頒臣戒録。已作到任須知。

とみえるので、『明実録』太祖・洪武十三年六月甲申条に、胡惟庸事件を戒めて頒布されたという臣戒録よりも以前に作成されたと考えられる。

〈朝観〉条に事蹟文簿と倶に持参することが規定された原領勅諭とは、万暦『大明会典』巻九、吏部八、験封清吏司、関給須知に「高皇帝御製到任須知、冠以勅諭」とあるので、文簿作成の綱領である「到任須知」が作成された際に、その巻頭に付せられた勅諭のことを指すと考えられる。正徳『大明会典』巻十、吏部九、験封清吏司、到任須知一、「勅諭授職到任須知」に、

志人未官、不可不知受任應行之事。但肯於間中、先知到任須知、明白、爲官之道、更有何加。若提此綱領、擧是大意、以推之、諸事無有不知辨與不辨。……此書所載、學生及野人輩、皆可預先講讀、以待任用。且五經四書、修身爲治之道、有志之士、固已講習。此書雖麄俗、實爲官之要機。熟讀最良。故茲勅諭。

という如く、勅諭は、五経四書が統治の理念の書であるのに対し、「到任須知」は地方官の実務心得を記した政治綱領であるゆえ、赴任前の現任官のみならず、官僚予備軍の学生・野人輩にも熟読させることを狙ったものである。

以上によれば、洪武元年に現われた事蹟文簿は、その後姿を消したのち、同十七年以降に朝観に考察が併用されるに伴って再び現われ、「到任須知」に依拠して作成されたことがわかる。つまり、文簿の見当らないその間のブランクは、太祖が地方官への訓戒方式をテコに小農民の再生産の確立を図った朝観の性格を反映している。政治情況よりみた場合、このブランクの期間、初期明朝政権は、集権官僚制による君主独裁の中華帝国への脱皮に努力していた。そのため、要路の高官と結託して政治・経済的利権を独占し、統一王朝への妨害要因となる恐れのある江南近辺出身

の科挙官僚の登用を抑制することが企図されて、彼らは弾圧されていた。洪武三年八月の郷試の実施以来、僅か二年半で中止された科挙は、同十三年正月の胡惟庸事件の捏造による皇帝への六部の直属、同十四年正月の里甲制の発足という明朝支配の確立によって、同十五年八月に再開された[9]。考察の制も里甲制発足後の同十四年十月に確立した点は、既に述べた。そして、科挙も再開され、薦挙も併存する中で[10]、次の日程に上ったのが朝覲による考察の実現であったと考えられる。

（a）朝覲、の項でみた如く、確かに洪武十一年正月、太祖は朝覲した布政司官及び知府に対して「其の治績を考」課すると言明した。しかし、万暦『大明会典』巻十三、吏部十二、朝覲考察には、実録の同年三月の「考績の法」[11]が、

凡朝覲官旌別。洪武十一年令。察其言行功能、第爲三等。稱職而無過者爲上、賜坐而宴。有過而稱職者爲中、宴而不坐。有過而不稱職者爲下、不預宴、序立於門、宴者出、然後退。

という如く収録された。朝覲官は、政績を三等に分けられ、坐宴を賜与されるか否かの礼法上の制裁を受けるに止まり、降級以下の処分を免がれていた。つまり、この時点の朝覲考察では、まだ貪汚・闒茸等の処罰者は見当らず、考満＝考績部分の処分者に止まっていた。

既述の同十七年五月には、明年正月の朝覲の規定が上京期限と服色について確定し、朝覲する諸司が紀功図冊を持参することが決定した。『明実録』太祖・洪武十七年七月丙午の条では、それまで三歳一朝であった諸司の朝覲が一歳一朝制へと変更された。

上諭吏部臣曰。近……諸司考課殿最亦多失實。其申諭之。……考覈官員稱職與否、務從至公、歳終來朝具實以聞。違者罪之。

右の条文は、既述の布按両司官及び直隷府州官の一歳一朝制を規定した洪武十七年令である可能性もある。とすれば、諸司とは布按両司官と直隷府州官を指すことになる。しかし、諸司には地方官全体をさす用法もあり、且つ洪武

九年十二月、同十八年六月、同二十九年には府州県官の一歳一朝の記載もあることより、今は諸司を地方官全体と解釈しておこう。即ち、官員の称職と否とを考覈すべき布按両司官及び府州県長官による下僚に対する考課は、大抵は真実を反映した評定ではなかった。ここに太祖は、諸司が下僚の政績を年末に上京して報告するように命じ、違反者の処罰を言明した。ここには、朝覲の際に併せて考課を重視しようとする太祖の積極的姿勢が窺われる。しかし、その具体的内容は不明である。なお、右の一年一朝の制が同十八年正月実施の朝覲考察後の六月に三年一朝覲制に変更されて法令化した点は既に述べた。

次いで、『明実録』太祖・洪武十七年十月壬辰の条では、朝覲考察の黜陟規定が具体化した。

吏部尚書余熂言。善政美俗者、佐貳官宜陞之正官、留侯除官代之而後陞。上曰。善者即陞一等。否者待朝覲之日黜之。或能遷善改過亦不黜也。陞者、黜者、皆令本貫知之、以示勸戒。

右によれば、太祖は、府州県の佐貳官で善政の者は即坐に一等を昇し、善改にあらずと評定された者は朝覲の日に〔降級～免官に亙る〕処罰を受けるが、陞者・黜者は倶に本籍地の人々に知らせ〔て名誉に浴させるか恥辱を加えて体面を傷つけさせ〕る、という。『明実録』太祖・洪武十八年正月癸酉の条は、明一代のモデルの出発点となった朝覲考察の挙行を伝える。

吏部言。天下布政使司、按察司、及府州縣朝覲官凡四千一百一十七人。考其政績。稱職四百三十五人。平常二千八百九十七人。不稱職四百七十一人。貪汚百七十一人。闒茸百四十三人。詔。稱職者復其職。不稱職者降。貪汚者付法司罪之。闒茸者免爲民。

右の条文を表示した表Ⅲ〈洪武18年正月の朝覲考察〉によれば、朝覲官四千百十七員の中、職にかなう者が約一〇・六%、平常の者が約七〇・四%、職にかなわない者が一一・四%で、三者の合計九二・四%は、留任者である。この中の不称職者は、降級～左遷の処分を受けたと想定されるが、免官とはならなかった者である。これに対して、

表Ⅲ　〈洪武18年正月の朝観考察〉

<table>
<tr><th colspan="3">黜陟の区分</th><th rowspan="2">員　数
(4117員)</th><th rowspan="2" colspan="2">百分率
(％)</th></tr>
<tr><th></th><th>考語</th><th></th></tr>
<tr><td>陟者</td><td>称　職</td><td rowspan="3">留任者</td><td>435</td><td colspan="2">10.6</td></tr>
<tr><td></td><td>平　常</td><td>2897</td><td colspan="2">70.4</td></tr>
<tr><td rowspan="3">黜者</td><td>不称職</td><td>471</td><td colspan="2">11.4</td></tr>
<tr><td>貪　汚</td><td rowspan="2">罷免者</td><td>171</td><td>4.2</td><td rowspan="2">7.7</td></tr>
<tr><td>闒　茸</td><td>143</td><td>3.5</td></tr>
</table>

汚職に染まった『貪汚』者四・二％と賤しい無能力者の『闒茸』三・五％との合計七・七％は、免官（罷之）さらには身分も剝奪（為民）された者である。洪武四年十二月現在の府州県の官員数は四四九三員であった。(12) この数を仮に同十八年の官員数に比定した場合、実に府州県官の九割強が朝観したことになる。また、表Ⅲの『称職・平常・不称職』の三等の黜陟区分は、九年考満の評定区分に相当する。とすれば、今回の朝観考察の特色は、貪汚・闒茸の考語で評定された者三百十四員が処罰された点にあったといえる。さらに、地方官への今回の粛正に対して、或いはそれらと結託した中央の六部官僚への弾圧が、同年六月に発生した後述の郭桓の案ではなかったかとも考えられるが、今は実証できない。

では、右の七・七％の貪汚・闒茸者の存在する官僚政治を太祖は如何に評価していたのであろうか。例えば、考察後の『明実録』太祖・洪武十八年七月丙子の条には、

時州縣父老有詣闕上言縣官善政。……上曰。郡縣之治、自守令始。朕向在民間、嘗見縣官、由儒者多迂而廢事。由吏者多奸而弄法。蠹政厲民、靡所不至。遂致君德不宣、政事日壞。加以凶荒。弱者不能聊生、強者去而爲盜。此守令不德其人故也。今縣官能爲吾撫循百姓、達吾愛養斯民之意、得其歡心。豈不深可嘉尚。且爲政以得民心爲本。能得民心、則其去也、民豈得不愛而留之。

とあって、儒者や胥吏出身の元末の知府・知州・知県の苛政を目撃し、過去にその被害者でもあった太祖は、洪武十八年七月現在の県官＝知州・知県は百姓（民）を救済する能力を発揮している、と評価している。太祖の評価の根拠は、善政の県官を留任させてほしいとの州県父老の要請にある。太祖はこれに対し、知州・知県の留任要請があることは、彼らが民衆の支持をえて愛されている証拠であるとみなした。しかし、右の事実は、太祖が県官を全面的に信

頼していた証左とはみなしえない。その理由は、現実には依然として考察の罷免の対象となる一割弱の貪官がおり、太祖がこの部分を徹底的に駆逐しようとして朝覲考察体制の整備、即ち後述の洪武二十三年の「責任条例」や同二十六年の『諸司職掌』、同二十九年の辰未戌丑朝覲制の制定へと努力していたからである。その点は後述するように、朝覲考察の創設過程において、厳罰主義を掲げる太祖が、僅かな過失の能吏といえども大量にクビにしたのち、行き過ぎを反省してそれらの官僚を復職させた事例からも窺われる。

実録には見えないが、正徳『大明会典』巻十五、吏部十四、朝覲の条には、

洪武二十九年、始定三年一朝之制。以辰戌丑未年爲期。朝正後、本部會同都察院考察、奏請定奪。其存留者、俱引至御前、刑部及科道官、各露章糾劾怠職之罪。一時譴責、宥免皆出上命。及有免還任。各賜勅一道、以申戒飭云。

とあって、洪武二十九年に至り、三年毎の朝覲が辰戌丑未の年に確定したが、これは明一代に貫徹した。朝覲官の天子への謁見後に、吏部・都察院合同の考察を受けた既述の留任者＝存留者は、再び天子の面前で刑部及び科道官によって職務上の失点を弾劾され、全員が留任の命を受けて戒飭の勅諭一道を賜わった。右の正徳会典の最後の部分につづいて、万暦『大明会典』巻十三、吏部十二、朝覲考察には、

若廉能卓異、貪酷異常、則又有旌別之典。以示勸懲。

とあって、政績評価の両極端に位置する卓異・貪酷の官員は特別に勧奨と処分とを受けることが決定した、という。

ところで、朝覲考察の整備過程である洪武十八年以後同二十九年の間には府州県官の朝覲が見当らず、布按両司官の朝覲のみが見えるのは何故であろうか。この間は、後述のように明朝政権の確立後に相当するが、郭桓の案に始まる三案によって、皇帝権の最終的強化を目ざした大弾圧が個別的に起された粛清期でもある。府州県官の中の貪官は、これらの事件に連坐して弾圧された一方、府州県官は同二十三年の「責任条例」より同二十六年の『諸司職掌』の成

立過程で、彼らの朝観に代る役割を果していた布政司官の毎歳の年末朝覲によって個別的に処分された結果、朝覲の実施は必要性がうすれていたためではなかろうか。

以上、考満・朝覲制度は、倶に洪武元年に法令化したが、考満が確立するのは、六部の皇帝への直属と里甲制の発足という王朝権力確立後の同十四年十月であった。それまでの黜陟は、同元年以来、政績を記した事蹟文簿に基づいて行われたことは確かであるが、具体的には明らかでないのに対し、整備された同十四年の黜陟規定は、昇進である陟よりもむしろ処分の黜に重点がおかれたにも拘らず、黜とは殆どが降級・左遷であって、罷免については唯一の規定があるだけであった。三〜四年毎に確認できる朝覲も、事蹟文簿の持参を特徴とする点では考満に共通するが、王朝権力確立期の前後に変化がみられた。任官方式が政治倫理に忠実な有徳の儒者より採用する薦挙にのみ依存していた洪武十五年以前の朝覲は、天子の面前で訓戒を受ける方式であった。薦挙と併存して、文芸に長けた読書人を採用する科挙再開以後の同十八年正月の朝覲では、考察が導入されて、考満の黜陟に相当する処分と同時に、貪汚・闒茸などの考語にみられる罷免だけの処分も加わった。これは、明一代の朝観考察のモデルケースの出発点となったが、同二十三年の「責任条例」、同二十六年の『諸司職掌』によって整備され、同二十九年には三年毎の朝覲が辰未戌丑の年に決定して、朝覲考察制度は確立した。

次章では、朝覲の訓戒より考察への変化の過程との関連が想定される小農の再生産の確立・維持政策を、考課の評定基準並びに、考察では貪汚・闒茸と評定される官僚の処罰に帰結する貪官対策の中に検証したい。

第二節　創設要因の検討

1　考課の評定要素

『大明令』吏令には、

凡各處府州縣官員、任内以戸口増田野闢爲尚。所行事蹟、從監察御史・按察司考覈。明白開坐實跡、申聞以憑黜陟。

とあって、洪武元年の段階で監察御史・按察司官が府州県官を考課する評定要素は、戸口の増加と耕地の拡大であった。この中、戸帖を給して戸籍調査が行われたことは、『明実録』太祖・洪武三年十一月辛亥の条にみえる。既述のように、府州県官が着任した際に、戸口・田糧の総数を上司に報告する義務は洪武元年令に規定された。『明実録』太祖・洪武五年十二月甲戌の条には、

詔曰。農桑衣食之本。學校理道之原。朕嘗設置有司、頒降條章、敦篤教化、務欲使民豊衣足食、理道暢焉。何有司不遵朕命、秩滿赴京者、往往不書農桑之務、學私之教、甚違朕意。特勅中書、令有司、今後考課、必書農桑學校之績。違者降罰。

とあって、衣食足って礼節を知らしむるという太祖の施政方針に対して、考満で入覲する府州県官が事蹟文簿に農業・養蚕と地方官学の生員教育の実績を記入することを怠っていたことは、その意図に非常に逆った。以後、太祖は、考課をうける政績簿に農桑・学校の業績を記入することを義務づけ、違反者は品級を降すことにした。なお、太祖が教化の基盤とみなした府州県学の設置は、『明実録』太祖・洪武二年十月辛卯の条にみえる。

中華書局本の『明史』巻二八一、列伝一六九、循吏、方克勤伝には、[13]洪武四年四月、山東済寧府知府となり、同八年正月の朝覲考察では政績優秀者として宴を儀曹に賜わった方克勤の善政が、次のように記されている。

始詔、墾荒閲三歳乃税。吏徵率不俟期。民謂詔旨不信、輒棄去。田復荒。克勤与民約税如期。區田爲九等、以差

等徴發。吏不得爲奸。野以日闢。又立社學數百區、葺孔子廟堂。教化興起。……視事三年、戸口増數倍。一郡饒足。克勤爲治、以德化爲本、不喜近名。

これによれば、胥吏の不法徴収を断って民意の吸収につとめて戸口・耕地を拡大し、数百区に社学を起すなど教化の興隆に尽したことが、善政の内容をなしている。

『明実録』太祖・洪武九年六月乙未の条には、

莒州日照縣知縣馬亮考滿入覲。州上其考曰。無課農興學之績、而長於督運。吏部以聞。上曰。農桑衣食之本。學校風化之原。此守令先務。不知務此而曰長於督運、是棄本而務末。豈其職哉。苟任督責以爲能、非豈弟之政也。爲令而無豈弟之心、民受其患者多矣。宜黜降之、使有所懲。

とあって、太祖は、考満で入覲＝朝覲した山東青州府莒州日照県知県馬亮の政績を聞いて、吏部に降級の処分にせよと命じた。その理由として、太祖は、馬知県が税糧の督促・運送に手腕があり、五年十二月に規定した農桑・学校の政績にみるべきものがない点をあげ、衣食の本務である農業・養蚕の振興と教化の原点である学校の充実を忘れて督運という末務に長ずれば、民の心はなごみやわらぐどころか逆に阻害される、とした。『明実録』太祖・洪武九年六月庚戌の条にも、考満入観した山西汾州平遙県主簿成楽の政績を太祖が「不可」として吏部に訊問させたことがみえる。太祖が成主簿の政績を不可とした理由は、汾州知州が成主簿の政績を「能く商税を恢辦す」と評価して吏部に上呈したのに対して、「商税にはみずから定額あり。何ぞ恢辦を俟たん。もし額外の恢辦あれば民に剝削なきを得んや」という点にあった。太祖は、商税を恢辦、つまり十分に徴収するということは、定額外の不法徴収に走りやすいので、限度を超えた搾取を警告したのである。

民の心がなごみ安らぐ「民安」の政治、つまり限度を超えた搾取のない「愛民」政治のモデルは、『明実録』太祖・洪武十三年六月甲申条にもみえる。先ず、北平府薊州玉田県出身で、推薦されて湖広漢陽知府となった恭譲については、以下のように記されている。

爲人豈弟。処事慎密。其爲治、簡而明、嚴而不苛。笞人、雖至百而民不怨。漢陽爲府、密邇布政使司。凡徭役科徵之事、視武昌倍于他郡。故政繁而民困。前守多奉承取容、無敢言者。恭讓毎遇重役、必詣上官申理、事多減省。民頼以安。

前任の漢陽知府が布政使の命令に迎合し、省都武昌府と同程度に徭役を科徴して民を窮乏に落とし入れたのに対して、新任の恭知府は、重役に遇えば上官に道理を説いて軽減に努力したので、民は安んじた、という。中都臨濠府徐州出身の漢陽知県趙庭蘭の「愛民」についても、同条に次のように見える。

朝廷嘗遣使、下縣取陳氏散卒。他縣率多以民丁應數、規免己責。庭蘭獨爲民辨明。以故民得不擾。

漢陽県が、嘗ては陳友諒の麾下で現在は逃亡して散りぢりになった兵卒を徴取せよと額数を割付けられた際に、他県が民丁を供出して責任逃れをしたのに対し、趙知県のみは、特命の派遣官に弁明して、無条件な額数の強制徴取から民を保護した、という。

官僚養成機関であった国子監の生員教育についても、『明実録』太祖・洪武十五年九月癸亥の条で、致仕桂彦良が太平治要十二条を上呈したその「九日敦教化」の中で、

然國學首善之地。既選名儒、以五經分教諸生、必先徳行而後文藝。抑浮華而尚淳篤。未可驟用以啓其奔競之心。

という如く、諸生の教育に当っては文芸よりも、徳行つまり儒教倫理を必ず励行させ、任用を急ぎすぎて彼らの心が出世のための運動に奔走する事態となってはならないと忠告したのに対して、太祖は全面的に同意した。

太祖は、洪武五年十二月、小農民の再生産の確立を企図して、官僚の考課の提出文書に農桑・教化の治績を明記することを義務づけたが、政績評価の対象となる統治項目は次第に肉付けされていった。既述の洪武元年令においては、事蹟文簿に「戸口増、田野闢」如何の明記が義務化されたが、『明実録』太祖・洪武六年九月丁未の条には、

更定有司申報庶務法。國初、凡有司庶務、若戸口錢粮學校獄訟之類、或毎季、或毎月、具其増損見在之數、書于冊、縣達于州、州達于府、府達于行省、類咨中書。……吏牘煩碎而公私多糜費。……至是、命中書省御史台詳議。務從簡便。乃革月爲季報、以季報之數、類爲歳報。……令出、天下便之。

とあって、国初より州県の戸口・銭粮・学校・獄訟等の行政項目についての治績の報告は、県・州↓府↓行省↓中書省という官僚機構を通じて毎月行われていたが、今後は春夏秋冬毎の季報に改められ、季報の数目が累計されて歳報となった、という。この当時、治績の考課で重視されたのは戸口・学校等の項目であった。今回の行政項目には、更に末務とされた徴税、さらには裁判等の項目も加わっているが、これらの項目も、やがて考課の対象になっていったと考えられる。その理由としては、少なくともこの洪武六年九月以降より、既述の同十三年以前の段階において、治績評価の対象項目として「到任須知」が頒布されたと考えられるからである。

正徳『大明会典』巻十、吏部九、験封清吏司、到任須知一には、既述の冒頭の勅諭に「爲官之道」「爲官之要機」として統治の綱領に位置づけられた「授職到任須知」がみえる[14]。その中には、任地に到着した新任官は諸物・諸事の件数について前任官と首領官及び六房の胥吏＝吏典に問い質して確認を行い記録せよ、とみえる。これの先に位置する「授職到任須知目録」の番号に従って授職到任須知の内容を解説表示したのが表Ⅳ〈到任須知〉の項目内容である。

表Ⅳ〈到任須知〉の項目内容

順位	須知項目	授職到任須知の概訳
①	祀神	神を祭るのは国家の重大行事であり、結局それは民の幸福を祈願するために行う。社稷・山川・風雲雷雨・城隍の諸祠や民に功徳のある村の神・府県の厲壇（疫病神）は、その件数・所在地・祭器等の附属物件の見在数を確認し、損壊を修理し、春秋の二期に誠意をもって祭祀を行え。

②	恤孤	みずから養済院を視察して収容される孤老の見在数を確認し、月支の糧米・歳支の布疋はいちいち報告し、朝廷の救済の恩恵を示せ。
③	獄囚	人の生死にかかわる罪囚の収監は、祀神に次ぐ重要事である。罪刑確定の囚人と審理中の未決囚の数を確認し、未決囚の審理は事実関係の究明に努力し、前任官の確定した既決囚といえども疑わしい者は再審を行い、裁判の公正につとめよ。
④	田糧	版籍・田糧の把握は、祀神・理獄に次ぐ政治の要務である。軍・民・匠・竈・僧・道・医・儒等の戸口冊、官・民両田地の数量、毎歳の民田の夏税・秋糧と官田租糧の数量を項目別に報告して、国家・帝室両財政に備えよ。
⑤	制書榜文	政治の禁令を心得るべき官人は、その時どきに出された天子の命令である聖旨、律・令等の制書、天子の意思に沿って出された告示である榜文、官民に暁諭した事件等について、逐一突き止めて調べ、立法の主旨を説明・解釈する一方、それら法令の中、既に施行されたものや未だ施行されないものは勿論、欠損のあるもの、存在しないもの等については、捜索抄写して官署に収納し、末永く遵守せよ。
⑥	吏典	行政の実務の処理は、胥吏の能力如何にかかっている故、初めに胥吏の総数を把握して、某房には司吏幾名、典吏幾名の如く六房に振り分けて報告せよ。各房には常時事務を主管させるが、胥吏の実務能力のあるなし、精勤か怠惰かを考課して信賞必罰で監督せよ。
⑦	吏典不許那移	胥吏の計画的な嘱託を許して、例えば税糧を専管する戸房の胥吏を刑房の専管である胥吏に移し替えることを禁ずる。違反した胥吏は斬刑に処し、官員は別途に処分する。
⑧	承行事務	六房の胥吏に対しては、上司より示達された公文、及び指示どおりに施行した案件について、完結したもの、施行中で未完結のもの、まだ施行しないものに分類して別々に報告させよ。施行中で未完結の案件は、その急緩・重軽の程度に分けて催促し完結させる一方、未施行の案件は即坐に施行せしめよ。
⑨	印信衙門	城内の正官衙門を除いた所属衙門、例えば一府内の州県学校・巡検司・水馬駅・河泊所・逓運所・倉・場・庫・務等衙門の官印は、一県所属の衙門ごとに府に報告せよ。
⑩	倉庫	正官直轄の倉・庫については、例えば、某倉の官糧・民糧若干は、何年に収納し、何年分が備蓄されており、支出済みが若干で、在庫量が若干であるとか、某庫収貯の金銀銭貨什物の数量は若干と逐一報告し、監査・支出に便ならしめ、不正を防止せよ。
⑪	所属倉場庫務	正官直轄以外の所属の倉・場・庫・務については某倉の某年収納の官民糧米は若干、某場収貯の竹木数は若干、某庫収貯の金銀銭貨什物の数は若干、某税課司の歳助銭鈔は若干などと逐一報告せよ。それによって、管内の課税対象の特産物と税糧物貨の数目を確認せよ。
⑫	係官頭匹	当衙門所有の頭匹及び所属の駅が所有する馬・驢・孳畜等の頭匹の数目は、逐一現在の数を報告せよ。生長繁殖した頭匹数目も、即刻数を報告して監査に便ならしめよ。

⑬	会計糧儲	収入をはかり数えて支出を定めるという量入為出〔の建前〕は、国家の財政運営の重要事項である。官田の租糧・民間の税糧の漕糧、折収した布疋銭鈔貨物等の数量、及び毎年の官吏の俸給、兵士の月糧等の支出数量は、各々別々に報告せよ。それによって、毎年の収支の数量を知り、財政運営に役立てよ。
⑭	各色課程	管内の特産物と酒・醋・茶・礬等の専売品目については、各々別々に報告せよ。それによって毎年の収入数目を知り、監査・支出に役立てよ。
⑮	魚湖	管内にもし魚湖があれば、先ず総計何箇所あり、毎年の課税額は若干とし、次いで内訳は、某湖は某処に位置して歳課は若干と逐一報告して監査に役立てよ。
⑯	金銀場	管内の金銀場については、区別して総計を把握せよ。次いで、某処にある金場の歳額数目は若干、某処にある銀場の歳額数目は若干と分類して報告せよ。但し、実際の出産量を調査して侵欺・隠匿の不正を防止せよ。
⑰	窯冶	管内にもし窯・冶があれば、各々別々に報告せよ。例えば、某窯は銅・鉄・錫を産出し、歳額は若干であり、某陶磁器製造所は甎・瓦・椀楪什物等の種類を産出する、と逐一報告せよ。
⑱	塩場	国家収入は、大抵「鋳山・煑海」の利に着目して「民租」を省くべきである。管内が海に面して製塩場があれば、某場の竈戸若干、工本銭若干、歳額の塩課は若干とあらゆる塩場毎に報告して監査に便ならしめよ。
⑲	公廨	執務する官庁、及び官舎、公用の器皿等は、全て民より調達させたものである。官庁の左右両廂・門屋・後堂等の間口間数、及び各内部で用いる公用の日用器具の什物・椅子・机・敷物・蒲団等は逐一報告せよ。欠損の箇所は即刻修理し、いつも清浄にして代々引き継がせよ。それらを傷つけた者は必ず取り調べて処分せよ。これは、官有物を愛護して民力を疲弊させないためである。
⑳	係官房屋	城内及び郷村にある官有の家屋は、定期的に修理を加えて、官房幾間、正房幾間、廂房幾間の如くその都度報告せよ。民間に賃貸させた方が有利な場合は、借家料金を決めて契約書を取り交わし、定期的に修理せよ。
㉑	書生員数	生員を教育するのは、任用に堪える人材を育成するためである。例えば、当府学の生員は幾名で、一経を修得した人材は幾名で、若年でまだ有用な人物となっていない者は幾名という如く報告せよ。生員には定期試験を施し、勤勉な者は激励し、怠惰な者は懲戒せよ。欠員があれば、すぐ補え。長年月在学しながら不勉強な者は即刻退学させて胥吏に充てよ。上奏を行なったり、他人の隠し事をあばいたり、公務を勝手に処理したりする者は、既に頒行した告示に則って処罰せよ。所属州県も右の如く報告し、試験を実施して実績を上げ、「善俗良才」の意図にかなうように努力せよ。
㉒	耆宿	耆宿を設けたのは、高齢にして徳行があり、土地の風俗慣習に通暁しているためである。民が政治的にどう苦しんでいるかとか、政治上の問題解決方法について訪問して聞きただせ。しかし、耆宿の中には、高年であっても、徳行に欠け、耆宿の名目を金で買い求めて、官員と結託する者や、自己の徭役を免れたり、他人のために便宜を図ってやり、政治を乱して民害をなす者がいる。従って、着任早々に必ずその人物の良し悪しを確認して姓名を明記すれば、自然と右の弊害をなす者はいなくなるはずである。

㉓	孝子・順孫 義夫・節夫	社会の良俗を維持するうえで、孝行が立派で節操が顕著なために旌表された孝子・順孫・義夫・節夫については、その数目を報告せよ。まだ旌表を受けていない善良の人物があれば、必ず親しく訪問して確認したのち旌表を申請せよ。
㉔	官　戸	管内の読書人で京官か府州県官として現に任官している者は何戸あり、どんな実職についているか、及び退職して帰郷している者は幾戸かを逐一報告せよ。
㉕	境内儒者	管内の儒者で、経典に通暁した者、文章の上手な者、民衆を統御しうる者、事の処理が巧みな者などは、全てその能力があるか否かを調査して姓名を記録し、或る者は政治の顧問とし、或る者は国子学に送って官僚への道を修得させよ。
㉖	起滅詞訟	管内の奸悪な民で、公務や私事をとりもち、秘密の頼み事と同時に賄賂をも取り継ぎ、人をそそのかしては裁判の勝敗に関与し、善良な民を騙す者は、もらさず記録して報告せよ。着任早々、胥吏に民の善悪をたずねても白を黒と言いくるめる恐れがあるので、着任後一定の時間が経過してから詳細に事実関係を究明して、その姓名を記録し、その者が再度犯行に及ぶかどうかの様子を監視せよ。また、やたらと胥吏に実地調査を行わせると民害をなす恐れがあるので注意せよ。
㉗	好間不務生 理	民は士農工商の各身分に甘んじて生業に励めば、悪事に走ることはない。そこでぶらぶらして遊んで仕事をしない者、邪教を広めて人を扇動し、神霊作用によって神降しを行ったり、香木を焚いて集会を開き夜聚暁散する者、親不幸で兄弟仲も悪く、飲酒・賭博にうつつをぬかし、礼教にそむく者等は、姓名を採訪して危険人物登録簿に記載して懲戒の意思を示せ。改悛しない者は、法によって処罰する。ただ、胥吏にやたらと実地調査をやらせると職務を利用して民害をなす恐れがあるので注意せよ。
㉘	祇禁弓兵	当衙門及び所属衙門の祇従・禁子・弓兵人等については、額設の定数と就役の日月とに分けて数目を報告せよ。但し、濫りに設置してはならない。
㉙	犯法官吏	管内出身の官僚の中、任官中に一家もろとも他所に遷徙され、本人が強制労働に服した者は幾人か、免職となり郷里に謹慎中の者は幾人か、死罪となった者で家族の生存している者は幾人かを逐一報告せよ。
㉚	犯法民戸	管内の民人で法を犯して処刑された者については、逐一実地調査を行い、処刑された戸数と犯罪名とを報告せよ。
㉛	警迹人	管内で、過去にいれずみの刑に処せられ、現在は官の手先である警迹に充てられた人は若干人と逐一報告せよ。

表Ⅳ〈「到任須知」の項目内容〉の順位別三十一項目にわたる着任官の心得ともいうべき評定要素は、一目して徴税・裁判・教化・治安等の現実的な統治項目を中心に構成されている。例えば、徴税については④⑩⑪⑬⑭⑮⑯⑰⑱等の項目が、裁判については③㉖等の項目が、教化については①㉑㉓㉕等の項目が、治安については㉗㉘㉙㉚㉛等の項目が、それぞれ中心をなしている。既述の洪武九年六月の段階までは、太祖が「課農興学の績」を官僚考課の評定

基準にしていたことが確認できた。興学の績は、将来国家の官僚として儒教倫理を修得・実践する人材の育成を図る内容をもつ表Ⅳ㉑の「書生員数」に相当する。課農の績は、表Ⅳ④の「田糧」に相当する。田糧の内容は、戸口・田地・税糧よりなっており、課農・農桑に相当する。戸口・田地は、税糧の基盤をなしている。要するに、表Ⅳからも、農民の再生産の確立と教化の育成を企図した太祖の官僚評価の基準である「戸口増・田野闢」＝農桑とか、学校＝教化等は確認できる。しかし、既述の洪武九年より同十五年の間においては、善政・徳政の能吏の治績が、従来の戸口・田地の評価よりも、税・役徴収の過程で限度を超えた搾取を排除したという点で評価され始めた。且つ、学校教育においても徳性の涵養が強調され始めた。そこには、従来の如く徴税による評価を毛嫌いした太祖の姿勢からの変化が窺われる。このような治績評価の在り方が、官僚の着任心得を網羅した表Ⅳにおいても、徴税項目を中心に反映されている。もっとも、この背景には、胡惟庸事件後の君主独裁権力の確立、さらには里甲制の成立という政治・経済的安定要因があげられる。つまり、太祖の地方官に対する治績評価の在り方は、小農民の再生産の確立に伴う生産力の進展と収奪機会の増大という現実に照応して、徴税過程をチェックする方向に力点がおかれ始めたと考えられる。これ以後、太祖は、限度を越えた徴税過程の不法搾取とそれを資本に授受される賄賂を駆使する貪官を一掃するための制度的保証策の整備に乗り出したのである。

2　貪官対策＝小農民の再生産保証策

明朝政権の確立する洪武十三～四年頃以降に、太祖が徹底的な貪官退治に乗り出したことは後述する通りであるが、『明太祖宝訓』巻六、諭群臣、洪武二年二月甲午の条で、太祖は官・吏に対する厳罰主義の方針を打ち出した。

太祖諭群臣曰。……朕今命官必因其才。官之所治、必盡其事。所以然者、天禄不可虚費也。又嘗思。昔在民間時、見州縣官吏、多不恤民。往往貪財・好色・飲酒・癈事。凡民疾苦視之漠然。心實怒之。故令嚴法禁。但遇官吏貪汚蠹害吾民者罪之不恕。卿等當體朕言。若守己廉而奉法公、猶人行坦途從容自適。苟貪賄罹法、猶行荊棘中。

元末の腐敗官僚の搾取を心より憎んだ一人の貧農出身者としての体験から、太祖は官・吏に清廉・遵法の精神を要求した。また、太祖は、任官に当って才能ある者を採用して職責を完遂せしめる代償として俸禄を給与したが、それが貴重な農民の労働の成果＝天禄であるが故に、彼に対して「恤民」の政治を要求したのであった。しかし、「恤民」つまり貪官汚吏や土豪の不法搾取を懲戒して小農民の育成を期することは、体制的には地主階級擁護の政策に帰着するものであったことは言うまでもない(15)。なお、太祖の厳罰主義は、贓罪を犯した者が大量に左遷・免官・死刑に処せられたのみならず(16)、能吏であっても微罪を犯せば免官になるという如く徹底した。しかし、経学・政務に練達するか、または愛民の政治を行った微罪の能吏は、後年行き過ぎを認めた太祖によって復官させられた(17)。

太祖の厳罰主義は、実務を遂行した胥吏に対して最も徹底した。既に呉元（一三六七）年、受贓を人に暴露された胥吏が井戸に投身自殺した機会を把えた太祖は、それを「貪汚者」の見本として群臣に戒諭した(18)。太祖が地方政治の成否を官員―胥吏ラインの管理強化においていた点は、前述表Ⅳ〈「到任須知」の項目内容〉の須知項目⑥⑦⑧㉖㉗の中でも窺われる。『明実録』太祖・洪武九年九月己卯の条においても、福建参政魏鑑・瞿荘の両人が一人の奸悪な胥吏を笞刑で死亡させたとの中書省の報告に対して、太祖は璽書を賜給して両人を激励したのち、以下のように述べた。

或云胥吏小人何預治亂。是大不然。吏詐則蠹政。政既隳矣。民何由安。朕所以命著爲令者、正欲使上官馭吏、動必以禮、而嚴之以法。若吏卒背理違法、縄以死無論。此令行久矣。奈何、貪官動爲下人所持、任其縦横、莫敢誰何。所以政無施而民受枉。朕嘗謂。若爲官臨政、無馭吏之威、則諸事無成。馭得其法、則威立令行、事無不擧。

太祖は、「民安」政治の実効をあげるためには、官員の威令に背く胥吏は殺してもよい、という。しかし、官途を皇帝一人にだけ責任を負えばよい昇官発財の道と心得る一方、短期毎の渡り鳥ゆえに実務にうとい官僚にとっては、太祖の命令は実行し難いものであった。実務に通暁した胥吏も心得たもので、官員の直接の蓄財方法であり、昇官の資本となる不法搾取を結託して行うことは、最も合理的であった。貪官が胥吏に把持されるという太祖の最も危慮した右の事態は、以後の生産力の回復発展期においては、収奪機会の増大や経済活動の活性化と相俟って更に盛行する必然的な可能性をもっていたと考えられる。

以後も、太祖の意向に沿う忠臣は、声高に褒賞された。例えば、『皇明詔令』巻三、褒賜蘇州府官僚勅　洪武十九年六月三十日には、

其姑蘇之郡、吏員・皂隷、自設開衙以來、陥害官長者多矣。今聞、知府王觀・同知曹恒・經歴王旴、將猾吏錢英、當廳棰死。治下之方、甚得其當。如此、則政行令止、姦人且遠。境内肅清。良民瞻仰美哉。

という如く、国初以来、蘇州府官僚は胥吏や皂隷の計略に陥れられる者が多かった、という。だが、太祖直筆の大誥等が頒行されて厳罰主義政策のより徹底したこの段階で、知府・同知・経歴等の府官が一人の猾吏を刑死させたという事実は、政策の一定の成果とみられる。しかし、政策が貫徹しても、貪官・汚吏の一掃が如何に難事業であったかは、以下にみる太祖と貪官との格闘をみればわかる。

地方政治を処理する地方官―胥吏や上級地方官―下級地方官の間、さらには京官―地方官の間に賄賂の授受を考えた場合、収賄者は地方官や上級地方官、さらには京官ということになる。南京を首都とした洪武政治においては、江南近辺出身の内外官僚と賄賂で結託した江南地主階級が一枚加わり、彼らが政治・経済的に自己循環して太祖のめざす中華統一王朝への阻害要因とみなされ、弾圧がそれらの官僚・地主に集中された一面のあった事実は、檀上寛氏に指摘がある。(19) しかし、官吏による過度の搾取を排除して小農民の再生産を保証することを目指した太祖の安民政治の前提である貪官退治は、南人政権の北への遷都を予定した実質的な中華統一王朝への脱皮の過程におけるジレンマという見地からと同時に、賄賂は主に昇官・発財を目的とした内外官僚の結託を媒介に授受されたのであれば、更にマ

クロな官僚統治策としても把える必要がある。『明実録』太祖・洪武四年十一月庚申の条で太祖は、「自今、官吏の贓罪を犯す者は貸すなし」とのべて、先ず収賄者の処罰を命じた。処罰の理由は、「元末弊政。仕進の者は多く権に略遺して名爵を邀買す。下は州県簿書の小吏に至るまで、財賂にあらずんば亦た得て進むなし」という如く、上は大官より下は州県の小役人に至るまで賄賂が昇進を目的として授受されていた元末の弊政を断つためであった。そして、『明実録』太祖・洪武六年二月壬寅の条で、太祖は、「貪虐の徒は、小罪といえども亦た赦さず」との厳しい姿勢を再確認した。

洪武九年には疑獄、つまり複雑な一種の捏造事件ともされる「空印の案」が起こされた。当時、行省や府州県の官庁が毎年中央の戸部に胥吏を出頭させ、その年の地方財政の収支決算をする慣例があり、手続き完了後に戸部と地方官庁の認印を必要とする書類上の規定に対して、地方官庁が戸部での照合前に予めカラの空印を押した書類を携帯し、地方へ引き返して長官の印をもらい直す二度手間が省かれていたが、空印の案は、この過程で不正があるとの理由で、関係の胥吏及び行省や府州県官僚の多くが処罰された事件であり、狙いは王朝成立過程で任官した多くの江南近辺出身官僚に対する一大刷新であったとされる。[20] この事件を契機に、既述の洪武九年十二月には、府州県官の考満による黜陟期限が九年に、朝覲の期が三年に決定したが、この考満入覲及び朝覲の整備は、事件後の官僚機構の整備を意図したものではないかと考えられる。ただ、三年朝覲制は、その実施が甚だあやしく、以後一年一朝制に変更されたことも一時あった点は既に述べた。

次いで、同十三年正月、中書左丞相胡惟庸が謀叛を企てたとの理由で一万五千人もの連坐者を出した中書省廃止のための捏造事件によって、皇帝に直属した六部が布政司を統属する体制が完成して、皇帝の独裁権力は一段と強化された。この事件の背景にも、中央官に癒着した江南の土豪・大地主と地方官との間を切断する狙いがあった。[21] 事件後の『明実録』太祖・洪武十三年九月丁未の条で太祖は、府州県長官に対して、

詔戒守令曰。……其立綱陳紀、所以安民也。曩因姦臣弄権、恣行不法、内外之職、咸罔克忠。惟貪贓蠧政以干邦憲。今爾等、皆出編氓、深知稼穡艱難、民生疾苦。是用授以職任相與圖治。爾當竭誠報効、無踏前非。

という如く、農民の稼穡の艱難を深く認識して、賄賂をもって中央官と結託することがないように戒めた。

洪武十四年正月には、官人をも含む全人民を皇帝への一元的支配に編成した税・役徴収体制＝里甲制が成立して、明朝支配は一応の確立をみた。『明実録』太祖・洪武十四年三月癸卯の条で太祖は、

勅刑部。自今官吏受賄者、必求通賄之人、併罪之。徙其家于辺。著爲令。

という如く、洪武四年の収賄の官・吏に対する処罰規定を一歩進めて、贈賄した官・吏をも一轄して処罰し、その家族も辺境の地に流罪とすることを法令化した。同十四年十月には伝統的な考課の制度である考満が最終的に整備され、次年八月には郷試も再開された点は、既に述べた。この間においても、太祖は、絶えず府州県官や胥吏の「貪心」に対して、極刑を対置させて警告している(22)。

政権基盤の確立期を迎えた洪武十三～四年以降においても、中央政府では、郭桓の案・李善長の獄・藍玉の獄(補註)という三大疑獄事件が捏造されて、君主独裁権力の最終的確立にとっての障害の一掃が図られた。先ず、郭桓の案の前年に当る『明実録』太祖・洪武十七年四月壬午の条には、礼部への上諭が、以下のようにみえる。

朕嘗命。縣考於州。州考於府。府考於布政司。各以所臨精其考覈、以憑黜陟、昭示勧戒。今上下之政。惟務苟且。縣之賢否、州不能知。州之賢否、府不能察。府之賢否、布政司不能察。善無所勧、而惡無所懲。

太祖は、上下の地方長官がいい加減な責任逃れの政治に終始しているため、例えば知県の政績の如何について、考課の責に任ずべき知州は知らないとし、知府・布政司官とても同様であると嘆いている。そこで太祖は、同条で、州県官・知府・布政司官の政治責任を明確化して遵守させようとした。

其一。州縣之官、宜宣揚風化、撫字其民、均賦役、卹窮困、審冤抑、禁盗賊。時命里長告戒其里人、敦行孝弟、

盡力南畝、毋作非爲以罹刑罰。行郷飲酒禮、使知尊卑貴賤之體。歳終察其所行善惡而旌別之。

知県知州の職責は、既述の「到任須知」内の懲税・裁判・教化・治安等を中心として、これらを里長を通じて実現させる点にあった。

其二。爲府官者、當平其政令、廉察屬官。致治有方、吏民稱賢者、優加禮遇、紀其善績。其有闒茸及蠹政病民者、輕則治之以法。重則申聞黜罰。然不得下侵其職以擾吾民。

知府の職責は、州県官の政績を評定して、善政を記録し、無能力者や貪官を自ら治罪するかまたは上官に処罰を上申することであった。処罰の総合評定要素である闒茸が、洪武十八年正月の朝覲考察で機能した点は既にのべた。

其三。布政司官、宜宣布德化、考覈府州縣官能否、詢知民風美惡、及士習情僞。姦弊甚者、具聞鞫之。如所治不公、則從按察司糾擧。

布政司官の職責は、一省の長として朝廷の徳政の方針を宣揚し、府州県官の政績の能否を評定する点にあった。但し、その不正は、按察司官に弾劾された。要するに、右の上諭は、布政司官↓知府↓知州・知県と統属する地方官の責任考課体制の強化をうち出したものであり、洪武二十三年の「責任条例」の前ぶれをなすものであった。

このほか、同十七年五月には、朝覲の際に土地人民図を業績一覧に添付した紀功の図冊を持参することが命ぜられ、同十月には、朝覲の際に併せて黜陟の処分を行うことが表明された。それが翌十八年正月に実施され、従来の考満の処分者＝不称職四十一員は留任となったが、貪汚者一七一員と闒茸者一四三員とが免官となった点は既にのべた。次いで、『明実録』太祖・洪武十八年二月甲辰の条において、国子監博士高允憲は、布按両司官、府州県官の中、「節行卓異・政事公平」の者には「増秩賜金」して抜擢し、たとえ公務上の過失があっても許すが、「貪汚・闒茸」の者は罷免し、「苛刻虐民・廢法不奉行」の者は死刑にすべきであるとの考察の徹底化を進言して太祖に承認された。これを受けて、『明実録』太祖・洪武十八年三月壬戌朔の条には、

上諭戸部臣曰。善爲政者、賦民而民不困、役民而民不勞。……近來有司、不以民爲心、動即殃民。殃民者禍亦随之。苟能憂民之貧、而慮民之困、使民得以厚其生、此可謂善爲政也、爾勉之。

とあって、太祖は、善政とは賦・役の徴収を公平に行って民を貧困に陥れないことを言うが、現在の有司はこれに逆って身を滅ぼしている者がいる、という。

このような考課、特に朝覲考察を徹底させて地方の貪官の一掃が図られたが、中央の貪官弾圧としても郭桓の案が発動された。この事件では、戸部侍郎郭桓をはじめとする六部左右侍郎以下の六部官僚が、地方官より収賄したとの理由で刑死したほか、地方官や地主階級にも処罰は及んだ。不思議にも実録に記載のないこの事件は、『皇明詔令』巻三、「禁戒諸司納賄詔　洪武十八年六月二十七日」の条に詳記されているので、この直前に発生したものと考えられる。この案は、六部官僚と結託した貪官や江南地主の弾圧をめざした一種の捏造事件であったともされる。[23]

『御製大誥続編』松江逸民為害第二には、両浙・江西・両広・福建の地方官は、国初以来、「往おう未だ終考に及ばず、自ら贓貪を免れず」というように、九年目の黜陟以前に贓罪で処罰される者が多かった。『明実録』太祖・洪武十八年十月乙卯の条には、「決して民の利を朘って上官の欲に徇うことをしなかった」との理由で、太祖が宜興県主簿王復春を常州府同知に昇官させたことがみえる。その際、太祖は、「方今の有司で〔王復春〕に如ぶ者はいない」と述べて、依然として貪官の多いことを示唆している。『明実録』太祖・洪武十八年十一月甲子の条では、太祖は、侍臣に対して「富を民に蔵する」保国の道を説き、太祖自身が経験した元末「兵荒飢饉」時代の苦難の気持を現在も堅持して民の再生産に如何に努力しているかを強調している。また、実録には見えないが、同月太祖は、詔を出して民害をなしていると判定された地方官を全て上京させて免官とした上で処罰した。[24]なお、同十八年より十九年にかけて頒布された太祖直筆の『御製大誥・続編・三編』の事例書も、貪官や汚吏・富民・土豪への警告の役割を担っていたと考えられる。

地方官や六部官僚に対する紀綱粛正とともに、中央では、更に皇帝権強化のための弾圧の矛先が建国の功臣たちへの粛清として向けられた。先ず洪武二十三年には、韓国公李善長以下十数人の功臣達がかつて胡惟庸と通謀していたとの理由で処刑されたが、連坐した者は実に一万数千人にも上った。李善長の獄は、元老として政治的に大きな発言力を持ち、武職の高官を独占した江南近辺の新興大地主に対する弾圧であった。同じく一万数千人の連坐者を出した同二十六年の藍玉の獄は、皇太子死亡後に後継者に決定した皇太孫の将来を案じた太祖が生き残りの功臣・官僚達を弾圧したものであった(25)。右の両事件に照応するかのように、地方官に対する考課体制が最後的に整備されたのが、この時期の特徴であった。

まず、官僚考課の財政的裏付である俸禄制は、洪武四年正月に制定され、同十三年二月に重定をへて、同二十年九月に明一代に貫徹する制度として成立したが(26)、李善長事件の発生した同二十三年には、既述の同十七年四月に上呈した地方官に対する責任考課体制が「責任条例」として完成した。万暦『大明会典』巻十二、吏部十一、考功清吏司、責任条例には、「高皇帝は吏職の称うなきに懲りて、親しく責任条例一篇を製した(27)」とみえるが、これは、布按両司・府州県官に頒布され、刊刻されて遵守が命ぜられた。「吏職のかなうなき」とは、同条に、

洪武二十三年勅。方今所用布政司・府州縣・按察司官、多係民間起取秀才・人材・考廉。各人授職到任之後、畧不以到任須知爲重。公事不謀、体統不行、終日聽信小人、浸潤謀取贓私、酷害下民。……所有責任條例、列於後。

とある如く、特に薦挙で任官した大半の地方官が、この段階では着任心得の「到任須知」を軽視して公務をサボり、胥吏と結託して下民より贓賄の搾取を企んでいる情況を指す。

具体的にみた場合、布政司については、

一布政司治理親属臨府。歳月稽求所行事務、察其勤惰、辯其廉能、綱擧到任須知内事目、一一務必施行。少有頑慢、及貪汚、坐視恬忍害民者、驗其實蹟、奏聞提問。設若用心提調催督、宣布條章、去惡安善。儻耳目有所不及、

精神有所不至、遺下貪官汚吏、及無藉頑民、按察司方乃是清。（府州県・按察司官については原文省略）

とあって、布政司官は、まず府官が政治綱領でもある「到任須知」内の項目に則して行政事務を遂行しているかどうかを監査したのち、府官の政績を勤惰・廉能と評定し、「頑慢・貪汚」にして民害をなす者については実蹟を調査し、呼び出して審問したい旨を上奏する。布政司官の監査網より漏れた貪官汚吏や、無頼のならず者である無藉頑民は、按察司官が処置を行う、という。（次いで知府は、州政を監査し、監査に漏れた貪官汚吏や無藉頑民は布政司官が処置する。知州は、県政を監査し、監査に漏れた貪官汚吏は知府が処置する。知県は、里甲を監督して法令を徹底させ、上下の分を認識させて治める。知県の監督より漏れた無藉頑民は知州が処置する。もし、右の布政司官・知府・知州・知県の各級管理官の中、悪を除いて民生を安定させる能力のない者は、按察司官が処置を行う。按察司官は、布政司官より知県までの各級官員を管理するが、不行届の点は、巡按御史が処置する。もし、按察司官が貪官汚吏と結託して、民が無実の罪に泣くような場合は、両者は巡按御史によって治罪される、という。）

要するに、右の責任条例は、布按両司官より知県に至る各級地方長官に所管の官僚の治績を考課させて、貪官・汚吏や無藉頑民を徹底的に排除することを狙ったものである。なお、条例の最後には、府州県長官が政績簿の事蹟文簿を一人の胥吏に持たせて季節毎に当該上司に届けさせ、布政司官が手許に集約されたそれらの文簿を評定して、自己衙門の文簿と取りまとめて年末に上京し、吏部に提出したことが違反者への重罰規定を伴って見える点は既にのべた。

次いで、『明実録』太祖・洪武二十五年八月戊寅の条には、太祖が「禄を食む者をして民を恤むゆえんを知らしむ」るために、内外の諸司に『醒貪簡要録』を頒布したことがみえる。民を恤む理由について、太祖は、

上諭廷臣曰。四民之中、士最爲貴。農最爲勞。士之最貴者何。讀聖賢之書、明聖賢之道、出爲君用、坐享天祿。農之最勞者何。當春之時、鷄鳴而起、駆牛耕丰而耕。及苗既種、又須耘耨。炎天赤日形體憔悴。及至秋成、輸官之外、所餘能幾。一或水旱蟲蝗、則擧家遑遑無所望矣。今居官者、不念吾民之難、至有刻剝而虐害之、無仁心甚

矣。

という如く、いながらにして俸禄を受ける官員に対して、農民は農作業で難儀苦労して稔の秋を迎えても、税糧を納入すれば幾何の残りもないうえ、天災にでもあえば目もあてられない惨状に陥るのに、現在の官員が全く思いやりの気持を欠いて農民から限度外の搾取を行っているためだ、と述べている。つづいて同条で太祖は、戸部に命じて文武大小官員の官品と、米に換算した年俸額との備忘録を作らせ、更にその年俸額に見合う土地生産高と必要な労働力とを計算させ、一書に編成して『醒貪簡要録』と命名したのであった。この書の頒行後も、例えば江西九江府彭沢県知県は、凶作で女児をも身売りするほどの農民の窮状を見殺しにし、官倉を開いて心にかけて救済しようとする姿勢が全くないところを巡按御史に摘発され、太祖の命令で杖刑に処せられている(28)。

洪武年間最後の疑獄は同二十六年の藍玉の獄であったが、太祖は、官僚支配のための諸法令を『諸司職掌』として発布した。既述のように、この書には、洪武十三年以前の刊行と推定され、地方官の統治の綱領であると同時に、あらゆる考課の評定素材（評定要素）ともされた「到任須知」が収録され、次いで伝統的な考課の制度として同十四年十月に確立した考満の制度、並びに考満・朝覲考察のための事前の政績評価を各級地方長官の責任で徹底させる同二十三年の「責任条例」が収録され、最後に洪武元年より同九年十二月に朝覲の制として整備され、同十一年より十七～八年頃には考察の制も規定され、同二十三・二十六年の右に述べた諸規定も補充されてほぼ完成をみた朝覲考察制度が収録された。なお、朝覲考察制度に関しては、干支の不確定な三年一朝制が同二十九年に辰戌丑未の年に確定した時が明一代に貫徹する制度の完成とみなされる。

以上の如く、太祖の貪官一掃策は、賄賂の来源である地方官に対する考課の制度的保証の整備発展を伴いつつ、小農民の再生産の保証策として展開していった事実が迹づけられる。

おわりに

以上、二章に亙る検討の結果、以下の点が判明した。明初洪武年間の考課の制度は、南京奠都以後、集権官僚制を手足に君主独裁権力を確立して、中華統一王朝への脱皮をめざした太祖朱元璋の一連の政策と密着しながら展開した。古来、昇官を願望する官僚集団を皇帝の施政方針に従わせる上で一定の機能を発揮したと考えられる伝統的考課の制度は、明代では考満と呼ばれた。本制度は、洪武十三年正月の六部―布政司体制の皇帝への直属による君主独裁権力の強化と、翌十四年正月の里甲制の成立に伴う明朝権力確立後の同年十月に確立した。『称職・平常・不称職』という三等の総合評定要素に基づく考満の地方官に対する処分である黜陟は、「降級〜左遷」等の処罰を意味する黜に重点がおかれていたが、不称職者も殆どは免官を免れていた。

これに対して、布政司・按察司官や府州県官が上京して天子に謁見する三歳一朝の朝覲の制も、考満の制とともに洪武元年に始まり、明朝権力確立後に完成した。特に、科挙制が復活する洪武十五年八月以前の朝覲では、本来儒教倫理＝徳行の体得者＝賢才として任用され、地方官の大半を占めた推薦官僚に、再生産の回復過程にある小農民に対する限度外の搾取を禁じて恵政を施せ、との訓戒の方式が有効に機能していた。ところが、同十一年の朝覲では、朝覲と併せて考察が始まったが、三等の政績に対する処分は、礼法上の制裁に止まっていた。しかし、明朝権力確立後の特に同十七年には、四月に「闒茸・蠹政」など劣等と評定された知州知県に対する黜罰方針が責任考課の上諭として現われ、五月に朝覲規定が整備され、十月に朝覲の際に政績不良者への黜罰の実施が表明された。同十八年正月の朝覲考察では、考満による三等の総合評定要素に基づく黜陟に加えて、『貪汚・闒茸』等の免官に相当する処罰の考目（総合評定要素）が採用され、朝覲した計四千百十七員の布按二司・府州県の中、その約七・七％にあたる三一四員が免官（「罪之」「為民」）となった。明朝権力確立後の考察の処分の中に、考満の降級〜左遷の処分に加えて、免官規定が採用された背景には、基本的には、小農民の再生産の確立に伴う生産力の発展と官僚の収奪機会の増大という社会経済的な客観情況があげられる。つまり、考察の免官規定は、収奪機会より貪官部分を排除するための制度的な保証として機能していた。

三考＝九年の考満による地方官の入覲の際、規定では三年（実際は三〜四年）毎に挙行された朝覲の際、規定では毎年（実際は三〜四年）上京する布按二司官が府州県官の政績を中央へ報告する際等には、既に洪武元年より現われ、朝覲の考察処分が厳重化する同十七〜八年以降には、事蹟文簿・紀功図冊・事蹟功業文冊などとして定型化した政績記載帳簿が上呈された。簿・冊に記されたはずの考語の評定基準は、洪武九年段階までは小農民の再生産回復過程に照応して、戸口・田土の拡大と教化の徹底におかれていたが、以後の再生産の確立に伴う同十四年の里甲制成立以後では、税・役の限度外搾取を行う貪官・汚吏とは無縁な清廉の能吏が評価され始めた如く総花的となった。評定要素である徴税・裁判・教化・治安等を中心に構成された三十一項目の「到任須知」は、その典型となった。

確立した小農民の再生産を維持しようとする太祖の情熱は、元末貪官の苛政に憤怒した一貧農の実体験の炎として政治・制度上にも反映された。即ち、考課の財政的保証である俸禄制の確立した同二十年前後より、太祖の貪官対策は、積極的に推進された。それは、政治的には、模範的清官や善政の能吏に対する褒賞とか、江南大地主及び地方官と賄賂で癒着した六部官僚を弾圧した同十八年六月の郭桓の案とか、以後の疑獄事件等に投影された。またそれは、朝覲考察制度の上には、一層整備された同十八年正月の考察の断行や、同二十三年の貪官のみならず汚吏の一掃をもめざした各級地方長官による責任考課条例（「責任条例」）の発布、さらには考満・朝覲考察に関する考課の諸条例を整備補充した同二十六（一三九三）年の『諸司職掌』の中に貫徹していった。

註

（1）拙稿「明末官評の出現過程」『九州大学東洋史論集』9、一九八〇年。

（2）左の二表は、『明実録』太祖・洪武十四年十月壬申の条に拠って作成した。

定考劾法。在京六部五品以下、及太常司、国子学属官、聴本衙門正官。察其行能、験其勤怠、定為称職平常不称職。五軍各衛首領官、俱従監察御史考劾。各三年一考。九年通考黜陟。其四品以上、及通政使司、光禄司、翰林院、尚宝司、考功監、給事中、承勅郎、中書舎人、殿廷儀礼司、磨勘司、判禄司、東宮官、俱為近侍。監察御史為耳目風紀之司。太医院、欽天監、及王府官、不在常選。任満黜陟、俱取自上裁。

直隷有司首領官及属官、従本司正官考劾。任満、従監察御史覆考。各布政使司首領官及属官、並従提刑按察司考劾。其茶馬司、塩馬司、塩運司、塩課提挙司、幷軍職首領官、任満、俱従布政使司考劾。仍送提刑按察司覆考。其布政使司四品以上、按察司、塩運司五品以上、任満官黜陟、取自上裁。

内外入流幷雑職官、九年任満、給由赴吏部考劾。依例黜陟。果有殊勲異能超邁等倫者、取自上裁。

所司事繁而称職無過者陞二等。有私笞公過者陞一等。有紀録徒流罪一次者本等用。二次者降一等。三次者降二等。四次者降三等。五次以上雑職内用。

繁而平常無過者陞一等。有私笞公過者本等用。有紀録徒流罪一次者降一等。二次者降二等。三次者降三等。四次以上雑職内用。

簡而称職与繁而平常同簡而平常無過者本等用。有私笞公過者降一等。有紀録徒流一次者降二等。二次者雑職内用。三次以上黜之。

其繁而不称職初考降二等。簡而不称職初考降三等。若有紀録徒流罪者俱於雑職内用。

九年之内、二考称職一考平常従称職。二考称職一考不称職、或二考平常一考称職、或称職平常不称職各一考、皆従平常。

其繁簡之例、在外府以田糧十五万石以上。州以七万石以上。県以三万石以上。或親臨王府、都司、布政使司、按察司、幷軍馬守禦、路当駅道、辺方衝要、供給之処、俱為事繁。府粮不及十五万石、州不及七万石、県不及三万石、及僻静之処、俱為事簡。在京諸司、俱従繁例。

左の二表は何れも、表Ⅰ〈考劾の法〉の総合評定要素である称職・平常及び、評定要素である税糧石数とその評定基準である事繁・事簡を示す。

〈繁簡則例〉

評定基準	
事繁	府田糧十五万石以上
	州田糧七万石以上
	県田糧三万石以上
	親臨王府
	都司・布政使司・按察司の所在地
	「有軍馬守禦路当駅道辺方衝要供給之処」
	「在京諸司」
事簡	府田糧十五万石以下
	州田糧七万石以下
	県田糧三万石以下
	「僻静之処」

〈称職・平常の評定ケース〉

九年考満の評定（総合評定要素）	九年＝通考 称職 一考	称職 二考	称職 三考	平常 一考	平常 二考	平常 三考	一考
称職	■	■		■	■		
平常			■				■
不称職						■	

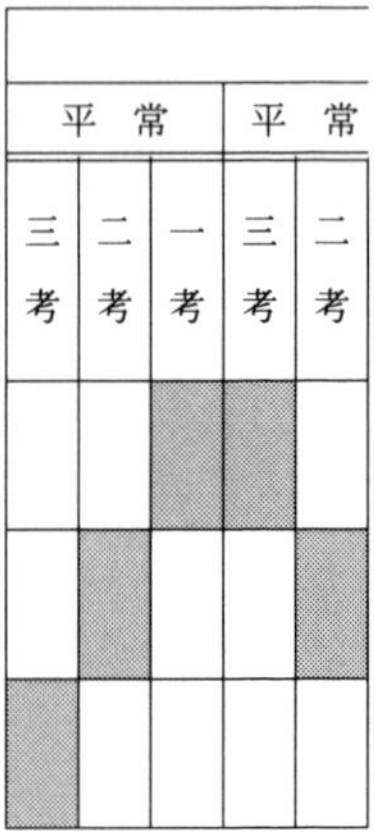

（3）『明実録』太祖・洪武六年九月癸卯の条。

詔定散官咨給。凡除授官員、即與對品散官以三十月爲一考。每考陞一等。在外官以三歳爲一考。每考陞一階。

（4）『明実録』太祖・洪武十七年八月癸未の条。

定考績法。先是、監察御史李端言。任官宜内外相參、以杜權黨。上命吏部議行之。至是、吏部尚書余熂等議。三年一考九年通考、乃本朝考績之常法。今在外官、宜仍舊九年、京官以三年爲滿。

（5）正徳『大明会典』巻一四、吏部十三、考功清吏司、考覈一、官、事例。

洪武十七年令。布政司按察司官、年終來朝、將所屬官員考過堪用平常不堪用名數、親自奏聞。直隷府州官同。

（6）『明実録』太祖・洪武十五年八月己卯の条には、

有廣東儒士上治平策。上覽之顧謂待臣曰此人不識道理。豈有涉數千言、論治而不及用賢。天下之大、欲朕一人自理之乎。雖有至聖之君、猶以用人爲重。

とあって、太祖は政治の安定策を上言した広東儒士に対して、累々と治を論じてはいるが、統治のために賢人を任用することを述べていないのは道理を識らない人だ、と扱き下している。

（7）この部分は、万暦『大明会典』巻十二、吏部十一、考功清吏司、責任条例に、五字が別字である外は全く同文で収録されている。

（8）『諸司職掌』吏部、考功部、考覈、官。

一凡在外有司府州縣官。三年考滿。先行呈部、移付選部、作缺、銓註。司勲、開黄、仍令給由。其見任官、將本官任内行過事蹟、保勘覆實明白、出給紙牌、攢造事蹟功業文冊。紀功文簿、稱臣僉名、交付本官、親齎給由。如縣官給由到州、州官當面察其言行、辦事勤惰、從實考覈。稱職、平常、不稱職詞語。州官給由到府。府官給由到布政司。考覈如之。以上、俱從按察司官覆考。仍將考覈覆考詞語、呈部。

(9) 檀上寛「明王朝成立期の軌跡―洪武朝の疑獄事件と京師問題をめぐって―」『東洋史研究』三七―三、一九七八年。山根幸夫「『元末の反乱』と明朝支配の確立」岩波講座『世界歴史』12、一九七一年。同「明帝国の形成とその発展」『世界の歴史』11、筑摩書房、一九六一年、参照。なお、郷試の再開は、『明実録』太祖・洪武十五年八月丁丑朔、科挙成式の頒布は、同十七年三月戊戌朔の各条にみえる。

(10) 薦挙の詔は、『明実録』太祖・洪武十八年十二月丙午の条にみえる。

(11) 『明実録』太祖・洪武十一年三月丁丑の条。

河間府知府楊冀安等考績來朝。上命吏部曰。考績之法、所以旌別賢否、以示勸懲。今官員來朝。宜察其言行、考其功能、課其殿最。第爲三等。稱職而無過者爲上、賜坐而宴。有過而稱職者爲中、宴而不坐。有過而不稱職者爲下、不預宴、序立于門、宴者出、然後退。庶使有司知所激勸。

(12) 『明実録』太祖・洪武四年十二月乙酉の条、「吏部奏。天下府州縣通一千三百四十六。官四千四百九十三。府一百四十一、官八百八十。州一百九十二、官五百七十二。縣一千一十三、官三千四十一」。陳邦彦『陳巖野先生集』（『乾坤正気集』巻五五二）巻一、制用第五、汰冗員、「初京官額一千二百餘人。見於先臣馬文升之疏」。『明實録』太祖・洪武十三年二月戊申、「定六部官制。凡設官吏五百四十八人。官一百五人」。参照。

(13) 万暦四十三年刊、涂山『明政統宗』巻三、洪武四年四月、「以方克勤爲濟南《ママ》知府」、「乙卯洪武八年春正月辛酉朔」、洪武九年、「十月……濟寧知府方克勤卒。……値我明歴仕濟寧。多善政。曹縣令程貢、以不職被笞」の各条、参照。方克勤が方孝孺の父であり、空印の案に連坐して刑死したことは、本文引用の『明史』の同条「以空印事連逮死。子孝聞・孝孺」、参照。

(14) 正徳『大明会典』巻十一、験封清吏司、吏部十、到任須知二、の部分は、永楽期に補充整備されたものである。

(15) 陳高華「従《大誥》看明初的専制政治」『歴史研究』一九八一年第一期及び、『明実録』太祖・洪武三年二月庚午、参照。

(16) 『明実録』太祖・洪武十年十一月甲辰の条。

新除有司官。上諭之曰。天下有司奏缺官。朝廷以時選補。比除未久。有司又復奏缺。是何犯罪罷黜者之衆也。……彼皆
不思守法以保之、欺人欺天、競爲贓利。
『御製大誥三編』進士監生不悛第二。呉晗『朱元璋伝』三聯書店、一九四九年、参照。

(17)『明実録』太祖・洪武十三年五月己亥の条。

其洪武十三年天下秋粮、悉行蠲免。凡官員、以罪黜罷、情非實犯者、許親自來朝。仍授以職。

『明実録』太祖・洪武十七年正月丙寅の条。

上諭吏部臣曰。近内外官員、有以微罪罷免者。其中多明經老成、練達政務。一旦廢黜、不得盡展其才能。朕甚惜之。
……於是、〔罷免官輩〕貫道等五十餘人至京。皆擢居顯職。

『明実録』太祖・洪武二十一年正月戊寅の条。

太祖諭吏部臣曰。爲國以任人爲本。作姦者、不以小才而貸之。果賢者、不以小疵而棄之。姦者必懲。庶不廢法。有過而
用則無棄人。陳允恭前任諸城、以簿書之過、謫戍雲南。比有言其治縣時、能愛民。夫長民者、能愛民、雖有過可用也。
於是、召允恭還復其官。

(18)『明太祖宝訓』巻六、諭群臣、呉元年八月戊申の条。

(19) 註（9）檀上論文。

(20) 註（9）壇上論文。

(21) 註（9）壇上論文。

(22)『皇明詔令』巻二、戒諭諸司修職勅洪武十五年六月初五日。同巻二、命諸司遵奉勘合勅洪武（十五年末より十六年初め頃？）

(23) 註（9）檀上論文。

(24) 涂山『明政統宗』巻四、洪武十八年十一月。
詔天下盡革有司積爲民害者、至京罪。

(25) 註（9）檀上論文。

(26)『明実録』太祖・洪武四年正月庚戌、同十三年二月丁丑、同二十年九月丙戌の各条。清水泰次「明初官俸の社会経済的考察」『史観』41、一九五四年。田村実造「明朝の官俸と銀の問題」東方学創立二十五周年記念『東方学論集』一九七二年。参照。

(27) 正徳『大明会典』巻一五、吏部一四、朝覲の条には、『諸司職掌』が引用されてはいるが、万暦会典の本条に見える「責任条例」の文言は見えない。ただ正徳会典では「事例」と見え、万暦会典と同じ史料が収録されており、「一布政司」以下の責任条例の内容説明が始まる直前の前文に当る「洪武二十三年勅」に「責任条例」の文言が見えている。

(28)『明実録』太祖・洪武二十九年二月乙卯の条。

(29) 本書の序言、参照。

(補註) 川越泰博『明代中国の疑獄事件―藍玉の獄と連座の人々』風響社、二〇〇二年、参照。

第十一章　朝覲考察制度下の奏辯

はじめに

明初に創設された朝覲考察制度は、地方官の一定部分を三年毎に首都南京（のち北京）へ参覲させて、人民を直接・間接的に統治する彼ら地方官の人事考課的な側面、謂わば治績上の倫理的負の部分を勤務評価する特色ある制度であった。制度の本質をなす免官規定は、農業奨励策による小農民の再生産の保障と、徴税・裁判及び教化・治安の安定化とに情熱を傾注した貧農出身の太祖朱元璋が、その職責を代行させる地方官の内、貪官部分を収奪機会より排除する狙いをもっていた。(1) のちに本制度では、地方官の政績を吟味評定する管理者たる巡撫都御史・巡按御史（以下、巡撫・巡按又は撫・按と略記）が、考察の挙行される前年の一二月迄に、評語を掲帖に記載して北京に送付し、明年の正月に吏部・都察院（所謂、部・院）が合同で評定を下す手続きがとられていた。(2) 本制度の成否は、管理官たる撫・按が多方面から聴取した諸情報に基づいて、下僚の成績を可能な限り公正且つ客観的に評定し得るか否かにかかっていた。

本稿で取り上げる奏辯とは、右の朝覲考察の結果、処分を受けた官僚が処分を不服として皇帝に不服申立ての弁明書を上奏して復職を求めるという考課制度に付随した問題である。以下、奏辯の漸増に対する弘治禁例の制定、嘉靖禁例に至る奏辯の日常化、奏辯を日常化せしめた考察矛盾の蔓延化という三点について検討を加えたい。

第一節　奏辯の漸増と弘治禁例の制定

奏辯という現象は、初期においては地方官の朝覲考察だけから発生したものではなかった。それは、考満や巡撫・巡按の不定期の挙劾（薦挙よりも、むしろ糾劾権）・考察等の処分に対しても、内外官が再任用を願い出るか、又は不服の申立てをするという形で現われていた。

例えば、職務考課を中心的内容とした任期満了に伴う考察、所謂る考満の際のそれについては、正徳『大明会典』巻一四、吏部一三、考功清吏司、考覈一、官、諸司職掌（洪武二六年刊）の条には、次のように言う。(3)

凡在外有司府州県官、三年考満。……其雲南有司官員、任満給由、一体考覈。不称職者黜降、縁係遠方、具奏復任、九年通考。

遠方の地方、例えば雲南の地方官の三年毎の考満においては、当該官員が不称職と評定されて罷免か若しくは降格の処分を受けたとしても、辺境地区に属するが故に彼は復任を願い出て、前後九年間の通計による考察を受けることが可能であった。

京官で退職（致仕）、謹慎退職（間住）、官僚身分剝奪（為民）の処分を受けた者の再任用は、少なくとも正徳六年以前の旧例の段階（但し、正徳会典には見当らない）、或いはその後についても可能であった。但し、それは奏辯を伴わない場合のようである。そのことは、万暦『大明会典』巻一二、吏部一一、考功清吏司、京官の条に、

凡在京致仕閒住為民、起用復任官、旧例以後任歴俸日為始、万歴三年給由。正徳六年令、前後歴俸、倶准通理。

と見える通りである。

地方官の考察被処分者による不服の申立て及び復職については、『明実録』英宗・正統三（一四三八）年八月丁丑条に次のように言う。

命浙江杭州府富陽県知県呉堂復職。先是、堂坐巡按監察御史等官考察、不達政体、已黜罷。堂訴寃。下巡撫侍郎等官覆勘。咸称堂有政績。惟猾胥不便、為其所枉。故令復職。

浙江杭州府富陽県知県呉堂は巡按等官の考察を受け、「政治に通暁していない」との評定を受けて罷免された。呉堂は無実の罪名を着せられたとして皇帝に上訴した。巡撫侍郎等官が再審査したところ、呉堂の政績は優れたものであったので復職が許された。彼が罷免されたのは、県衙の悪質な胥吏への対処に問題があったからのようである。呉はこの猾胥に根も葉もない悪口を叩かれ、それが巡按等官のズサンな処分につながったのであった。

ところが成化年間以降、少なくとも地方官については考察被処分者の復任が難しくなる一方、不服申立ての奏辯も漸増し、それに対する禁例も段階的に厳しさを加えていった。『明実録』憲宗・成化十一年正月丙辰条には、次のように言う。

命浙江布政司左参議甯珍、江西南昌府知府王詔、冠帯閑住。先是、巡撫官奏。珍罷輭、詔有疾、倶令致仕。二人夤縁得内批復任。至是、吏部及都察院奏。珍詔実素行不謹、公論難容。若二人復留、恐天下官、被黜者未肯心服。存留者莫知警懼。遂有是命。

朝覲考察の挙行された成化十一（一四七五）年正月、浙江布政司左参議甯珍と江西南昌府知府王詔の両人は、吏部・都察院の合同評議によって「素行を謹まず」と評定されて「冠帯閑住」（謹慎退職）の処分を受けた。これ以前に巡撫の奏請があり、珍は「罷輭」（疲労して元気がない）、詔は「有疾」の評定を受けて倶に「致仕」（強制退職）の処分を下されていたが、両人は閣臣にコネを付けたのち復任の許可を得ていた。しかし、今回前述の部・院は二人の「素行不謹」の実跡をつかみ、又二人が再任用された場合は、他の処分され免職となった者が決して承服せず、在任者も節制しなくなって影響が大きい、との理由から右の処分を皇帝に求めて裁可されたのであった。

戴金編『皇明条法事類纂』巻四二所収の「考察被劾降調致仕為民等項官員虚捏奏擾挐問発遣為民」(以下、考察被劾……奏擾挐問発遣為民」と略記)と題する長文の都察院の題本には、次のように言う。

弘治元年五月十一日、都察院題為乞恩辦明風聞毀言誣枉等事。……被黜之人、若有造生事摭拾妄奏者、治以重罪、発遣為民、係是旧制。今又申明以是。

右によれば、部・院の考察及び撫・按の糾劾によって処分を受けた者による不服申立ての奏辯に対する禁令は、「旧制」として弘治元年五月十一日以前より存在していた。旧制は、辺境へ流罪のうえ官僚身分を剝奪する(発遣為民)という厳しい内容をもっていた。この旧制が、恐らくは前述の復任が難しくなった成化十一(一四七五)年以後の制定ではないかと推測される。そして後述の如く、それとほぼ同様な規定が会典上に奏准(所謂、禁例)として明記されるのが、京官については弘治元年、地方官については弘治八年(弘治禁例)及び嘉靖二四年(嘉靖禁例)である。

矛盾の画期を示唆する弘治禁例に至る間の奏辯には、次の事例がある。右の「考察被劾……奏擾挐問発遣為民」条の一節をみよう。

逓《ママ》年考退官員、多不敢奏訴。間有奏訴者、亦皆立案不行、未有与之辯者。如此厳禁、尚有訴者。且如知県常完、成化九年該巡撫都御史劉考退。知府劉懐経等、成化二十三年朝覲考退。項澄、弘治元年科道劾退。至今猶奏訴。大凡、小人之情、無不貪求財利恋慕官禄。方其在位、不肯奉公守法、惟利是求。及其被黜、則又貪恋不捨。雖明知己罪、帰咎於人。且又千方百計営求陳訴、不得僥倖復職、則不肯已。

朝覲や巡撫の考察、或いは科道の糾劾によって免職となった者の内、弘治元年五月の時点まで奏辯を継続している者には、成化九年の知県常完、同二三年の知府劉懐経ら、及び弘治元年の項澄があった。これらの地方官は、在職時は職務怠慢でありながら、免官後は曽っての財利と俸禄に貪恋して、手段を選ばず復職の僥倖を追い求め、奏辯を続行していた。しかし、彼らの主張は審議される迄には至っていなかった。

だが、弘治元年五月十一日の都察院の題本に見える戸部郎中許揖の奏辯に対しては、皇帝より立案せよとの命令が下り、都察院、吏部、戸部、科・道の間で審議が行なわれた。右の「考察被劾……奏擾挐問発遣為民」条には、その内容があらまし次のように見える。戸部陝西清吏司郎中で「索行《ママ》不謹の実跡」ありとして冠帯閑住の処分を受けた許楫が北京に「潜在」し乍ら起こした奏訴には、「根のないうわさや讒言により強制退職の考察処分を受けた」とか、「考察処分の下った日、世間では自分のために非常な同情を寄せたし、公論も甚だ自分に味方をした」などとあった。

許楫の奏訴を受理した弘治帝は、吏部、都察院、科・道に命じて許楫と辯理するように命じた。都察院等（吏部を含む）は、戸部尚書李敏らと合同評議することになったが、今回許楫の処分を認定した根拠は、次のようであった（「考察被劾……奏擾挐問発遣為民」）。

許楫は初め戸部主事として四川に派遣された時、公務中に布政司官（現在の戸部尚書李敏）に嘱託して農民を胥吏に充当し、農民より銀両を徴取して田荘を購入し、家屋を建造した。戸部郎中に就任後の許楫は愈々放肆を加え、戸部に来る人間から金銭を搾取した。例えば、松江等処が納銀のために戸部に赴き比号した際に、郎中許楫は松江の白糙米四万七千二百石につき罰紙四万七千二百張を割り付け、銀八十《ママ》余両を徴取したが、その使途は不明である。又、各地の生員が粮・銀の納付に戸部に赴いて通関した際には、楼房の修築を理由として各生員より罰紙一銭を徴収し、その合計は銀二百余両に上った。許楫はその中の三、四〇両で厦楼一座を修築したが、その余の使途は不明である。

右の考察処分の根拠（「索行不謹実跡」）があるにも拘らず、弘治帝に許楫に対する辨理を命ぜられた都察院（吏部、戸部、科・道）は、この事態が劾退・考退の内外官に奏訴を誘発させ、考察の法は廃れて小民の被害が続出する恐れを警告したのち、次のような理由から辨理の決意を表明した。「考察被害……奏擾挐問発遣為民」条には、

臣等既考本官、今若又与之難、難迯小人及復之譏。有何顔復立聖明之朝。若不与之辨、則被《ママ》益懐恨怨謗毀之言、将無所不至。臣等応合廻避。

とあって、都察院等は「索行不謹の実跡」ある許楫を辨理することは自らの面子をつぶすことであり堪え難いが、若し辨理しない場合の「恨怨謗毀」を廻避するためには辨理した方がよい、との判断を示している。

辨理開始後、都察院等の調査では、吏部尚書王恕らの題本内より、次の指摘のあることが判明した。

許楫は戸部主事・員外郎在任中、勝手に達官丁金を処罰して銀両を捲き上げ、悪評を博していた。又、各地の馬房の細戸より財物を受け取っていた。のちに許楫は幼い我が子を郷里に返すのに往復二年以上を費し、各地の司府州県において公務にことよせて私事を頼み込み、田や家屋を買い漁った。北京に在っては小顧児の妻と姦通し連れ回った。衆知の如く、許楫の皀隷小賈児は街を我がもの顔に濶歩し、罵声をはり上げていた。成化二三年、許楫は武安侯鄭美が湖広へ王子を封建するのに同行することになったが、実は同行せずに横道にそれて汝寧府に立寄り、親戚を訪ねると称して姦婦や小顧児を連れて行き、家人と称して至る処で付届けを求めて財物を詐取したが、このことは皆に知れ渡った。

都察院等の報告に対して弘治帝は、同条で

許楫と申す者の貪淫には実跡がある。どうして妄りに奏擾を致したのか。本来ならば逮捕尋問すべきであるが、考察にて免職となった官員であることより、彼を饒して本籍地に帰郷させ、官僚身分を剝奪して民とする。都察院はそのように心得よ。

と述べて、許楫に対する「摭拾妄奏の事例」を適用して「発遣為民」とすべきところを、考退官員であることを酌量して、原籍地へ帰郷させて為民とした。なお、都察院の右の題本には、今回の孝退官員の中では、既に郎中劉忠が二度の奏訴を行なっていたことが指摘されている。[4]

こうした成化・弘治年間以後の内外官による奏辯の漸増に対して、その禁止例が、京官については弘治元年に、[5] 地方官については後述の如く弘治八年に、それぞれ出現した。

朝覲時の詳審考察に関して不公平な評定があった場合は、該地方官より道理の申し立てを行なうことが弘治六年に一旦は許された。そのことは、正徳『大明会典』巻一五、吏部一四、考覈二、朝覲事例に、

弘治六年。……且令朝覲之年、先期行文、布按二司考合属。巡撫巡按考方面。年終具奏。行各該衙門立案。待来朝之日、詳審考察。如有不公許其申理。

と見える通りである。しかし、この規定は考察処分の不公平さを楯にとることによって、文字通り素行不良な官僚に奏辯の機会を与える恐れがあった。同時にこの頃より、前述の許楫のように考察被黜の官員が、免官後も復官を狙って北京に潜在し、勝手に政府内に出入して官僚にコネを求める動きが現われ、こうした挙動に対しては、会典上にも厳罰規定が現われた。[6]

それらの情況を背景に出現したのが弘治八（一四九五）年の地方官に対する奏辯の禁止規定であった。正徳『大明会典』巻一五、吏部一四、考覈二、朝覲には、

弘治……八年奏准。各処巡撫巡按会同従公考察。……其巡撫官、当朝覲之年、仍具掲帖密報本部。止拠見任不謹名目、不許追論素行。……若被黜官員、有不服考察摭拾妄奏者、発遣為民。

と見え、朝覲考察（又は撫・按の会同考察）にあっては、現任時の素行の不謹についてのみ評定するだけで、過去の素行にまで遡及的に追論してはならないことが確認された。同時に、もし考察処分で免官となった者が処分に不服の申し立てを行ない、自己に有利な材料だけを拾い集めて妄奏（奏擾・奏訴・奏辯）した場合は、辺境地方に流配せしめた上に官僚身分を剝奪して民に格下げする、という点が規定された。これは先述の「旧制」が再確認され、永続的効力をもつ人事法規として会典上に記載された点が注目される。

第二節　嘉靖禁例に至る奏辯の日常化

成化・弘治期に漸増した奏辯は、会典上に弘治八年制定された禁例によって阻止されるはずであったが、その後も増え続け、嘉靖二四年には再度会典上に禁例の出現を見るに至った。

禁例出現迄の過程を辿った場合、例えば『明実録』武宗・正徳三年三月辛亥条には、

命吏部申明禁例。仍令撫按官詢訪在外官吏、貪酷者奏黜、廉能守法者旌擢之。先是、有鄒平県民孫淮援詔書進言。天下多貪官汚吏。已犯而罷黜者、以財請寄、仍得復官。賄賂公行。此弊政之大者也。乞遵高皇帝之法警諭中外、革故鼎新、然後天下可理。下吏部議。以為法禁固明。久而生玩。淮言不為無理。故有是命。

とあって、正徳帝は吏部に命じて禁例の告知を行なわせた。禁例の表明は、鄒平県の民孫淮が詔書を引き合いにして、全国には貪官汚吏が多く、〔考察・挙劾で〕免官となった者でも賄賂で頼み込めば復官が可能となる如く、法禁が破られている現状を告発したことを受けて行なわれたものであった。

次いで、『明実録』世宗・嘉靖八年正月丙辰条には、次のように言う。

時災異数見。立春日長、星出白気亘天。元旦大風昼晦。上以問輔臣楊一清等、令条画弭災急務。一清等対曰。……一惜人材。……考察之去留已定。其中或有以不能催科逢迎而得下課、以睚眦萋菲而詿風聞者。一遭黜革、終身不歯、含寃抱憤亦足致災。且如先年考察罷官、如徐盈彭占祺施儒楊必進等、大臣節奏以為屈抑、拘於禁例不得叙用。夫与其論奏於数年之後、曷若伸理於被黜之初乎。乞令大臣科道官、於考察落職中再加詳訪、如有寃抑、従公論辯、吏部覆議以聞。……疏入。上曰卿等所言、具悉忠愛、恤民窮、……惜人材、前已有旨。

嘉靖八年正月八日（丙辰）、閣臣楊一清らは異常気象にことよせて、二日前の正月六日（甲寅）に挙行された朝覲考

察で免官となった者の中には、租税の催促や上官の歓迎〔逢迎〕が出来ていない等の理由で劣等の評価を受けたり、才能を妬まれて根も葉もないうわさを挂けられた可能性のある者がおり、彼らの憤怨が災異を惹起するのに十分な要素をもつ故、彼らに論辯〔論捄辯明〕の機会を与えて再任用に途を開いてほしい、との説得を行なった。だが皇帝は、「前に已に旨あり」と言うだけで明確な言質を与えなかった。

ところで、嘉靖帝は『明実録』世宗・嘉靖一四年正月癸亥（二日）の条で、「朝覲考察は、国家の黜陟の大典に係わる。黜せらるる者は奏辯を容さず、又其の身を終るまで叙用を許さず。」との一見厳しい姿勢を見せてはいたものの、『明実録』世宗・嘉靖一四年正月甲申（二三日）条によれば、早くも次のような腰砕けの姿勢に転換していた。

初吏科給事中戚賢以考察拾遺。但糾劾所留之非人、未聞論捄辨明所去之未当也。近日大計、儻有以賢見黜者、臣等謂輿論救伸其枉抑。上曰、賢所奏亦是愛惜人材之意、必須果有虧枉者方許。已兵科左給事中薛宗鎧具言参議王臣韋商臣運同冷宗元県丞葉洪枉状、乞召還原職。下吏部。覆言。王臣等不職匪直、撫按官言之。即南京科道業已具劾。而宗鎧係言官、輙相牴牾私乱政。恐倖門一開、趨者瀾倒。不宜聴。得旨。考察係国家大典、原無論捄事例。今後不許援引宗鎧。以有前旨姑宥之。

右によれば、今回の朝覲考察において、留任者の中より更に不適任者を摘発する拾遺の糾劾を担当した吏科戚賢は、処分された者の中からも冤罪の者がおれば救済して無実をはらしてやるべきであるとの要請を行なった。これに対して嘉靖帝は、戚賢の上奏中に人材を愛惜する意図を認め、冤罪で落職した者に限り論辨を認めるとの言質を与えてしまった。本来、科・道の拾遺の糾劾では考察被処分者に対する論辨は認められていないことより、右の皇帝の言質は禁例を犯す特例であった。これを好機として兵科薛宗鎧は、参議王臣〜県丞葉洪ら四名の無実の罪を具体的に証言し、彼らの原職への復帰を要請した。これを受けた吏部の覆疏は、撫・按の証言を根拠にして王臣らの職務怠慢の状を述べ、復任への途を開く論辨を許した場合、考察被処分者が奏辯に殺到する事態を憂慮して、皇帝に王臣らの要請を拒否するように求めた。だが、皇帝は考察の大典に論辨救済の事例がないこと（禁例）を認め乍らも、先の自らの言質に縛られて、以後宗鎧を前例としないことを条件に、宗鎧に王臣らの復任のための論辨を認めた。

又、『明実録』世宗・嘉靖一九年七月己未条には、

都給事中邢如默亦以条陳考察事宜奏。……一正体統。言。各官被論、往往妄行奏辯。或互相攻詆投具掲帖。宜申明禁例。……吏部覆奏。上悉従其言。詔。今後即非朝覲之年而以虚詞挾害人者、厰衛捕治。所司擅自受理、扶同中傷者、科道指実参奏。

とあって、都給事中邢如默の条奏した考察事宜の一節には、論劾を受けた官僚が無闇やたらと奏辯を行なう情況が述べられている。この事態に対して邢は奏辯の禁例を説き明かすべきであると要請したところ、皇帝は全面的に同意した。問題なのは、「朝覲の年にあらずして、虚詞を以って人を挟言する者は厰衛もて捕治す」という皇帝の文言である。そこには、あたかも朝覲の年であれば止むを得ない場合は奏辯を行なってもかまわない、というニュアンスの響きがある。実際既述のように、皇帝は嘉靖一四年に、無実の科で免官となった者には奏辯→復官の途を限定付き乍ら容認していたのであれば、このニュアンスには一定の裏付けがあった。これは考察矛盾の深まりの中より派生した現象であるが、問題なのは、こうした違法な特例措置に便乗して、正当な理由で免官となった政治倫理に劣る現任又は罷閑の官吏たちが奏辯を日常化する事態であった。

例えば、撫・按の論劾に対して奏辯したものには次の例がある。『明実録』世宗・嘉靖十九年十二月癸未条には、

巡按直隷御史童漢臣言。副使張意、知県汪旦、按臣皆論其贓。方下有司験問。而二臣乃乗時考察詭言訐奏、流伝謗書、鼓惑人聴。宜禁治。詔。意等従公考察。今後敢有辯誣謄謗成書布市者、錦衣衛捕繋之。

とあって、複数の巡按によって贓罪を論劾された副使張意と知県汪旦の両人は、考察に便乗して巡按らの私事をあばく訐奏を行ない、更には悪口を書き記した文書を巷に配布したという。訐奏は張・汪両人に着せられた贓罪に真正面

から反論した奏辯ではないが、贓罪を論劾した巡按への抗弁の疏（辯誣）であり、間接的には奏辯と同質である。留意すべきは、「時の考察に乗じて詭言訐奏す」と言うように、論劾された両人の心に考察の際であれば訐奏でも許容されるという暗黙の意図が窺見される点である。

自己の収賄等の非を明らかに知り乍らも、敢て奏辯を行なうという風潮は京官でも同様に見られたが、(7) 次の例も己れの非を知りながら考察に便乗して奏辯の悪のりを行なったものである。明吏部考功司撰『吏部考功司題稿（中）』所収の長文の「覆知県黄玠奏辯縁由疏」には、湖広長沙府瀏陽県知県黄玠（原籍、広東定安県、挙人）が嘉靖廿年の朝覲考察で「素行不謹」→「冠帯閒住」の処分を受けた後、二回に亙る奏辯（表1、参照）を行ない、同廿一年一〇月二三日、皇帝の裁下により「法司に送り重きに従い問擬」することとなった奏辯の顛末がみえる。黄玠の政績については、表1にみるように撫・按の劾詞・考語は何れも、世事にうとく融通の効かない愚か者である、事務能力に劣るので民の怨嗟の声を招いたり盗賊の横行を許している、胥吏や皀隷・快手等とグルになって収奪にはこれ務めるが実際には彼らの奴隷と化している、と言うように劣等と評価されていた。

黄玠が奏辯に踏み切ったのには、二つの契機があった。第一は、今回の吏部の考察処分を調べたところ、湖広不謹の項目の処には黄玠の姓名があるだけで、県名が記されていなかった点である。第二は、黄が考察処分を受けたのち、帰郷の途中で旧任江西省撫州府臨川県県丞曾廷爵（原籍、平楽県）と同じ舟に乗り合わせ、曾の口より湖広漢陽府漢川県知県時の考察処分で広西平楽県知県に改調された黄玠（原籍、福建龍渓県、挙人）の話を聞き、自分と同姓同名であることに疑念を抱いた点である。二つの契機により、黄は今回の考察による不謹の項下に果して漢川県知県黄玠の名があれば、自分は瀏陽県知県黄玠であることより不謹は何かの間違いではないか、よって原職への復帰を願い出るべきだと妄想して奏辯に踏み切った。表1・2によれば、瀏陽県知県黄玠と漢川県知県黄玠とは、在任の時期及び考察を受けた年度が全く異なっており、成績も後者の優等に対して、前者は「政績はなし」と本人も言うように劣等で

表1　瀏陽県知県黄玠の劾詞・考語(「覆知県黄玠奏辯縁由疏」)

本籍地		広東省・瓊州府・定安県
出身		嘉靖元年挙人
職歴		嘉靖一七年四月五日、湖広省・長沙府・瀏陽県知県(正七品)を除授される。同年八月三日到任。以後撫・按の糾劾にあう。同二〇年正月朝覲し素行不謹で冠帯閒住の処分を受く。同二一年奏辯を行ない、同二一年一〇月二三日、刑部に送られ、罪を問い、律に依り、例に照らして「従重発落」の処分を受く。
劾詞	巡按楊宜(嘉靖18年)	世事にうとく融通がきかない。無知で愚かでどうしようもない。政治の案件をたずねると、決まって目を見張って何も答えないので、人々はバカじゃないかと言う。御史が至れば、オドオドするばかりで、人々の笑いものになっている。
	巡按朱篪(同18年)	政務は長らく下等で抜かっているので、民の怨嗟の声を招いている。命令も統一性がないので、盗賊の横行を来している。
	巡按姚虡(同19年)	性格が細心でないため、向う見ずな乱暴者を扱うことができない。才能がないため、事務煩雑な県の知事としては、つとまらない。胥吏のロボットと化し、貪吏・酷吏としてグルになっている。皂隷を手下として事をゆがめて傷つけ、あばき合っている。
考語	巡撫陸杰(同19年)	里長を伴って地方へ出張すると、何かにつけて収奪を行ない騒ぎを起こす。胥吏や皂隷・快手の奴隷であり、盗賊や悪徒の仲間でもある。
奏辯	嘉靖21年5月19日	通政司に状告
	同年7月18日	「奏為乞天恩査明註誤以全螻蟻事」→革職回籍
	同年7月以後	「為乞恩分辯去留以全螻蟻事」→送法司従重問擬

表2　漢川県知県黄玠の履歴(「覆知県黄玠奏辯縁由疏」)

本籍地	福建省・漳州府・龍溪県
出身	挙人
職歴	湖広・漢川県知県。嘉靖一五年八月、広西省・平楽府・平楽県知県へ改調。嘉靖拾捌等年、撫按等官の考語は俱に優であった。同二一年四月、広西省・柳州府・賓州知州に陞任す。
撫按等官	

考語	
蔡経 鄒堯臣 何賛 （嘉靖18年）	倶に優る。

あった。

以上の如く、黄玠が考察処分後、京師に潜住し乍ら臆面もなく二回に亙る奏辯の挙に出た経違の概略は、「覆知県黄玠奏辯縁由疏」に詳しい（省略）。

黄玠の例にみるような、客観的に正当な根拠によって考察処分を受けた後も、北京に潜住し乍ら利己的な材料のみを拾い集めて奏辯を敢行し、処分を覆して復任の僥倖にありつこうとする官僚の態度に対しては、再度会典上に奏准による禁止条例が現われた。万暦『大明会典』巻一三、吏部一二、朝覲考察、考察通例には、

凡考察官員奏辯。弘治八年奏准。若被黜官員有不服考察、摭拾妄奏者発遣為民。嘉靖二十四年奏准。各衙門黜退降調官員、不許在京潜住、造言生事、摭拾妄奏。違者不分有無冠帯、倶発口外為民。

とあって、嘉靖二四（一五四五）年の禁例は黜退つまり免職となった官僚のみならず、〔才力不及の科で〕現任官のまま降格転配（降調）された官僚についても、北京に潜んでデマを飛ばして問題事を起こし、自己に有利な材料のみを収集して無闇やたらと奏辯を起こす者に対しては、官僚身分の有る無しに拘らず、長城以北の地に流罪として民の身分に格下げする、と厳重に規定した。

こうした禁例の繰り返しは、禁例そのものの実質的な骨抜きの過程でもあった。万暦『大明会典』巻一三、吏部一二、朝覲考察には、

凡朝覲考察。……隆慶四年題准。已経考察閒住、復朦朧在任日久、行巡按御史擒拏問罪。冒支俸糧追出還官。

とあって、隆慶四年の題准によれば、考察で素行不謹→冠帯閒住の処分を受けた官僚の中には、奏辯を通り越して現

任のまま居座りつづけて、俸給泥棒をし乍ら抵抗の姿勢を見せる者まで現われたのであった。同じく、万暦『大明会典』巻一三、吏部一二、挙劾の条に、

凡撫按挙劾有司。嘉靖……四十一年題准。如有被劾考察致仕聴勘聴調等項、撫按官不許更行挙劾。如違参究、仍将奏詞立案。

と見える、撫・按官が糾劾や考察で処分された者を更めて薦挙したり糾劾することは許さずとの皇帝の命令は、撫・按は処分された者といえども薦挙の対象にしていたことを窺見させる。例えば、『明実録』嘉靖十七年十一月辛卯の条に見える「近時、各処撫按官の官員の賢否を挙劾するは、極めて泛濫をなす」との嘉靖帝の詔は、その点を裏付けている。

考察被処分者を薦挙の対象にする禁例違反もしくは禁例のなしくずしは、万暦期には一層促進された。例えば、『明実録』神宗・万暦十一年二月丙戌の条には、

吏部言。科道官奉旨奏薦原任尚書陸樹声等三十三人。皆負清碩之望、為時俊彦。但中間亦有年歯已邁、及因考察糾拾、例難叙用者。又恐或有可用而偶遺不預薦者。臣等再加訪択、惟求協輿評、以仰副聖明任賢求旧至意。報可。

というように、旧任官より賢人を選任するという万暦帝の意向を受けて科道官が奏薦した三三人の中には、彼らの担当した考察の糾劾によって、禁例では再起用が難しい者も含まれていた。三三人は何れも才能ある俊才として大いに清廉の名望を博してはいたが、吏部は聞きとり調査によって取捨選択を加え、官界の世論を尊重する方向で奏薦を認めてほしいと要請して許された。ここでは、皇帝の手で禁例破りが行なわれた。

『明実録』神宗・万暦一四年二月壬申条には、

准原任湖広副使顔鯨、広東僉事管志道、以原銜致仕。鯨志道被察、科道交章薦挙。部覆謂。其大計被黜、祇縁修憾于権門。公論既明、未可錮人于盛世。但破格之典、固所以待賢者、而守法之慎亦所以防倖途。合依例以原官致

仕。上従之。

とあって、考察の留任者の中より更に倫理的不正官僚を糾劾摘出すべき科・道官が、彼らの職権外である考察被処分者たる湖広副使顔鯨と広東僉事管志道とを薦挙している。吏部の言うように、二人が処分されたのは成績劣等によるものではなく、閣臣等の権臣に憾まれたという愛憎に起因するものであり、それは衆目の一致する所でもあった。だが、ここで破格の典つまり冤罪者に奏辯を許容して再起用の途をひらくことは、守法の慎に抵触すること、即ち禁例破りであり、処分された不正官僚にも僥倖の途を開く恐れがあったことに由り、吏部は禁例の遵守を要請して容れられた。ここでは、禁例が辛うじて守られた。

巡按の糾劾によって降調の処分を受けた湖広僉事周応中の奏辯は、『明実録』神宗・万暦三五年二月甲辰条に見える。

光禄寺少卿調僉事周応中、革職閑住。応中初有清名。而性乖蹇、忤物、坐左遷王官、久之。有念其介貧者、起湖広僉事、遂頗治生。而乖蹇如故。尋陞光禄寺少卿。湖広巡按史学遷因劾其貪黷諸不法事、坐再調僉事。乃上疏自白。其為僉事時、所存貯地方九千余金、冊籍具在。宜行撫按査核。且乞罷黜以終余年。都給事中梁有年等、劾応中在楚諸貪黷状。与楚撫所劾語、皆瑣屑不可聞。於是、部院論応中逞臆奏辯期撓察典乱天聴。宜依被黜官員摭拾妄奏例、発遣口外為民。参酌情法、以嘗破例起用者、量依不謹、革職閒住。

右によれば、周応中は孤高の清廉の持主として知られていたが、官界の風気に肌が合わず、上司に異議を唱える性格のために、初めは王府官に左遷された。次いで周は、その清廉を評価する者によって湖広僉事に起用され、ここでは大いに治績を上げたが、上司との妥協精神を欠いていた。周は光禄寺少卿に昇任したものの、湖広巡按史学遷によって貪黷、つまり強欲で人をあなどる等の糾劾を受けて再度僉事に降格転配された。この時点で周は奏辯に踏み切り、湖広では余剰金九千余両を官庫に蓄えた等の実績を撫・按に調査させてほしいと身の潔白を述べて免官を願い出た。都給事中梁有年らも湖広在任時の周の貪黷の状を糾劾したが、その内容は湖広撫・按のそれと同様に聞くに値しない瑣細な事柄の羅列にすぎなかった。そこで吏部・都察院は、臆面もなく奏辯して察典＝禁例を乱したとして、周を「被黜官員摭拾妄奏例」で口外に流罪とし、官僚身分の剝奪（削籍）を願い出た。しかし、皇帝は人情と法例とを酌量の上、過去には禁例を破って被黜者が起用された事例もあることに鑑みて、考察の総合評定要素である『不謹』に準じて謹慎退職に相当する革職閒住の処分とした

ここでも、明らかに禁例を皇帝自らの手で破らざるを得ない自己矛盾が露呈されている。皇帝が禁例をまともに適用できなかったのは、恐らく周応中の奏辯に正当性があり、撫・按等の糾劾「在楚諸貪黷状」の内実に疑念を懐いたからに外ならない。そこで次章では、禁例の重定と奏辯の日常化、つまり禁例形骸化の要因を更めて考えてみたい。

第三節　考察矛盾の蔓延化

『明実録』世宗・嘉靖八年正月丙辰条には、

上以問輔臣楊一清等、令条画弭災急務。一清等対曰。……一惜人材。……先年考察罷官、如徐盈彭占祺施儒楊必進等、大臣節奏以為屈抑、拘於禁例不得叙用。夫与其論奏於数年之後、曷若伸理於被黜之初乎。……疏入。上曰……惜人材、前已有旨。

とあって、閣臣楊一清らは、考察免官となった徐盈らに奏辯を行なわせ、無実の罪をはらしてのち再任用してほしいと嘆願しているが、皇帝は確かな許可の言質を与えなかった。

こうした屈抑者に対して、禁例を破る特例を設けて救済の措置が取られたのは、既述のように嘉靖一四年正月であったが、同一七年十一月にも救済が行なわれた。『明実録』世宗・嘉靖一七年十一月辛卯条には次のように言う。

冬至、大祀天于圜丘礼成。上還御奉天殿。文武群臣行慶成礼畢。詔示天下。……一朝覲三年、京官六年。考察係朝廷黜陟重典。考黜者、不許辯復、禁例甚厳。近年、考察不当、往往仮借公法擯斥善類、甚傷国体。自嘉靖五年起至十一年止。凡経考察罷黜官員、中間果有正直廉潔材器超卓久為公論共恤者、着両京六科十三道従公荐挙。吏部査議、奏請起用、以伸公道。後不得援以為例。

今回は特例として、嘉靖六年より十一年の間に考黜された者の中で、正直さ、廉潔度、才能・器量が傑出しており、且つ官界世論の同情を久しく買ってきた者については両京の科道官に推薦させ、吏部が審議のち起用を奏請することが許された。問題は、朝覲及び京官の考察では、被処分者が復任を求めて奏辯することが厳禁されているにも拘らず、何故に禁例破りの特例を設定せざるを得なかったのか、という点である。右によれば、その回答は既に出されている。それは皇帝も認めるように、(8) 近年の考察が正当に行なわれてはおらず、考察という公法を悪用する形で、前述の正直・廉潔・材器に卓越した官僚＝善類が排斥されているからに外ならなかった。

では、考察はどうして悪用されるに至ったのであろうか。『明実録』世宗・嘉靖八年正月乙丑条に見える、皇帝の人民支配のための官僚統制にかける人材起用策である人治主義＝徳治主義と朝覲考察との関係は次のようであった。

上諭閣臣曰。卿等昨以重守令一事為言。足見忠慮。……夫守令親民之官也。此官得人則民安。而非堪此官者則民不安。故自古重此官。我祖宗亦重此。今之計他皆繁文。如降勅書屏之類、只当卿等吏部厳加訪察以為黜陟之宜。

即ち、民生の安定度如何は、「親民之官」つまり民に親たるべき父母官としての府州県官の倫理的資質を問う人事考課＝考察の在り方如何にかかっていた。ところが、現実に彼ら守令に対する部・院の評定作業は、全てと言ってよいほど形式的で中味のないものであった。評定の形式主義とは、要するに評語（考語・官評）の形式主義を意味していた。そこで嘉靖帝は、吏部尚書桂萼に訪察、つまり考語の信憑性を期するための採訪調査を厳しく行ない、黜陟の公平を実現せよと命じたのであった。

右に言う吏部の訪察とは、実際には地方の撫・按の報告に依拠せざるを得ないものであった(9)。この点に留意しながら、次に部・院による考察評定の形式主義の内実を見たい。『明実録』世宗・嘉靖一九年七月己未の条には、次のように言う。

監察御史魏謙吉言。畿輔山東諸郡災傷頻仍、科歛繁重。閭閻小民朝不保夕。甚則相聚為盗。臣私竊隠憂、莫得其計。惟尽黜貪酷、別選循良、庶可以少甦民困耳。臣聞、徃年考察多存寛恕。或惜其科第之高。或矜其歴任之浅。或取其年力之精壮。或取其辨事之微長。或因請託之難払、或因根拠之難動、即貪酷顕著亦曲為庇留、雖衆論不容亦止従量調。在朝廷、名為宥過之仁、在小民、寔為剝膚之害。乞勅令部院厳加考覈。但係貪酷者尽為罷黜、則苛刻之党除、長厚之吏進、民困自甦、盗賊自息矣。上覧疏称賞。以所言有憂民実意、切中考察事情、詔部院、今次務秉至公、力祛宿弊。

御史魏謙吉の上疏は、災害と科歛にあえぐ直隷・山東諸郡の民困を緩和し、盗賊の発生を予防する一方策として、考察における貪・酷官僚の一掃を提言したものであった。それは又、考察矛盾を鋭く剔抉したが故に、皇帝より称賛の同意を得たのであった。考察の実態とは、過失も寛大な思いやりによって見逃されるという甘い処分が歴年続いてきたことであった。例えばその内容は、科挙試の成績が優秀であったとか、職歴の年期が長く経っていないとか、年齢・体力が旺盛であるとか、事務能力が若干すぐれているとか、或いは〔閣臣等の権力者を通しての〕請託を断り切れずに、或いは〔考察の依拠資料となる撫・按の報告した黒を白に言いくるめる官評の〕根拠(10)を突き崩すことが出来ずに、貪・酷の顕著な者でも不正に留任でき、官界世論の大多数の容赦がなくても量調という転配の軽い処分でケリが着いてしまう、というものであった(11)。

なかでも後の二点は、考察矛盾の発生源とみなされた。先ず請託については、若し部・院がそれを容れた場合は、考察が愛憎で決定されることになり、ここに党同伐異の派閥関係が形成されて考察に介入する事態が生じた。例えば、

『明実録』世宗・嘉靖一七年十一月癸未の条は、その点を突いている。

礼科給事中顧存仁疏陳五事。……四精考察之政。昨年考察京官。当事者、不以惜材、以念狥耳目為是非。任喜怒為憎愛。植同異為怨恩。故毎失之于濫。邇因廷臣建議、各官之負屈者、数数詔与而用之矣。然今日所謂賢而挙用之者、即往年所謂不肖而考黜之者也。

右によれば、考察の当事者たる部・院が権臣等の耳目に忠実に従って判断の基準とするので、愛憎（憎愛）や派閥単位の乱脈な評定(12)が行なわれる結果、冤罪で処分される者が現われ、皇帝は度たび詔を出して復任せしめている、との禁例破りが指摘されているのである。

後者の部・院が撫・按の報告した「根拠」を動かし難い点については、『明実録』世宗・嘉靖一四年正月癸亥の条に、

御史喬英言。近時考察、毎忽功能而聴采訪、略事而信伝聞。以致賢否未辯、黜陟不明。宜懲往弊、務秉至公。吏部都察院議覆。上曰、……今考察伊邇。卿等務秉至公、唯以撫按等官考語及科道等官論劾為拠。其一切曖昧影響事情、毋輙聴信。若撫按等官狥私賢否開具失真者、卿等参奏処治。

とあるように、部・院が考察を行なう際の資料は、才能や政績よりも伝聞資料を多く反映した撫・按等官の報告する考語に依拠せざるを得なかった。そうした考語を根拠としては賢否の評価が混乱する恐れがあったので、嘉靖帝は撫・按官が私利私情にとらわれて賢否の記載が真実を欠く事態を戒めたのである。

こうした、私情にまかせた撫・按の考語の実態についての指摘は、弘治年間以降に多くなる(13)。嘉靖期の撫・按の報告する考語（官評）も大抵は真実を伝えてはいなかったとの指摘があるが(14)、その点は撫・按の挙劾についても既述のように同様であった(15)。個別事例の分析によっても、喜靖一七年、巡江御史荀汝安に「貪官」として糾劾された呉江県知県林応麟は、実際には清廉の能吏であったが、荀の弾劾を招いた直接の原因には、林の荀御史に対する儀礼の粗略

さという謂わば私情レベルの問題も係わっていた[16]。なお、こうした考察・挙劾の際の撫・按の評語＝官評は、嘉靖〜万暦以降、皂・快出身の窩訪の徒を介在して地方の郷紳層に掌握される傾向もみられた[17]。

おわりに

以上、明代に創設された朝覲考察等において、免官の処分を受けた官僚が処分に対する不服の申立てを行なう（従って復官を求める）ことを厳禁する禁例は、京官については弘治元（一四八八）年、地方官のそれは同八（一四九五）年にそれぞれ会典上に規定されたが、それは奏辯の漸増に対応した措置であった。しかし、奏辯はその後日常化し、半世紀後の嘉靖二四（一五四五）年には、免官のみならず降調の処分者までを対象とした奏辯を厳禁とする新例の重定をみたが、以後もその傾向は止まなかった。

奏辯の性格には、次のA・B両タイプがあった。Aタイプは、撫・按↓部・院という考察・挙劾当局者の評定に誤りがあり、客観的に過失のない被処分者が無実の罪を晴らして復官を求めるために起こした奏辯である。Bタイプは、当局者の評定が客観的に正しいにも拘らず、被処分者が再任を欲望する余り、自身の政績上の汚点をも抗弁する、謂わばAタイプに便乗して起こされた奏辯である。

Aタイプの奏辯に対しては、皇帝は特例を設けて弘治六年、嘉靖一四年、同一七年と禁例の緩和措置を講じて奏辯を許し、復任への途を開かざるを得なかった。特例とは言え、皇帝自身が国家の人事法典を破壊するに至った自家撞着の背景には、愛憎（内実は情実・賄賂）[18]を基調とした伝聞に基づく撫・按の報告資料である考語・官評に依拠せざるを得ない考察当局の部・院が、私利私情に惑わされて朝覲官の賢否を正当に評定し得ず、それ故に冤罪で処分される官僚が増大の傾向を見せる、という考察矛盾の深刻な拡がりがあった。

註

(1) 拙稿「朝覲考察制度の創設」『九州大学東洋史論集』10、一九八二年、参照。

(2) 『明実録』世宗・嘉靖二三年正月甲寅、
詔各撫按等官、通将所属大小官員課第殿最彙造掲帖、封送吏部、以備朝覲考察斥陟。永為定例。

(3) 註(1)参照。

(4) 『皇明条法事類纂』巻四二、〈考察被劾……奏擾挐問発遣為民〉
弘治元年五月十一日、都察院題……査得。今次考退、止有郎中劉忠曽奏二次。臣等已将劉忠不謹実跡、写本要行参奏。因伊赴程去訖、乃止。

(5) 正徳『大明会典』巻一五、吏部一四、考覈二、考察、
弘治元年、令両京五品以下官、照例考察。翰林院官亦従吏部考察。其被黜之人、有造言生事、摭拾妄奏者、発遣為民。

(6) 同註(4)〈考察被劾……奏擾挐問発遣為民〉
弘治元年五月十一日、都察院題、……再照各該被黜官員、雖俱蒙聖断発落外、誠恐中間有等無耻如許楫者、潜住在京内外、夤縁覬望計図僥倖、有虧国体深為未便。
正徳『大明会典』巻一五、吏部一四、考覈二、考察、事例
弘治元年、令考察罷閒官吏、在京潜住、有擅出入禁門交結者、各門官盤詰、拿送錦衣衛打一百。発烟瘴地面、永遠充軍。

(7) 『明実録』世宗・嘉靖一八年閏七月辛酉。

(8) 『明実録』世宗・嘉靖一六年正月丙申、
吏部疏請申明朝覲考察事宜。……得旨。朝覲考察国家重典。近年以来、旌別不明、黜陟失当。甚負朕愛才図治之意。

(9) 拙稿「明末の吏治体制における挙劾の官評に関する一考察」『九州大学東洋史論集』2、一九七四年。同「明末官評の出現過程」『九州大学東洋史論集』8、一九八〇年。

(10) 註(9)及び拙稿「明末窩訪の出現過程」『東洋学報』62—一・二、一九八〇年、参照。

(11) 拙稿「考察『八法』の形成過程(一)(二)」『九州大学東洋史論集』11、12、一九八三年、参照。

(12)『明実録』世宗・嘉靖十一年正月癸酉「謫戸科左給事中孫応奎為山西高平県県丞」条及び、『明実録』世宗・嘉靖一八年七月辛巳「山東道御史洪垣劾文選司郎中黄禎貪婪欺罔状」条、参照。

(13) 正徳『大明会典』巻一五、吏部一四、考覈二、朝覲、

弘治……八年奏准。……其巡撫官、当朝覲之年、仍具掲帖密報本部。止拠見任不謹名目、不許追論素行。其開報官員、若愛憎任情議擬不当、本部都察院并科道官、指実劾奏、罪坐所由。

『明実録』神宗・万暦一四年正月癸亥

上曰、撫按考察所属官員、須秉公覈実、毋但以趨承炫耀推薦非人、及以优掲私憎誣枉善類。

参照。

(14)『明実録』世宗・嘉靖一九年七月己未、

給事中劉大直条奏六事。……一精考察。言。近来各官考語、多不以実。宜令撫按於所属官、各拠所聞親為考註、勿相雷同。

(15) 註(11)、参照。

(16) 拙稿「嘉靖期の呉江県知県林応麟の『貪』官問題(一)」『山根幸夫教授退休記念明代史論叢』一九九〇年、同拙稿(二)九州国際大学『教養研究』一〇五号、一九八九年、参照。

(17) 註(9)「明末の吏治体制における挙劾の官評に関する一考察」、註(10)拙稿、参照。

(18) 註(11)拙稿、参照。

第十二章　明末吏治体制下の撫・按の官評

はじめに

明末清初の所謂る郷紳支配の成立に関する研究成果には、様ざまな見解[1]がみられる。ある研究では浙江省嘉興府の嵌田紛争を分析し、郷紳層が激烈化した直接生産者佃戸の階級闘争の危機に対して、一県全体の世論を形成することを通じて国家権力に譲歩しつつ、且つそれと一体化することで切り抜けようとする郷紳支配成立過程の一側面も想定されている。[2]それらの問題提起を受けて本稿が課題とするのは、郷紳の国家権力に対する関係の中、特に以下の如き政治過程—地方官に対する撫・按の職権である挙劾・考察という官僚考課の組織運営上にみられた矛盾変化のなかより、郷紳支配形成過程との関連性を検討してみようとする点にある。

さて、明王朝はその後半では、嘉靖期の北虜南倭、万暦期の三大征という軍事行動、及び礦税以下の徴税強化並びに員欠による吏治の頽廃等々という体制的危機に直面していた。従って、上は巡撫・巡按御史（以下、撫・按と略記）から、布政使・按察使と分守道・分巡道（以下、司・道と略記）、並びに知府・推官に至る官僚の成績評価の評語＝官評（考語）[3]をめぐる諸問題こそは、こうした政治状況下において官僚考課制が十全に機能するべき克服課題でもあった。以下、江南地方を焦点に「身ら親しく歴する所、及び見聞の拠有る者に従ってこれを述べた」と称する政治情況の把握に関する蘇州府崑山県の一郷紳であった管志道（一五三六—一六〇八）の見解（『従先維俗議』〈万暦三〇＝一六〇二年の自序。『太崑先哲遺書』之一所輯〉巻三、総核中外変体以遡先進礼法議）の紹介と分析を中心に論じたい。

管志道は、十六世紀末の万暦中葉において、地方政情についての次の見解を述べている。

吾又考正嘉以前、居郷之庶官類自戢。有司亦以道義成之。其時唯以理致仕、及予告在籍者与現任官不廃酧応。此外逐客罷僚、即以直声震天下。而偶削仕籍、不受干旌之訪於撫按、弗出也、即以隠徳重郷閭。……後縁京朝有不公之考察、郷評不以為拠、而有司之旌別難施。又縁郷党有不根之毀誉、物望無以為憑、而冠裳之廉隅漸掃矣。……愚謂為政者、固以不得罪於巨室為道。居郷者亦以不得罪於名教為道也。今天下将無名教外之士夫乎哉。亦在節之以礼而已。州県長官之体、上賓告老之卿大夫、下賓未達之貢挙士。資未深、望未起、欲執古道以裁縉紳、勢誠有所難格。郡長之体尊、可以礼裁科目中之庶僚。院道之体又尊、可以礼裁科甲中之後進矣。燕会可省則省之、請謁可杜則杜之。郷紳有従特旨罷帰者、雖其気節可欽、而以野服溷公門、殊不雅。即上司不無嚮慕之懐。而苟非年誼、非旧交則皆可以無謁。若干旌特叩、則不必為叚干木之避也。有従大計褫服者、縦其寃抑可原、而以冠蓋入公門、尤非法。即有司不無親近之意、而苟非謝賜、非訴誣、亦皆可以無謁。……大概院道之憲体尚粛。然不可以粛而廃憲老乞言之古道。府県之牧体尚親。然不可以親而長狥情滅礼之媮風。倶不嫌於延礼訪求之中、寓微顕闡幽之意。唯末俗多奸民、或有侮及郷紳之斂戢者、則又以懲一警百為道也。隆万以来、此風之褻濫已甚矣。

郷紳は国家権力（有司）に対して、正徳・嘉靖期以前では、「自戢」つまり極めて保守的な管志道流に堅持された所謂る礼法をほぼ尊守しており、退・休郷紳と有司の間には贈答関係も見られなかったが、隆慶・万暦期以来、民衆から「斂戢」つまり不法収奪に走る存在として侮蔑の目で見られるほど礼法に著しく反くようになった。本来、為政者たる地方官僚は「巨室」＝「郷紳」に罪を得ることがあってはならず、「居郷者」たる「郷紳」は「名教」つまり儒教の所謂る立場上持つべき役割としての名分や、教育し感化する力としての教化の道に背いてはならない。

即ち、知州・知県は資格・衆望が浅く薄いので、仕官していない貢挙の出身者である貢監生や挙人にまで賓礼をとらざるを得ない。尊官たる知府は科目つまり貢監生出身の庶僚たる原任官に対して、撫・按・司・道は科甲つまり挙人・進士出身の後輩たる原任官に対して、宴会を省略したり謁見の要請を拒否したりなど、各おの礼法上に主体性を保持できる。

問題は、普通の退・休職吏には免官（閑住？）や官籍を剥奪された郷紳までが、（恐らく嘉靖後年以降において、黜陟を伴う）政府による京官に対する京察や、地方官への朝覲考察を公平でないと判断した場合、郷評の名の下にその結果に対して〝根拠がない〟と反発するほどになったため、地方官の考課は公正を期することが出来なくなった、という点であった。皇帝の特別許可によって中途退職した郷紳の気概は買うとしても、彼らの中には普段着で官署に出入りするなど官府の権威を瀆《けが》す者がいる。

とりもなおさず、「上司」たる撫・按・司・道は郷紳に嚮導の助言を聴く意思があっても、科挙の同年合格者（年誼）か古くからの友人（旧交）でない限りは全て郷紳に謁見しなくてもよいのである。また、地方官に対する考察（大計）で免職となった者のなかには、依然官服を着用して官署に出入りする者さえいるが、これは甚だ遺憾な事態である。同様に、「有司」たる知府と知州・知県とは郷紳に対する親近の意思があっても、郷紳が君主の恩賜に答礼する（謝賜）際とか、誣告に対して上訴する（訴誣）場合を除けば、全て郷紳に謁見することがあってはならないのである。

概して、「院道」たる撫・按・司・道が監理官として郷紳に助言を乞う礼法は廃れさせるべきではなく、「府県」たる知府・（知州）・知県は牧民官として郷紳の意向に迎合して礼法に背くべきではないが、礼を尽して訪ね求めることの中には、『易経』に言う微顕闡幽の意が寓されているからである。

では、隆慶・万暦期以来、郷紳が世俗の批判的な民から「郷紳の斂戢」という如く、収奪を事とする彼らの様態に侮蔑の言葉を浴びせられるなかで、地方官に対して礼法上の秩序を破り、且つ中央政府の朝覲考察の黜陟の決定に対してまで異議を唱えて干渉するほどの横暴な態度は何に起因するものであろうか。管は、この疑問に答えるのに、『皇明経世文編』巻三九九、「管東溟奏疏」巻一、直陳緊切重大機務疏のなかで、次のような示唆に富む発言を行なう。

夫撫按会同挙劾、其耳目必有所寄。非不委司府州県互相覚察。而其実皆起於所親信之一官也。一官既開賢否、余官展転雷同而流言且達京師矣。至於訪拿凶悪、則憲臣委耳目於推官、推官委耳目於胥隷。各処水陸要衝、多有売訪窩家。又胥隷之耳目也。朝通賄以買入、暮通風以売出。大奸漏網、良善被誣、醸禍匪細。

吏治を管理する撫・按が会同して挙劾（薦挙・糾劾）する際、その耳目となる官評の情報源は司・道・知府・知州・知県に寄せて相互に察知させるのが原則であった。ところが実際には、撫・按は親しく信頼を寄せている或る一人の官僚にだけ偏聴して当該地方官らの賢否の評語を記入している。例えば、撫・按が凶悪犯人を訪拿（訪察権によって逮捕）する場合の耳目は推官に寄せ、推官は耳目を胥隷つまり胥吏や衙役皂隷に寄せ、胥隷は耳目を売訪の窩家[4]に寄せて彼らより風聞による情報を賄買して売り出すので、結局のところ悪人は網の目から逃れて善良の民が逮捕される始末であった、と言う。これによれば、挙劾の官評の原則上の報告ルートは変質していた点が指摘されている。

とすれば、変質した官評報告ルートの新たな掌握者として登場する売訪の窩家と、胥吏及び皂隷等の衙役とが当面の主要なテーマである官評及び郷紳と如何に関連していたかが問題となる。よって以下では、㈠明末の官評開報組織、㈡官評開報組織の変質、㈢官評に対する郷紳の関与、に分けて検討を加えたい。

第一節　明末の官評開報組織

撫・按の職権である挙劾のうち、府州県官に対する奏挙については、弘治六（一四九三）年では撫・按と同時に司・道にも権限が付与されていた。(5) 弘治九年からは、奏挙の権は全て撫・按だけに限定された。(6) 以後、嘉靖十七（一五三八）年では、司・道は巡按の劾奏を受けるようになった。(7)

次に、考察は弘治六年の規定では、三年に一度北京政府において吏部・都察院堂上官が会同して勤務評定に当る朝観考察（大計・大察）に際して、事前に司・道はそれ以下の官を、撫・按は方面官たる司・道を考察しておき、それらの評定結果を集約して年終に中央の吏部・都察院に報告するのが建前であった。(8) これ以後、中央の吏部・都察院等の部・院の権能に比肩すべく設置された地方の司・道の権限は、撫・按に侵蝕されて弱化してゆく。(9) さらに、朝観の期を除く常時の考察は、弘治八年の奏准によれば、撫・按が会同して司・道及び以下の官員の賢否を評定する体制である。しかし、巡撫のいない場合は巡按が清軍・巡塩等の公差御史と協同して考察に当り、巡撫と御史双方ともいない場合は巡按が専掌した。(10) なお、撫・按は相互に薦挙することは禁止されていたが、糾劾することは許されて、且つ都察院堂上官の考察に服した。(11)

そこで、撫・按による挙劾・考察の体制が再編成されてくる弘治以降、特に嘉靖・万暦期(補註1)(補註2)において、最終的には吏部・都察院に対して報告される挙劾・考察の官評を開報つまり書面で報告する組織原則を確認しておきたい。万暦十九（一五九一）年、陸光祖（一五二一―九七）は、考察・挙劾の体制が内包する矛盾を指摘した上疏「覆湖広巡撫李楨粛吏治以奠民生疏(12)」の一節で次の如く述べた。

夫守令臧否、専責成于司道。所属各官有貪縦、而不従実開報者、聴撫按糾核、以罷軟議斥。……然有司之貪縦日聞、而司道之因循如故。……卒未見撫按有以品権不当而弾一司道者……合無申諭諸司道官、務精心諮訪、明註官評、毋徇毀誉、勿任喜怒。而報到考語、撫按察有狥情、軽即詰、重則参究。其所参訪有司、即併列司道考語、則有無欺枉、一覧倶見、応否併究。……撫按官自当詳求博訪。

ここでは、撫・按が司・道から送付される考察・挙劾の資料となる評語を意味する「官評」としての「考語(13)」を受理していた点が窺われる。その際、以後における撫・按の挙劾及び吏部・都察院の考察を決定する時の資料となる官評（考語）の公正さが期されるように、司・道は官評の聴取（諮訪）方に慎重を期すると同時に、撫・按も司・道から報告された官評（考語）の真偽を含めた独自の再調査（博訪）に努力すべきである点が強調されている。しかしながら、十六世紀末の地方官界においては、府州県地方官（有司）の腐敗が日常化するにも拘らず、それを監察・考課すべき司・道は諮訪に努めて官評に有司の政績を公正に評価する仕事を怠っていた。他方、司・道の上司たる撫・按の側でも、「卒に未だ撫按にして品権の当たらざるを以って一司道を弾く者有るを見ず」というように、恰も司・道に迎合して彼らの職責怠慢を挙劾、特に弾劾することには及び腰であった。

次に、万暦二十八（一六〇〇）年の馮琦（一五五八―一六〇三）は、『北海集』巻三五、奏疏、銓部稿、為司道欠官尚多推除章奏久格懇乞聖明留意点用以裨吏治疏のなかで次のように述べている。

即、今大察伊邇。采訪官評。撫按参劾全以司道開報為拠。蓋司道与群有司、相習其才品政事、耳目甚真。

ここでも、司・道は三年に一度の大察つまり朝覲官を吏部・都察院が考察する際や、撫・按が不定期に地方官を挙劾する時に必須の評定資料となる「才品・政事」という評定要素に基づく評価の記された官評を撫・按に開報している点が確認される。(14)

次に、司・道は撫・按へ開報する官評を誰から受理していたかについて、趙南星「趙忠毅疏」巻一（『皇明経世文編』巻四五九、所収）、申明憲職疏は、以下のように述べる。

安民之道莫如察吏。察吏之道莫如責成撫按。……挙劾不当責按臣是矣。顧按臣所憑者何人開報乎、司道也。司道之開報何憑乎、二千石与司理也。激揚雖転操于上、耳目実遁寄于下。

これによれば、撫・按による挙劾のための官評開報組織は、第一段階として知府・推官がそれ以下の州県有司に対する評語を司・道に開報し、第二段階は司・道が第一段階の評語を撫・按に開報し、第三段階は撫・按が第二段階の評語を中央政府の吏部・都察院に開報するという構成である。従って、官評の開報ルートは、推官・知府→司・道→撫・按→部・院という図式で示される。

では、官評開報組織の中核をなす原則である官評を採取する対象を確認しておきたい。正徳『大明会典』巻一六五、都察院二、出巡事例には、次のように記される。

正統……四年奏定憲體及出巡禮儀。……一風憲存心須用明白正大、不可任一己之私、昧衆人之公。凡考察官吏廉貪賢否、必於民間広詢密訪、務循公義以協衆情。毋得偏聴、及輒憑里老吏胥人等之言、顚倒是非。亦毋得捜求細事、羅織人過、使姦人得志、善人遭屈。

右の正統四（一四三九）年の事例によれば、巡按監察御史〔及び按察使官〕[15]が官吏（地方官）を考察する際の情報は、必ず民間の衆情より採訪することが原則とされており、いいか悪いかの是非の判断をひっくり返して評定する恐れのある里の老人（里老）等の職役や、官署を根城とする胥吏・衙役等から採取することは禁じられていた。このことは、恐らく撫・按、司・道、知府・推官による官評採取の基準としても該当する原則と考えられる。例えば、万暦『大明会典』巻二十一、都察院三、撫按通例には次のように見える。

嘉靖二十七年、……又題准。撫按官於各所属、務在平時加意咨訪、務求其実。如有誘迫生員里老人等、妄称賢能投遞保状者、厳行禁革。

この嘉靖二十七（一五四八）年の題准では、官評を採取する諮訪に際して、撫・按が府・州・県の官学の学生である生員とか、里の老人などをあやつり、意図的に特定の官僚が能吏であることを喧伝させた上に、それを担保する保証書まで提出させる等の行為が厳禁されている。

第二節　官評開報組織の変質

1　挙劾の形骸化

以上にみた撫・按による挙劾・考察の原則上の官評開報組織が正常に機能すれば、吏治は当然に成果を生むべき筈である。ところが、明末の地方官場では、吏治の頽廃を促す要因と考えられる情実・賄賂、なかんずく一方の側からだけの賄賂よりはむしろ圧倒的に情実、つまり当該期に「情・情面・人情・情識」[16]などと称された相互間での贈答を伴う親しい交際関係の横行する異常な士風の実態がみられた。

情実・賄賂を盛行させたものは何か。まず、巡撫は人民より収奪した血税を資本として政府の要路の大官に賄賂を貢いで媚びる。[17]他方、撫・按に考語の評定を受ける司・道、知府・推官、知州・知県の中、司・道は巡撫の指令を祖法とあがめて巡撫と全く同様な陞進の努力を重ねた。府では同知より以下、県では知県より以下のなかには、勤務評定簿の成績評価は不良であるにも拘らず、撫・按官おかかえの胥吏に賄賂を贈って要職を得る等の千態万状の手段で陞官に執着する者も現われた。[18]こうした外省上下の官僚間にみられる情実・賄賂の盛風は、彼等が社会より羨望視される陞進の願望を托する点に起因していたことがわかる。

では、司・道以下の地方官の陞進に大なる影響力を持つ撫・按による挙劾の矛盾は如何なる展開を見せていたであろうか。嘉靖後年、唐順之（?―一五六〇）は、「唐荊川家蔵集」（『皇明経世文編』巻二六一、所収）巻三、答李中谿論挙劾書のなかで、次の指摘を行なう。

夫撫按之権、挙劾最重。……然而今世所謂挙劾者、僕窃異焉。……其所挙者、可不問而知其必藩臬方面大官也。

其所劾者、可不問而知其必通判県丞小官也。其所挙者、可不問而知其必牽朋聯伍不数十人不止也。其所劾者、可不問而知其必寂乎寥乎纔三両人也。……而其所挙所劾之多与少、又無乃厚市恩而薄引怨也歟。

このなかでは、今日撫・按によって薦挙されるのは決まって数十人にものぼる司・道・知府等の方面の大官であり、弾劾されるのは同じく通判・県丞等の小官で、その数もわずかに二、三人に過ぎない、と言う。その理由としては、撫・按は大官には厚く恩を市ることができる一方、小官にもつとめて怨まれることのないようにしたいとの配慮からであると言う。ここで注目したいのは、弾劾される府州県の小官といえども、その数が極めて稀少な点である。

隆慶・万暦期においても、右の撫・按による挙劾の実態は更に定着して、挙げられる者は決まって方面の大官か、若しくは進士出身の州県官であり、劾される者も同様に州県の小官か若しくは挙人出身の方面官であるとの資格偏重主義が指弾された。(19) 例えば、『皇明経世文編』巻四四六、「鄒忠憲公奏疏」巻二、敷陳吏治民瘼懇乞及時修挙疏、慎撫臣の条にみえる万暦十八（一五九〇）年の吏部主事鄒元標（一五五一―一六二四）は、次のように指摘する。

撫臣、……到任不問生民利病。内惟媚津要為事、書郵饋遺、絡繹不絶。外充惟囊橐為計、……藩臬不問其職挙否、……陰為諛詞結之。郡邑不問其人賢否、某係進士、已経数薦、多結納之。有美無刺、有挙無劾。間有劾者、不過曽経考察通判、科貢出身陸王官数人而已。

つまり、撫・按の下僚に対する挙劾では、いわば薦挙のみがあって糾劾は極く稀にしかない、というように撫・按は司・道、知府・知県に対して、吏治の良否は不問に付し、むしろ積極的に彼ら下僚に対して媚び諛う密接な結託関係を維持していた。撫・按はまた民の利病は問わず、ひたすら中央の要官に賄賂を郵送することに明け暮れる一方、私腹を肥やすための収奪にも励んだという。(20) こうした関係は、進士出身に限らず、圧倒的数量を誇る挙人・監生出身層までを含めた上下の地方官僚が、撫・按をはじめとする内外の要官に贈賄する盛風を助長して吏治を崩壊へと導く方向、即ち挙劾の形骸化として理解できる。とすれば、次に挙劾を決定する評定資料である官評は何如に変質したであろうか。

2　官評の形骸化

（a）撫・按と司・道、知府・推官、知州・知県の矛盾関係

『五雑組』巻一四、事部二の中で、万暦期を通観して謝肇淛は次のように述べている。撫・按・司・道等の「上官は莅任の初め、必ず一番の禁諭有り、これを通行と謂」ったが、餽送関節・私訐常例・迎送華靡・左右人役（皂隷他）等々の搾取を禁ずることがあっても、「然れども皆なみずからこれを禁じて自らこれを犯し、朝にこれを犯して夕にこれを更める」という相矛盾した一般的行動形態がみられた、と。それが必然化した一斑の理由について、管志道は「管東溟奏疏」巻一（『皇明経世文編』巻三九九、所収）、直陳緊切重大機務疏のなかで次のように述べている。

朝廷設撫按、本以糾察百司之職業。今致以職業為第二義而唯事趨承。□?按臣巡歴所至、則分巡分守両道必随之。……朝送夕迎、碌碌奔走、迄無寧日。各府推官、不復理本府之刑、専于答応巡按矣。府州県出廓迎送、遠者至数十里外。当其按臨之日、則百事俱廃。多方逢迎臣為諸生時、親見一県官諂事按臣、至以貂皮飾溺器、以茵褥鋪厠中、按臣受而安之晏如也。既以諂導有司而復望其挙劾之公或。

これによれば、万暦七（一五七九）年のこの時点において、吏治の是非を占う糾察つまり挙劾・考察を職掌とするべき撫・按は、地方を巡察する際に、[21]禁令を犯し政務を放置して唯唯諾諾とおもねる司・道並びに府州県官の意向を甚だ承諾して結託することだけを職業としているので、その本業たる挙劾の公正さは最早や期待はできない状態だという。更に管は、司・道や府州県官が撫・按に諂事するようになった時期について、司・道は嘉靖後年頃であり、府州県官は少なくともそれより以前のことであると言う[22]。

問題は、嘉靖後年以前の時点で何故に府県官が、撫・按に挙劾・考察の評定資料を提供する直接の上官たる司・道

を跳び越えて撫・按に結托する必要があったかである。この点に関して、趙南星は「趙忠毅疏」巻一（『皇明経世文編』巻四五九、所収）、申明憲職疏の中で以下の如き実態を指摘する。

且撫按之所挙劾、必憑道府。乃咨訪則雷同以塞之、駁還則堅執以住之。若別有所聞、則又以為非体、或多方以誤之、使其耳目窮于無所施。

これによれば、司・道、知府・推官から報告された官評・考語の信憑性を確めるために、撫・按が自身の手で調査（咨訪）するか、又はその当否について弁駁（駁還）しようものなら、司・道、知府・推官は一致団結してこれを阻止妨害する手段に訴える。よって、撫・按は官評（考語）の信頼を誰に置くべきかの判断に困惑してしまう、というものである。

ここに、挙劾・考察の体制において官評（考語）を撫・按に開報すべき司・道、司・道に開報すべき知府・推官、知府に考語を評定される州県有司と系統する原則上の開報ルートにおける官評の在り方が問題となる。

（b）司・道・知府と推官・知県の矛盾関係

趙南星は、前掲「趙忠毅疏」巻一、申明憲職疏において、次の見解を述べている。

藩臬太守非真豪傑、未免有自軽之意、畏後進之為台省也。為司理者、又与県令比而欲共入台省也。于是、上官以卑詘結綢繆、下僚以賄賂酬知遇。公議尽去、形迹都捐。其所註考、惟恐讃揚之未至、摹写之不工也。誰為貪酷哉。

彼等司・道・知府は、将来の科道官つまり在京糾察官僚としての六科給事中と、同じく主に在外官の弾劾を職掌してその一部は巡按御史ともなる可能性を秘める十三道監察御史との候補者たる進士新任官である推官・知県に畏れをなして卑屈な態度を取らざるを得ない弱点を持つ。これに対する推官・知県の側でも、司・道・知府の知遇に対しては贈賄で酬いようとした。問題は、そのような地方官上下の対応関係の結果として、「公議は尽く去り、形迹も亦た都て捐《す》」て去られるという政治倫理の崩壊した極限に達した場合、当然そこには官評（考語）の画一硬直化、換言すれば司・道・知府による下僚に対する官評（考語）決定の際に背信行為の横行する事態が予想されるので、下僚のある部分は上司を信頼せず、上司のそのまた上司に結托していった点が推測される。この点は、更に鄒元標が『皇明経世文編』巻四四六、「鄒忠憲公奏疏」巻二、敷陳吏治民瘼懇乞及時修挙疏、秤頭之苦でも左のように指摘する。

　時当行取、訪単称賀、較若画一而後得取。曽有考満朝覲、而不通京貴乎。既示以多途、雖賢者不得不竭力多途応之。……且布政司法馬軽重不等。……又曽経庫書庫吏糧里科役広置膏腴、新進書生、為其所愚。

即ち、彼ら司・道・知府は、将来的に科道官への抜擢つまり行取される可能性を持つ推官・知県に対して弱点を持つがゆえに、これらの胥吏や職役層を用いて推官・知県への抑圧を強化することで官評権の確立を期する必要があったものと考えられる。鄒は更に、そのような結果が将来する司・道・知府に対する推官・知州・知県の反発という点についてもふれている。つまり、鄒元標は公然の暗黙として、三年に一度の朝覲や三・六・九年毎の考満といった勤務評定を受けるために北京参りをする際に、彼ら推官・（知州）・知県は政府の権貴に曲媚結納していたであろうと確信して疑わない。鄒元標はその証拠として、行取の有力な資料となる吏部高官他（京貴）の関与する調査書（訪単）には、美辞が画一的に塗り固められている、と言うのである。注目すべきは、本来曲媚を廉しとしない筈の清廉の能吏までが、種々に画策して政府の要人にとり入る工作に努力する必然性に迫られているように、以上の風潮が官評の開報をめぐる司・道・（知府）と推官・知県の正常な関係を変質せしめている点にある。

例えば、右の官評開報ルートが変質する時間的経過について、管志道は前掲『従先維俗議』巻三、総核中外変体以遡先進礼法議の中で次のような説明を行なう。

　吾未仕、猶及見循良之吏之俎豆吾土者、修実政不求内援。如郡守蔡公国熙県令曹公自守等、……自新鄭得志之日、偏狗行取之門生、邑長中有夤縁入台省者。交風従此日長。然士論猶或鄙之。至江陵之世、則恬不知怪矣。大都以銭穀刑名為応迹、以交結近侍為要務。昔也由近以孚遠。而今也由遠以要近。有所以結於撫按則道府不能遏也。有所以通於要津則撫按不能持也。閣部分権之後、復有内奥焉。其報応尤捷於当道之薦章。科道明知之而不敢言。

嘉靖後年頃までは、蘇州府内の知県達のなかで、直接に中央政府の要官に自己の陞進工作をする者は見当らなかった。ところが、隆慶期に高拱が首席大学士となるや、該府でも陞官工作に成功して科道官となる者が現われた。更に万暦初年、張居正による専権時になると、有司はその二大職務たる徴税（銭穀）・裁判（刑名）に対しては、形だけつくろって政府の要官に結託することを本職と見做すような風潮が一般化してきた。万暦中葉の現在では、有司は地方官の分際ながら上司の仲介を拒否するかの如く、直接に中央の京官を射止めようと陞進の近道だけを追い求める士風に一変した、と言う。問題とすべきは、そのような結果、推官・知県等の有司が一たび撫・按と結託すれば、司・道・知府はそれを阻止できないし、他方彼らが中央の要官で閣臣等をパトロンに持つ科・道等官と結んだ場合は、撫・按もそれには口出しできない、という政治情況一般の把握に関する指摘である。この点は、先掲の趙南星「趙忠毅疏」巻一、申明憲職疏の中に引用される巡按劉廷宣の発言からも検証される。

其不肖有司鑽営薦調、不拘何権要書牘一概呈報部院。……聞道府開報官評、撫按間有相左者。往往別操線索、以致薦墨未乾、弾文已挂。于是、撫按広寄之耳目、恆窮于無所施。然亦頼是、益信挙劾之不越道府。而以道府保任挙劾不為苟也。

右の史料によれば、まず職務に不心得な州県有司は直接に中央政府の権貴の要官に対して、自己の陞進を工作する書面を取り交わしている。次に、司・道、知府・推官が撫・按の挙劾の資料となる官評を開報しても、撫・按の方では相互に意見が食い違い、推薦文と弾劾文とが錯綜する事態もある、という。この関係からは、概略以下の二点が指摘されよう。第一は、推官・知府↓司・道↓撫・按と系統する原則上の官評開報ルートにおいて、州県有司が撫・按の何れかと密接に結託しているため、たとえ司・道、知府・推官が公正に官評の報告を行なっても、撫・按の方ではこれが正当に評価されない、という点である。第二は、司・道と知府・推官を跳び越える形での別系統の私的な官評が撫・按に開報されることで、撫・按に官評の評価をめぐる意見の対立が生じたと推測される点である。

以上の予想される結果として、「是より撫・按は広くこれが耳目を寄せ、恒に施す所無きに窮す」る状態に陥るので、劉は「益ます挙劾の道・府を越えざらんことを信じ」て、その官評権が形骸化の危機に直面した司・道と知府・推官の職務を保証するための保任の法なるものを提案するに至ったものと考えられる。右の点は、先掲『五雑組』巻一四にみえる謝肇淛の「上の人、其の守・令を疑うこと胥役を疑うより甚し。其の奸民を信ずること守・令を信ずるより甚し」という表現にも端的に示されている。即ち、撫・按、司・道に最も信頼されたのは奸民・胥役であったこと、換言すれば知県等の有司は、撫・按、司・道との関係の中でも、特に司・道と深い不信の間柄にあったことが想定されるのである。且つこのことは、撫・按の挙劾・考察に必要な官評の情報源を提供する者として、奸民・胥役を仲介とする第三者が登場する余地の存在した可能性を示唆している。

第三節　官評に対する郷紳の関与

1　官評の出処（窩訪）と衙役

嘉靖後年、松江府の何良俊は、「南京の考察は考功郎中或いは耳目を皀隷に寄する者有り。故に其の人の獰悪なることそれ甚し。縦ひ考功これを以って耳目と為さざるも、然れども此の輩は皆な積年狡猾の人なり。好生《いた》って群類〔窩訪の徒？〕に辱吻し、又多く転相伝播し其の言售《う》れ易し。故に各衙門の長官は但だ能く皀隷を打《たた》くことのみもて則ち風力〔手腕〕ある者と為す。然れども数十年、一人として無きなり[23]」と述べている。

当時の副都であった南京の政府では、勤務評定の際に黜陟を職掌する吏部考功司郎中が、恐らくはニュースソースを掌握する窩訪の徒より悪名高い皂隷等の仲介を経て入手する傾向にあった情況が指摘されている。

このうち、先ず皂隷とは何か。一般に明代の胥吏（吏胥）は、吏員と吏役とに区分された。その中、在官の民で科差に因って来る者は衙役・吏役等の名で称されたが、力差を除く銀差には皂隷・轎傘夫など雑多な種類があったとされる。(24) よって、皂隷とは広義の胥吏の中でも衙役・吏役等の皂隷と呼ぶべきものと考えられる。問題なのは、彼等皂隷が人民から科派された役人《えきじん》であるとは言え、積年に恆って官署に盤踞していた点にあった。

次に、窩訪とは後述の如く神奸大猾と称される家（窩主・窩家）を首領として、これと共謀協業する衙役・無頼人等があらゆる計略をめぐらして情報の探索収集・配信を行なう一方、恐嚇騙詐を事とする暴力的行為を指す。(25) 窩訪の徒による官評への干渉を示唆する事例として、顧炎武『天下郡国利病書』原編第六冊、蘇松風俗の条は、明末についての以下のような由由しき社会問題を指摘している。

蘇州、……又有傾険狡悍之甚者。上官欲察州里之豪、不能不仮耳目。而姦人常為之窟。欲中害人者、陰行賂賄、置怨家其中、羅織罪状、暗投陥穽。及対簿上之人、雖心知其寃、終不得釈。其人揚々然謂、執一県生死之柄。上至長吏猶或陰持短長、伺間肆螯、名曰訪行。

江南の一大商都である蘇州府界では、撫・按・司・道・知府等の上官が州県内の暴力的体質を持つ豪家を摘発しようとすれば、人を無実の罪に陥れる事を職業とする悪人が巣窟をなして主宰する狡悍な訪行の徒より情報の提供を受けざるを得ない。一方、一般の民戸が怨家を落とし入れようと思えば、これら訪行の徒に密かに贈賄して、怨みに思う相手方である怨家の罪状を捏ち上げた訴状を作成してもらい、彼らに一切を任すれば目的は遂げることが出来る。しかも、裁判を担当する県官以上の有司は、怨家の冤罪を知りながら如何とも手の施しようがない。よって、彼等は「一県の生死の柄を執る」と豪語する。また実際に彼等は撫・按・司・道等の長官の政績に対しても、その賢否の長短を探索しておき、時を伺って害毒をほしいままにする、というものである。ここに言う訪行の徒は、以下に述べる窩訪の徒が機能変化した存在と考えられる。

そこで次には、万暦以後の官評に反映される情報源に関して、「一県の生死の柄を執る」との重大発言を行なう訪行（・窩訪）の徒と、皂隷等の衙役・吏役（広義の胥吏）との関係如何を検討しておきたい。『明実録』神宗・万暦二（一五七四）年五月戊寅の条で、刑科給事中欧陽栢は撫・按の挙劾・考察における独自調査ともいうべき咨訪を慎めと題したなかで、「撫・按・監司は多くは耳目を属官に寄す。属官は復た下人に仮る。奸弊は叢生し、黒白が倒置す(26)」と奏上した。ここには粛政を嘔われる張居正の専権下においてすら、挙劾・考察の官評を評定するための情報資料は、知府・推官等の末端では下人、即ち恐らくは衙役皂隷等、更には窩訪奸猾の徒より提供されていた点が示唆されている。この点は、前述の如く挙劾の官評の情報源が胥吏や衙役皂隷及びそれと密接に結託する窩訪の徒より提供されていることを指摘した管志道の見解からも首肯される。

さらに、『明実録』神宗・万暦十七（一五八三）年二月辛丑の条でも、陝西道御史楊四知は、知府・知県等の「上官（である司・道）は、悦びて悪介（胥吏や衙役）に趨承し、特に耳目もてこれに寄す。吏胥は毀誉もてこれを窩訪より採る。不肖の県官は陰《かげ》では窩訪と結び、陽《ひなた》では上官に事《つか》えて吏事は畢る(27)」と証言している。要するに、これによれば十六世紀末の万暦前半において、職務に不心得な知県やその上官である司・道・知府といった監司は、広義の吏胥つまり胥吏や衙役を仲介として又は直接に窩訪の徒と結託していた。

2　衙役と明末の郷紳

まず、衙役皂隷の数的増加の現象に注目したい。明では中期の正統年間より、額外の冗胥冗役の濫造が普遍的状況を呈してきた。正統年間（一四三六―四九）の在京各衙門では既に六、七十名から二、三百名に上り、成化年間（一四六五―八七）の在外各衙門では五、七十名から百余名に達した。しかも、「往往にして皂快一人にして白役が三、四人」(28)という実態がみられた。万暦期では、「隷卒の名を官に籍する者は一にして、私籍の者が十」(29)と言われた程であった。更に明の極末期には、白役が衙門に充満したという。例えば明末の一史料は、「一衙のみにて、輿台皂隷の属は多きは千人、少なきも数百人」(30)と伝えている。

既に清初ではあるが、順治四（一六四七）年の刑科給事中魏象枢の題本(31)には、明末における道府州県衙門の胥隷（衙蠹）が濫増したことを指摘した一節が次のように見える。

至於有司衙役、多者動以千計、少者不下数百。而毎一名輒有数人朋応、名曰副差。若非犯法而営窟蔵身、必係棍徒而倚勢索詐。

一有司当り数百より千に及ぶ衙役がおり、且つこの衙役一名につき数名の副差、つまり官に籍が登録してない私籍（白役）の者が混入していた、と言う。彼ら衙役は、犯法窩訪の徒か若しくは棍徒で勢に倚る、即ち恐らくは勢豪の郷紳等をパトロンに持ちつつ収奪を事とする存在であった。また彼等の出身は、本来的には里甲農民の下等戸を主体とし、離農民をも含んでいた(32)。

ところで、皂隷等が濫増の傾向を辿った理由については、「官既に其の多役を利とすれば、而ち吏も亦た多役を冀う」(33)というように、官と吏双方に利権の増殖という利害の一致していた点があげられる。右は内外各衙門に盤踞濫増した胥吏・衙役層で郷紳との関連が考えられるものである。次には、郷紳層による皂隷等の衙役や窩訪の姦人等に対する直接的支配関係いかんを検討したい。

嘉靖後年、何良俊は「近日、士大夫の家居するもの皆な府県に与《くみ》して〔轎〕夫・皂〔隷〕を討む。屢しば禁革を経ると雖も、終に止むること能はず。或は府県与えざれば、則ち謗議紛然たり」(34)と述べた。ここでは、恐らく松江府を中心とする江南一帯において、皂隷等の許容携帯数は国家の法規上、現任の台・省大臣で十人、元老致仕、朝廷の優賢でさえも歳に二人に過ぎないのに、ましてや一般の郷居の「士大夫」までが横暴にも本来は禁止されている筈の府州県有司に対して皂隷よこせの要求を起こし、万一拒否されでもした暁には誹議紛然とした不当な政治批判に及ぶという礼制秩序上に好ましからざる風潮が指摘されている。

郷紳の官府に対する政治的影響力の滲透をみた場合、例えば明末の銭謙益及び瞿式耜がその家僕を糧吏・庫吏などの胥吏として財利の不正を犯していたように[35]、郷紳はその家僕を地方官衙の吏胥として入り込ませ[36]、胥吏を自由に操作して地方の財政・経済を壟断するに至る場合もあった。

酒井忠夫氏も、正徳・嘉靖期以来明末に至る間の郷紳による胥吏支配について、以下の一連の見解を示される[37]。先ず郷紳の豪奴や或いは衙役が支配する打行等の害については、馬世奇『澹寧居文集』巻九、書、与呉石匏道台に、

民風較曩時以有異者、在奸民則衙役之冗、豪奴之横、罡煞之悍、幾成鼎立而罡煞之三窟。衙役与豪奴又実主之。

というように、奸民が衙役となり豪奴となり、衙役と豪奴が罡煞《コウサツ》つまり無頼光棍の打行の暴力行為（悍）をなして社会的害悪をなす主役同類である、という。

さらに、明末の胥吏の出身をみた場合、侯方域『壮悔堂文集』遺稿、策、額吏胥には、

姦猾者為之、無頼者為之、犯罪之人為之、縉紳豪強之僕為之、逃叛之奴為之。

というように、胥吏の中には確かに縉紳の豪奴とか無頼の出身者が含まれていた。また、黄宗羲『明夷待訪録』胥吏には、

蓋吏胥之害天下、不可枚挙。……其、今之吏胥、以徒隷為之、……其二、天下之吏、既為無頼子所拠而佐弐又為吏之出身。

というように、胥吏の中には皂隷等の衙役より転身した者も含まれていた。とくに、無頼子の中には胥吏となったのち、州県の佐貳官にまで昇り詰めた者もいた、と言う。

次に、衙役・胥吏と相互給源的な無係を持つ無頼と豪家（科挙・官員の身分の保持者）の関係については、張治具（一五二九―一六〇一）の伝記を収録する葉向高『蒼霞草』巻一八、洞斎張公墓志銘に次のように見えている。[38][39]

命按南畿。……行部所至、懲貪旌廉、不拘毀誉、破窩訪鋤囤戸。囤戸者、豪家蓄無頼輩、以術禁人児女、鬻以為利也。先生道逢訴者、立遣吏窮治其奸。所出数百人。

これによれば、張治具は御史として江南を巡按した際、（衙役無頼層の構成する）窩訪より提供される官員の賢否にかかわる虚偽の情報は排除して、貪官か廉能の賢官かの評定を下した。一方、張巡按は「豪家」が蓄養する無頼人らが営業する児女誘拐の人身売買組織も摘発して、数百人もの児童を救出した、という。

そこで次には、外省における国家権力の代行者たる撫・按、司・道、府・州・県有司にとって政治的に最大の弱みというべき勤務評定の際の評定資料のソースを胥役や窩訪の徒を操縦して実質的に掌握していたとも想定される郷紳が、挙劾・考察体制下の官評に対して何らかの関与をしていた痕跡を検証する必要がある。

3　官評に対する郷紳の関与

明末万暦期の史料に限定した場合、例えば先掲の『五雑組』巻一四において、謝肇淛は当代を通観して「令となる者には八難有り」と言う。その中で、州県長官が「醇醇悶悶として見に奇無きと為すに、而る奸駔に蜚語〔根拠なきうわさ〕あれば、〔府以上の上官は〕拠りて以って実と為した」こと、「小民の天とするところは蠹役に仇とされた」こと、「奸を剔り弊を釐めんとするに、駔儈の口を調じ難ければ、門を杜して謁〔見〕を〔廃〕絶し、巨室〔郷紳〕の心を厭はなかった」点を州県長官〔令〕たる者の苦しみとしてあげている。州県長官が胥吏・衙役〔蠹役〕による民への不法搾取が惹起する弊害〔奸弊〕を糾治したいとの志は抱いても、実際には駔儈〔奸儈＝牙行〕等が「巨室」〔郷紳〕に捏造の告げ口をする恐れがあれば不可能である、という際の告げ口の内容には、恐らくは有司の勤務評定[40]

に関する干渉を促す何らかの意図が込められていたに違いない。

この点は、明代の代表的政書の一つである『実政録』巻一、明職、同知通判推官之職の条において、著者である呂坤（一五三六―一六一八）が山西巡撫を暦任した万暦二十年頃の見解からも窺われる。即ち、一府の佐僚たる同知・通判が州県有司の銭糧徴収事務を検査（査盤）する際に、科轉の官たる撫・按に随行する胥吏の害悪が指摘された一節には、次のように見える。

両院科贖之官也。且其跟従吏書、……其不肖者、簡傲自尊、以敬慢為賢否、苛刻為事、以捜索為精明。所在官員、甚者以酒席花幣相牢籠、以報門遠接媚悦。而採訪開報官吏土豪、半由積年皁快、多出窩訪通家。近雖名為革訪、其実賢否従来、豈能心通耳報乎。

ここでは、先ず税務査察に立ち会う撫・按が随行した胥吏の横柄傲慢な態度が指摘される。彼ら随行する吏書のなかには、彼らに対する府州県有司の尊敬の度合いに応じて賢官か否かの勤務評価を下そうとしたり、不必要なまでのあら捜しに走る不心得者さえいるので、関係する地方官のなかには卑屈な態度で媚を売り、酒席を設けて祝儀まで贈る者が出る始末である、と言う。次には、撫・按が自己の胥吏を使って挙劾・考察の際に依拠する評定資料として必須である官評の「開報を官史・土豪より採訪するも、半ばは積年の皁〔隷〕・快〔手〕に由り、〔皁快による情報資料の入手先は〕多くは窩訪通家より出る」という関係が述べられている。つまり、これは万暦期の撫・按が官評を正規の報告（開報）ルートである官吏＝現任官と同時に、勢要の土豪とも称された郷紳層からも入手していたことを認めた点において意義を持つ。しかも、撫・按が司・道や知府・推官等の現任官僚及び郷紳より採取した官評の半数は、衙役である皂隷等の手を経由しており、更に皂隷らは官評の採取先を大抵は窩訪を業務とする通家に置いていた点が指摘される。呂坤はこの一節の末尾の部分で、官評を窩訪の通家を通して採取することを改革すべしとの声はあっても、地方官に対する賢否の評価資料の入取先は旧態依然であることを暗に認めている。

では、郷紳層による挙劾・考察の官評への関与の実態については、東林派の良識ある官僚であった鄒元標も、『皇明経世文編』巻四四六、「鄒忠憲公奏疏」巻二、敷陳吏治民瘼懇乞及時修挙疏、秤頭之苦の条で同様な指摘を行なう。

昔操吏治之権在両院。今操吏治之権半在両院、半在内外。……昔評賢否在小民。今評賢否在士夫、在過客。……士夫過客不皆賢者、往往以情識為毀誉。以故有司竭意傾承、折席下程、分若固有。止博一椇而已、果尽入嚢槖乎。……今欲息小民秤頭之苦、……両院評賢否、不必以過客士夫為的拠。

「両院」たる都察院官僚としての巡撫都御史（撫院）と巡按御史（按院）、即ち撫・按の職権が健全であった「昔」は、地方官の政績を査定する権力（吏治之権）が撫・按両院に掌握されていた。ところが万暦期の現在、両院の権力は、倶に北京政府に勤務する「内外」たる科道官、つまり六部を中心とした京官の監察糾劾に当たる六科給事中と、地方十三省の地方官への監察弾劾に任ずる十三道監察御史とによって五割方は侵蝕されている、と言う。

次に、多分に明代の前半を指すところの「昔」は、「小民」たる里甲農民が有司の賢否を評定する原則上の規定があった[41]。ところが、万暦期の現在は、小民に替って「士夫」たる郷紳や、「過客」たる公差された内外官員である科・道等官に官評権は実質的に掌握されている。これらの郷紳や公差官員は皆なが見識ある人物ではないため、勢い人情・識面[42]（「情識」）といった公正な処置を妨げがちな、贈答を伴う親しい交際（人情）ないしは個人的な面識のゆえに擁護し合う関係（情面・面情）[43]で府州県地方官員（有司）に賢否の評価を下しがちである。それゆえに、有司の側では彼ら士夫・過客に対して、ひたすら迎合して招宴代わりに餞別を贈るなど「分固より有るが若き」卑屈な態度で贈賄の必要に迫られる対応関係に立たされていた、と証言する。

郷紳に対して卑屈な態度をとったのは有司だけではなく、司・道以下地方官の吏治に総責を負う撫・按の側がむしろ甚しかったようである。例えば、管志道『従先維俗議』巻三、総核中外変体以遡先進礼法議は、次の指摘を行なう。

吾幼、即疑按院出巡郡県、事畢、以餽儀及縉紳、情則厚矣、似非憲体。已乃究其所自起、特為存恤林下之耆英、非為結納当途之貴客也。今至以京外官階之尊卑為厚薄、以現任致政之栄枯為隆殺、失其初重老尊賢之本意矣。

巡按御史（按院）は府州県を巡察する仕事（挙劾・考察）がすんだ暁には、己れの交際対象の「縉紳」が京官であったか地方官であったかとか、或いは官品が高かったか低かったかとか、現任時の栄達の度合いとかを基準にして彼ら縉紳つまり郷の縉紳たる郷紳と「情」で深く結託していた点が述べられている。(44) しかも、管は巡按御史の郷紳に対するこのような権威失墜したかに見える軟弱な態度を幼年時代の嘉靖中葉頃には目撃したと告白する。更に管は、同書巻三、総核中外変体以遡先進礼法議の別の箇所でも、在外上下の官僚間における礼法上の体面（面目）と考えられる体統の点から、撫・按があたかも意図的に郷紳に屈服しているかの如き態度を次のように批判している。

吾、又有所聞於故侍御年伯憑公恩、而知郷紳之謁撫按。……邇年、……漸致撫台之体亦移。蓋以昔日之賓内外両台使、賓及評博中行。而按道則以昔日之賓評博中行者、賓及二府以下之郷科、未授京職之甲科矣。長者概曰、此非郷紳之過、当道曲狥人情之過也。

管志道が、松江府華亭県の嘉靖五（一五二六）年の進士で嘉靖前半期に南京御史を歴任した馮恩(45)より聞いた話しでは、当時の郷紳は貴人たる撫・按に謁見の礼を行なっていた。ところが、巡撫（撫台）は昔日（嘉靖期）北京政府から公務出張中の科道官（内外両台使）に対しては賓客として賓礼をとっていたが、近年の万暦期においては、体面を曲げるかの如く、本来は賓礼すべきではない評事・博士・中書舎人・行人といった寺・監・科・司等の諸郎官の歴任者に対してまで賓礼をとっている。巡按御史（按道）も同様に挙人出身の二府（正五品の同知）(46) 以下、及び進士出身の京職に任官していない各歴任者に対してまで体面を落としめて賓礼している。識者は、この事態を「郷紳の過にあらず、当道〔撫・按〕が〔郷紳への〕人情に曲狥するの過ちである」との批判で一致している、と。つまり、管が士風の変体とみなすこの事態は、恐らく挙劾・考察の官評に対する郷紳層による何らかの関与が将来した結果ではないかと考えられる。

以上の推定は、明末清初の以下の事例からも確認できよう。先ず、河南巡按御史の歴任者である丘兆麟（一五七二—一六二九）が、崇禎元（一六二八）年に盗賊の横行と饑荒という難題山積する河南巡撫に任命された際のこととして、丘の墓誌銘を書いた同郷（江西省撫州府臨川県）の陳際泰（一五六七—一六四一）は、「何を以って、保甲を行ふに郷紳に触れ、遂には祭典に掛らんや」(48)と反問しているように、丘は保甲の実施を厳しくすることを主張して郷紳との間に利害の対立を招いた結果、恐らくは郷紳層による中央の人事当局への圧力の前に、結局天子も閣臣の主張に折れて、不本意ながら丘に対して考察に基づく強制退職（致仕）の処分を下さざるを得なかった、という事実がある。(47)

次の事例は既に万暦期より指摘されてきた一般論ではあるが、(49)清初の順治八（一六五一）年の江西瑞州府新昌県の挙人黄六鴻が、長年の行政体験を踏まえて康熙三十九（一六九四）年に刊行した官箴書『福恵全書』巻二〇、刑名部、欸犯の条は、当時江南地方の勢豪の郷紳と地方の官衙を巣窟とする衙役皁隷、奸猾窩訪の徒、及び無頼人との密接不可分な結託関係を次のように鋭く指摘している。

夫上台到任、例拿訪犯以除民害。而呉浙之間、有等積年巨蠹盤踞衙門、専通上下線索、勾連地方勢豪、偵探官府短長。胥役所行過蹟、憑其喜怒牽陥善良、取捕風捉影之事、作装頭換面之謀、名曰造訪。其省郡之地、又有神奸大猾、糾聚無頼、勾連各州県造訪之徒、主于其家、操謀設計、嚇詐横行、名曰窩訪。其間、大蠹聞風賁縁賄縦、刪抹姓名、名曰売訪。……

この中で最も注目すべきは、これらの長年に恒って地方の官署に盤拠する衙役皁隷等（胥役）が、勢豪つまり勢要土豪とも称される一部特定の郷紳を黒幕とする組織の構成分子となり、感情にまかせて事実無根を捏造し、あらゆる悪竦な策謀をめぐらせて善良の民を陥れる等の手段を弄する一方、撫・按が挙劾・考察の際に考語＝官評として評定するのに必要な資料を提供するための「官府の短長を偵察す」るという「造訪」なる情報収集行為を行なっていた点である。さらに、無頼人を内実として持つ奸猾窩訪の徒が、郷紳支配下の衙役（皁隷）を内実とする造訪の徒と深く連携していたとの指摘は、窩訪の徒と特定の郷紳とが官評をめぐって密接な結託関係にあった点を推定させる。

おわりに

巡撫都御史・巡按御史の所謂る撫・按の職権である考察・挙劾（薦挙・糾劾）の評定を下す際の評語を意味する官評（考語）について検討した場合、撫・按へ報告（開報）される州県官の官評は、十六世紀末の万暦期では、推官・知府→司・道→撫・按というルートで送付されていた。

ところが、十六世紀後半の嘉靖期以来、撫・按の挙劾は、薦挙されるのは司（布政使、按察使）・道（参政・参議、副使・僉事）・知府等の数十人にも上る方面の大官が占め、糾劾されるのも通判・県丞等の僅か二〜三人の小官に過ぎなかったというように、公正には機能しなくなっていた。こうした矛盾が将来されたのは、大官には厚く恩を売り、小官にもつとめて怨まれないようにしたい、という体面を曲げて情実に偏った撫・按自身の利己的保身によるものであり、その職権は形骸化していた。

挙劾の形骸化に伴って、撫・按の官評も変質を余儀なくされた。先ず、撫・按の態度の変化に敏感に反応したのは、撫・按に官評を送付すべき司・道や知府・推官、さらには管理官であるこれら上司に評定を受ける州県官であった。即ち、布政使・按察使より知県に至る全ての地方官が、訪察という撫・按の出張査察の際には政務は放置して送迎に明け暮れるという、正しく礼法上の体面を汚して撫・按の情実に諂事する有様が見られた。

他方、撫・按に対して府官以下の官評を送付するべき司・道や知府等の中継ぎ送付官は、将来監察官僚の科・道官に抜擢（行取）される可能性を持つ推官・知県に畏れをなし、官評を讃辞で飾るなどの情実に偏った卑諂な態度に出たので、推官・知県も賄賂で応酬してはいた。

しかし、今や政治倫理が崩壊の危機に頻していた嘉靖～万暦期の官場では、推官・知県等官は、官評の中継ぎ送付人である司・道や知府等の上官に対しては全幅の信頼を置き得ず、それらの上司を跳び越えて直接に官評の最終評定権者である撫・按と結託するという功利的態度に走るようになった。ここに官評は、情実・賄賂に左右される矛盾の産物と化して形骸化した。

最終的には撫・按に集約される官評が変質して、司・道や知府・推官ルートの正常な官評の送付機能が麻痺してくると、官評のニュース・ソースは民間の別系統のルートである窩訪より提供されるようになった。窩訪は、明の中期以降に徭役から衙役化した老練な皂隷や無頼層が主体となり、郷紳が官署に送り込んだ胥吏・衙役とも連携しながら、詐術を弄して撫・按へ官評を提供する一方、怨家を捏造して無実の民を死地に陥れるなど、悪質極まりない情報の探索・配信や誣告・傾陥等を業務とする非合法組織であった。

明末清初期に政治・社会秩序の混乱した江南地方では、特に窩訪の暗躍した形迹が顕著であり、当該期の官評は窩訪と気脈を通じていた一部の勢力ある郷紳家に関与を許した一面がみられた。しかし、そうした政治・社会的混乱現象も、礼制秩序の回復した清初の雍正年間には収束へと向かっていた(50)。

註

(1) 小山正明「中国社会の変容とその展開」西嶋定生編『東洋史入門』有斐閣双書、一九六七年。重田徳「郷紳の歴史的性格をめぐって―郷紳論の系譜―」大阪市立大学文学部紀要『人文研究』二二―四、一九七一年、同「郷紳支配の成立と構造」岩波講座『世界歴史』12、一九七一年。森正夫「日本の明清時代史研究における郷紳論について(三)」『歴史評論』三一四、一九七六年、他参照。

(2) 川勝守「浙江嘉興府の嵌田問題―明末、郷紳支配の成立に関する一考察」『史学雑誌』82―4、一九七二年。郷紳の優免特権の再評価に関しては、小山正明「明代の十段法について(二・完)」『千葉大学文化科学紀要』十、一九六八年、濱島敦俊「明末浙江の嘉湖両府における均田均役法」『東洋文化研究所紀要』52冊、一九七〇年。また、郷紳の家計的実態の一面については、濱島敦俊「明末江南郷紳の具体像―南尋・荘氏について―」『明末清初期の研究』京都大学人文科学研究所、一九八九年。参照。

（3）官評とは、考察（勤務評定）の評定用語たる考語の信憑性を期するための撫・按による事実調査とも言うべき諮訪（訪察）の結果得られた評語、又はその書面に記された論評、さらには等級を伴う評定要素としての考語そのものの通称と考えられる。拙稿「明末官評の出現過程」『九州大学東洋史論集』8、一九八〇年、参照。

（4）「売訪窩家」とは、後述の撫・按の訪察の矛盾に便乗した非合法な情報の収集・配信を業務とする窩訪の家をさす。窩家は『辞海』に「俗称蔵匿盗賊及贓物者曰窩家、亦称窩主。」と言う。万暦『大明会典』巻一六八、刑部十、盗賊窩主、参照。

（5）正徳『大明会典』巻一五、吏部一四、考覈二、旌異、事例、
弘治六年奏准。各処巡撫巡按並布按二司、遇府州県官才行倶優者、無分歳貢吏員出身一体保挙。五品以上官員、果有才徳出衆者、開報吏部、奏請定奪。

『明実録』孝宗・弘治六年正月庚午、癸巳、各条参照。

（6）万暦『大明会典』巻十三、吏部十二、挙劾、
弘治……九年奏准。在外布按二司府州県等官及教官有政蹟者、並許撫按奏挙。

『明実録』孝宗・弘治九年正月丙戌、丁酉、各条参照。

（7）万暦『大明会典』巻二一一、都察院三、回道考察、
嘉靖十七年、詔巡按御史及両司守巡官。在外擅作威福、故違節年詔旨訪察害人者、二司官聴巡按御史劾奏、御史聴都察院考察。

『明実録』世宗・嘉靖十七年十一月辛卯、参照。

（8）正徳『大明会典』巻一五、吏部一四、考覈二、朝覲、事例、
弘治六年、……且令朝覲之年、先期行文、布按二司考合属、巡撫巡按考方面、年終具奏。行各該衙門立案、待来朝之日、詳審考察。

『明実録』孝宗・弘治六年正月己丑、参照。

(9) 管志道『従先維俗議』巻三、総核中外変体以遡先進礼法議、

国制、外僚考察、……故三年之大計、……自洪武以至弘治初年、未之有改也。後縁奏准、按臣会巡撫、兼察藩臬諸僚賢否、掲報部院堂上。於是、二司之権日損。……若布按二司堂上官、雖受撫按挙劾、……。

『皇明経世文編』巻三九九、管志道「管東溟奏疏」巻一、直陳緊切重大機務疏、

五日釐巡察之弊。守令賢否、責在監司。今之巡撫巡按、監司之領袖也。

各参照。

(10) 正徳『大明会典』巻一五、吏部一四、考覈二、朝覲、「弘治……八年奏准」。『明実録』孝宗・弘治八年四月壬戌、各参照。

(11) 万暦『大明会典』巻二〇九、都察院一、糾劾官邪、

正徳……十四年、令撫按官不許互相薦挙。如有不公不法、仍照憲綱互相糾劾。

(12) 『皇明経世文編』巻三七四、陸光祖「陸荘簡公集」巻一、覆湖広巡撫李楨粛吏治以奠民生疏、一重責成、計開。なお、同疏の別条には、

一実考語。考語者、所以状其人之臧否淑慝才不才、貴于実録。……県以報府、府官即行駁回。府以報司道、司道即行駁回。司道以報撫按、撫按即行駁回、各令改正另註。撫按若不行駁回、致薦剡并賢否冊内有仍前浮冗、聴臣等及科道官参究。

とあり、挙劾の評語である考語が記された薦剡冊、ならびに考察の評語である考語が記された賢否冊の名が見える。これらの考語が官評とも通称された点は、註(3)で前述した通りである。

(13) 註(3)(12)で説明した官評の内実が、本史料では明らかに考語として表現されている。また、考語を構成する「守・才・政・年」等の評定要素も、本史料では「守令の臧否」という如く操守が清潔か貪汚であるかが問われている。

(14) 考察・挙劾の評定は、「守・才」等の評定要素と、これと守格の四等や才格の八等といった評定基準との組み合わせによって析出される処分の目である八法(貪・不謹・罷軟・不及・浮躁……)という総合評定要素とに基づいてなされる。本史料にみえる「才品・政事」とは、評定要素の才格を更に細かく才格(能力)と政格(政績)とに分けたものである。拙稿

「考察『八法』の形成過程（二）」『九州大学東洋史論集』12、一九八三年。同「朝覲考察制度の矛盾と貪官の態様」九州国際大学『教養研究』第六巻、第二号、一九九九年、各参照。

（15）万暦『大明会典』巻二一〇、都察院二、出巡事宜、

国初、監察御史及按察司分巡官、巡歴所属各府州県、頡頏行事。洪武中詳定職掌。正統間、又推広申明、著憲綱及憲體。相見禮儀。事例甚備。迨後、按察司官、聴御史挙劾。而御史始専行出巡之事。

参照。

（16）『皇明経世文編』巻四五九、趙南星「趙忠毅疏」巻一、申明憲職疏、

臣嘗謂、吏治所以日壊者、総由情面太重、銭神太霊。

『皇明経世文編』巻四四六、鄒元標「鄒忠憲公奏疏」巻二、敷陳吏治民瘼懇乞及時修挙疏、慎撫臣、

賄者十不一二。情者十而八矣。

参照。

（17）『皇明経世文編』巻四四六、鄒元標「鄒忠憲公奏疏」巻一、直抒膚見以光聖徳以奠民生疏、粛憲紀、

依邇天憲廼台臣弊則可為長歎息焉。……剝生霊脂膏以媚要津。竭公家庫蔵以充私嚢。折折儀千万、視為簞豆。郵使絡繹、迹遍列省。

（18）『皇明経世文編』巻四四六、鄒元標「鄒忠憲公奏疏」巻二、敷陳吏治民瘼懇乞及時修挙疏、慎撫臣、

定等則。夫辦官材品、内吏非難、外吏難。外大吏非難、外小吏難。小吏郡自同知下、邑自知県下、……大都以撫按考語為準。其陞遷亦以閲撫按考語為準。顧其弊非一途矣。有考語実謬而以夤得美秩者。有預印其利而以賄吏書洗補移之他人者。千態万状。……審辺臣。……外惟奉巡撫頤指、……内惟媚津要奥援、……如奉祖法。

（19）『皇明経世文編』巻三六五、葉春及「葉絅斎集」巻一、審挙劾、

臣嘗聞邸報矣。其挙者必方面大官也。不然必進士州県也。不然必其突梯韋脂善為媚者也。不若是千百中之一耳。其劾者必州県小官也。不然必挙人方面也。不然其倔強倨亢、不善為媚者也。不若是千百中之一耳。

なお、『西園聞見録』巻九三、巡按、王錫爵曰。同書巻三一、考察挙劾之積弊、拘資格之積弊。『万暦邸鈔』万暦一二年正月

辛丑。『皇明経世文編』巻三一〇、陳以勤「陳文端公奏疏」巻一、陳謹始之道以隆聖業疏。拙稿「明代の地方官ポストにおける身分制序列に関する一考察―県缺の清代との比較を通じて―」『東洋史研究』第四十四巻第一号、一九八五年、各参照。

(20) 同註（19）「葉綱斉集」巻一、審挙劾、「挙人三倍於進士矣。歳貢三倍於挙人矣」。

(21) 正徳『大明会典』巻一六五、都察院二、出巡、憲綱、

凡監察御史按察司官巡歴去処、各衙門官吏不許出郭迎送。違者舉問如律。……正統……四年奏定憲體及出巡禮儀。一初到按臨之処、其都司布政司按察司及衛所府州県官相見之後、各回衙門辦事。毎日不許俟候作揖。

(22) 管志道『従先維俗議』巻三、総核中外変体以遡先進礼法議、

吾長、復疑両台挙薦諸司、事後、例以兼金伸謝貺報則隆矣。近於不義已。復諗其所従来、特出於府県家之偶行、非藩臬大夫之通例也。

(23) 何良俊『四友斎叢説』（中華書局、一九八三年版）巻一二、史八。

(24) 繆全吉『明代胥吏』嘉新水泥公司文化基金会、一九六九年、一七～一八頁。

(25) 拙稿「明末窩訪の出現過程」『東洋学報』第62巻第一・二号、一九八〇年。呂坤『実政録』巻六、風憲約、告窩訪状式

某府州県某人為窩訪事、被某人専一纂捏無影事蹟、交結訪事人役、某年月日挟騙某人銀物若干、指憑某人証上告。

天啓修・順治6補刊『淮安府志』巻二、輿地志、風俗、

睢寧。農業耕桑。士崇学問、厭末作、尚廉恥。朴而不野、直而不肆。但、俗尚鬼巫、斉食□□焼香為美譚。窩訪為得計、往往籍為局騙報讎之媒。而軽生楽闘、四礼従簡。

汪杰『仕学大乗』（康熙五年刊）巻五、涖任約法、

一禁窩訪。衙蠹奸棍、広結権役、提掇線索、名曰通家。凡遇訪拿、衙蠹土豪受人重賄、誣捏単欵、名曰買訪、穽害良民。或得厚賄、将大奸大蠹縦脱、乃以痴懦郷農、無知鶏役充数搪抵、名曰売訪。示後、但有此等悪跡可憑者、許被害及諸色人等、赴本部院首告。究実即拿、捆打一百。棍用二百觔大枷。枷号三個月、発落。

王世茂『仕途懸鏡』巻一、慎訪察。各参照。

(26) 『明実録』神宗・万暦二年五月戊寅、

刑科給事中欧陽栢奏、賛成久任之法、條例四事。……一慎咨訪。撫按監司、多寄耳目于属官。属官復假于下人。奸弊叢生、黒白倒置。務在持公秉虚、使彌縫者不得倖免、而循默者不致受誣。……吏部覆、如議。従之。

(27)『明実録』神宗・万暦十一年二月辛丑、
陝西道御史楊四知言。聖王為民設官、所与共理天下者守令是也。今天下文巧之吏、剥民奉上。而吏良悃愊無華、雖拂上官之意弗顧也。上官悦趨承悪介、特耳目寄之。吏胥毀誉採之窩訪。不肖県官、陰結窩訪、陽事上官而吏事畢矣。朝廷徳沢不究、職此之故。今当黜幽之期。乞勅吏部責成監司、務求実政。仍査監司崇尚虚声是非混淆者、黜之以為戒、上然之。

(28) 同註(24)繆全吉『明代胥吏』三〇～三一頁。

(29) 張萱『西園聞見録』巻九六、政術、沈孚聞。

(30) 同註(24)『明代胥吏』三八頁所引の『諛聞続筆』四、参照。

(31)『明清史料丙編』(中華民国二十五年十一月初版、国立中央研究院歴史語言研究所)第八本、漢騰録抄写奏議檔残本、六刑科給事中魏象枢題本、
刑科給事中臣魏象枢謹題為安民莫先剔蠹乞賜厳加澄汰以袪積弊事。臣惟我国家徳威広敷天下大定。……乃尚有貽害地方為明季大弊未経厳行禁革者、則督撫按聴用之官舎太雑、道府州県之胥隷太濫也。此其人雖僅衙蠹之微、而其害実関民生之大。……倘市棍賊党皆得竄入衙門、将材雑委名目多端。巡捕承差額数無定。此輩兇猾行径甚熟、把持有司、武断郷曲。官長不得知、下民莫敢告。何異民間千百虎狼。至於有司衙役、多者動以千計、少者不下数百。而毎一名輒有数人朋応、名日副差。若非犯法而営窟蔵身、必係棍徒而倚勢索詐。如河南之李省、淮安之徐人傑、包蔵禍心、頑冥無忌。又如楽安之王応吉燕永蛟輩、平日則倚官以詐民、遇変即殺官以応賊。総因濫行収用流毒一方。雖皆置以三尺、臣正恐此外此類尚不乏人也。夫、伝宣奔走自有正員、書写勾摂亦有額数。果奏政簡刑軽之治、則積悪生事之徒、将焉用之。伏祈皇上勅下撫按併行所属道府州県、各将本衙門員役、細加審汰、酌立定額、務厳察其身家、併無過犯者、方准投用。……〔順治四年九月初五日奉旨、該部知道。〕

(32) 同註(25)拙稿「明末窩訪の出現過程」七六頁。小野和子「東林派とその政治思想」『東方学報』京都28、一九五八年、二六三頁、参照。

(33) 同註(24)『明代胥吏』三一頁。
(34) 同註(23)何良俊『四友齋叢説』巻三五、正俗二。
(35) 小山正明「明末清初の大土地所有(二)」『史学雑誌』67―1、一九五八年、六九頁。
(36) 同註(2)川勝論文、二八頁。
(37) 酒井忠夫『中国善書の研究』国書刊行会、一九七二年版、一〇八～一一一頁。
(38) 台湾・国立中央図書館編『明人伝記資料索引上』五二四頁、張治具。
(39) 栗林宣夫『里甲制の研究』文理書院、一九七一年、二三一頁、参照。
(40) 藤井宏「新安商人の研究(三)」『東洋学報』三六―三、一九五四年、八四～八六頁、参照。
(41) 同註(3)拙稿「明末官評の出現過程」、参照。
(42) 『辭源』人情、「言以物相饋、表殷勤之情也。」
(43) 『辭源』情面、「明思宗問周延儒。何謂情面。答曰。情面者、面情之謂也。按面情謂曾相識一面即互相関護之謂也。」註(16)、及び園田茂人『中国人の心理と行動』日本放送出版協会、李明伍『現代中国の支配と官僚制』有信堂高文社、倶に二〇〇一年、参照。
(44) 拙稿「明末清初の郷紳用語に関する一考察」『九州大学東洋史論集』9、一九八一年、参照。
(45) 同註(38)『明人伝記資料索引下』六二一頁。
(46) 諸橋轍次『大漢和辞典』巻一、四四六頁は、章回小説の呉敬梓『儒林外史』25回に拠って、二府が同知を指し、その職務は知府(正四品)に同じという。だが、『明史』巻七五、志第五一、職官四、府の条によれば、正五品の同知は正六品の通判と倶に、清軍・巡捕・管糧・治農・水利・屯田・牧馬等の政治・行政事務を分掌したのであり、その職務は、知府とは明らかに違いがあった。兪鹿年編著『中国官制大辞典』上、黒龍江人民出版社、一九九二年、「二府。明清時対同知的別称。因其為知府的佐貳、故以為称。」
(47) 同註(38)『明人伝記資料索引上』一一〇頁、丘兆麟、五九九頁、陳際泰。
(48) 清・顧嗣立編『皇明文海』(細川護立氏蔵マイクロ本)巻九三、邱《ママ》兆麟。

(49)　同註(25)「明末窩訪の出現過程」八一頁。

(50)　窩訪の風潮は、康熙年間の江南社会では依然として残存していたらしい。康熙22刊・民国18補刊『睢寧県旧志』巻七、風俗、民俗の条は左のように記している。

民之狡者、向以窩訪為中傷報復。媒而羅其禍者、率皆土豪衙蠹。善良之家亦或嘗一二及焉。至若豪強輩結党多人、声勢相倚、或為局騙、或為訟師。貧富皆入阱。獲為害最烈。当事多方厳戢、風猶未艾。

しかし、清初の雍正年間には、窩訪の徒が官府を把持する暗躍は、蘇州府界では解消した、とも言う。顧公燮『消夏閑記摘抄』巻上、明季紳衿之横、及び迎風板、参照。因みに迎風板の条は左のように記す。

国初撫按下車時、先訪拿数十人責四十。……以衿風力。遂有神奸巨棍、従中暗通綫索、窩訪造訪、……至雍正年間、以無款跡贓証、不得訪拿、此風不行矣。

(補註1)　嘉靖期における撫・按の挙劾・考察については、ポルトガル人宣教師ガスパール・ダ・クルスの短期間ではあったが、広東省域での旅行記に漠然とした記述がある。日埜博司編訳『クルス「中国誌」—ポルトガル人宣教師が見た一六世紀の華南』新人物往来社、一九九六年には、特に巡按御史のそれについて、「毎年、各省を訪れる地方巡察官〔察院〕は、その他の官吏を訪ねると同様、この官吏をも訪ねる。彼がその職務を立派に、かつ周到に行なっているかどうかを知るためである。」(六五頁)とか、「毎年、チャエン〔察院〕とよばれる査察官のような者が各省へ派遣される。彼は高位・下位にかかわらずロウティア〔老爹—和田〕たちすべてへの査問に来るのである。」(一五七頁)という。

(補註2)　三年毎に吏部・都察院へ報告される撫・按の評定資料に基づいて挙行された万暦期の朝覲考察については、長期間中国を見聞したイタリア人宣教師マッテーオ・リッチと、ポルトガル人宣教師アルヴァーロ・セメードとに、ほぼ妥当な記述がある。即ち、川名公平訳・矢沢利彦注『マッテーオ・リッチ中国キリスト教布教史一』(大航海時代叢書第Ⅱ期8)岩波書店、一九八二年、第一の書、第6章チーナの行政について、七二～七三頁。『リッチ セメード中国キリスト教布教史二』(大航海時代叢書第Ⅱ期9)岩波書店、一九八三年、所収の矢沢利彦訳・注『アルヴァーロ・セメードチナ帝国誌』第二四章　立派な政治を行ない、その実をあげるために、必要ないくつかのことについて、五〇五～五〇六頁、参照。

第十三章　明末官評の出現過程

はじめに

前近代中国における集権官僚制下の腐敗のダイナミクスを研究するうえで、特に地方官の考課のあり方を究明することは、重要なポイントであると考えられる。その理由は、秦漢統一帝国以来、王朝国家の人民支配は、官階・職務・権限等に差等をもつ複数の官僚群を媒介として行なわれ、継起する王朝の命脈がその都度農民の反乱によって断たれた如く、地方政治の成否が官僚政治の腐敗の在り方と密接不可分の関係にあったと考えられるからである。

ところで、明代の吏治体制を機能せしめた地方官の考課の問題については、未だ不明な点が多い。考課の制度は、考満（考覈。三年・六年に歴俸と政績とを評定して、九年目に昇進に重点を置いた処分が下る）と、朝覲考察（外察・大察・大計。三年に一回〈辰戌丑未の各年〉政績を評定して処罰に重点を置いた処分が下る）とが基本型であった(1)。しかし、中期の成化・弘治年間（一四六五—一五〇五）より、特に後期の嘉靖年間（一五二二—六六）以降に、支配体制の矛盾が激化してくると、従来最高地方長官であった布政使・按察使の職務権限は、巡撫都御史と巡按監察御史、つまり撫・按にとって代わられることが多くなった。以後は、撫・按という中央直派の京官が合議によって地方長官の機能を分担してゆく体制が定着した。当然撫・按は、地方官の考満・考察、特に考察（大計と撫・按独自の不定期の考察とがあった）の基本資料となる考語の文書（考語冊・賢否冊）作成権、及び考察の重要な予備資料ともなる地方官に対する直接的な薦挙・糾劾、つまり挙劾の権を独占的に掌握するに至った。即ち、この撫・按の挙劾も、明代後半以降の考課の一種目と考えられる。この点については、前稿(2)の中でふれた。

前稿のテーマは、明末の体制的な階級矛盾の激化—農民起義の頻発が、基本的には集権官僚制の矛盾の激化（守令の貪残化(3)—収奪の強化）にあると考えて、そのような政治過程と密接な関係をもつ地方官の考課のあり方を、撫・按による挙劾・考察の《官評》の変質としてとらえ、併せて、この考課の矛盾に介入した郷紳が国家権力に如何に対応したかを追求したものであった。

但し、前稿では、官評と考語の関係について、用語使用上の検討を十全に行なえず、且つ官評の出現した背景（訪察の矛盾による考語採訪対象の変化）についても十分には言及できなかった。小稿では、右の二点に若干の分析を加えたい。

第一節　官評の概念

1　会典規定中の官評

官評は、明代では万暦期以降に、実録や文集等に頻見する史料用語である。だが、官評が万暦十五（一五八七）年に刊行された万暦『大明会典』に見当らないのは、それがまだ官用語としては定着してはいなかったためであろう。しかし、雍正十年刊『大清会典』巻一五、吏部、考功清吏司、大計考察によれば、官評は、以下の内容を意味する用語として現われる。

国家定制。外官大計、憑各省督撫核実官評、分別彙題。吏部会同都察院吏科河南道、詳加考察、分別奏請。所以昭黜陟示勧懲也。所有法制備列於後。凡外官大計。順治四年定。三年一挙、永為定制。康熙元年議准。停止大計。止行考満。四年題准。停止考満、復行大計。凡外官。塡註考語。順治三年定。用才守政年四格。才則或長或平或短。守則或清或平或濁。政則或勤或平或怠。年則或青或中或老。其考語務按人指事、応去応留明白直書、不得鋪叙繁文、狥情毀誉。

地方官に対する三年一回の大計考察は、順治四（一六四七）年に定制となった。地方官の政績を評定する権限は、中央政府では吏部・都察院、吏科給事中・河南道御史に属していた。地方官の政績を評定する際の資料は、賢否冊籍(4)（明代では、賢否文冊・考語冊・挙劾冊の名あり）として一冊の文書に綴られて、総督・巡撫・巡按（順治十八年以後は督・撫(5)）によって中央政府に開報された。督・撫（按）の手になる賢否冊籍は、布政司・按察司官及び知府より報告された資料を根拠として作成されていた(6)。賢否冊籍には、考語（順治三年の評定要素は四格＝才・守・政・年の四種目、評定基準はその各々の等級）が記されていた。このほか、督・撫（按）は、最終的には考語に基づいて中央で決定される朝覲考察の際の総合評定要素（処罰の目）である八法（貪酷・在逃、罷輭無為・素行不謹、年老・有疾、才力不及・浮躁の八目。のち六目となる）(7)の準備資料を作成できた。つまり、官評とは、挙劾の権をもつ督・撫（按）以上では考語や八法を意味し、挙劾の権がない道・府以下では考語を意味するところの、各級地方官相互の間において、彼等の治績に対して下される昇進・処罰のための評価の基準を一括して呼んだ評定用語と解釈できる(8)。

明末の官評の意味するところは、基本的には前述の清初のそれと変わりなかったものと思われる。ただ、明代の地方官の考課は、清代の大計に相当する部分が、考満と考察に分化しており、一見して複雑な様相を呈していた。だが、吏治の腐敗の所産として、農民起義の頻発する明代中期以降、地方官の考課は、処罰に比重のおかれる考察が重要視されてきた(9)。そして、布政使・按察使は、ほぼ弘治より嘉靖年間にかけて撫・按に薦挙・糾劾されるようになった

[10]（前稿）。かくして、合議によって地方行政を統轄管理しうる実質的な一省の地方長官と化しつつあった撫・按は、三年に一度上京して、正月に政績査定をうける朝覲考察の前年（但し、巡按は毎年の終わり）には、挙劾の権を行使して吏部の黜陟に備えたが、万暦期には考察に拘りなく随時に論劾することもできた[11]。

地方官に対する吏部の考課において、黜とは主に考察の処分に相当しており、陟とは主に考満の昇級に相当している。この考満の際に根拠とされた資料は給由であり、考察の際に根拠とされた資料は、撫・按によって毎年の終わりに吏部に報告される賢否文冊（賢否の考語文冊の意）と挙劾章疏（考察の前年に重視された）とであった。挙劾章疏は、知県・知州→推官・知府→司・道という開報ルートで報告された考語冊に依拠して作成されていた。とすれば、筆者が前章で用いた「撫・按の官評」なる表現は、撫・按による挙劾のための根拠となる考語と言い換えることができる。このように、官評は、考満・考察・挙劾という考課の三つの制度と密接な関係をもつ用語として想定できるのである。以下、この点を確認したい。

2　考満と官評の関係

考満は、歴俸三年（月俸をうけとる年月たる三十六ケ月）を一考、六年を再考、九年を通考と言い、通考に黜陟の処分が下るのを原則とした。既述のように、官僚政治の腐敗に伴って、特に嘉靖中期以降では三年毎の考察が重視された。つまり、地方官は、歴俸の三・六・九年の考満を迎える以前に、三年毎の考察で黜降の処分を受けた結果、考満のもつ本来の制度的価値は、相対的に減殺されていった[12]（代って、考察で処罰されなかった官員に対する抜擢規定が現われた。後述）。三・六・九年の考期に達した地方官は、所属する各級の上官より給由（給由紙牌・給由牌・牌冊・牌冊給由・牌冊批文・考満文冊・事蹟功業文冊）に、在任時の行事（行政上の行為）・功績についての考語の評定（最目）を記入してもらい、上京して中央政府の考課を担当する吏部考功清吏司において、称職（その職にかなう＝上等）・平常（中等）・不称

職（下等）の三等の優劣（殿最）を記入されたのち、皇帝より復職又は昇級・降級（九年通考の場合）の決裁を下された。(13)

例えば、『吏部考功司題稿（下）』《引奏僉事楊伊志同知程鐸等給由疏》には、三年六年の考満で給由を持参して上京した江西按察司僉事楊伊志や、広州等府同知等官程鐸らに対する、吏部考功清吏司の考覈（称職九員、平常二員）が行われ（原案）、吏部・都察院の批准を経て、最後に皇帝が全員に復職を許したことが記されている。その〈計開〉の一節には、

○楊伊志。年四十二歳。直隷蘇州府呉県人。由進士任江西按察司僉事。本部考才達行修政勤守慎、称職。

○郭惟清。年三十五歳。武功中衛籍。直隷蘇州府崑山県人。由進士任山西太原府推官。本部考年青才敏守慎刑(政)平、称職。

○鄧瀾。年三十七歳。江西饒州府鄱陽県人。由挙人任福建延平府将楽県知県。本部考性質謹(守)朴、政務勤能、称職。

○邵従儀。年四十五歳。直隷保定府唐県人。由監生任陝西涼州衛経歴司知事。本部考年力未衰、平常。

○甯守寛。年五十二歳。山東済南府章丘県人。由吏員任万全都司美峪守禦千戸所吏目。本部考練(才)事、能(政)勤、称職。

○嘉靖二十二年四月二十五日引奏。二十七日奉聖旨。是。

などとあって、考満の政績の評定（考覈）では、才識（才品）行止（行簡《検》）、政事、操守、年力（その他に心術・容貌あり）などの評定要素を指す考語（右では考語の等級の目〈評定基準〉だけの場合もある）が基準とされている。右の考語は、後述の考察・挙劾の考語と一致しているので、官評と呼ぶべきものである。ただ、明末以降に考満が形骸化したためか、考満の考語（考覈詞語）(14)を指して官評と呼んだ事例は、目下見出していない。

3　考察・挙劾と官評の関係

次に、密接不可分の関係にある考察・挙劾と官評との関係を検討しよう。

《考察と官評との関係》　『大明穆宗荘皇帝宝訓』巻二、厳考察、隆慶六（一五七二）年正月丁卯の条には、「吏部言。今外官賢否、必拠撫按挙劾」と言う如く、吏部が三年毎に地方官を考察する際の資料は、撫・按の挙劾に依拠していた。憑琦『北海集』巻三五、奏疏、銓部稿、《司道缺官尚多、推除章奏久格、懇乞聖明留意点用以裨吏治疏》（万暦二八年頃の上呈）には、

　今大察伊邇、采訪官評。撫按参劾、全以司道開報為拠。蓋司道与群有司、相習才品政事、耳目甚真。

とあって、撫・按が府県官を参劾する際の資料は、司道の報告する才品・政事の評価が記された官評に依拠していた。『明実録』世宗・嘉靖一四（一五三五）年正月癸亥の条には、

　上曰。……今考察伊邇。卿等務秉至公、唯以撫按等官考語及科道等官論劾為拠。

とあって、撫・按等官が司道より受理した考語及び科道等官の論劾は、朝観考察の際に依拠する資料である、とみえる。これによれば、先に司道が撫・按に報告した官評とは、考語を指している。この点は、天啓四（一六二四）年七月十二日付けの魏大中の上疏において、天啓五年正月の考察の資料となる、司道（方面官）より報告される府州県官の賢否の考語冊が官評と呼ばれていることからも確認される[15]。

　後述の如く、賢否の考語冊は、考察年に拘りなく毎年の終わりに挙劾章疏と倶に撫・按の手で中央に報告されるものであった。ただし、特例として考語冊は、天子の誕生日に布按二司堂上官（正官）が上京して賀表を上る際にも、進表考語冊として吏部に報告された。だが、考察の前年に、撫・按が明年の資料として三年内の一省の司・道・府・州・県官の考語を報告する規定は、嘉靖二二（一五四三）年に明確化した。撫・按の報告書には、考語と、それに依拠した処罰対象外の卓異等の存留官員（正徳以後は、賞賚と同時に抜擢任用された。後述）、及び処罰される官員に対する処分の目とが記入されていた。そのことは、万暦『大明会典』巻一三、吏部一二、朝観考察に、

　嘉靖……二十二年題准。朝観考察、預行各該撫按官、将三年内所属大小官員、不分陞調考満丁憂起送縁事在逃等

項、凡係廉勤公謹及貪酷、罷軟不謹、老疾、才力不及者、各手注考語、密封送部以憑考察。務要賢否明白、去留可拠。

とみえる。この考察の前年の報告書（冊報）は、のちには五化《ママ》冊（五花冊）とも呼ばれたらしい。例えば、魏大中『蔵密斎集』（『乾坤正気集』〈以下、乾と略記〉巻三三一）巻四、《粛計典以励官常疏》には、

一明冊報。計事大都準五化冊。而諮訪参之冊。須明註卓異、平常、貪・酷・不謹・老・疾・罷軟・浮躁・不及字面、徴以事実数行。勿為綺語、勿為隠語。不可庇不肖者為賢。尤不可枉賢者為不肖。

とあって、四等の処罰（為民・間住・致仕・降調）のための総合評定要素である八法（科罪）の目（考語の等級によって決定された）と、賞賚・抜擢のための卓異等の目とがみえる。

これら八法の目（及び目を決定するに至った数行の評語）が官評と呼ばれていたことは、崇禎一一（一六三八）年十一月四日、総督陝西三辺洪承疇と倶に潼関より北上して、農民軍の鎮圧に当っていた陝西巡撫孫伝庭（在位、崇禎九年三月―十一年十一月）[16]が、左布政使梁鼎賢に対して、管内の分巡等道官（方面）の中より、軍餉調達の能吏を報告させた一件を述べた上疏の一節より窺見できる。即ち、孫伝庭『白谷集』（乾巻四九六）巻三、《題出関善後疏》には、

目今、軍興旁午。措辦饋餉、宜借練才。乃本官以開報関西道李公門。官評一節、註誤降調。夫李公門之不肖、臣於従来征剿得之。故能抨撃於該司開報之外。而該司平昔、於該道亦未称以為賢。……該司誠難辞咎。

とあって、巡撫は、左布政使の報告した関西道李門が、昨崇禎十（一六三七、丑）年の考察の官評の一節及び巡撫の見聞によっても、無能者であることを自信をもって批判している。これによれば、官評は、考察の総合評定要素である八法の目（この場合は、才力不及・治事浮躁）と、それに対する処罰（降調）の目とを構成要素としていたことがわかる。従って、先の五化《ママ》冊に記された評定要素（守・才・政ほか）の等級を意味する卓異・平常等の賞賚の目も、官評と呼ぶことができよう。

次に、毎年の終わりに、賢否の考語を、公式文書の掲帖で中央に報告する規定は、嘉靖一三（一五三四）年に現われた。万暦『大明会典』巻一三、吏部一二、朝覲考察、凡毎年開報考語には以下のように見える。

A嘉靖十三年奏准。毎遇年終、各府州県、将佐弐首領属官幷衛所首領官。守巡道、将本道属官。布按二司掌印官、将各佐弐首領幷府堂上官、州県正官、填注賢否考語掲帖、印封送本布政司。類斉厳限送部査考。

B若二司官進表、各該守巡司府、照前査造掲帖、印封送進表官。親遞進表官、不必将通省官概報考語。

C巡按任満、巡撫年終、将所属大小官、填注考語掲帖送部。其考語、倶要自行体訪。如有雷同含糊、作悪偏私、本部参奏治罪。

（A）考察の前年以外の各年の終りに、各布政司は、府州県、守巡道、布按二司掌印官より送付された、各所属官の賢否の考語が記された掲帖をとりまとめて、期限を厳守して吏部に送り、考察の参考資料に供する。

（B）もし、布按二司官が天子の誕生日（万寿聖節）に賀表を携えて上京する際には、守巡道、塩運司、知府等の官は、それらの掲帖を進表の布按二司官に送付して携行してもらう。

（C）但し、進表の時期には、必ずしも布按官が一様に一省の地方官の考語を報告しなくてもよい。その際には、撫・按官（巡按の任期は一年ゆえ、満了時には巡撫の専掌となる）が布按二司官に代って、一省の大小官の考語を掲帖にて報告すればよい。以上である。

（A）（B）（C）の三規定のうち、（A）の布按による年終報告は、その後形骸化して、（C）の撫・按による年終報告が、知州・知県→知府・推官→司・道→撫・按→吏部という報告ルートに定着して機能したようである。まず、（B）の規定の適用例は、『明実録』熹宗・天啓六（一六二六）年五月甲辰の条にみえる。

江西道御史李九官言。鉛山県知県何其俟推陞審理、縁係表冊藩司考語。及査臬司為誰、実維張師繹。銓臣於表冊之中、忽見師繹之否辞。則疑而劣転。継於劣転之後、忽見按臣之薦章。則又疑而出掲、事出創聞。法難帰一。

……乞勅吏部、以後無論進表外察等項、務求帰一。大率以撫按為主、勿得揣摩字句、軽信偏毀。得旨。官評当有確拠。一官之身、挙劾互異、何以服人。還著従公査覈。

江西広信府沿山県知県が二級昇って王府長史司・審理所の審理正（正六品）に推陞（文選司の業務）されたのは、布政使の進表した考語に依拠していた。しかし、吏部は、按察使の進表した考語に逆に否定的な評語が見られたために、一旦は推陞した何其俟をまた左遷の処分にした。ところが、何其俟左遷後に、巡按は、何其俟を評価して薦挙した。また疑問を抱いた吏部が、巡按によって賢否の考語を記入された掲帖を取り出して調べたところ、そこには、初めて耳にする内容の評価がみられた。そこで、客観的な評価の定め難いことを思い知らされた御史李九官は、吏部諸官（特に考功司）と進表官とが結托する恐れを断って、信頼すべき評語を得るために、以後は、進表や考察などの一切について、撫・按の挙劾を基準とすべきことを要請した。注目すべきは、天子が「官評は当に確拠あるべし」という官評が、進表の考語と巡按の挙劾の評語とを指して呼称されている点である。

《挙劾と官評の関係》　次に挙劾章疏と官評の関係をみるために、（C）の規定の定着について検討しよう。万暦『大明会典』巻一三、吏部一二、挙劾には、

嘉靖……二十一年題准。撫按官、不許将陞遷任浅、及去任久者、一概薦挙。仍通行直隷各府、浙江等按察司。毎年終、将撫按及別差御史奨勧過官員批詞、造冊送部。査所薦劾幷開報考語。或一人自相牴牾、或彼此薦劾不同、考語賢否各異、題詞勘実、罪其誣者。

とあって、嘉靖二一（一五四二）年直隷各府や浙江をはじめとした全国各省の按察司官は、撫・按や別差御史が推奨した地方官についてのコメントをレポートに作成して、年末に吏部に送付することを義務づけられた。他方、冊子化された報告書を受理した吏部に対しては、撫・按や別差御史による挙劾の評語や賢否の考語について矛盾がないかについて、処罰を前提とした調査が命ぜられている。これが、賢否文冊（考語冊）と挙劾章疏と呼ばれるものにちがい

ない。嘉靖後年、これらは、直接撫・按の手で中央に報告されたが、規定は遵行されてはいなかったらしい[17]。挙劾章疏の評語は、何に依拠して評定されたのであろうか。『明熹宗宝訓』巻三、慎官評には、吏部尚書周嘉謨によって、撫・按が年終に中央に報告する考語冊と挙劾章疏の評語のモデルを設定しようとする試案が上呈されて、条例化したことがみえる。

○天啓元年五月癸丑、吏部尚書周嘉謨言。近日官員考語、襲用四六。組織徒工、形神未必盡肖。湊合雖巧、隠諱反以滋疑。臣不自量謬擬一格。凡考語冊、以守才心政年貌開列六欵、以五等為率。（中略、表1参照）

○其有所劾也、即掲註該管各官某某共報以為不肖、或某報以為不肖、而某見以為賢者。

○如此則司察与所察之人、其優劣公私、倶莫逃于通国之指視矣。倘有不肖濫竿、大憝漏網、即褫臣、竝査原開報等官、権其軽重、分別処治、以為臣不職者之戒。

○上曰。吏治全係官評。若賢否開報失真、何憑挙劾懲勧。這所奏、責成司道府庁各官掲註査参等事。著立為規条。厳加申飭、務在必行。

右によれば、従来の地方各級官員の報告する考語は、相変わらず四字句・六字句を連ねた調子だけはよい華美な文体を用いてはいるが、実体が伴わず、言葉の寄せ集めとしては巧くできていても、真実がかくされている疑念が消えなかった、という。先ず、撫・按が年終に中央に報告する賢否の考語は、司・道、知府・推官等の各官が掲帖で報告した考語に依拠していた（弘治八年奏准）[18]。次に、撫・按の挙劾章疏の評語は、それら司・道、府・庁各官の報告した掲帖内の賢否の考語（表1にみる守才心政年貌の評定要素と一〜五の評定基準）に依拠していた。従って、吏治における撫・按の官評とは、考察の資料となる考語、及び考語に依拠して記入される挙劾の評語とを指して呼ばれている。

試案中の考語の目と、一〜五の優劣の等級（等級は、徴税・裁判・教化などの評価に基づいていた）[19]は詳細であるが、挙劾の評語のモデルは単に不肖・賢者という如く抽象的にすぎる。そこで、挙劾章疏の具体例を検討しよう。

〈表１〉　考語冊の試案
（1621年　吏部尚書周嘉謨上呈）

六欵＼五等		評定基準				
		一	二	三	四	五
評定要素	守	清潔	謹慎	平胥	玷缺	汚濁
	才	精練	通達	平胥	疎拙	昏悖
	心	公正	坦直	平胥	隠秘	姦険
	政	勤敏	整辦	平胥	寛緩	隳廃
	年	方青	或某見以為否者			
	貌		（記載なし）			

例えば、『吏部考功司題稿（下）』《覆巡按直隷監察御史郭廷冕劾官疏》と題する吏部（尚書許讃）の覆疏は、考察の前年に当る嘉靖二十二年正月二十八日に上呈されて、同年二月一日に嘉靖帝によって裁可された。その手続きとして、吏部は、はじめ巡按直隷等処御史郭廷冕の「為公挙劾方面官員以明勧懲事（A疏）」と、「為挙劾伍品以上官員以備黜陟事（B疏）」（A・B両疏は、挙劾冊中の一連の上疏と考えられる）という挙劾の上疏を受理して天子の決裁を仰ぎ、審議せよとの許可を得たのち、吏科に送付して許可済みの上疏を検閲して書き写してもらう。吏科より送付を受けた吏部考功清吏司は、吟味して処分の原案を作成して吏部（尚書）に送付する。吏部は、最終的に審議したのち、覆疏を上呈して皇帝の裁可をえた。（裁可済みの覆疏は、吏科が抄出した）

いま、表２によって、覆疏中のＡ・Ｂの劾疏の要請する科罪の内容と、相当する処罰の目とを比較しよう。まず、劾疏は、その内容に相当する考語の目（評定要素）に基づき、その程度を示す考目の等級（評定基準）と、考察に備えるための巡按の要請した処罰の目と、それに対する吏部の内定（方面官の処分が甘い点に注目）[20]とから構成されている。但し、劾疏の処罰の目は、考察の科罪の目（八法＝総合評定要素）に対応して記入されていた[21]（例えば、陳薬の考目〈才識〉と、その等級〈于緩〉に対して、科罪の目〈不及〉が評定されて、処罰〈吏降〉が要請された）。

右は、巡按の挙劾章疏の中の糾劾の部分についてであるが、巡按が最も重視したはずの薦挙の部分については、吏部の覆疏は、「薦挙の官員を将って、文選清吏司に移付して另に行う」と言う以外には詳しく述べていない。しかし、今回の挙劾章疏は、嘉靖二十三年正月の考察に備えるためのものであり、劾疏が考察の処罰の予備資料であれば、挙疏は、考察の処罰対象外の留任官員の予備資料とされたはずである。例えば、万暦『大明会典』巻一三、吏部一二、

〈表2〉　巡按直隷等処御史郭廷冕の挙劾章疏（一五四三年）

	現任の官職及び品級（　）内は原任	姓名	評定要素 考目	評定要素 等級	（考察の八法の目）	評定基準（等級）の詳細 考目の等級の内容（巡按の劾疏）	考目の等級に対応した処罰の目（考察の予備処分） 巡按の要請	考目の等級に対応した処罰の目（考察の予備処分） 吏部の内定
A疏	（山東東州兵備道僉事・正五品）←広東布政司右参議・従四品	沈豊	（操守）	貪墨	（貪）	原任僉事の沈豊は、好んで賄賂をとる慎重な行動に欠ける貪婪な官吏であった。沈豊は青州府臨朐県の王朝言の所有する古器に目をつけ、王を罪に陥れて、せしめようとしたが、その際に王よりカネをせびり取った。また沈は、益都県の喬茂より銀三百両のワイロを受ける予定でいた。ところが、喬が人にそそのかされて、まだワイロを送らずにいたところ、沈は喬を牢獄にぶち込んでしまった。このように監察官僚としての本分をもわきまえずに、発財に狂奔する沈の罪業は、とても一度には数えあげきれないが、かくなる人物が、地方の人民を害して、官途を汚しているのである。	罷黜（為民）	留用
	山東布政司右参議・従四品	張鵬翰	年力	衰	（老）	右参議の張鵬翰は、節操はまだ変わらないが、年とって精力の衰えが目だち、歩行が困難なうえに、視力・聴力もにぶっている。張に対しては、行政手腕は買うとしても、実際これから先、有為の人材としての期待はもてない。	致仕	留用
B疏	山東兗州府同知・正五品	曾光	（操守）	貪	（貪）	府同知の曾光は、立派に仕事をこなす人材として期待はできるが、好んで賄賂をとるくせがある。曾は、府内の視察に名を借りて、州県官より巧に金品をせびる一方、州県が塩引に使用する用紙の代価についての指示を仰ごうものなら、これさいわいと紙価銀を二倍もふんだくった。曾はまた、配下の者を放って市場より強制買上げを行ったが、このために民衆は交易に苦しんだ。曾のかくなる行為は、在野の郷評をバカにした、官員としての本分を辱めるものである。	罷黜（為民）	致仕
	山東済南府徳州知州・従五品	陳薬	才（識）	于緩	（不及）	知州の陳薬は、本来機敏な行動をとる能力に欠ける人物である。陳は、〔兗州府魚台県独山の劇賊劉儀の起義に直面して(22)〕徳州防禦の困難な事態にみまわれたが、毅然とした対処ができず、とるに足らぬ群衆にあなどられるしまつであった。曾は、とても州城の人心を収攬できる人物ではない。	更降（改調）	調簡（簡＝簡僻地方）

山東都転運塩使司同知・従四品	王景明	年力衰（老・疾）	都転運塩使司同知の王景明は、近ごろ年とって体力が衰え、政務を放置することが多くなった。王は、そのうえ病気がちなために、精力はどうしようもないほどに衰えてしまい、自らも官界の現状にあいそをつかして、しばしば退職を願い出ている。	致仕	致仕

朝覲考察、凡朝覲官旌別に、(23)

正徳十四年令。考察存留官員。内有才行兼優、政蹟顕著、及守己廉潔、人無間言者、行各撫按官買辦綵幣羊酒賚奨。仍不次擢用。

とある如く、本来洪武三一（一三九八）年の令で政績（言行・功能）優秀の順に上中下三等に区分された考察留任の官員の中、上等に属する官員について、正徳一四（一五一九）年の令では、才・行にすぐれ、政績抜群で、操守が廉潔であって非難する者のないことを条件として掲げている。綵幣（絹布と貨幣）や羊酒を賜与されて、昇任の時期を待たずに抜擢任用される存留官員は、評定要素である才・行・政・守等の考語の目の中、各目の上等（例えば、前掲表1の一・二等）の者を選ぶことが規定されている。つまり、薦挙の評語は、その根拠になったと考えられる。

そのことは、例えば、『吏部考功司題稿（下）』《覆吏科給事中周怡劾巡撫陸杰不職疏》にみえる吏部の覆疏（狭義）の部分には、「今、朝覲在邇。所属大小官員応薦応劾、塡註賢否等項」とあり、同じく湖広巡撫陸杰の濫挙を糾劾した吏科の原疏の部分には、「疏薦大冶県知県張朝錫則曰、端謹自持而民隠恤、剛柔相済而邑政修」とあることより窺見できる。即ち、大冶県知県張朝錫を薦挙した巡撫陸杰の薦語は、考語の目＝操守・政事に相当する部分の評定基準である等級が上等であることを述べている。

《官評と郷評の関係》　最後に、史料用語《官評》の出現した時期は、現在のところ嘉靖二二（一五四三）年まで遡及しうる。例えば、『吏部考功司題稿（下）』《覆吏科給事中周怡劾巡撫陸杰不職疏》の吏部の覆疏の部分は、

為照、陸杰濫挙撫属。……〔郷官〕廖道南、係考察黜退人員。自負詞華、素干清議。登諸薦剡、有玷官評。……

嘉靖弐拾弐年肆月初玖日具題。拾壱日奉聖旨。

という如く、巡撫陸杰が撫属（巡撫所属）の知県張朝錫や主簿郭尚達と同時に、嘉靖十八年に京朝官の考察（京察）の拾遺で間住の処分を受けて謹慎退職の身分にあった[24]郷官廖道南をもみだりに薦挙したその不当性を強調している。ここに言う清議をおかすとは、同疏内の吏科の原疏に、

夫道南何如人也。人品鄙劣、心術汚穢、貪淫邪媚、里閈所賤悪、縉紳所不歯者。即有華藻靡詞、不過雕虫小枝。……其境内人材、務要察其才徳果係天下之望、去位非有不韙之罪、方許論薦。其郷評素短、善状不聞。

とみえる部分に相当している。これによれば、清議とは、廖の品性が下劣で心ねがきたなく、欲が深すぎて媚びる性格のために、郷村では民衆に軽蔑され縉紳に相手にされない評判の良くない人物であるとの評価、つまり郷評を指している。次に、官評をきずつけるとは、同疏内の吏科の原疏に、

既考察不謹。奉有明旨、間住。是挙朝公論衆以為不可。

とみえる部分に相当している。これによれば、官評とは、考察を担当した吏部・都察院・吏科・河南道等の京官の多くが、廖の治績（人品・心行・貪淫〈操守〉等の考目に対する評価）に対して『不謹』と断定（科罪）して「間住」の処分を要請したこと、つまり公論を指している。ここに現われた官評とは、郷評（欺きにくいものとされた）[25]に対置される言葉であり、しかも、中央の考察を分掌する複数の官員が、考語に基づいて地方官の政績に対して下す評価を意味している。これは、広義の官評と呼ぶことができる。

以上、考満と考察・挙劾から成る明代の考課制度において、考満の際の給由の評語（考語の等級より成る）、布政使より知県に至る地方官僚が相互に考語冊に記す評定要素である賢否の評語（考語の目とその評定基準である優劣の等級より成る）、吏部が都察院・吏科・河南道と連携して行う朝覲考察の際の処罰と留任の官員に対する総合評定要素としての評語（八法及び処罰・推奨の目より成る）、撫・按の挙劾章疏の内容をなす薦挙・糾劾の評語（考察のそれとほぼ同様）

などは、何れも明代後期以降に、一括して官評なる普通名詞で呼ばれるようになった。但し、この場合の官評は、郷評の対極にある広義の官評と呼ぶべきものであった。他方、狭義の官評は、広義の官評が何れの場合も評定要素である守・才・心・政・年・貌等の考語の目を根拠に構成されていたこと、さらには、明代中期以降の官僚政治の腐敗に伴って重視された撫・按の挙劾の評語が、結局は考語冊に依拠して総合評定要素である八法及び処罰等の目を決定する形で、三年に一度の朝覲考察の準備資料とされていたことより、考察のための考語それ自体を意味していた。

そこで、次に検討すべき問題は、十六世紀前半の嘉靖中葉以降に、そのような官評なる用語の出現するに至った制度的社会的背景である。

第二節　訪察の矛盾と官評の出現過程

官評の出現した主要な理由としては、考課制下の訪察の矛盾によって、考語の採訪対象が変化した点をあげることができる。

1　明代前半の考語の採訪対象（里老）

訪察（諮訪・察訪・詢訪・廉訪）とは、地方各級の長吏、特に初期においては布按二司官及び巡按が、下級長吏の報告した政績の真偽を事実調査して吟味することであるが、のちには逮捕権を付与された撫・按の査察権を意味する言葉として定着していった。訪察は、また撫・按が吏部へ報告した考語の真偽を確認するために、中央から地方に派遣された各差御史の職務（逮捕・推薦権もあり）を指す言葉としても呼ばれた。さらに訪察は、諮訪・詢訪の名で末端の知州・知県等官が考語を採取する意味にも使われた。(26)

周知の如く、明初太祖は、郷村教化策として、洪武一四（一三八一）年の里甲制の制定以後の遠からぬ時期に、各里に耆宿（耆民・耆老・老人・里老）を設けて、軽微な犯罪や紛争に対する裁判権を付与した。この制度は、同二十一年八月に一旦は廃止されたが、同二十七年の四月十三日、里の老人に民事及び軽い刑事事件の裁判権を委任することで復活し公認された。次いで太祖は、同三十年九月、里の老人に教化・勧農の責務を課し、同時に里内の相互扶助に関する命令を出し、次の年それらの規定に、それ以前より施行を命ぜられていた村落自治に関係深い諸規定を併せて、教民榜文四十一条を天下に刊布した（里の老人を中心とする里制の成立）。(27)

この間に、太祖は、元末以来の腐敗した地方政治を刷新するために、貪官の一掃に乗り出した。その方法として、太祖は、貪官に対して梟首・剝皮の酷刑を含む死刑で臨んだ。(28)

一方、太祖は、小農民に直訴を許し、且つ郷村の事情に精通した指導的人物である老齢にして徳望ある里の老人（耆民）を集団上京せしめて、有司の政績何如を上奏せしめた。このことは、太祖が当時の人材を如何に信頼していなかったかの証左と考えられるが、人民に直接地方行政を監視せしめるという専制政治に抵触する政策が許容されたことは、太祖の人民統治にかけた熱意の一端を窺わせる。それらの法規定は、洪武十八年十月頒行の『御製大誥』民陳有司賢否第三十六、民奏有司善悪第四十五、文引第四十六や、同三十一年四月刊布の『教民榜文』（第二十二条）等にみえる。その規定は、州県所属の五六十人から千余人に至る耆民たる里の老人全部が、通行証書を免除される形で年末に上京して、連名同意の下に布政司・府・州・県官の治績を評価して、直接天子に報告せしめるという画期的制度を内容とするものであった。(29)

この制度は、同二十一年八月、耆民と地方官との結託(30)が危虞されて一旦は中止されたが、同二十二年十一月、州県下の各里ごとに一人の耆民を順次に上京させて、三箇月間中央の政治を実習して帰郷せしめ、地方行政の効果を上げしめる形で復活した。実際、それら耆民のうちの千九百十六人は、才能を買われて、主に地方官に任命された。しかし、太祖は、耆民にも行政上の効果を期待できなくなったらしく、同二十六年正月、耆民上京の制度を中止した。以後も里の老人は、地方にあって、地方官の善政・悪政を上奏する権限を保証されていた。だが、同二十七年四月十三日、州県官の怠慢によって、訴訟事件を越訴する里甲小農民（原告の主張は不当なものが多かったという）の上京が厳禁された。その際に、里の老人は、地方官の訴訟の煩累を軽減する方策として、里胥（里書？）立ち会いの下に戸婚・田宅・闘殴等に関する既述の裁判権を付与された。これ以後、小農民は、重大事件に限り地方官の裁定を仰ぐほかは、里の老人の裁きに従う原則が確立した。(31)

しかし、越訴の禁令は、一向に守られず、十六世紀初頭に至るまでみられる。この背景には、基本的には里甲農民内部の階級対立が考えられる。つまり、税・役の負担者たる小農民（小民・良民・細民）が、豪民（富豪之家・横民・奸民）より暴力による債務の取立てや殺害に遇った場合に、（里老もしくは）府州県官、さらには布按二司官及び巡按御史に告訴しても、彼ら小農民は、何れも豪民より賄賂をつかまされた京官を含むそれら各級官員によって、逆に、罪に陥れられ、運悪く牢獄で犬死にする場合すらあった。かくして、小農民に残された最後の手段は、他県へ逃亡するか、又は直接上京して越訴するかの何れかの道を選ぶことであった。(32)

これに対しては、豪民の側（無頼）でも、小農民（善良）を告訐して、入京妄奏（驀越）を行なった（全国的趨勢の中でも特に江浙・江西は激しかった）。この行為は、禁止されたが、謀反等の重罪に対しては、人民の越訴できる余地が残されていた。(33)例えば、『明実録』孝宗・弘治一八（一五〇五）年四月己卯の条には、

礼部主事彭縉陳五事。……一息刁風。謂軍民驀越奏訴者、宜厳加禁約。其考察官員之際、止宜拠各官平日賢否、以為黜陟。不必以曽経奏告為歉。庶刁風息。命所司看詳以聞。

とあって、軍民による越訴の悪しき風潮を厳禁すべしとみえる。特に、考察の際に、越訴した軍民の情報を評価の資料として採用すべきではないことがみえるのは、彼ら軍民が地方官と結託して善悪を顛倒せしめる豪民に連なる一部

の上級農民層（里老層を含む）であったことを推測させる。問題は、考察の際に依拠すべき「各官平日の賢否」を判断する資料は、如何なる農民層より採取する建前があったかである。例えば、宣徳十（一四三五）年、牧守の官に人材が得られない現状の吏治に痛感した即位直後の英宗は、その原因として、考察の際に善政の清官が処罰され、逆に科斂と上官に取り入るのが上手な貪酷の府州県官が善政の卓異官と評定される矛盾を指摘した。その対策として、英宗は、在外府州県官の考察に当る布政司・按察司官及び巡按御史が、一部の者に結托して彼らの言い分を鵜のみにしてはならず（「不許偏徇」）、広範な細民つまり既述の里甲小農民より詢訪すべきことを勅諭している。(34) 一方、被害者の証言はどうかをみよう。『明実録』英宗・正統二（一四三七）年五月戊午の条には、

行在吏部奏。浙江嘉興府斉政、為監察御史等官、考其老疾、黜之。今改自陳。久理劇郡、素無過挙、亦非老疾。宜移文巡撫侍郎、広詢細民、験其誣実。従之。

とあって、（巡按）監察御史（布按二司）等官の考察を受けて、不当にも老疾と評定されて致仕（強制退職）の処分に内定していた嘉興府知府斉政が、その不当性を吏部に呈訴した結果、天子は斉政の訴えを認めた、とみえる。その中で、斉政は、「自分は長い間、繁雑多忙な嘉興府を治めているが、もともと為政者としての落度はなく、また老齢且つ病気でもないゆえ、どうか政府より派遣された巡撫侍郎に書面でその旨を申し送り、広範な小農民（細民）らに聞きただして、無実の罪を調査していただきたい」と訴えている。

さらに問題は、右の確信にみちた斉政の主張とは裏腹に、「広詢細民」の原則を遵守しない布按二司官や巡按が、一部の如何なる人民より、考察の際に情報資料の提供を受けていたかである。正統四（一四三九）年十月二十六日刊布の『憲綱』（古典研究会本『皇明制書』巻一五）憲体十五条(35)には、

一風憲存心須用明白正大、不可任一己之私、昧衆人之公。凡考察官吏、廉貪賢否、必於民間広詢密訪、務循公議

以協衆情。毋得偏聴、及輒憑里老吏胥人等之言、顛倒是非。亦毋得捜求細事、羅織人過、使奸人得志、善人遭屈。

とあって、風憲官（巡按御史・按察司官）が地方官を考察する際の評定資料（考語）は、民間（細民）より広詢すべき原則が確認され、里老・吏胥(36)（皂隷）(37)などからのみ偏向した情報聴取（偏聴）をしてはならない、とみえる。これは、考語採取の原則が守られていない実態、及び洪武年間に民意の代弁者として地方官の政績評定に参与できた里の老人の機能が今や変質していたことを示唆している。

実際、『明実録』代宗・景泰三（一四五二）年冬十月庚戌の条には、以下の指摘がみえる。

○太僕寺少卿黄仕儁言。訪得、各処巡撫官考察州県官吏、多憑里老呈説可否、以為去留。……近聞。里老多因前官縦容往来、嘱託公請、結攬収物、営求催辦、害衆成家、積有歳年及代者。間有端己臨民、持廉執法、革去此輩、輒貽怨恨。茲因考察、反将廉正官員、揑無作有、指虚成実、一概具呈。其巡撫官所臨州県、風飛雷過、不及覆実、因而黜罷。州県官員、恐被誣陥、一聞考察将臨、盛設酒席、邀求里老、垂泣対訴、賄以銭帛。以此多得保留。否則去之殆盡。是里老乃有権之有司、而官員乃受制之里老。及無籍刁民、亦縁此而告害者多矣。……

○乞勅該部移文各処巡撫官、……自後考察、不可一一専憑里老百姓呈説。務須従容設法採訪。或在此而詢諸彼。或稠人中而審一人。或独歩暗行。或問道路之父老、田野之匹夫。或臨有司而反覆詰問。……誠如臣所言訪察、則官之賢否得失、倶洞燭無疑、亦不堕於区区里老刁民之愚弄矣。事下吏部議。少傅兼太子太師吏部尚書王直等覆奏。宜移文考察官員、仍遵勅書事理、用心考察。及以仕儁所言、斟量体訪、務協輿論。……従之。

当時、州県官を不定期に考察する際の巡撫は、大抵は里の老人による地方官に対する評価に依拠して、存留か処罰の処分を決定した。風雷の如く足早に州県を巡察して、里老の報告の真偽を再確認しない巡撫の考察態度を目撃した里老は、州県官が彼ら里老の官署への出入を黙認して取締らないために、官員に徴税・裁判・田土その他もろもろの公事を頼み込んで法を枉げさせ、或いは徴収銭物を請負い、税糧の催足によって私利をはかるなどして富を貯え、交替の期限が過ぎても永らく居すわっていた。このため、州県官は、巡撫の考察があると聞くや、里老に誣告されはしないかと懼れて、里老を招待して酒宴の席を設けて賄賂を送り、里老が州県官の留任を巡撫にとりなしてくれるように涙ながらに頼み込んだ。しかし、時たま毅然とした態度で法を守る清官が現われて、民衆を収奪する里老を罷免したり、或は考察の際に里老に贈賄しない場合、清官は、あべこべに里老の権力によって州県を追い出されてしまった。更に、里老の権力を目のあたりにした無頼のいたずら者（無籍刁民・百姓）が、この機会に乗じて州県官を誣告する事件がふえてきた（中には組織的なものも現われた）[38]という。ここには、本来民間の裁判・教化・勧農・頂備倉の管理・治安維時などを任務とした洪武以来の里の老人の姿はなく、里長の職責の侵害さえみられるという里の老人像の変質が暴露されている。[39][40]

右の事態に対して、太僕寺少卿黄仕儁は、次のような要請を行なった。以後、巡撫が地方官の評定資料を、真実を歪曲する里の老人や刁民から採取することは好ましくない。巡撫は、彼らに代って、多様な人々に意見を問い求め、或いは群衆の中の一人にたしかめ、或は一人でそれとなく聞き歩き、或は世間一般のお年寄りや農夫にも尋ね、或は府州県官に繰り返し問い詰めてみる、という如く広く民間の世論に依拠する必要がある、と。黄の上言は、景泰帝の同意を得た。「広詢輿情」「広詢博訪」等の要請は、これより成化・弘治年間（一四六五―一五〇五）にかけて頻りに唱えられた。[41]なお、有司が考察・挙劾の際に、里老・生員とグルになって便宜をはかってもらう行為に対する禁令は、嘉靖中葉までみられる。[42]と同時に、嘉靖後半以降は、従来の里老に代って胥吏や皂隷等の衙役、中でも皂隷による考察・挙劾への介入が顕著になってきた。

2　明代後半の考語の採訪対象（衙役）

実際には、これ以後、明代前半の里老以下、胥吏・皂隷・無頼・生員等による考察・挙劾に対する干渉が排除されて、布按二司官や撫・按官が世論を広く採取し得たかといえば、そうではなかった。清初の趙翼が、嘉靖・隆慶以後、考察の法は形骸化して、撫・按の権力が強大となり、その挙劾はワイロで決定されるようになった結果、地方官は（昇官のために）人民より収奪を事とする貪官と化した、(43)と指摘したのは、蓋し正鵠を射ていた。特に嘉靖期以降では、官僚制の硬直化現象も加わって、撫・按の挙劾（嘉靖初年、その五〇％は不当なものであった）(44)が、収賄めあての推薦本位（天啓期の有司の謝礼金は、銀五〇両より百両に上った）(45)に堕していった点は、前稿で指摘した。

さらに、夏言『桂州文集』（乾巻二五二）巻一、崇廉抑貪以励庶官疏は、以下の指摘を行なう。

○臣嘗聞之弘治以前、内外臣工、……賢否不相混淆、国家政務、鮮不修挙。惟自正徳以還、国運中衰、小人壇政、綱紀大乱、風俗益偸、而人材之壊尤為可痛。大率繇於朝廷之上、貨賂公行而黜陟刑賞、多出私意。……嘉靖二年、実維天下朝覲之期、四方万国群吏、咸造闕廷。……乞特勅吏部、査照累朝事例、会同都察院、将今次来朝官員、厳加考察、痛行黜汰、比之当年、所宜加倍。然後、博采輿論、務協至公、一以操修廉潔為賢、不限官職崇卑、抛実訪薦、以聞。……

○臣愚欲乞勅下吏部、将考察過官員、凡以貪汚名色黜退者、不必拘以取受実跡、並宜追奪誥勅。其知県以上官、未有封贈而以貪去者、乞行原籍官司、追奪本官見任俸銭、令糴穀上倉、以備賑済。所貴貽譏郷里、以示恥辱。

先ず、嘉靖二（一五二三）年の朝観考察に当り、夏言は、十六世紀初頭の正徳期以来、中央・地方の官界の人事がワイロで左右されるに至った風潮に対して、従来に倍して、操守廉潔な賢官の対極にある貪官の処罰に重点を置くべしと主張した。もっとも、正徳期以来、賄賂を媒介とした昇官工作の盛行した契機としては、綱紀の退廃という政治的要因のみならず、それを促進せしめた商品生産の発展や身分制特権地主の土地集積による農民層の分解、及び銀経済の流通などがあげられよう。

つづいて夏言は、以下の提議を行なった。吏部の朝観考察による黜陟ののち、撫・按や各差御史が地方に出向して考語の真偽を確認（訪察）する際には、官階の崇卑よりもむしろ操守廉潔な賢人を重視し、民間の世論を汲んで至って公正に薦挙の対象とすべきである。さらに、考察の八法で貪汚による為民の処分が確定した者に対しては、必ずしも贈収賄の事実に拘りなく、誥勅（辞令）を剝奪した方がよい。知県以上の官で、まだ封官・贈官されない以前に免官となった者は、見任時の俸給を追奪して、その俸銭で穀物を買い入れ、官倉に納入せしめて備荒に寄与せしめるとよい。貪官に対しては、郷評に汚名を記して恥辱を与え（面子を失なわせ）る方法が最も効果的である、と。夏言が考察処分の強化と郷評による懲罰方法とを要請し、同時に訪察の際に民間の世論を重視すべしと提言したのは、官界に漫延した賄賂の風潮によって、本来地方官相互の間で民間の世論を吸収して採取されるべき原則上の考語が、最早やこの時点では形骸化しつつある決定的な危機に頻していたからである。

例えば、『明実録』世宗・嘉靖四年閏十二月癸未の条には、

刑科給事中王汝梅言。吏部進退人才、固惟撫按官考語是憑。……郡佐県令之賢否、固本之撫按藩臬郡守。而藩臬郡守之賢否、又安逃于是数官。然不可専以数人之言為主、必参之于衆而後可。章下所司。

とあって、上下地方官のうち、特に郡佐・県令（府同知・通判・推官、知州・知県など）の賢否の考語を形骸化せしめていたのは、知府、守巡道、布按二司、撫・按などの尊官たちであったことを示唆している。実際、その点は、当時の知府の九割は法令を無視して利権を事とする貪官であったとか[46]、撫・按の報告する考語の中、府同知以下のそれは明白であるが、知府以上のそれは大概いい加減なものであった[47]、などという証言から裏付けられる。つまり、そのような情況があればこそ、刑科王汝梅は、司・道・知府の賢否は、彼らと撫・按の数者の間だけで評定することを努めて避けて、民間の世論を参酌すべき必要性を強調したものと考えられる。

しかし、以後の嘉靖年間をみた場合、訪察による世論の採取は望むべくもなかった。例えば、同四五（一五六六）年十二月、穆宗は、即位の詔において、撫・按や各差御史が訪察の際に貪官や土地の悪ボスを逮捕尋問（訪拏）する

ことを意図的にサボるために、あろうことか良民が冤罪に陥れられている情況を指摘した。穆宗は、撫・按の違法な態度を益ます見倣う布按二司や府県官に危険を感じてか、以後の一切の訪察を禁止したほどであった。[48]そして、次の万暦・天啓年間（一五七三―一六二七）に訪察の矛盾は極まった。というのは、司・道・知府等の上官は、特に将来の御史・給事中（科・道）の候補者たる主に進士出身の府推官や知県と、賄賂と情美で固く結託して前述における相互の昇進を保証しあった。このため彼らの評定する相互の考語は、全く民衆の世論を反映したものではなく（それ故に一層民情・輿誦の採取が強調されたが）賛辞で粉飾されていた。たとえ、まじめな撫・按が考語の真偽を確認するために、彼らの何れかに事情を聴取したり、或は聴取した結果について再検討を求めようものなら、彼らは結束して阻止妨害する一方、若し彼ら以外の誰かより情報を入手しようとすれば非難中傷の挙に出た。かくて、公平な衆議（公議・公論）は有名無実となって、撫・按は途方に暮れる有様であった。[49]

途方に暮れた撫・按の訪察権に介入してきたのが、秘密情報を組織的に提供する非合法集団たる窩訪の徒であった。例えば、張萱『西園聞見録』巻三一、考察、丘橓曰の条には、万暦初年頃について、考察の考語を記入する際に訪察を行う行訪の布按二司と、訪察を受ける被訪の有司（知府・推官と、知州・知県）との間に結ばれた将来の昇進を保証しあうための実に理解に苦しむほどの不思議な結託関係が述べられている。[50]つづいて、同条には、

二司既与有司為党。後与本土窩訪及他処之来訪者而皆同結為一党。在巡按博訪不下数十処。乃褒美之詞如出一口、則自以為衆論僉同得一良吏矣。而不知改頭換尾成本官一人之手。是非到置、権柄下移。此訪察之積弊也。

とあって、布按二司と府州県有司とは、相互に結託したのち、更に当地の窩訪や当地以外の情報探索人（来訪者）とも結託して情報網を張りめぐらす、という万全の体制を整えていた。従って、万一にも職務勤勉な巡按御史が現われて、彼が数十に上る広範な人々より官僚たちの政績を聴取しても、好評ばかりが得られる始末であった。よって、巡按は、結託した当該地方官らにまんまと欺かれたとも知らずに、それを衆人の一致した評価（衆論）とみなしてしま

うので、結果的には彼らとグルと化してしまう。

しかし、広範な人々とは、決して広範な民衆を指すものではなく、その実態は、地方官と結託した窩訪の徒（衙役）を指していた。万暦六年頃の管志道「直陳緊切重大機務疏」（『皇明経世文編』巻三九九）には、以下の指摘がある。吏治を管理する撫・按が会同して地方官を挙劾する際の考語は、原則上は司道、知府・知県等の地方上下各級官員相互の訪察によって、得られた報告に基づいていた。だが、悪官や土地のボスを訪拏する際の撫・按は、彼らを逮捕尋問するのに必要な情報資料の提供を、信頼する推官（一府の裁判を掌る）より受けていた。しかも、推官の情報源は、胥吏や皂隷等の衙役（胥隷）であり、彼ら衙役は、水陸交通上の重要拠点に居を構えて情報を専売する売訪の窩家より、風聞（うわさ）に基づく情報を買い入れていた。悪官やボスどもは、このルートを使うために、結局訪拿されて冤罪に陥るのは、良民であった、という（前稿）。つづいて、同条には、

臣旧歳過淮陽、則聞理刑庁積年黠隷、威焰薫灼。県佐官至以侍教生之刺投謁者。其豖人可知矣。此輩如城狐社鼠、不可攻発。又如呉中之打行、斉燕之响馬賊、江淮楚越之豪俠巨盗、有以激変為虞、多遺於耳目之外。其何貴于憲訪也。故曰耳目太偏。

とあって、管志道（太倉州の人）が旧年に淮安府（山陽県）に立ち寄った際に、該府の裁判を掌る推官衙門（理刑庁）に長年雇役されている悪悚な皂隷の勢威たけだけしい模様を耳にした事例が紹介されている。それによれば、佐官クラスの県官は、自らを生徒の地位に貶め、該皂隷を先生とあがめ奉って名刺をさし出して謁見を願う光景さえみられた。しかも、この連中は、巧みに逃げかくれするので、とっちめることも出来なかった。とにかく、有司が撫・按の訪察の際に、蘇州一帯の打行、山東・北直隷の响馬賊や、南直隷・湖広・浙江の豪俠巨盗（豪悪巨窩註48参照。窩訪の領袖）などを、逮捕・尋問の対象外において告発しなかったのは、彼らの惹起する事件に巻き込まれるのをひどく恐れたからであった。

では、明中期以降の農民層分解の産物として、長年に亙る官衙の雇われ人として定着した卑しい身分の皂隷が、官員を尻に敷いて、官員の政績査定にまで介入する時期は何時頃からかをみよう。[51] 何良俊『四友斎叢説』巻一二、史八には、

南京考察、考功郎中或有寄耳目於皂隷者。故其人獰悪之甚。縦考功不以之為耳目、然此輩皆積年狡猾之人、好生唇吻群類、又多転相伝播、其言易售。故各衙長官、但能打皂隷、則為有風力者矣。然数十年来無一人也。

とあって、嘉靖三十年代に南京翰林院孔目に任官して、退職後も数年間南京に居住して当地の官界の事情通であった松江府華亭県の人何良俊（歳貢生出身）の証言がみえる。それによれば、吏部考功司郎中の中には、六年に一度南京の京官（大小九卿衙門の堂属官二百余員、応天府尹・同知・通判・推官、上元・江寧二県の京県官など）を考察する際に、[52] 皂隷に情報の提供を求める者がいた。そのため、情報を提供した皂隷は、大変に凶悪であった。たとえ、考功司郎中が考語を内定するための情報資料の提供を、該皂隷より受けなかったとしても、衙役化したこの連中は、長年の間に官界の内幕に通じた悪知恵にたけた人間であり、多様な人間と非常に親密な接触を保って、情報を取り継ぎ広める力をもっていたから、その言動には買い手がついた。従って、各衙門の長官で皂隷をたたきのめしてクビにする能力でもあれば、これは手腕ありと評価されたにちがいない。ところが実際には、数十年この方、そのような長官は一人として存在しない、と。右の証言によれば、皂隷の考察権への介入は、すでに数十年前の十六世紀初頭の弘治末年より正徳年間に想定されるのであるが、とにかく同世紀半ば嘉靖後年に、それが由々しき問題として現われていた点は重要である。

3　官評出現の意義

以上の如く、明代後半の考語の採訪対象は、嘉靖中葉以降の訪察の決定的矛盾によって、従来の里の老人より皂隷

等の衙役に移行した。だが、訪察の広詢密訪という新たな原則が有名無実と化して、皂隷等から聴取されるに至った考語は、最早や変質していたにも拘らず、依然として衆論一致して得られた成果としての客観性に擬装されていた。しかし、これは明らかに矛盾であった。つまり、既述の嘉靖中葉に出現するに至った考語等の別称としての官評なる用語は、そのような形骸化した考語に、官僚の訪察による公評としての権威を保持せしめんがための偽瞞の産物であったと考えられるのである。

例えば、崇禎九（一六三六）年七月、工部侍郎劉宗周は、ズバリ「官評は、市井（の窩訪の徒）に操られている(53)」と証言している。また、万暦二十年の進士で、同末年より天啓・崇禎初年にかけて都察院の高官を歴任した曹于汴の『仰節堂集』巻八、尺牘、復憑慕岡、賢否には、

賢否最不易知、勢必仮於人。此人非賢者不肯言。其言亦不実。則識抜賢者、開誠以問之可也。大抵有司之才能、一露於言動、再露於辞詳。吾再或背審告状等人以探之。詢於有行之郷紳、参諸各官之評掲、亦自有難揜者。

とあって、苦心を要する府県官の治績上の才能の優劣を評定する材料としては、先ず該官の普段の言動や、報告した公文の記述のあり方に注目すべきであり、次いで訴状を審理する推官などをあてにすることなく、行動にすぐれた郷紳（郷評の主体）より聴取して、併せて掲帖で報告された各級地方官員の評語（官評）と参酌すべきであるが、それでもまだ十全とは言えない、という曹于汴の見解がみえる。曹于汴は、郷紳の郷評を地方官の官評と対置すべき関係にあるもの（註25参照）とみなしている。だが、これは、当時の考語の採訪対象の実態とはほど遠い理想論にすぎなかった。明末の地方官の考語は、劣紳と結託した胥吏・皂隷等の衙役に牛耳られていたのであり(54)、これが権威ある官評の名で呼ばれた考語の実態なのであった。この点は、万暦一八（一五九〇）年の吏部主事鄒元標が、「昔は小民が地方官の政績を評定したものだが、今はそれを士大夫や過客が握っている」と述べたのち、「だが、過客や士夫は、みながが賢者であるというわけにはいかない(55)」との危虞の念を表明している証言からも窺われる。

さらに、清初の巡撫鄭端（一六三九―九二）の輯集した官箴書である既述の『政学録』巻二、官評によれば、

余自強曰。衙門中置有官評底本。其底本自太守而下、人各二葉。小官各半葉。凡所聞見、或従招詳中得者。或従賓客士紳中言者。或従百姓輿隷中得者。有好事即註之。有錯事亦註之。日訪月積、不半年而盡是新聞矣。廉訪官評、無他妙法。只是以無所不問為主。近而郷紳、遠而過客、下而百姓、又下而衙役輿卒、皆可訪之人、可問之処也。但問百姓恐防仇口。問衙役恐防私譖。問郷紳士夫、又恐其非端人正士。須要兼聴而博訪之。

という如く、余自強は、知府以下の地方官の手もとに備わる官評の原簿には、百姓、下級官の報告した犯罪事件、さらには態度において優劣様々な郷紳（郷紳士夫・士紳）・過客（賓客）や、胥吏・皂隷などを含む広範な人々や物証より聴取（博訪）した情報が漏れなく記入される必要がある、と主張している。このように、余自強の生きた明末清初の段階における官評の採訪対象としては、原則上の考語の採訪対象である百姓―小農民と同時に、本来採訪が禁止されるべき対象である郷紳や胥吏・皂隷なども博訪の名で容認されていた。

即ち、本来考語及びそれを含む評語の総称としての概念をもつ官評の内実、つまり評価の内容を規定するものは、採訪対象であるが、それは、嘉靖中葉以降の訪察の矛盾によって変化した。ところが、右によれば、それから一世紀を経た明末清初の段階に至って、それまでベールにつつまれていた官評の内実は、ようやく鮮明に衙役・郷紳という新たな採訪対象＝実態の容認という形で露呈されているのである。ここに我々は、嘉靖期以降に考語等の別称として官評の出現した意味を見出すことができる。

おわりに

以上要するに、考満と考察・挙劾から成る明代の考課制度を検討した場合、嘉靖期以降に出現した官評という史料

用語は、狭義には考察の考語を意味しており、広義には右の三種の考課の評語を意味する、郷評に対置される用語であることが判明した。

次に、官評が嘉靖期に出現したのは、特に撫・按が各級地方官より報告を受けた州県官の考語の真偽を確認するために、地方に出向して情報の聴取を行なう訪察の機能が形骸化したことに因る。また、訪察が変質したのは、考語の内容を規定する採訪対象の変化した以下のような過程においてであった。

即ち、明代前半における考語の採訪対象は、原則として里の老人におかれていた。それは、里の老人が里甲制の発足に伴って整備され、郷村教化を主要な職務として、農民大衆の総意を反映することを意図して設置されたものであったことに因る。だが、早くも十五世紀前半の宣徳～景泰年間における里老の考語は、私意による全く民意を反映しないものとなっていた。その結果、これ以後より十六世紀前半の嘉靖中葉にかけては、考語は里老に代って広範な農民大衆の世論より採取すべし、という新たな原則論が強調されだした。しかし、撫・按や布按二司官は、訪察の新たな原則を遵守してはいなかった。

特に、正徳・嘉靖～万暦期（一五〇六～一六二〇）における銀流通の展開に刺激された内外官僚の昇官工作は、贈収賄の盛行する風潮として顕現した。上下各級の地方官は、昇官の前程である考課の難関を突破するために、結託して相互の政績を美辞麗句で塗り固めて、考察権者である撫・按の訪察を妨害した。訪察形骸化の重大な危機に直面した撫・按は、止むなく本来離農民で衙役化した皂隷などに情報の提供を求めた。ところが、既に訪察の矛盾を察知していた衙役は、情報蒐集組織（窩訪）を結成するに至った。かくして、有司は、撫・按に先行して衙役とも密接な結託関係を結んでいた。ここに、地方官の考語は、事実上衙役に操作されて変質した。また、こうした衙役の背後には一部郷紳の影響力も窺見される点は、前稿で指摘した。

このように、考語の採訪対象の変化した嘉靖中葉以降、官評なる官用語が創出されたのは、結局訪察の矛盾、つまり考語の採取原則〔広詢博訪〕と、その実態〔偏聴〕との乖離によって考語の形骸化が進行する過程で、中央地方の考察・挙劾の当事者である官員が、自己の評定する変質した考語に公評としての客観的な権威を保持せしめんがためであったと考えられる。

註

(1) 拙稿「朝覲考察制度の創設」『九州大学東洋史論集』10、一九八二年、参照。

(2) 拙稿「明末の吏治体制における挙劾の官評に関する一考察」『九州大学東洋史論集』2、一九七四年。以下前稿と略記。

(3) 葛麟『葛中翰集』(『乾坤正気集』〈以下、乾と略記〉巻四五四) 巻一、上福藩封事六甲申

竊惟、国家之禍、莫大於逆賊。顧今日之逆賊、乃我朝昔日之子民。所以敺民為賊者、由於守令之貪残。而守令之貪残、由於撫按之挙措不公、朝廷黜陟之大典不定也。

拙稿「青羊村の農民起義」『九州大学東洋史論集』7、一九七九年、参照。

(4) 康熙二五年刊『大清会典』巻一〇、吏部八、考功清吏司、朝覲考察、

凡朝観大計文冊。順治三年　定。賢否冊籍、限十一月内到部、以憑磨勘会参。

(5) 光緒『大清会典事例』巻八〇、吏部、処分例、大計統例、「又〔順治三年〕定。在外官評全憑撫按。如有賢否倒置不合公論者、聴部院堂官及科道據実糾参、以溺職論巡按員缺。順治十八年裁。」同じく巻一〇二〇、都察院、各道、大計、又〔順治十八年議准〕定。『皇朝経世文編』巻一九、吏政、請復入覲考察順治十年、給事中魏象枢。

(6) 康熙二五年刊『大清会典』巻一〇、吏部八、考功清吏司、朝覲考察、

順治……十五年……又議准。大計官評、務期詳慎、責成本道本府開報。署官不必造冊。其計処各官、不得苟求去任、刻責卑官、並将已経処分之官、旧事塞責。

(7) 光緒『大清会典事例』巻八〇、吏部、処分例、大計統例

〔順治〕九年題准。大計八法。貪酷並在逃者、革職提問。罷軟無為素行不謹者、革職。年老有疾者、勒令休致。才力不及浮躁者、照事蹟軽重酌量降補。雖有加級紀薦、不准抵銷。其処分官員、不准還職。

（8）清・鄭端輯尹会一撰『政学録』巻二、官評
州県官開報雑職官評、不但事実、考語多所混淆。即年貌一節、亦有註不肖似者。故凡遇雑職来見、即刻在所遞脚色内、註定年貌、務要逼肖。途中迎接遞手本時、即問以数語、或問以一二事、細観其人之小心能幹与否、亦可得其大概。随将年貌才品筆註手本上、候到署即載之底本中。其才守又加細訪。如此則人人不差。

参照。

（9）『吏部考功司題稿（下）』（『明季史料集珍』第二輯、台湾、一九七七年）《覆吏科給事中周怡劾巡撫陸杰不職疏》
嘉靖弐拾参年正月該考察天下来朝官員賢否。雖曰黜幽陟明、而黜尤最重。

（10）布政使・按察使が巡按御史に挙劾され、または撫・按の考察をうけた事例は、早くは正統・景泰年間にみられるが、当時の布按二司官は、まだ撫・按と比肩して府州県官を考察する権限を有していた。布按二司官が撫・按の考察・挙劾を受けて、その権限が衰微するのは、弘治～嘉靖年間と考えられる。『明実録』英宗・正統九年夏四月乙酉、万暦『大明会典』巻一三、吏部一二、朝覲考察、凡外官不時考察、景泰七年令。参照。

（11）『明実録』世宗・嘉靖四年閏十二月癸未
刑科給事中王汝梅言。吏部進退、固惟撫按官考語是憑。
『吏部考功司題稿（下）』《覆吏科給事中周怡劾巡撫陸杰不職疏》
朝廷予奪、部院考察、皆拠撫按挙劾之疏。挙劾之典、誠鼓舞人材、転移治乱、関係匪軽、不可慎也。万暦『大明会典』巻十三、吏部十二、挙劾
万暦……十一年令。撫按官復命論劾到部。不分考察年分、即与題覆。若考察将近、不必又行不時論劾。

（12）万暦『大明会典』巻十二、吏部十一、考功清吏司
国家考課之法、内外官満三年為一考。六年再考。九年通考黜陟。……外官給由到京、遇缺借除京職。後多不行。
王世貞『弇州山人続稿』巻六五、文部、記、蕭氏宝綸楼記
天下之為邑令者千二百余。其能積至三載者、十不能一也。三載而能以最拝賜者、二十不能一也。

（13）丘濬『大学衍義補』巻十一、治国平天下之要、正百官、厳考課之法、

官満者則造為牌冊、備書其在任行事功績。属官則先考於其長、書其最目。転送御史考核焉。亦書其最目。至是、考功稽其功状、書其殿最。凡有三等。一曰称。二曰平等。三曰不称。既書之引奏取旨、令復職。六年再考亦如之。九年通考、仍通計前二考之所書者、以定其升降之等。……書以考語即唐人第其最也。

(14) 弘治十一年『吏部条例』(皇明制書本) 計開給由紙牌違礙事例

一在外所属、例該考覈官員、其合干上司考覈詞語、不開称職平常及不称職字様、并全無考覈詞語者、俱参同行査。……

一例該考覈教官九年考満、無上司考語、并詞語無称否字様者、教官具奏入選。差錯官吏、照例参問。

『皇明条法事類纂』(巻五〇畢以下の不分巻の部分)《塩場大使等官周歳考満守支、及盤粮給事中御史査盤塩課例》成化二十一年十月二十一日の条。『明実録』穆宗・嘉靖四十五年十二月壬子の条。

(15) 魏大中『蔵密斎集』(乾巻三三一) 巻四《粛計典以励官常疏》

一停推陞。郡邑官評開於司道。若資俸及期者、於地方習於官評更審。即撫按亦可以其評人者還評之。自今方面官員有缺、将京官起補、官随時陞補。其資次当陞者一概暫停、使了計事。夫賢者亦必不汲汲於此数月、而遂歎其淹頓也。其已陞任而尚在地方者、俟造完所属官員賢否冊、撫按方聴離任。伏候聖裁。

(16) 談遷『国榷』巻九五、思宗崇禎九年三月戊辰、同巻九六、思宗崇禎十一年十一月戊辰の各条。

(17) 『明実録』世宗・嘉靖四十五年九月甲午、

吏部尚書胡松言。……夫挙人不当其功則人有軽心。劾人不当其罪則人無惴志。且巡撫年終列有賢否文冊到部。今皆無之。本部将安所擬、以議黜陟也。請特降厳旨申飭。有仍前挙劾不公、及賢否文冊失期不至者罪之。上嘉納其言。

同書嘉靖四十五年閏十月甲午、

浙江道御史李輔疏陳酌議憲条四事。……一遠嫌疑以正憲体。言。按臣交代、例于境外、発挙劾疏、防衛既弛、窺伺易入。不肖者遂開納賄之門、中傷者因騰萋菲之謗。致使回道考察之章有曰並無贓犯罪過。……請令按臣自今挙劾章疏及賢否文冊、俱于代前旬日内、遣人齎発、則出境之後、無復遷延、庶可免于疑議。……従之。

(18) 万暦『大明会典』巻一三、吏部一二、朝観考察、凡外官不時考察、弘治八年奏准には、撫・按の不定期の考察のために、布按、分巡分守、知府、知州、知県、司寺正官は、個別に賢否の考語を掲帖に記して撫・按に報告したことが見える。

(19) 隆慶期の応天巡撫海瑞の則例によれば、毎年、或いは考察の前年に、知県・知州、推官・知府、司道より撫・按に報告される考語冊の考語の目（評定要素）の等級（評定基準）は、税・役・専売、勧農・水利、裁判・教化・盗賊等の雑多な行政項目の政績の評価に基づいて評定されていた。『海瑞集』上編、応天巡撫時期、考語冊式。参照。

(20)『吏部考功司題稿（下）』《覆巡按直隷監察御史郭廷冕効官疏》には、

為照　山東僉事今陞広東左参議沈豊、山東右参議張鵬翰。査得、節年撫按李中周鉄、舒汀李復初、陶夔陳恵考語、倶有清白勤励字様、似応留用。候撫按考察至日議擬定奪。同知曽光、知州陳薬、運司同知王景明与本部査訪相同。

とあって、運司・府・州官の評語は、吏部の査訪と一致したと言うのみであるが、方面官については、わざわざ過去歴代撫・按官の評語に、操守―清白、政事―勤励の最目が記されていたとの証拠を持ち出して留任に内定し、撫・按が考察で上京した際に改めて擬定したい、としている。

(21) 考察の科罪（並びに処罰）の目は、挙劾の糾劾の款目と一致していた。万暦『大明会典』巻一三、吏部一二、朝覲考察、凡考察降黜等第の天順四年令、嘉靖二年題准。同じく吏部一二、挙劾、凡撫按挙劾有司の隆慶六年題准。参照。

(22)『吏部考功司題稿（下）』《復巡撫山東都御史曾銑劾官疏》。徐学聚『国朝典彙』巻一六五、冦盗、嘉靖二十一年四月の条。

(23) 万暦『大明会典』巻一三、吏部一二、朝覲考察、凡朝覲官旌別、

万暦……五年令。廉能卓異者、紀録擢用。貪酷異常者、各巡按御史提問追贓具奏。

(24) 廖道南（?―一五四七。武昌府蒲圻県の人。正徳十六年の進士第二甲首席。庶吉士→編修→中允）。焦竑『国朝献徴録』巻一九、詹事府二、中允、廖中允道南伝胡直。同治『蒲圻県志』巻七、人物一、列伝、明、廖道南。

(25) 朱国楨『湧幢小品』巻八、門戸、

京官六年外官三年考察、皆拠在任事件実跡、厳覈為准。……乃近年以門戸分別。求之官評不可得、則借郷評処之。

過庭訓『本朝分省人物考』凡例

一官評可借、郷評難欺。是編所載大都官評与郷評互参。

前稿三四頁参照。

(26) 巡撫の任期が平均三～四年であるのに対して、任期一年の巡按の地方官に対する考察は、訪察の名でも呼ばれた。『明実

録』英宗・正統十四年五月辛丑

　吏科給事中包良佐言。……御史雖有訪察之例、而巡歴不過一年。是其責未専也。

このほか、中央の河南道御史は、撫・按の報告した考語冊及び挙劾章疏の真偽を確認するために、中央の各道御史に政績調査伝票（訪単）を手交して、各省へ派遣調査せしめたが、これも訪察とよばれた。『明実録』孝宗・弘治十八年十二月乙亥。趙南星『趙忠毅公文集』（乾巻二七六）巻一三、申明憲職疏（天啓二年十二月）

　臣請。以後、案《ママ》臣差満、通将其挙劾、令河南道発単各道、一一細査咨訪、如考察例、類送堂上官。

(27) 小畑龍雄「明代極初の老人制」『山口大学文学会誌』創刊号、一九五〇年。

(28) 『御製大誥三編』進士監生不悛第二。趙翼『廿二史箚記』巻三三、重懲貪吏。

(29) 註（27）小畑論文。

(30) 『御製大誥三編』有司逼民奏保第三十三。

(31) 註（27）小畑論文。『明実録』太祖・洪武二十七年四月壬午、

　命民間高年老人、理其郷之詞訟。先是、州郡小民、多因少忿、輒興獄訟、越訴于京。及逮問多不実。上、於是、厳越訴之禁。命有司擇民間耆民公正可任事者、俾聴其郷訴訟。若戸婚田宅闘殴者、則会里胥決之。事渉重者、始白於官。且給教民榜、使守而行之。

註（27）小畑論文の引用文は、傍線部分が欠落している。なお、『教民榜文』第二条及び第二十三条参照。中島楽章「明代の訴訟制度と老人制」『中国―社会と文化』一五、二〇〇〇年、参照。

(32) 『明実録』宣宗・宣徳四年五月癸酉

　比歳田里小民、負冤赴京陳訴者日衆。究其所由、皆府州県不得其人。小民受虐不能自存、赴訴府州県。府州県受賕縦奸、往往反坐以罪。又訴于布政司按察司及巡按御史、亦有以枉為直、以是為非、或淹禁致死者。由是、被害者、遂赴京越訴、但求雪忿。雖死不恤。京師刑獄之繁、皆由于此。夫理訟之道、当究実情。使有罪者不逃刑、無罪者不遭枉、将横民自戢、良民自安。

同じく宣徳四年五月辛亥

誅常州豪民王昶等。昶先以殺人、繋行在都察院獄、用重賄得免。既帰不悛、与同郡豪民儲用敏等、皆以殺人等罪。……遂斬於市。

同じく宣徳五年九月戊申

上諭兼掌行在戸部事兵部尚書張本曰。各処細民多因有司失於撫字、及富豪之家施貸取息過虐、以致貧窘流移外境。既招復業、蠲負租、免更徭、以優恤之。

(33)『明実録』英宗・正統四年八月乙巳、

浙江嘉興府知府黄懋言。所治人民、多係無頼、以告訐為能、輒入京妄奏。甚至有雇人代草者。詞所連及、動百十人、曠歳無稽。善良抱冤。乞勅通政司、今後、嘉興有陳訴者、抑之不受。上以懋所言、天下皆然、何独嘉興。命法司普禁之。今後、惟謀反重情、許訴于京。余皆自下而上。違者以驀越罪之。

(34)『明実録』英宗・宣徳十年夏四月丁卯、

勅諭吏部都察院。……在外府州県官、従布政司按察司及巡按御史考察。務在広詢細民、不許偏徇以昧至公。

(35)正徳『大明会典』巻一六五、都察院二、出巡、憲綱、事例、「正統……四年奏定憲体及出巡礼儀」。参照。

(36)『明実録』英宗・正統三年八月丁丑、

命浙江杭州府富陽県知県呉堂復職。先是、堂坐巡按監察御史等官考察不達政体、已黜罷。堂訴冤。下巡撫侍郎等官覆勘、咸称堂有政績。惟猾胥不便、為其所枉。故令復職。

(37)『明実録』英宗・正統三年六月己卯、

命浙江嘉興県県丞趙恭復職。先是、巡按監察御史左瑺、右参政兪士悦、僉事施信、考察恭設施無方、黜罷為民。恭詣闕訴称士悦偏聴輿隷李保所譏、故陥之。

(38)『明実録』英宗・正統二年九月癸卯、

直隷丹徒県民徐義等数人、不理生産、惟持人短長、告訐以取銭帛。共刺血誓死生無相背。又立為開山・罷猛・烈虎・利言・鸜鵒諸名号、楊言以懼其邑人。事覚。械至京。法司論贖死寧夏。上曰。此乱民也。不可復歯之斉民。悉編戍辺衛。

(39)栗林宣夫『里甲制の研究』文理書院、一九七一年、五九—六二頁。

(40) 山根幸夫『明代徭役制度の展開』東京女子大学学会、一九六六年、三九―五六頁。
(41)『明実録』代宗・景泰三年秋七月丙辰、同月八月戊辰の各条。『皇明条法事類纂』(巻五〇畢以下の不分巻の部分)《申明御史巡按回還俱要本院考覈例》
一件関訪詐偽以清選法事。成化十年閏十月内吏部題准。……凡考察官吏廉貪賢否、必与民間広狥密訪、狥公義、以協衆情、毋得偏聴。
(42) 万暦『大明会典』巻二一一、都察院三、撫按通例、嘉靖二十七年題准。前稿参照。
同じく《弘治元年三月初七日都察院題該左都御史馬奏一責成效以革奸弊。》
(43) 趙翼『廿二史箚記』巻三三、明初吏治。
(44)『明実録』世宗・嘉靖五年七月辛亥、
南京戸科給事中林士元言。……今藩臬郡県諸臣、許撫按官奏挙。其所挙者、宜無不賢。而今日之所黜、乃半撫按之所挙。
(45) 趙南星『趙忠毅公文集』(乾巻二七六)巻一三、感激聖明務在必挙疏(天啓三年四月七日)、
近年有司謝薦之金日多。或百、或半。
徐枋『居易堂集』巻一三、誌銘、明故文林郎四川道監察御史呉公墓誌銘
餉差竣例。挙劾天下藩司郡守県長、例謝薦、総計不下十余万金(崇禎期)。
参照。
(46)『明実録』世宗・嘉靖五年七月庚子、
御史朱豹言。……近来各処知府、多肆貪残、或飾誉行私、或玩法廃事。求其誠心愛民者十不一二。
(47)『明実録』世宗・嘉靖十年三月辛卯、
吏部以明年朝覲考察、因言節年朝覲。撫按官開報考語、自府同知以下、類多明白。至於知府以上、則語率含糊。甚者、賢否倒置、以致難於去留。
(48)『明実録』穆宗・嘉靖四十五年十二月壬子
上即位皇帝位。是日、……詔曰。……一近来、撫按官及各差御史、訪察拏人多不得実。本欲懲悪、反害良善。其両司府

県、乗機效尤、違法益甚。今後並不許再行訪察。違者吏部都察院、即行参奏重加黜罰。

李応昇『落落斎遺集』（乾巻三一九）巻一、申明憲紀大破積習以安民生疏、議訪察。按御史出巡第一要、拿問奸貪蠹政害民之官。至訪察土豪、節経禁止。先帝恩詔、令撫按入境、即刊布奉旨、施行訪察一条、徧諭所属、以杜指嚇。今各差弁髦明詔、喜事督索、非不意在戢奸。而所司不喜奉行。毎至搏撃菜庸、羅織富室、日軽日濫。但取完贓。衙虎欣然、奸民竊笑。今後著為定例。止許巡按入境、間一訪拿止用衙蠹豪奴、不及郷民。止重罪遣枷号、不追入贓。其南北別差御史、一概不許行訪。若果有豪悪巨窩、必府県抛有実跡、然後申報重創。庶威行破柱《ママ》而善良安枕乎。……天啓四年五月十九日、二十二日奉聖旨。

参照。

（49）　趙南星『趙忠毅公文集』（乾巻二七六）巻一三《覆劉侍御推明憲臣疏》
藩臬太守、非真豪傑、未免有自軽之意。畏後進之為台省也。為司理者、又与県令比而欲其入台省也。于是、上官以卑詘結綢繆。下僚以賄賂酬知遇。公儀盡去。形迹都捐。其所註考、惟恐讃揚之未至、摹写之不工也。誰為貪酷者哉。且撫按之所挙劾、必憑道府。乃咨訪則雷同以雍之。駁還則堅執以拄之。若別有所聞、則又以為非体、或多方以誤之、使其耳目窮于無所施。……天啓三年五月二十三日上。二十六日奉聖旨。這挙劾事宜、依擬厳行申飭撫按官、務要著実遵行。違玩的併行参処。該部知道。

（50）　『万暦邸鈔』万暦十二年正月辛丑の条所載の《都察院左副都御史丘橓上積弊八事》の上疏には、
二司考語、必托之有司。而有司則侈加美考、先以密達於彼、且請益焉。於是、二司深徳其庇己而且畏之。毎伝公檄、即附啓以納交。少有私聞、即伝書以馳告。見必留款、坐必延上、叙賓主之礼而結兄弟之歓矣。有司考語亦皆托之有司。而行訪之有司、即以美考密達於被訪之有司、請益焉。於是、彼此交通、互為耳目。雖郡邑未経半面而神交心契、已為不解之藤蘿矣。二司既与有司為党。在撫按査訪、不下数十処。乃褒美之詞、如出一口。蓋自以為衆論僉同得一佳吏矣。而不知改頭換尾、咸出本官一人之手耳。是非偽置、権柄下移。此訪察之積弊也。

とあって、本文の傍線部分は見当らない。

（51）　その萌芽形態は、皂隷の衙役化が始まる正統期に既にみられた（註37）。詳細は、拙稿「明末窩訪の出現過程」『東洋学

報』第62巻第1・2号、一九八〇年、参照。

(52) 万暦『大明会典』巻一三、吏部一二、京官考察、凡両京府県官、嘉靖三十年題准。

(53) 劉宗周『劉子文編』（乾巻四一八）巻八、上温員嶠相公体仁丙子七月。

(54) 註（51）拙稿参照。

(55) 鄒元標「敷陳吏治民瘼懇乞及時修挙疏」（『皇明経世文編』巻四四六、「鄒忠憲公奏疏」巻之二）

秤頭之苦。……昔評賢否在小民。今評賢否在士夫、在過客。士夫過客不皆賢者、往往以情識為毀誉。

第十四章　明末寓訪の出現過程

はじめに

私は、これまで明代官僚制度の主要な側面である考課制度の腐敗変質過程を追求してきた。先の「明末の吏治体制における挙劾の官評に関する一考察」（A稿）[1]では、明末地方官の考課のあり方を、撫・按による挙劾・考察の《官評》の変質としてとらえ、併せてこの考課の矛盾に介入した郷紳が国家権力に如何に対応したかを追及した。最近の「明末官評の出現過程」（B稿）[2]では、前稿のあとをうけて、官評の概念を考課の評語を意味する用語＝考語として再認識し、これが考課制度の側面である訪察の矛盾によって、考語採取の対象が変化する過程より出現したと考えた。

本稿では、前二稿で究明できなかった、訪察の矛盾によって変質した考語＝官評の出現した社会構造、即ち嘉靖期以降に顕現した訪察の矛盾の所産である寓訪が、商品流通・貨幣経済の発展や収奪の強化による農民層の分解という社会経済的・政治的諸矛盾の激化と相互に関連しながら発生するに至った過程を検討したい。具体的には、明代徭役制度の雑役の一役目であり、農民より徴発されて官署に配属された皂隷が、その後半以降に衙役化していく過程と、その機能変化である寓訪なる行為又は集団が官評を操作するなど地方官の考課に介入した実態の一端とについての分析である。

第一節　公使皁隷の銜役化

皁隷（祗候）には、内外官僚個人に対して、官品に応じた一定数（一・二品十二名より七・八・九品二名。但し七品の知県は四名。会典皁隷）[3]が配属される随従の皁隷（公使皁隷と併記される場合は祗候、のち柴薪皁隷）と、内外の官庁に配属される公使皁隷（直堂・直庁皁隷、隷兵、隷役、皁役、隷卒、皁卒、輿台、輿隷、輿皁、台隷、徒隷、門隷、門皁など）とがあった。京官に配属される随従の皁隷は、同じく官員個人に配属される馬夫・儒学の斎夫・膳夫などと倶に、官僚側の薄給の補い[4]としての銀に対する欲求を契機として、十五世紀末葉の弘治前半までにほぼ銀納化が完了した。[5]中でも随従皁隷の銀納が公認されたのは、早くも宣徳四（一四二九）年頃であった。以後、銀納雇役化した京官の随従皁隷は、柴薪皁隷と呼ばれた。柴薪皁隷の銀納公認は、正統元（一四三六）年の江南の田賦銀納化（金花銀）に始まる銀使用の解禁が、実際には宣徳年間の北京の流通市場でなしくずし的に開始されていたことを物語るものであった。地方官個人に配属された随従皁隷の銀納化も、弘治初年までには始まっていたと推定されている。本稿で問題とする公使皁隷も、嘉靖期までみられる一部の例外を除いて、ほぼ十六世紀初頭の弘治末年までには銀納化が成った。[6]

在京衙門の公使皁隷の中、直堂・直庁・把門・看倉庫・看朝房・看監・看書等の公使皁隷は、[7]従来の力役が維持されると同時に、弘治三（一四九〇）年にはその銀納も始まり、[8]同十四（一五〇一）年の規定によれば、その歳納銀額は十両であった。[9]江南・山東・山西布政司並びに北直隷保定等府より北京へ徴解された京班の公使皁隷は、[10]正月以後八月以前に北京に番上したのち、任期一年で交替し、引を支給されて帰郷した。[11]

ところが、力役部分の公使皁隷の番上制は、弘治十六年頃には行き詰ってしまった。会典皁隷、凡撥給の条には、

〔弘治〕十六年題准。凡各項皁隷解到数少、不敷輪撥。将上年撥到皁隷借撥補輳。

とあって、毎年地方州県より北京へ差遣される京班皂隷の経常額が減少して、役務への割当てに不足を生じた結果、不足分は前年度の皂隷を再度就役させる規定が出現した。これは、力役部分の公使皂隷にも雇役化の必然性が生じたことを示す画期的な規定である。その理由としては、均徭法施行以後、公使皂隷が戸則を基準に科派されていたとは言え、既述の弘治三年以後に公使皂隷に銀納が許され、富民上等戸が納銀して力役を免れた結果、力役部分の公使皂隷は、往々にして貧戸に科派されたが、貧農出身の公使皂隷は、その田畑が荒れた上に往復の旅費もままならず、力役忌避の工作を行ない、それを地方官も禁止できなかった点があげられる。[12]

右の再度応役＝雇役させられた貧農は、以後は衙役化して後述する官庁の内情に精通した職業人と化した。彼らは、北京の特定の衙門を特定の州県出身者で占拠する傾向をみせたために、弘治十五年には規制令が出された。[13] 京班皂隷が一年の任期を終えた時点で、次年度の額数に仮に不足がない場合でも、以後は京官が本職以外に帯びている兼官等に対しても、毎歳欠官銀を使用して直堂皂隷を雇役する新たな規定が出現した。[14]

右の事情は、地方衙門でも同様であった。洪武元（一三六八）年の令は、祗候・禁子・弓兵を、二石以上三石以下の納税戸より徴取すべく、納税額の多い人戸よりの徴取を禁じたのち、皂隷等に雑泛差役を免除した。[15] しかし、有司は、往々にして皂隷をして胥吏や豪民と結託せしめて農民を搾取した結果、太祖の怒りを買った。[16]

規定上は一年で交替すべき地方官署の公使皂隷が衙役化する現象は、その銀納公認以前の正統年間に萌していた。正統四（一四三九）年十月二十六日付の勅諭に基づく『憲綱』巻一五、巡歴事例、府州県の条に、

一皂隷弓兵、仰本府州県、取勘額設名数、及点充月日開報。毋得多余濫設、欺隠為奸、及経年不替、妨民生理。

とあるように、勅諭の出た背景には、額外皂隷の濫増と、交替制が守られずに小農民の耕作が妨害されている事態があった。また、『明実録』英宗・正統十四年六月己巳の条には、

詔曰。……一諸司吏卒弓兵皂隷牢子、多有積年民害。久恋衙門、父子兄弟更相出入、専一起滅詞訟、把持官府、

説事過銭、虐害良善。

とあって、皇帝は、衙役化した皂隷等が、肉親を衙門内に出入りさせて、裁判の勝敗を左右したり、官府に圧力を加え、秘密の頼み事と同時に賄賂をも取り継ぎ、小民に暴力を振うなどの事実が存在することを認めた。

次に、皂隷の衙役化した過程とその特徴を検討しよう。正統八年頃、江西で均徭法を施行した布政司参議夏時は、のちに臨江府に至って大抵「上等糧戸」を布按二司の隷兵に編派したために、民害をまぬがれず均徭の名に値しないことより均徭役は中止すべきだ、との知府代行の右参政朱得の批判をあびた。[17] この要請は、同十年十二月に実現した。正統三年に該府の知府代行に就任していた参政朱得は、江西按察司尹鎧が収奪を目論んで当府に不法な額外皂隷（隷兵共せて五十五名）[18]の供出を求めたこと（「仮隷兵貪取民財」）を糾弾していた。その際、朱得は、当府では不法な皂隷の供出に対しては、力役に応ずるものは少なく銀納の者が多いと証言した。[19] さらに、同十二年四月、掌臨江府事右参政（従三品）朱得は、左参議（従四品）夏時が収奪めあてに公使皂隷の額外供出を行なわせたことを批難した結果、夏時以下の共犯者が処罰された。[20] とすれば、夏時が右の均徭法において、重役に当るべき上等の糧戸を皂隷に編派したのは、銀納が可能な彼らのふところを狙った疑いが強い。且つ、民害とは、銀納で力役を逃れた上等戸の代りに、貧民が皂隷以下の力役を科派された意味に理解される。

『明実録』英宗・正統十四年二月戊寅の条には、

上曰。……近聞。各司府州県官、簾正守法者固多。其中亦有不才者、罔知尽職、准図貪利。往往於所属私僉皂隷。或容豪富奸民投托交結。多至六七十名及二三百名者。逼令辦納銭物、准折財産。所属官吏遞相倣効、全無畏憚。凡有公差、止派貧民応当。因致靠逃亡失業。

とあって、皇帝は、地方官の中の貪官が所管の府県より公使皂隷を額外に不法徴発したり、或は皂隷に就役を願う豪富・奸民の頼みを利権めあてに許している事実を確認した。両者の合計は、多い衙門で六七十名より二三百名に上った。また、額外不法徴発の対象は「富民」[21]であって、彼らは銭物を代納して力役をまぬがれていた。だが、富民の納めた銭物は、雇役のための工食銀とはならず、貪官に着服される性質のものであったから、結局額設の皂隷以下の公差＝力役が貧民下等戸に科派された結果、彼らは逃亡・失業へと追い立てられて離農民と化した。嘉靖後年でも、府県の直堂・直庁皂隷や禁子が力差の目で残存して重役[22]とみなされたのは、地方官の収奪と深い関係があったと考えられる。なお、成化十四年八月、政府は、富民上等戸が皂隷に充てられた場合、粮差（税糧関係の糧長・解戸などの徭役）が下等戸に皺寄されることを警戒して、「相応の人戸」より毎戸につき一名（銀納の貼戸も容認）を徴発する条例を出したが[23]、実態は歪んでいた。

つまり、銀納公認以前の正統期の地方官署の公使皂隷に応役したのは、貪官の額外不法徴発に耐えうる銭納の富民上等戸、官僚に請託した豪富・奸民、貧民下等戸の三者に区分される。この中、衙役化したのは、後二者特に下等戸と考えられる。

成化年間の公使皂隷の濫増と衙役化について、例えば四川の州県では、額外に不法徴発された皂隷・弓兵・禁子・門子は、一衙門で五七十名から百余名に上った。しかも、衙役化した皂隷たちは、既述の「嘱託公事、誆騙把持[24]」等の悪業を行なった。

離農民出身の皂隷等の衙役について、郷官何良俊は、正徳年間（一五〇六―二一）以後四五十年来の賦税・徭役の苛酷な徴収によって、華亭県を中心とした松江府一帯で「農を去って官府に蚕食[25]する者は、前に五倍す[26]」との情況を指摘した。嘉靖中葉の南京の大小衙門では、積年の皂隷が盤踞しており、彼らは商品買付に出向いた場合、公定価格よりも安値で買いたたく等の不法を行なったが、禁止してもその効果は上らなかったという[27]。その対策として、万暦『大明会典』巻一七五、刑部一七、罪名三、充軍の条に、

　嘉靖二十九年定。……主文・書算・快皂人等、久恋衙門、説事過銭、起滅詞訟、及売放強盗、誣執平民為徒者。

……以上倶附近終身。

とある如く、遂に国家は、嘉靖二十九年に至り、交替の期限を過ぎても衙門に永らく盤踞する皂隷・快手等が、既述の「説事過銭、起滅詞訟」の外、賄賂をとって強盗を放し、無実の民衆を不当に逮捕するなどの罪名に対しては、充軍の条例を制定して処罰に乗り出した。ここに皂隷の衙役化は、体制内矛盾として画期的段階に到ったと考えられる。但し、それらの法規制は機能したであろうか。

規定上の一県の公使皂隷は十二名にすぎなかったが[28]、実際には嘉靖期の蘇州府呉県や、万暦初年の河南汝寧府光州商城県では、依然として官簿に登録してない額外に濫増した副差の門隷や私籍の隷卒が正額の十倍もおり、官府に蚕食していた。特に呉県の額設の胥吏・門隷の中には、搾取・訴訟を業として富民化する者さえいた[29]。後述の呂坤は、万暦中葉の皂隷・快手が、「査盤〔官〕は積年の皂快をもって腹心となす」（五〇六～〇七頁）という如く衙役化していたことを指摘した[30]。そのような皂隷衙役化の進展を裏付けるものとしては、万暦『大明会典』巻七八、礼部三六、学校、儒学、風憲官提督の条に、

万暦三年、換給提学官勅語。……一両京各省廩膳科貢、皆有定額。……原係娼優隷卒之家、……等項僥倖出身、殊壊士習。訪出、厳行拏問革黜。

とみえるのが注目される。この新規定は、額設の廩膳・科試合格・歳貢の各生員の中に、幸運にも紛れ込んだ公使皂隷であった家庭の出身者は、読書人の風紀を乱すとの理由で官学より追放することを定めたものである。隷卒の家とは、衙役化した皂隷の家を指しており、彼らが風紀を乱すと嫌悪されたのは、長年に亘って官署に盤踞し、資力にものをいわせて子弟を読書人の仲間入りさせうるほどに小民を収奪して富裕化した成り上り者であったからであろう。

江南では、万暦中葉以後の三十年間においても、白糧の役に苦しむ田百畝の小地主や、税糧に苦しむ田数畝の小農、佃租に苦しむ佃農の中、機転の利く者が離農して商人か、羽振のよい胥吏・皂隷に転業した結果、額設の胥・隷の一

つのポストには、数人が不法に濫増されていた。(31) 彼ら胥・隷は衙役化したに違いないのであるが、皂隷の衙役化の一つの帰結として、明末南直隷池州府貴池県の挙人呉応箕（一五九四―一六四五）は、全国府州県の胥吏・皂隷等の衙役の数が数十万人を下らないと指摘したのち、皂隷・快手の正役一人のポストに衙役株ともいうべき「買窩の銀・頂首・頂銀」が以前より成立しており、皂隷・快手の中には、工食銀に数倍する権利金の頂首銀（往時は十両、近年は数十～百両。胥吏株は皂隷株の二倍であった）を獲得するや、俄に田宅を買い求め、奴婢を駆使する富民と化する者が県下に数十人を下らなかった、(33) との注目すべき指摘を行なった。

第二節　衙役の機能変化

1　訪察の矛盾と窩訪の出現

明末以来、地方の州県衙門では、下級雇用員の交替制が無視されて長期間の雇役化＝衙役化が定着した。明末段階の州県衙門の公使皂隷は、布政司分司や撫・按察院の衙舎を除けば、一般にはまだ清代に三班の衙役として確立する、皂隷班、警邏・捕盗に任ずる民壮班、密偵、逮捕に任ずる快手班などのように、衙門正堂前面の東西の側に独立の宿舎を与えられてはおらず、その発展過程にあったらしい(34)（絵図、11、9）。明末の皂隷は、「一に催徴に当り、頑民は計り以って総てとなし、〔旧欠〕を還す能はず。……其の田の収むる所を将って糧房の皂隷に塗飾す」(35) という如く、六房の胥吏と同居していたので、税糧の催促の際は、頑民とグルになって彼らの滞納を帮助する弊害も惹起した。

地方衙門には、正官の駆使に供する直堂皂隷、属官の駆使に供する直庁皂隷、把門皂隷の三種の公使皂隷がいた。門皂（門隷）の役務は官署の受付であるが、彼らは、嘉靖期以来、長びく県庭における裁判に出廷する農民から陋規として「杖頭の銭」を取っていた。[36]万暦期の蘇州府では、門隷は胥吏と結託して裁判に介入して小民を搾取していた。[37]陳竜正は、門皂が公判の日に出廷する農民を頭門の所に留め、陋規を求めて出さない者には、門内に入れずに鞭撃したと述べる。[38]門皂は、また県衙門に税糧を投櫃にやってくる農民からも陋規を搾取していたらしい。[39]

明末の皂隷は、地方官の政務の使用に奔走することで最も役得・権勢に与った。成化～正徳期以来、州県官の治績を頌えた文章には、それらの知州・知県が里甲を責成して、税糧の催弁を除く公事を勾摂する際に輿隷・隷卒を下郷せしめなかった点が評価されている。[40]里甲に職責を全うさせる至極当然の法制上の行為が顕頌されなければならないという事実は、里甲制の衰退に関って皂隷の下郷が今や一般化しつつあり、それを容認した地方官が彼らと結託していた点を示唆している。[41]確かに、勾摂公事の内容としての「数百里外の婦女を以って執を他郷異郡の皂隷に受く」[42]という如く、皂隷は長官より被疑者の逮捕に郷村へ差遣されてもいた。だが、「快手はもとより犯人を勾提するために設」[43]けられたのであり、実際に嘉靖期の毛憲は、「公事に遇う毎に民壮快手は相継いで差を謀り郷に下る。勢い狼虎の如し」[44]と述べている。このように、勾摂公事に関する役務は、明末では皂隷・快手・民壮の間で画然と区別されていなかったことがわかる。[45]皂隷は、また官用物資の買付に差遣されることもあったが、[46]彼らにとっての搾取の絶好の機会は、特に嘉靖期以降では長官の命令で胥吏に従って郷村に下り、税糧の催促や徭役の科徴に当る場合であった。彼らの搾取が、困窮する農民を一層苦しめたのであった。[47]

右にみた明代中期より特に嘉靖以降の皂隷による裁判・犯人の逮捕・官物の買付・税役の催促等を通じた不法収奪は、各級地方長官の容認の下で行なわれていたと考えられる。時たま彼らの収奪を禁ずる地方官が顕頌の対象になったという事実は、逆に皂隷と地方官の緊密な結託関係を暗示していた。明の「中葉以後は官吏はおおむね貪虐、紳士はおおむね暴横」[48]という状態となり、天啓・崇禎頃は、「輿台走卒は、縉紳を指して以って奇貨となす」[49]という如く、皂隷・快手等の衙役は、貪官・紳士との結託関係を一段と強めていった。

不法な収奪を共謀する胥吏と皂隷、貪官、紳士の三者は、撫・按が県城の察院に出向して官僚の政績をはじめ探訪調査する「訪察」の職権によって捜索逮捕すべき「訪拏」の対象であった。しかし、官民の政治矛盾を査察・糾弾すべき撫・按の訪察は、嘉靖期以降、商品流通・貨幣経済の発展や、資格偏重に基づく官僚制の硬直化現象による交際関係から生まれた情実賄賂を媒介として、上下各級の地方官が相互の昇進を保証するために撫・按に報告する情報や考語＝官評を歪曲する一方、撫・按自体の腐敗とも相俟って、ほぼ形骸化した（A・B稿）。

訪察の一層形骸化した万暦期には、その反映として、撫・按の訪察の機会に仮りた衙門人役が姦徒と結んで行った非合法な情報収集と配信など誣告行為を本質とする窩訪（売窩訪家）[50]が出現した。銭一本編『万暦邸鈔』万暦十年十二月条所載の「付録」の条には、

> 是年（万暦十年）四月内[51]、科臣牛惟炳条陳。……一議禁革窩訪以祛宿弊。臣素聞、民間有等衙門積棍及市井無頼之徒、専一結交訪察、彼此号称通家。居則窩訪、出則行訪。一有睚眦小怨、輒装誣過悪、編捏歌謡、以挾制官府、陥害平民。以故、不肖有司、結之為心腹。愚蚩小民、畏之如蛇虎。敗政蠹民、莫甚于此。節経台省諸臣建議、禁革不啻再三。即各処撫按亦往往有禁治榜文。顧禁之弥煩而卒不能止者、蓋由挙劾官員、訪拏奸悪、皆撫按重務、勢不能不寄耳目于有司。又恐其或私也、則調委隔別府県、彼委官相離既遠、聞見不及。雖欲不用此輩、其道無繇也。是陰用其実而陽黜其名。猶之濁其源而求流之清耳。臣愚竊謂。果有勢要土豪有司所不能制者、今本管官拠実開送。其害人衙役有司不肯開者、聴被害人自行陳告。

とあって、窩訪とは、訪察権を行使する撫・按が、衙役・無頼と結託する不肖の府県官からの情報提供は望まないにも拘らず、官員を挙劾したり、奸悪な者を逮捕するための資料採取の実情調査である訪察の際には、府県有司の報告する情報に信頼がおけなくなり、止むなく衙役の情報探索能力を利用したのに乗じた衙役が、訪察を枉げて私物化する政治妨害の行為であった。窩訪は、市井の無頼と相互に通家と呼び合う気脈を通じた業務提携の関係をとり結び、

衙門積棍[52]とも呼ばれる皂隷等の衙役が実行の主体となり、収奪を事とする府県官の腹心となる一方、衙役の背後で糸を引く地方の勢威ある紳士＝勢要やボス＝土豪を黒幕としながら、民衆を暴力的に収奪したり、地方官の考課を左右するという如く、組織的に行なわれた。情報の探索を基本とする衙役の活動は、本拠地の城内で行なわれる場合は窩訪と呼ばれ、城外の鎮市郷村や県外で行なわれる場合には行訪と呼ばれた。窩訪は、技術的には怨みに思うことがあれば、その都度相手を中傷して歌謡をデッチあげて流し、府県官を脅迫したり庶民を罪に陥れて、利権や収奪の利を図る方法で行なわれた。ここに、衙役の機能は、本来の役務を越えて、民衆を収奪したり官僚の考課に介入するという如く変質した。以後、窩訪は、会典や問刑条例に誣告罪として明記され、のちには「逆党」と同一視された「不宥」の罪として、たび重なる禁令にも拘らず常態化していった[53]。

2　考課に介入した窩訪の実態

明末より清初の康煕・雍正年間に、南直隷・浙江・湖広等の謂わゆる先進経済地帯で盛行した[54]、庶民や紳士に危害を加えた窩訪の実態分析は別稿にゆずり、以下では、地方官の考課に介入した窩訪の実態のみに限定して検討したい。

万暦中葉の呂坤『去偽斎集』巻七、雑著、考察要語には、以下の指摘がある。

撫按行部、周爰諏咨、観吏治淑慝、詢民間疾苦。而一躬而退、即相面不捷於此矣。而恃五花之考語、若金石。五花、方面又信査盤官、若蓍蔡。査盤又以積年皂快為腹心。皂快又以神姦窩訪為耳目。打成恩怨之局。揑為織悉之冊、以待通家採問之人。其条件極詳。其贓証極細。結納買嘱者、皆循良。奉法持正者、皆不肖。下而衙門閭閻、合冤被誣者、無論矣。

撫・按は、吏治の善悪をたしかめ、民間の苦情をきく訪察のために州県衙門に出向した場合、一人で足を運んで官員の治績をじかに監察するという最も確実な方法は採らずに、三年毎の朝覲考察の資料である布按二司官（方面）の報告する五花冊（貪・酷・罷軟・無為・不謹等の科罪の目から成る総合評定要素である五花〈五法又は八法〉の考語冊）に信頼を寄せていた。方面（実際は直接に撫・按）は、撫・按より徴税・裁判の査察を委任された一府の刑名を掌る推官[55]（査盤官）の情報に信を置いていた。推官は、衙役化した皂隷・快手を腹心としたのみ、彼らより情報を入手していた。皂隷・快手は、悪辣極りない窩訪のボスより情報の提供を受けていたが、この両者は、打って一丸となって恩と怨みを事とする組織を形成していた。窩訪のボスは、官員の政績、特に贓罪については、有ること無いことを総まとめして黒を白にデッチあげ、それを微に細を穿った「織悉の冊」の名目で盟友である通家[56]＝皂快の要請に応じて提供していた。

撫・按の委官＝推官の駆使に任じていた胥吏や皂隷＝輿台は、府官以下は言うに及ばず、在郷の紳士をも尻に敷くほどの権勢を誇っていた[57]。彼らは、市井の無頼や紳士の奴僕と相互給源的な存在でもあった（A稿）。例えば、明末江南の場合、勢宦は、己れの利害に背く県官に対しては、その政績を勝手に評定しておき、中央政府の高官と連絡をとって免官に追い込んでいた[58]。また、勢豪は、自己の宦僕を官署の胥吏や皂隷等の衙役として送り込み、守令の政績に関与することで彼らの利権の貫徹をはかった。従って、たとえ巡按御史が勢豪の悪事を摘発しようにも、勢豪に掣肘されていた守令は、巡按の訪察に対して勢豪の悪跡を報告することなど決して出来はしなかった[59]。特に江南で盛行した暴力を業とする打行[60]や他人の訴訟の引受けを業とする訟師[61]など、直接には権力の背景を持たない不法集団は、官憲の追及をのがれるために郷官の家人だと偽ったり、或は豪紳の傘下に投身して経済外強制の尖兵に任じていた[62]。だが、右にみた地方官の政績評価に介入する胥吏や皂隷などが構成した窩訪の集団は、直接に官威をバックとしていたため、紳士とは相対的に独立した立場にあって、訟師をもその構成分子としていた[63]。

明末湖広の地方官にとっても、姦民＝民蠹が官員の弱点を探索したり、貴家傒族＝権蝎《さそり》が官員の政績評価に介入して利権の貫徹をはかる行為は、最大の政治妨害として悩みの種であった[64]。民蠹つまり本来庶民である者が、官署に雇われたのち、撫・按の訪察の矛盾に介入して、訪察の情報資料を一手に提供する集団に成長したのが売訪の窩家であった。彼らと貪官との結託、及び彼らの利害に反した清官が辞任に追い込まれた点は、原任山西巡撫呂坤にも指摘がある。(65)

李維楨『太泌山房集』巻五九、記の条には、嘉靖帝の出身地である湖北承天府の、府治＝鍾祥県の東に隣接する京山県出身の李維楨が、荊門州の士民の要請で記したという「潘郡倅解官記」(66)がみえる。潘郡倅とは、万暦二〇（一五九二）年に承天府通判（正六品）＝郡司馬に就任した正義派の清官潘一復（常州府宜興県の人、選貢生出身）のことである。(67)そこには、同二十二年に発生した窩訪のボスによる、ボスの権益を犯した地方官追放劇の顛末があらまし以下のように記されている。〔　〕内は、同巻の「游参知政記」で補った。

大ボス＝大豪某の息子で州城内に住むボス甲＝豪・市豪は、天下の亡命の徒をかくまって、「僕御の礼を執」らしめ、それらを含む配下の徒党（腹心爪牙）千余人を湖広全省の各府県内に配置していた。撫・按の中には、豪の配下より情報を取り寄せたり利用する者がいた。問題の内偵と処方を請負う豪に、中産の家が難題の解決を依頼でもすれば、忽ち財産の半分は奪われた。〔さらに、士大夫や州長吏を操作しうる段階に至った豪は、自邸の堂屋の棟上げの祝儀は騰貴した朱色の「呉軟絲」でなければ受け取れぬ、と布令して百疋を収納した。また飢民や男やもめが堂下にやって来て、某は余剰の粟・布或は婦・女ありと進言すれば、その都度、暴力的に収納した〕。

乞食同然の身を豪に拾われてその養子となり、のちに承天府の胥吏に送り込まれた者が、荊門州の納税証書を取りよせて、その税額を書き換えて銀千両を増徴していた。州民〔大姓・父老・衣冠の族〕が増税の不当を、〔荊西を管轄範囲として承天府に駐札していた〕布政司参政游朴（従三品）に告訴した。それまで、盗賊の潜伏地帯である承天・荊州両府の間に介在する戸数数千の沙洋鎮に駐屯して盗賊逮治に成果をあげていた通判潘一復は、游朴より調査を命ぜられて荊門州の十年間の税簿の不正経理を洗い出し、胥吏全員を中庭に集めて文書偽造の事実を白状せしめた。

〔その際に、潘一復は笞三十をあてて豪の養子を死亡させた〕。背後で糸を繰る豪は、〝税糧の取立てでメシを食うことが何で悪い。たったの千両が何だ。よくも吾が子を刑死させたとは侮辱千万なり〟と激怒した。ほどなく、豪と交際する者の間から潘を中傷したデマが流れ始めた。「治掾猶治我耳」と公言して憚らないほどに豪と結託していた知府は、潘通判の政績を劣考と評定して撫・按に具申した。貢途切りやすしとみた撫・按は、各おの潘を弾劾する上奏を行ない、その左遷を要請した。勝負あったとみた豪は、配下をして先に加徴の皺寄を喰って苦しまぎれに游参政に告訴した大姓の息子＝茂才〔諸生〕を、城内州学の科試の試験場より州門に引きずり出し、〔いばらの籬の中につれ込んで〕、その手に完膚なきまで焼き針を刺し〔たうえに、頭から足までむごたらしく笞打つという〕暴行を加えた。〔生員有志は、直ちに州大夫に該生員の救助を訴えたが、豪を恐れて誰もとり合わなかったので、彼ら自身で垣根を破って救出した〕。この事件に対して、城内の士民は、豪の暴力を容認した知府を一斉に非難する一方、潘通判の徳政をたたえる檄文を城内の目抜通りに掲示した。万暦二十二年秋に省城の武昌で行なわれた郷試の会場では、今回の事件で解職された潘通判を留任せしめえなかった無力さ悔しさが士人たちの間で涙ながらに語られた。結局、同年に知府（郭甲）も罷免されたが(68)、潘に対する撫・按の劾奏にみられる相違に不審を抱いた吏部は、所司に潘の評価の再検討を命じた。しかし、潘の取調べに当った吏部考功司郎中は、豪に遠慮して潘の冤罪を十分に雪ぐことが出来なかった。潘を支持した游参政も、遂には豪の讒言にあって辞職に追い込まれたのであった。これより先、潘通判の辞任の弁は次のようであった。〝敵は多勢に無勢、とても勝目はない。それ以上に自分はもう官職には何の未練もない。州の士民がこれ以上、敵の仕組んだ事件の巻添を喰って被害者となる最悪の事態を回避できただけでも、せめてもの心のなぐさめだ〟と。潘の固い決意を耳にして泣寝入り寸前にあった州の士民に対して、游参政は〔「沈命の法」を徹立して、豪の徒党二十余人を処罰して「士憤」をなだめる一方〕、潘の摘発した不正な「州加賦」三千七百両余りを調査して、以後の加徴を認めず、賦税額を限定して法令化した。この措置を、己れの既得権益への侵害と受けとめた無法の豪一味は、今度は游参政の追放を画策しだしたのであった。ここに、益々危機感をつのらせた州士民は、この事態を後世への警鐘として、せめて野史に記録してくれるようにと李維楨に要請した。

要するに、州の士人や一般民衆が、一部の良心的官僚の解任を阻止できず、ボス一味の不法を排除できない背景には、一省の実権を握る撫・按―知府が、彼らに買収されている決定的関係が示唆されている。つまり、ボスの大官との癒着による権力支配の特殊な構造は、窩訪を中核に展開された組織の中より醸成されたものであった。

万暦『承天府志』巻一四、芸文、参知游公大政記(69)、李維楨には、その構造が左のように記されている。

州幅員数百里、山居十之七、水三之。士大夫散処四境、視州城如寄。而市豪聚城中。其始輿台五伯之属、至微細耳。交関曹掾為奸利。羽翼成而胆勢益殖。小民有訟、賄豪為居間。其党拳勇者、任受刑。桀黠者、任対簿。無不捷矣。所得賄賂日益富、則使其徒為州胥吏、已為郡胥史《吏?》。又以其賂通監司若両台之為胥史《吏?》者。両台耳目寄之十五郡司理。又以其賂通十五郡司理偵事者。明《朋?》比構会、陰操州長吏佐幕短長。所不便、予下考。千里之外、其応如響。即士大夫惴惴懼不免。而不肖者、欲有所甘心、或陰用之。于是、視士大夫州長吏蔑如。即郡若監司若両台、且玩弄掌股之上。長吏至与具賓主礼、仰其鼻息。舞文犯科、不可窮詰。歳加州賦数千金、以実其橐。若固有之。……夫紀綱風俗之弊壊、莫甚於今日。而尤莫甚於楚、楚莫甚于我郡。自江陵敗、大臣徃徃為湘纍、堂廉冠履、陵夷澌尽。士大夫垂首結舌。吏無所忌憚。城狐社鼠、又従而為之釜鬵。情日壅塞、権日旁落、威日仮借、而横民出焉。其種有六。曰土豪、曰市猾、曰訟師、曰訪窩、曰主文、曰偷長。根株窟穴、常相通為用。如荊門豪兼六者而有之。其党以千計、其貲以万計。其功繁拜請妖訛洶沸。遠則楚十五郡、上則輦轂。力折権行、豈一朝一夕之故哉。

右は、湖広布政司参政游朴（万暦二年の進士。福建福寧州の人。内外の監察官僚として公正な審判に努力した）(70)の政績を評価する意図で記されているが、游朴の施政の態度は、既述の「潘郡倅解官記」の中でも窺見された。むしろここでは、游朴が対決した荊門州を中心とした窩訪の構造が説明されている。まず、十六世紀末の明末において、政治制度や社会秩序の全般的な退廃があり、それが湖広では特にひどい状態にあったが、中でも承天府が最も乱れており、その典型は管内の荊門州であった。山がちで漢水の右岸に位置する荊門州では、士大夫が州城を遠まきにする形で城外に散住していたのとは対照的に、窩訪のボスどもは、地方官の住む城内に居住していた。

市豪は、賤役とみなされていた皂隷＝輿台等の出身であった。始め皂隷たちは、州衙門の六房の胥吏と結託して利権に与ることで徒党をふやしていたが、やがて彼らの中より徒党千名を擁する豪と呼ばれるボスが現われた。(71)

始めのうち、豪の主要な業務は、小民より賄賂を納めて裁判の斡旋（居間）をしてやることであった。そのうち彼らの業務は分化して、腕力に特殊な技能を備えた者は暴力を担当し（市猾?）、狡智に長けた者は訴状の作成に従事するに至った（訟師）。官威を傘に着てそれらの装置を駆使する彼らの請負った裁判が常に勝利した結果、その業務は、依頼者の信頼を益々獲得して次の段階に飛躍した。

豪は、裁判業務請負料として日ごとにプールされた賄賂を資本にして、一味の者を州や府の胥吏として押し込んだ。次に豪は、布政司・按察司官や撫・按の胥吏に賄賂をつかませる一方、撫・按が徴税・裁判の委官に任命したり、訪察の矛盾によって今や唯一の情報提供者として信頼せざるを得なかった湖広十五府の府推官（正七品）にも賄賂を贈って、それぞれと気脈を通じたのち、示し合わせて人を罠にかけては罪に陥れたり、州の長官から佐官・属官に至るまでの考課に介入して、自己の利害に背く者には政績不良の評定を下して撫・按に提供していた（訪窩）。(72)

要するに、ボス＝豪は、一州の地方政治を牛耳るための支配の装置を、湖広全省の官僚機構内の要所に扶植する盤石の体制を敷いていた。知州や士大夫は、そのため豪に侮蔑視されていた。先ず、知州は、豪が州衙門内に趨けば、賓客としての儀礼で応対して、そのご機嫌を伺うという有様であったから、法規を無視したり刑事事件を引き起す彼らを徹底して追求できるわけがなかった。そのため、荊門州では、豪の配下の胥吏が毎歳銀数千両（既述の如く実際は三千七百両余り）もの不法な増税を行なって着服していたが、豪はこれを当然の既得権益と心得ていた。豪は、また上級地方官である知府や布政司・按察司官、さらには撫・按をも簡単に操縦しうる実力を具備していた。

次に、荊門州の士大夫も、「千里」の間に睨みを効かす豪の権力に内心懼れてはいたが、その中の見識なき者は、豪に接近して密かにこれを利用して結託する者もおり、従って豪の侮辱を受けていた。

要するに、豪に代表される横民の出現した背景には、長期間にわたる官僚腐敗の蔓延化という政治制度にかかわる或いは社会秩序の退廃過程があった。湖広では、土豪・市猾・訟師・訪窩・主文（文書管理？）・偸長（盗賊管理？）の中の何れかの機能を備えた複数の豪が存在したが、結局彼らは同じ穴のむじなであって、常時相互に連絡をとり提携し合って業務を遂行していた。特に荊門州の豪＝甲の如きは、右の六つの機能を兼備して、徒党千名、資金万両にものをいわせて、州内のみならず湖広一省、さらには北京にまで影響力を行使していた、という(73)。

おわりに

以上、在京衙門の公使皂隷は、弘治末年までに銀納雇役による衙役化が進んだが、地方衙門の公使皂隷の衙役化は、その銀納公認以前の均徭法下の正統年間に始まっていた。銀流通の展開の下で収奪を目論む地方官が、富民上等戸を対象に額外に至るまで皂隷銀を編派濫増して着服した結果、結局皂隷以下の力差は貧民下等戸に科派されたので、彼らは逃亡・失業して離農民と化し、改めて官府に雇役されるか又は額外に濫増寄食して、交替制が無視される中で衙役化していった。その傾向は、成化～正徳年間に促進され、特に彼らの不法収奪に対する処罰条例の出された嘉靖～万暦期に顕現した。しかし、法的規制もむなしく、各県衙門の公使皂隷は、正額の五倍乃至十倍にも濫増したが、その中には、役務上の不法搾取で富民化する者さえ現われ、崇禎期には皂隷株も出現していた。

衙役化した皂隷の重要な機能は、官署の受付など以上に、被疑者の逮捕・官用物資の買付、税・役の催促など、各級地方長官の政務の使用に奔走することであったが、各級地方長官や胥吏と共謀した彼らは、収奪物の分配に与った。一方、嘉靖期以降の銀経済の発展と資格偏重とによる賄賂や情実等を媒介として、相互の昇進を保証し合う各級地方官が撫・按へ報告する情報や考語は、真実を反映しなくなった。従って、貪官や地方の悪ボスを査察・逮問すべき撫・按の訪察も、形骸化の危機に直面していた。この訪察の矛盾に介入して、情報を提供することで撫・按と結託したのが、皂隷等の衙役を中核とした窩訪の横民であり、ここに皂隷の機能は変質した。

管見では万暦期に出現する江南・湖広の窩訪の徒は、本来離農民で衙役化した皂隷＝輿台出身のボス＝豪と、ボス（や豪紳）の送り込んだ亡命・窮民出身の現役の胥吏や皂隷を構成分子としており、ボスは、撫・按等上官の胥吏や撫・按の委官＝推官という公権力とも直接に気脈を通じていた。個別機能としての窩訪は、訪察を枉げて私物化する行為、つまり地方官の考課や紳士・民衆の行動に関する情報を探索して、それを徴税・裁判に関わる収奪の便宜のために歪曲して利権の貫徹をはかる不法行為であった。同時に窩訪の中には、土豪等のボスの指揮下に、暴力・訴状作成・情報探索・文書管理・盗賊管理担当などの数種の機能を内包する緊密な組織的結合で徒党千名を擁した非合法集団も存在した。士民の側に立ってボスの権益を犯した二人の地方官が、上下の地方官憲を買収したボスの世論操作の下で簡単に劣考と評定されて解任された万暦二十二年の荊門州士民の税糧加徴反対闘争は、地方政治におけるボスの露骨な権力支配を暴露した典型的事件でもあった。

結局、そのようなボスの権力支配も、清朝体制の確立に伴う官僚機構の極度な腐敗の粛正とともに必然的に衰微する運命にあり、且つ基本的には考課に関与した紳士の階級支配に奉仕する装置として機能した可能性が強いと考えられるのであるが、この点は、明末清初の土豪・紳士が清末以降の謂わゆる土豪・劣紳と如何に関連するのかの問題とも併せて更に検討したい。

註

（1）『九州大学東洋史論集』2、一九七四年。以下、A稿とする。

（2）『九州大学東洋史論集』8、一九八〇年。以下、B稿とする。

（3）万暦『大明会典』巻一五七、兵部四〇、皂隷（以下、会典皂隷と略記）、凡額数、正統間定。なお、正徳『大明会典』巻一二五、兵部二十、皂隷の条も同様である。

（4）清水泰次「明初官俸の社会経済的考察」『史観』四一、一九五四年。田村実造「明初の官俸と銀の問題」東方学創立二十五周年記念『東方学論集』一九七二年。

（5）公差の官員に配属される跟随皂隷（長跟・跟用・短差・軍伴）の銀納は、弘治六年に公認された。会典皂隷、凡僉派徴解、（弘治）六年題准。

（6）岩見宏「銀差の成立をめぐって」『史林』四〇―五、一九五七年。

（7）正統年間の北京文職衙門の公使皂隷は、左表（繆全吉『明代胥吏』台湾、一九六九年、四四八～六二頁）の如くであった。

直堂	377
直門	288
把門	60
看朝房	40
看監	283
看書	5
計	1,053

（8）『明実録』孝宗・弘治三年十二月丙子の条。会典皂隷、凡僉派徴解、弘治初令。

（9）会典皂隷、凡僉派徴解、（弘治）十四年題准。なお、正徳『大明会典』巻一二五、兵部二十、皂隷の条にみえる弘治初令によれば、両京の公使皂隷並びに倉庫・秤子等の役については、「毎名歳出工食銀十両」と見える。

（10）正徳九年の公使皂隷の原額は一五三四名。因みに柴薪皂隷のそれは五九六三名。同註（7）『明代胥吏』四四四～四六頁。

（11）会典皂隷、凡僉派徴解、（弘治）十五年令。同じく永楽間令。同じく凡撥給、弘治十一年題准。

（12）同註（7）『明代胥吏』七一～二頁。

(13) 会典皂隷、凡撥給、弘治十五年令。
(14) 会典皂隷、凡帯銜官、嘉靖三十二年題准。
(15) 会典皂隷、凡僉派徴解、洪武元年令。洪武二十六年刊の『諸司職掌』・工部・夫役の条には二丁が優免されたとみえる。納税額による雑役の徴収は、洪武二十四年の黄冊編造以後は上中下三等の戸則を基準とした。山根幸夫『明代徭役制度の展開』東京女子大学学会、一九六六年、六六〜七頁。永楽朝でも、皂隷は下等戸に科派された。『明実録』成祖・永楽七年六月甲辰「皇太子曰、貧賤乃為皂隷」。皂隷は、明律上は平人扱いであった。『明実録』宣宗・宣徳六年二月己亥の条。洪武年間には、皂隷に罪囚も充てられた。『明実録』太祖・洪武二十四年夏四月戊寅の条。会典皂隷、凡撥給、洪武二十六年定。
(16) 『御製大誥三編』逓送潘富第十八、代人告状第三一。『御製大誥続編』濫設吏卒第十六。
(17) 『明実録』英宗・正統十年十二月乙巳の条。
(18) 因みに、会典皂隷、凡額数、正統間定、公使皂隷の条に拠る直堂・把門・直庁皂隷の各合計額は、下表参照。

布教司	54
按察司	44
府	28
州	16
県	12

(19) 『明実録』英宗・正統三年秋七月辛卯の条。
(20) 『明実録』英宗・正統十二年四月乙未の条。
(21) 『明実録』英宗・正統十一年二月癸亥の条。
(22) 嘉靖『徽州府志』巻八、食貨志、歳役、一均徭力差即宋之差役銀差即宋之雇役歙県力差之目二十預備倉斗級、本府本県堂庁皂隷門子為重役。禁子為次。
(23) 『皇明条法事類纂』巻七、濫設官吏、《禁約在外有司多僉皂隷馬夫》成化十四年八月二十五日兵部尚書余等題為恤災固本事。
(24) 『皇明条法事類纂』巻七、濫設官吏、《禁約濫僉弓兵門子等役》成化十七年十月初六日兵部尚書陳等題為泛濫占役事。
(25) 張萱『西園聞見録』巻九七、聴訟、前言
　湯聘尹曰。……小民片紙之受祇為隷役蚕食之資。一筆下而両造先已憊矣。

蚕食とは、後述の地方官の裁判・徴税・商品買付等の駆使に乗じた皂隷が小民を搾取して生活の資料とすることであった。
(26) 何良俊『四友斎叢説』巻一三、史九。
(27) 張永明『張荘僖文集』巻二、議処舗行疏

南京礼科署科事南京刑科科給事中臣張永明謹奏為議定舗行以蘇京城民困事。……六曰飭官常。照得南京……大小衙門亦各有積年皂隷、盱睢桀驁循習成風、以抑勒賤買為旧規、以需索打点為常例。雖禁之而不能止。

徐階『世経堂集』巻二二、書一、復呂沃洲按院

今民窮已極。然国家実未嘗於常賦外有所増加。只為貪吏及其左右老隷猾胥所困耳。

(28) 註(18)に同じ。

(29) 黄省曾『呉風録』

自郡守徐親信吏胥門隷、往往成富人。至今為吏胥門隷者、酷以剝尅訟人為事。而隷人之害為尤甚。一人之正、十人之副、与吏胥因縁為奸。買票出則横行、動綴索数十金。

王世貞『弇州山人続稿』巻一〇四、文部、墓誌銘、文林郎知河南汝寧府光州商城県事芷湯沈君墓志銘。

隷卒之藉名於官者一而私籍者十。有所勾摂則鬮聚而徃蚕食徧於隣里。君一日而汰者六百人。

右の副差の門隷・私籍の隷卒は、白役・幇差とも称された。崇禎『興寧県志』巻二、政紀にみえる崇禎九年の知県劉熙祚の《計呈三約》によれば、白役とは、正役の皂隷一人が郷村の小民を拘摂するために下郷すべきところを、本人は県衙に居踞って、その「印信・腰牌」を全面的に委託して差遣した三〜五人から成る「無頼棍徒」を指す。それらの白役は、小民に対して「小則宰牲索酒、大則勒穀傾嚢」等の種々の不法を働いた、という。註(33)参照。

(30) 同註(50)管志道「直陳緊切重大機務疏」

臣旧歳過淮陽、則聞理刑庁積年皂隷威焰薫灼、県佐官至以侍教生之刺投謁者。其掾人可知矣。此輩如城狐社鼠、不可攻発。

B稿八七頁参照。

(31) 魏大中『蔵密斎集』巻六(『乾坤正気集』〈以下、乾と略記〉巻三三三)《賀康明府恩封序》

其繇民転粟数千里、已不勝淪溺。寇賊非常之虞、而姦民纂入其中。多方夫導行之費、以媚胥皂船戸水手抗夫歇家之属、夤縁為奸利。百畝之家輒破。歳役百畝之家近百家。是歳破其中産之家百也。……管銭穀者、歳没官儲自肥、更陰陽新故、䏘摘百出、以苦元元。莫可究詰。於是、有田数畝者、即無日得寧其家。至窮郷下佃、暑雨塗泥灼膚滴汗勤動矣。而所獲

不足以充租入。及其貸息、雖滌場不能以一飽。乃胥隷游閑之徒、率甘食鮮衣、歌伎飲博、以盛気憑陵人。佃農遇之踉蹌孫避、不敢自比於人数。以故三十年間、農之稍黠者去而為小賈。去而為胥隷。隷有一名而朋数人者。作気勢不可問。
……癸亥五月廿四日。

註（29）参照。胥隷については、陸寿名等輯『治安文献』巻二、銭穀部、稟掲、徴輸管見附、一清旧逋

既飽虎皂之腹、転為奸胥之媒。胥隷貪壑已盈。

参照。

（32）万暦『秀水県志』巻三、食貨志、田賦、均徭の条では、皂隷工食銀の年額は十両とみえ、「往時」の頂首銀額と等しいが、万暦『杭州府志』巻三一、征役、均徭、銀差、海寧県の条や、崇禎『興寧県志』巻二、政紀、賦役、額弁の条にみえる公使皂隷の毎名歳銀額は、七両二銭とみえる。皂隷等の一日の工食銀額については、呂坤「摘陳辺計民難疏」（『皇明経世文編』巻四一六、「呂新吾先生文集」）

今各衙門快壮門皂工食、至薄者毎日銀二分、厚者三分四分。此内既無雑派之名、此外又有需索之利。且憂患不関於心、偸安常便於体。

参照。

（33）呉応箕『樓山堂集』（乾巻四八五）巻一〇、江南汰胥役議

今日之為民害者、莫胥役為甚。……今天下豈止数十万哉。姑無論京師之与省会。先以各郡約計之、而亦不下数千人。何言之隷快之在官者、各有買窩之銀。今所謂頂首也。往時不過以十計。近且以百計矣。正用之外、又有酒食之費半之。夫庶人役於官者、例給工食以酬労。以其頂銀為本、以工食為利、誠公私両済。然工食幾何。遂捐此数倍之本、以鑽求之。……乃有朝入衙門、暮称富室、尋田買宅、呼婢使奴、如此者、県下不下数十人。此所得則在数十金之外。合而計之、又何止数万乎。不独此也。毎正役一人則有白役一人。甚者有数人。此白役者、其飲食妻子之費、毎人亦不下数十金。倶在正役所得之外。合而計之。又何止数万乎。此為隷快言之也。而書役之害、則尤有甚者。書役例無工食。而頂銀且倍於隷快、則所得亦必倍於隷快可知矣。

（34）同註（7）『明代胥吏』六七～九頁。察院等東西房の皂隷の詰所については、嘉靖『常熟県志』巻四、祠祀志に、

都察院。……弘治十年、令楊子器以其地狭隘、乃請于巡撫彭都御史礼議遷于県治西、山巷之左市以建。……前庁両旁為隷卒宿舎。各三間。

とあるのを参照。

(35) 瞿式耜『瞿忠宣公集』（乾巻五五八）巻二、清苛政疏。

(36) 『明実録』世宗・嘉靖三十九年八月癸亥

刑科給事中侯廷柱条陳問刑七事。刑部覆行其三事。……一聴断速則窺伺者、無所容其私。帰結遅則需索者得以乗其隙。今一人繫獄、動至破家。在歇家有保頭之例。在守門有門禁之擾。在皂卒有杖頭之銭。在庫役有掌櫃之号。此其弊端、皆起於聴断不速之故也。

(37) 註（29）に同じ。

(38) 陳竜正『幾亭全書』巻三〇、政書、郷籌八、詞訟

禁門皂。聴審之日、皂隷得富人賄、先於頭門外鞭撃郷愚。郷愚未及見官、已垂首喪気矣。

(39) 史桂芳『皇明史惺堂先生遺稿』巻八、題巻、題芝陽別意巻

歳癸酉初春、山間父老咸欣欣向余曰、李公署県、門無叱皂、四郷細民可直入供租税。日選里長八人司籍櫃。我民自外秤入者、自内如数投櫃、不煩羨増一毫。

(40) 公事とは、里内の治安維持・戸籍の清理・訴訟事件の調査・逃亡者の逮捕などを内容とした、税糧の催弁を除く里甲に附随した事務全体を指す。山根前掲書四一頁

(41) 周瑛『翠渠摘稿』巻二、錦江贈別詩序

弘治癸丑春、上以四川左布政使何公世光為都察院右副都御史。授以璽書、俾撫南効。……比登進士第、補宜興知県。……及官府有事公摂、皆責成里甲、不遣輿隷下郷。民安之。

孫承恩『文簡集』巻五〇、朝列大夫湖広布政司右参議張公墓誌銘

公之歴州邑也、鄱故号難治。公以廉幹自励。……隷卒無敢以勾摂入郷。

輿隷には、右の公使皂隷を指す場合の外に、随従皂隷を指す場合もあった。許相卿『雲村集』巻一三、明故中順大夫江西贛

州府知府沈公墓誌銘

　郡仕而帰者官例供輿隷。

(42) 註（35）に同じ。

(43) 周瑛『翠渠摘稿』巻五、寄太守鶴洲兄書。

(44) 毛憲『古菴毛先生文集』巻一、書、与陳郡公、七日禁科擾。

(45) 李漁『資治新書』巻四、飭吏胥、諭吏書皀快。参照。

(46) 註（27）張永明『張壮僖文集』。註（29）黄省曾『呉風録』。何良俊『四友斎叢説』巻一二、史八。各参照。

(47) 註（27）徐階『世経堂集』。

万暦『楊州府志』巻一〇、秩官志下、知県

　仇旻。嘉靖四十三年知如皐。綱紀整粛、案無滞牘。胥隷無敢索民間一銭。

王世貞『弇州山人続稿』巻百十一、文部、墓志銘、広東高州府知府致仕進階中憲大夫東山徐公墓志銘

　公之始至句容也、……諸所催科受役預為之期。過期而不至者、俾里三老逮而笞責之。終不遣一隷卒下郷落。隷卒列庭下如木偶、亡所資衣食。其黠者多自引去。

毛憲『古菴毛先生文集』巻一、与陳郡公

　三日平賦税。……当此農忙、隷卒成群下郷勾擾。困窮之民、監禁無数庾死日多。

同じく巻四、王丞旌奨序

　夫催科非撫字也。惟其不擾厳令戒期徴納。惟時俾民獲安田里而無隷胥叫囂之患。

劉宗周『劉蕺山文抄』《与章羽侯吏掌垣正宸》

　督糧之役、何為者乎。上有給事督糧、則自有司而下至胥吏皀役、莫下給事矣。群千万人為給事、以督一細民之糧、其尚有死地乎。

(48) 同治『襄陽県志』巻七、雑類、瑣録紀文達公槐西雑記。

(49) 黄道周『黄石斎先生集』巻七、両朝盗臣論。

(50)「売訪窩家」の語は、管志道「直陳緊切重大機務疏」(『皇明経世文編』巻三九九、管東溟奏疏)の「五日釐巡察之弊」の中にみえる。この上疏は、『明実録』神宗・万暦六年三月壬子朔の条にみえる。しかし、実録の編者は、この部分を欠落させ、「五日処宗室之繁」としている。台湾の『明神宗実録巻七十三校勘記』の編者も、この点に言及していない。

万暦『大明会典』巻一六九、刑部十一、律例一〇、詞訟、誣告

一各処姦徒、串結衙門人役、仮以上司訪察為由、纂集事件、挾制官府、陥害良善。或詐騙財物。或報服私讎。名為窩訪者、事発、勘問得実、依律問罪。用一百二十斤枷。枷号両箇月発落。該徒流者発辺衛充軍。

万暦十三年刑部尚書舒化等重定『問刑条例』(三八二条) 刑律五、訴訟、誣告条附第四条。参照。

(51)『明実録』神宗・万暦十年五月乙卯の条。

(52) 万士和「四上徐存斎相公」(『皇明経世文編』巻三一二、万文恭公集)

南都積棍、内則戸部糧儲巡倉各衙門書手皀隷人等、外則歇家軍斗軍余驢脚夫人等、皆倚倉場為生命。

参照。

(53) 同註(50)。

『明実録』神宗・万暦二十九年十月己卯の条。

冊立皇長子為皇太子。……是日、遂詔天下。詔曰。……一問発充軍及編発為民、安置家口、除逆党・強竊・盗搶・奪人命・窩訪・指称騙詐・貪滲失機者不宥外、若曾有功而罪可原者、准行放免。

范景文『范文忠集』(乾巻三五九)巻二、直陳徐害安民諸欵疏

有以細民竊官司之権而生殺之、賞罰之。誰不畏之。如虎曰窩訪。……窩訪之害臣所痛革者一。崇禎三年四月二十四日具題。奉聖旨。……著与飭行。

森正夫「一六四五年太倉州沙渓鎮における鳥竜会の反乱について」『中山八郎教授頌寿記念明清史論叢』燎原書店、一九七七年、二一二頁によれば、明末太倉州の胥吏と衙役は、「訪行(一種の興信所)」の組織を形成していたとある。この訪行は、窩訪の一形態と考えられるが、打行・訪行ともに非合法集団であったことに変わりはない。従って、訪行は、少なくとも現在我々の目にする合法的な興信所などとは異質のものと考えられる。

（54）同註（50）管志道「直陳緊切重大機務疏」B稿。

（55）葉夢珠『閲世編』巻三、建設

理刑。推官位五員之末。然為各上台耳目之官。按院出巡、必先委推官一員、査察銭穀刑名于所属州県。一如上台出巡体。以故、按君統轄之地、皆稟奉之。如本府司理、最称権要。其胥吏輿台驕踞加於紳士。小民畏之如虺如蜮。彼視府吏蔑如。各庁無論矣。

（56）李応昇『落落斎遺集』（乾巻三一九）巻一、縷訴民隠仰動天心乞実行寛恤以固邦本疏

今日安天下之大機括、莫如恤内地之民生。民生之憔悴極矣。……通家窩訪株連誣陥、三害也。……訟師横行而南院十詞九准、五反也。……天啓四年三月十六日。十九日奉聖旨。

通家の語は、本来は資格偏重の科挙制の矛盾の深化と倶に、士大夫の間より発生したものであった。趙南星『趙忠毅公文集』（乾巻二七七）巻一四、朝覲合行事宜疏。

（57）註（55）に同じ。

（58）民国『湖北通志』巻七二、雑記下、楊忠烈宰常熟時。

（59）陳竜正『幾亭全書』巻三〇、政書、郷籌八、撫按事宜、一禁豪僕充衙役。この中で衙役は「衙門員役」とも表現されるが、同書巻二三、政書、郷籌一、御史の条では、積蠹衙役として「書役」と「その他の役」とがあげられている。清・尹會一撰・棗強鄭端輯『政学録』巻二、衙役には、

科臣胡悉寗疏称。在京衙門、在外各総督巡撫……文武等衙門書吏承舎門皂壮快以及聴用材官軍牢等役、併各衙門経世之外、投掛衙役名色、串同招揺、倚借勢力、挾制官府、反嚇小民、抗糧免差、悪習種種難述

とあって、衙役は、胥吏や皂隷等の役を指していた。

（60）打行は、『明実録』世宗・嘉靖三十八年十一月丁丑の条に現われる。同条は、朱国禎『皇明大事記』巻三〇、蘇州打行に収録されている。打行は、嘉靖の所謂後期倭寇の侵略より蘇州を防衛するために、腕力にたけた市井の悪少が招集されたことに起源をもつが、のちに暴力集団化して打行と号称し禁令の対象となった。万暦期の打行の記事は、江南諸都市や山東・福建・広東に関して現われる。川勝守「中国近世都市の社会構造」『史潮』新六号、一九七九年、八六〜七頁参照。一例と

して、明末の広東については、崇禎『興寧県志』巻二、政紀、計呈十禁

一禁打行。稂莠不去、嘉禾不生。訪得、寧邑悪少寔繁有徒。街市村墟往往結党横行、酗酒撒潑。良民少触、其怒小則辱

詈群毆。大則突擁抄家。冒稟官衙、遇事風生、如蠻如髪。是民之蟊賊而法之不貸者也。

参照。

(61) 訟師は、万暦期以降の史料に頻見するが、打行と同様に万暦『大明会典』問刑条例にはまだ見えない。註(63)・(56)。光緒『大清会典事例』巻八一九、刑部、刑律訴訟、一訟師教唆詞訟（乾隆元年定）及び乾隆十二年議准。『清国行政法』第五巻、一二四頁参照。

(62) 註(63)。『文献叢編』第四輯「徐乾学等被控状」《太倉州民人熊蠻呈控徐元文銭来琛等状康熙二十九年》参照。

(63) 趙用賢『松石斎集』巻二九・尺牘六、与陳按院

一江南訟師甚多。悉入巨室及操窩訪之権者。亦繁有徒。治之愈厳、避之愈巧、不可窮詰。……一打行之風、独盛於呉下。昔年、督粮翁大参、嘗被其禍。幾及大乱。後稍擒薙。殺悪少百余人。此風少息。近者、蹤跡愈密。倶詭名于郷宦家人。遂致道路以目。官司莫敢誰何。異時地方有変、此輩亦致乱之端也。

(64) 同治『荊州府志』巻七九、雑記志、紀文、明贈袁太守入覲奏績序。

(65) 呂坤『去偽斎集』第七、雑著、考察要語

至於訪察一事、不必禁革、撫院先下厳行、将窩訪通家、尽数拏問、追贓遣配。蓋此積奸、不肖官之所畏而交結、賢官之所畏而遠避者也。

(66) 同じ題は、同治『荊門直隷州志』巻十一の二、芸文の条にもみえるが、その内容文は、事件の全容を把握し難い節略である。

(67) 李維楨『太泌山房集』巻五九、記、潘郡倅解官記

蓋公以壬辰夏蒞政、以甲午春左官。首尾未両朞。

万暦『承天府志』巻八、秩官、承天府、通判

潘一復。……万暦二十一年任。

（68）事件当時の承天府知府は、蒲州府の人で嘉靖四十三年の挙人出身の郭甲であり、万暦二十年に任官して同二十二年に解任された。民国『湖北通志』巻百十三、職官七、表、知府

万暦二十年、郭甲。蒲州挙人。安陸府知《ママママ》府。甲一作申。万暦二十三年、常裕。臨朐人。万暦進士。承天府知府。

乾隆『蒲洲府志』巻八、選挙、明郷科、嘉靖甲子、郭甲。

蒲洲人、承天知府。

（69）同じ題は、顧炎武『天下郡国利病書』原編第十五冊、湖広下、承天府志の条にもみえるが、顧炎武は、事件の具体的経過内容を詳記した二葉半にも亙る部分を省略している。

（70）李維楨『太泌山房集』巻五九、記、游参知政記。『明人伝記資料索引下』六二六頁。

（71）註（49）・（55）。李廷機『李文節集』巻一三、書牘二、報何鍾雒

第向優游士林、無所受事。此来南中一歳間、苟完大察、歴摂三部、不甘汶汶。稍有所為、恃平日之硜硜、為士大夫所知、胥吏輿台所見、亦微有令行禁止之効。而家事不問、交際不修、暇則観古名臣史伝所載言行政事、油然有実獲我心者。

戚元佐「議処宗藩事宜疏」（『皇明経世文編』巻三八八、戚儀郎奏疏）

今之貧宗、傭工隷卒無所不為匿名執役。

参照。

（72）訪窩は、「売訪窩家」註（50）の略称と考えられる。

（73）こうした窩訪集団による地域支配は、一九七〇年代末以降の解放経済の下での党・政府幹部（官僚）による腐敗の蔓延化につれて台頭してきた現代中国の「黒社会」を髣髴とさせるものがある。例えば、「中国むしばむ凶悪犯罪組織、黒社会が台頭、政府危機感、4月は400人処刑、……政財界癒着、農村支配も」（『西日本新聞』二〇〇一年五月九日、北京8日中川茂）参照。

第十五章　考察『八法』の形成過程

はじめに

明の太祖朱元璋は、小農民の再生産を保障する政策として、洪武二十九（一三九六）年に辰未戌丑の三年毎に地方官を首都南京の朝廷に参勤させて謁見したのち、彼らの治績を考課し、その劣悪者を死刑以下の厳刑に処する朝覲考察制度を創設した。結局その政策的意図は、地方官が小農民の剰余労働部分に対して過度の搾取を行なうことを禁じたものであった。(1)太祖は執拗な貪官との格闘を通じて地方政治に一定の安定をもたらしたが、その趨勢は、宣徳初年までは維持されていた。そのため、後述する朝覲考察＝考察の処分も、それ以前は免除され、勅諭で朝覲官に訓戒する方式が採用されていた。

しかし、事実上の省長である撫・按に上呈された各級地方長官の考課の情報資料の真偽を再確認する作業である「訪察」の情報採訪対象が、明初の耆民より里の老人へと変化する中期の正統年間を画期として、撫・按による官僚の治績に対する評定は偏向していった。中でも後半以降の里甲制の崩壊に伴って、本来は徭役であった皂隷等の衙役化が進行する過程で、撫・按が訪察する際の情報の採訪対象は、里の老人より衙役へと変化し、それらの衙役と胥吏・無頼が緊密に一体化した情報採訪組織である「窩訪」におかれるようになった。「窩訪」より提供された資料に依って作成された撫・按の考語は、権威ある「官評」に擬装されて嘉靖中葉には現われていた。胥吏・無頼は往々にして郷紳の私的暴力装置の構成メンバーでもあったことより、窩訪が暗躍できた背景には有形・無形の郷紳の容認があり、基本的には官評は郷紳に私物化される傾向もみられた(2)。

そのように、撫・按の訪察権が変質して窩訪が出現した背景には、里甲制の崩壊も一要因をなしていた。だが、訪察権は、天子が撫・按に委任した最大の職権であり、地方官僚に対する薦挙・糾劾＝「挙劾」権の徹底を図るための手段であることより、窩訪出現の背景には、挙劾を変質せしめた家産官僚特有の必然的な体質が想定される。

例えば、『明実録』宣宗・宣徳七年三月庚申朔の条に「布政司按察司官及び知府知州、其の人を得れば則ち民は安らぐ。其の人にあらざれば則ち民は害を受く」という如く、君主独裁の中央集権的官僚制国家の形態をとる中国的家産国家においては、「人を得る」つまり、行政上の実務能力(政務・才識)以上に、先ずもって天子に忠実な従僕としての人格(操守・品性)が要求されていた。しかし、人格者を獲得する方法としては、地方官の中の、公務を忘れて汚職に走る賤しむべき者や政治的無能力者を排除する体制＝挙劾・考察に依存せざるをえなかった。従って、考課の法・黜陟の典は、政治の基本姿勢を左右する重大な機能をおびていた(3)。

ところで、ここにいう撫・按の挙劾とは、三年毎に中央政府の吏部・都察院に対して、その朝覲考察に必要な総合資料を提供する機能と同時に、考察に関係なく独自に地方官を黜陟しうる別個の考察の機能を併せ持っていた。

挙劾が変質する矛盾関係の核心については、明末に正鵠を射た指摘がある。十七世紀前半の天啓初年、右僉都御史(正四品)督操江軍として長江の水軍を提督した徐必達は、『南州草』巻一七、書牘、答呉式海督学の中で、

直指所号為親察吏者、不過得其郷出身而已。其於賢不肖、豈止隙中観鬭。必達竊意。郷先生之行、莫逃于郷人。

有司之治、莫逃于匹夫匹婦之口。

という如く、巡撫と倶に一省の考課を職掌して省城に鎮坐する巡按御史は、せいぜい有司の本籍と科挙・学校・吏員

等の出身資格を識別できる程度であり、有司の賢否を熟知しているのは、被統治者である無名の大衆（匹夫匹婦）そのものだ、と言う。同様に、天啓四（一六二四）年二月、江西巡撫田珍破は、以下の苦渋をのべた。〝撫按に掲帖で報告される当事＝布按二司・道官・知府・推官の、各所属官に対する官評＝考語と、士・民の公論＝客観的評価とは、大抵くい違っている。それは、当事＝上官が州県官の「情縁」〔つまり公正な処置を妨げがちな贈答を伴う親しい感情や間柄を意味する所謂る情実〕に迎合していることに起因する（第十二章第三節の3、参照）。有司の考語が賛辞で満たされているのなら、その徳政は街の目抜き通りに堂々と公開すべきものであるが、現実の上官は、考語を掲帖に密封して撫・按に送るだけで衆目の監視を拒否している。結局のところ、考語の客観性を保証するためには、各級当事官に責任をもたせて官評を撫・按に報告させ、それに依拠して撫・按が挙劾する以外に方法はない。だがその際に、例えば布・按二司官は、評定すべき知州・知県等の考語を下僚の道官や知府に委託すべきではなく、布按両衙門に出入りする当該州・県の民の耳目に依拠すべきである〟(4)と。

地方官の政績評価の資料を民より採取すべしとする江西巡撫田珍破の主張は、それとは全く逆行する現実より発想された理想論であり、且つこれを現実化すれば、民に参政権を許容することにつながり、〝由らしむべく知らしむべからず〟の官僚主義、引いては専制主義の原則に抵触するものであった。現実の上官は、田巡撫が「察を司る諸官は復た牽制多く、情縁以って其の恃み用いる所を堅くし、貪風日に熾く、民怨日に深し」という如く、下級官を甘く評定して恩を売ると同時に虚声を博し、情実・賄賂の風潮を助長したのであった。訪察の改革を唱える右の田巡撫は例外的存在であって、嘉靖以降の地方の上官の中では、吏治を統括すべき撫・按の腐敗が深刻な国家の悩みとなっていた(5)。

しかし、撫・按以下の腐敗を助長させたものこそは、宗族地主の誉望と発財を最大に実現できる可能性をもつ中央政府の要路の大官に外ならなかった。その傾向が顕現する嘉靖三十九（一五六〇）年正月、吏科給事中胡応嘉は、以下の指摘を行なった。〝当節の現任士大夫は、真面目に清廉の節操を通す者は無能とみなされる。逆に言葉巧みに賄賂でとり入る者は、有為の人材と評価されたが、一たび国政を質問されると無責任を決め込むのに、話題が謁見したいと願う貴官に及ぶや途端にほめそやした、と〟(6)。要するに、嘉靖後年では、奔趨・奔競などという厚顔無恥の熾烈な昇官工作が官界を風靡していた。

『明実録』世宗・嘉靖三十九年四月辛亥の条で、雲南道御史耿定向は、全国的な盗賊の多発が地方官の腐敗に起因しているとの天子の詔勅を再確認したのち、吏部尚書呉鵬（董份の義父）の賄賂人事を弾劾した。その一節には、

今察守令之貪残、而不究銓司之淑慝。……鵬以天官為己私物。凡百司、例当遷陞者、其始也必白日以賄也。其既也、必謝謝以賄也。其歳時也、必有慶賀之礼、慶賀問安以賄也。

とあって、内外腐敗官僚による吏部尚書への賄賂は、昇官前の依頼の礼と、昇官実現後の謝礼と、年間を通じての慶賀問安の礼として贈られていた、という。次いで耿定向は、吏部四司官の腐敗ぶりを指摘した中で、選考を職掌する文選司郎中何毎宴と験封司員外郎宗臣とは、賄賂人事に連坐して免官となってほどなく、河南参政と福建提学副使に昇官したとか、現任文選司員外郎張九一が稽勲司主事より昇任した際には「身價数千金」の賄賂を使った、と暴露した。要するに、ここには、地方官の腐敗は人事を総管理する中央政府の大臣や局長を中心とした吏部官僚の腐敗が誘発したものであることが指摘されている。

以上の如く、嘉靖中葉の官評とか万暦期の窩訪の出現を許容した「訪察」の矛盾は、その前提に宗族地主の誉望・投資に応えるべく科挙より出身した内外官僚の昇官・発財への強烈な私的願望が産み出す必然的な腐敗体質があり、それ故に公家＝国家に背反する汚職行為等を摘発する挙劾や考察の担当官である撫・按や吏部官僚が、民の監視能力が抹殺されているのを逆用して、布按〜府州県の各級地方官より収賄して彼等に迎合する評定を下していた点に淵源していた。

本稿は、そのような必然的腐敗体質をもつ布按〜府州県有司や教官等の政績の「負」の部分を、撫・按の挙劾さらには朝覲考察で処罰する際の八つの総合評定要素である考目＝八法（八目）が形成されるに至った過程を、貪官の増大並びに挙劾・考察処分の緩和に照応する過程として分析したものである。

第一節　貪官の増大過程

1　貪官情況の推移

太祖自ら政務の決裁に精励した洪武の三十一年間においてすら、太祖が死罪を適用しても貪官対策に如何に苦慮したかについては、前稿（第十章）で指摘した。洪武政治の精神も、永楽より宣徳初年までは脈打っていたが、宣徳五（一四三〇）年以後の朝覲考察における本格的な処分の開始が物語るように、以後は稀薄化の一途を辿った。例えば、里甲制下の郷村の内部をみた場合、宣徳十年五月の行在刑科給事中年富の上疏によれば、江南の里甲小農民のうち、富民の田を佃作している者には災害による税糧蠲免の恩恵は及ばず、恩恵は地主にだけ及んでいた。飢饉の際にも、地方官は大戸が穀価の騰潰に乗じて厚利を図って売り惜しむのを放置し、小民を救済しなかった。(7) 正統八年六月の吏科給事中姚夔の上奏によれば、里甲制下の下等戸＝貧民は、豊年でも累積した利息を富室に返済しなければならないため、凶年と変わらない程の経済的桎梏から免れてはいなかった。凶作の年でも、地方官は官穀を貸与すべき貧民を里甲に報告させるだけの形式主義に陥っていたので、該年の里長・甲首は、貧民に返済能力のないことを見越して故意に貧民の姓名を隠して報告してはいなかった。(8) 正統十四（一四四九）年十二月の兵科給事中劉斌の上奏によれば、福建・広東・四川等で蜂起する困窮農民とは、田十余畝以下より無田の佃戸に至る本来は里甲制下の小農民であった。

彼らは、収穫にめぐまれた年でも税・役や小作料を支払えば数ヶ月で食い尽してしまうが、納税・就役の際には粮長・里長の操作によって重い負担を賦課された上に、貪官・汚吏の搾取に苦しむのに対して、官僚の家を含む勢力ある宗族は軽い負担で済んだ。(9)結局、里甲上等戸や勢族と結託した貪官汚吏の搾取に耐えられなくなった小農民は、盗賊の汚名を着せられた農民起義に蜂起する必然性に迫られていたのであった。そして、どの天子も、農民の蜂起する原因が地方官の貪虐と無能力とにある点を等しく認めていた。(10)

では、地方官の搾取の強化＝貪官化は右の明代中期より後半にかけて、どの程度に進行したかを次にみよう。嘉靖十九（一五四〇）年以前の記事を含む万暦四（一五七六）年重刊本の霍韜『渭厓文集』巻六、書、与陶南川には、次の指摘がなされる。

謹略請教。両広盗多何也。皆州県官不守法度漁猟愚民、激致之也。姑挙大略。如秋糧、弘治年間糧一石需銀五銭而足。今糧一石、需銀八銭或一両乃足。夫粟之出諸広也、貴賤不相遼絶。然而官之徴也、乃倍于昔。試覈管糧官、究之則今日糧銀之加、其利安所帰乎。又加徭差。正徳年間、巡司弓兵一役、需銀五両而足。今則加銀十五両矣。南海県禁子需銀七両而足。今則加銀四十余両矣。巡撫巡按門子、年需銀四両而足。府県門庫之役、榜註六両。然而応役或百両二百両、猶不足矣。有因門庫一役而傾家者矣。妻女典雇与人者矣、流而為丐為賊者矣。有州県官将儀従夫舗兵編殷実上戸而徴銀自肥者矣。其諸利弊不能尽述。試行究焉則、凡汚濁官吏、安所逃其戮乎。

霍韜は、広東・広西地方の州県官の搾取の強化が該地方の盗賊多発の原因であるとの認識をもつ。具体的には、十五世紀後半の弘治年間に里甲小農民＝「愚民」が秋糧一石を納入するのに必要な経費は銀五銭を要したが、十六世紀も半ばに近い今＝嘉靖中葉では倍増した。徭役では、十六世紀前半の正徳年間の巡検司の弓兵一役を供出するのに必要な年間経費は銀五両で済んだが、今では三倍の十五両を要する。中でも広州府城南海県の禁子の役は、もとは年間に七両を要したが、今では六倍弱の四十余両に達した。撫・按衙門の門子の役は、もとは年間に四両だけで済み、府県の門子・庫子の役は、もとは規定の六両だけで済んだが、これらの役は現在は十七倍から三十四倍の百両〜二百両を費してもまだ不足するほどである。収奪される里甲小農民は、もし門子・庫子役にでも当れば、一家は破産して妻・女を質売りするか乞食や盗賊になる以外に道はなかった。州県官は、儀従夫・舗兵の役を徴銀方式で殷実の上戸にも割り当てて肥え太り汚濁官吏と化していた、と。

この貪官の増大が史料上に顕現するのは嘉靖期（一五二二〜六六）であるが、府州県官中の貪官を弾劾し、卓異の能吏を推薦すべき強権を発動する撫按官に対する科道官の糾劾は、特に目立つ。例えば、『明実録』世宗・喜嘉三十五（一五五六）年正月辛巳の条では、湖広巡撫汪大受・両広総督談愷の貪汚が、同三十八年正月丙申の条では、両広総督王崇・遼東巡撫路可由の収賄が、それぞれ弾劾された。これ以降の実録には、特に両広・湖広の総督巡撫の収賄記事が目立つ。

又『明実録』世宗・嘉靖四十一年正月辛亥の条には、職掌上は軍事・治安も担当する督撫に対して、地方官の政治倫理に目をひからせるべき巡按御史が、(11)最も重視すべき地方官の治行を詳覈せず、ただ形式的に公文書の処理（簿書）、定例会議（期会）、貴賓の出迎え（迎承）、郷官宅への挨拶訪問（趨走）にだけ励む一般状況が指摘されている。

さらに、『明実録』穆宗・隆慶二年正月辛亥朔の条にみえる直隷巡按顧廷対の条奏の一節には、貪墨な地方官に対する提問・追贓の条例の存在にも拘らず、追贓は貪官の二割にも及んでいないのが実情であるため、朝覲の際に洪武の「貪吏の律」を適用せよ、との要請がなされるほど、事態は深刻化していた。

2　郷士夫への贈賄

小農民の血と汗の結晶より搾取された賄賂は、郷士夫、撫・按、京官の三者へ主に贈られた。まず、地方官の郷士夫への贈賄よりみよう。既に正徳初年、湖広黄州府麻城県では、大抵の挙人は知県の贈った里甲銀を収めていたとの指摘がある。[12]特に嘉靖後年、浙江厳州府淳安県知県であった海瑞は、該県の郷士夫である郷官・挙人・進士・歳貢生に対して、知県以上の上司が、里甲銀を「無礙銀」つまり、さしさわりのない銀両の名目で贈物の目録である礼帖にしたためて贈っていた、と証言した。上司が郷士夫に贈賄したのは、「仕途狭小なれば、礼を加えて私かに結ぶ」という如く昇進のための郷評対策であることは言うに及ばず、郷士夫からも無心の強要があったことを指摘している。[13]万暦三年五月の戸部の上奏に対する神宗の回答は、辺餉銀として国家財源に充当されるべきである裁判収入＝贓罰銀が撫按官の私費に充てられて郷官に贈賄されている、と指摘している。[14]

3　撫按への贈賄

地方官の撫・按への贈賄は、例えば『明実録』武宗・正徳十五（一五二〇）年七月癸巳の条にみえる次の事件が象徴的である。広東巡按御史毛鳳が贓罪の地方官数人を逮捕訊問中の出来事として、毛巡按に随行して密かに進言した際に、「〔鳳〕に喜ぶ意あり」と察知していた従九品の巡検李天錫は、掲帖に銀二千両を添付して進呈した。ところが、毛巡按は、賄帖を開封した際、居合わせた監生や胥吏に目撃されてしまったので、仕方なく李巡検を処罰するために、〝当官らは貪猾の徒に賄帖を投ぜられ、容疑をかけられて迷惑千万なので、都察院より禁約の榜示を出されよ〟との上奏を行なわざるをえなかった。しかし、ほどなく化けの皮は剥がされ、毛巡按は副使金本に収賄を摘発され、『不謹』によって「冠帯閒住」＝謹慎退職となり官界より追放された、という。右の例では、昇進の希望の殆どもてない雑途出身の巡検までが、一縷の望みを大金に託して薦挙権を握る巡按に贈賄した昇進への執念が注目される。

明・吏部考功司撰『吏部考功司題稿（中）』「覆南京礼料給事中曾鈞等劾官疏」によれば、嘉靖二十二年正月二十四日、世宗は、南京礼科給事中曾鈞らより『貪汚不職』のゆえに「罷黜」とされよと要請のあった巡撫相当職の南京都察院提督操江右副都御史柴経（「柴経昔任藩臬頗守官箴」）に対して『不謹』＝「冠帯閒住」の処分を下した。この一件では、江西九江府徳化県知県沈元享の贈賄額が柴提督の希望にかなわず、柴より責めたてられた沈知県が自殺したことが曾鈞らに論劾された発端をなしていた。

万暦期に入ると、地方官の贈賄記事は急に豊富となり具体性を帯びてくる。南京吏科給事中陳嘉訓は、万暦三十三（一六〇五）年十月、浙江巡撫尹応元について、「挙劾の説を将って、以って有司を哄し、不肖者は夤縁して賄を納む。郷官顧爾行らの騙局大いに張る」とのべ、尹巡撫のもちかけた昇進にまつわるうまいハナシに乗せられて贈賄した地方官がおり、これら地方官の弱みにつけ入る郷官の動きもあった点を糾弾した。特に尹巡撫をして、「新中丞は、推〔薦〕未だ旨を得ざるといえども、吾れは此の位に拠りなお専制すべし」と言わせる越権行為に走らせた背景には、「皇上の留中下らざるの挙、ここに奸貪剝噬の資に供するに足る」という天子の政務怠慢の態度も影響していた(15)。

河南道御史李天麟は、万暦二十年正月、雲南巡按御史蘇酇の徹底した貪官ぶりの一端をあらまし以下のように糾弾した(16)。〝蘇巡按は着任早々に、宝石・瑪瑙盃・琥珀盃は永昌府より、犀角盃・太極丸は元江府より、という如く各府の特産物の目録を作成していたが、もし掌印・指揮等官に供出させた貨物中に「金」が入っていない場合、その貨物はつき返されるか、打ち砕かれるかの何れかであることがふれ渡っていた〟。〝例えば、貪酷異常な永昌府知府趙景柱は、早速老庫所蔵の珠宝・金・銀・琥珀の計銀八百両相当を根こそぎ贈賄した上、金絲・銀絲・盃盤・金盆も贈ったので、おぼえがめでたかった。〟〝昆明知県宋鏜は、服喪帰郷の時期を三ヶ月も延期していたところ、蘇巡按の命令＝「牌仰」で雲南府推官任哲の査問を受ける羽目に陥ったが、宋知県が金帽一頂のほかに黒漆・紅紗で仕立てた紗帽を贈ったところ、ただちに査問は免除された。〟〝署昆明知県となった雲南府推官任哲は、蘇巡按より青銅鏡三百面を製造せよとの命令を受け、金百両を盆内に盛り、その上蓋に大青銅鏡一面と、青銅鏡金百両を送りましたとの名刺＝「手本」とを贈ったところ、蘇巡按の親密な部下として起用された。〟〝署知府推官甘士元は、趙葵なる人物によって蘇巡按に告訴されたが、蘇巡按はすぐには批准しようとせず、先ずは趙葵の訴状を推官任哲に交付して審査させた。

事件解決のカラクリを任推官より示唆された甘推官は、すぐさま金五十両・銀三百両・金帯二条を胥吏の施騰蛟・陳子忠に持たせて蘇巡按滞在中の通海県に差し向け、餞別＝「下程」と倶に贈賄した結果、蘇巡按は甘巡官の才覚を買って、甘を永昌府の査盤官に任命した。〃〝雲南県知県の揚廷諫は、蘇巡按に金百両を贈賄したところ、直ちに繁県の昆明県へ栄転させられ、以後は蘇巡按の金庫番として府州県より送付される贈賄の収貯・転送官と化した。従って、蘇巡按の処へは府州県より一通の贈賄確認の文書が送付されるだけとなった。〃〝蘇巡按は、指揮王磐石に青銅箸五把を調達させたところ、金箸五把が進呈されたので、王指揮を有能と認めて随用官に任命した。〃〝臨安府知府金節は、蘇巡按より犀角五十隻、象牙五百觔、西陽布五十疋を調達せよとの命令をうけても頓着しないでいたところ、陳淳なる人物が金知府は「牌仰」の文巻を拒否していると蘇巡按に告訴した。そこで蘇の腹心＝推官任哲は、臨安府を査定して、指揮楊本芳らと金知府の「那移銭糧」の一件を蘇巡按に報告した。報告を受けた蘇巡按は、官庫の税糧を勝手にうつし替え法規を愚弄する輩だと金知府を非難したのち、李同知に事実関係の速かな調査を命じた。これに慌てた金知府は、犀角三十隻、象牙三百斤、西陽布三十疋の外に各折色金三十両を蘇の金庫番＝昆明知県揚廷諫に解送する一方、胥吏施騰蛟に確認の文書を蘇巡按の下に届けさせた。〃〝蘇巡按は、鶴慶府知府桑橋に真正黄銅盆一面の調達を命じたところ、桑知府は金盆を進呈した。「この盆では十個の飯盌も造れる」との蘇巡按の言葉を伝え聞いた桑知府は、今度は十個の金盌を進呈した。〃〝石屏州知州馮応鰲が郷官何繪之を死亡させ、その叔父が馮知州を蘇巡按に訴える事件が発生した。蘇巡按は、訴状を臨安府の批准に委ねたが、その際、該府に真正黄銅香爐一座の調達をも命じた。馮知州が金香爐を進呈したところ、その罪は即座に免除された。〃〝雲南姜知府は、蘇巡按より金三百両の調達を命ぜられ、返答をしぶっていると、他の案件で責任を追求されそうになったので金香爐一付、果盒二枚を進呈した。しかし、姜知府は、数代の知府が蓄積した金價を自分の代で不正に支出してしまった責任にさいなまれて病死した。〃〝太和県知県潘良期は、囲棋の調達を命ぜられて瑪瑙囲棋一副を進呈したところ、蘇巡按がたたき壊したとの報を耳にしたので、今度は金製の黄囲棋と銀製の白囲棋を各々盒に納めて進呈した。受領した蘇巡按は、ある日巡撫蕭彦と会食中に、門子に普通の囲棋を持ってこいと命じたまではよかったが、事情を知らない門子は収賄品の金銀囲棋二盒を持ってきた。いざ開盒してみると中味は何と金銀囲棋ではないか。蕭巡撫の手前、すっかり恥じ入った蘇巡按は、「当堂解紙贖銀」の一事にかこつけて、潘知県を逮捕訊問するに及んだ。ここに潘知県は、泣くにも泣けない犠牲者となった。〃

以上の如く、挙劾権の濫用や不法調達をはかる撫・按に迎合し、歓心を買って腹心化していった府州県官は、単なる発財のためのみならず、昇進の前提である撫・按の挙劾の権を巧みに通過するためには必然的に貪官化せざるを得ない一面をも具有していた。例えば呉亮編『万暦疏鈔』巻二四、飭吏類にみえる万暦十四（一五八六）年八月の都察院左都御史辛自修の「薦剡太軽人心不勧、乞勅精鑒別以興吏治疏」には、次のように言う。十五世紀末から十六世紀前半にかけての弘治・正徳年間の撫・按の薦挙は一省で四～五人にすぎず（弘治以前もほぼ同様）[17]、嘉靖年間でも十人未満であった（数十人の省もあった）[18]。辛自修が仕官して浙江・南直の知県や府丞を歴任した嘉靖末から万歴初年の間（隆慶期）でも、せいぜい一省で二十人にすぎなかったが、十六世紀後半から十七世紀前半の万暦期に入って、浙江・四川・湖広・河南・山東の大省では二十人以上となり、これに次ぐ省でも二十人は薦挙されるに至った。万暦十四年現在の撫・按の薦挙は、浙江では四十七人、山東では三十人という如く、隆慶期より倍増した。薦挙増大の背景には、「上官の指章・時好に阿奉する者、往往たちどころに賢声を取る」とか、「虚名を飾る者〔＝剝民奉上、厚費取名者〕数しば異等の褒を蒙むる」という如く、昇進への貪欲な願望が渦巻き、搾取強化の産物である賄賂の増大が昇進を確実にする風潮が蔓延していたからである。右の疏に「故套に堕落する者は蓋し亦た十の五六」という如く、薦挙のために貪官化する者が地方官の半数以上に上っていたのとは対照的に、「実政を修める者は超抜の望みあるなし」という如く、君主に忠誠を尽す正直者ほどバカを見る腐敗情況＝挙劾の形骸化が昂進していた。

又、『明実録』神宗・万暦十三年十二月癸未の条にみえる湖広道御史徐大化の上奏は、次のように言う。撫・按の薦挙の中でも、朝覲の際に時々行われた卓異官の宴賞（↓擢用）員数も、万暦以前は数人に過ぎなかったが、万暦二年では二十余人に増え、現在は各省で八十人近くに増大した。だが、卓異官も後には『貪墨』・『不及』官員として処罰される者が増加して、その内実は怪しいものに化した、と。徐大化は、撫・按の挙劾権の中の劾＝「拏問」、つまり逮捕訊問権について、地方官が『貪贓』として逮捕されても、結局は左遷にすぎない「降調」の薄罰に終る矛盾を指摘したが、貪官の増大に逆行する処罰緩和の過程については次章でのべたい。

4　京官への贈賄

地方官から中央政府の官僚への贈賄風潮は、省長の総督・巡撫や巡按に最も露骨にみられた。督・撫の一例として、『万暦疏鈔』巻一七、懲貪類にみえる万暦十一年正月の貴州道監察御史張応詔による「貪虐大臣久干公議、乞賜罷斥以警官邪疏」には、あらまし以下の指摘がみえる。〝現在南京刑部尚書である殷正茂（歙県の人）は、以前戸部尚書の時代（万暦四年二月―同六年六月）に、同郷の奸人より収賄し、同郷の納むべき原額の農桑絲絹を隣県より代替科徴しようとして猛反対され、郷民によって殷を祭った功徳坊や先祖の墓所が破壊される大事件を引き起し、御史安九域に弾劾されて罷免された人物であった。しかし、ほどなくして殷は、科挙の同期生である首席大学士の張居正に贈賄して両広総督に起用された。〟〝殷は赴任するや他の政務は放置して、直ちに両省の府県より「軍士に犒賞する」ためと称して官銭「百十万」を徴収し、それを賞功庁に運送収貯して私的に流用した。〟〝殷は、長官用の餽物必要物資徴収票＝「下程長単」を発行して水陸の珍品をかき集め、一分毎に銀百両に換算して納めさせた。〟〝殷は、着任するか昇進した属官に対しては謁見させて、折乾銀百両と紗段・広葛の類を「百十疋」贈らせて優待した。優待された属官は更に謝礼銀百両の陋規を贈賄して、やっと官評に上等と記入された。従って、相当額の銀両や反物を工面できない者は、地位の保証がなかった。それらの銀両・織物は、合計して毎年数十万両に上った。〃〃殷は、所属官に黄金大盆を二個調達させたが、各盆の中には高さ三尺ばかりの珊瑚樹を植え、縁どりは珠宝をちりばめた模様としたので、経費はとてもまかなえなかった。〃〃殷は、無辜の小民にビロード＝「毼絨」を織らせて苛酷に徴収したが、このために病死する者が数百人も出た。あるとき、毼絨数十疋を織造させる過程で布政司庫に官珠一斗三升のあることを知ると、宮中調達用と称して横領した。〃〃殷は、象牙細工を苛酷に徴収したので、両省の象牙職人や商人はストライキ＝「罷市」の挙に訴えた。〃〃殷は、以上の不法収奪した「金玉幣帛珍奇等物」を、肩で二人でかつぐ槓の百擡に荷造りして張居正の私邸に謝礼として贈賄したが、先方の収納が遅れては一大事と心配して、居正の筆頭奴僕＝游七にも十槓を送る一方、居正派の宦官馮保にも毼絨二疋と槓四十擡を贈って歓心を買ったのち、晴れて南京刑部尚書に栄転した。〃という。

次いで、同疏には以下の如く言う。〃湖広巡撫の陳瑞は、仕官以来、出世工作（＝奔競）に邁進してきたが、湖広着任以来、「居正に饋送（表敬の贈り物をする）を以って名となし、全省の饋金〔裁判収入〕を括取し、数十万〔両〕を下」らない収奪を行なっていた。〃〃陳瑞は、先年張居正の父の葬式に出席した際、烏沙帽・角帯を着装し、弔っても声を出しては泣かない、という任地出身の現任官＝郷宦の家に対する巡撫の常礼を逸脱して、「孝帽一頂」を袖に入れて門内に入り、冠帽の上に装着して「痛哭流涕」した。その際、陳は、居正の母にも拝謁を求め、母堂を上座に据えて居正と侍座したが、母堂が居正に侍従する宦官「向官児を愛顧されよ」と促すや、起立して「向公は小生には大切な方でございます」と答礼して愛顧を得た。だが世間では、歓心を得るためには官箴をもふみはずす卑屈な陳の態度を嘲笑した。〃〃陳瑞が両広総督に栄転するや、まだ着任後三ヶ月も経たない中に、両省の官銀八十余万両を括取して「金玉珠宝象牙珍奇等物」を買い集め、その半分を居正と宦官馮保に贈り、残りの半分は着服した。又陳は、当地方の沿海や江上に水上生活して魚業に従事する蜑民の「無辜千人を妄殺」して戦功を報告し、子孫に〔遺族恩給的〕

臕官を取得した〟という。

右の御史張応詔の指摘は、その確証性について検討の余地は残すとしても、貪汚な督・撫の実態の一端を鋭く突いている。

次に、撫・按によって考語を記入されて朝覲する布按二司官〜府州県官の京官への贈賄をみよう。十六世紀後半の嘉靖後年について、『海瑞集』上冊、淳安知県時期、興革条例、吏属には、

一朝覲。今人謂朝覲年為京官収租之年。故外官至期、盛輦金帛以奉京官。上下相率而為利。所苦者小民而已。旧例、就三年里甲中科派一里一両、三八共二百四十両。中取七十二両餽本府、十二両餽府首領、六両餽府吏。府上、或又取轎夫・吹夫・民壮。……

とあって、朝覲の年の地方官の京官への贈賄は、京官収租の年と俗称され、小農民への搾取強化の重圧としてのしかかっていた。三年毎の朝覲に徴発される徭役の轎夫・吹手・民壮等の人夫は、例えば武宗の南京長期滞在で考察の混乱したことを伝える『明実録』武宗・正徳十五年五月甲午の条には、水路経由で北京に足止めを食った者だけでも数十万人以上にのぼった、とみえる。

ところで、右の海瑞の文集に見える朝覲の経費は、淳安県の旧例でも里甲より毎年一里に銀一両が科派され、府官へはその約三七％が餽送されていた、という。だが、朝覲の際の京官への贈賄は、あくまでも税糧の不法搾取として捻出されていた。例えば、朝覲年の『明実録』神宗・万暦四十一年正月癸未の条において、吏部は朝覲官に対する「貪墨の禁を厳にせよ」と上奏した一節で、「北直隷・河南・山東等処の州県の粮羨は、十に二三を取るに至る」ものがあったことを「同府各官」の証言として伝えているが、貪官の搾取の対象こそは、この税糧の原額に対する目減り分としての耗米銀にあった。しかし、地方官の横取りした規定額に二、三〇％オーバーする部分とは、既に「保歇と胥吏と」が結托して搾取した残りの部分であったと考えられる。(19)

『明実録』世宗・嘉靖二十年正月己酉の条で、吏科給事中李文進が、「諸臣は〔朝〕覲畢れば、偏く請謁を事とし、そのたびごとに書幣を以って朝貴を問遺す。……以って遷擢を希う」という書幣とは、賄帖のことである。嘉靖中葉、この賄帖は、主に内閣・吏部・科道官へ流れたが、内閣へは「銀百数両」、吏部へは「銀百数両」、科道へは銀「十数両」が相場であった。これを投じた地方官は、「乃ち考語の称職を得」る、とされた。又、「考功〔司郎中〕は考効を売る」と倶に、選考を掌る「文選〔司郎中〕は選法を売る」ともいわれた如く、考課、任用の原案を作成した吏部の二局長の収賄は特に甚しかった[20]。同時期の知県のポスト〔缺〕の場合、選任前に借金＝「掲債」し、「到任し、酷刑・逼財もて債を償えば、上司は反って旌奨を加ふ」という状態にあった。進士挙人は大抵この方法で任官するが、債主は任地まで同行して債務の履行を迫った。例えば、進士の場合、選考前に銀千両を借り、選考後に謝礼として九百両を借りたが、着任後の元利合計の返済額は銀四千両に上った[21]。

なお、嘉靖期における閣臣による吏部の考察権への介入は、『明実録』世宗・嘉靖三十二年正月庚子条にみえる閣臣厳嵩に関する「人の賢否を論ぜず、惟だ賄賂の多寡を論ずるのみ」との表現に端的である。

万暦期における地方官の昇官のための京官への贈賄工作は一層激烈化したが、その財源調達のための猛烈な収奪については、銭一本編『万暦邸鈔』万暦二十六年戊戌巻春正月条にみえる吏科給事中劉道亨の陳言六事の「三日懲貪」が参考になる。

夫朝廷何負于百姓而嗷〻思乱。此皆貪吏為之。等府県而上之　官愈尊家愈富。有歴官辺方、為轎扛用夫六百名者。有歴官四月而扛三十九抬者。有歴官旬日而積羨過一千者。

右によれば、辺境の地方官を歴任後に人をかつぐ轎夫や物をかつぐ扛夫等を六百名も従える者、或いは任官四ヶ月で括取した金銀財宝を荷造りした槓が三十九擡に達した者、任官十日で羨耗銀を千両も搾取した者などは、農民反乱への危機を造成しつつあった貪官の猛者であったといえよう。しかし、自らも財欲に塗れていた神宗は、劉の要請には回答しなかった。ところで、尊官になるほど家が富むという昇官・発財の原理は、京官の中でも吏部官僚、特に選考の実権を握る文選司郎中に最も有利に機能した。例えば、万暦期の地方官が吏部尚書蔡国珍や文選司郎中白所知・梅守峻へ贈賄した生々しい内容は、『万暦邸鈔』万暦二十六年戊戌巻春正月の吏科給事中戴士衡や、同書万暦二十七年乙亥巻六月条の吏科給事中程紹の弾劾文に具体的である。確実な証拠に基づいて梅守峻の弾劾に自信を表明した程紹の処罰要請に対しても、神宗は同意せず、守峻を留任させた結果、邸鈔の編者は、〝これほど貪墨な銓臣が処罰されないとすれば、どうして庶僚を教化できようか〟と嘆息している。実際、選考の前提である考察の予盾も激化していたのであった。

5　考察矛盾の激化

以上にみた、昇官・発財をめぐる内閣、吏部、撫・按より府州県官に及ぶ必然的な貪官化に伴う賄賂の横行は、単に北京の考察現場での当路の要官への贈賄をエスカレートさせただけではなく、考察技術上の幾重もの矛盾に相乗転化して、朝覲考察制度を形骸化していった。先ず、『明実録』神宗・万暦八年二月丙申の条で、刑科給事中高尚忠は、今や地方官全体に官僚政治に対して無責任を決め込む時代の到来したことを以下のように上奏した。〝現在の朝覲官は、処分を免れて帰任すれば、「藩臬長貳は、きまって吾れの事すでに畢へたれば、ただ陞転を望むのみ。利弊の興革は絶ちて念に置かず」という状態であり、「守令諸臣も、きまって、既に才を以って留まりたれば、便ち志向の矯を肆にすべしと謂い、廉偽の節は一切これを棄つ」という状態であり、「撫按監司は、其のもの〔藩臬守令〕は嘗て賢能を以って考を記すと謂い、復た糾挙せず」という状態となった〟、と。

董其昌編『神廟留中奏疏彙要』吏部類第六巻、万暦二十二年六月十五日付の浙江道御史夏之臣の「為時事多虞、計吏宜慎、敬陳考察末議、以備採擇、以裨大典事」と題する奏疏には、朝覲考察の矛盾八事が概略以下の如く指弾され、改革が叫ばれた。

一「才（力）品（性）の真偽を辨ぜよ」とは、才能と人格・識見の評価が真実に近いかどうかを吟味せよというものである。現実の地方官をみた場合、臆病者は長いものに巻かれているが、剛情な人は手腕を発揮している。前向きに政治案件に対処する者は正直さを疑われるが、仕事はしないで交際に精出す者は逆に円満な人格者とみなされている。賄賂を納めておびえている者は詐偽の体質をかくすが、なりふりかまわず難局に対処する者は逆に論法の鋭さ故に訊問されてしまう。無能な者はなすすべもなく煩悶しているだけで地位の保全をはかるが、能吏は事態打解の展望に明るいが故に汗だくで働いても上官の嫌疑をうける羽目に陥っている。従って、邪正、真偽の慎重な評価は、時局を救う急務でもある、という。つまり、清官や能吏が政績評価で劣等視され貪汚な無能者にたち打ちできない背景には、彼らの上官である撫・按や中央政府の吏部の腐敗が存在していたからであった。

二「地方の豊歉を論ぜよ」には、政績はややもすると府州県の繁簡の度合いだけで評価され、大災害の後の復興に精励しても、少しでも手落ちがあれば即に免官となるなどの矛盾があり、ただでさえ被災地の税糧や盗賊対策は難しいのであれば、当然に繁県簡県の度合いと併せて豊凶を評価の対象に加えるべきであるという。

三「弾章の多寡を計れ」には、撫・按が吏部・都察院に報告する「考語冊」内に、某地方官が三年内に某衙門より弾劾された回数と処分の内容とを記入して、賢否の評価の参考とすべきである、という。

四「荒政の卓異を挙げよ」には、次のように言う。現在七年連続の天災にみまわれている。饑民のために、社倉を建てる際に民を患わすことがなく、積穀の数量も年に万を数える能吏に対して、特別昇進や宴賞などの破格の待遇が行なわれていないのは、循良の臣を鼓舞する考察の理念に背く。従来、特別すぐれた卓異の官は、ややもすれば清貧の廉吏が基準とされたが、今後は「備荒以為、潔己恵民」を基準とすべきである、と。

五「飛語の巧みを禁ぜよ」には次のように言う。吏部都察院の再三の禁例にも拘らず、考察の当事官に内密の掲帖を投函して根のないうわさを告げ口し、該地方官に報復・中傷する者がいるので、当事官は厳重に取締る姿勢を堅持してほしい。しかし、右の私掲以外にも官僚どうしの会席や談笑の中、或はちょっとした感情そこねから思わぬ官界追放の陥し穴が待ち受けているのが現実である、と。

六「偏重の闇に生ずるを防げ」には、次のように言う。部・院の考察資料は、撫・按の報告した考語と、独自の確認調査である考功司郎中・河南道御史の諮訪＝査訪＝訪察とに依拠する。もし諮訪の情報を提供した人の該地方官に対する評価が、実務・言動倶に「正人」＝すぐれた人物とあっても、その情報提供者が正人でなく、ただ該地方官を擁護するために衆目を欺いて、一群の官僚と「公論」であるかの如く口裏を合わせたものに過ぎず、世俗の客観的な評価に合致しないものであれば、諮訪に信頼はおけない。現実には右の傾向が日増しに強まっており、これは若芽のうちに摘みとる必要がある、と。

七「猜忌の横訌を懲らせ」には、次のように言う。考察は、撫・按の考語と部院の諮訪に依拠する責任体制下に万全に運営されているかに見える。だが、現実には自己の汚点を公論にさらす勇気のない自愛の者や、出世に希望がもてずに勧心を買おうとする行為を恥とも思わない者が、真昼間に部院堂官の下にやって来て、〝誰それは私を陥し入れようとしている〟とか、〝誰それは某官の派閥にくみしている〟などと猜疑の横ヤリを入れている。当事官は、これらの朝覲官を無頼の徒として厳重に処罰すべきである、と。

八「暮夜の夤縁を絹めよ」には、禁令をあざ笑うかの如く賄賂を駆使する朝覲官の実態が指摘される。考察当事者への贈賄は厳重な禁令があるにも拘らず、伝手を求めて賄賂＝「餽遺」で良くないことを頼み込む夤縁の輩は、実に彌縫が巧い。それらの者の中には、夜中に、同郷の誼を頼りにねんごろな挨拶を求める者、科挙をはじめとした官界の師弟・朋友の関係で様子を伺う者、考察処分を免れ難いとみるや重要でない官職に生き残ろうとして頼みに伺う者、頼りがいがあるとみるや神出鬼没に救いを求めに来る者などがいる。奴僕も従えず変装してあわれみを乞いに来る者に至っては、秘密で察知し難い壁に穴をあけて忍び込む盗人と変わりない。朝覲官は、むしろ官品は低いにしても、人格・品性＝「人品」まで失っては士大夫失格であるから、監察官僚は、一斉にそれらの者の捕縛に起ち上がるべきである、と。

右の贈賄禁止の要請こそは考察の形骸化を阻止する原点であったが、神宗は御史夏之臣の時宜をえた上奏を中に留めて回答しなかった。

同じく万暦二十二（一五九四）年七月、吏部尚書陳有年の致仕（円満退職）の後をうけて、同年八月東林系の孫丕揚が就任し、同月情実人事の一掃を狙った官員選任法の大改革である抽籤法を創立した。孫は、考察年に当る明くる『明実録』神宗・万暦二十三年正月丙子の条で、「臣ら、今次の考察は、至公を乗り、意を加へて卑官・下吏をも廉訪するを誓う」との強い決意を宣言し、今や顕在化した「救援党与、仮公済私、請託公行、肆言流謗、餽遺納交、昏夜乞哀」等の輩を処罰されよと、前述夏之臣の提起した矛盾を再度上奏して裁可をえた。しかし孫の意図とは裏はらに、今回の考察は、腐敗の守旧派と体制の再編を目指す東林系との党争の具となり、実録には考察の処分者総数はおろか考察関連の記事すら見当らない程無残なものであった。

万暦二十四年六月に開始された礦税体制発足後の二回目の考察年に当る十七世紀初年の万暦二十九（一六〇一）年正月には、処分者総数は見えないが、型通りの考察記事の中に後述する『浮躁』なる処罰考目が現われ、珍しく神宗の勅諭がみえる。勅諭は、礦税体制下の宦官支配と官僚支配という二重支配の苛政に悲鳴をあげる商・工・農・士民等の愁嘆の声や、考察処分で免官となった府州県官の欠員補充の声にはトンと傾聴する耳などもたず、[22]「時として怠荒なし」などと強弁した。だが、さすがの神宗も、「計吏の章、来り、おおむね国のためにするの臣と言うも、私を営むを希ふの士多く、催科は額外に溢れ、聴断は法中に枉げられ、健吏は撃搏して威を樹て、巧宦は彌縫して進を干め、民の豹虎となり、国の蠹蠧となる」という朝覲官の実像を直視せざるをえなかった。[23]

しかし、『明実録』神宗・万暦二十九年二月癸未の条で、山西巡撫魏允貞は、開礦太監張忠に対等の礼をした科で張忠に弾劾され、『才力不及』として「降一級調辺方用」の処分をうけた平陽府解州夏県の知県袁応春に対して、「文官と内官とは亦た尊卑なく、皆な庭参せざること相沿い以って久し。望むらくは皇上、応〔春〕の才は事を済うべく、守は民を擾がさざるを憐れみ、特に降調を免ぜられよ」と処分緩和の上疏を行なったが、報ぜられなかった。魏巡撫によれば、実際の夏県知県袁応春こそは、嶂県の大城及び南関・西関の二城を修理した際に銀七千余両も節約し、響馬の巨盗も決して入境しないほどに治安も良好で、朝覲にも当時の豪勢な風潮に逆らうかの如く、経費銀七両、騾馬二頭だけで済ます清操ぶりであり、正しく能吏の名にふさわしい人物であった。とすれば、神宗は、本来ならば守・才の卓異官として宴賞・擢用の恩典にあずかるべき人物よりも礦税官を優遇したのであった。

問題なのは、礦税体制下の操守・才識にすぐれた能吏に対する処分に劣らず、『才力不及』＝「降調」出現以前の考察処分が、貪官の増大にも拘らず緩和の一途を辿ってきたという矛盾であった。

本章を要するに、太祖のめざした小農民の再生産保証策という理念実現のためのレール、即ち朝覲考察制度による貪官排除の効果は、宣徳期以後は減退し、郷村では里甲小農民の破産化とは裏腹に地方官の貪官化が進行していた。それらの傾向は、十五世紀前半の正統年間に明確化し、成化・弘治・正徳年間に漸進したが、十六世紀前半の正徳末年より嘉靖～万暦、特に同世紀後半から十七世紀前半の万暦期には重大な矛盾として顕在化していた。地方官の貪官化を裏付けるのは、嘉靖～万暦期以降の税役上の収奪の強化であった。額外の不法搾取や収賄等で稔出された貪官の財源は、昇進の前提である撫・按の挙劾、吏部の朝覲考察、科道の拾遺糾劾を通過するために、郷評を牛耳る郷士夫（監生～休退職官僚）、薦挙・糾劾権を握る撫・按へ贈賄されることは勿論、朝覲考察に影響力をもつ閣臣、考察・銓選の当局者である吏部尚書・考功司文選司両郎中、吏科給事中・河南道御史等官へ贈賄された。結局賄賂・情実で形骸化した撫・按の挙劾は、薦挙だけが多いものとなり、一省の薦挙員数は、弘治・正徳期までは四～五人、嘉靖期で十人未満、隆慶期で二十人、万暦期では二十人以上に達した。一方、貪官の増大に伴う矛盾を反映した北京の考察現場でも、災害・備荒・税糧・盗賊対策に手腕を発揮する能吏は評価されず、デマ・中傷を飛ばし、情実を求めて狂奔したり、人事当局に、賄賂を駆使する彌縫に巧みな無能の貪官が評価され始めた。特に万暦二十三年以降の考察は、党争（補註）の手段と化し、同二十四年以後の礦税体制下では、考察処分官の員欠の補充が渋滞する中で、能吏の処分は厳しく、宦官は逆に免罪されるという矛盾が深化して、考察そのものも正常には機能しなくなった。

次章では、そのような能吏への厳しい処分と表裏する無能な貪官に対する処分緩和の過程を明代中期より跡づけてみよう。

第二節　考察・挙劾処分の緩和過程

1　処分緩和の画期

朝覲年の『明実録』世宗・嘉靖十四年正月癸亥条で、御史喬英は、「近時の考察は、つねに〔足を使って実地聴取すべき〕巧能（機能）をおろそかにして〔他人に委任した〕采訪（取材）に聴き、事〔蹟〕（政績）を省略して、間接の伝聞を信用し、以って賢否いまだ辯せず、黜陟明らかならざるを致」していると上疏した。これに対して、嘉靖帝も「撫按等官の考語及び科道等官の論劾」を根拠に挙行される「朝覲考察は、国家黜陟の大典に係わり、黜けられる者は、既に奏辯を容れず、又終身叙用を許さ」ない堅固な体制であるはずであるが、吏部考功司、吏科都給事中、河南道御史等の考察の当局者は、「ちかごろ、徒らに〔広〕詢〔博〕訪＝訪察を事とし、以って人〔が〕私に報復虧枉を行うを得るを致」すようになった、との認識を深めている。

右の矛盾は、前回の考察でも問題化していた。『明実録』世宗・嘉靖十一（一五三二）年正月癸丑の条で、吏部尚書王瓊は、「ただ三年任内の事蹟に拠るだけで、初めより生平の素行を通考するのではなかった」歴代の考察条例に反して、「邇来、此の例を諳ぜず、往往に〔素行を〕苛求し、すでに外官に陞るに前任の京官に因って黜けられし者あり、すでに尊官に陞るに前任の卑官に因って黜けられし者」があるのは、「殊に才を惜むの意を失す」、「当に其の考語に拠って去留し、そのたびごとに罷斥を議すべからず」と上疏して嘉靖帝の同意をえた。しかし、王瓊の主張は、既にこの頃より吏部に考語を報告すべき撫・按の訪察が形骸化し、それを受理した中央では、考語の信憑性を再確認すべき吏部考功司や科道官の詢訪を重視せざるをえない必要に迫られていた現実に目を覆った貪官擁護派の論理を代弁したものに過ぎなかった。[24]

これより丁度四十年前、後述する正統期以来の一連の考察処分緩和の過程で、地方官の官界居座りを保証した「調用」「降調」という名の処分に対応した処罰考目（総合評定要素）である『才力不及』が初めて出現した、朝覲年の『明実録』孝宗・弘治六（一四九三）年正月己丑の条には、嘉靖の王瓊とは正反対の吏部尚書王恕の上請がみえる。王恕は、増大する貪鄙の「府州以下官」を、「若し必ず三年を待ちて後これを黜くれば、彼においては則ち固より当に感激すべきも、民においては則ちいまだ怨嗟を免れ」ないとの見地より、「官は年浅しといえども亦た黜けざるべからず」と主張した。孝宗は、王恕らが「開具上請」した「布按二司及び府州県等官、年老・有疾并びに罷軟・不謹・貪・酷・才力不及の者共に一千四百員、又雑職一千一百三十五員」の「罷黜并びに調用」の処分に対して、「今は姑く開具する所の者に従ひこれを処す」と裁可した。しかし、同条において、「人才は得がたし。事は実を得るを貴ぶ。人は過を改むるを貴ぶ」との「受惜人才」の立場を堅持した孝宗は、考察当事官の詢訪に介入する「無根の言」を杜すために次の四点の何れかに該当するケースについては全員留任させる、との新原則を規定した。

㈠方面・知府で『年老』六十歳未満の者は留任させる。

㈡『素行不謹』が陞任する前の前任官時代の治績に対する評価である場合。
㈢現任の『不謹・罷軟無為』が吏部の査訪で事実を確認できないか、或は巡撫・巡按が同一の場所より報告した資料に基づいたものでない場合。
㈣　その他の処分された官員で『老・疾・貪・酷』の顕著でない場合。

孝宗の新原則は、考察処分の客観性を期すると同時に、三年間の官僚の治績を総合評価することを狙ったものである。だが、新原則は、理想論としては通用しても、一年目は清廉の虚名を博し、二年目はそっと貯めこみ、三年目はしこたまためこむが如き海千山千の増大する貪官にとっては、不正の恰好の抜け道として機能する可能性を秘めていた。特に新原則の㈡㈢㈣は貪官に対する免罪符的色彩が濃いが、事態はその通りに推移したのであった。

貪官の増大と考察処分の緩和の過程は漸進的であり、処分の緩和が顕現するのは正徳期以降であるが、画期したのは成化末年より弘治初年にかけてのことであった。例えば、戴金編『皇明条法事類纂』巻四二、「考察被劾、降調致仕為民等項官員、虚捏奏擾挐問発遣為民」には、弘治元年五月十一日付の「為乞恩辯明風聞毀言誣枉等事」という都察院の題本がみえる。この中では、地方に差遣されて搾取を事とした一人の『貪淫』な戸部官僚に対する事実調査の経過と、それに厳正な処分で臨んだ孝宗の姿勢を窺うことができる。貪淫な戸部官僚とは、戸部陝西清吏司郎中許楫である。許は、京官の考察で『索行不謹』つまり搾取を事とするつつしみのない官僚と判定されて、「冠帯閑住」つまり身分だけは剝奪しないから帰郷して謹慎せよとの処分をうけたが、官界への復帰と昇進の願望への未練を断ちきれず、禁令を犯して幾度となく考察の不当性を訴える上奏を行なった。そこで、人材を愛しむ孝宗は、部・院・科・道官が許楫と是非曲直を論争して処分の要請を行なえ、と命じた。

今回の都察院の題本中にみえる吏部尚書王恕らの題本の一節は、許郎中を『索行不謹』と判定した根拠を、戸部尚書李敏らと会同して広詢博訪した以下の実跡にあると証言した。〝許楫は初任官以来つつしみのない人であった。戸部主事として四川に派遣された許は、公務を処理するたびに布政司に頼み込んで、農民を胥吏に採用して納銀させることで多くをピンハネし、「田荘」を買い求め、家屋を建てた。郎中となって北京に勤務するようになってからの許は、役所に来る人ごとに搾取につとめた。例えば、納銀の順番を求めて清吏司に赴いた松江等処の解戸に対しては、粮一石につき「罰紙」＝科料印紙一張を発行した。松江の「白糙米」は四万七千二百石であり、罰紙は四万七千二百張に上るので銀に換算して罰紙は約「八十《ママ》余両」となるが、その使途は不明である。又、「各処上粮納銀生員」が清吏司に赴いて納税の手続をする際に、許郎中は「楼房」の修理費と称して毎名に罰紙一銭を科し、罰銀二百余両を徴収して「廈楼一座」を建造したが、これに要した経費は三、四十両であり、残りの銀両を許がどのように使用したかは不明である。のちに許は、とある事件で逮捕されてからは、不正の発覚を恐れて前に建造した廈楼をとり壊してしまった。〟

最初、孝宗は、右の職権横領罪＝汚職に対して、『索行不謹』＝「閑住」の処分を下したのであった。ところが、今回の許の奏訴事件で、都察院は王恕らの題本内に記された左の新たな事実を証言した。〝許郎中は、主事・員外郎の時代、「達官丁金」より不法にも科料として銀両をまきあげ、その貪声はつとに知れわたっていたが、各処の「馬房細戸」からも財物を強要して受け取った。のち、幼い息子を帰郷させる際に付き添って行き、往復二年もの間にその布政司や府州県官に対して公務を依頼し、「田宅を営買」した。又、北京にあっては、隣人小顧児の妻と姦通し、そのため小顧児は許の皂隷小貫児の随行にとりたてられ、街の顔役として威張り出した。又、旧年、許は、武安侯鄭美と倶に湖広へ親王を封建するために同行することになった際にも、鄭美とは同行せずに横道にそれ、河南の汝寧府に行き、このものは肉親を捜している、などと偽って姦婦をひきつれていたが、随行の小顧児は至るところで対処を要めて財物を強要した。これらの点については、多くの人が証言している。〟

右の都察院の証言では、成化年間に許の歴任した主事・員外郎時代の悪事が王恕らの証言に基づいて暴露されている。孝宗も、「許楫、このものの貪淫は既に実跡あり」という如く許の職務を利用した悪跡を認めて、「発回原籍為民」つまり本籍に追放して官籍を剝奪する厳しい姿勢を示した。前述弘治六年の考察で孝宗が新原則の(二)として前任官時代の治績の査定を禁じたのは、或は右の弘治元年の許楫の例に照らせば、貪官のホコリはたたけばたたくほど出てくるという現実を踏まえ、考察処分の決定作業に混乱が生じることを恐れたからではないかとも考えられる。とすれば、既述の考語冊への記入の対象外である、三年の任期をまだ十分に消化していない年浅者へも処罰を適用すべし、とした吏部尚書王恕らの主張が貪官排除のより有効策であったといえよう。要するに、弘治六年の新原則の出現は、以後の処分緩和に法的根拠を与えるものとして位置づけられる。

2　考察拾遺処分の検討

弘治期の吏部＝天子の考察の処分に臨む姿勢は、後述の表からもわかるように、朝覲年の『明実録』孝宗・弘治十五年正月己亥の条に、初めて考察の留任者に対して科道官独自の調査＝察訪に基づいて処分を免れた留任者の中より更に貪官部分を摘発する作業である拾遺の劾奏が出現した際に窺見できる。又、拾遺の劾奏が実録に記録され始めたことは、貪官の増大に伴う考察処分の予盾の昂進を反映する指標でもあった。吏科給事中王滑、監察御史仇伝らは、左表1の如く考察の処分より漏れた貴州副使周鳳ら十人の『不謹』を劾奏して「黜退」の処分を要請した。孝宗が知府以上の方面の尊官十人を『不謹』と認定すべしとの科道の要請を全面的に容れて「冠帯閑住」の処分にしたのは、吏部の覆奏が「鳳らの科道に劾せらるるは、既に各おの指すに実跡あり」との報告を信頼したことによる。且つ、その信頼は、『明実録』孝宗・弘治十五年正月乙未条にみえる考察処分決定の際の、

吏部都察院又言。臣等自奉命以来、盡心査訪。既拠各撫按官平日開具考語、以験其美。復即今日科道所劾奏者、(25)以求其故、参互考計至再至三、乃敢疏名上請。……上曰。朕念人才難得。恐有所枉。故命爾等再加斟酌。今爾等

表1　弘治15年正月の考察拾遺の処分者（10名）
※『明実録』孝宗・弘治15年正月己亥の条に拠る。

劾奏者＝科道官の処罰要請					吏部の覆議＝孝宗の裁定			
職　官	品級	姓　名	八　法	処分	八　法	処分	減等	員数
貴州副使	正4	周　鳳	不　謹	黜退（閑住）	不　謹	閑住	0	10員
山東副使	〃	、邵　賢	〃	〃	〃	〃	0	
〃	〃	鈕　清	〃	〃	〃	〃	0	
山東僉事	正5	馬　鸞	〃	〃	〃	〃	0	
福建副使	正4	韓紹宗	〃	〃	〃	〃	0	
陝西僉事	正5	劉　弼	〃	〃	〃	〃	0	
盧州府知府	正4	宋　鑑	〃	〃	〃	〃	0	
紹興府知府	〃	游　興	〃	〃	〃	〃	0	
登州府知府	〃	喩宗府	〃	〃	〃	〃	0	
衡州府知府	〃	劉　済	〃	〃	〃	〃	0	

　所言、如是、其悉依前議発落。

という部院の査訪、撫・按の考語、科道の劾奏による三方面からの資料を十分に審査した結果に基づいて処分者の姓名を公表したのだ、とする部院の報告を諒承していた実績にも立脚していた。

　正徳期の考察後の最初の拾遺の劾奏は、同六年正月己卯の条に知府以上の十七員がみえ、科道の「黜退」の要請に対して、致仕一員、冠帯閑住七員、調用三員、留用六員の裁定がみえるが、科道の「黜退」の内容、つまり八法の処罰の考目と処分の目とが不明である。吏部＝天子の考察の処分に臨む姿勢は、朝覲年の『明実録』武宗・正徳九年正月甲午及び同十二年正月丙午の各条にみえる拾遺の処分に左表2・3として現われる。

　左表2の正徳九年の場合、科道は『貪濫』＝「為氏」の処分を要請して全て却下された。この点は、弘治十五年の場合と全く逆であり、吏部＝天子の考察処分に対する著しい緩和の姿勢を窺わせる。後述するように、処罰の考目＝八法と処分の目との重い順位は、『貪酷・在逃』＝「為民」（庶民への身分格下げ）、『罷軟無為・素行不謹』＝「冠帯閑住」（謹慎退職）、『年老・有疾・老疾』＝「致仕」（強制退職）、『才力不及・浮躁』＝「調

表２　正徳９年正月の考察拾遺の処分者（17名）
※『明実録』武宗・正徳９年正月甲午の条に拠る。

劾奏者＝科道官の処罰要請					吏部の議覆＝武宗の裁定			
職　官	品級	姓　名	八　法	処分	八　法	処分	減等	員数
僉　事	正5	田　墀	貪　濫	（為民）	（不　謹）	閑住	1	5員（29・4）
運　使	従3	白　翱	〃	〃	〃	〃	1	
副　使	正4	毛　科	〃	〃	〃	〃	1	
知　府	正4	葉天爵	〃	〃	〃	〃	1	
〃	〃	王　俸	〃	〃	〃	〃	1	
布政使	従2	羅　栄	〃	〃	才力不及	調用	2	4員（22・5％）
参　政	従3	徐　翊	〃	〃	〃	〃	2	
〃	〃	黄　顒	〃	〃	〃	〃	2	
〃	〃	劉　寅	〃	〃	〃	〃	2	
布政使	従2	黎民表	衰老無為	致仕	〃	留用	2	8員（47・0％）
知　府	正4	姚　璽	貪　濫	（為民）	〃	〃	3	
参　政	従3	柳尚義	〃	〃	〃	〃	3	
〃	〃	邵　賁	〃	〃	〃	〃	3	
副　使	正4	馮　顕	〃	〃	〃	〃	3	
〃	〃	謝　琛	〃	〃	〃	〃	3	
知　府	〃	蘇　錫	〃	〃	〃	〃	3	
僉　事	〃	白　杲	〃	〃	〃	〃	3	

用」（左遷）の順である。以下、処分の軽減を意味する等級は、右の順位に基づく。但し、「致仕」は、原則上『老・疾』にだけ適用された。表2では、科道の『貪濫』＝「為民」又は『衰老・無為』＝「致仕」の要請に対して、現状維持の「留用」（留任）が八員＝四七％で処分は三等又は二等軽減された。次いで最も軽い「調用」が四員＝二三・五％で処分は二等軽減された。この四員は、即日辺境への「調用」＝「調簡」が発令され、布政使羅栄は貴州へ、参政徐翊は広西へ、参政劉寅は雲南へと決定したが、参政黄顒は調用前に死亡した。重い処分の「冠帯間住」は五員＝二九・四％であり、処分は一等軽減された。

左表3の正徳十二年の場合も、同九年の場合と同様な傾向を示す。科道の『貪・酷』＝「為民」又は『不謹』＝

表３　正徳12年正月の考察拾遺の処分者（28名）
※『明実録』武宗・正徳12年正月丙午の条に拠る。

疏劾者＝科道官の処罰要請					部院覆奏＝武宗裁定			
職　官	品級	姓　名	八　法	処分	八　法	処分	減等	員数
副　使	正４	熊希古	貪	為民	不　謹	閒住	1	5員（17・8％）
僉　事	正５	銭俊民	〃	〃	〃	〃	1	
参　政	従３	周　曾	不　謹	閒住	〃	〃	0	
知　府	正４	張　愷	貪	為民	〃	〃	1	
〃	〃	朱　鑑	酷	〃	〃	〃	1	
〃	〃	毛　騄	不　謹	閒住	老　疾	致仕	1	1員
参　議	従４	劉　金	〃	〃	才力不及	調用	1	7員（27・5％）
〃	〃	劉　潮	〃	〃	〃	〃	1	
僉　事	正５	揚　誉	罷　軟	〃	〃	〃	1	
〃	〃	楊邦禎	才力不及	調用	〃	〃	0	
知　府	正４	徐朝元	酷	為民	〃	〃	2	
〃	〃	韓　轍	不　謹	閒住	〃	〃	1	
〃	〃	周　霖	〃	〃	才力不及	降級	1	
〃	〃	伍文定	酷	為民	〃	留用	3	15員（53・5％）
僉　事	正５	盛　鵬	〃	〃	〃	〃	3	
知　府	正４	孫　禄	〃	〃	〃	〃	3	
布　政　使	従２	邵　賁	不　謹	閒住	〃	〃	2	
〃	〃	王　恩	〃	〃	〃	〃	2	
参　政	従３	熊　桂	〃	〃	〃	〃	2	
〃	〃	蔣　曙	〃	〃	〃	〃	2	
副　使	正４	呉　江	〃	〃	〃	〃	2	
〃	〃	阮　吉	〃	〃	〃	〃	2	
僉　事	正５	劉　藍	〃	〃	〃	〃	2	
知　府	正４	鄭　選	〃	〃	〃	〃	2	
〃	〃	張　春	〃	〃	〃	〃	2	
〃	〃	討末道	〃	〃	〃	〃	2	
布　政　使	従２	杭　済	褒老廃事	致仕	〃	〃	2	
〃	〃	王　紹	才力不及	調用	〃	〃	1	

「間住」、『衰老廃事』＝「致仕」、『才力不及』＝「調用」の各処分要請に対して、現状維持の「留用」は十五員＝五三・五％であり、処分の割合は二等・三等・一等の順位で軽減された。『酷』＝「為民」、『不謹・罷軟』＝「間住」、『才力不及』＝「調用」の処分要請に対して、最も軽い「調用」は七員＝二七・五％であり、処分の割合は、一等・二等の順位で軽減された。『貪・酷』＝「為民」、『不謹』＝「間住」の処分要請に対して、重い「間住」は五員＝一七・八％であり、処分は一等軽減された。今回、参政周曾の『不謹』＝「間住」と、僉事楊邦禎の『才力不及』＝「調用」の二件の処分についてだけは、科道の要請が全面的に裁可された点が注目されている。但し、正徳九年の考察拾遺で『貪濫』を劾奏されて留任となった従三品参政邵蕡が、今回従二品布政使に昇進して再度『不謹』を劾奏されて留任となったのは、貪官に対する処分の甘さを象徴している。

　左表4の嘉靖十一年の場合、科道の『貪肆不検』＝「罷斥（為民）」の処分要請に対して、「留用」は三員＝三七・五％であり、処分は三等軽減されている。「調用」は五員＝六二・五％であり、処分は二等軽減されている。まだこの時点では、正徳期以来の甘い処分のなごりが残っている。

　左表5の嘉靖二十年の場合、科道の『貪汚不職』＝「罷黜（為民）」

表4　嘉靖11年正月の考察拾遺の処分者（8名）
　※『明実録』世宗・嘉靖11年正月丙子の条に拠る。

糾奏者＝科道官の処罰要請					吏部の覆奏＝世宗の裁定			
職　官	品級	姓　名	八　法	処分	八　法	処分	減等	員数
浙江左参政	従3	万　潮	貪肆不検	罷斥（為民）	（才力不及）	改調簡僻	2	5員（62・5％）
広東副使	正4	江良材	〃	〃	〃	〃	2	
陝西副使	〃	許　路	〃	〃	〃	〃	2	
浙江参議	従4	呉廷翰	〃	〃	〃	〃	2	
山西僉事	正5	辛東山	〃	〃	〃	〃	2	
浙江右参政	従3	万廷彩	〃	〃		留用	3	3員（37・5％）
四川副使	正4	林　遂	〃	〃		〃	3	
知　府	〃	李　翔	〃	〃		〃	3	

の処分要請に対して、最も軽い「調用」は二員＝一二・五％であり、処分は二等軽減されている。重い「間住」は十員＝六二・五％であり、処分は一等軽減されている。正徳期の間住は二、三〇％であったのに比べて今回のそれが培増した点は、最大の特色である。最も重い「為民」は知府四員＝二五％であり、科道の要請が全面的に認められており、この点も今回の特色である。

左表6の嘉靖三十二年の場合、科道の『貪酷不職』＝「宜罷（為民）」の処分要請に対して、最も軽い「降用」は三員＝二〇％であり、処分は二等軽減されている。重い「閑住」は十員＝六六・六％であり、処分は一等軽減されており、この点は同二十年の場合と同様に最大の特色である。『老・疾』にだけ適用される処分の「致仕」は一員＝六・六％であり、

表5　嘉靖20年正月の考察拾遺の処分者（16名）
※『明実録』世宗・嘉靖20年正月辛亥の条に拠る。

糾劾者＝科道官の処罰要請					部院看議＝世宗裁定			
職　官	品級	姓　名	八　法	処分	八　法	処分	減等	員数
知　府	正4	馬　敭	貪汚不職	罷黜（為民）	貪　汚	為民	0	4員（25％）
〃	〃	張国紀	〃	〃	〃	〃	0	
〃	〃	康　河	〃	〃	〃	〃	0	
〃	〃	麥孟湯	〃	〃	〃	〃	0	
布政使	従2	劉　勲	貪酷異常	〃	不　謹	罷職（閑住）	1	10員（62・5％）
僉　事	正5	林希元	貪汚不職	〃	〃	〃	1	
副　使	正4	陳　璣	〃	〃	〃	〃	1	
〃	〃	毛　衢	〃	〃	〃	〃	1	
参　政	従3	曹世盛	〃	〃	〃	〃	1	
〃	〃	王　献	〃	〃	〃	〃	1	
参　議	従4	王　傳	〃	〃	〃	〃	1	
〃	〃	荘一儁	〃	〃	〃	〃	1	
副　使	正4	陳仲禄	〃	〃	〃	〃	1	
〃	〃	辛東山	〃	〃	〃	〃	1	
布政使	従2	査応兆	〃	〃	才力不及	調用	2	2員（12・5％）
知　府	正4	姜　恩	〃	〃	〃	〃	2	

処分は二等軽減されている。

右表4・5・6の嘉靖十一年、二十年、三十二年の場合は、正徳期にみられた留任の処分が同十一年を除いて姿を消し、「調用」の処分は正徳期以来二〇％前後或はそれ以上に上昇すると同時に、重い「閑住」の処分が大きな割合を占めている点が注目される。「閑住」処分増大の事実は、一見して処分の強化を思わせるが、別に「為民」等の厳重な処分が出現したわけでもないので、正徳期の留任に相当した部分が質量倶に貪官へ転化した結果、已むを得ず譲歩を迫られた政府が、官僚の身分保証策としての『才力不及』＝「調用」や『不謹』＝「間住」の処分を増大させざるを得なかったこと、即ち結論的には処分の緩和を意味している。例えば、嘉靖十一年の拾遺で科道にその『貪肆不検』を糾奏され、処分を二等軽減されて「改調簡僻」となった正五品山西僉事の辛東山が、同二十年の拾遺で再度『貪汚不職』を糾劾されながら、

表6　嘉靖32年正月の拾遺の処分者（15名）
※『明実録』世宗・嘉靖32年正月己亥の条に拠る。

糾劾者＝科道官の処罰要請					（部院の覆奏）詔			
職官	品級	姓名	八法	処分	八法	処分	減等	員数
副使	正4	公蹟奎	貪酷不職	宜罷（為民）	不謹	閑住	1	10員（66・6％）
〃	〃	尹綸	〃	〃	〃	〃	1	
〃	〃	韓一右	〃	〃	〃	〃	1	
〃	〃	郭春震	〃	〃	〃	〃	1	
〃	〃	張合	〃	〃	〃	〃	1	
〃	〃	沈啓	〃	〃	〃	〃	1	
〃	〃	王継芳	〃	〃	〃	〃	1	
参議	従4	蕭世延	〃	〃	〃	〃	1	
僉事	正5	安如山	〃	〃	〃	〃	1	
知府	正4	王廷翰	〃	〃	〃	〃	1	
按察使	正3	楊汭	〃	〃	老疾	致仕	2	
布政使	従2	王髙	〃	〃	才力不及	降用	2	3員（20％）
知府	正4	李人龍	〃	〃	〃	〃	2	
〃	〃	劉存徳	〃	〃	〃	〃	2	
副使	〃	陳珪	〃	〃	〃	留用	3	

処分を一等軽減されて「閑住」となったのは、その典型である。さらにこの点は、明代後半の新たな考察として機能し、後述する朝覲年の嘉靖二十、二十三年の間に介在する同二十一、二十二年の平常の挙劾の奏疏にみられる貪官処分の具体的在り方の検討及び、拾遺の処分に先行する考察処分において、閑住・調用の処分者が他の処分者に比べて増大傾向をみせていた点からも裏付けられる。

以後の拾遺の処分についても、右と同様な傾向がみられた。『明実録』世宗・嘉靖四十四年正月甲子の条では、知府以上の七人が科道に『貪肆不職』＝「為民」と判定されたが、部院の覆議＝天子の裁可は、「調用」＝四員、「間住」＝二員、「留用」＝一員という如く、調用が間住を上回っている。又、『明実録』穆宗・隆慶五年正月庚辰条にみえる拾遺でも、僉事以上の九人が『不職』とされたが、部院の覆議は四人を『才力不及』の「降調」の処分とし、六人を「罷黜」（不謹の冠帯閑住）の処分として裁可された。『明実録』神宗・万暦五年正月甲辰条にみえる科道の拾遺糾劾に対する吏部の覆議でも、「方面有司の潘允端・罗応兆らは降用、陳洙・程学博・卜相・馮子履らは調簡、王見賓は姑らく留用す」との要請に対して、神宗は「学博・相・子履は降一級調用、応兆は調簡僻、余は擬の如し」と回答した。結局七人の中、六人までが『才力不及』の処罰を要請され、このうちの四人には確実に「降用・調簡」の処分が下った。なお、これ以後の万暦期の拾遺については、考察処分と倶に実録の記載は極めて杜撰である。拾遺では、逆に全員放免の処置がたびたび見られるなど、対処する姿勢すら疑わせるものがある。(26)

要するに、拾遺の処分についても、嘉靖期以降は、貪官に対する処分の緩和を意味する『不謹』＝「間住」と『不及』＝「調用」とが多く、むしろ相対的には後者が前者を凌駕する勢いをみせていた。

3　挙劾処分の検討

次に、嘉靖期の撫・按の不定期の考察に属する平常の挙劾奏疏の劾疏における処罰の考目＝『八法』（総合評定要素）に対する処分の目を、撫・按の段階と中央政府の吏部＝天子の段階とで比較して、貪官に対する処分緩和の具体像を検証したい。これに先だち、既述の弘治末年より漸増する貪官を処罰するための、八法の中の五法＝『貪・不謹・罷軟・不及・浮躁』は、四格と通称される守・才・政・年・心・貌等の考察の考語の目（評定要素）の内容をなす如何なる等級（評定基準）の組合せから成立していたかを検討しておく必要がある。それは、五法が四格中のある劣等部分の組合せであることが予想される一方、貪官処分の緩和の程度を知るのに必要だからである。

徐必達『南州草』巻九下、考察議には、天啓期の操江都御史時代に考察に関わった徐必達の提議がみえる。徐は、「私は浅学菲才の身でありながら、地方官の考察＝「大典」に関係してきた。裨見を以てすれば、要するに考察では、忠君奉国の誠意＝「至公之心」を尽し、人材を惜しむが故に無能な者は排除すべきである」との実体験に基づく見解をのべた。これは、既述の弘治年間の吏部尚書王恕の主張の路線上にあり、弘治帝の〝人材を愛惜するが故に少々の貪官は姑く見逃して改心の様子を見よう〟などという甘い立場とは正反対である。

徐は、無能な官僚を処罰する条件として、「品」つまり人の品格＝道徳的な性格、「守」つまり財貨欲への倫理的対処の在り方＝操守、「才」つまり人の統治能力や識見の三つをあげるが、「最も要なるは守に若くはなし。而して才これに次ぐ」とのべて、無能官の判定にはむしろ職務評価よりは人的資質の評価に関わる守・才の総合吟味の必要性を強調した[27]。いま、徐の提起した四格の中の守の四等及び才の八等を示したのが、表7「徐必達による守・才（評定要素）の評定基準」である。次に、表7と八法の中の五法とを組合せて表示したのが表8「表7の守・才格より擬定した総合評定要素（八法）に基づく処分」である。

表8では五法は上段より、表7では守・才は数字の多い方より、それぞれ貪汚・無能の度合いが相対的に高いことになる。そうした貪汚・無能官とは、何れも先ず第一に繰守に難点があり、同時に行政上の才能にも欠点のある者を意味している。とすれば、徐必達の生きた明末の当該官場では、全構造的に汚染された腐敗官僚が蔓延していたこと

表7　徐必達による守・才(評定要素)の評定基準

評定基準											
才格八等								守格四等			
8等	7等	6等	5等	4等	3等	2等	1等	4等	3等	2等	1等
遠方に出歩きはするが、公務は放置して私事に励む者は、悪才である。	政治にとりくんでも発展がなく、全てに亙って成功のみられない者は、駑才である。	官箴・職分を守って踏みはずすことはないが、欠点も美点もさほど目立たない者は、庸才という。	良い評判をとろうとしてお祝い事に精を出すが、故意に昇進を狙って任地を去ろうとはやる心があるわけでもない者は、弃才という。	忠君奉国のまごころの政治に心がけて労苦や人の怨みを買うことをも厭わない者は、時に失点があったにしても、統治に打ち込む情熱は立派な者であるから実才という。	内地の統治はむつかしい州県を治める能力にすぐれ、且つ文才のある者は、中才である。	異民族と隣接する辺地の統治能力にすぐれた者は奇才である。	民政・軍事の何れの統治能力にもすぐれた者は、全才である。	秘密の頼み事と同時に賄賂をも取継いだり＝「説事過銭」〔受託収賄〕、夜中にこっそり収賄する輩は、人の面をしたケダモノにすぎないゆえ、これを大貪という。	交際を求めて或は人を訪問して贈賄することや、国庫金である裁判収入＝「鍰贖」或は税糧納入に付随する耗米銀を贈られた際に、収めることを全面的に拒否するものではないが、これを濫用する者は敗徳であり、常貪と呼ぶ。	善悪の判断を下さず、贈収賄の多少に対してもけじめのない無頓着な者は、これを癡貪と呼ぶ。	自分がどうして人から千両も収賄することがあろうか、人もまたどうして自分の贈る千両を収賄しようか、などと一見立派なことを言う心意気の良いその人が、或る日その気魄の故に〝エイ、ちょっとぐらいなら〟と気前よく一抹の廉の心を棄て去って収賄するとすれば、その者を奸貪と呼ぶ。

表8　表7の守·才の評定基準より擬定した総合評定要素（八法）に基づく処分

総合評定要素	評定基準				処分
八法(五法)	守格四等		才格八等		
貪（洪武18年↓1385）	大貪	4	駑才	7	為民
不謹（成化2年↓1466）			悪才	8	冠帯閑住
	大貪	4	庸才·莽才	6·5	
	大貪(甚)	4	中才以上	3	
	奸貪(甚)	1	奇才	2	
	大貪(甚)	4	全才	1	
罷軟（天順元年↓1457）	常貪	3	駑才	7	
不及（弘治6年↓1493）	常貪	3	庸才·莽才	6·5	調用
浮躁（万暦29年↓1601）	癡貪	2	庸才·莽才	6·5	
	大貪(未甚)	4	中才以上	3	
	奸貪(未甚)	1	奇才	2	
	大貪(未甚)	4	全才	1	
量従浮躁	縦著穢跡	(4·3·2·1)	奇才·全才	2·1	
宜寛	常貪	3	実才以上	4	(留任?)

になる。従って、「実才以上の常貪は宜しく寛〔大な処置〕にすべし」と留任を示唆した如く、厳正な考課の姿勢を堅持すべきことを力説した徐必達といえども、そのような腐敗の現状はある程度容認して、現実的に選択しうる次善の策を提起せざるを得なかったものと思われる。八法の中の五法までは貪官対策という現実を太祖が目撃したならば激怒したことであろうが、何れにせよ八法創立当初の基準より大幅に後退した右の表7（及び表8）は、徐が「至公の心」で作成した当該明末段階的な一応の客観的基準とみなすことができよう。そこで、天啓期の貪官を測る尺度を、すでに汚染されていた嘉靖期における朝観考察期以外の平常の挙劾奏疏に参考基準として遡及的に適用し、貪官の具体像の一端を測定することで八法認定の在り方に迫ることにしよう。その際、例えば実録記載の考察記事には殆ど知府以上の尊官だけが記されているが、挙劾奏疏の劾疏においては逆に知府以上の尊官は少なく、考察記事に省略され

る同知以下州県官に関する記事が多いのが特徴である。

『明季史料集珍』所収の『吏部考功司題稿㊦』嘉靖二十二（一五四三）年正月二十八日付の「覆巡按（北）直隷監察御史郭廷冕劾官疏」の中にみえる郭廷冕の「為公挙劾方面官員以明勧懲事」には、郭巡按に処罰の考目＝『八法』（総合評定要素）を操守『貪墨』（貪欲横暴）、処分を「罷黜」と糾劾された山東青州兵備僉事正五品沈豊の素行がみえる。沈豊は、気前よく賄賂をとる慎重な行動に欠ける貪婪な官吏である、と評価されているので、表7、表8に照らせば、郭巡按の八法『貪墨』とは奸貪の甚しいもの＝『不謹』に相当し、処分は「冠帯閑住」に相当する。だが、吏部の覆疏＝天子の裁可は「留用」と下ったので、処分は二等軽減されたことになる。[28]

『吏部考功司題稿㊥』嘉靖二十一年十一月二十五日付の「覆巡按（南）直隷御史符験劾官疏」中にみえる符巡按の「為挙劾賢否官員以昭勧懲事」には、符巡按によって八法を『貪婪』（賄賂をとることを好む）、処分を「罷黜」と糾劾された盧州知府正四品黄応中の素行が概略左のようにみえる。

〔　〕は訳者の補足。以下、同様。

黄知府の貪は才を上回り、淫は酷を上回っている。判決を下せば法外に重い。牙行の「経紀」を処罰するときは、書状で調査してたっぷりとふんだくった。婦女子を誘拐しては売り飛ばす輩がいても別にとがめなかった。器量よしの美女を娶って男装させて首領官である典史劉緒に贈り、劉と結托して気前よく賄賂をとりまくった。裁判収入の「贓罰」の剰余を取ろうとするときは、州県の「庫蔵」を捜括する際に闇の指示＝「白頭批」を与えて府庫に解送させた。知県の桂懋は、認印を捺すのが遅れたわけでもないのに〔解送銀の数量が少なかったがために〕故意に排斥されてしまった。単県に鎖で吊橋をかけた際、黄知府は、「賑済」の名目でひどく搾取したが、搾取の目標額に達するまでの十日間は橋を開通させなかった。黄知府は、属僚の訴訟案を審理した際、賄賂の多少で判決に手心を加えたので、今日は供述したものが明日はひるがえす、という有様であった。黄知府は、城内警備の民兵六百名が配置された際、衙役資格をもたない配下の「白役の直堂等役に」一手に引き受けさせる「包頂」を行い、代役させてその分の工食銀「千数」を着服した。府堂官付の快手の役六十名が徴発された際、充役の各人は銀三十両を納めていた。黄知府は、配下の衙役に類する者を快手の名儀をかたって就役させ、その分の雇直数百両を着服した。力役を編成した際、黄知府は、富戸の賄賂を納めて見逃してやり、貧戸に割り付けたので、その収賄額が銀一万両近くにも上った。黄知府は、政務を執るべき府堂に出勤しても、贓罰銀の収奪だけに知恵をめぐらせており、実際その一日の銀額は数十両に上っていた。黄知府は、「貪官王賞」の罪を審問した際、王賞より銀二百両を収賄して王の罪を不問に付したが、この事実は王の親戚高恭が証言したものである。黄知府は、「尚義富民」の張潮・黄錠より銀五百両を収賄したが、これは〔同じ貪官の〕知県董執中の白状したものである。黄知府は、「官房税」を倉庫に入れず、「均徭紙」も横領着服していた。

符巡按に糾劾された黄知府の素行は、民苦に無関心を装い、受託収賄して裁判を私物化し、贓罰銀を搾取し、徭役銀を着服したなどであるから、表7、表8に照らせば、操守は常貪である以上に甚しい大貪に相当し、才識は私事にふける悪才である。従って、黄知府に対する符巡按の八法『貪婪』は『不謹』に、処分「罷黜」は「冠帯閑住」に比定できる。しかるに吏部の覆疏は、「知府黄応中、歴任未久、犯贓数多、相応行勘、務究虚美」との理由から、『才力不及』で「簡僻地方に調用（配転）」となった知県高公武らと倶に黄知府を「回籍して、各員缺あるを聴候し、另に銓補を行わし」めることを要請して裁可された。吏部＝天子の処分は、符巡按のそれより一等を軽減された甘いものとなった。ここに黄貪官は、又もや〝任期がまだ浅い〟との例の貪官見逃しにつながる考察の付帯法規に拘束されて放免された。

つづいて、符巡按の劾疏を載せる同日付の右の覆疏には、符巡按に八法を『貪濫』、処分を「罷黜」と糾劾された南直隷滁州知州従五品王文儒の素行が概略左のようにみえる。

王知州は、殺人犯の滁州衛侯爵を審理した際、侯より金三百両を収賄して放免したので、殺された許宗は死んでも冤罪に泣くことになった。この案件は、指揮白禄の証言に明らかである。王知州は、来安県の犯罪人馮永齢より銀二百両を収賄し、裁判では馮を免罪して、被害者の胡重に有罪の判決を下した。この案件は、反駁訂正した巡按の公文書＝「駁革之案」によって明らかである。このほか、王知州は、〔受託収賄した〕裁判で蔣隆の税糧六十余石や梁甫の贓罰銀百二十両を免除してやった。又王知州は、滁州の「半月之夫銭」を三十両増額した際、この増額分をこともあろうに「州民老疾の夫（三百人）」に不法に科派し、一人当り銀一銭を徴収して、大柳等の駅のベッド類を新調し直した。王知州は、蘇州各処の「紕薄」を賤買した際、原価を銀千余両に高く算定して、差額の五百余両を着服した。右の点は、楊御史の調査と李判官の訴状より明らかである。

符巡按に糾劾された王知州の素行は、受託収賄の裁判を断行し、人を冤罪に泣かせて贓罰等の犯罪人を放免する一方、社会的弱者より不法に加徴し、公務調達上の横領を行なっていることにより、表7、表8に照せば、操守は大貪であり、才識は悪才以外に見当らない。従って、王知州に対する符巡按の八法『貪濫』は『不謹』に、処分「罷黜」は「冠帯閑住」に比定できる。吏部の覆疏は、王を『素行不謹』＝「冠帯間住」と認定して裁可された。このケースは、巡按と吏部双方の処分が一致した例である。

『吏部考功司題稿(下)』嘉靖二十二年正月二十九日付の「覆御史唐臣劾官疏」中にみえる浙江巡按御史唐臣の「為挙劾直隷地方官員事」には、唐巡按に八法を『貪汚（職権を利用して不法に財を盗む）奸佞（わるがしこく人にへつらう）』にして官箴（官吏心得）をけがすもの、処分を「罷黜」と糾劾された蘇州府通判正六品牛佐の素行が概略左のようにみえる。

牛通判は、全てに亙っていい加減な男であり、決裁すべき公文書は山と積まれて処置がなされていない。牛通判は、胥吏や悪がしこい輩から十二分にバカにされていることがトンとわかっておらず、あらゆる弊害が発生しているのに禁令を出そうともしない。牛通判は、裁判を審理する場合にも是非善悪の判断を示さず、ルーズにも収賄の際には額の多少にけじめをつけない。牛通判は、水利を管理しながら、冬期になっても圩堰を修築しないが、私塩の取締りを委任されながら、闇商人が越境してきても捕縛しようとしない。牛通判は、最近では妻の死去で一月も執務していないが、老齢のために公文書の吟味という煩わしい労苦には耐えられないのである。今回の服喪の間、胥吏は勝手なことをやりだした。例えば書吏の銭述の如きは、あらゆるだましの手口を弄したので、「小民」はみんなその餌食にされ、牛通判の属僚も搾取されるしまつで、怒りの声は充満していたのに、牛はとがめようともしなかった。これは「貪鄙無為の甚しい者」である。

唐巡按に糾劾された牛通判の素行は、収賄にもけじめがなく、公文の処理、胥吏の統制、裁判、水利管理、私塩の取締りなど、あらゆる行政を渋滞させている無能者であることより、表7、表8に照らせば、操守は癡貧、才識は駑才の見本である。従って、牛通判に対する唐巡按の八法『貪汚奸佞に対して官箴をけがすもの』とは少なくとも『罷軟』に、処分「罷黜」は「冠帯閑住」に比定できる。ところが、吏部の覆疏は、又もや「歴任尚ほ淺し」との理由で牛を『才力不及』＝「調簡僻地方」と認定し、裁可された。吏部＝天子の処分は、唐巡按の処分要請よりも一等軽減された甘いものであったといえる。

つづいて、同覆疏中の浙江巡按御史唐臣の「為挙劾守令庶官事」には、倶に唐巡按に八法を『貪汚奸佞』、処分を「罷黜」として糾劾された杭州府海寧県知県正七品温学舜と、厳州府建徳県知県尹山との素行が概略左のようにみえる。

〔海寧県知県温学舜の素行〕

温知県は、志をいつわり、行政に当っては、職権を利用して不法に財を盗むと同時に、やたらと残酷な刑罰を科すが、民の隠された苦しみを恤れむことを知らず、あくなき収奪に専念して官箴をふみはずしている。温知県は、黄冊を管理して税糧を毎畝に銀で科派した際〔「計畝科銭」〕、額外に増徴して二十四万〔銭〕も取ったが、未だに加徴分の使途は不明である。温知県の公邸におよび出されて使役させられた里長の負担は、一日当り銀一〜二両を下らない。温知県に対して、粮長の王輝は金五両を、蔣淮は金三両と「銀鍾一対」とを贈賄して、編審済みの粮長役の充当を免除してもらった。里甲の朱寄方は銀二十両を、高堂も銀二十両を温知県に贈賄して、編審済みの里役の充当を免除してもらった。里長兪禄は、銀三十両を、張済は銀二十両を、「門子孫相」の仲立ちで温知県に贈賄して、「糧解」の役より免除してもらった。里長の金廷章は銀二十両を、蔣洪相は銀十両を、「書手許爵」の手引きで温知県に贈賄した。又、温知県は、自分の誕生日に「小民」に「銀盒・銀壺・銀孤児」等を持参させたが、この一件は楊明・宋寵の告訴状にあばかれている。さらに温知県は、「南糧伍百三十余石」を徴収した際、毎石を銀七銭で折納させ、糧長銭廷鑑に解送させるに当っては銀五銭分だけを支給し、あとの銀二銭分の差額百六両余りは着服した。温知県が某人に「長安羅二十疋」の買付けを命じた際、某人は財産を売却し、換金して納銀させられるひどい目にあい、怒りは心頭に達したが、口には決して出すことはできなかった。

〔建徳県知県尹山の素行〕

尹知県は、才能は本来凡庸であり、志もよごれていた。尹知県は、衢州府開化県の教官時代、除籍された生員＝「学覇」より収賄して、みだりに該生員の復学を申請した。知県となり黄冊の管理に当った尹は、「看紙之由」に名をかりて、みだりに科料切符の「罪紙」を発行した。例えば、里長の卲廷域・卲元阡がお互いの隠し人丁をあばきあった時、尹知県は是非も究明せずに双方より科料としての「罪米」を出させた。「民人宋弘常・宋弘欽」が稲穀の件で告訴して言い争い、両人が証人を求めた際にも、尹知県は同様に科料印紙を買わせた〔「取紙贖」〕。尹知県は、案件を処理するたびに僚友に制肘される有様で、その卑しい金権体質は士民の笑いものとなり物議をかもしたが、実に官箴を傷つけたことになる。

表9　嘉靖21〜22年の挙劾の処分例
※八法の評定条件・八法・処分の（　）内は、表8の甘い処罰基準を準用したもの。

巡按の処分要請						吏部の覆疏＝天子の裁可		
職　官	品級	姓名	八法の評定条件(操守)(才識)	八　法	処　分	八　法	処　分	巡按の処分要請に対する減等
南直隷盧州府知府	正4	黄応中	(常貪・大貪)(悪　才)	貪　婪(不　謹)	罷　黜(冠帯閑住)	才力不及	回籍調用	減一等
南直隷蘇州府通判	正6	牛　佐	(癡　貪)(駑　才)	貪汚奸佞(罷　軟)	〃	〃	調簡僻地方	減一等
浙江厳州府建徳県知県	正7	尹　山	(常　貪)(駑　才)	〃	〃	〃	〃	減一等
南直隷滁州知州	従5	王文儒	(大　貪)(悪　才)	貪　濫(不　謹)	〃	素行不謹	冠帯閑住	
浙江杭州府海寧県知県	正7	温学舜	(大　貪)(駑才・悪才)	貪汚奸佞(貪　)	罷　黜(為　民)	不　謹	〃	減一等
山東青州府兵備僉事	正5	沈　豊	(奸　貪)	貪　墨(不　謹)	罷　黜(冠帯閑住)		留　用	減二等

唐巡按に糾劾された温知県の素行は、貪汚・酷暴で民の疾苦を救済する意欲などさらさらない官箴を傷つけるものであり、里甲や糧長役の就役免除に関わる受託収賄や公金の横領に顕著である。尹知県の素行は、裁判訴訟における科料銀の搾取に顕著であるが、その実務能力は、士民の間で問題化するほど駄目である。表7、表8に照らせば、温知県の操守は大貪に、才は駑才・悪才に共通して該当する。尹知県の操守は常貪に、才識は駑才に該当する。従って、唐巡按の八法『貪汚奸佞』は、温知県では『貪』に、尹知県では『罷軟』に比定される。処分「罷黜」は、温知県では「為民」に、尹知県では「冠帯閒住」に比定される。ところが、吏部の覆疏は、温知県では『不謹』＝「冠帯閒住」に内定し、尹知県では「歴任尚浅し」との理由で、『才力不及』＝「調簡僻地方」に内定し、裁可された。ここに、吏部＝天子の処分は、温・尹知県ともに一等を軽減する甘いものとなったことが判明する。

以上六名に関する巡按の処分要請に対する吏部＝天子の裁定は、上表9「嘉靖二十一〜二十二年の挙劾の処分例」として要約される。処分は、一人を除き全員が一、二等軽減されている。しかも、留任一人を除いた五名に適用された総合評定要素である処罰考目＝『八法』の中、実に三名までが『才力不及』と認定されて官界居座りを許され、二人が謹慎退職であった点は、既述の拾遺の貪官処分における八法の適用の場合と同様な傾向として確認できる。

本章を要するに、弘治六年の考察に新原則が出現したこと、及び同十五年以降の実録に、考察処分決定後の拾遺の処分が具体的に記録され始めたことは、貪官の増大に伴う政府の対応を示すものであった。該時点での貪官に対する処分は、最早や正統七年に画定した厳しい「為民」の適用は見られなかったが、八法の『素行不謹』に対して全員が「冠帯閒住」の処分を受けた如く、比較的厳正に行なわれていた。官界に賄賂の横行し始めた正徳〜嘉靖初期の貪官に対する拾遺の処分は、留任の増加に伴って相対的に『素行不謹』＝「冠帯閑住」＝『才力不及』＝「調用」が一定の割合を占めた如く、大幅に緩和されていた。貪官の蔓延していた嘉靖中葉の拾遺の処分では、殆ど留任は消えて「冠帯閑住・調用」で占められるようになり、同末年以降では、「調用」の割合が増加しつつあった。嘉靖二十一、二年度の具体的な巡按の劾疏にみえる貪官処分の要請に対する吏部＝天子の裁定でも、『素行不謹』と並んで『才力不及』の処分が多くみられた如く、処分は原則上の「為民」を免れて緩和されていた。この事実は、祖法である八法の『貪』に対する「為民」という身分剝奪処分を免れて、身分の保証される「冠帯閑住」へ、更には再任用の不可能な「冠帯閑住」を免れて、官界への居座りが保障される左遷の「調用」へと処分緩和の拡大を企図した内外地主官僚の地位保全策の推進された過程を物語っている。よって、次章では、永楽期以降の実録記載の考察処分者数を計量化し、考察・挙劾の処分緩和に照応して形成されたと想定される八法の各創立過程より、特に『才力不及』の出現した意義を中心に検討したい。

第三節　八法の創立過程

1　八法の用語

八法の用語は、明の制度を踏襲した清初の史料に確認できるものであり、明末については現在まだ確認できていない。例えば、康熙三十三（一六九四）年刊の黄六鴻『福恵全書』巻二四、典礼部、朝覲大計には、明末の旧章として

夫三年大計、各省督撫、例有薦掌卓異、与八法糾参。而吏部会同都察院、吏科、河南道、考核具題。

と伝えている。八法の内容については、康熙四十一年刊の『新増更定六部考成現行則例』吏部巻之二、計典、京察大計に、

康熙六年二月内、和碩康親王題。……令大計之事、応請勅各督撫、将査訪所属官員賢否、応開明。……至査八法、例、年老・有疾者、致仕。貪・酷・在逃者、革職提問。罷軟無為及不謹者、倶革職。浮躁・才力不及者、降級調用。

という如く、明代と全て同じ考目である。実際は九目見えるが、八法と呼ぶのは、この中の『在逃』が万暦中葉に『浮躁』の目の創立されるまでは八目の一つとみなされていたからではなかろうか。

明代では、『浮躁』を除く他の八法の目が成立するのは、『才力不及』の創立された十五世紀末の成化二十三（一四八七）年頃と考えられる。実録には明記されていないため、会典の編者は年代を記していない。万暦『大明会典』巻十三、吏部十二、朝覲考察、凡考察降黜等第には、天順四（一四六〇）年令と嘉靖二（一五二三）年題准との間に、

後、分為四等。年老・有疾者、致仕。罷軟無為・素行不謹者、冠帯間住。貪・酷并在逃者、為民。才力不及者、

斟酌対品改調。

とあって、在逃者を含む八つの考目がみえるが、これらは処分の程度によって四つのグループに分れていたので四等と称されている。同書同巻の京官考察、凡考察降黜等第には、年代不詳であるが、成化四（一四六八）年令の後に、

後分為四等。年老・有疾者、致仕。貪者、為民。不謹者、冠帯閒住。浮躁浅露・才力不及者、倶降一級調外任。遂為定例。

とあって、定例化した四等がみえる。京官の考目は六つであり、地方官の考察の『在逃・酷・罷軟』の三目が脱けた代りに『浮躁浅露』を含んでいる。しかし、高拱の「高文襄公集」（内閣文庫蔵）巻三十一、本語には、京官の考察の考目について、

至弘治十七年、始令六年一次考察。遂至今為然。然事例有八目、四科。曰貪、曰酷、為民。曰不謹、曰罷軟、冠帯閑住。曰老、曰疾、致仕。曰才力不及、曰浮躁浅露、降調外任。法可謂密矣。

とあって、弘治十七（一五〇四）年に至り、前の成化四年以後の六目に更に『酷』と『罷軟』が加わり、八目と称されている。八目は弘治～万暦の間に成立したものと考えられるが、先の外官の八つの考目と比べた場合、『在逃』と『浮躁浅露』とが入れ替わっているだけである。だが外官の考目にも万暦期に『浮躁浅露』が付加されたので、『在逃』を除けば、京官の考目と一致するに至り、八法（八目）と称される実体が完成したといえる。

2　年老・有疾・貪汚・酷暴・在逃

以上の如く、八法を八つの考目（八目）と確認した上で、朝覲考察年に当る『明実録』の歴年の正月の各条より抽出した永楽期以降～明末に至る左表10〈朝覲年表〉に拠って、考察八法の処分者総数、及び八法内の処罰考目別の処分者数や特に処分の変化の推移等について検討しよう。なお、考察が権力闘争の手段と化して党争の激化を招いた万

表10〈朝観年表〉

×不臨御　○臨御　◎慶賀の礼あり　◉賜宴朝観官
※正月(元旦)の「上御奉天殿」の有無と対する朝観官の慶賀の礼

処分後の任用如何				不再任用									左遷			留任		朝観・在任員数総計				
処分の目				原籍為民(身分剥奪)				冠帯閑住(謹慎退職)		致仕(強制退職)			降調			存留						
実録の朝観考察年月日			臨御如何	貪汚	酷暴	坐事在逃	闒茸	罷軟無為	素行不謹	年老	有疾	老・疾	才力不及	浮躁	不称職	平常	称職	a 布按～知府	b 府同知～県属官	c 雑職 未入流(教官 倉官)	a+b	a+b+c
洪武18年(一三八五)	正月	癸酉	○	「罪之」171			「免為民」143								471	2897	435					●4117
21年	〃	戊寅	○																			
27年	〃	乙巳	○																			
永楽4年(一四〇六)	〃	己亥	○													全員留任						
7年	〃	丙午	○													(全員解任?)						●1542
10年	〃	己丑	○													全員留任						●1500余人
13年	〃	辛丑	○													(全員留任?)						
16年	〃	癸丑	○													全員留任						?
19年	〃	丙寅	○													全員留任						
22年	〃	壬午	○													(全員留任?)						●2472
宣徳2年(一四二七)	〃	壬辰	○									「黜久」?				老疾以外全員留任						
5年	〃	丙寅		「発戍辺衛」25			55＞					「罷帰為民」55＞										
8年	〃	癸亥	○													全員留任						
正統元年(一四三六)	〃	甲午	○		6+c 5	b+c 5	b+c 74	b+c?「不諳刑名」				b+c 205							●285(知府を含む)			
4年	〃	丁亥	○	「置之法」?	「置之法」?	「罷為民」	?					「冠帯致任」?							▲220			
7年	2月	丙午	○	b+c「為民」?															b+c ?			
10年	正月	壬辰	○	18	「罷為民」1	「罷為民」2	48					385										▲454
13年	〃	丁酉	○	5	3	131	22					345										▲506
景泰2年(一四五一)	〃	丙辰	○	?			?				「年未及五十五有疾」「為民」?	484										▲497
5年	〃	己未	○	a 1	a 1		a 2					a 5						9				
クーデター8年(天順元年)	〃	丙寅朔	○													全員留任「令即還任」						
天順元年(一四五七)	〃	壬申		20＞ ?	20＞ ?			「罷軟為民」20＞?			「年未及五十有疾病」20＜?	39										

※※朝観考察は洪武29年に辰未戌丑の年に定制化した
※abcの記入のない数字はその全てを含む

※↑は数的な増加を、＞＜は以上以下を示す
※?は処分は確認されるが員数の記されないもの

●朝観官だけの処罰者数
※▲朝観官+在任官の処罰者数

4年	〃	乙巳	○	12				「冠帯間住」139				679					旌異10					▲830
7年	〃	辛亥	○	13				213				1416										▲1642
成化2年（一四六六）	正月	壬子	◎	16				693	冠帯間住84			895										▲1688「1708」
5年	〃	戊辰	◎	?	?			?	?			?										▲2506
8年	〃	乙巳	◎	?	?			?	?			?										(●?)750
11年	〃	丙辰	◎	?	?	?		?	?			? 91>										●1081
14年	〃	庚午	◎	?	?	?		?	?			?										(●?)2016
17年	〃	戊寅	◎	?	?	?		?	?			?										▲1909
20年	〃	己亥	◎	18		6		666	251			1731				(851)						▲2672「3523」
23年	〃	甲寅	◎	46				944	522			2414	（才力不及の創立）									▲3926「3947」
弘治3年（一四九〇）	〃	辛未	◉	?	?	?		?	?			?										(▲)2543
6年	〃	己丑	◉	?	?	?		?	?	?	?		「調用」?							(▲)1135	(▲)1400	(▲)2535
9年	〃	丁酉	◉	?	?	?		a 3> ?	a 13> ?	? 13>	「年末及五十五」「冠帯間住」?		2> ?					31> ?	(▲)1103∧	(▲)1221	(▲)1134	(▲)2355
12年	〃	甲戌	◉	（27）				a 7> 377	a 31> 487	「致仕」a ? ? 21>	a ?	326	a 11> 48							▲1303	▲1265	(▲)2568
15年	〃	乙未	◉	a 2> ?				a 13> ?	a ?	a ? 11>	a ?		a 6> ?							▲1265	▲1219←	
（勘奏）	〃	己亥							a 10									10	(▲)1219		▲1229	(▲)2494
18年	〃	甲辰	◎	5		16		234	a 10> 698	a ? 21>	a ?	802	a 7> 81									(▲)1836
正徳3年（一五〇八）	〃	辛亥	◉	（a 3）				a 35?	a ?			a 18	a 4					60			▲ ?	
6年	〃	己巳	◉	a 2 ?	?	?		a 13	a 38			a 12	a 7					←72	(▲)1253	(▲)1142	(▲)1325	
（勘奏）	〃	己卯						a 1	a 5	a 1			a 1					80				(▲)2549
9年	〃	庚辰	◉	a 1				a 7	a 40	a 6	a 7		a 10					←71	(▲)1490	(▲)1325	(▲)1561	
（勘奏）	〃	甲午						a 5 a					（貪濫↓）a 4					80				(▲)2966
12年	〃	庚寅	◉					a 6	a 42	a 7	a 4		a 7					←66	(▲)1229	(▲)1214	(▲)1295	
（疏勘）	〃	丙午						a 5 a				a 1	a 6					78				(▲)2575
15年	6	壬午	×	（320）				a 4 276	a 30 440	a 5 25	a 4 53	「老疾」a 37 1	a 10 112					54	(▲)1209 320+889	(▲)1215	(▲)1263	(▲)2478
嘉靖2年（一五二三）	正月	乙丑	○	（413）				511	1331	1091	197		156									(▲)3699

5年	〃	己亥	◉	(535)				1332		?	?	706	105									(▲)2678
8年	〃	甲寅	○																			「黜調有差」(▲)4076
11年	〃	丁卯	○	282		240		335	798	149	55		209									(▲)2068
(糾奏)	〃	丙子											(貪肆→)5									(▲)2073
14年	〃	癸酉	◎	a 11 a				a 15	a 50	a 2	a 1		a 9					88 ←	(▲)1982	(▲)1492		(▲)3562
(論劾)	正月	癸未										a 2	「降用」a 5					95				(▲)3569
17年	〃	丁亥	◎	a 1	a 1			a 1	a 40	a 8			「調用」a 26					←77	(▲)1620	(▲)1384		(▲)3081
(拾遺考察)	〃	乙未						a 4 a					a 5					←86				(▲)3090
20年	〃	戊戌	◎	a 2 a				a 8	a 57			「老疾」a 10	a 33					←100	(▲)2424	(▲)1754		(▲)4288
(考察拾遺)	〃	辛亥		a 4				a 10 a					a 2					116				(▲)4304
23年	〃	癸丑	◎	a 1	a 1			a 7	a 51	a 4	a 2		「降調」a 26					←86	(▲)2217	(▲)2607		(▲)4910
「以考察拾遺糾奏」	〃	戊辰						a 7 a		a 1 a			「調用」a 4					98				(▲)4922
26年	〃	丙寅	◎	a 11 a				a 8	a 42			「老疾」a 8	「降調」a 30					99	(▲)?	(▲)?	(▲)?	(▲)?
29年	〃	戊寅	×	a 5 a				a 2	a 50	a 6 a			a 20					←83	(▲)「有司」?	(▲)「教授等官」		(▲)「4600余員」
(糾劾)	〃	丙戌						a 4 a		a 1 a			「調用」a 4					92				(▲)4692∨
32年	〃	庚寅	×	a 4	a 2			a 3	a 26		a 2	「老疾」a 9	a「調」13					59	?	?	?	?
(糾劾)	〃	己亥						a 10 a		a 1 a			a 3					73				
35年	〃	甲戌	×	a ? 4 ? a				a 3	a 39	a 10	a 3		a 30					←89	?	?		「2000余人」
(論劾)	〃	庚辰							b a 5 10				b「調用」2					99	7			2017∨
38年	〃	乙酉	×	a 17				a 3	a 31			a 6						←57	?	?		?
(劾奏)	〃	辛卯		b ? 2 ? b				a ? 7	b a 3 ?			a 1	b a 「調用」3 「調用」4					69	8			
41年	〃	丙申	×	a ? 4 ? a				a 6	a 54			a 8	a 26					←98	?	?		「2000余人」
(劾奏)	〃	丙午						b a ? 8 7 b ?					a 4					109	8			2017∨
44年	〃	乙卯	×	a 2	a 1			a 1	a 28			a 3	a 43					←78				
(論劾)	〃	甲子							a 2				a 4					84				
隆慶2年(一五六八)	〃	壬戌	◎	a ?	a ?				a ?			a ?	a ?					?	?	?		1606

5年	〃	甲戌	◎	a 6	a 2			a 9	a 19	a 5	a 2		a 10				b a 9	←53				
（勅奏）	〃	庚辰						a ? 5	a ?				a 4					72				
…	…	…	…	…					…	…			…	…				…	…	…		…
万暦29年（一六〇一）	正月	丙辰	×	a 1 1＞					a 1＞	a 1＞			a 1＞	a 1＞				5＞	?	?		?

暦期については、考察の処分者総数はおろか、考察挙行の有無さえ見当らない場合が多いため、統計化は省略した。

表10を一覧した場合、正統四年以降の処分者総数は、北京に朝覲した地方官と、地方に残留した者との処分者の合計である。比較的に地方政治の安定していた宣徳二年までの朝覲官は、殆ど処分者を出すことなく全員の留任が許された。例えば、永楽二十二（一四二四）年の朝覲官の総数は二四七二人が最高であった。正統以後、特に十五世紀末～十六世紀初頭の弘治年間以降、実録にみえる処分者の記載形式は、布按～知府の尊官(a)と、府同知～県属官(b)、教官・巡検・倉官等の雑職官(c)の三者に区別され、(a)はほぼ百名以内、(b)と(c)とは、ほぼ同数であった。

処分者総数は、貪官の増大に比例して増加していった。天順四（一四六〇）年までは千人未満であったが、天順七（一四六三）年より成化二十（一四八四）年の間は千乃至二千人台となった。成化二十三（一四八七）年より嘉靖五（一五二六）年の間は二千乃至三千人台となり、嘉靖八（一五二九）年より同二十九（一五五〇）年の間は三千乃至四千人台となって、初期の三～四倍に増大した。ところが、嘉靖三十五（一五五六）年より隆慶二（一五六八）年の間には二千人弱に急激に低下し、万暦年間に至っては、処分者総数さえ記されなくなった。嘉靖末年以降に処分者総数が激減したのは、これ以後の考察運用制度の矛盾の激化を象徴していた。この点は、嘉靖帝が朝覲官による正月の慶賀の礼に出席しなくなった事実とも無関係ではない。処分者の増大過程では、留任者は相対的には減少したと考えられるが、特に地方の在任官を除いた朝覲官総数や、朝覲官総数より処分者総数を差し引いた留任官総数等については、目下不明である。

《『年老・有疾』＝「致仕」》　次に、八法の処罰考目別の処分者数や、特に処分変化の推移をみよう。八法の中では最も早く、『明実録』宣宗・宣徳二年正月壬辰の考察に、「其老疾不勝事者、令吏部黜之」と現われ、操守・治績の評価は多様ではあるが、(29)老齢・病気で執務能力が著しく低下しているとみなされた『年老』『有疾』者は、正統年間より天順四年までは千人以下であり、天順七年には千人を突破し、成化二十三年には二千人台に達したが、弘治年間以降は千人以下又はせいぜい千人台に止まっていた。結局、『明実録』世宗・嘉靖二年正月乙丑の考察で、それまでトップの座にあった『老・疾』者数は、『素行不謹』の千三百三十一人にとって代られた。『明実録』宣宗・宣徳五年正月丙寅の考察で、『年老』と『有疾』とを併記した『老疾』の処分は、本籍へ帰還させて官僚身分を剥奪して庶民に格下げする「罷帰為民」とされたが、『明実録』英宗・正統四年正月丁亥の考察では、現職の官僚身分をそのまま保障して本籍へ強制退職させる「冠帯致仕」の処分に緩和されて以後定着した。但し、『明実録』代宗・景泰二年正月丙辰の考察では、『有疾』で年令五十五歳未満の者、『明実録』英宗・天順元年正月壬申の考察では同じく五十歳未満の者は、それぞれ「為民」とされたが、『明実録』孝宗・弘治九年正月丁酉の考察では、『有疾』でも五十五歳未満の者は、官僚身分の剥奪を免れる謹慎退職の「冠帯閒住」となって処分を緩和され、同十二年正月甲戌の考察では更に処分は緩和されて行政罰である強制退職の「致仕」となった。

《『貪汚・酷暴・在逃』＝「為民」》　職権を利用して不法に資財を盗むとか貪欲横暴という意味である『貪』『貪汚』『貪淫不才』『犯贓』『貪縦』とか『貪暴』は、地方官全体に亙る(a)＋(b)＋(c)の場合でも、宣徳五年より弘治十八年までは、せいぜい十数人であったが、正徳十五年より嘉靖十一年にかけては、『酷暴』『坐事在逃』との合計で三百〜五百人に急増した。嘉靖十一年では『貪・酷』と『在逃』とがほぼ半数であることより、三百〜五百人の半数の百五十〜二百五十人を『貪・酷』と比定できるので、『貪』はその半数の約七十〜百二十余人と比定される。この中、知府以上の尊官(a)は、嘉靖中葉までは僅かに一〜二人であったが、中葉以後は若干増えている。とすれば、『貪』又

表11　〈考察処分者数の推移表〉（但し拾遺の処分者は除く）
※嘉靖14年以後は、知府以上の(a)の部分についての員数。それ以前は(a)(b)(c)の共通部分

八法の員数と割合 明実録の　年　月　日			貪･酷･在逃 （%）	罷軟無為 （%）	素行不謹 （%）	老・疾 （%）	才力不及 （%）	総員数 （100%）
弘治12(1499)	正月	甲戌	27 (2.0)	377 (29.3)	487 (37.8)	347 (26.9)	48 (3.7)	1286
〃 18(1505)	〃	甲辰	21 (1.1)	234 (12.6)	698 (37.5)	823 (44.3)	81 (4.3)	1857
正徳15(1520)	6月	壬午	320 (25.3)	276 (21.8)	440 (34.8)	115 (9.1)	112 (8.8)	1263
嘉靖２(1523)	正月	乙酉	413 (11.4)	511 (14.1)	1331 (36.9)	1188 (33.0)	156 (4.3)	3699
〃 11(1532)	〃	丁卯	522 (25.2)	335 (16.1)	798 (38.5)	204 (9.8)	209 (10.1)	2068
以上５年分の平均値（%） 弘治12年比増減率（%）			13 ＋11	18.7 －10	37.1 －0.7	24.6 －2	6.2 ＋2.5	
嘉靖14(1535)	正月	癸酉	11 (12.5)	15 (17.0)	50 (56.8)	3 (3.4)	9 (29.5)	88
〃 17(1538)	〃	丁亥	2 (2.5)	1 (1.2)	40 (51.9)	8 (10.3)	26 (33.7)	77
〃 20(1541)	〃	戊戌	2 (1.8)	8 (7.2)	57 (51.8)	10 (9.0)	33 (30.0)	110
〃 23(1544)	〃	癸丑	2 (2.1)	7 (7.6)	51 (55.4)	6 (6.5)	26 (28.2)	92
〃 26(1547)	〃	丙寅	11 (11.1)	8 (8.0)	42 (42.4)	8 (8.0)	30 (30.3)	99
〃 29(1550)	〃	戊寅	5 (6.0)	2 (2.4)	50 (60.2)	6 (7.2)	20 (24.0)	83
〃 32(1553)	〃	庚寅	6 (10.1)	3 (5.0)	26 (44.0)	11 (18.6)	13 (22.0)	59
〃 35(1556)	〃	甲戌	4 (4.4)	3 (3.3)	39 (43.8)	13 (14.6)	30 (33.7)	89
〃 41(1562)	〃	丙申	4 (4.0)	6 (6.1)	54 (55.1)	8 (8.1)	26 (26.5)	98
〃 44(1565)	〃	乙卯	3 (3.8)	1 (1.2)	28 (35.8)	3 (3.8)	43 (55.1)	78
隆慶５(1571)	〃	甲戌	8 (15.0)	9 (16.9)	19 (35.8)	7 (13.2)	10 (18.8)	53
以上11年分の平均値（%） 嘉靖14年比増減率（%）			6.6 －5.9	6.9 －10.1	48.4 －8.4	9.3 ＋5.9	30.1 ＋0.6	

は『貪・酷』は、主として府同知以下(b)や雑職官(c)に適用されたものであろう。

例えば、武宗の南京逗留で約半年遅れた『明実録』武宗・正徳十五年六月壬午の考察には、八法による処分の典型的な記載形式が次のようにみえる。

吏部会都察院考察天下官員。年老為布政使許淳、……運使黄俊等二十五人。有疾為布政使華璉、……知府童旭等五十三人。老疾為参政宋愷等三十七人。罷輭為布政使胡玥、……知府張官等二百七十六人。不謹為布政使翁茂南、……運使……薛鑾等四百四十人。才力不及為按察使盧宅仁、……知府……周挙等一百一十二人。又并貪酷知州楊慶、在逃知県張恵等、凡一千二百六十三人。又雑職一千二百一十五人。請如例、以年老・有疾者、致仕。罷輭・不謹者、冠帯閑住。貪・酷・在逃者、為民。才力不及者、調用。奏上。已踰半年、至是、始得旨。従。

確実に処分者の姓名が記されているのは、正四品の知府、従三品の都転運塩使司の都転運使以上の尊官(a)の七十二人だけであり、従五品の府同知以下(b)や未入流の教官等の(c)の部分は、数字だけが記された。又、「貪・酷知州楊慶、在逃知県張恵らを并せて凡そ一千二百六十三人」という表現には、貪汚・酷暴や在逃等の官員は従五品の知州や正七品の知県等官に決まっている、或いは間違いないという響きがある。『明実録』孝宗・弘治九年正月丁酉条には、「貪酷在逃等官知州林潤らを并せて共に一千一百三十四員」とみえ、実録嘉靖二十年正月戊戌条にも、「貪酷在逃等官府同知以下」との表現がみえるが、これらも『貪・酷・在逃』の官員は正五品の府同知や知州以下の官と相場が決まっている、との響きを感じさせる。

実際、『明実録』世宗・嘉靖五年正月己亥条には、

給事中王科言。両司首領、州県佐貳以下、率以秩卑為上官所軽棄。甚則部民得以事傾之。以故、率貪冒不自顧藉。宜令所在正官、各挙所知、擇其中廉幹者、稍加遷擢、使得自展布。

とあって、昇進の可能性が小さい従六品の按察司経歴や正七品の布政司経歴以下、或は従六品の州同知や正八品の県

丞以下の官僚は、上官によって低い政績評価を下されており、管下の民によって罪に陥し入れられる危険性すらあるため、勢い彼らは貪欲横暴な行為に走りがちになる、という。この点は、『明実録』神宗・万暦四十三年十月辛未の条にも「官評を見る毎に、貪酷と開報するは、佐領倉駅の小吏なるも、真の貪は、あに必ず小吏にあらんや」と指摘され、彼ら卑官は、撫按・布按以下の各上司によって意図的に低い政績評価を受けていた。一方、『明実録』世宗・嘉靖十年三月辛卯条には、「ときに朝覲にて、〔その前年に当る今年の末年〕撫按官は考語を開報するに、〔その考語は〕府同知より以下は、類多《ほぼ》明白なるも、知府以上に至っては、則ち語はおおむね糊を含む。甚しきは賢否倒置し、以って去留に難きを致す」との吏部の上疏がみえる。この考察当事者の確かな証言は、撫按官は府同知以下の卑官に対しては、例えばこの者は貪官だと明言するが、知府以上の尊官には配慮を加えて言葉を濁し、貪官を清官といつわる場合すらある、というのである。

『貪汚』『貪暴』に対する処分は、洪武期は死刑以下の重罰であったが、『明実録』宣宗・宣徳五年正月丙寅の考察条では、身分剝奪の上辺境の軍衛へ流される「発戍辺衛」とやや軽くなり、『明実録』英宗・正統四年正月丁亥の考察条では、身分剝奪を前提とした刑事罰として法で処罰するだけとなり、『明実録』英宗・正統七年二月丙午の考察条では、本籍に帰郷させて官僚身分から庶民に格下げする行政処分の「為民」に緩和されて、以後定着した。

『酷』『暴』とは『明実録』穆宗・隆慶四年三月壬申条で、河南開封府祥府県知県謝万寿が「数しば無辜を箠死」せしめたとの罪科で「為民」の処分を受けた如く、律例を逸脱して酷刑で民に危害を加える官員の横暴な行為をさす。『酷』の処分者数は、『貪』とほぼ同じ傾向を辿ったと考えられる。『酷』は、『明実録』英宗・正統元年正月甲午の考察条に現われた。その処分が、『明実録』英宗・正統四年正月丁亥の考察条にみえる法で処罰する刑事罰方式から、行政処分の「為民」に軽減されて定着したのは、『明実録』英宗・正統十年正月壬辰の考察条においてであった。

『坐事在逃』とは、『明実録』憲宗・成化十一年正月丙辰の考察条に「懼罰在逃者、為民」とあるように、例えば盗賊の掃討に従事した地方官が賊を捕り逃がす等の罪を犯し、責任を追求されることを恐れて逃亡した場合などをさす意味である。『在逃』は、嘉靖十一年までは間隔を置いて記録されるが、以後は見当らない。『在逃』は、万暦期に『浮躁』が出現するまでは八目の支柱をなしていた。『在逃』の数量は、正統十三年の百三十一人、嘉靖十一年の二百四十人を除けば、十人内外に止まっている。『在逃』は、『明実録』英宗・正統十年正月壬辰の考察条に出現し、同時に「為民」の処分を伴って以後定着した。

3　罷軟・不謹・不及・浮躁

太祖の創設した、卑しい無能者を意味する総合評定要素の『闒茸《とうじょう》』は、宣徳五年より景気五年まで数十人内外記録されている。『闒茸』に基づく処分は、洪武以来「為民」であった。『闒茸』は、景泰五年を最後に、以後は『罷軟』『不謹』の新しい考目＝総合評定要素に発展的に解消した。

《『罷軟無為・素行不謹』＝「冠帯閑住」》　『罷軟無為』と『素行不謹』とが朝覲考察の処罰の考目として出現するのは、前者は『明実録』英宗・天順元（一四五七）年正月壬申の考察条であり、後者は『明実録』憲宗・成化二（一四六六）年正月壬子の考察条である。天順元年の『罷軟』の処分は「為民」であったが、『明実録』英宗・天順四年正月乙巳の考察条では、郷里で謹慎退職させられる「冠帯間住」の処分に変化して、以後定着した。成化二年の『不謹』の処分は、即に「冠帯閒住」として以後定着した。『明実録』英宗・正統元年正月壬申の考察条で、方面官の一人が「不諳刑名」、つまり裁判に通暁しない無能力者と判定されたが、これが天順元年の『罷軟』の考目に発展したのではなかろうか。例えば、『明実録』英宗・正統元年四月庚申の条で、僉事龍輅は「刑名を諳ぜず」と雲南巡撫工部左侍郎鄭辰に評定され、英宗は龍を「冠帯閒住」の処分にした事例が参考になる。しかし、当時はまだ府県官に対する冠帯閒住の処分は現われていなかった。『明実録』英宗・正統十一年四月丁巳の条で、雑職官に当る従九品の巡検郭宗舜の上奏を検討した吏部が、方面守令の考察を要請した覆議に対して、英宗は、巡按御史・按察使官をして府州県官を詢訪し、「罷軟にして事に仕うる能わずんば、罷めて民となさしめ」ている。恐らく、この事例が天順元年の考察処分に適用されたのではないかと考えられる。

既述のように、明末では貪官を処分する処罰の考目と化していた『罷軟無為』『素行不謹』の初期の具体的内容は『明実録』憲宗・成化二年正月壬子の考察条で、「冠帯閒住」の処分を受けた知府以上の地方官の略伝中に窺見できる。

先ず、「罷軟無為、参議沈祥、知府劉海等六百九十二員」中の広東高州知府劉海は、天順年間に広西の「徭《ママ》賊」が該府に侵入したため、境民が一家をあげて数十百里より府城の茂名県城に押し寄せた際、門を閉ざして入城させず、万一城内にまぎれ込んだ者は牢獄にぶち込んだ。そのため、城外では数里に亙って猺賊に殺害された屍体が続いた。屍体を喰った野犬はぶくぶく肥えたので、今度は劉知府が野犬を煮て喰った、という。つまり「罷軟無為」とは、劉海の行為に照らせば、人民の生命を救済する尊厳な仕事を怠り、面倒がって門を閉ざしたり投獄したりする他方では、野犬の肉まで喰うという、軟弱無能で卑しい行為をさす意味である(30)。

次いで、「素行不謹、布政使姚龍・劉譲、運使王福等八十四員」中の、正統七年進士で浙江厳州桐盧県出身の福建左布政使姚龍は、「才善く劇を治す。然れども廉少なし」、即ち統治の難しい地方を治める才能をもつが、どちらかといえば貪官である、と評価されている。姚と同年進士で北直隷河間府滄州出身の福建右布政使劉譲は、「粗鄙暴戻にして、多く理に循わず」、即ち粗暴卑猥で大抵道理には従わない、と評価されている。つまり、『素行不謹』とは、姚・劉両人の行為に照らせば、貪官の傾向があったり、政務の処理が乱暴であったりする者に対する考目である(31)。なお、姚・劉両人は、福建では事務処理上で悉く対立しており、姚の兄は現任礼部尚書姚夔であり、劉の同郷の先輩は吏部尚書を十数年も勤めている王翺であるという如く、二人はパトロンをいただいていた。今回の考察では姚だけが朝覲したが、吏部考功司が福建で在任している劉を処分しようとしたため、王翺は強権を発動して、劉と共に姚をも道づれに処分した、という。そこには、多分に考察における人的関係のもつ伝統的な腐臭がただよう。

処分者数をみた場合、『罷軟』は、天順・成化の間には千名近くまで上っていたが、弘治～嘉靖十一（一五三二）年の間には二、三百人に減少した。これに対して『不謹』は、成化年間まではせいぜい五百名ほどであったが、弘治～嘉靖十一年の間には千名を突破する勢いをみせていた。この差違は、弘治以降に無能な『罷軟』官よりも、貪官的な『不謹』官の増大しつつあった趨勢を示唆している。同様な傾向は、後述の『才力不及』官についてもいえるが、正徳・嘉靖期の考察拾遺の際に、貪官が大抵は『不謹』『不及』と評定された点は、既述のとおりである。

《『才力不及・浮躁浅露』＝「調用」》　『明実録』孝宗・弘治六（一四九三）年正月己丑の朝覲考察条に、初めて『才力不及』の考目と「調用」の処分が出現して、総合評定要素としての処罰考目が八目となったことは、万暦二十九（一六〇一）年に『浮躁』の考目が採用されて八法が完成するまでの事実上の八法の成立を意味していた。『不及』が現われて以後の地方官の処分者総数の推移を、先表10の〈朝覲年表〉より抽出した表11の〈考察処分者数の推移表〉によって、弘治十二年より嘉靖十一年までの三十四年間について、『罷軟』『不謹』と比較した場合、この間の三者の割合の平均値は、当初に比べて『罷軟』は十％減少し、『不謹』は〇・七％減少し、『不及』は約二・五％増加した。但し、全体の五分野の中での『不及』の割合は、トップの『不謹』三七・一％に比べると、まだ六・二％と最下位にあった。次いで、嘉靖十四年以後隆慶五年までの三十七年間における三者の知府以上の尊官部分(a)の平均値の割合は、当初に比べて『罷軟』は一〇・一％、『不謹』は八・四％それぞれ減少したが、『不及』は逆に〇・六％増加した。但し、全体五分野の中での『不及』の割合は、トップの『不謹』四八・四％に次いで三〇・一％へと躍進した。この(a)の部分の『不及』の躍進率は、(b)(c)の部分についても該当すると推測されるが、確認できない。

では、特に正徳・嘉靖期以降、貪官に対する処罰の考目と化しつつあった『不謹』『不及』の処分者数が、地方官の処分者全体の中で増加の傾向を辿っていたのは何を意味するのかについて、更に検討しよう。『才力不及』の処分は、弘治六（一四九三）年の考察に初めて現われたが、用語そのものは、これ以前より存在しており、考察処分決定直後にそれとは別枠の形で機能していた。例えば、考察処分の決定を伝える『明実録』憲宗・成化十四年正月庚午の条よりあとの丁丑条には、

調松江府知府申綱于九江府。（以下七人は省略）永川県〔知県〕劉鳳于彭県。時、諸司朝覲。吏部言。綱等、俱任繁劇、才力不逮。欲即罷罷。然尚可以治簡。故調用之。

とあって、統治の難しい府州県を治める能力に欠ける、つまり「才力逮ばず」との理由で申綱ら九人は品級を降されることなく近くの府州県へ転任＝「調用」させられたことがみえる。例えば、松江府知府申綱は九江府知府へ、四川重慶府永川県知県劉鳳は成都府彭県へ、それぞれ転任した。

右の先例は、成化十七、二十年の考察にはまだ採用されなかったが、考察直前の『明実録』憲宗・成化二十年十二月乙未の条に現われた。

天下諸司朝覲至京。勅吏部曰。朕惟、致治在於用人。而用人係於銓部。……司銓選者、多或徇情、以致在外有司、称職者鮮。災異之興、民生之困、職此之由、茲当天下諸司朝覲之期、爾吏部、即会同都察院、詳細詢訪、厳加考覈。其間、果有操守廉潔、幹済勤能、政務修挙、名実顕著、具名来聞。其有年老、衰病、罷軟無為、素行不謹、貪、酷殃民、及陞任不協人望、才力不堪繁劇者、照例具奏。

右において憲宗は、吏部の情実人事によって、地方官の中に職務にたえない者、つまり災害や民の経済的窮乏等への対処能力に欠ける者の多いことを認め、明年の朝覲では部・院が十二分に現地調査を行ない、操守・幹済（才能・識見）・政務に名実俱にすぐれた卓異官を奏上する一方、『年老』『衰病』『罷軟無為』『素行不謹』『貪』『酷』の六目に該当する者の外に、地方官として昇進赴任しても人心に人望がない＝「陞任不協人望」、統治の煩わしい地方を治める能力に欠ける＝「才力不堪繁劇」の二目に該当する者についても同様に上奏せしめ、特に右の二目は、内実は左

遷である転任の「調」で処分する、とした。右の二目は、次年度の考察の処罰の考目そのものとしては現われなかったが、考察直後の別枠の人事に採用された。『明実録』憲宗・成化二十三年正月癸亥の条には、

降河南右布政使張謹為山西右参政。（以下四人は省略）広西副使謝顕為雲南僉事。謹等俱吏部会都察院考察、不協人望故也。

とあって、「不協人望」の考目で、従二品の河南右布政使張謹は二級下されて従三品の山西右参政へ、正四品の広西副使謝顕は二級下されて正五品の雲南僉事へと、それぞれ品級を降されて統治の容易な地方に転任（＝「降調簡」）させられた。又『明実録』憲宗・成化二十三年正月庚午の条には、

調江西左布政使侯英于広西。吏部会都察院考察。以英才堪治簡故也。

とあって、従二品の江西左布政使侯英は品級を降されることなく、江西よりも統治に容易な僻地である雲南の左布政使へ転任（「調簡」＝調用）させられた。

『明実録』憲宗・成化二十三年正月甲寅の朝覲考察条やその他の条例中にはまだ発見できていないが、徐学聚は、朝覲考察の挙行された成化二十三（一四八七）年正月に『才力不及』の考目が創立された、と説く。[32] 徐学聚『国朝典彙』巻三九、吏部六、朝覲考察には、

（成化）二十三年正月、吏部尚書李裕奏。朝覲考察、旧例、有老疾、罷軟、貪、酷、素行不謹、凡四而已。第遅鈍似軟、偏執似酷。二者於老・疾・不謹、復無所属。謂宜創立才力不及名目、通前為五。凡考居才力不及者、倶照品級、降調簡僻衙門。朝廷以其有愛惜人材之意。従之。遂為定例。

とあって、『才力不及』の創立で、考察の考目は『老・疾』『罷軟』『貪・酷』『素行不謹』と併せて五分野となった、という。しかし、『罷軟・不謹』の考目に対しては「冠帯閑住」という同じ処分が下されることより、実質は会典のいう通り四分野である。問題は『才力不及』が『罷軟』『酷』の両考目より抽出合成された、という点である。即ち、

『罷軟』に似る遅鈍＝実務能率の上らないのろまや、『酷』に似る偏執＝政治的妥協性に欠ける意地っぱりは、成化二十二年十二月の勅諭にいう「陞任不協人望、才力不堪繁劇者」に適用するために創立されたものであろう。勅諭が賄賂を媒体とする情実人事によって、地方官で災害や民の経済的困苦に対処する能力に欠ける者の多くなってきた点を指摘したように、『才力不及』創立の要因は、そのように中央官より地方官へと波及した腐敗の構造化への一つの対応でもあった、と考えられる。但し、『才力不及』の創立に関する重要記事が、正徳会典やその他の条例等に見当らず、且つ『才力不及』の処分が創立より六年も後の弘治六年正月の考察に現われたのは、不思議である。[33]創立者の李裕は、成化二十二年十月に吏部尚書に就任し、一年足らずの同二十三年十一月には「姦貪不法、奔競無恥」[34]の一味として弾劾され退職している。姦貪・奔競とは、収賄・情実の才にたけた出世工作に狂奔する官僚を指す。右の疑問は、或は李裕のそのような側面とも関連するのかもしれない。例えば、朱健は『古今治平略』巻十七、考課篇、国朝考課において、『才力不及』の定制化について、

上以其有愛惜人才之意、従之。自後遂為定制。然人亦無誉之者。

とのべ、李裕による『才力不及』の設定は、人材を愛惜するものであると憲宗にほめられて定制化したが、その評判はよくなかった、と指摘している。この「愛惜人才」こそは、既述の如く貪官擁護の口実に外ならない。

なお、『罷軟』の処分は謹慎退職の「冠帯閑住」であり、『酷』の処分は庶民への身分格下げ＝「為民」である。「遅鈍」が『罷軟』に、「偏執」が『酷』にそれぞれ類似するのであれば、『罷軟』『酷』で処分すればよいのであり、何もわざわざ別に一考目を作成する必要性はない筈である。又『罷軟』『酷』を合成した『才力不及』の処分は、当然に官界からの追放処分である「冠帯閑住」「為民」より軽くなってはならないはずであるが、実際には「品級に照らして簡僻衙門に降調す」という如く、官界に居座って再度昇進のチャンスを窺う可能性を保証した甘い処分と化した。つまり、この『才力不及』による処分の緩和こそが、官場に生き残って昇進・発財を最大限に追求しようとした

内外腐敗官僚の総意を代弁したものに外ならなかった、と考えられる。その点は、前述した正徳・嘉靖期以降の『不及』官の数的増加や、『不及』が貪官の処罰に適用され始めた事実からも首肯できる。

とすれば、『不及』の創設に成功した腐敗官僚の次に目指したものは、処罰考目『不及』の処分に多様な条件を設定しておくことであった。嘉靖刊『条例備考』巻一、吏部、有司才力不及二十二は、正徳・嘉靖期以降に処分緩和の諸条件が確実に獲得されていったことを左のように伝える。

(D)　嘉靖三十年六月内、吏部題、為申明旧例、酌処改調官員事。査得。先該刑科都給事中李鐸奏、為朝覲事。要将才力不及州県正官、通授以閑散衙門幷教職等官。該本部看得。各官人品、未必皆同、更調所宜、亦難槩論。合無、預先戒諭来朝方面知府等官、将所属才力不及州県正官、或堪調閑散衙門或堪調師儒職事、或堪調簡僻州県、務要明白開報、以憑再加訪察、及参対歴年考語、擬議、具奏定奪。題奉武宗《ママ》皇帝聖旨。是、欽此。

……

(A)　又査得。正徳十四年二月内。為朝覲事。該吏科給事中趙漢題。内一欵、辨才力、要将不及官員、当下品者降任、有別長者対改、等因。該本部覆議得。才力不及官、旧例止云調用、所以本部擬調、多是仍其旧官、授以簡僻之地。

(B)　及査節年堂稿、嘉靖初年以来、凡考察幷論劾才力不及官員、倶照前例斟酌調改。故有以知県改都司副断事、按司経歴、改王府審理副。有知州降通判、知県降州判、衛経歴者。不専於調簡与改教也。

(C)　自嘉靖十五年以後、始一例調簡与改教而已。近年、朝覲考察、上将不及官員、定註改教。失之愈遠矣。遂使撫按官論劾有司、輒請改教。且教授多係年深。学正教諭所陞別難遷転。故其得缺甚多。若有司官輒改前職、則儒官一途必致壅塞。……

(A)によれば、正徳十四年二月に至り、『才力不及』官員に対する弘治以来の旧例であった旧任官のままで統治に容易な僻地に転任させる「調用」＝「調…簡僻」の処分の外に、品級を降すべき者は品級を降して転任させる「降任」

（＝「降調」）と、別に取柄のある者は現在の品級と同じ閑職に転任させる「対改」（＝「対品改調閑散衙門」＝「改調」）の処分を設定せよという吏科給事中趙漢の要請がなされた。

(B)によれば、右の正徳十四年の新しい処分は、嘉靖初年以来同十四年頃までは考察や拾遺の際の『才力不及』の処分＝「前例」として条例化していたことがわかる。即ち、正徳十四年よりこの頃までは、「調簡」、「降調」、「改調」の三種の処分が行なわれていた。例えば、「改調」とは、正七品の知県より正七品の都指揮使司副断事へ、正七品の按察司経歴より正七品の王府審理副へ、それぞれ転任することであり、「降調」とは、従五品の知州より正六品の府通判へ、正七品の知県より従七品の州判官や各衛指揮使司経歴へ、それぞれ転任することであった。

(C)によれば、嘉靖十五年以後は、『才力不及』の処分は、おしなべて「調簡」と「改教」だけに限定され、「改調」「降調」の処分は影をひそめてしまった。特に嘉靖三十年頃では、朝覲考察の『不及』官員はきまって「改教」、つまり従九品の府教授、未入流の州学正や県教諭に転任させられている。このような処分の在り方は、先例＝「改調」・「降調」の処分とは大きくかけ離れたものであり、遂には撫按官も地方官を糾劾するたびに教官へ転任させる処分をきまって要請するまでになった。しかし、従九品の教授のポストはまだしも、未入流の州学正や県教諭のポストは昇進が難しい。もし、地方官が考察・挙劾のたびに教官に転任させられたならば、教官のポストは塞がってしまう、と。『不及』の処分が「調簡」「改教」に限定されたことは、それ自体としては、既述の三千人より五千人弱にも上った嘉靖期の貪官の増大に伴う処分者数の増加に対する懲罰的意味をもつと考えられ、従ってたとえ教職のポストが塞がっても、それは自業自得と考えられる。にも拘らず、吏部が「改教」に反対した最大の狙いは、「難遷転」つまり昇進の困難な「改教」処分以外の、昇進に有利な先例の処分の中でも、特に有利な「改調」を復活させることにあった。

(D)によれば、果して、刑科給事中李鐸の上奏した『才力不及』の州県正官に対する「改調」「改教」の処分要請を再審議した吏部は、嘉靖三十年六月、朝覲考察に来朝する布按二司官や知府等官に、あらかじめ『才力不及』の州県正官が「改調」「改教」「調簡」の何れに該当するかを報告させることを要請して、裁下されたのであった。

右の三種の処分には「降調」が欠落しているが、万暦『大明会典』巻十三、吏部十二、朝観考察、凡考察降黜等第には、

> 隆慶四年題准。考察官員、不分方面有司、若才力不勝繁劇、猶堪以原職調用者、擬調簡僻地方。若原非繁劇、不堪以原職調用者、擬調閑散衙門。其跡渉瑕疵、尚未大著者、擬降級。或才力不宜有司、文学猶堪造士者、擬改教。若先経調簡、再考不及者、即擬罷軟。仍咨行各撫按官、以後論劾不及官員、悉照前欵、明白考注、以憑議覆。不許只為含糊降調之説。

とあって、隆慶四（一五七〇）年に至り、朝観考察や撫・按の挙劾で「才力不及」と判定された布按官・知府以下の地方官全てについて、以下の処分が確定した。㈠、統治の難しい地方を治める能力には欠けるが、原職のままで転任させてもよい者は、品級はそのままで統治に容易な辺境地方に転任させる＝「調簡」。㈡、もともと統治の難しい地方でもないのに治める能力に欠ける者は、原職で転任させるわけにはゆかないため、品級はそのままで閑職に転任させる＝「改調」。㈢、政績に汚点はあるが、まだ著しくない者は品級を降して転任させる＝「降調」。㈣、行政官としての才能には向かないが、文学の才能で教育に向く者は教官に転任させる＝「改教」。㈤、「調簡」の処分後の考察か挙劾で再び「不及」と判定された者は、『罷軟』とみなして「冠帯閑住」で処分する。要するに、隆慶四年の題准では、『才力不及』の処分として従来段階的に現われてきた「調簡」「降調」「改調」「改教」の四つの条件の外に、次回の考察・挙劾で再度『不及』と判定された場合の処分まで確定した。但し、最後の㈤についても、万暦十（一五八二）年の議准は、次回の考察・挙劾で『不及』と判定された内容について、才能が非力の場合は『罷軟』とみなすが、才能に問題はないのに他の行政上の過失を犯した場合は『不及』とみなすとの緩和条項を規定した。[35] だが、才能の非力、行政上の過失の何れについても解釈次第では前者を後者にすり替えることは可能であることより、これも『罷軟』を

免れるための予防的措置＝処分の緩和であった可能性が強い。

八法の最後の考目である『浮躁』が朝覲考察に初めて現われるのは、『明実録』神宗・万暦二十九年正月丙辰の条であるが、処分者数は不明である。

> 吏部都察院考察。方面官素行不謹副使包応登等。貪知府盧泮等。才力不及布政使沈修等。浮躁副使郭光復等。年老運使伍士望等、及府州県官、雑職若干員。得旨。革職、閑住、致仕、降調、倶如例。

右の考察では、処分者の総数などは全く不明であるが、これが万暦期の実録の一般的記載様式であり、右の場合は克明な部類に属する。『浮躁』の処分は、『不及』と同じ「降調」であった。或は『浮躁』は、前回の考察年に当る万暦二十六年の正月に現われていた可能性も否定はできないが、同年の『明実録』『綵綸録』には、朝覲に関する記事が殆ど記されていない。前々回の考察年に当る礦税開始前年の同二十三年の両書にも、朝覲記事は殆ど見当らない。ただ、『綵綸録』吏、万暦二十二年十一月三十日[36]条には、考察を私欲実現の場として党派的に暗躍する朝覲官を厳重に処罰せよと命じた神宗の勅諭が左のようにみえる。

> 今当朝覲考察之期。爾部院表率百寮甄別賢否、明示斥陟。此我祖宗図治之盛典也。遵行以久、比年以来、考察之後、群言藉藉、有廉直自持任怨任労者。或被抑屈貪黷無恥浮躁飾非者、附和結納、以故是非淆乱、人無勧懲。于是、紀綱日頽、士風日壊。近来、有等不守循良、浮躁専挾制人之術、風尚嘱托、假公営私、凡事附和、甚無公直。爾部都察院再行申飭。如有此等、及卑鄙庸常之徒、昏夜乞哀有如許茂橓之肆行餽遺的、爾都察院体訪得実、即時指名参来重治不饒、故諭。

この中で神宗は、近年は考察の矛盾が、処分の決定後に処分に対する官僚の不平不満として爆発するが、たしかに考察では、怨労に任ずることを厭わない廉直の士は往々にして圧迫されてしまい、軽率で自分の非行を知りながら隠蔽する恥知らずな貪官は考察の当局者に迎合結託してしまう、と告白している。つまり、万暦では『浮躁』[37]とは、自分の罪過を隠蔽して党派的に暗躍する軽薄無恥な貪官の性格を指していたことがわかる。問題は、『浮躁』が地方官の考察の処罰考目として採用された過程である。

『浮躁』が京官の考察＝京察の処罰考目として『年老』『有疾』＝「致仕」、『貪』＝「為民」、『不謹』＝「冠帯閒住」、『浮躁浅露』『才力不及』＝「降一級調外任」の六目四等に分類されて定例化したのは、既述の会典によれば、成化四年以後のある時点であった。汪宗伊等編『皇明奏疏類鈔』巻二三、釐弊類にみえる吏部尚書王恕の「厳考察以励庶官疏」には、

吏部会同都察院、并公同各衙門堂上掌印官、将五品以下見任帯俸并丁憂公差養病省祭等項官員、従公逐一考察。……其貪淫・酷暴・罷軟・老・疾・素行不謹・浮躁浅露者、開具職名奏請定奪。……弘治元年二月十九日題。

とあって、文字通り解釈すれば、上調子なあさはかさ丸出し、とでもいうべき『浮躁』は京察の七目の一つとして現われているので、その創設は弘治元（一四八八）年より遠く遡らない時点であったと考えられる。

右の弘治期の京察の考目であった『浮躁』は、万暦二十九（一六〇一）年に朝覲考察の処罰考目として採用される以前には、如何なる内容を意味していたであろうか。呉亮編『万暦疏鈔』巻二二、察典類にみえる万暦二年十二月の南京吏科給事中央朝鉉の「陳末議以裨考察以励庶官疏」には、

二日審名実。……事必有其実。然後称其名。今考察之例、如年老等条、倶有実迹可拠。惟浮躁二字、独以空名加之。不知人之才禀各有不同。志気激昂者、似於軽狂。才華英発者、似於浅露。慷慨任事者、似於躁妄。不畏彊禦者、似於剛愎。辨之不審美玉而混碔砆矣。此因虚名而乱直者也。又有胥戕善類、曲為排擠者。欲誣之年老有疾、則彼精力尚強。欲誣之不謹不及、則彼志節無玷。於是、加以泛然無定之名、使之范乎不知所辨。此因虚名而中傷者也。且外官考察、此例不開。京考過詳、不如何謂。……是浮躁一欸、本以待軽薄不検之徒。而其流弊、反以銷英雄志士之気矣。

とあって、すでに万暦初年において、本来「軽薄不検之徒」つまり上調子でつつしみのない官僚を処罰するための考目である『浮躁』は、逆に才能・素質にすぐれた「英雄志士」の意気を沮喪せしめている、という。「英雄志士」とは、例えば、意気込み激昂する者はいささか気違いじみていたり、才気煥発な者はあさはかで出しゃばりの感じがしたり、嘆き高ぶって仕事をする者はせっかちでバカげてみえたり、強い者に対抗することを恐れない者は片意地な感じがしたりするが、そのような政治の意欲に燃える官僚を指している。ところが現在の考察では、このような公正率直な主張を貫く正義派官僚である「善類」を故意に官界より追放するための手段としては、「精力尚ほ強し」とか「志節玷なし」などの確証のある場合、『年老』『有疾』とか『不謹』『不及』などの考目は使用できないために、実体のない中傷に便利な『浮躁』が脚光を浴びてきた、というものである。ここに『浮躁』は、最早や党争の具と化しつつあった万暦考察の腐敗を象徴する考目に堕していたことがわかる。この万暦二（一五七四）年十月の時点では、「外官の考察は此の例開かれず」という如く、『浮躁』はまだ朝覲考察の考目に採用されてはいなかったのであるが、既述の考察矛盾の排除につとめよと厳命した同二十二年十一月の神宗の勅諭に、己れの非を隠して党派的に動く恥知らずな貪官の性格が『浮躁』と表現されていたことより、同二十九年の考察に採用された『浮躁』も、党争の手段と化した可能性が強い。しかし、『浮躁』の処分も、「降調」にすぎず、完全な官界からの追放を意味するものではなかった。そこには、皇帝の前でいがみ合う官僚といえども、相互の地位保全には配慮した顔が覗いている。

本章を要するに、八法の創立過程を検討した場合、老齢・病気で仕事に耐えないという意味である『年老』『有疾』、又は併称した総合評定要素としての『老・疾』が朝覲考察の処罰の考目として現われたのは、宣徳二（一四二七）年であった。『老・疾』の処分が庶民への身分格下げである「為民」となったのは同五年の考察であり、行政罰を意味する強制退職の「致仕」となったのは基本的には正統四（一四三九）年の考察においてであった。但し、五十五歳未満の『有疾』者は、景泰二年の考察で「為民」、弘治九年の考察で「冠帯閒住」、同十二年の考察で「致仕」という如く、年齢条件に拘束されて処分を緩和されていた。「為民」→「致仕」という処分緩和以後の処分者数は、天順七年までに千人台、成化二十三年までは二千人台、弘治以降は千人以下と推移し、貪官化の進行しつつあった弘治以降は相対的な減少傾向を示していた。

洪武期に死刑以下の重罰を科された、いわゆる職権・地位を濫用した不法搾取や収賄等の不正行為である汚職[38]を意味する『貪汚』の処分は、永楽～宣徳二年の間は免除されていたが、宣徳五年の考察では身分剝奪の上、辺境の軍衛へ流す、という刑事罰の「発戍辺衛」に緩和され、正統七（一四四二）年二月の考察では身分剝奪の上、強制的に本籍地に帰郷させるという行政処分の「為民」へと緩和された。苛酷な刑罰の執行を意味する『酷暴』の処分は、正統七年の考察に現われたがその内容は不明であり、同四年の考察では「置之法」という（身分剝奪を伴う）刑事処分であったが、同十（一四四五）年の考察で行政処分の「為民」へと緩和された。正統十年の考察に初めて現われ、過失の責任を追求されることを恐れて逃亡する意味である『在逃』の処分は、即に「為民」であった。『貪汚・酷暴・在逃』に対する処分者総数は、知府以上の尊官(a)・府同知以下の州県官(b)・教官倉官等の雑職官(c)の合計の場合、正徳十五年以前では僅々数十人以下であり、同年より嘉靖十一年の間は貪官の増加に伴って三百～五百人にも上っていたが、その大部分は(b)・(c)の部分で占められていた。以上の『年老』『有疾』や『貪汚』『酷暴』『在逃』の五つの考目の処分が「致仕」や「為民」の行政罰一色に緩和されたのは、十五世紀前半の正統年間であった。

次いで、洪武以来、賤しい無能力者を意味した『闒茸』の処分は「為民」であったが、永楽～宣徳二年の間は免除され、宣徳五年に復活して景泰五年まで続いた。この間の処分者は、数十人内外にすぎなかった。ところが『闒茸』の発展的分化として天順元（一四五七）年の考察には『罷軟無為』が現われた。政務に通暁せず無能卑劣であるという意味の『罷軟』の処分は「為民」であったが、天順四（一四六〇）年の考察では謹慎退職の「冠帯間住」に緩和された。成化二（一四六六）年の考察には『素行不謹』が現われた。操守に欠け政治的に粗暴であるという意味の『不謹』の処分も「冠帯閒住」であった。『罷軟』の処分者は天順・成化年間は千名に近かったが、弘治～嘉靖十一（一五三二）年の間は二、三百人に減少した。これに対して、『不謹』の処分者が、成化・弘治年間の数百人より、嘉靖十一年の間に千人を突破する勢いをみせていたのは、貪官の増大とそれに対応した考目こそが『不謹』に他ならなかったからである。要するに、『罷軟』『不謹』は、従来の貪官等に対する身分剝奪処分の回避策として出現した代替考目であった。

『罷軟』『酷』より抽出合成された『才力不及』の出現は、成化二十三（一四八七）年前後の成立事情の矛盾よりして、貪官が従来『貪』＝「為民」、『不謹』＝「冠帯閒住」等の処分で官界より郷里に追放されていたのを免れて、最低限官場に生き残って昇進の足場を構築することに成功したことを意味していた。統治の難しい地方を治める能力に乏しい故に統治し易い辺境の地方に転任させる、という名目で弘治六（一四九三）年の考察に出現した『才力不及』＝「調用」・「調簡」の処分は、事実上の八法の成立につながった。『才力不及』の処分条件は、昇進に捲土重来を期する貪官の総意によって次々と緩和されていった。『不及』の処分条件は、正徳十四（一五一九）年二月に、品級を降して別衙門に転任させる「降調」と、同じ品級の閑職に転任させる「改調」とが現われたが、嘉靖十五（一五三六）年には、この両条件はなくなり、旧来の「調簡」と新たに教職に転任させる「改教」とに制限された。この背景には、先ず貪官の増大に伴い、嘉靖年間に処分者の総数が三千～五千人弱に増加していた事実があり、その中に占める『不及』官の割合は、弘治十二年正月より嘉靖十一年の間の全考目中、とりわけ『罷軟』『不謹』官に比べて相対的に増加していたが、特に嘉靖十四年正月より隆慶五年正月の間の、知府以上の尊官部分(a)の『不及』官は、全考目中の三〇・一％と、『不謹』官の四八・四％に次いで躍進していたという事実がある。右の処分条件の枠組の縮小にも拘らず、嘉靖三十（一五五一）年六月には、吏科・吏部という人事当局者による、教官ポストの満杯情況と昇進の困難性に訴えた処分の規則を緩和せよとの要請が容認されて、先ず「改調」が復活した。次いで隆慶四（一五七〇）年には、

「降調」が復活し、再考の『不及』官に対して『罷軟』の処分を準用する規定も現われた。さらに万暦十一（一五八三）年には、再考の『不及』官を、才能・識見の不足と行政上の過失との両基準に分け、前者を『罷軟』で、後者を『不及』で処分する細則が出現した。

万暦二十九（一六〇一）年の考察に、軽率で慎しみがないという意味の『浮躁』が京察の考目より採用されたが、既に京官の党争の手段として実体のない名目と化していた本目には、その処分が「降調」であった如く、今や権力をめぐる党争が中央官より地方官へと波及し、官場での地位保全の枠内で相手を中傷誹謗し、地方権力の中枢より追放するための制度的保証としての意義が托されていた可能性が強い。

おわりに

明初、小農民の再生産保証策として創設され、貪官を身分剝奪＝「為民」の上、官場より追放することを主要な狙いとした朝覲考察制度の理念も、宣徳以後、里甲農民の破産化を促進した地方官の貪官化によって稀薄化していった。地方官の貪官化は、正統期に明確化し、弘治・正徳期に漸進して、嘉靖期には顕現した。貪官化とは、税・役収取など地方官の職権を濫用した不法搾取や収賄等＝汚職に染まることを意味していた。特に嘉靖期以降、貪官の収奪した財源は、昇進の前程である考課を職掌し、或は考課に介入する要官である、地方長官の撫・按、中央政府の吏部官僚、科道官や、地方の退職官僚を含む歳貢生以上の紳士、吏部権をも制肘しうる閣臣等に贈賄された。その結果、地方官を薦挙・糾劾すべき撫・按の職権が先ず形骸化し、薦挙される者だけが多いという矛盾が生じた。又、三年毎に地方官を上京させて政績・素行を考課する北京の朝覲考察においても、災害・備荒等に手腕のある能吏は評価されず、逆に賄賂を駆使する彌縫に巧みな無能の貪官ほど処分を緩和されて免れる異常事態が常識化していった。つまり、貪官の増大に伴う賄賂の横行は、考察矛盾としての処分の緩和を助長していった。

正統期より成化二年までに創出された総合評定要素としての『老・疾』、『貪・酷・在逃』、『罷軟・不謹』といった、官界追放を意味する従来の考察における処罰の考目とは一変した、処分者の官界居座りを許す『才力不及』＝「調簡」が現われた弘治六（一四九三）年の考察において、貪官に適用される処罰考目の『不謹』を、「愛惜人材」の名で前任官時代の治績や撫・按の同一現場からの報告でない資料に適用しないとか、『貪・酷』の顕著でない者は処罰しない、とする孝宗の新原則が打ち出されたことは、以後の貪官の増大に逆行する処分緩和の画期をなすものであった。一方、弘治十五年の考察に、考察処分を免れた者の中より、更に八法の処罰対象者を摘発する科道の拾遺の処分が現われたのは、貪官の漸増に対応する措置であった。以後、貪官に対する拾遺の処分は、賄賂の横行し始めた正徳〜嘉靖初年では留任の多い極めて甘いものであったが、貪官の蔓延していた嘉靖中葉でも殆ど「閑住」「調用」で占められ、同末年では「閑住」よりも「調用」が漸増した如く、正徳〜嘉靖初年よりも強化されてはいるものの相対的には緩和されていた。他方、個別具体的な嘉靖中葉の撫・按の劾疏にみられる貪官の処分も、拾遺の処分と同様に、「為民」という身分剝奪の原則規定を、「閑住」「調用」等に緩和したものであった。つまり、貪官の増大に逆行する考察処分の緩和に照応して、処罰考目の八法は創立されていった。

考察八法の創立過程を、処分者数の計量化と倶に検討した場合、正統年間までの、郷里への強制退職や庶民への身分格下げを意味する、『老・疾』＝「致仕」や『貪・酷・在逃』＝「為民」という考目の成立した段階と、天順・成化・弘治以降の、身分剝奪の回避を意味する、『罷軟・不謹』＝「閑住」や、官界居座りを意味する『不及・浮躁』＝「調用」という考目の成立した段階とでは、何れの段階でも処罰考目に対する処分に緩和の跡が確認された。特に後者の段階における、貪官の身分喪失を回避した成化二（一四六六）年の『素行不謹』＝「冠帯閒住」（郷里で謹慎退職させる）と、貪官の官界居座りを保証した弘治六（一四九三）年の『才力不及』＝「調簡」（統治し易い辺境地方に転任させる）との出現は、正統期に確定した『貪汚』＝「為民」の処分を適用されるべき貪官の量的増大と悪質化の程度に応じた行政処分としての謂わば量刑化を意味していた。更に、貪官の蔓延化が促進された正徳・嘉靖・隆慶・万暦期において、「調簡」の他に、「降調」（品級を降して別衙門に転任させる）、「改調」（同じ品級の閑職に転任させる）、「改教」（教職に転任させる）とか、二度目の考察（再考）でも『不及』を宣告された官僚に対する処分の細則、といった『不及』の処罰考目にみられた多様な処分緩和の条件が創出された過程は、『不及』『浮躁』以下の八法に基づく処分者に適用される再任用の禁止条項より免れることを狙った貪官層が、昇官・発財を願望する内外官僚の総意として中央政府の吏部・吏科等の人事当局に支持されて、官界のより有利なポストに残留し、宗族地主の誉望と投資に応えるべく昇進＝出世への再起を期する、地位保全の企図を実現する過程として理解される(39)。

註

（1）拙稿「朝覲考察制度の創設」『九州大学東洋史論集』10、一九八二年。

（2）拙稿「明末の吏治体制における挙劾の官評に関する一考察」『九州大学東洋史論集』2、一九七四年。同「明末官評の出現過程」『九州大学東洋史論集』8、一九八〇年。同「明末窩訪の出現過程」『東洋学報』六二―一・二、一九八〇年。

（3）『明実録』宣宗・宣徳七年八月壬子

行在都察院右都御史顧佐言。考課之法、黜陟之典、関係政治甚重。欽承詔、諭吏部都察院、考察在外官昏懦不立、貪暴無状者、具奏罷黜之。

（4）『熹宗天啓実録』巻三九、天啓四年二月甲寅

江西巡撫田珍破察吏積套疏曰。……照得司道郡守暨刑官、皆与有察吏之責者也。職自筮仕以来、毎慣当事之官評与士民之公論、多不符合。……嗟嗟、上官之阿奉有司乃爾、則世道可知矣。且夫賛揚之詞真、当掲之通衢、儘是見徳。而印封釘報、甚属無謂。……然振飭何術。惟有責成一法。無奈功令森如、鮮不具文視之。因思、有開報、然後有挙劾、計莫如於挙劾之外。仍掲註開報之官、但有失当、併行酌処。庶可挽情縁之世界而躋乎清明也。職清得暢言之。説者曰。藩臬離

有司頗遠、不得不借手於府道。職不以為然。自古、為民者、吏之程也。試観衙門之日。為出入者、無非民、則無不可問矣。無不可問、則耳目既已旁通而賢否当有定評矣。

（5）註（2）拙稿「明末の吏治体制における挙劾の官評に関する一考察」『九州大学東洋史論集』2、一九七四年。「明末官評の出現過程」『九州大学東洋史論集』8、一九八〇年。同「明代挙人層の形成過程に関する一考察」『史学雑誌』八七—三、一九七八年、参照。

（6）『明実録』世宗・嘉靖三十九年正月壬辰

吏科給事中胡応嘉条上四事。一端士習。方今士風頽甚矣。以奔趨為敏捷、以庸默為老成。日清修恬退者為無才。称鑽刺巧猾者為有用。投謁強顔于公衙。飲食要驩于私室。至問以国事、則含笑不言。語及貴人、則同声鑽誦。

（7）『明実録』宣宗・宣徳十年五月乙未

行在刑科給事中年富言。江南小民、佃富人之田、歳輸其租。今詔、免災傷税糧。所蠲、特及富室。而小民輸租如故。乞命被災之処富人田租如例蠲免。又言。各処饑饉、官無見糧賑済。間有大戸贏余、多閉糶増價、以規厚利。有司絶無救卹之方。

（8）『明実録』英宗・正統八年六月庚寅

吏科給事中姚夔奏。……貧民有収穫甫畢而啼饑者。有東作方興而缺種者。官司以歳豊不加賑卹。不免假貸富室、倍息償之。是貧民遇豊年、其困苦亦不減於凶年矣。及至凶年発廩、官司惟憑里甲申報、従而給之。里甲恐貧民不能償官、多匿其名。是以恵不均及、而流殍者衆。

（9）『明実録』英宗・正統十四年十二月壬申

兵科給事中劉珷奏。……上皇未返。……南方福建広東四川寇盗未息。……困窮之民、田多者不過十余畝。少者或六七畝、或二三畝、或無田而傭佃于人。幸無水旱之厄、所穫亦不能充数月之食。況復旱澇乗之、欲無饑寒、胡可得乎。及賦税之出、力役之征、区長里正、往往避彊凌弱。而豪宗右室、毎縦呑噬。貪官汚吏、復肆侵虐。

（10）『明実録』宣宗・宣徳八年正月庚申

遣左副都御史陳勉斉勅撫諭江西贛州府信豊等県盗賊。……勅曰。尓本善良。因軍衛有司虐害、不得已、逃聚為盗。

鄧茂七の乱平定中の『明実録』英宗・正統十四年十月戊申の条
詔諭之曰。……福建浙江湖広広東貴州等処頑民、反叛劫掠郷村為盗不已。究其所由。皆因有司不能撫治所致。
拙稿「青羊村の農民起義」『九州大学東洋史論集』7、一九七九年、参照。

(11) 方孔炤『芻蕘小言』(清方昌翰輯『桐城方氏七代遺書』所収) 崇禎癸未
一曰撫按之職。巡撫者、撫綏善良、節制将領、以養吾民者也。巡按者、按問貪残、断撃豪悪、以養吾民者也。今則大謬不然。……

嘉靖刊『条例備考』巻一、都通大例、巡撫職掌四十八、巡按職掌四十九、参照。

(12) 耿定向『耿天台先生文集』巻一六、劉荘襄公逸事略。

(13) 中華書局本、『海瑞集上冊』、淳安知県時期、興革条例、礼属、均徭
一郷士夫、近日上司毎発礼帖、来文称動支無礙銀若干、送某宅上、某宅上取回、帖、郷官挙人進士歳貢生倶有之。豈有無礙官銀、旧規出自里甲、上司不可云然。無礙官銀、其借辞耳。本職到県至今絶不為此。非故缺交際也。取之己不足、取之民不可、故不為也。……郷士夫雖家業不同、要不可言急也。小民衣食不足、種種差役困苦百端。不恤其急而益富、何心哉。説者謂。仕途狭小、加礼私結、正謂後日相遇地也。夫朋友通財、於貧者通之。今之交際有私意焉。

(14) 銭一本編『万曆邸鈔』万曆十九年十一月条
万曆三年五月内、該戸部為議処改留事、例贓罰納解等事。奉旨、這贓罰銀両、原有明旨、解部済辺。近来、各撫按官、都只取充私費、餽送郷官。其二分備賑、亦皆有名無実。

(15) 呉亮編『万曆疏鈔』巻一七、懲貪類、陳嘉訓「貪暴撫臣不堪重地節鉞、乞罷斥快公論疏」。

(16) 呉亮編『万曆疏鈔』巻一七、懲貪類、李天麟「大貪漏網公論難容、乞賜罷斥以警官邪疏」。

(17) 汪宗伊等編『皇明奏疏類鈔』巻二六、風紀類、汪鋐「欽遵勅諭申明憲綱疏」、一慎挙劾。
臣査得。弘治年以前、巡按薦挙各官、闔省多不過四五人、少或二三人、其慎重如此。近来所挙一疏、不下数十人。碔砆与美玉錯雑無別。夫朝廷寄耳目於巡按、藉其挙劾、以為黜陟、実国家大政所關。顧苟且冒妄若此、其為負恩誤国抑孰甚耶。

(18) 註（17）参照。

(19) 王衡『王緱山先生集』巻十三、墓誌銘、明故文林郎知商丘崑山両県事棠軒樊君墓誌銘

商徴賦、保歇与吏胥、比而為奸、所侵牟費幾半公賦。

(20) 霍韜『渭厓文集』巻二、疏、捄積弊疏、

我太祖皇帝厳刑、禁贓官、所以捄贓官死命也。……犯法奸貪者、我太祖以死刑治之。万世帝王安養天下之法也。邇年、贓濫之弊。文選売選法。武選売駁査。職方売推挙。考功売考効。吏胥得贓、動以百計。儀制則親藩諸封、吏胥索贓亦以百計。外任百官朝覲、考満、送内閣銀百数両。送吏部銀百数両、送科道十数両、乃得考語称職。故京官利外官賄賂、外官藉京庇覆。内外交通、奸贓成市。

文選司の収賄については、同書巻四、疏、属官壊法疏、参照。

(21) 霍韜『渭厓文集』巻十、両広事宜、粛巡按東之告示准状式。

一某知県未選官時、先在京掲債、到任酷刑逼財償債、上司反加旌奨。近日進士挙人、選出多掲債、与債主同行。聞、有進士未選時、掲債一千。選後又掲九百。到任後、即該償本利四千。百姓如何不受害。幸密察。

(22) 拙稿「万暦政治における員缺の位置」『九州大学東洋史論集』4、一九七六年、参照。なお、『明実録』神宗・万暦二十九年二月戊子の条で、吏部尚書李戴は、「布政司缺官易登瀛等三十余員」と報告した。

(23) 『明実録』神宗・万暦二十九年正月丙子の条。

(24) 『神廟留中奏疏彙要』を編輯した董其昌が、その吏部類第六巻、万暦二十二年六月十五日付の浙江道御史夏之臣の上疏「為時事多虞計吏宜慎敬陳考察末議以備採擇以裨大典事」に対するコメントで、「職按大計、……如万暦二十九年外計時、遂昌知県湯顕祖、去県已三年不在考察冊中、而置之不謹」と発言しているのは、考察評価に対する董の立場を窺わせる。

(25) ここに言う科道の劾奏とは、考察後の拾遺の劾奏とは別に、考察の直前になされたものである。例えば、『明実録』孝宗・弘治十五年正月戊寅の左の条を参照。

南京吏科給事中陳伯献、監察御史陸微等劾奏湖広等処右布政使等官朱瓚等六十五人不職、請考察罷黜。上以所劾数多、又不見指陳実跡。

(26) 但し、例外的に『明実録』神宗・万暦三十八年正月丙申の考察条には吏科曹于汴・御史孔貞一等による主に府州県官に対する拾遺劾奏がみえ、この中では『才力不及・浮躁』＝「調用」の処分が七八・五％（二二員）を占め、「閑住」の処分は一四・二％（四員）、「留用」の処分は七・一％（二員）であった。

(27) 表7の根拠をなす徐必達『南州草』巻九下、考察議の必要部分は以下の通りである。（傍線は、和田が付した）

職蒙昧寡識、謬与大典。一得之愚、要在以至公之心補不明。以憐才之心黜不才。……観過可以知仁。採聴須揆情理。則論迹考衷宜慎也。第貪詐険鄙之輩、終貽蠹国殃民之憂、滋蔓難図誰執其咎。則一家一路之哭宜辨也。

職奉主之命、仰承奔走、惟是愛憎親故、纖毫不断、便是背公営私。皇天后土必亟極之。

所有処分条件、一曰品、二曰守、三曰才。留都去天稍遠。原無炙手要津、難求乞憐実跡。倘以議論風采定人品格、能無毫釐千里之差。故必排擠窺伺衆恨。其険筐篚罄折衆鄙。其卑者不得不処一二、其余未可苛求也。

○最要莫如守而才次之。或謂木彊何裨実用。跑跅時畧小廉則似有差等焉。

○我可以受人千金、人亦可以受我千金、此当以気魄観難以貪論也。

○然有仮気魄者謂之奸貪。

○有漫無可否任出任入者謂之癡貪。

○人非由夷交際問遺未必却也。鍰贖羨耗未必絶也、則敗徳矣。謂之常貪。

○説事過銭暮夜受賍、此則人面行禽耳。謂之大貪。

○経文緯武全才也。

○堪辺方者奇才也。

○堪煩劇堪文学者中才也。

○実心任事不避労怨、雖時有得失而熱心不愧者実才也。

○好名喜事、然無別腸者莽才也。

○循守轍無咎無誉者庸才也。

○一籌莫展百事倶廃者駑才也。

○長駕遠馭不以行其公而専以行其私者悪才也。
△悪才直以不謹論、無問守矣。
△駑才而励由夷之節一段清風自可立懦廉頑茍犯常貪、曷逃罷軟。
△大貪即以貪論。足惜焉。
△庸才莽才而常貪亦有癡貪者、以不及浮躁論、期桑楡也。
△大貪以不謹論。不欲出悪声也。
△実才以上常貪宜寛矣。実者掩覆必拙難匿。其瑕意識偶偏易見其短。事集則怨随。功成則忌起。故実才必無奸貪大貪者。挙動偶乖。豈宜茍責而怨忌長喙或煽貪声。職謂論跡考衷宜慎者此也。
△癡貪時有之。而事在間出。職謂一眚詿誤宜原者此也。天之生才実難。国家之成才匪易。何忍不察本末軽為一撃乎。中才以上無癡貪者。大貪顧有之。奇才多奸貪。全才亦不免。中才宜論甚与未甚。未甚猶可使過。以浮躁論。甚則瓦裂矣。舍不謹何施。独奇才全才不得不留之備緩急。縦著穢跡、量従浮躁。然必歴考其事、真有大過人者、乃可未減耳。不然、一為声音笑貌所悞幾何不為貪之囮耶。雖然、此皆澄沙之法也。抑其末也、其本在甄別、則綦難矣。

川井伸一氏は、「ソビエト官僚制と中国共産党―一長制の導入と摩擦―」『アジア研究』27―4、一九八一年、九五〜九八頁において、現代中国における前近代官僚制の遺制に関する以下の興味ある指摘を行った。ウェーバーのいわゆる近代官僚制下の合理的性格は、現代中国においても企業管理者であれ、党機関の幹部であれ、十全には貫徹せず、公式的な職位とそこに付与された権限に基づくべき彼らの権威には、伝統的な非公式的人的資質と人的秩序が色濃く内在している、と。さらに、一九五〇年初期における人的資質に関わる権威の構成要素としては、政治的積極性と忠誠を示す概念である「徳」(=政治的忠誠〈明代の守〈操守〉〉)と、学歴・識字等の文化水準と専門的技術水準を示す概念である「才」(=専門的能力)とがあげられており、権威におけるこの二つの対照的な要素は、幹部の補充、昇進に際して人物を評価する基準とされていた、という。

(28)　拙稿「明末官評の出現過程」『九州大学東洋史論集』8、一九八〇年、七七頁、参照。

(29)　『明実録』憲宗・成化二年正月壬子、同成化二十三年正月甲寅の各条、参照。

(30)『明実録』穆宗・隆慶四年二月庚申
　吏部疏請申明朝覲考察事宜。先、行各撫按官、悉心廉訪、手註考語、指実直書、毋得、拘泥対偶、組織浮詞、抄謄旧案、虚応故事。其四品以上、尤当奉公秉直、甄別分明、以釐夙弊。来朝正官、如有支詞漫語、応答無拠、及畏避上官、附和任情者、先以罷軟論斥、奏可。

参照。

(31)嘉靖刊『条例備考』巻一、吏部、朝覲官各項事宜二
　嘉靖十三年十一月内、吏部題准。来朝司府官員跟随皁隷、不許過六名。州県不許過四名。各首領官不許過二名。脚力盤費、聴鎮巡衙門、酌量道路遠近、計算停当、定与数目、明立巻案、於無礙官銀内支用。不許多帯人役、私自馳駅、及分外科擾。訪察得実、定以不謹黜退。

参照。

(32)『才力不及』の創立に関しては、談遷『国権』成化二十三年正月甲寅の条に、
　吏部大計。罷斥千五百十三人。初劣目四、老弱、罷軟、貪暴、素行不謹。至是、李裕奏増才力不及、処遅鈍偏執者、著為令。
とあり、焦竑『国朝献徴録』巻二四、光禄大夫吏部尚書古澹李公裕墓誌銘張澡に、
　丁未、適天下朝覲、……公謂、遅鈍以軟、偏執似酷、創立才力不及一条以処之。実愛人才之意、其法迄今不変。
とある二つの史料を慶応義塾大学教授和田博徳氏より御教示いただいた。談遷が何如なる原史料より引用したか不明であるが、本表10の『明実録』憲宗・成化二十三年正月の考察処分者数は、三九四七人とみえ、その内訳も具体的であるのに比べて、談遷の記した「罷斥千五百十三人」は、これとは大幅に食い違っている。又、李裕の上奏文の要約は、右の二史料よりも『国朝典彙』の方が詳しい。

(33)『明実録』孝宗・弘治六年正月己丑
　吏部都察院会同考察、天下布按二司及府州県等官、年老・有疾并罷軟・不謹・貪・酷・才力不及者、共一千四百員。又雑職一千一百三十五員。請如例罷黜幷調用。

（34）『明実録』憲宗・成化二十三年十一月癸丑
吏科左給事中宋琮等言。比因兵部尚書兼翰林院学士等官尹直等、姦貪不法、奔競無恥。……尚書李裕、都御史劉敷致仕去。臣等竊以尹直及礼部左侍郎黄景姦貪奔競、比之李裕等為甚。
『明実録』憲宗・成化二十二年十月庚寅
改工部尚書李裕、礼部左侍郎徐溥于吏部。

（35）万暦『大明会典』巻十三、吏部一二、朝覲考察、凡考察降黜等第。
万暦十年議准。先曾調用官員、再考不及者、查果才力綿弱、即照罷軟例閒住。如以別事議調、才力尚有可用、仍照不及例、酌量改降。

（36）神宗のこの勅諭は、ほぼ同文が考察年の『明実録』神宗・万暦二十三年正月丙子の条に収録されている。しかし、本勅諭は考察前の考察当局への示達の意味をもつことより、『綸綸録』の収録年月日の方が妥当と考えられる。

（37）「浮躁」は、「険躁浮薄」の略称とも考えられる。小野和子「東林党考㈡─その形成過程をめぐって─」『東方学報』55、一九八三年、二九九頁所引の『万暦邸鈔』万暦二十年十月、大学士趙志皐陳五難、参照。

（38）現在の社会主義中国でも、前近代官僚に伝統的にみられた「操守」における負の遺制としての腐敗幹部が跡を絶たない点については、中国研究センター編『「人民日報」読者来信』日本評論社、一九八二年、「六　行政機構と幹部にもの申す（小川雄平訳）」参照。又、一九八三年一月十九日（水）、『朝日新聞』（朝刊）は、「十八日の北京各紙は、元中国共産党広東省海豊県委書記・改革委主任、王仲（五六）が、職権を悪用した物質横領・収賄罪で死刑を執行されたことを大きく報じた。中国は昨年はじめ以来汚職摘発運動を続けているが、死刑を適用されたのはこれが初めて。」と報じた。この王仲について、『北京周報』No.44（一九八二・十一・二）は、「王仲・元広東省汕頭地区海豊県党委員会書記・県革命委員会主任は全県の密輸取締まり活動を担当した機に乗じて、腕時計、ラジオ・カセット、扇風機、自転車、貴重な薬品、日用品など大量の密輸物資を横領したため、党から除名され、司法機関によって逮捕された」と報じている。一九九〇年代の党・政府指導幹部による銭権交易や複数の兼職に基づく罪状のがれをテコとした汚職・腐敗についての生なましい実態については、暁冲編（高岡正展訳）『汚職大国・中国腐敗の構図』（原書名『中共反貪大案重案』）文藝春秋、二〇〇一年、が詳しい。特に、巻末収録の金言編「資料―一九九五年度・腐敗官僚百余名の身上調書」、同「資料２一九九六年以降に公開処理された汚職官僚」、参照。

(39) 最近、車惠媛氏は、「明代における考課政策の変化―考満と考察の関係を中心に―」『東洋史研究』55―4、一九九七年において考察が「地方官の人事移動を加速化させる側面を持った制度である」（九頁）点を指摘された。筆者も、結果的には考察のそうした側面を否定するものではない。確かに拙論でも、総合評定要素としての処罰項目である罷軟・不謹は実質的には貪官を意味して数的増大を辿っていたが、その処分は官界からの強制的な謹慎退職とは言え、身分剥奪の処分は免がれていた。これに必死に抵抗するかの如く、官界居座りを図る苦心の策として編み出されたのが、不及・浮躁等の処罰項目であり、これも増加の傾向にあったのである。結局、八法とは、国家による地方官のなかの増大する貪官部分を官界より強制排除せんとする意図と、これに激しく抵抗して官界居残りを図った官僚集団とのせめぎ合いの末に創出された妥協の産物とも言うことができる。

（補註）城井隆志「万暦二十年代の吏部と党争」『九州大学東洋史論集』13、一九八四年。同「万暦三十年代における沈一貫の政治と党争」『史淵』122、一九八五年。参照。

第十六章　朝覲考察制度の矛盾と貪官

はじめに

太祖朱元璋の創設した地方官僚の一定部分を三年に一回首都へ朝覲させること、即ち南京のちに北京の中央政府へ自ら出向いて皇帝に謁見させたのち、考察つまり主に地方官の治績のマイナス部分の査定を受けさせ、併せて貪官部分の抑制・排除を狙った本制度は、清代にも継承された。本稿は、これまでの本制度に関わる決して十全とは言えない研究(2)を振り返り、明時代の朝覲考察制度の抱えていた問題点の幾つかと、矛盾を孕む該制度の実施過程で析出された貪官の態様が地方志（郷評の書）の記載の中にどのような形で反映されているのかの一端とについて、断片的に素描したものに過ぎない。検討の対象としては、主に十六世紀の正徳・嘉靖期より十七世紀前葉の万暦期を扱う。

第一節　朝覲考察と考満

明代では官僚殊に地方官に対する考課＝勤務評定としては、伝統的な考満の制度と、朱元璋の編み出した考察と、さらには撫・按の不定期の挙劾つまり薦挙と糾劾とがあった。官僚が任期を全うして陞進するコースは、この内の考満であった。

考満では三年、六年、九年目と三年毎に徴税・裁判・教化・治安等の総合評価に基づく政績の査定が行なわれた。九年目には、上京して吏部で黜陟が行なわれ、評定要素である税糧の負担額に基づく繁簡則例に照らした称職（職にかなう）、平常（ふつう）、不称職（職にかなわず）という三等級の総合評定要素に従って陞任・留任の処置がとられ、さらには俸給・品級の降格と、それに伴う左遷等の処分が行なわれた。(3)

これに対して、明初の洪武年間には、官僚の負の政績に対する処罰に重点を置いた別種の考課制度として三年毎（辰戌丑未）の朝覲考察制度の導入がなされた。このため、明の後半以降では、地方長官の長期任用（久任）という考満本来の理想の形は相対的に減殺されて、欠員の補充が頻繁に行なわれる一方、上司の査定した評価の文言である考語そのものも、溢れんばかりの麗辞で飾られていたという如く真実性に乏しい等々の矛盾から、考満の十全な機能は減退していた。(4)

政績のマイナス部分の査定と、それに基づく処罰に重点のおかれた勤評制度が考察であるが、本制度にも極く少数の廉潔の能吏、つまり操守や行政的手腕に優れた地方官を卓異官として褒奨し特別陞任させる規定もあった。

他方、考満の政績査定も徴税・裁判・治安・教化等の総合査定のなされる点は前述した通りであるが、考満では能力（才幹）、態度（操守）以上に行政的実績（政）に評価の重点が置かれていたとはいえ、本制度は万暦初年の一時期に施行され、徴税実績に考課査定の比重を置いた極めて即物的法治主義に立つ張居正の考成法と比べた場合には、依然として人治的色彩が濃厚に影を宿していた。(5)

ところが、朝覲考察の場合の評定要素は、守・才・政・心・年・貌などと表記されるように、これまた極めて操守（儒教の禁欲的倫理態度、若しくは官員の財貨欲に対処する倫理道徳的抑制心）とか、才幹（行政上の知識や判断力・理解力など）に異常な力点が置かれた極めて人治的な評価内容を具備するものであった。

因みに、朝覲官に占める処罰された官員の比率について、後掲の表六《朝覲年表》から具体的に割り出した場合、弘治十二（一四九九）年と正徳十五（一五二〇）年では、朝覲官の約半数の者は、何らかの処罰によって再任用の禁止(6)を前提とした身分剥奪（為民）・謹慎退職（冠帯閑住）・強制退職（致仕）とか、降調つまり左遷若しくは配置転換等の処分を受けていた。

第二節　考察の評定要素と評定基準

さて、処分に重点のおかれていた朝覲考察制度の問題点の第一は、考察直前に当る前年度の十二月十五日迄には朝覲官が首都に集合して天子への(7)引見を待つ以前に吏部へ提出したところの、全国各省の長官で三〜四品の巡撫と、皇帝の名代として一年限りで各省を巡察する七品官の巡按御史、所謂る撫按官（撫・按）による地方官に対する勤評資料の嘉靖期時点での信憑性如何であった。

この点については、『明実録』世宗・嘉靖十四（一五三五）年正月癸亥〈二日〉の条に次のように言う。

御史喬英言。近時考察、毎忽功能而聴采訪、畧事而信傳聞、以致賢否未辯、黜陟不明。宜懲徃弊務至公。吏部、都察院議覆。上曰。朝覲考察係國家黜陟大典。被黜者既不容奏辯、又終其身不許叙用。朝廷委任部院不為不尊。近者徒事詢訪、以致人得行私報復虧枉、甚失朝廷公平正大之體。今考察伊邇。卿等務秉至公、唯以撫按等官考語及科道等官論劾為據。其一切曖昧影響事情、毋聴信。

この中に見える御史・吏部・皇帝三者の発言のうち、御史の見解は次のようであった。考察担当の吏部・都察院で、官僚の賢否を査定する資料とされたのは、治績にまつわる態度（守）・能力（才）・実績（政）といった行政手腕よりも、他人に調査させて採集した採訪資料や、口伝てに入手した伝聞資料であり、これは従来からの弊害でもある。

表一　洪武年間の考察環境の整備過程

出典	年代	粛清事件他	官制の整備	考満入覲の対象及び考覈	考察の環境整備及び評定項目	朝覲考察の対象及び考察
大明令・吏令	洪武元(一三六八)年			各処任満官員	戸口増・田野闢	
明実録	洪武元年正月辛丑					府州県官(訓誡)
明実録	洪武二(一三六九)年二月甲午				厳罰主義の方針表明(貪賄罹法に対して)	
明実録	洪武二年九月癸卯			府州県正官・佐弐・首領(吏目・典史)		
明実録	洪武三(一三七〇)年正月甲午					按察司官(訓誡)
明実録	洪武三年八月乙酉		郷試実施			
明実録	洪武四(一三七一)年正月庚戌		俸禄制制定			
明実録	洪武五(一三七二)年十二月甲戌				農桑・学校	
明実録	洪武六(一三七三)年正月乙巳				姦貪・闒茸等県官の排除	守令(訓誡)
明実録	洪武六年二月乙未		科挙停止、薦挙			
国朝典彙巻39、吏部6、朝観考察	洪武八(一三七五)年正月朔					郡県(訓誡)
国権巻6	洪武九(一三七六)年閏九月庚戌	空印の案(江南近辺出身官員・胥吏への弾圧)				
明実録	洪武九年六月乙未				税糧督運の長所を評価せず	

明実録	洪武九年十二月己未			黜陟期限の九年制知府以下三年一朝覲制		
明実録	洪武十(一三七七)年十一月甲辰				贓罪に厳罰主義貫徹(左遷・免官・死刑)	
明実録	洪武十一(一三七八)年正月乙未				缺員の補充頻発	
明実録	洪武十三(一三八〇)年正月戊戌及び癸卯	胡惟庸の獄連座者一・五万人	皇帝—六部体制の発足			
明実録	洪武十三年二月丁丑		俸禄制重定			
明実録	洪武十三年六月甲申				重役軽減の愛民政治を評価	
古今治平略巻17、国朝考課	洪武十三年六月				到任須知、既に刊行(地方官の政治綱領)	
明実録	洪武十四(一三八一)年正月丙辰	里甲制成立			(徴税・裁判・教化・治安)	
明実録	洪武十四年三月癸卯				収賄官僚は増賄者とともに処罰し、家族も辺境へ徙す	
明実録	洪武十四年十月壬申			考劾の法(考覈・考満)確立		
明実録	洪武十五(一三八二)年正月庚戌					天下朝覲官に賢才の推薦を命ず
皇民詔令巻2、誡諭諸司修職勅	洪武十五年六月初五日				府州県官・胥吏の貪心に極刑で警告	
明実録	洪武十五年八月丁丑朔		郷試再開			
明実録	洪武十五年九月癸亥				諸生教育に儒教倫理の励行を命ず	

出典	年代	粛清事件他	官制の整備	考満入覲の対象及び考覈	考察の環境整備及び評定項目	朝覲考察の対象及び考察
明実録	洪武十七(一三八四)年三月戊戌朔		科挙成式の発布			
明実録	洪武十七年四月壬午				州県官・府官・布政司官に職責及び責任考課の遵守を命ず 闒茸蠹政病民の州県官への黜罰を指示	
明実録	洪武十七年五月戊辰					朝覲の際に紀功図冊(事功冊と土地人民図)の持参を命ず
明実録	洪武十七年十月壬辰					朝覲時の黜陟の実施、黜陟結果の本貫への告知を指示
明実録	洪武十八(一三八五)年正月癸酉					朝覲考察に基づく黜陟を断行 朝覲官四一一七員、貪汚(一七一員)・闒茸(一四三員)の計三一四員(七・七%)を免官為民に処す
明実録	洪武十八年二月甲辰				貪汚・闒茸→罷免 苛酷虐民、廃法不奉行→死刑 考察の徹底化を承認	
明実録	洪武十八年三月壬戌				賦役の限度内徴収による民生の安定という善政を奨励	
明実録	洪武十八年六月戊申					三年一朝覲制を決定 紀功図冊と文移藁簿の持参を命ず

皇民詔令巻三、禁戒諸司納賄詔	洪武十八年六月二十七日	郭桓の案(戸部を中心に六部官僚が収賄で刑死。地方官も処罰)				
明実録	洪武二十(一三八七)年九月丙戌		俸禄制の最終決定			
明実録	洪武二十一(一三八八)年正月戊寅					十二布政使司・直隷府州(処分みえず)
明実録	洪武二十三(一三九〇)年五月戊戌、庚子、乙卯	李善長の獄、連座者一・五万人、功臣十数人処刑				
正徳・大明会典巻十五、考覈二、諸司職掌	洪武二十三年				責任(考課)条例の勅諭(貪官・汚吏の一掃を目指す)	
明実録	洪武二十五(一三九二)年八月戊寅				醍貪簡要録を頒布(官員の限度外搾取の禁止と民生の安定の為の勅諭)	
明実録	洪武二十六(一三九三)年二月乙酉	藍玉の獄、連座者一・五万人				
明実録	洪武二十六年三月庚午				諸司職掌の制定(到任須知・責任条例を収録、官僚支配の諸法令)	
明実録	洪武二十七(一三九四)年正月乙巳					按察司官(処分みえず)
正徳・大明会典巻十五、考覈二、朝覲	洪武二十九(一三九六)年					辰戌丑未の三年ごとの朝覲制確立

この点については、『明実録』世宗・嘉靖十三（一五三四）年十一月乙酉の条にも、吏部の覆奏が見える。

隰川王府輔国将軍成鐎上疏言。雲中叛軍之変、幸獲削平。然其釁端、実貪酷官吏激而成之。臣猶有通慮者、天下之変隠於民心者、異日不独一雲中也。玆啚所以為消弭之道、莫先于清仕進、誅貪酷。疏甚凱切。下吏部覆奏。今日吏弊、誠有如成鐎所言者多。請移咨都察院俻行各該撫按官厳令諸司府、詳覈所属官員賢否。署考毎歳終及二司官入賀者、照例密封送部具。撫按考察各属、務自行体訪、毋得假手雷同。所註考語必鑿鑿徴實。【省略】本部仍慎稽上請、必憑黜陟。如所註考詞含糊両可是非背馳者、照糾正濫舉庶官例参治。

右によると、吏部は撫・按が地方各級の下僚を考察＝勤務評価する際には、撫・按自身の手で政績資料の調査を行なうべきであり、他人の手を仮りた上、それらの調査資料に賛同してしまうようなことがあってはならず、秘密の政績報告書（掲帖）に最終的な評語を記入する際にも、事実の検証を掘り下げて吟味すべきであると強く要請したが、これは嘉靖帝の同意を得た。

こうした採訪・伝聞資料のニュースソースは、明代後半では時に紳士階級の意向をも汲んだ情報の収集・操作・配信を専門とする衙役出身者を母胎とした民間の非合法な窩訪組織より提供される傾向がみられた(8)。

問題とすべきは、採訪・伝聞資料を含めて、州県官の治績を評定する知府・布政使・撫按官、結局は撫按官に集約され、総合評定の記入がなされる撫按官の考語・考詞・官評などと称される評定要素と、その等級的細目である評定基準との実態の一端についての検討である。

明初、太祖は地方官の評定要素の重点を、「戸口増、田野闢(9)」つまり農業人口の増大と耕地の拡大とか、官僚予備軍たる府州県学校の生員教育においていた。ところが、右の表一「洪武年間の考察環境の整備過程」にみるように、洪武九年より同十五年の間には、善政・徳政の能吏の治績が税・役徴収過程で限度を越えた搾取を排除したという点で評価され始め、同時に学校教育においても徳性の涵養が強調され始めていった。そこには、太祖の地方官に対する治績評価の方針が、小農民の再生産の確立に伴う生産力の進展と、収奪機会の増大という現状に即応した徴税過程のチェックという方向へ重心をシフトさせていた点を窺見させるものがある。

次いで洪武十七（一三八四）年四月には、州県官に対する知府・布政使の責任考課の上諭が出され、それは同二十七年に「責任〔考課〕条例」として制定されたのであった。さらに、官僚支配の法令集として刊行された同二十六年の『諸司職掌』には、この責任条例と、同十三年以前の段階で制定されたと思われる地方官の着任心得であり、且つ考課の評定要素ともされた「到任須知三十一条」とが収録された。

こうした「到任須知」をベースに、のちには操守・才政等の評定要素が現われていくことになる。例えば、十五世紀後半について、『明実録』英宗・天順八（一四七二）年五月庚午の条で、皇帝は近年の考察に伴う知府以上の方面大官による朝覲時以前における地方での科斂徴求の民害に対して、勅命を下して禁じている。

禁天下朝覲官科歛徴求之為民害者。先是給事中李森言。朝覲乃臣下述職之典。近年方面大臣未及朝覲、先務姦貪、或科歛民財、或徴土物、為害不可勝言。乞自今朝覲之時、考其功績完否、推其操行邪正、務公去取、以憑黜陟。仍加禁治科歛徴求之害。有犯者聴巡按巡撫官逮治之。事下吏部。尚書王翺等、請如其言。遂有是命。

考察に伴う地方大官による朝覲時以前の科斂徴求の害を禁ずべしと要請したのは給事中の李森であった。李森は、今後の朝覲では「功績」（才・政）の完否つまり政績が十全なものか否かを考課し、「操行」（守）の邪正を推察すべき点を強調したが、これが吏部の支持を得た結果、禁令は下されたのであった。

十六世紀の嘉靖期については、前述した『明実録』世宗・嘉靖十三年十一月乙酉の条の【省略】(10)部分より作成した表二「撫・按の所属官員に対する考察の考語記入上の留意事項に関する吏部の通達」によれば、撫・按の考語の記入、つまり総合評定要素としての『貪』以下『不謹』に至るまでの考目を編み出す評定要素である操守・才幹等に相当する「通晒（守）」以下「廃政（才・政）」に至る考目が提案され、裁可されている。

表二　撫・按の所属官員に対する考察の考語記入上の留意事項に関する吏部の通達

評定要素 ／（八法）総合評定要素	必須留意事項（「守」「才」「政」「年」「心」「貌」に相当。但し、それら細目の統一評定基準はなし）	守・才・政・年の擬定
貪	必指其　通賄　科罰　之迹	守・政
酷	必指其　非法　虐害　之刑	政・才
公謹・廉勤	必書其　奉公　守法　之略	守・才
老・疾・罷軟・不及・不謹	必言其　誤事　廢政　之由	年・政・才・（守）

（出典『明実録』世宗・嘉靖十三年十一月乙酉の条）

しかしながら、表二ではそれら評定要素の細目を示す等級的な評定基準は何ら明示されてはいない。それゆえに、十七世紀前半の万暦四十三（一六一五）年になっても、依然として南京都察院右都御史蔡応科によって提議された、

表三　南京都御史蔡応科的賢否考語冊の記入例

五款 ／ 五目（十字）		評定要素：操守	才幹	心術	年	貌
評定基準	第一目（二字）	清潔	精敏	端正	方青	佼偉
	第二目（二字）	謹慎	通達	坦率	壮	雅飭
	第三目（二字）	平常	平常	平常	似中	平常
	第四目（二字）	玷缺	疎拙	隠秘	将暮	綿弱
	第五目（二字）	汚濁	昏悖	姦険	已衰	頽靡

（出典『明実録』万暦四十三年十一月己卯の条）

表三「南京都御史蔡応科的賢否考語冊の記入例」に見る如く、操守・才幹・心術・年・貌等の評定要素（五款）と、五等級の評定基準（五目）とが提案されざるを得ない状態にあった。[11]「五目」については、五等級の評定基準の各等

表四　徐必達的守・才(評定要素)の評定基準⑫

評定基準		
守の四等	1等	自分がどうして人から千両も収賄することがあろうか、人もまたどうして自分の贈る千両を収賄しようか、などと一見立派なことを言う心意気の良いその人が、或る日その気魄の故に“エイ、ちょっとぐらいなら”と気前よく一抹の廉の心を棄て去って収賄するとすれば、その者を奸貪と呼ぶ。
守の四等	2等	善悪の判断を下さず、贈収賄の多少に対してもけじめのない無頓着な者は、これを癡貪と呼ぶ。
守の四等	3等	交際を求めて或は人を訪問して贈賄することや、国庫金である裁判収入＝「鍰贖」或は税糧納入に付随する耗米銀を贈られた際に、収めることを全面的に拒否するものではないが、これを濫用する者は敗徳であり、常貪と呼ぶ。
守の四等	4等	秘密の頼み事と同時に賄賂をも取継いだり＝「説事過銭」（受託収賄）、夜中にこっそり収賄する輩は、人の面をしたケダモノにすぎないゆえ、これを大貪という。
才の八等	1等	民政・軍事の何れの統治能力にもすぐれた者は、全才である。
才の八等	2等	異民族と隣接する辺地の統治能力にすぐれた者は奇才である。
才の八等	3等	内地の統治のむつかしい州県を治める能力にすぐれ、且つ文才のある者は中才である。
才の八等	4等	忠君奉国のまごころの政治に心がけて労苦や人の怨みを買うことをも厭わない者は、時に失点があったにしても、統治に打ち込む情熱は立派な者であるから実才という。
才の八等	5等	良い評判をとろうとしてお祝い事に精を出すが、故意に昇進を狙って任地を去ろうとはやる心があるわけでもない者は、莽才という。
才の八等	6等	官箴・職分を守って踏みはずすことはないが、欠点も美点もさほど目立たない者は、庸才という。
才の八等	7等	政治にとりくんでも発展がなく、全てに亙って成功のみられない者は、駑才である。
才の八等	8等	遠方に出歩きはするが、公務は放置して私事に励む者は、悪才である。

典拠：徐必達『南州草』巻九下、考察議

表五　表四の守・才の評定基準より擬定した総合評定要素（八法）と処分例(13)

総合評定要素	評定基準				処分
八法(五法)	守の四等		才の八等		
貪（洪武18年↓1385）	大　貪	4	駑　才	7	為民
不謹（成化2年↓1466）			悪　才	8	冠帯閑住
	大　貪	4	庸才・莽才	6・5	
	大貪(甚)	4	中才以上	3	
	奸貪(甚)	1	奇　才	2	
	大貪(甚)	4	全　才	1	
罷軟（天順元年↓1457）	常　貪	3	駑　才	7	
不及（弘治6年↓1493）	常　貪	3	庸才・莽才	6・5	調用
浮躁（万暦29年↓1601）	癡　貪	2	庸才・莽才	6・5	
	大貪(未甚)	4	中才以上	3	
	奸貪(未甚)	1	奇　才	2	
	大貪(未甚)	4	全　才	1	
量従浮躁	縦著穢跡	(4・3・2・1)	奇才・全才	2・1	
宜　寛	常　貪	3	実才以上	4	(留任?)

級が二字ずつの簡潔な評語、例えば評定要素の操守については、第一目「清潔」より以下第五目「汚濁」に至っている。ただし、万暦末年に評定基準の提案がなされたことは注目すべき点ではあるが、それが裁可された形迹は見当らない。

ところが、『明実録』熹宗・天啓元（一六二一）年五月癸丑の条には、吏部尚書周嘉謨によって五等六欸から成る考語冊なるものが上呈され、これは「規条」として裁可されたことがみえる(14)。本「規条」の評定要素は、守・才・心・政・年・貌の六欸から成る。評定基準は、例えば「守」欸では一等「清潔」より以下、五等「汚濁」に至る五等級で、各等級は二字又は一字の簡潔なものである。この周嘉謨の評定要素と評定基準は、万暦末年の南京右都御史蔡応科の上呈案と非常に酷似しており、周案は蔡案の踏襲とみることができる。しかし、「規条」化された考語冊の統一基準が以後に遵守されたかとなると、これも甚だ疑わしく、更に天啓期には従前の「心」「年」「貌」などといった余りにも儒教の差別的要素が露出されている評定要素を除去した行政的態度（守）や、能力（才）といった評定要素に重点を絞り、守格四等と才格八等の個別具体的な評定基準が操江都御史徐必達によって提議されるに至った。

表四「徐必達的守・才の評定基準」によれば、評定要素の「守（操守）」格には四等級の評定基準があり、しかもそれは全て貪官が対象とされている。そして算用数字の大きい等級が重症の貪官である。徐必達自身は守格の三等について、「実才以上の常貪は宜しく寛（大な処置）にすべし」と留任の方向を示唆している。この発言には、当該期の官僚は全て腐敗まみれの貪官であった、との謂わば清末の譴責白話小説『老残遊記』（劉鶚著）と一脈相い通じる官界の実情に対する深い認識が暗示されているように思われる。

次に「才（才幹）」格は八等級の評定基準に分かれ、算用数字の若い方が統治能力に優れた者で、等級が低下するほど無能官ということになっている。

徐必達は、この人的資質にかかわる財貨欲への倫理抑制的態度を意味する「守」格四等と、統治の技術的能力（識見・判断力・実績ほか）に係わる「才」格八等という評定基準の総合吟味による等級の数値的組合わせから割り出した総合評価（表五参照）に基づいて、無能な地方官の評定と処分が行なわれるべきことを提案している。

つまり徐必達の提議は、評定要素の「守」「才」という考目を設定し、その細目である評定基準を等級の数値的組合せによって、表五に擬定した如き八法即ち貪酷・不謹・罷軟・不及（のち万暦期に「浮躁」出現）等々の総合評定要素を編み出し、これに対応した「為民」「冠帯閑住」「調用」等の処分の目を割り出そうとするものである。この表四は、政治的主権の存否・職務職責の所在・中立公正度等々を反映する近代的な考課表とは内容的に相違があるとはいえ、考課手続きの枠組みとしては、現代日本の行政職公務員の勤評のフレームに近似した一面を覗かせている。(15)

しかしながら、天啓初年に「規条」化されたという評定基準が中央政府レベルで以後実施に移されていったという形迹は確認することができない。恐らくこの背景には、マクロ的には全官僚の願望である昇官・発財実現のための前提である情実（公正な処置を妨げる人的関係や感情）とか、賄賂（受託・請託への見返りとして贈答される金や物）の収授とかに裁量的な幅を持たせる必要上からも、人事行政に相対的な「公正」の原則実現のための前提である統一的評定基準の設定は歓迎されなかったのではないか、という点が推測されるのである。

第三節　《朝覲年表》にみえる被処分者の記載上の特徴

次に、十六世紀前半より後半に亙る明代後半の正徳・嘉靖期を中心とした朝覲考察の実際を、表六の〈朝覲年表〉を中心に検討したい。

三年に一回朝覲すべき地方官は毎回の合計が約三千人前後であった。表六《朝覲年表》によれば、これらの地方官は、布・按二司及び知府の所謂る尊官のグループと、後述のゴマ官僚に相当する府同知〜県属官に至るグループと、未入流の教官や、倉官・駅官等の雑職官のグループという三区分で記されていた。

これらの『明実録』に記載される地方官達は、既述のように万暦『大明会典』巻四十四、礼部二、諸司朝覲儀によれば、少なくとも考察前年度の十二月十五日迄には上京しておく必要があった。翌十七日からは、両京府尹・行太僕寺卿・苑馬寺卿、布政司官・按察司官のグループが参内して天子への謁見（引見）を行なった。次いで十七日の浙江・江西より二十四日の北直隷までは、全国各省のうちの二つの省毎に朝覲官の参内謁見が挙行され、廿五日からは毎日参内して拝礼する規定があった。(16)

次いで考察の実施日は、『明実録』神宗・万暦三十五（一六〇七）年正月庚午〈十日〉の条で、

　署吏部事楊時喬請辞印務。不許。蓋是時、察已両日、浙江江西福建、已就次第。初四日、宜湖広等処、忽有趙世

卿之命。時喬踽踖以察為辭。

というように、正月元旦の朝賀の礼が終った翌二日から、浙江・江西、福建を皮切りに、四日は湖広以下という順序で始まり、通算して約十二日間で終了した。

それら考察結果の発表は、後述する江西省南昌府寧州の貪官が処分された考察年次に相当する表七「正徳九年正月庚辰〈16日〉の条にみえる考察処分者数」、表八「嘉靖五年正月己亥〈16日〉の条にみえる考察処分者数」、表九「嘉靖十四年正月癸亥〈12日〉の条にみえる考察処分者数」などに、正月十二日、十六日などと見える通りである。

短期決戦ともいえる考察による処分決定の迅速な作業が要求された理由としては、『明実録』神宗・万暦三十五年正月庚午の条に、

吏科都給事中陳治則言。数百年来、欽定察期、浹辰而畢、蓋有深意。一以防群小之夤緣、一以防流言之傳播。

と言う如く、人事当局への請託や、根も葉もない風評の広まり、といった考察に悪影響の及ぶ恐れのある事態を未然に防止する狙いがあったようである。

表六《朝覲年表》に立ち返った場合、c（雑職・未入流）を除く処分を受けた地方官〔a（布按～知府）＋b（府同知～県属官）〕の割合は、既述のように、弘治十二（一四九九）年では、朝覲官二五六八員の内の一二六五員で四九・二％であった。正徳十五（一五二〇）年のその割合は、朝覲官二四七八員に対して一二六三員で五〇・九％であった。このように、三年毎に朝覲した地方官の約半数は何らかの処分を受けたが、一方の留任官も再度科道官による拾遺の糾劾を受けた結果、その内の若干名は処分された。

また表六の《朝覲年表》をみた場合、正四品の知府以上の管理官については、個別的に総合評定要素である貪酷等の八法の考目と、為民・調用等の処分の目及び姓名とが記され、その被処分者数も百名以下と少なかったことが分かる。ところが、正五品の府同知・従五品の知州・正七品の知県と府州県の各佐貳官や首領官、雑職官等々の所謂る芝

表六《朝観年表》(17) 典拠：『明実録』

実録の朝観考察年月日			臨御如何	原籍為民（身分剥奪）：貪汚	原籍為民（身分剥奪）：酷暴	原籍為民（身分剥奪）：坐事在逃	原籍為民（身分剥奪）：闒茸	冠帯閑住（謹慎退職）：罷軟無為	冠帯閑住（謹慎退職）：素行不謹	a 布按～知府	b 府同知～県属官	c 雑職（倉官）未入流（教官）	a+b	a+b+c
処罰の考目（八法）／処分の目／処分後の任用如何				不再任用	不再任用	不再任用	不再任用	不再任用	不再任用	朝観・在任の考察員数総計	朝観・在任の考察員数総計	朝観・在任の考察員数総計	朝観・在任の考察員数総計	朝観・在任の考察員数総計
洪武18年（一三八五）	正月	癸酉	○	「罪之」171			「免為民」143							●4117
21年	〃	戊寅	○											
27年	〃	乙巳	○											
永楽4年（一四〇六）	〃	己亥	○											
7年	〃	丙午	○											●1542
10年	〃	己丑	○											●1500余人
13年	〃	辛丑	○											
16年	〃	癸丑	○											
19年	〃	丙寅	○											
22年	〃	壬午	○											●2472
宣徳2年（一四二七）	〃	壬辰	○											
5年	〃	丙寅		「発戍辺衛」25			55＞							
8年	〃	癸亥	○											
正統元年（一四三六）	〃	甲午	○		6＋c5	b＋c5	b＋c74	b＋c？「不諳刑名」			●285（知府を含む）			
4年	〃	丁亥	○	「置之法」？	「置之法」？	「罷為民」	？				▲220			
7年	2月	丙午	○	b＋c「為民」？							b＋c	？		
10年	正月	壬辰	○	18	「罷為民」1	「罷為民」2	48							▲454
13年	〃	丁酉	○	5	3	131	22							▲506
景泰2年（一四五一）	〃	丙辰	○	？			？							▲497

※←は数的な増加を、＞＜は以上以下を示す　※●は朝観官だけの処罰者数
※ａｂｃの記入のない数字はその全てを含む　※？は処分は確認されるが員数の記されないもの

	14年(一五三五)	(糾奏)	11年	8年	5年(一五二六)	嘉靖2年(一五二三)	15年(一五二〇)	(疏劾)	12年	(劾奏)	9年(一五一四)	(劾奏)	6年	正徳3年(一五〇八)	18年	(劾奏)	15年	12年	弘治9年(一四九六)
	〃	〃	〃	〃	〃	正月	6	〃	〃	〃	〃	〃	〃	〃	〃	〃	〃	〃	正月
	癸酉	丙子	丁卯	甲寅	己亥	乙丑	壬午	丙午	庚寅	甲午	庚辰	己卯	己巳	辛亥	甲辰	己亥	乙未	甲戌	丁酉
	◎		○	○	◉	○	×		◉		◉		◉	◉	◎		◉	◉	◉
	a 11		282		(535)	(413)	(320)				a 1		a 2 ?	(a 3)	5		a 2＞ ?	(27)	?
													?						?
			240										?		16				?
	a 15		335		1332	511	a 4 276	a 5	a 6	a 5	a 7	a 1	a 13	a 35 ? a ?	234		a 13＞ ? a ?	a 7＞ 377	a 3＞ ?
	a 50		798			1331	a 30 440		a 42		a 40	a 5	a 38		a 10＞ 698	a 10		a 31＞ 487	a 3＞ ?
	88 ←						54	78	←66	80	←71	80	←72	60		10			31＞ ?
	(▲)1982						(▲)1209 320＋889		(▲)1229		(▲)1490		(▲)1253			(▲)1219			(▲)1103∧
	(▲)1492						(▲)1215		(▲)1214		(▲)1325		(▲)1142				▲1265	▲1303	(▲)1221
							(▲)1263		(▲)1295		(▲)1561		(▲)1325	▲ ?		▲1229	▲1219	▲1265	(▲)1134
	(▲)3562	(▲)2073	(▲)2068	(▲)4076「黜調有差」	(▲)2678	(▲)3699	(▲)2478	(▲)2575		(▲)2966		(▲)2549			(▲)1836	(▲)2494		(▲)2568	(▲)2355

×不臨御　○臨御　◎慶賀の礼あり　※◉は賜宴朝覲官　※朝覲考察は洪武29年に辰戌丑未の年に定制化した
※×○◎は正月(元旦)の「上御奉天殿」の有無と対する朝覲官の慶賀の礼　※▲は朝覲官＋在任官の処罰者数

表七　正徳９年正月庚辰〈16日〉の条にみえる考察処分者数

八法	処分	官職／姓名		処分者数
年老	致仕	布政使	管琪ら２員	６員以上
		按察使	鄭端	
		知府	劉鈁ら３員以上	
有疾		行太僕寺卿	喬恕	７員以上
		副使	閻眘	
		知府	趙楫ら５員以上	
罷軟	冠帯	副使	徐渾ら２員	７員以上
		僉事	劉道立	
		運使	王禾	
		知府	龐璁ら３員以上	
不謹	間住	布政使	周載	38員以上
		按察使	呉学ら２員	
		参政	劉瑜ら４員	
		副使	孫恭ら６員	
		参議	謝忠ら２員	
		僉事	儲瑞ら９員	
		知府	劉喬ら14員以上	
		貪〔酷〕	為民	
貪〔酷〕	為民	運使	畢璽ら１員以上	１員以上
才力不及	調用	副使	李金ら３員	10員以上
		僉事	王鼐	
		知府	羅璽ら６員以上	
		〔府〕同知／知州／知県等官	蕭漢ら１員以上	１員以上
				共1,561員（管琪～蕭漢らに至る小計）
		雑職衙門		1,325員
				総計2,886員

典拠：『明実録』（表八、表九も同様）

麻官たるゴマ官僚達は、「余有司・雑職」などと処分者数のみが記されており、八法や処分の目は省略されている。表六～九をみても、府佐～県属官や雑職官の被処分者数は、何れも千人以上の単位であった。つまり、府佐以下の特に州県官は、考察でも軽く扱われていたように見受けられるのである。

例えば、表八の嘉靖五年の被処分者数のうち、貪酷→為民としては五三五員が処分されている。この点については、表八と同じ日付の『明実録』世宗・嘉靖五（一五二六）年正月己亥〈十六日〉の条に以下の文言がみえる。

給事中王科言。両司首領官、州県佐貳以下、率以秩卑為上官所軽棄。甚則部民得以事傾之。以是、率貪冒不自顧籍。宜令所在正官各擧所知、擇其中廉幹者、稍加遷擢、使得自展布。……吏部覆議。従之。

給事中王科によれば、地方各省の布政使司・按察使司の下で胥吏の仕上げた事務を系統的に処理する各首領官とか、州では州同知（従六品）・判官（従七品）や吏目（従九品、首領官）、県では県丞（正八品）・主簿（正九品）や典史（未入流、首領官）とか、州の学正と県の教諭（ともに未入流）、州・県の訓導（ともに未入流）といった下僚は、官職と品級のグレイドが低いことが災いして、考課・昇進という最大の官場関心事においても上官からは見棄てられる傾向にある、との通論的指摘がなされている。こうした理由から、州県佐貳以下の地方官は自重の心も消え失せた揚句の果ては貪官に堕してしまう故、給事中王科はそれらの下僚のうち、廉潔・才幹の人材を知州や知県といった正官に推薦させ、少しく昇進させて官途への将来に希望を抱かせるべき点を要請し、一応裁可されてはいる。

だが、能吏にして廉潔な下僚を推薦すべしと示達された知州・知県等の正官そのものが、知府以上の尊官達からはゴマ官僚として侮られる卑官とみなされていたのであれば、たとえ実施に移されても

表八　嘉靖５年正月己亥〈16日〉の条にみえる考察処分者数

八　法	処　分	処分者数
老　病	致　仕	706
罷　軟 不　謹	冠帯閒住	1,332
貪　酷 坐事在逃	黜為民	535
才力不及	調　用	105
		計2,678

表九　嘉靖14年正月癸亥〈12日〉の条にみえる考察処分者数

八　法 (総合評定要素)	処　分	職　官	処分者数
不　謹		布政使　祝壽等	50人
罷　軟		布政使　王遵等	15人
年　老		副使　華金等	2人
有　疾		参議　蕭廷傑	1人
貪　酷		布政使　湯淳等	11人
才力不及		布政使　王俊民等	9人
			小計88人
		余有司	1,982人
		雑　職	1,492人
			総計3,562人

その効力は甚だ疑わしいものであった。これ以後においても、府佐ないし州県佐貳官以下の下僚たちが冷遇され続けたことは、嘉靖～万暦期の諸史料が縷縷叙述して余すところはなかったのである。

第四節　嘉靖『寧州志』にみえる貪官の事例的検証

右にみた表六《朝覲年表》では略記されていた芝麻官たるゴマ官僚の州県官に対する考察結果と郷評とが比較的詳しく記述されているのが、江西省南昌府東南約二百㎞に位置し、弘治十六（一五〇三）年に寧県より寧州に昇格した嘉靖二十二（一五四三）年刊行の『寧州志』である。

『寧州志』の序文は南昌府知府の龔暹が記しているが、実際の編集作業に任じたのは後掲の表十二に現われる知州万民望（万侯、挙人）、同知余瀛（余侯、監生）、判官李松（李侯、進士）と、首領官の吏目周節（周君、監生）等官の監修者であり、その下で資料採集に当ったのが六名の生員（陳子極・査子憲・余子鎧・劉子曾・栄子英生・周子希夔）であった。また校正に任じたのは、州学正の袁大綸（袁君、歳貢）、訓導の陳万善（陳君、選貢）、林恵（林君、歳貢）、楊相（楊君、歳貢）の四名の教官たちであった。

寧州は趙宋の時代は分寧県であり、元代には寧州に改められたのち寧県となったが、明の弘治十六（一五〇三）年に至って寧州と改称された。表十「嘉靖期寧州の社会概況」によれば、寧県時代は人口十三万人弱、戸数一万三千余、里長・里老倶に八十三名、税糧三万石強の繁県であった。改称後の寧州は、南昌府に直隷する繁県格の属州となった。

表十に添付した嘉靖『寧州志』巻十三、風俗の条によれば、南直隷と湖広の間に介在する内陸農村地帯である寧州の風俗は湖広のそれに近似していた。城市・村落の民は医薬よりも祈禱による治癒法に依存し、仏教に厚く帰依する一方、知識人の立ち居振舞いにも感化を受けて、彼らに尊敬の念を寄せる一面もあった。だが、当地農民の天下に自

表十　嘉靖期寧州の社会概況

年　代	記	事	典　拠
洪武24(1391)	戸	11,672	嘉靖『寧州志』巻13、戸口、国朝
	口	80,352	
正統７(1442)	戸	13,100	
	口	128,903	
洪武24(1391)	官民田地山塘	3,580頃（以下切捨）	同書巻13、田賦、国朝
	秋粮租米共	27,790石（以下切捨）	
弘治15(1502)	官民田地山塘	4,284頃（以下切捨）	
	秋粮租米共	31,405石（以下切捨）	
嘉靖２(1523)	官民田地山塘	4,288頃（以下切捨）	
	秋粮租米共	31,406石（以下切捨）	
嘉靖期		州。弘治癸亥（16＝1503）年陞州。	同書巻７、職役、皇明
	廩膳生員	30人	
	増広生員	30人	
	附学生員	不拘人数	
	糧長	３名（或６名或18名）	
	里長	83名	
	坊長	４名	
	里老	83名	
	坊老	４名	
	甲首	870名	
	地方総甲	13名	

分寧呉楚之交、俗多類楚。近世士大夫冠婚喪祭悉行文公家禮。然城市村落之民、猶多襲旧病不服薬専事巫禱。治喪溺於浮屠間、亦有所感化崇視士大夫行者。男鮮商賈務耕。女務紡織。治生之勤可以喩天下。……文章科甲之士比隆於宋第。（嘉靖『寧州志』巻13、風俗）

表十一　寧州の科挙合格者他

<table>
<tr><th colspan="3">学位他
年代</th><th>甲科
（進士）</th><th>郷貢
（挙人）</th><th>歳貢</th><th>例貢</th><th>蔭叙</th><th>薦辟</th><th>吏員</th><th>武冑</th></tr>
<tr><td rowspan="3">寧県</td><td rowspan="3">洪武甲子
（17＝1384）
｜
120年間
↓
弘治癸亥
（16＝1503）</td><td>全合格者数他</td><td>6</td><td>24</td><td>78</td><td>0</td><td>1</td><td>38
（天順以降0）</td><td>9</td><td>12</td></tr>
<tr><td rowspan="2">3年毎合格率</td><td colspan="2">合格者総数
120÷3
×100（%）</td><td rowspan="2"></td><td rowspan="2"></td><td rowspan="2"></td><td rowspan="2"></td><td rowspan="2"></td><td rowspan="2"></td></tr>
<tr><td>15
（0.15人）</td><td>60
（0.6人）</td></tr>
<tr><td rowspan="3">寧州</td><td rowspan="3">弘治癸亥
（16＝1503）
｜
41年間
↓
嘉靖癸卯
（22＝1543）</td><td>全合格者数他</td><td>4</td><td>14</td><td>33</td><td>25</td><td>4</td><td>0</td><td>1</td><td>0</td></tr>
<tr><td rowspan="2">3年毎合格率</td><td colspan="2">合格者総数
41÷3
×100（%）</td><td rowspan="2"></td><td rowspan="2"></td><td rowspan="2"></td><td rowspan="2"></td><td rowspan="2"></td><td rowspan="2"></td></tr>
<tr><td>29
（0.29人）</td><td>100
（1人）</td></tr>
</table>

典拠：嘉靖『寧州志』巻3、仕進

慢できる誇りは、男性（商業従事者は少ない）は耕作に、女性は紡織に打ち込む勤勉さであると言われている。

他方、科挙及第者の数も宋代よりは前進していたとあるが、この点は表十一「寧州の科挙合格者他」によれば、明の前半よりも後半の科挙合格率は約二倍と高くなっていることが判明する。

では、当該寧州のゴマ官僚達は、どのような操守を保持して、如何なる政治・行政上の手腕（「才」「政」的能力）を発揮して治績を残し、彼らに対する当該任地又は中央における評価はどのように表現されているかを検証したのが表十二以下の諸表である。表の作成過程において、寧県より寧州へ昇格した弘治十六（一五〇三）年より嘉靖二十二（一五四三）年に至る四十一年間の『寧州志』巻二、秩官、同巻十五、官蹟にはかなり詳しい記述がみられた。

表十二「十六世紀の江西省・南昌府・寧州在任官の郷評」によれば、当該期の考察で処分を受けた（「考察去任」）寧州官僚としては、知州二員（林文琛・孫芝）、州同知四員（趙宗彝・林奇逢・朱守元・章元烝）、判官三員（王宣・朱霖・周貴）、吏目三員（竜墀・李智・殷鋭）の計十二名の姓名がみえる。

また、『寧州志』の秩官と宦蹟に記される郷評にみえる貪官・能吏の歴代就任官に占める比率を調べたのが表十三「寧州在任官の伝記登載者及び郷評にみる能吏・貪官の割合」である。表十三にみえる能吏は、知州全体の三割強を占めるのに対して、貪官は知州で二十五％、州同知で三十五・七％、判官で四十六・一％というように、ゴマ官僚の官位が下るほど貪官率は上昇していることが分かる。このような官僚の操守・治績に関して、より詳しい記述をしているのが『寧州志』の特徴でもある。

この点に関しては、例えば表十三に添付した嘉靖『寧州志』巻二、秩官の条によれば、民を〔統〕制する政《まつりごと》、民を導く教〔化〕、民に親しむ徳〔治〕を記したのは、後世の人に議論の参考に供し、且つ〔官員の〕賢・廉・貪・酷について、栄辱と鑒戒とを知らしめるためであることが記されている。この点は、正しく表一の洪武十七年十月、太祖朱元璋が考察結果の本貫への告示を命じた精神を体現するものでもあった。

表十二　16世紀の江西省・南昌府・寧州在任官の郷評　弘治16（1503）～嘉靖22（1543）
［　］内は朝覲考察の黜陟。但し（　）内は考察以外の離任。《　》内は科挙等身分。〈　〉内は延べ在任期間。
※は実在任期間。姓名の下は本籍。●印は郷評が貪官（官評考語「守」格）。◎は郷評が能吏（官評考語「才・政」各格）。空白は記載のないもの。◇出典：嘉靖『寧州志』巻二、秩官、皇明。同巻十五、官蹟去思、国朝。尚、●・◎印は宦績の条に、その他の無印は秩官の条に拠る。

職官・姓名・出身 本貫・在任 郷評・黜陟	知州　　従5品 月支米14石・歳俸168石	職官・姓名・出身 本貫・在任 郷評・黜陟	同知　　従6品 月支米8石・歳俸96石
循良之実 ［(丁憂去任)］	葉天爵《進士》 南直婺源県〈4年〉	［(陞広西潯州府通判)］	黄輔《吏員》 広東順徳県〈7年〉
政務修飭 ［(陞兵部員外郎)］	沈暕《進士》 浙江雲和県〈5年〉	［(改調法)］	張柱《進士》 四川涪州〈2年〉
貪酷 ［考察去任］	●林文琛《挙人》 福建閩県〈5年〉	［考察去任］	趙宗彝《挙人》 南直武進県〈5年〉
［(陞太原府同知)］	李錫《進士》 順天府東安県〈4年〉	［(在任故)］	傅禄《監生》 浙江竜游県〈2年〉
才識・風力／風清・弊絶 ［(陞太原府同知)］	◎牛鸞《進士》 北直献県〈3年〉	［(告致仕帰)］	単儼《監生》 南直宜興県〈5年〉
清介自持／鋤強植善／治獄明爽 ［(告病回籍)］	◎汪憲《挙人》 浙江黄巖県〈5年〉	［(在任故)］	張偉《監生》 広西桂平県〈4年〉
貪虐 ［考察調四川忠州知州］	●孫芝《挙人》 南直当塗県〈4年〉	［(朝覲重斂民財迹露逃去)］	班聡《吏員》 河南夏邑県〈2年〉
［(陞贛州府同知)］	喬遷《挙人》 湖広九谿衛〈6年〉	貪暴 ［考察去任］	林奇逢《監生》 福建寧徳県〈1年〉
文学政治有声 ［(陞武昌府同知)］	蔣芝《進士》 四川成都県〈3年〉	淫虐無官章 ［(丁憂)］	王時泰《進士》 浙江余姚県〈4年〉
苛刻苛政／貪肆 ［(陞雲南軍民府同知)］	丘愈《挙人》 福建甫田県〈4年〉	粗悪 ［(縁事問革)］	章潼《監生》 南直溧水県〈2年〉
［(以論劾回籍聴調)］	陸統《挙人》 広西平楽県〈※2年6ヵ月実任〉	宅心仁恕／長於治事之才／疑獄立断／民心允服［(吉安府通判)］	◎林春澤《進士》 福建侯官県〈3年〉
［　　　］	万民望《挙人》 湖広黄岡県〈嘉靖22年3月3日着任〉	貪酷 ［考察去任］	●朱守元《監生》 浙江山陰県〈6年〉
		粗鄙／貪賄／鬻獄 ［考察去任］	章元烝《監生》 浙江会稽県〈6年〉
＊万民望を除いた11名の知州の平均在任期間は4.1年		［　　　］ ＊余瀛を除いた13名の州同知の平均在任期間は3.7年。	余瀛《監生》 湖広穀城県〈嘉靖20年6月11日着任〉

職官・姓名・出身 本貫・在任 郷評・黜陟	判官　　従７品 月支米７石・歳俸84石	職官・姓名・出身 本貫・在任 郷評・黜陟	吏目　　従９品 月支米５石・歳俸60石
[(丁憂)]	陳興《吏員》 山東臨淄県〈４年〉	[　　　　]	李鉞《　　》 山東東阿県〈４年〉
貪鄙 [(告致仕帰)]	許蒙《監生》 浙江嘉興県〈５年〉	[考察去任]	龍墀《監生》 広西融県〈７年〉
貪鄙 [考察去任]	王宣《監生》 湖広安陸県〈５年〉	[(告致仕帰)]	陳浚《監生》 広東瀧水県〈６年〉
[考察去任]	朱霖《監生》 福建南靖県〈４年〉	[考察去任]	李智《監生》 四川叙南衛〈４年〉
貪汚 [(縁事問革)]	王岳《監生》 陝西商城県〈６年〉	[(患病卒任帰)]	楊春《監生》 南直蕪湖県〈１年？〉
[(縁事問革)]	周易鳳《監生》 浙江遂安県〈５年〉	[(告致仕帰)]	胡彦明《監生》 南直霍丘県〈１年？〉
居官極貪汚至今人猶悪之 [考察去任]	周貴《監生》 湖広　陽州〈４年〉	清介如一 [(病卒于家)]	◎王策《監生》 南直宜興県〈６年〉
[(在任二年丁憂)]	金源《監生》 浙江義烏県〈２年〉	[考察去任]	殷鋭《吏員》 南直江都県〈３年〉
[(陞湖広桃源県知県)]	方懋《監生》 南直桐城県〈３年〉	[　　　　]	周節《監生》 南直潁県〈嘉靖20年８月22日着任〉
貪濫不修行検無一善可称 [(陞浙江上虞県知県)]	蘇信《進士》 広東饒平県〈２年〉		
□酒無為 [(陞広西思恩県知県)]	蕭稽《監生》 広東電白県〈４年〉		
[(丁憂)]	唐宗琳《監生》 浙江山陰県〈２年〉		
[　　　　]	李松《進士》 南直長洲県〈嘉靖22年４月20日着任〉		
＊李松を除いた12名の判官の平均在任期間は3.5年		＊周節を除いた８名の吏目の平均在任期間は４年	

表十三　寧州在任官の伝記登載者及び郷評にみる能吏・貪官の割合
典拠：(a)(c)(d)　嘉靖『寧州志』巻２、秩官、皇明
　　　　　(b)　嘉靖『寧州志』巻15、宦蹟去思、国朝
※（　）内の数字は弘治16（1503）年以前の寧県の在任官を示す。

年代	職官 官蹟 郷評		（正７品） （知県） 知州 従５品	（正８品） （県承） 州同知 従６品	（正９品） （主簿） 判官 従７品	未入流 （典史） 吏目 従９品	未入流 （教諭） 学正 未入流	未入流 （訓導） 訓導 未入流
洪武～嘉靖22（一五四三）県治期	秩官(a)		（27） 39	（8） 22	（7） 20	（6） 15	（12） 22	（11） 31
	宦蹟(b)		13	3	0	2	6	2
	(b)／(a) ×100 （%）		33.3	13.6	0	13.3	27.2	6.5
弘治16（一五〇三）～嘉靖22（一五四三）州治期	秩官(a)		12	14	13	9	10	20
	宦蹟(b)		4	2	0	1	4	1
	(b)／(a) ×100（%）		33.3	14.2	0	11.1	40	5
	郷評	能吏(c) （官評考語 「才・政」格相当）	4			1		
		(c)／(a) ×100 （%）	33.3			11.1		
		貪官(d) （官評考語 「守」格相当）	3	5	6			
		(d)／(a) ×100 （%）	25	35.7	46.1			

顧惟吏茲土者、有制民之政、有導民之教、有親民之徳。治隆俗美、民用以康。否則非吾所敢知也。是用疏名于籍、俾後之人、得指而議之。若賢若廉若貪若酷、百世之下、栄辱繫而鑒戒存焉。（嘉靖『寧州志』巻２、秩官）

表十四　寧州貪官林文琛の郷評（嘉靖『寧州志』巻十五、宦蹟去思、国朝、貪酷）

・姓名　林文琛
・本籍　福建・閩県
・出身　挙人
・経歴　南城知県〔正七品〕→寧州知州〔従五品、陞任〕
・在任期間　（五年、正徳庚午＝五＝一五一〇—同甲戌＝九＝一五一四）
・郷評「貪酷」
・考察「考察去任」
・性格「貪暴苛酷」
・治績の特徴「百計侵漁民利」
・治績の概要（表十四、参照）

治績案件	要約	治績内容	郷評の官評的擬定 評定要素（守・才・政・年・心・貌）	郷評の官評的擬定 考語の目（総合評定要素）
裁判	賄賂の多少で判決	裁判では曲直を論ずるところがなく、ひたすら賄賂の多少で勝敗の判決を下した。判決を不服として控訴する者に対しては、暴力的に脅迫するか、笞杖の刑を加えて死亡させた。これ以後、林知州の意に逆らう者はいなくなった。	守 才・政	貪 酷
勅赦	赦免の勅諭を遵守せず、獄囚を放置	収監中の罪囚が勅赦にあって放免を願い出た際にも激しい口調で、皇帝の降された黄紙は物言えずだ、訴えても無駄だ、と怒鳴った。	才・政	不謹
徴税	救済用の穀物調達の名目で富民に上納させて横領	郷村や市鎮の富民を秘密調査した後、彼等を殷実戸に指定し、〔窮民を救済する為の〕穀物を上納すべき『上穀』と名付けたが、賑済の利益は己の懐に収めた。	守 才・政	貪 不謹
徭役	里長・糧長から就役銭を搾取	里長が就役する際には、拝見銭を徴収し、糧長からは較斛銭を徴収した。	才・政	不謹
刑罰	酷刑を科す	刑罰は公正さを欠き残酷であり、罪囚の中には無実を訴える者がいた。	才・政	酷
治安	徴兵の際、収賄して有力者を放免、弱者は残酷に徴兵	華林の賊討罰のため民兵の徴兵を命じられた際、富民には金銭を上納させて放免し、老人や弱者をことごとく兵役に駆り立てた上、食糧を支給しなかった。帰還者の大半は餓死したが、残された女子供は屍肉をも食せざるを得なかった。	守 才・政	貪 酷
結論		寧州の今日の弊害は、林知州が悪例をひらいたことに因るものであり、その治績は酷虐を極めて深い恨みを遺している。	守 才・政	貪 酷

表十五　寧州貪官孫芝の郷評（嘉靖『寧州志』巻十五、宦蹟去思、国朝、貪酷）

・姓名　孫芝
・本籍　南直・太平府・当塗県
・出身　挙人
・経歴　山東高唐州学正（未入流）→寧州知州（従五品、陞任）
・在任期間（四年、嘉靖癸未＝二＝一五二三＝同丙戌＝五＝一五二六）
・郷評「貪虐」
・考察「調四川忠州知州」
・性格「為人多慾」
・治績の特徴「不慎行検、聴任吏卒。賄賂公行。」
・治績の概要（表十五、参照）

治績案件	要約	治績内容	郷評の官評的擬定 評定要素（守・才・政・年・心・貌）	郷評の官評的擬定 考語の目（総合評定要素）
治安	盗賊を手引きして略奪し、良民数十家を首謀者に仕立てて破産させた	まことにひどい話であるが、孫知州は、密かにお尋ね者の盗賊を手引きして（略奪を行なわせた後）、良民を盗賊行為の首謀者に仕立て上げたが、その為に家財産を失った善良な民は数十余家に上った。	守 才・政	貪 酷
裁判	冤罪で殺害された者数十人	拷問によって打《たた》かれて無実の罪で殺された者は、数十余人に上った。	才・政	酷
朝覲	官銀を横領して朝覲に備えた	朝覲に際しては、庫簿を塗り替えて官銀を差っ引き、（欠額となった分は）後に庫役に穴埋めさせた。	守	貪
結論		孫知州が寧州に置き土産した民害は、甚だ深刻なものがある。	守 才・政	貪 酷

表十二の郷評・黜陟の欄に見られた「考察去任」つまり考察で免官となった三名の地方官（知州・署知州事〈州同知〉）に対する寧州の郷評（考察の総合評定要素に該当）である貪酷又は貪虐の内容を治績に照らして検証したのが、表十四〜十六である。

正徳期の表十四「寧州貪官林文琛の郷評」にみえる知州林文琛、嘉靖前半の表十五「寧州貪官孫芝の郷評」にみえる知州孫芝、同時期の表十六「寧州貪官朱守元の郷評」にみえる州同知（署知州事）の朱守元らによる腐敗的行状は、あらまし以下のようなものであった。

表十六　寧州貪官朱守元の郷評（嘉靖『寧州志』巻十五、宦蹟去思、国朝、貪酷）

・姓名　朱守元
・本籍　浙江・紹興府・山陰県
・出身　例貢（監生）
・経歴　寧州同知（従六品、その間、署知州事）
・在任期間（六年、嘉靖辛卯＝十＝一五三一―同丙申＝十五＝一五三六）
・郷評「貪酷」
・考察「考察去任」
・性格「険詐」
・治績の特徴「酷於取銭」
・治績の概要（表十六、参照）

治績案件	要約	治績内容	郷評の官評的擬定　評定要素（守・才・政・年・心・貌）	郷評の官評的擬定　考語の目（総合評定要素）
徭役	黄冊の編審において受託収賄を行い、法制を曲げて税役負担の不公平を招いた	〔里甲に命じて〕黄冊の編成替えを行わせた際には〔里甲のとある成員より〕おびただしい賄賂を懐に収め〔黄冊の記載内容の書き換えを行なっ〕た。夜中に火災が発生して分司公署が焼失した結果、黄冊も丸焼けとなった。善良な農民は〔賦役の重いランクに意図的に格付けされ〕無実の罪に泣き寝入りさせられた。再度、黄冊の攅造が行われた際には、戸ごとに一丁分の加徴を強制して利益を収めた。民の恨みは骨髄に達した。	守　才・政	貪　酷　不謹
裁判	収賄による裁判	知州事務取り扱いの時期には、跡取りのいない人〔の死後〕の財産をめぐって〔親族筋の〕民が裁判で争った際、原告・被告双方から同額の賄賂を懐に収め、是非を審理することもなく、財産の均等分与という出鱈目な判決を下した。	守　才・政	貪　不謹
徴税	窮民からの額辦の苛酷な徴収	窮民は経済力がないにもかかわらず、紙米〔つまり、三年ごとの朝覲の際に具備する治績文簿の作製費とか、雨沢・民情・紀録・軍匠・食糧・均徭・歳報等々の簿冊の作製費といった毎年の額辦〕を窮民から税粮と併徴して苛酷に取り立てて苦しめた。窮民は綿布・絹布・衣服・靴・帽子・椅子・机といった生活調度品を官署に運納して納付額に換算せざるを得なかった。朱同知は、これら窮民からの上納物品を城内商店街の舗戸（商店）に売却して代価を収めた。	守　才・政	貪　酷　不謹
科罰	公務と称した軍匠への私的な科罰	公務外でも密かに軍匠の検査と称して、軍匠に対してひどい科罰を行った。	守	貪
結論		全てにわたって寧州の民に経済的損失を与え、生活と生産を窮地に陥れて、ひどく民の恨みを買った。	守　才・政	貪　酷

裁判では、賄賂の多少で勝敗の判決を下す一方（林文琛・朱守元）、無実の民を幾十人も拷門にかけて死亡させていた（孫芝）。

徴税過程では、名目をこしらえては富民から収奪横領したり（林文琛）、課税対象外の窮民からも苛酷な徴収を行なっていた（朱守元）。

徭役面では、就役銭の徴収（林文琛）や、収賄による黄冊内容の書き換えを行なっていた（朱守元）。

治安面では、収賄して徴兵の免除を行ない（林文琛）、或いは盗賊を手引きして県内を略奪させたのち、民戸を首謀者に仕立て上げて破産に追い込んでいた（孫芝）。

朝覲に際しては、国庫金を着服して欠額は戸役に穴埋めせていた（孫芝）。

このような目に余る貪欲で酷い悪政を施いていた貪酷官は、弘治十六年以降の『寧州志』の秩官や宦蹟より作成した先掲の表十二、表十三によれば、寧州官僚の二割強（知州クラス）、三割強（州同知クラス）、四割強（判官クラス）を占め、誠に深刻な事態がみられた点は前述した通りである。

では、こうした貪酷に走りやすい正徳・嘉靖期における府佐以下の府・州・県ゴマ官僚に対する中央政府人事当局（吏部）の認識はどのようなものであったのか。この点に関しては、『明実録』世宗・嘉靖四十四（一五六五）年三月戊申の条に、以下の指摘がある。

吏部尚書厳訥等言。今年朝覲考察之後、臣等已将存留官資望相應者、量才推用。然猶慎雑流冗職、尚有遺良也。乃創立訪単発来朝官、令各擧所属府佐以下治行卓異者、送部議処。夫朝廷懸爵禄以勵臣工。若夫位卑禄薄之臣、或自棄於進歩之有限、或自懈於作興之無由、則其苟且隳堕無足過責。……故国初、有以典史而推都御史如馮堅。以直廳而歴布政使如王興宗者。臣今亦欲稍倣此意、将考薦翛然疵、歴歴可抗者、問超擢一二不為常例。……従之。

ここでは、官位の低い府佐以下の地方官には、如何ほどに努力しても酬われない厚い壁が立ちはだかっており、引

表十七　寧州能吏王策の郷評（嘉靖『寧州志』巻十五、宦蹟去思、国朝）

・姓名　王策
・本籍　南直・常州府・宜興県
・出身　例貢（監生）
・経歴　寧州吏目（従九品＝首領官）→泉州府学教授（従九品）
・在任期間（六年、嘉靖壬辰＝十一＝一五三二―同己亥＝十八＝一五三九）
・郷評「清介如一」
・考察「〔官泉州府学教授。引疾休致帰〕」
・性格「倜儻。雅好之墨。友四方賢士。」
・治績の特徴「物非義毫髪無所取。泊然自守」
・治績の概要（表十七、参照）

治績案件	要約	治績内容	郷評の官評的擬定 評定要素（守・才・政・年・心・貌）	 考語の目（総合評定要素）
南粮の督運	路費銀の常例を拒否	方面の大官の推挙により、王吏目が南粮の督運を委任された際、糧長たちは常例としての路費銀を贈ろうとした〔が拒否した〕。	才幹 操守	通達 清潔
		泉州府学教授となった。病気の為に退職を願い、帰郷した。		

き立ててくれる後楯もいないことにあきらめて、結局はいい加減な仕事をして堕落し責務を果せないままに終っている、という官界の由々しき現実の再確認がなされている。そこで吏部尚書厳訥は、府佐以下の地方官で「治行」つまり操守・才能に優れた人材若干名を特別昇任させる措置を検討するために、朝覲来朝官に人材を探し求める調査票ともいうべき「訪単」を発給して、卓異の官員を推挙せしめることを提案した結果、これが裁可されている。

しかし、特筆すべき寧州能吏のうち、例えば表十七「寧州能吏王策の郷評」をみた場合、能吏として宦蹟に記され、才気は気高く優れ、利欲に目が眩むこともなかった、と評された例貢生出身の首領官＝吏目（従九品）王策の経歴は、例えば進士出身の同じく能吏であった知州牛鸞[18]などと比べても厳然たる学位身分の格差がつき纏い、結局は福建泉州府の府学教授止まりであったという如く、前任の官品同様の従九品でしかなかった。こうしたことからも、洪武年間に太祖が例えば首領官で典史の馮堅を都御史に抜擢し、また衙役である皂隷の王興宗を布政使に特別昇任させた如き、資格にとらわれない人事面の工夫は、最早や硬直化した官僚機構の下では不可能に近かったかのようにみえる。

しかも、これより半世紀後の『明実録』神宗・万暦四十三（一六一五）年十一月辛未の条には、

吏科給事中韓光祐陳飭吏。條陳内言。廉明執法者、必不惬豪強勢要之心。仁愛惜民者、必不善違迎要結之術。……毎見官評開報貪酷、多在佐領倉驛小吏。嘉靖時、特勅撫按、各属官但有誠心愛民者、雖雑流出身一体旌奨。宜于佐領中廉能著聲者、毎省直抜其一二、另註冊内、破格陞轉、以示優位。

と見えるように、十七世紀初葉の万暦末年の時点でも、依然として廉能つまり廉潔にして且つ政治・行政的能力にも優れた雑流官の特別昇進への方途が提案され続けた一方、考察・挙劾の官評に記入される貪酷官は、大抵は府州県の佐貳官・首領官や雑職官たる倉官・駅官等の雑流の小吏と官界の相場は決まっていたようである。

おわりに

十六～七世紀明代後半の朝覲考察の実態的な一側面、なかでも中央政府の吏部・都察院、或いは各省の撫・按の職掌する考察（又は挙劾）のための地方官の治績に対する評価の記載内容について『明実録』を検討した場合、そこには先ず、評定要素ならびにその等級的細目である評定基準の統一性のなさ、或いは曖昧さが指摘できる。この背景には、考課を管掌する上司の裁量権が最大に許容され、天子の名代（父母官）としての人的資質に係わる統治者たる儒教の徳治（人治）的態度〈操守〉、能力〈才幹〉、実績〈政〉等の評定要素や、五等級又は四等～八等級といった等級に基づき、「至公」という最高の公正さを求めようとした統一的な評定基準を実質的に排除するための、情実・賄賂といった愛憎に基づく評価の潜伏する十分な余地が残されていた点が示唆されている。

次に、《朝覲年表》に基づく実際の考察結果を検討した場合、監生や胥吏（吏員）出身者が大多数を占める府佐～州県属官や雑職官は、それぞれ千人以上の単位で何らかの処分を受けていた。他方、進士・挙人層でその主要ポスト

（缺）が占められた知府以上の尊官たちは、考察の被処分者数も百人以上と至って少なく、彼らはたとえ真の貪官であったにしても、考察の裁量的運用の妙によって官界居座りを保障されていた可能性が高かった。(19)

また嘉靖『寧州志』にみえる地方官の実績の評価＝郷評を官評に読み替えて擬定検証した場合でも、寧州の貪酷官僚の割合は、知州（従五品）・州同知（従六品）・判官（従七品）と官品が下るほど貪官率は上昇していた。そのことは要するに、考察担当の撫・按が基本的には官僚の出身資格やそれに付随した官品の呪縛(20)の下で、地方官の治績に対する評定要素である操守や治績に関する確実な情報を採取し得ず、且つまた採取し得ても情実・賄賂の介入によって、昇進を保証すべき正当な評価が出来ないという考察矛盾を反映するものでもあった。このような考察矛盾の渦中に曝されて最早や昇官・発財という青雲の大志をも挫かれた府佐以下の府州県官や雑職官たちは、税役・裁判・治安・教化等々の地方政治の実務を処理すべき官場では、宗族の要求(21)とも相俟って必然的に貪酷官僚への途を模索せざるを得ない運命下にあった。

註

（1）但し、地方官の政績のプラスと評価される部分の査定を経て、特別優秀と評価された極く少数の卓異官も析出されてはいた。だが彼らは、あくまでも朝観官の約半数にも上る懲戒対象の貪官達の対極にあって、人事当局によって強権的に選別造成された能吏の模範型と位置付けられていた。

（2）拙稿「朝観考察制度の創設」『九州大学東洋史論集』第十号、一九八二年。同「考察『八法』の形成過程（一）（二）」『九州大学東洋史論集』第十一号、第十二号、一九八三年。同「明末官評の出現過程」『九州大学東洋史論集』第八号、一九八〇年、他。なお、万暦期の考察については車恵媛「明末、地方官の人事移動と地方輿論」『史林』第七十九巻第一号、一九九六年、参照。

（3）同註（2）拙稿「朝観考察制度の創設」。邱宝林・呉仕竜『中国歴代官員考核』雲南教育出版社、一九九六年、四十五頁

「明代的考満与考察」参照。

(4)『明実録』世宗・嘉靖四十二年二月庚戌
吏部覆議。兵科給事中邢守廷言。考課之法、我朝稽古定制、三六年之外、必九年通論、以重久任。必四方述職、以受厥成。其法善矣。但行之既久、漸失其初。蓋由内外遇缺、即行推補。塡註考語、率多溢辭。久任既不能行。評隲又無所據。名雖考課、徒具虚文。

なお、車恵媛「明代における考課政策の変化―考満と考察の関係を中心に―」『東洋史研究』第五十五巻第四号、一九九七年、参照。

(5) 岩井茂樹「明末の集権と治法主義―考成法のゆくえ―」和田博徳教授古稀記念『明清時代の法と社会』汲古書院、一九九三年、参照。なお、成果としての徴税実績そのもの、結果だけに考課査定の比重がおかれた張居正考成法に類したものは、廿一世紀初頭の現代日本ではやっと先進的な会社方面では実施が試みられつつある。しかし、成果・実績主義では、目標設定の在り方や過程の評価等々をめぐって改善の余地が課題として山積しており、従来型である年功的考課との折衷案も模索されつつあるようである。その従来型は、特に行政職公務員の場合、註(15)でもふれる如く、中国明・清時代の考課フレームの流れを汲む、態度(明・清の守格)、能力(明・清の才格)、業績(明・清の政・才格)といった評定要素を持つ、謂わば抽象的色彩の濃いものであり、張居正による法家強権的な考成法とは異質なものと考えられる。

(6) 拙稿「朝覲考察制度下の奏辯について」和田博徳教授古稀記念『明清時代の法と社会』汲古書院、一九九三年、参照。

(7) 万暦『大明会典』巻四十四、礼部二、諸司朝覲儀
凡天下諸司朝覲官、自十二月十六日為始、鴻臚寺官陸続引見。二十五日以後、毎日常朝。……万暦五年定。凡朝覲両京府君《ママ》、行太僕寺、苑馬寺卿、布按二司、倶于十二月十六日朝見、外班行禮畢、由右掖門至御前。鴻臚寺官、以次引見。其鹽運使及府州縣有司官吏、浙江江西十七日。山東山西十八日。河南陝西十九日。湖広南直隷二十日。福建四川二十一日。広東広西二十二日。雲南貴州二十三日。北直隷二十四日。各朝見。

(8) 拙稿「明末窩訪の出現過程」『東洋学報』第六十二巻第一・二号、一九八〇年。

(9) 同註(2)「朝覲考察制度の創設」一一一頁。

表十八　寧州能吏牛鸞の郷評（嘉靖『寧州志』巻十五、宦蹟去思、国朝）

・姓名　牛鸞
・本籍　北直・河間府・献県
・出身　進士
・経歴　知県→山東僉事（軍功、正五品、陞任）→知寧州（従五品、左遷）
・在任期間　（三年、正徳丁丑＝十二＝一五一七―同己卯＝十四＝一五一九）
・郷評「才識・風力・風清・幣絶」
・考察「（歴任三載、擢太原府同知）」
・性格「才識明敏」
・治績の特徴「遇事風生剗削。累無積弊殆尽。吏畏民慎。境内晏然」
・治績の概要（表十八、参照）

治績案件	要約	治績内容	郷評の官評的擬定 評定要素（守・才・政・年・心・貌）	郷評の官評的擬定 考語の目（総合評定要素）
裁判	拷問によらず真相究明	裁判の処理が素晴しく、拷問による自白に頼ることなく情状により嘘偽りを見抜いて真相を裁いたので監獄に人影はなかった。	才幹	精敏
上司の通達	民利に反すれば上司へ抗議	上司の通達の中に民の利益とならない文言があれば、直ちに反論を行ないへつらうことがなかったので、その主張が認められた。	才幹 心術	精敏 端正
太監の収奪	鎮守太監の寧民への不当な収奪を阻止	鎮守太監で権勢を傘に着て勝手に振る舞い、手下を差し向けて民より班竹・煙蠟などを供出させて利益を図り、気ままに民を虐げ侮る者がいた。州民はこれに苦しみ悩んでいたので、牛知州は怒って太監の手下を叱りつけ、左右の者に捕縛させて鎮守府へ護送し、同時に次の声明文を送り届けた。「今回の処置は辞職を覚悟での事であり、皇帝陛下に対しては、寧民が被害を受けるのを見るに忍びなかったのである」と。太監はもとから牛鸞の名声を知っていたことにより今回の事態を荒立てることはなかった。	才幹 心術	精敏 端正
紳士との交際	紳士を礼遇	紳類と交わるには礼節を保ち、見栄を張るところがなかった。	心術	端正
╳	╳	政務の引けた後は、詩作を楽しみ、山水を友とした。 三年の任期後〔撫按の〕推薦を受けて山西省太原府同知〔正五品〕へ昇進した。 牛鸞は、騎射の兵法に長けていたので、一時世間では交武両道に秀でた逸材ともてはやされた。	╳	╳

（10）『明実録』世宗・嘉靖十三年十一月乙酉
如示其貪必指其通賄科罰之迹、其酷必指其非法雪害之刑、其公謹廉勤必書其奉公守法之略、其老疾罷輭不及不謹必言其誤事廃政之由。

（11）『明実録』神宗・万暦四十三年十一月己卯
南京都察院右都御史蔡應科言。飭吏在辨賢否。而欲辨賢否莫良于操守才幹心術年貌。不必別飾考語以致失真。且考語亦一時掇就濃淡何常部中因而揣度。甚至以一字一句壊人一官、深為可惜。今後賢否冊報部、當開才守心術併年與貌分為五欵。五欵之下、各編十字。如操守或註清潔、或註謹慎、或註平常、或註玷缺、或註汙濁。才幹或註精敏、或註平常、或註疎拙、或註昏悖。心術欵塡註則或端正、或坦率、或平常、或隠秘、或姦險。年欵塡註則或方青、或壮、或似中、或将暮、或已衰。貌欵塡註則或佼偉、或雅飭、或平常、或綿弱、或頽靡。如此則考于人者、若畫像。而考人者若列眉、亦無所事揣度矣。

（12）同註（2）拙稿「考察『八法』の形成過程（二）」八一頁より再引用。

（13）同註（2）拙稿、八二頁より再引用。

（14）同註（2）拙稿「明末官評の出現過程」七六頁。

（15）一般的に現代日本の行政職公務員、特に地方公務員の勤評フレームをみた場合、評定要素としては、「能力（知識・判断力・リーダーシップ・企画力・折衝力ほかの細目を含む）」（明代の「才」格相当）、「態度（責任感・積極性・執務態度ほかの細目を含む）」（明代の「守」格相当）、「業績（迅速・実績ほかの細目を含む）」（明代の「政」「才」格相当）があり、これらの「能力」「態度」「業績」といった各評定要素の評定基準としては五段階評価（a・b・c・d・e）がある。公務員は、この五段階の評価を数値化されることによって、総合評定要素（Ⅰ・Ⅱ・Ⅲ・Ⅳ・Ⅴ）の何れかの枠内に数値でもって記入評定され、昇進・配転・降格等の処分を受けることになっている。

（16）同註（7）万暦『大明会典』巻四十四、礼部二、諸司朝覲儀。

（17）同註（2）拙稿「考察『八法』の形成過程（二）」九〇～九一頁より必要部分のみを引用。

（18）表十八、参照。

（19）同註（2）拙稿「考察『八法』の形成過程」、参照。

（20）拙稿「明代の地方官ポストにおける身分制序列に関する一考察」『東洋史研究』第四十四巻、第一号、一九八五年、参照。

（21）府佐以下の府州県官や雑職官のみならず、知府以上の尊官を含む官僚全体が、必然的に貪酷官僚化せざるを得なかった他の要因としては、官僚の出身母胎である宗族による、当該官僚に対する暗黙・公然にわたる寄付行為の強制があった点も見逃せない。拙稿「明清の宗譜にみえる科挙条規（一）（二）」『八幡大学論集』第三十八巻、第三・四合併号及び同第三十九巻、第一号、一九八八年。本書、第三章。参照。

第十七章　嘉靖期の呉江県知県林応麒の『貪』官問題

はじめに

明代中後半の地方官場では、腐敗情況が社会経済の発展と連動するなかで深刻に推移していた。官僚制の効率的機能を図るべき制度としての朝覲考察・拾遺・挙劾においては、弘治末年より正徳・嘉靖・隆慶・万暦期に貪官の普遍的増大と、「八法」処分（「貪」・「酷」〈・「在逃」〉＝為民、「年老」・「有疾」＝致仕、「罷軟無為」・「素行不謹」＝冠帯閑住〈謹慎退職〉、「才力不及」・「浮躁浅露」＝調用）の緩和過程が、「貪」官部分を「罷軟・不謹」や「不及・浮躁」等の四法に掏り替える形で顕在化していた。従って、その過程では、「貪」官として処分される部分は少量化の傾向を辿っていた[1]。

本稿で問題とするのは、次の主要二点である。第一は、ところでその「貪」官と評定された者の全ては果たして所謂る貪官であったのか、という点である。本稿の主人公で巡江御史荀汝安に「貪」官と弾劾された呉江県知県林応麒は、結論的には少なくとも貪官ではなかった。第二は、であるとすれば、荀御史の林応麒（等）に対する挙劾、つまり「貪」の認定は作為的であったことになるが、そうした虚偽の評価が招来された官僚政治並びに在地郷村社会における矛盾の所在は如何という点である。

第一節　林応麒の官歴

夏言編「嘉靖十四年進士登科録一巻」[2]によると、林応麒（正徳元〈一五〇六〉年―万暦十一〈一五八三〉年）の本籍は、浙江台州府仙居県（民籍）である。応麒の曾祖は達本、祖は文魁、父は堅、弟は応鵬であり、何れも無官であった。応麒の母は王氏である。応麒は長男であり、応氏（南州応方伯の弟の二人の娘の一人で、他の一人は李景山都憲に嫁いだ）を娶った。国子監生であった応麒は、礼記を専攻して嘉靖四年に浙江郷試を第十番目の成績で及第して挙人となる。十年後の同十四（一五三五）年、応麒は北京の会試で第百八十六番の成績で合格し、殿試では第三甲二百二十七名中の百三十二番で合格した。時に三十歳。

次に、林応麒『介山稿略』（仙居叢書、所収の十六巻本）附伝、林介山先生伝（林孫枝著。以下、『介山稿略』附伝と略記）によれば、応麒は字を必仁と言い、介山と号した。祖先は福建の人であったが、唐の乾符の間（八七四―七九）に浙江の台州府黄巌県に徙り、次いで仙居県の楽安江の留程橋（のちの断橋）へ転居した。応麒の父、十六世の謙（堅？）は、長男応麒のお蔭で国子監博士を贈られた。

応麒は嘉靖四（一五二五）年に廿歳で郷試に及第したが、同五年二月の会試には及第できず、晩年の「王陽明先生之門」（王守仁の死去は嘉靖七年）に遊学した。[3]『介山稿略』巻九、書簡類に見える顔ぶれには、例えば陽明の墓誌銘を書いた湛若水（甘泉）とか、或いは鄒守益（東廓）・羅洪先（念菴）等へ宛てた書簡（「奉謝湛甘泉尚書」「上鄒東廓先生」「寄答羅念菴修撰」）が見える。応麒の学統は、どちらかといえば陽明学の主流派・右派に属していたようである。

『介山稿略』附伝及び『介山稿略』巻八、奏疏類、「乞改授教職疏」、「又疏（臣本山谷諸生……）」（以下、「又疏Ⅰ」と略記）、「又疏（奏為応詔陳情乞賜昭雪誣枉以明心迹事）」（以下、「又疏Ⅱ」と略記）、更には本稿の基本史料「覆巡按直隷

御史周亮題勘問過知県林応麒」（全六一頁、以下、「吏部覆疏」と略記。吏部考功司撰『吏部考功司題稿（下）』〈明代史料集珍〉[4]所収）等によれば、応麒は嘉靖十四年三月進士に及第後、同年十月に三十三《ママ》歳で南直隷蘇州府呉江県知県（正七品）に任命され、八箇月後の同十五年三月十一日に着任した。以後同十七年十一月（二十七日）に巡江御史荀汝安（少川）に弾劾される迄の二年八箇月の間、応麒は呉江県儒学の修繕や三江橋の改造、律例に照らして賦役徴収過程での官僚地主の不正を剔出して窮民の救済に当るなど、従来の惰性的手法やタブーをも知らずに情熱一途に仕事に精励した。この点は、「又疏Ⅰ」に、

臣本山谷諸生。嘉靖十四年、誤蒙聖明採録、賜臣進士出身、授臣呉江知県。臣時年少気鋭、一意以剔姦奉法恵安窮民為務。不識幾宜。不知避忌。卒致忤豪家横被飛語、一従勘議、坐廃六年。

とみえる通りである。豪家一味によって応麒が誣告され、荀御史の弾劾を招き、勘問漬けにされたのは、嘉靖十七年十一月（三三歳）より皇帝の最終裁定が下された同二十二年四月十四日迄の足掛け六年の間であった。この間の事情は次章以下で詳述したい。

嘉靖二十二年四月十四日（三十八歳）に「降級調用」の処分を受けた応麒は、数年に亙る息子の弾劾事件の心労から病気となった母親にこれ以上の「不孝の罪」をかけること、並びに徴税・裁判等の行政文書の決裁（束縛簿書之繁）や頻繁な定例会議（奔走期会之急）に忙殺された上に、政績が上らないと罪科を受ける恐れのあること等の理由で、降級による有司親民の官を免除されて府の教授に任命されるようにと願った奏疏（乞改授教職疏）を上呈したが、願いもむなしく南直隷廬州府六安州の判官（従七品）に転配された（吏部の配慮も働いていた。後述）。しかし、奏疏は相当に考慮されたものか、就任後一箇月には、国子監助教（従七品）に再び転配された。

応麒は、かねて北京に在っては敵の讒言による離間策によって友人を失うことに不安を覚え、外任に調補されるよう願い出ていたが、嘉靖二十六年に山東済南府泰安州判官へ転配された。[5]「又疏Ⅱ」によれば、同二十七年、応麒は

山東巡撫都御史彭黯・同巡按御史傅鎮によって、自己に厳しく才略に優れ、不遇が長くつづいても益々操守に堅く、文学に優れて学生の教育に成果を上げ、廉節を人に知られることを望まず、民政に当っては必ず民の隠された苦しみの解決をはかる、との賞賛をうけて推薦され、同二十八年三月、江西撫州府金谿県知県に昇任し、同年七月に着任した。半年後の同二十九年正月の朝覲考察の際、応麒は江西巡撫張時徹・巡按胡彦によって、文学に優れ、たび重なる官界での挫折を経た後も益々操守に励み、難題を解決できる識見を持ち、要職をこなす手腕を持つ等の題本を上呈された。応麒は中央の考察でも同様の評価を受けて[6]、同年十月、雲南〔塩課提挙司〕提挙（従五品）に陞任したが、十二月には憑劄に接して離任した。同三十年八月、応麒は広東恵州府同知（正五品）に昇任し、九箇月後の同三十一年四月（四十七歳）に着任したが、半年後の九月二十一日、母王氏の死去によって帰郷して喪に服した。父に早く死なれて母の手一つで育った応麒が、母逝去の報に接した際の悲嘆に打ちひしがれた様子は、弔問の書簡を贈った湛若水への答礼の手紙である『介山稿略』巻九、書簡類、「奉謝湛甘泉尚書」に描写されている。それによると、故郷の五羊駅に辿り着いた時の応麒は、心身倶に衰弱の余りに杖をついても起ち上れない程であった。

　同年、応麒は両広巡撫応檟・清軍御史王紹元・前巡按広東御史蕭世延・接管巡按郭文週の各上司より、前後に亙って公文によって「不器之資。有用之学。操履定。居官擅不畏強禦之名。才猷練歴。政懋随試、輒効之績」とか、「文学精粋。治政厳明。清節足以起頑。宏材足以済難」（「又疏Ⅱ」）等の奨励を受けていた。又、同三十二年正月の朝覲考察に備えて、前年の末に政績を記載した江西・雲南・広東三省の掲帖が吏部に到着していたが、吏部・都察院の査定では、応麒は「節年考語倶優」「無過存留」（「又疏Ⅱ」）と認定されていた。ところが、応麒が一年の服喪を終えて恵州府同知に復帰しようとしていた矢先、恵州府の隣府である潮州府出身の江西巡按御史蘇端蒙は、同じ時期に在任したこともない応麒の金谿県時代の治績について弾劾し出した。弾劾疏には、「幾分の才能はあるが実政がない。県政においては粉飾して売名に走った。上司より権限を委任されると民を虐げて威張り散らした。苛酷に取り立てて税糧の原額を満たそうとした。税糧検査の際には人を誣告して罪に陥れた」（「又疏Ⅱ」）などの根拠のないデタラメが記されていた。それは又、分宜（厳世蕃）・進賢（万鏜）の意向に迎合するものであった。右弾劾文が招来された理由は二つあった。一つは、応麒が恵州府同知時代に上司より権限を委任されて隣府の蘇端蒙家の不法の行状を調査した点に蘇の怨みを買ったことであった。一つは、応麒が江西撫州府金谿県時代に、按察司副使の鄭世威と協議して餽送・坊牌等銀に係わる両県の歳費銀六千余両を削除（減革）したことが両権貴の怒りを買うことを蘇が見込んだこと、であった。蘇の思惑は的中し、鄭世威は理由なしに削籍され、応麒も吏部尚書万鏜によって八法＝総合評定要素の『不謹』に対応した「間住」の処分を下された。これに対して応麒は、道理を尽して具体的事実に基づいた反論を展開した。例えばその中、応麒は蘇巡按と江西では同時期に在任したわけではなかったのであるが、蘇の江西への赴任以前に、既に江西巡按曹忭、清軍御史孫慎、巡撫呉鵬・翁溥らによって、相い継いで歳末に挙劾の題奏や考察の掲帖で詳細な評定を下されていた。それらの評定中には、応麒が廉正ではない点の弾劾文は見当らなかった。従って応麒は、蘇の弾劾は内容のない形式だけは厳めしいが、取り止めもないことを述べたてて私怨に報復したものに過ぎないと論破した(7)。

応麒は結局、蘇端蒙・厳世蕃・万鏜ラインによって「冠帯間住」（禁錮）の処分を受けて嘉靖三十四年六月（五〇歳）に帰郷した。同三十五年六月、郷里仙居県は突如として倭寇の襲来を受けた。応麒の家も戦場となり惨禍を蒙った。その模様は「服食を蓋蔵するの具は、蕭然として余りなく、奔走拮据を免がれず」（『介山稿略』附伝）とか、「祖父二三百年蓄積の遺業・名書・図画も一旦に化して煨燼となる。養生の具は千に一も存せず。食指は百を累ぬるも〔十人家族？〕嗷嗷として倚るなし。公私に逋負あり、蝟毛もて交ごも責めらる(8)」と記される。

しかし、こうした災禍にもめげず応麒は、謹慎退職後も「民の好悪を用って好悪と為す」（附伝）とか、「民情の向背する所を詢察し、以て挙措をなす(9)」というように、民の利害に配慮する姿勢を変えなかった。例えば応麒は、仙居県知県として就任した鄱陽県出身の余城が徳政を敷き、「廉政を以て時に忤い（当路の要官に媚びず、紳士達の請託を拒み）、劾せられて去った」（『介山稿略』附伝）際にも、中央の当局者に余城の救済を申し立てている。[10][11]

穆宗による隆慶元年の改元の詔では、考察以外で処分されるか、又は私罪を犯した結果、免職となって三、四十年も在野にある者について、吏部が調査の上で推薦起用することが許された。この時応麒（六十二歳）は、昔弾劾によって『不謹』＝「冠帯閒住」の処分を受けた江西撫州府金谿県知県時代の政績に潔白の自信を示し、弾劾内容の再審査を求めて、もし無実であれば再度起用してほしいと希望した上奏文を義男林悦に持たせて上京させ、上呈した。[12]この願いは実現しなかったが、その理由を附伝は、「公は悪を嫉むこと太だ厳しく、また才高く人に下る能はざるを以て、人は遂に公のために推轂する者有るなし」と言う。

仕官断念後も在郷の縉紳としての日々を送った応麒は、郷里仙居県の租税賦課の公平化にも熱意を示し、県政上に一定の政治的発言力を保持していた。例えば、隆慶五年の賦役黄冊の編審の際、仙居県は知県が欠員であったため、広東番禺県出身の台州府知府張廷臣は、事務を府城・臨海県の知県周思稷に委任した。たまたま広東按察司副使を免職となって仙居県に帰郷していた呉時来（呉悟斎）は、もともと臨海県の士夫より提議された官田（ここでは官戸の田）・寺田・民田の科則を均一にしようとの税制改革案に賛同を求めて書簡を送り応麒を説得しようとした。これに対して応麒は、仙居県の官田・寺田の総額は六千畝、起科は毎畝二斗上下、民田の総額は三千畝、起科は毎畝一升二合上下であり、科則を均一にした場合、民田毎畝の歳額負担は四倍より六倍もの苛徴となって民は破産してしまうので、この実情を貴殿は是非とも浙江の撫・按に請願される必要がある、と逆に呉時来を説諭する有様であった。[13]

附伝によれば、結局呉時来は応麒の説得を、受け入れざるを得ず、委任知県周思稷と協議して、官戸の田は三百畝で一里長を編むこと、民戸で消耗のひどい家は合併すること、「田は去り戸は存する者」は除外すること、僧田は別に一図を立てて民戸と混えて縮図しないこと等を「定議」した。これについて附伝は、「ここにおいて、戸に定籍あり、賦に重差なきは公の一紙の力なり」と持ち上げている。

老境に入った応麒は最早や国政への未練はなかったようであるが、郷里の政治的利害については、知人と「慷慨指陳し、以て用ふべきを示す」（附伝）という如く積極的に発言し、その打開策を提言していたようである。享年七十八歳。時に万暦十一（癸未・一五八三）年であった。なお、万暦三十七年刊の『仙居県志』を調べた場合、林応麒の伝は立てられていないが、巻十二、詩文には応麒の著した「重修顕慶寺記」（『介山稿略』所収）が見える。

第二節　嘉靖十七年の弾劾事件と審理過程

弾劾事件は、その前後を含めて三期に区分して事実関係を裏付ける必要がある。

1　林応麒着任迄の呉江県の政治社会情況

この時期は嘉靖四年より、林応麒が知県に着任した同十五年三月迄を含む。『介山稿略』巻八、奏疏類、乞改授教職疏には、応麒着任時の呉江県の社会情況が次のように記される。

臣以山谷諸生、誤蒙聖明採録、授臣大県。臣之官之日、即謝絶親旧秉志束身、勉図自効何期。界内多豪右、久不制。小民畏憚過於官府。其無行誼甚者、迺至白日哨聚道路、詐冒官校、擒掠職官、凌轢婦女、殊駭伝聴。臣過不自量。既臣為之長、子弟賢不肖異等、不可一概相視爾。其自恣憑厲干壊紀法、非為稍収訊之律、以典常、何以宣昭陛下彰癉之化。然獄未成而怨生。

本県には豪右つまり勢力ある横暴な者が多く、官権力は以前より彼らを制御できてはいなかった。小民は地方の政府（官府）よりは豪右の方を恐れはばかる始末であった。豪右で振舞いのよくない者は、真っ昼間から街路に集まってはガヤガヤとしゃべり、錦衣衛の校尉だと詐っては官員を捕えて略奪し、婦女を恥ずかしめてなぶり者にする、という信じ難い実態がみられた。林応麒はこれに対して、皇帝の名において善悪の断を下すために律の適用を決意していたところ、彼らを獄門にかける前に早くも彼らの側よりする怨声にみまわれたという。なお、こうした豪右には官員家が絡んでいたことは後述の通りであるが、嘉靖四〇『呉江県志』巻一三、風俗の条には、明初豪門の誅戮のあと、富貴を忌み、科挙のための読書を廃し、「法に触るるを畏れ、倹素を習尚し」ていた士習も天順期（一四五七—六四）までは保持されていたが、その後の社会経済の発展と倶に漸移して、嘉靖後年では「官に在りては龍虎の称あり、野に在りては醸醨の燕あり」と言われる程に豪奢に流れていた。

豪右の具体像を求めつつ、「吏部覆疏」に拠って事件を追ってみよう。

○嘉靖四年には、問結〔つまり雑徒罪以下で金を納めて罪を贖った者に、呉江県〕の在官〔つまり官役に就いている〕史景春〔＝史壁の義男〕がいた。又別件で問結となり、現在は不在官〔つまり官役に就いていない〕史景春の義父史壁がおり、彼は生員であったが納粟監生の身分を取得していた。(14) ※〔　〕内は訳者の補註、以下同様。

○嘉靖八年正月、史壁は放債の利によって官役にある龐正近の義父である龐漢〔のちに死亡〕の蕩田百十二畝を質に取り、人に佃作させていたが、そのために龐漢の恨みを買うことになった。(15)

○嘉靖十四年十二月、呉江県の別件で問軍〔つまり充軍の罪に問われていた〕総書〔糧長の有力者より選ばれて起運存留の数目を主管する〕(16)の張其・費良は、問結で先に就役していた糧長の趙宏・陶慶らが買いあさった金花銀四万七千四百五十二両を値を吊り上げて売り付けていたが〔その対象は瘠地で高科則を負担する小民、後述〕、不正な利鞘分を償還し終ってはいなかった。(17)

○嘉靖十五年三月十一日、林応麒は辞令をもって着任し、早速別件で問結となった、以前に官役に就いていた銀匠の魯舟並びに范淮〔のち獄死〕に命じて、前項の金花銀を徴収させた。その際、応麒がうかつにも監督不行届であったために、魯舟范淮は、一両の徴収につき法外にも耗銀を一分、計銀七百七十四両五銭二分も搾取したのち、その半分強だけを官庫に納め、残りの詐欺銀三百二十九両八銭二分は両人で均分し着服していた。(18)

右の両銀匠に対する応麒の監督不行届の失点は、後述の嘉靖十六年十二月に豪右の一人旋政によって告発されたが、徐巡按により納贖の処分が下されて一件落着していた。だが、それ以後の史壁側の誣奏事件では、又また蒸し返されることになる。しかし、林応麒が後年豪右一味によって仇敵視された最大の問題こそは、後述するように本県の納税負担の公平化を期するために、高科則を割り当てられた瘠地の小民に金花銀の納付を認める施策が推進される過程で始まっていた、右の金花銀買い占めをめぐる階級矛盾にあった。

2　林応麒の治績と弾劾の発生

この時期は、林応麒が呉江県知県として具体的に仕事を始める嘉靖十五（一五三六）年八月より、弾劾事件の発生する同十七年十一月二十七日迄の二年三箇月間である。以下、「吏部覆疏」に拠って、その治績を跡付けてみよう。

○嘉靖十五年八月、応麒が調べたところ、先に呉江県の儒学は崩れた箇所があり、その修理方が知県事務取扱いである蘇州府の何通判に申請されていた。何通判の見積りによれば、修理費は計百五十二両六銭四分必要であった。今回応麒は、調べたところ稔出すべき銀両がなかったので、皇帝の誕生日の祝祭に参内しなかった者を点検して調べ上げ、問結で元胥吏の周文震や就役中の糧長趙謖、塘長徐悦、さらには僧侶の大方らを杖罪で問擬した。審理の過程で応麒は、右の者に経済力のあることに目をつけて、自白調書を整えた上で府に申請して許可を得たのち、贖罪の工価銀百三十二両六銭四分を追徴して、何通判の追徴していた紙価銀二十両とを合計した銀百五十二両六銭四分を在官訓術の郁諫に委任し、八回に亙って該銀を受領して材料を買わせ、在官匠作の馬資・謝恭・董明らを監督指揮して工事を完了させた。(19)

○同十五年十月、南直隷徽州府の不在官の塩商である蘇英敏・張棠らは、余塩銀を予納して計七百五十六引の官塩の掣売を蘇州府へ願い出た。府より許可を得た知県林応麒は、委官に命じて確実かどうかを検査の上で発売させた。[20]

本件は、後述の弾劾項目（D）と関連するので、審理過査で再検討したい。

○同十六年正月、呉江県の在官の塘長孫瓊・総甲李実らは、本県の三江橋が傾き崩れているので調査の上改造してほしいと県署に願い出た。林応麒は「帖差在官老人朱鵉・呉錫〔註42〈各郷老耆民呉錫等〉参照〕」に命じて、建造費を銀百六十両五銭六分と見積らせて報告させた。応麒は本件について、応天巡撫欧陽鐸並びに蘇松兵備副使李士允の許可を得たのち、本年編審分の均徭銀の内、導河夫百名の貼役銀三百両〔毎名三両〕より銀百六十両五銭六分を支出する予定であった。ところが、導河夫銀は未徴収であったために、応麒は明律の条例に禁止条項のあることを十分承知しながら、銀両の早期調達をはかろうとして、在官の義民史銘・鄒南〔のち死亡〕を科罪して銀九十六両五銭六分を贖銀させ〔後述（A）に関連〕、この分に別件で問結となった陸佩・馬記の贓罰銀六十四両を振り替え借用して加え、工事費の見積り額に満たしたのち、科罰した義民の鄒南・史銘と在官の職人蔣傑らとに早速命じて資材を買わせて工事を竣工させた。借用した贓罰銀は、〔導河夫銀を〕追徴して補塡した。[21]

なお、右の贓罰銀の振替え借用は、応麒の失点として後述の同年十二月に問題化するが、徐巡按による納贖の処分で落着し、以後は問題化しなかった。

だが、本件が後に問題化して林応麒の決定的な汚点として認定されるのは、右の「吏部覆疏」の同条に、次のように言うくだりである。

応麒明知有例在京在外衙門不許罰取紙劄・筆墨・銀硃・器皿・銭物銀両。若奉明文修理衙門・学校・倉廒・橋梁等項、方許勧諭、或罰取木植・磚瓦・石炭等料、自不経手、委人修理。不分有無罪犯用強科罰、米穀至五十石、銀至二十両以上、絹綿貴細之物値銀二十両以上者、縦有修理、不准花銷。起送吏部、降一級叙用。

本条の内容は、『大明律集解附例』巻二三、刑律、受贓、因公擅科斂、「条例」の条文〔右の傍線部分が該当〕とほぼ同じである。応麒の罪とは、上司の明文を奉じて改造経費を義民より罰取して橋梁の修理に着手した迄はよかったが、科罰の数量が条例の規定を越えていた点にあった。即ち、史銘・鄒南に科罰贖銀させた九十六両五銭六分は、律令の禁止する科罰銀二十両以上に該当していた。本件は、後述の弾劾項目（A）と関連するので、審理過程で再検討したい。

○嘉靖十六年十一月、別件で問結ずみの以前に在官していた周謀は、呉江県の在官の施用〔施淮の義男〕、現在逃亡中の施用の義父施淮〔監生史璧の親属〕が、別件で充軍の罪に充てられた施淮の息子施政らと倶に、訴状の内容を操作して黒を白にすり換え、勢いを挟んで官を制し、私塩を窩売し、手広く金貸しを営み、郷里に横暴をはたらく等の実情を認めて巡按徐御史に告訴した。徐巡按は知府に命じ、知府は知県林応麒に拘引させようとしたが、彼らは抵抗した。そこで応麒は欧陽巡撫に対して、施淮・施政らを参劾するための上申をした。欧陽巡撫は施淮らの罪状を書き連ねて回答したので、応麒はその旨を浙江西道分巡官に上申した。該分巡官は、彼らを逮捕して欧陽巡撫の下に身柄を護送した。(22)

○同十六年十二月、施政は応麒が欧陽巡撫に参申して彼を逮捕収監した上、彼の買いあさった金花銀両を追徴返還させたことに恨みを懐き、応麒が前述の金花銀徴収過程で銀匠魯舟らによる耗銀の額外徴収という不正に監督不行届きであった点及び、修学・修橋にまつわる内情を徐巡按に告訴した。徐巡按は太倉州陸任林同知に転送し、林州同知は蘇州府に施政の身柄を護送した。知府は審問して、魯舟・范淮を徒罪にすべし、施政は杖罪にすべきではない、と問擬した。応麒が贓銀を振り替えて別の用途に使用し、銀匠等の下人の監督に手ぬかりのあった罪状については、徐巡按は応麒を喚問審理した結果、納贖の処分を下して一件落着した。但し、徐巡按は施政については、事件の中味を掏り換え、その都度狡猾な訴訟を企むゆえ、この風潮を阻止するために痛責三十〔笞刑？〕の懲戒処分を下した。(23)

○同十七（一五三八）年二月〔本事件は長文のため意訳する〕、山東清軍御史より呉県知県へ調任〔謫任〕となり、さらに転配〔改調〕されて一旦郷里の浙江臨海県〔台州府城〕へ帰省しようとして呉江県の水路を船で通過していた周寵が何者かの集団によって襲撃・掠奪される事件が発生した。襲撃の主謀者は、呉江県の生員より納粟監生となった史壁であった。史壁は大帽糸条環を穿戴し、器仗を擺列して錦衣衛校尉を詐称し、逮捕令状〔駕帖〕まで用意して義男の史景春以下、問結の在官義男史潮〔史朝〕・楊三及び現在は就役していない（不在官）陳恩・周耀・濮恵や張林など計四十名の手勢を率いて舡を繰り、平望鎮の水路の近傍に待ち伏せして通過する周寵に暴行〔船上に引きずり上げてふん縛り、たたいた上に眼の球を抉り出そうとして目のふちを負傷させた〕・掠奪〔品目：香帯一条・旧紅絨円領一件、旧板古画・部金満冠一箇・金環一双・銀首飾十件〕をはたらいて引き揚げた。史壁が右の暴挙に出たのは、山東按察司僉事であった実父の史臣が、清軍御史周寵の弾劾で『不謹』＝「間住」の処分を受けていたことに仇恨を懐いていたからであった。一方、周寵は史壁らが何者であるかも分からず、一先ず実情を認めて先に在官していた義男の周貴を遣わして平望巡検司に告訴した。(24)

離任の予定であった巡検周桂は、不在官弓兵李楠を遣わして史壁らの逮捕に向わせていたところ、同十七年四月に入り、かねて史壁に恨みを抱く者の告発や、史壁の義男で収監された者の自供があった。既述の史壁より借金して蕩田を質に取られたことに恨みをもつ厲漢は、史壁が史景春らに周知県を待ち伏せして殴打させたことを蘇州府に告発した。知府は林応麒に命じて史壁を拘引させようとした。同じ頃、史壁の義男で拘置中の史相も、史壁が衆を率いて周知県を截打した等の実情を自白した。そこで林応麒は、陳巡按に上申して太倉衛指揮汪応麒を呉江県に派遣してもらい、先に在官していた民快の陳宰らを加勢に出して、平望巡検司弓兵の周鉞らと協力して史壁の逮捕に当らせたが、失敗に終わっていた〔後述（C）に関連〕。〔軍隊の指揮官の下で警察・民兵が〕史壁を逮捕できないでいたのは、巡検司の報告によれば、史壁の親族の施淮〔施政の父〕らが彼をかばって逮捕に抵抗していたからであった。応麒が陳巡按に本件を上申していたところ、史壁らも捕縛されて身柄を県署に送られてきたので、陳巡按の下へ護送させた。陳巡按は、蘇州府の鍾同知と趙通判とが合同で審理するように命じたところ、両官は史壁らを昆山県に護送し、収監して朝廷の裁きを待たせることにした。事件の内幕を供述した史壁の義男史相は収監中に病死したため、〔刑房の〕胥吏仵顧崙らが派遣され、その立合いの下に史相の身柄は妻の沈氏にあずけて埋葬の責任を負わせることにした〔後述（B）と関連〕(25)。

その後、史壁らは、先ず松江府王推官と太倉州林知州〔林塋〕との会問、さらには兵備道の最後の詰めを経て、陳巡按より次の処分を下された。史壁らは枷号一箇月、妻〔呉氏〕を拘僉して遼東三万衛に護送させる。史景春・陳恩は鉄嶺衛に、周耀・濮恵は陝西固原衛に各々終身に亙り充軍させる。兵部に対して史壁の処分を知らせ、又礼部にも監生身分の剝奪〔除名〕を上申する。呉県調任知県周寵の船底の金銀首飾を白昼に搶奪した実行犯の張良・楊三〔史壁の在官義男〕・張林〔周知県の所持品を贓物と偽証した〕等十二名は、入れ墨した上で各駅〔京口駅・炭渚駅・雲陽駅〕に護送して車を押し船を曳く徒刑に就かせ、刑期を終えた後は警迹に充てる。余犯の在官義男の史潮や史祥・施仁、そのほか龎漢らは的決〔笞杖の実刑〕とし、贓物は没収する(26)。

○同十七年六月、呉江県の監生史壁の義男史朝の弟史雲の従弟〔叔弟〕である史茂〔樊茂〕が、倪坤〔沈坤〕によって、詞訟を教唆した科で告発された。告訴を受理した署印の李県丞〔のちに死亡〕は、史茂を拘引収監して取調べていたが、病気のために死亡したので、去任の典史頼文昇に委ねて史茂の埋葬に立ち合わせた(27)。〔後述（B）に関連〕。

○同十七年八月廿日、監生史壁の在官義男〔糧長ともいう〕史潮の弟史堂らは、罪の釈免を求めて、「応麒は姦邪にして貪酷性を成す」と左の如き五点（㋑〜㋭）に亘る虚偽〔虚情〕の上奏を行なった。
㋑　応麒は就任二年の間に、銀匠魯舟とグルになって金花・白銀を計二万両も額外に徴収して秘匿しておき、学校・橋梁・官署の壊れを理由として、しきりに上司に〔その修理方を〕申請し、官銀一万両をも支出したほどの隠し財源をこしらえていた〔匿己〕が、これらは糧長や平民に科罰したものである。
㋺　先の在官呉棣・丘淮並びに鄒南ら及び百余名は〔学校・橋梁の〕修造に当ったが、その中の徐奎ら五十余名は応麒の厳刑によって打ち殺された。
㋩　応麒は男色を好み良家の子を選用していたが、先在官の費仕や不在官董恩らの十余人は彼の手籠に遇い、その贓貪・荒淫・酷暴の被害をこうむった。
㊁　〔史壁の親族〕施淮の息子施政は、応麒が大戸より手広く銀両を借りて官庫を補給していることを告発したが、そもそも魯舟が罪に陥ったのも実は応麒が法を廃して逃げ道をつくるための弥縫策であった。
㋭　応麒の貪婪はひどいもので、〔嘉靖十七年の〕朝覲に際して糧長一名毎に旅費の盤纏銀二十両を徴収したが、私の兄史潮も糧長として銀十両を送ったところ、その怒りを買って受け付けてもらえなかった。[28]
以上の金花銀を始めとした五点は何れもデタラメではあるが、以後も誣奏が連続した所に、応麒が本県の姦[29]〔史壁及び親族施政ら〕を鋤いたことに対する反動の余震が窺える。
○同十七年九月、史壁の親族施政は、又また応麒の嘉靖十五年以来の裁判の内情について巡江御史荀汝安に告訴した。これを受理した荀御史は、兵備道に拘引審問するように命じた。[30]
施政が応麒を荀御史に告訴したのは、先年周謀が施淮・施政親子による起滅詞訟・挟制官府等の暴虐ぶりを徐巡按に告発したのを受けて、応麒が施政に充軍の刑を擬てていたのを逆恨みしたためであるともいう。[31]
○同年十一月、退任間際となった荀御史は、応麒のみならず、太倉州知州林壆と蘇松兵備道副使李士允とを巻き添えにする形で三者に対して「貪酷には状有り」(32) とする弾劾を敢行した。

苟御史が施政の告発をすんなりと受理して林応麒の弾劾に踏み切った事情等については、第三章に譲る。「吏部覆疏」に拠れば、苟御史の三者への弾劾の中、林応麒の分は左記の（A）（B）（C）（D）四点に和訳される。

本年〔嘉靖十七年〕十一月内、本院〔巡江苟御史〕巡歴年満劾称。副使李士允、官既怠於宦成、志復奪於考満。獲盗賍而寄官庫、任意尅留。……知州林壂、恣貪肆虐、因科送粮庫銭模夏克廉等、洗児金飾毎事而巧与彌縫。極悪極富施杰訪拿監鋪而経年不問、有渉要求貨賍。……知県林応麒、（A）科罰民財無算。（B）打死人命数多。（C）動衆千余而囲援原告、幾至激変地方。（D）通同郷親而派売塩引。豈顧禍延里甲、等因。

（A）〔知県林応麒は〕むやみに民に刑罰を科して財貨を納めさせ、罪を贖わせた。
（B）〔林は〕多数の人を打ち殺した。
（C）〔林は〕千余人を動員して原告の家をとり囲み、地方を暴動に近い状態に陥れた。
（D）〔林は〕郷里の親族と示し合わせ、塩引を強制的に売り付けて里甲小民に損害を与えたが、そのことに果たして反省の念はあるのか。

この中、苟御史の弾劾が強いて該当するものを後述の審理過程より捜すならば、それは（A）の部分であった。吏部を通じて苟御史の弾劾の上奏に接した嘉靖帝の反応は、「吏部はこころえよ」というものであった。吏部は副使李士允の違法、知州林壂の科送については勘問を行ない、知県林応麒については軽率にも才力不及に照らして調用の処分とすべきことを題本した。これに対して帝は、「御史の弾劾する林応麒が多数の人命を殺し、民衆に暴動を起こさせた〔前述（B）（C）〕、とは一体どういうことか。これは不謹―閑住の処分に相当する。公議に基づき事実に依拠して全面的な報告を致せ」と厳命した。吏部が再審議して応麒の歴年の考語を調べたところ、それは優れたものであったので、応麒が「打死人命、激変地方」と弾劾された点については現地の実情に基づいて査問すべきである、との旨を題本したところ、帝は「律の条文によって罪を擬てることにするが、林応麒については巡按〔陳〕御史が拘引して問いただし、事実をはっきりと申し述べよ。それにしても吏部は毎度のことながら、どうして先に査問を行なって調査究明に当らないのか」[33]と叱責した。

こうした嘉靖帝の挙劾・考察制度の適正な運用にかけた熱意こそが、吏部とは対照的に以後の数年に亘る林応麒弾劾事件の審理を支えた最大の要因ではなかろうか。その一斑の理由としては、嘉靖期の朝覲考察年表をみた場合、北京に参覲した全国の朝覲官に対して、帝が臨御する慶賀の礼は確かに嘉靖二年より、林応麒事件の結審した四年後の同二十六年迄は着実に実施されていたからである。但し、それ以後は全く行なわれなくなった[34]。

3　審理過程

この時期は、林応麒弾劾事件の審理の始まる嘉靖十八（一五三九）年二月四日より、皇帝の決裁が下される同二十二年四月十四日迄の四年二箇月間である。

林応麒『介山稿略』巻八、奏疏類、乞改授教職疏には、

令初布而仇起旁午。搆扇造為謗讟。外連不逞之徒、相与文致其説、致使巡江御史荀汝安風聞劾臣人命激変。臣被茲空文、兼慮深網重、足累息、無復処所。尚竊幸臣平素頗能自検。雖経撫按司府州県勘問等官一十八員、往復査覈三十余次、先後垂及五年、日訪月詢、絲摭毛挙、以実臣罪、終無繇也。

とあって、嘉靖十七年十一月以後の五年間に及ぶ審理過程で、応麒は計十八員に上る撫・按、按察司副使、府官、州、県官の取調べと、往復の確認調査三十余回に耐え抜くことができ、仇敵も確とした罪状をあげ得なかったのは、在任時の素行には人一倍の自信をもっていたからである、と言う。

以下、撫・按→兵備道→府官（知府・推官）→州・県官へと差し戻しのパターンをとる審理過程での、謹慎退職（間

住）の縉紳史臣の息子＝監生史壁、及びその親族施政側よりする誣奏や関係証人の証言の中、注目すべき論点を「吏部覆疏」（「覆巡按直隷御史周亮題勘問過知県林応麒」の略称。前掲『吏部考功司題稿（下）』所収）に拠って拾ってみよう。

蘇常二府掌印官による勘問が行なわれていた最中の嘉靖十八年二月四日、応麒等（李士允・林塈）は「前罪」の赦宥つまり罪を放免された。同時に、己れの罪状を依然として認めようとしない史壁・史景春・陳恩・周耀・濮恵らも一斉に釈放されてしまった。自身に突き付けられた罪状が放免されることは、応麒自身が史壁・施政一味のこしらえたデタラメな罪状を認知することを意味したので、同年四月応麒は、直ちに先の在官義男林順を遣わし実情を認《したた》めて上訴した。これを受理した巡按陳御史は兵備道に命じ、兵備道より蘇松二府に差戻されて合同の勘問が行なわれた。[35]

嘉靖十八年十二月、太倉州知州林塈は、太倉州衛の先の在官軍民王佑・邢寛や不在官蘇瑞らによって、その「蒞政清勤安民楽業等」の政績を連名で保証推挙されていたので、本件について陳巡按と交替した趙巡按は、兵備道並びに蘇常二府掌印正官に命じて勘問を行なわせていた。この間に史壁の義男史朝（糧長）の弟史雲は、前述の史堂の列べた応麒の罪状を補足する左の誣奏（虚情）を同十九年七月に行なった。

㋬ 私の兄史朝は、朝覲盤纏銀二十両を出せという応麒の求めに応じられなかったために、従弟の史玉・史茂の二人を打ち殺されました。応麒は告訴されることを恐れて、ことさらに抑制につとめておりましたが、弁解しづらくなる度に、龐漢が史壁を告発した田土の一件を持ち出し、告発状に「截打周知県」の五文字を詐り記して逮捕の姿勢を示しました。

㋣ その外にも、史相は「截打」の件を有無を言わさず自白させられた上に非業の刑死を遂げました。さらに応麒は、皂快千人を差し向けて史相の家を襲って捕え、妻の沈氏親子を死亡させました。応麒は数日の内に五人の命を奪ったことになります。[36]

右の一連の誣奏に対する同十九年七月以後の審理を担当した地方の最高責任者は、それまでの巡撫欧陽鐸（嘉靖十

五年八月癸卯—同十八年閏七月庚戌〈『明実録』〉）、徐巡按（同十五、六年）・陳巡按（同十七、八年）・趙巡按（同十八、九年）に代って、巡撫は夏邦謨（同十八年閏七月庚申—同廿一年二月乙亥〈『明督撫年表』巻四、応天〉）、巡按は舒汀（同一九、廿年）、周亮（同廿一、廿二年）であった。

【県レベルの審理】

「吏部覆疏」によれば、夏巡撫の指示により、常州府張知府は蘇州府去任の馬知府と会同したのち、無錫県知県万虞愷と呉県知県張道前とに事件の審問を委任した。両知県は、直接呉江県に出向して調査した結果、前述の（A）及び、㋑・㋥に関連して次の審理経過を報告した。

三江橋の工事費は既に巡撫の許可も得ており、道河夫銀を充てるべきであったのを、秘かに犯罪人の史銘・鄒南より銀両を科罰して、工事完成のためには必要なのだとの内情をこねたのは不当である。〔糧長や平民等の〕民財を科罰したのではない。史堂は誣奏において〔魯舟が応麒の企みで罪に陥ったとも言うが〕、同じ奏文中でも言うように、魯舟は不法に官銀を搾取秘匿したのであり、その点が蘇州府掌印正官によって罪に問われ、現在呉江県より贓罰銀を追徴されている。[37]

但し、この「不当」性は、後に不応事重つまり「不応為」の律に抵触するとして問題化する。

次いで万・張両知県は、（B）と㋺及び㋭に関連して次の報告をした。

応麒が厳刑をもって徐奎らの十余人の命を奪ったこと及び、朝覲のための盤纏銀二十両を取り立てたというものの、何れも告発がないこと、さらに死者の姓名や屍体のあった場所も定かではない。[38]

又、万・張両知県は、（B）及び、㋬（㋭と㋺のアレンジ）・㋣に関連して次のように報告した。

〔史雲の上奏には応麒による盤纏銀二十両の求めに応じなかったために従弟の史玉・史茂の両名が打ち殺されたとか、史壁による呉県知県周寵への暴行事件を自白証言する過程で史相及び妻沈氏親子が、それぞれ打ち殺されたとは言うものの、〕史茂は詞訟を教唆した科で倪坤に告発され、呉江県知県代理の李県丞が拘置して取調べる途中で病死したのであり、その埋葬には去任典史の頼文昇が立ち合った。又、嘉靖十六年の糧長には史玉〔史雲（糧長史朝の弟）の従弟〕の名はなく、告発の文面や牢死した内容もない。又、史相は崑山県で牢死したのであり、埋葬には彼の妻沈氏が立ち合った。(39)

又、万・張両知県は（C）及び、㊦に関連して次の報告をした。

〔監生史壁の手下〕史景春らは周知県に暴行をはたらき、そのため史壁は罪を恐れて逃走し官署に出頭しなかった。応麒は逮捕令状の期限に遅れることを恐れ、先在官弓兵の周鉞らを加勢に差して史景春らを生け捕りにし、身柄を府署に護送したのであり、民衆を動員して暴動に及んだ事実は一切ない。(40)

又、万・張両知県は、（D）に関連して次の報告をした。

塩商蘇英敏らは、〔余塩銀を予納して塩引を入手し〕官塩の掣売を蘇州府に願い出た。府の許可を得た県では発売を認めた。ましてや蘇英敏らは南直隷徽州府の人であり、応麒の本籍〔浙江・台州府・仙居県〕とは遙かにかけ離れており、決して応麒が郷里の親族と示し合わせて官塩を強引に売り付けたなどということはない。(41)

なお、応麒が男色したなどという㈧の一件は、バカげた噴飯物として問題外視されたものか、被告側の反論にすら記されてはいない。

最後に、万・張両知県の拘引した呉江県の就役中である現年の糧長・塘長・里長・老人の郁晟洪ら、並びに各郷老・耆民の呉錫らは、応麒の潔白を保証して次のように述べた。

応麒は、これまで撫按上司の保証する推薦を計十三回も受けた程の賢能な官僚であり、決して民財を科索したとか、朝覲の際に糧長に旅費を強要したとか、人を打ち殺したとか、地方に暴動を発生させた、などということはない。(42)

又、呉江県の廩膳・増広・附学の各生員たる李済らも、連名で申請して「貪・酷」の罪状が事実無根であるとか、初めて林応麒の性格論に及ぶなど、次の証言を行なった。

本官〔応麒〕は在任二年の間、鋭敏な真心で事に当り、節操に甘んじて屈することがなかった。貪・酷などと言うのは誠にもって証拠のない作り話である。但だ、本官の病気は、ひどく激昂して人との協調性に欠けることであり、上司に対する歓送迎会等を粗略に行ない、自己主張が強すぎる点であり、これが人から悪口を叩かれる理由である。[43]

又、この時拘引された呉江県の「在官排年里老潘《ママ》福鈕正」らと「隣佑沈鳳」らとは各おの不届にも互いに助け合って史璧にアリバイを保証して罪状を隠蔽しようとする次のような供述を行なった。

史景春らは、あの時〔嘉靖十七年二月〕周知県を殴打したが、たしかに史璧という人は、南京国子監で修学中であった。[44]

以上、無錫県の万、呉県の張、両知県の審理によって、巡江御史荀汝安の林応麒に対する弾劾案件（A）（B）（C）と、監生史璧の義男＝糧長史潮の弟史堂の誣奏案件㋭とは、論拠に確実性のないものであることが判明した。但し、（A）の部分について、応麒が無闇矢鱈と民に科罰したという荀御史の主張は事実に反してはいたが、応麒が律例の規定を逸脱した点のあったことは、既述の通りであった。そして、この点が最終的には、応麒の罪状を認定する確実な証拠の一つになった（後述）。

【府・道・巡按レベルの審理】

「吏部覆疏」によれば、知県段階の審理を蒙けた府では、嘉靖十九年七月、蘇州府の馬知府と常州府の張知府とが次の会審を行なった。

本年〔嘉靖十七年〕七月内、……馬知府張知府会同査審応麒等各壹節情詞、照前具供在官。将史雲奏詞另行帰結。

止将応麒等参劾事情、査問明白。応麒又不合、将続放郁諫領過修理儒学料銀三拾貳両柒銭混供貯庫情由在官。蒙将応麒問擬革後、不応事重、減等杖七十、照例納米折銀贖罪、完日聴候奏請定奪。

右で馬・張両知府が問題としているのは、応麒が訓述の郁諫に委任して受け取らせた筈の儒学を修理するための材料費〔合計銀百五十二両六銭四分の中〕三十二両七銭を、「官庫に貯えていたとデタラメな供述をしていた」と認定した点であった。この点が「不応事重」の律に問われた。これは「不応為」の律と言い、律・令の本文に条文はないが、道理上なすべきではないことをした場合に適用される律である。「不応事重」は、正式には「凡不応得為而為之者笞四十。事理重者杖八十」とある中のルビを振った部分に当る。応麒は重律に問われ杖八十とされたが、等を減じて杖七十の上、納米折銀して贖罪することを求められた。

両知府は兵備王副使に上呈した。王副使は覆審して相違なかったので、嘉靖十九年十二月二十一日、巡按御史舒汀に上呈した。舒巡按は、苟御史の弾劾や施政の告訴、史堂・史雲の誣奏等には、なおはっきりしない点が多いので上級への承認を求めるわけにはいかない〔尚多含糊難以詳允〕、との理由で審理を兵備道に差し戻した。(45)

ところが、嘉靖二十年三月、兵備王副使は昇任したので、舒巡按は蘇州・常州両府の掌印正官に会審を命じた。蘇州府王知府・常州府張知府は覆審の結果、応麒は〔同十六年正月〕史銘・鄒南に〔計九十六両五銭六分の〕銀両を科罰したのは適切な処置であったと考えていること、並びに〔同十五年八月〕郁諫に委任して受け取らせた〔ことになっている儒学修復の工事材料費の一部たる〕銀両も亦官車に貯えた、と白状したデタラメな供述もあること、等を報告した。同時に処罰に関して両知府は、史雲に対してはその上奏が詐りであることより二等を減じて杖八十、徒二年を求刑し、応麒と史景春とは「不応事重」の律を適用し、二等を減じて各おの杖六十とし、応麒については例に照らして納米・折銀して贖罪させること、史雲・史景春は倶に経済的に弱いゆえに駅站に就役させるか実刑とすること、と報告した。(46)

報告を受けた舒巡按は、「擬罪は未だ当らざるものあり」との理由で原問官に差し戻して審理させた。王・張両知府の再審理の結論は、前回と基本的には同じであった。但だ、経済力のない両人の中、史雲については駅站に就役させること、史景春については実刑とすることの区分が明確化し、史壁のアリバイを捏作した「排年里老」の潘福等については別に審理を行なうことが報告された(47)。

嘉靖二十年十月六日、右の再審の報告を受けた舒巡按は、覆審の結果異議はなかったので、林応麒を贖罪に擬した。又史雲を杖八十ののち毘陵駅に就役せしめ、潘福らを府から県に命じて吟味させて贖罪させることにした(48)。

同月、下僚の覆審を検討して得た舒巡按の結論は、次のようであった〔「吏部覆疏」〕。

具招、於本年〔嘉靖二十年〕十月初六日、……及蒙本院〔巡按舒汀〕備招。……知県林応麒、負気過高、事上失和。青年鋭於有為。素性厳於嫉悪。「利贖修理中詳、非匿己之贓」〔A・イ〕。「添捕拒違、用衆蒙激変之論」〔C〕。「人命監故、究有根因」〔B〕。「朝覲盤纏、勘無索取」〔ホ〕。「査抛投引徽商之塩、誣聞巡売里甲之事」〔D〕。在任而撫按屢経奨励。去任而士民互相保結。但、以任情行事、不免使気恃才。初則失於政体或疎。既而偏於明作為累。「軽自科罰借支、已踏擅移之律」〔A〕。銀匠各収火耗、何辞鈐束之愆。縁因盡法鋤強、言被過甚。其招尤任怨、情実可原者也。縁事三臣者、事経勘覆、情已明白、捨短取長、才難尽棄。……及査得。副使李士允、近該部院公同考察才力不及調用人数、応否仍照事例調用或別降罰。及知州林塈、応否還職。知県林応麒応否量調簡僻以責後效、或改授教職以成其才能。惟復別有定奪等因。

右の舒巡按の認定の内、応麒に対する巡江苟御史の弾劾項目〔A〕〔B〕〔C〕〔D〕と、史壁の義男〔糧長〕史朝の弟史堂の誣奏項目〔イ〕〔ホ〕とは否定されている。応麒が「贖罪銀を捻出し、上司の許可を得て修理を行なった点は、〔A〕に抵触するものではない。又、応麒が「軽率にも〔嘉靖十六年正月の三江橋の改造の際、罪犯〔後述周亮の証言〕たる義民の鄒南・史銘より律の規定額を越えて〕科罰を行ない、〔別件で問結の陸佩・馬記の贓罰銀を〕振り替え借用した」点も、（A）に抵触するものではない。（A）及び（イ）が問題としているのは、応麒の科罰した対象が罪のない平民や糧長であったからである。但し、（A）に関連した科罰をめぐっては、既述の「因公擅科斂」（擅移之律）の規定額を越えていた点が、「降一級用」の対象となることを巡按舒汀は示唆しているのである。舒巡按も指摘した贓罰銀の振替え借用は、既述のように嘉靖十六年十二月、徐巡按によって納贖の処分で一件落着していた。

この外にも、史堂の誣奏㋑の中に登場する魯舟について、舒巡按は魯舟による耗銀の徴収・着服に対する応麒の責任は逸れないと言う。しかし既述のように、嘉靖十六年十二月、この点は史壁の親戚で豪右の施政によって告発されたが、徐巡按によって納贖の処分で既にケリが付いていたものであった。

結局、舒巡按の指摘の中、応麒の職務上で問題となるのは、「因公擅科斂」の律より免れえない点であった。舒巡按によれば、応麒の短所とは激昂しすぎる嫌いがあり、上司に対する妥協の精神に欠ける一方、情熱にまかせて仕事に取組むため、勢い才能に自信過剰となり、呉江県知県としての初期においては豪家をとりまく政情の把握におろそかであったが、次いで明晰な判断力が却って事態を面倒なものにしたこと即ち、法をつくし強を鋤くの言動によってひどい事態を招いた、という点にあった。

応麒の長所とは、有為の青年というほど鋭敏な感覚をもち、悪を憎む厳しさにかけては生来の正義漢であり、人の怨みを買いながら非難をも意に介さない態度を維持し、それによって在任中に屢しば撫・按の奨励を受け、退任後も士民によって治績が保証された等の点にあった。

舒巡按としては、応麒の才能は全てを棄て難いとして、その短所を捨てて長所を取り、応麒の態度には「法の情として実にゆるすべきものがある」との結論を下し、処分も降調を採用せず、簡県に転配して将来の政績をあげさせるか、又は府教授に改めてその才能を開花させることを要請した。

なお、舒巡按が応麒の律例違反を寛大に処置した背景には、直截的で抵抗心に富み、気骨があり困難にくじけない強い意志の持主であるという林応麒とやや類似した彼の気質と、巡按御史としては「墨吏を嫉み、一切これを重縄にす。獄詞は皆なこれをその手に成す」[49]というこれ又応麒と共鳴しうる厳正な政治姿勢とがあったと考えられる。

巡按舒汀の上申を受けた吏部が題本した結果、嘉靖帝の回答は「吏部はこころえよ（吏部知道）」とあった。以前（嘉靖十七年十一月）に皇帝より厳しい叱責を受けていた吏部としては、舒汀の処理の仕方には警戒を怠らなかった。吏部〔尚書許讃〈嘉靖十五年四月～同二十三年九月〉〕は、応麒が律例に違反して科罰したとの供述を行なっているにも拘らず、舒巡按が情状酌量して調簡或いは教職の処分を要請したことは、情・法を尽したとは言え未だ先後に異詞あるを免れえないとの理由から、舒巡按に対して以下の諸点の差し戻し審理を求めた。第一は、最早や不必要とも思える、打死（Ｂ）や激変（Ｃ）等の再審であった。第二は、本命である（Ａ）の「科斂」に纏る再審であった。[50]

吏部が右の再審の件を上奏した結果、都察院は巡按御史に指示し、舒巡按は蘇州府王知府と常州府張知府とが直ちに審理を再開するように命じたが、嘉靖二十一年に入り、巡按舒汀は巡按周亮と交替した。周巡按も、蘇州府王知府と常州府張知府とが立ち会って再審するように命じたが、特に張知府は同一人物による再審は嫌疑を招きやすい、と担当することを渋った。[51]張知府はこの点を蘇州府の撫按衙門に上呈した。報告を受けた巡撫夏邦謨は、兵備陳副使に処理を命じた。ところが、陳副使は応麒と「同省郷里」の出身であり、嫌疑を招く恐れがある、とこれ又担当を渋ったが、周巡按は、恐れることはない、自信を持て、と逆に陳副使を激励して速やかなる審理を命じた。[52]

陳副使は蘇州府王同知と常州府李推官とに審理を命じた。先ず蘇州府王同知が応麒・史景春及び領銀官匠郁諫らを出頭させて、常州府李推官の立ち合いによる審問を待たせていたところ、結審の遅延による長期間の北京滞在にシビレを切らしていた太倉州知州林塈は、審理の促進を嘆願した上奏を行なった。これに対して、嘉靖帝は「吏部はこころえよ」と命じたので、吏部は都察院にはかった。都察院は周巡按に指示し、周巡按は陳副使に命じ、陳副使は各官に審問を命じた。[53]

嘉靖二十一年十一月二十七日に至り、周巡按は陳副使に対して、応麒らの弾劾された事情と審理結果とを十二月十五日迄に報告せよと命じた。陳副使は、蘇州府王同知・常州府李推官に会審させた。会審の結果は、（B）（C）に関しては従来と全く同様であった。但だ（A）に関しては、嘉靖十五年八月の儒学の修理及び同十六年正月の三江橋の改造の事実関係をごちゃ混ぜに表現したのは間違いであるが、応麒が律例に違犯して科罰した事実を認めた。同時に、改修工事に従事した里の老人や職人（匠作）を立ち合わせて工事材料費（原買物料）や日当（工食）の細目も付き合わせた結果も正確であった。そこで王同知・李推官は、「並びに応麒の己れに匿し、幷せて庫に存貯するの情由は無し」と報告した。(54) この中、応麒が「不応為」の律に問われたのは、儒学修理費の一部を庫に貯えた、と不用意な供述をした点であるが、右の両官の調査によれば、実際には応麒が匿し財源として官庫に工事費を貯えた事実はなかったことになる。

覆審進行中の嘉靖二十一年十二月二十八日、かつて応麒を誣奏した史壁の義男である史朝（糧長）の弟史雲の名義で認《したた》められた、史壁の監生身分の回復を請いねがった嘆願書が、義男史景春によって周巡按に上呈された。周巡按は陳副使に対して、史壁の要求を放置しておくことも又それを許容することも禁じて、事実関係を厳しく吟味せよと命じた。(55)

嘉靖二十二年正月十日、周巡按の催促をうけた兵備陳副使は、覆審の結果、工事代金の官庫貯蔵の失言を不届きな供述と認定された応麒と、史壁の南京国子監在学のアリバイを捏作した在官つまり就役中で元もとは排年である里長の潘福・鈕正と、隣家の沈鳳とを「不応為」の律に擬て、杖八十を杖七十に減等したうえ、応麒には納米させ、「稍有力」の潘福・鈕正には工価銀を納贖させ、経済力のない沈鳳は実刑とする（沈鳳無力的決）ことを周巡按に報告した。周巡按は幾度も検討の上、それ以外に異議はないと判断したが、うっかり奏請した場合、ミスを嘉靖帝に叱られるのではないかと恐れた。そこで周巡按が陳副使に再三の検討を命じたところ、全て異議はなかった。(56)

次いで陳副使は、松江府推官黄洪毗と鎮江府推官葉照とに会同の審問を命じた。松・鎮二府の推官は協議の末、次の裁定を下した。林応麒については、以前の科罰の罪名を免除し〔吏部は拒否した。後述〕、排年里老の潘福・鈕正・沈鳳と倶に「不応得為而為之事理重者」の律によって、各おの杖八十を『御制大誥』の減等で各おの杖七十とした。杖罪の代りに官人〔有力〕である応麒には納米〔米七石≒穀十四石〕で贖罪させ、民〔稍有力〕である潘福・鈕正には工価銀を折穀して贖罪させた。経済力がない〔無力〕沈鳳については実刑とした。問結〔贖罪済み〕で嘉靖四年、同十七年二月登場の史景春〔史壁の義男〕及び供明人〔供述人〕で同八年登場の龐正〔龐漢の息子、在官〕、同十五年八月登場の趙諤〔糧長〕・徐悦〔塘長〕・郁諫〔訓述〕・謝恭〔匠作〕・董明〔匠作〕、同十六年正月登場の馬記〔問結〕・孫瓊〔塘長〕・李実〔総甲〕・朱鸞〔老人〕・呉錫〔老人〕・鄒《南》桂〔義民〕・史銘〔義民〕・蔣傑〔匠作〕・施用〔施淮の義男〕、同十七年二月登場の史壁配下の史朝〔義男〕・楊三〔義男〕林章、郁晟、洪王、孟松、施遂などの各人については、各おの家へ帰し、職に戻し、就役させる、[57]とした。

右の府官・道官・巡按の報告を受けた吏部は、知県林応麒の罪状については度重なる審理を経ても異議のないことを確認して、違例科罰の罪で「降級調用」とし〔巡按舒汀の調簡・改教説の否定、巡按周亮説の採用〕、問結〔の史景春や龐正〜施遂〕の計二十二人の供明人には紙銀を免除する一方、林応麒には官紙銀二銭五分を、潘福等三人には各おの民紙銀一銭二分五釐を納めさせて「買紙」の代金に備えさせた上に、不応為の罪で「有力」の官人林応麒には贖罪穀十四石〔米七石≒銀一両三銭五分〕を、〔幾分か経済力のある排年里長の〕潘福・鈕正の両人には各おの工価銀〔五銭〕の折穀五石二斗〔米二石六斗〕を納めさせて賑救に備えさせることを奏請した。この点は「吏部覆疏」に、

嘉靖二十二年正月初十日、……査得、知県林応麒先経勘明、已蒙巡按直隷監察御史舒汀題准。蒙部駁行再問。又経節次審勘無異。仍照原擬〔巡按周亮説〕奏請降級調用。照出問結幷供明人、倶免紙外、林応麒該納官紙銀二銭五分。潘福等〔鈕正・沈鳳〕三名、各民紙銀壹銭二分五釐。幷林応麒贖罪穀一十四石。潘福鈕正各工価銀折穀五

石二斗。倶追発官倉庫上納収貯。紙銀聴候買紙。罪穀備賑。通取倉庫実収。繳。

と見える通りである。問題は何故に吏部の擬罪が巡按舒汀による「調簡・改教」説を斥けて、巡按周亮の「降級調用」説を採用したかである。

右の点に関連して、周巡按は「吏部覆疏」の中で次のように言う。

嘉靖二十二年正月初十日。……今拠巡按御史周亮覆勘前来開称、『林応麒始縁参劾、勘問已明。継因駁行屡覆無異。人命委無指実〔B〕。科斂的係因公罪犯〔A〕。止于一家、何云激変〔C〕。塩商本係直隷。豈曰郷親甘節。既同称於生員索取、保無及於里甲〔D〕。推其病痛、只是函養欠純、悪其矜誇。遂至論刻過甚。但獄淹数歳、悔悞已深。勘歴多官、公論足拠。林塈循良真民父母、忠信可質鬼神。州民久懐乎去思。縉紳合辞而称誉。且其被論本係牽連受誣、久已明白、亦縁林応麒事情未決、坐延歳月、公論人心尤為共惜。其具情奏訴、理固宜然。要将林応麒改降別用、林塈等速併査処』、一節。

巡江御史苟汝安の弾劾四項目に対する積年の審理の結論として、巡按周亮は、林応麒の殺人（B）、激変（C）、塩商との癒着による里甲への搾取（D）等に関する事実関係を全面的に否定した。又、周巡按は、嘉靖十九年七月段階の呉江県生員達による、或いは同二十年十月以降の巡按舒汀による応麒の性格に関する証言を踏まえて、応麒は学問・知識の修養の仕方に間違いがあり、自分の能力を誇って尊大ぶったことが、遂には激しい弾劾にさらされたものであると断じている（後述）。更に周巡按は本命の（A）に関して、応麒が（嘉靖十六年正月の三江橋の改造に際して）科斂＝科罰した対象は、公務の入用につき罪を犯した民であって、財物を科罰徴収させられた者であった、と結論する。即ち、史壁・施政グループの、応麒が無辜の民に科罰したとする弾劾は斥けられているのである。しかし、周巡按は応麒の科斂そのものを免罪した訳ではなく、舒巡按の調簡又は改教という寛容な処分の要請を斥けて、「改降別用」という品級の降格を伴う「科斂修理事例」における科斂の限度を超過した際の処罰を要求した。

最後に、周巡按の報告を受けた吏部の総括は、「吏部覆疏」によれば次のようであった。
随該本部駁行、再令研審覆勘。又該林塈奏催併行前去。（今拠巡按御史周亮覆勘『…林塈等速併査処』一節。（前掲史料）〕為照各官被劾事情、即該彼処巡按御史舒汀・周亮先後勘問、別無貪酷重情。招詳明備、似応准理。除李士允先該部院考察才力不及人数別難再議外、含候命下、移咨都察院、転行彼処巡按御史、将林塈林応麒起送赴部。林塈照才力不及事例、量調簡僻。林応麒照科歛修理事例、降級叙用。李士允先該部院考察、才力不及人数、別難再議。惟復別有定奪。縁係挙劾文職官員。及奉聖旨。吏部知道。事理未敢擅便。謹題請旨。嘉靖弐拾弐年肆月拾壹日、具題、拾肆日、奉聖旨。是。

即ち、吏部は今回の文職官員の挙劾、つまり巡江荀御史による蘇松兵備副使李士允、太倉州知州林塈、呉江県知県林応麒に対する『貪酷』の烙印を押した弾劾事件を数年に亙って審理した結果、特に最終段階の巡按舒汀・周亮の勘問を通じても、これら三人には『貪酷』という程の決定的な罪状は認定できないことより、もう結審としたいと願い出た。三人の処分については、嘉靖二十年正月の朝覲考察で『才力不及』（＝調簡）の処分を下された李士允を除外して、林塈・林応麒の二人に絞られた。吏部は、周巡按によって、真に民の父母として州民や縉紳に信頼が厚く、林応麒等への誣奏の巻き添えを喰い、応麒に要した数年に亙る審理によって足留めされたと認定されたにも拘らず、林塈に『才力不及』（総合評定要素）の事例で「調簡」の処分を下した。林応麒に対する吏部の処分は、周巡按の「改降別用」の擬定に沿った「科歛修理事例に照らして降級叙用」とするものであった。既に検討したように、この科歛修理事例とは、『大明律集解附例』巻二三、刑律、受贓、因公擅科歛の「条例」の条文に見える。それは、有司（知県）が上司の許可を得て学校・橋梁等を修理する場合に罰取は許されるが、但し科罰の対象は罪を犯した民であるか（官員であるか）どうかで区別するものではなく、米穀なら五十石、銀なら二十両以上、絹綿貴細の物なら換算の銀値が二十両以上に至る場合は、たとい修理物件があっても科罰した銀両で工事代金への消費は許されず、この「条例」を犯した場合は「〔官品〕」一級を降して〔叙〕用」する処罰を行なう、との趣旨である。

右の明律の条例によれば、周巡按も認定した如く、応麒の科罰した対象は罪を犯した義民であったことより、罰取（科罰・科斂）そのものに違法行為はなかった。とすれば、周巡按が「改降別用」に、吏部が「照科斂修理事例、降級叙用」と各々認定した根拠は、やはり科罰の数量が条例の規定額を超過していた点に求められる。

注目されるのは、林応麒『貪〔酷〕』官問題に結審の裁定を求めた題本に対して、嘉靖帝が「吏部は解ったか、〔挙劾の審理という〕事件に際しては、決していい加減な処理を行なってはならないのである」と念を押した上で「是（よし）」との回答を与えたという点である。右の聖旨からは、皇帝の当該時期における人事案件＝官僚支配に取組む並々ならぬ情熱が窺われる。

第三節　林応麒『貪』官問題の背景

1　林応麒の性格

林応麒は、嘉靖十七（一五三八）年八月、監生史璧の義男である史朝の弟史堂らによって誣奏（㋑～㋭）され、又同十七年十一月、巡江御史苟汝安によって四項目（Ａ～Ｄ）の弾劾を受けたが、何れの場合も、『貪・酷』であると指摘されていた。応麒がそうした事実に反する悪評を受けた背景には、先ず彼の性格上の問題も関連していた。既述の「吏部覆疏」によれば、嘉靖十九年七月、呉江県の生員李済らの応麒についての証言には、「本官の病気は、ひどく激昂して人との協調性に欠けることであり、上司に対する歓送迎会等を粗略に行ない、自己主張が強すぎる点であり、これが人から悪口を叩かれる理由である」とあった。又同二十年十月以降の巡按舒汀の応麒評は、「激昂しすぎる傾向があり、上司に対する妥協の精神に欠ける」と言うものである。

生員李済らと巡按舒汀とは、倶に応麒が上司との交際上の礼儀を粗略にした点を認めている。この点も、確かに応麒が弾劾を招いた一因であった。例えば『介山稿略』附伝には次のように言う。

会巡江御史苟汝安按郡。公晉謁。端坐不為礼。公長揖徑出。豪猾乗間搆煽。苟大憾、将糾公。

巡江苟御史が蘇州府を検察した際、応麒が挨拶のために謁見したところ、苟汝安は姿勢を正して坐っているだけで礼をしなかった。そこで応麒は、手をこまねいて前方のやや上にあげ、次いで手をこまねいたまま下へおろす長揖の礼を行なっただけで〔拝服の敬礼はせずに〕直ちに退出したところ、〔かねて応麒の徴税方法に関して（後述）恨んでいた史璧・施政一味の〕豪猾が礼を粗略にした応麒の態度にことよせて事を搆えて扇動しだした。苟御史も大いに憾みをつのらせ、応麒を弾劾しようとした。

弾劾の姿勢が窮われる苟御史の怒りに触れた応麒は、自らの礼の粗略に関する弁明を行なった。『介山稿略』巻九、書簡類、答李莆石太常には、次のように言う。

承示。苟少川盛怒不解。須弟躬至留都、託諸同年為引謁請罪、云。非兄至愛厚、誰肯為弟念及此耶。感刻感刻。但弟鄙意以。少川為天子耳目。職司監察使。誠怒弟之不職不能為国家。牧理其民、則弟当奉身而退、以避賢路、以謝邑之人士、竄伏待罪、以彰少川之明。其何辞之與。有若止以弟之不能、随衆為不近於礼之恭、不能投隙為悦、不以道之悦而深致怒焉。弟実内省無疚。雖以此得罪而去、如値飄瓦、如触虚舟。固碎首溺身、万万無怨也。

応麒は留都南京に出かけ科挙の同期生に頼み、苟御史の怒りを収めてもらうように工作すべし、と忠告した友人李莆石の厚情には痛く感謝しつつも、なお且つ自信に満ちた弁明を行なった。即ち、天子の耳目としての御史が国家のために尽す必要から、自分（応麒）の行政的能力の至らなさに怒ったとすれば、それに対しては、〔父母＝牧民たる知県の自分は当然のこと乍ら責任を取って辞職し、昇官はあきらめて呉江県の民や知識人にその罪をあやまるべきであり、そうしてこそ苟御史の正しさを世間に明示できるものである。しかしながら、もしも私応麒の能がないことを、世間の相場に従って礼儀のうやうやしさに欠けていることだというのであれば、不能とはアラ捜しをしての満悦であり、道理を尽して満悦したのではなくて怒りをあらわしたに過ぎないだけである。こうであれば、心に省みても何ら深刻に悩むことはない。こういうことで上司に罪をえて辞職しても、それは天災に遇ったようなものであれば、たとえ辛苦の働きをさせられても決して怨みには思わない、と。

2　金花銀の買占め問題

右の上司との公私に亙る交際関係において、応麒が儀礼を最重要視しなかったことも、上司の弾劾を招いた一因と考えられるが、応麒には更に呉江県支配層にとって好ましからざる性格の一端が具有されていた。既述の「吏部覆疏」、嘉靖二十年十月以降の巡按舒汀の応麒評には、「情熱にまかせて仕事に取組むため、勢い才能に自信過剰となり、呉江県知県としての初期においては豪家をとりまく政情の把握におろそかであった」、「明晰な判断力が却って事態を面倒なものにした」、「法を尽し強を鋤くの言動によって、ひどい事態を招いた」、「悪を憎む厳しさにかけては生来の正義漢である」(58)、とみえる。

こうした情熱があり、才能に自信を持ち、明晰な判断力がある上に、悪を憎む気性をもつ応麒が、法を尽し強＝豪家の悪事を暴きはじめたら、豪家がどう対応したかは容易に想像できる。

先ず、豪家の悪事とは一体何か。『介山稿略』巻十、書簡類、「与周白川大中丞論均糧書」(以下、均糧書簡と略記)は、呉江県知県林応麒が呉江県出身で当時南京右都御史であった周用(一四七六―一五四七、字行之、号伯川、弘治十五年進士、吏部尚書)(59)に対して、本県における徴税上の階級矛盾の所在を再確認してもらい、それに対する応麒の対策に理解を求めて送った書簡である。

均糧書簡は、当県の勢家・豪族の悪事を次のように記す。

呉江固門下梓里。其飢困流阽転死于溝壑者、難遍以数計。而勢家豪族田聯阡陌、縦其狂奴悍僕、相与呑人産業、奪人妻孥、攫掠人蓋蔵之積、逼而置之水火無忌者、又豈少少也。

応麒の目撃したところ、周用の郷里である本県には、飢えに困しみ流浪の果て溪谷に転落死する者が至る処に多い。それとは裏腹に、勢家・豪族は広大なる田土を所有し、無茶で荒々しく凶暴な奴僕を放って、土地・家屋等の不動産を、或いは人の妻子を、更には他人の貯蓄した金品等の動産を、それぞれ略奪して人を災難に陥し入れ乍ら平気でいる者が何と多いことか、と応麒は言う。

これら豪右の悪事の内、応麒が直面したのは田土＝田賦に関わるものであった。右書簡には、応麒の均糧書簡に対する周用の回答の一節が次のように記される。

〔嘉靖十五年？〕本月〔六月以降？〕二十二日、於撫院公〔応天巡撫欧陽鐸（嘉靖十五年六月〜同十八年閏七月）〕移中得遞至門下。与欧陽石翁手簡一通云。田有肥瘠、故粮有軽重、自古則壌成賦法、本如此。新令尹〔林応麒〕議欲一旦比而同之、甚為不可。他日、脱有変乱版籍之論、当誰承其咎者。其敬捧誦再過、無任惶恐。

南京右都御史周用は、巡撫欧陽鐸と同様に、田土には肥瘠の差等があり、それに従って〔単位面積当りの〕税糧負担にも軽重の差異が生ずることを、古来よりの則壌成賦の法として認めてはいる。併し、周用は新任の呉江県知県林応麒が本法を直ちに適用することには猛反対している。その理由は、将来かりそめにも本県の賦役黄册を変乱したとの批判が噴出した場合、当然のこと乍ら誰かがその責任を追求される羽目に陥ることになるので慎重を要すると忠告したのであった。

これに対して応麒は、以下のように該県の階級矛盾の所在を説いて周用を説得し、自らの施策を貫徹せんとした。均糧書簡には、

其粉紜者、今呉江一懸為里方不及百。而賦税之等、自三升至九斗十有三。升《ママ》科則凡百二十有七。不知果出於禹貢則壊、三代什一之法否耶。法固知其不能皆出於古。苟使肥田之則必重、瘠田之則必軽、盡如門下所云。亦何容於再議。惟肥田多帰豪右、而豪右之田、其則反軽。瘠田多帰貧難、而貧難之田、其則反重。以致逃亡日衆、虚粮日積、里甲包賠日不勝其困弊。其不得已、為之長慮、却顧旁證遠引、擬湖州事例、敢於拂迕勢家豪族兼併之戸而委曲調停、陳此末議。竊謂、必快於仁人君子之心不期。顧与門下意旨大相刺謬也。負罪奈何。

とあって、大中丞周用の言う肥田の科則は当然に重くし、瘠田の科則は当然に軽くすべきことは道理ではあるが、本県の肥田は大抵が豪右の所有で科則が軽く、瘠田は大抵が貧難の所有で科則が重い、という点に最大の矛盾があった。このため、貧難下戸は逃亡し、税糧の滞納が多くなり、その分は連帯責任を負う他の里甲に賠償させられていた。この里甲の経済的苦しみを救済するために、応麒は勢家・豪族・兼併の戸に逆らい、且つ周用の意思にも逆らう形で改革の推進を決意表明したのであった。

呉江県の肥瘠田の配置状況並びに田賦徴収の矛盾への対応策については、均糧書簡は次のように言う。

伏願門下試詢貴郷之凡往来留郡若士若庶云。呉江右塘以東自二十五都以至二十八九等都、其低窪之田、皆一望成湖、人人知其瘠矣。其則果軽乎重乎。抑亦貧難者受其重之累也。相率棄之為逃亡之荒区乎。石塘以西自二都以至八九等都、禾稼如雲、人々知其肥矣。其則果重乎、軽乎。抑亦豪右者歆其軽之利也。相率高価購之、為子孫之永業乎。詢之一人十人以至百人、宜必同然一詞、謂田之肥者則軽、而田之瘠者則重也。又同然一詞、謂則之重者帰于逃亡、而則之軽者帰于豪右也。門下聴之、将恍然自悟。何竢某之喋喋哉。門下又以変乱版籍為疑恐。某他日当不免於論者之口、則所以為某慮者甚周、愛某者甚厚。某非木石、詎不知感。……況今不議改則減額而特議稍為之均節軽重、宜亦無不可者。……況今不議均田以更易民産、而惟議均田之賦。不議均変黄册額賦、而惟議均攤册外、所賦金花加耗之米、又奚不可之有。

本県の士・庶に衆知の事実として、石塘以東の二十五都より二十八、九等都にまたがる低湿田で現在水浸し状態の地域〔瘠田〕は、貧難下戸の所有下にある重則田であり、逃亡の荒区と化している。一方、石塘以西の二都より八、九等都にまたがる豊穣な米作地帯〔肥田〕は、豪右の所有下にある軽則田であり、彼らは子孫のために高値で購入に努めている。将来、当然のこと乍ら、〔豪右の〕批難を免れ得ない版籍の変乱という問題に心配を賜った周用のご厚情には深謝したい。併し、自分の改革点は、科則を改めて税額を減少させるものではなく、若干重則田と軽則田との税負担の格差を均等化しようとするものである。或は均田して民の田産を変えようとするものではなく、単に田にかかる賦税を均等化しようとするだけである。或は黄册の賦税額を均等化しようとするものではなく、ただ税糧原額の割付け台帳〔攤册〕外に徴収する金花銀・耗米〔の科派の不公平な現状〕を均等化しようとするものにすぎない。以上である。

次いで応麒は、右の均糧書簡において、改革の主体である金花銀・白銀・耗米の賦科方法を〈均粮条款〉として以下のように提議した。

蓋呉江之田、其米有正有耗。其折徴之銀、有金花有白銀。白銀毎両准米二石。金花則准米四石。正米照科起徴。而耗米則畝皆増収一斗六升、為例者也。然曰耗米、曰金花、曰白銀、並不載入黄册額数。而総督・巡撫歳得通融為之会計、以質其成于大司徒与漕運之府者。今議畝以三斗為率。其自三斗以上至五六七斗者、則遞加金花減耗米白銀以軽之。自三斗以下至于五升三升者、則遞加耗米白銀減金花以重之。某所議均粮條款、不過此而已。実不必以変乱版籍為某他日深慮也。孔子曰、不患寡而患不均。与其粮累無干之里甲包賠、孰若均派有田之人戸分納。其法為至平乎。是非利害明、若観火。門下恐亦偶未之思耳。

呉江県の田賦の中、現物の正米は科則に照らして徴収される。〔夏税・上供物料の一部・起運糧米の付加税等に充てられる〕[60] 耗米は、一率に毎畝一斗六升が徴収される。〔それら正・耗米の一定部分を〕折徴する金花銀は毎両准米四石に、白銀は毎両准米二石に換算される、という。賦役黄册の〔原額の〕変乱という周用の懸念に対して応麒は、耗米・金花・白銀が全て黄册の額数としては記載されず、総督・巡撫の裁量に基づく会計に記入されることより問題はないと自信を示す。結局、応麒の「均粮条款」とは、〔瘠田を所有し、高科則の〕三斗より以上、五、六、七斗〔を割り付けられた貧難下戸〕の者に対しては、スライド的に金花銀の適用を増やし、耗米・白銀のそれは減らして負担の軽減をはかるが、逆に〔肥田を所有し、低科則の〕三斗より以下五升、三升〔を割り付けられた豪右〕の者に対しては、スライド的に耗米・白銀の適用を増やし、金花銀のそれを減少させて負担増をはかる、というものであった。こうした耗米・金花・白銀を、有田の人戸に対して科則のランク順に遞増・遞減させることで均派して分納せしめ、逃亡戸を阻止して他の里甲への連帯賠償の責め苦より免れさせようとしたのが応麒の均粮の意図するところであった。

右の均糧書簡の最後の部分で応麒は、更に

不均之弊、其漸至于此極。門下生長於其郷、固耳聞而目見之、不待詢諸人人而知矣。則裒多益寡、損有余以補不足。推之天道人事、似亦宜然。不知門下肯慕禹稷伊尹之為大臣、亟思先拯郷里窮民于水火之中、不使之益深益熱。因以安戢郷里之豪右、不使之羅于顕禍、然後推之以平一天下否也。……惟懼治理罔効、得罪于百姓、誅辱于公議、為門下羞。

とのべて、応麒は徴税矛盾の極限に達した現在、徴税の均等化をはかり、周用の郷里呉江県の窮民を塗炭の困しみより救済する方法として、「多きを裒《あつ》めて寡きを益し、有余を損じて以って不足を補う」というように、「郷里の豪右」の納税上の不正を糾正することで豪右を民変等の窮民の階級的暴動（顕禍）より回避しようとする応麒の仕事に警告を含めて賛同を求めた。

では、荒熟田に金花銀を適用する過程では、豪右勢力によるどのような不正が発生し、且つそれに対して応麒は如何に対処したであろうか。『介山稿略』巻十、書簡類、復欧石岡巡撫には、次のように言う。

〔嘉靖十六年?〕四月十三日、奉台下劄付。為積弊県総尅売金花銀両、殃害小民事。備行到某。切縁金花銀両、比於白銀軽減実多。故営之者之謀甚固。又値地方災患、拘自硃批派徴、失覈。故乗之者之弊易文、告訐有同于吠声。

既述の「吏部覆疏」、嘉靖十四年十二月、同十六年十二月条でも見たように、巡撫欧陽鐸（嘉靖十五年六月〜同十八年閏八月）の示達によれば、呉江県では県総（県総書算、総書とも言う）が金花銀両（一石＝四両）を小民に高値で売り付けて損害を与えている、という。応麒によればその原因は、白銀（一両＝二石）に比べて金花銀は二分の一の負担減となることより、そこから利益を得ようとする者が暗躍する一方、災害時に天子の命令にこだわって徴収はしても、荒熟の事実調査を怠った場合、これにつけ入って荒・熟をすり替える者が暗躍するためである、という。

具体的には、応麒や巡撫欧陽鐸の就任以前の呉江県の被災の圩分は三百三十六圩であり、額田は千百五十三頃六十六畝九分四厘四毫、その実際の荒田は百四十四頃九十二畝三分二厘九毫であった。前任応天巡撫の侯位（嘉靖十二年六月—同十五年六月）は、災害を受けていない圩は存在しないのであれば、田土に〔荒・熟の〕区別はない方がよかろうとの理由で、圩を計って平米五万八千二百六十二石四斗五升八勺を派徴し、金花銀（一両＝四石）を折徴して計一万四千五百六十五両六銭一分二厘七毫を得たが、「倖得する者多くして、その応《まさ》に得るべき者寡し」というように、金花銀の折徴の恩恵を受けるべきものが少なく、逆に不当に得をしたものが多い徴税負担の不公平を残した。[61]

欧陽巡撫に至って、悪棘な里書算手（奸書）が暗躍しだした。呉江県では、被災した圩内の荒・熟田は科派方法が異なることより、畝を調べて派徴したところ、僅かに平米七千二百五十八石九斗八合を得ただけで、金花銀（一両＝四石）の折徴も千八百十四両七銭二分七厘だけであった。「応に派すべき者寡くして、其の余剰の者多し」と言うように、今回も例えば熟田・肥田を荒田と偽って派徴を免れた者が多かった。こうした謂わば脱税による不当利得者＝

県の総書（前述の奸書、後述の奸戸・大戸も同類か？）は、そうした「余剰軽減の銀」を各区に売り付けて（散売＝尅売）「違法非常の利」を計一万二千七百五十両八銭八分五厘七毫も取得して利殖を営んでいた。これに対して欧陽巡撫は脱税を許さず、この脱税部分を買い漁った（私買）奸戸から、「会計額定の数」である京庫銀両を補塡させるために、旧来の金花銀の折徴率を一両＝四石より一両＝二石に変更して、三両を基準にその三分の二を入官せしめることを指示したが、三分の一に当る一両は正銀としては尚お五銭が不足であった。(62)

そこで応麒は、右の均糧書簡において欧陽巡撫に対して次の提案を行なった。

其竊以為。莫若将幸免平米五万一千三石五斗四升二合八勺、遵照酌断、毎二石准銀一両、通追貯庫。比旧会計四石准銀一両之数、已多一倍。以其一半足原派之額。以外一半撥補該県実荒田畝、与毎石六分三厘之数。庶奸戸罰当其罪。小民恩過於望。而酌示所為量処、以謝其怨。各犯毎銀五銭准米一石及撥補作数之恵、皆四達而不遺矣。但、比年以来、災傷迭見。況今年淫雨彌月。本県地勢一望成湖。新旧京庫銀両、通未追徴。前項買免之数、倶係大戸、固宜監併完報。其余小民拖欠、急之則勢必流移。得候豊年帯徴。庶寛一分則民受一分之賜矣。

呉江県において、田地が災害を受けたと偽って、不当にも平米五万一千三石余りを免れた奸戸に対しては、巡撫欧陽鐸の下した公文による裁きに従って、毎二石を銀一両で折徴し、全て（銀約二万五千五百一両余り）を追徴して官庫に貯蔵する。この折徴額は、旧来の毎四石准銀一両に比べて二倍の額に相当する。この中の半分（銀約一万二千七百五十両）で原額を補足する。残りの半分は、本県の偽りのない本来の荒田の者に分け与えて補償するが、その際に毎石につき銀六分三厘を補償する。奸戸の罪に対しては、その罰が相当し、災害を被った小民の受ける恩恵も、十分にその願望に応えるものでありたい。ところが、近年連続して災害にみまわれ、特に今年は丸一月も長雨にたたられて、本県の田土は見渡す限り湖と化している。従って新・旧の京庫銀両も、全てまだ追徴が行なわれていない。但し、熟田を荒田と偽って前述の平米五万千三石余りの納税を免がれて金花銀を買い漁った「買免」の大戸は、当然ながら監視し且つ又税金を完納したことを報告させる。なお、小民の滞納については、流亡化を防ぐためにも豊年を待って滞徴させる。以上である。

この中、「買免」の大戸については、既述の「吏部覆流」嘉靖十四年十二月条に、

呉江県の別件で問軍〔つまり充軍の罪に問われていた〕総書〔糧長の有力者より選ばれて起運存留の数目を主管する〕の張其・費良は、問結で先に官役に就いていた糧長の趙宏・陶慶らが買いあさった金花銀四万七千四百五十二両を〔瘠地で高科則を負担する小民に対して〕値を吊り上げて売り付けていたが、不正な利鞘分を償還し終ってはいなかった。(63)

と言うように、糧長層があげられている。彼らの脱税行為は、林応麒着任以前のことであるが、その追徴償還は、「吏部覆疏」の嘉靖十五年三月十一日条に、

林応麒は辞令をもって着任し、早速別件で問結となった、以前に官役に就いていた銀匠の魯舟並びに范淮〔のちに獄死〕に命じて、前項の金花銀を徴収させた。(64)

と言うように、林応麒の着任後、直ちに始まっていた。

脱税分の追徴償還の対象には、大戸・糧長層の他、豪右も含まれていた。例えば、「吏部覆疏」嘉靖十六年十二月条には、次のように言う。

施政は、応麒が欧陽巡撫に参申して彼を逮捕収監した上、彼の買いあさった金花銀両を追徴返還させたことに恨みを懐き、応麒が〔先の〕金花銀徴収過程で銀匠魯舟らによる耗銀の額外徴収という不正に監督不行き届きであった点及び、修学・修橋にまつわる内情を徐巡按に告訴した。(65)

豪右の一人施政は、大戸・糧長層と倶に肥田・熟田を瘠田・荒田にすり替えて脱税し、金花銀を買い漁り〔買荒・私買〕、総書を通じて被災の荒田に課税された貧難戸に売りつける〔剋売〕過程で利鞘を稼いでいたことになる。既述

のように施政は縉紳史臣の息子＝監生史壁と親戚であった。林応麒による施政等に対する脱税分の金花銀追徴返還の措置は、施政らの激しい反発を招いたであろうことは、前述の嘉靖十六年十二月の応麒に対する施政による徐巡按への告訴及び、同十七年九月の巡江御史苟汝安への告訴によって首肯されるのである。

3　撫・按の挙劾と吏部の考察・選考の矛盾

呉江県知県林応麒は、嘉靖十七年十一月、巡江御史苟汝安によって『貪』官であると白を黒に塗り替えた弾劾を受けた。つまり、応麒は御史の職権である挙劾の対象とされたのであった。ではこの当時、挙劾の実態はどうであったか。『明実録』世宗・嘉靖十七年十一月辛卯（旧暦21日）の条にみえる詔には、次のように言う。

詔曰。……一近時各処撫按官、挙劾官員賢否、極為泛濫。往往将陞任年淺不当保挙者、掇名于前。毎挙不下数十人。一人保語不下数十字。及奏挙遺賢、則盡境内之人、並書荐剡。公私心跡、覧疏較然。吏部不以為非。都察院不考其過。以致臧否不分、挙錯倒置。今後、敢有仍前濫挙、甚至当劾而挙、当挙而劾、及撫按官挙劾異同者、該科不行糾挙、一体究治。

地方官の賢者を推挙し、無能者を弾劾する巡撫・巡按御史の挙劾の職権は、この当時は非常に乱れていたと言う。即ち、弾劾されるべき者が推挙され、推挙されるべき者が弾劾されるという矛盾があった。陞任するのには未だ年限が不足しているのに保証推薦される者が数十人以上と多く、しかも保証の文言は数十字以上と御叮嚀なものであった。従って、善悪・正誤の判断は転倒していた。しかし最大の問題は、「吏部は以って非と為さず、都察院は其の過ちを考《とが》めず」というように、吏部・都察院の裁定・監察が麻痺していた点にあった。

次に吏部の考察権をみた場合、『明実録』世宗・嘉靖十七年十一月辛卯（21日）条にみられる詔には次のように言う。

詔曰。……一朝覲三年。京官六年。考察係朝廷黜陟重典。考黜者、不許辯復。森例甚厳。近年考察不当、往往假借公法擯斥善類。甚傷国体。自嘉靖五年起至十一年止。凡経考察罷黜官員、中間果有正直、廉潔、材器、超卓久為公論共恤者、着両京六科十三道、従公荐挙。吏部査議、奏請起用、以伸公道。後不得援以為例。

官僚の昇進・免職を決定する人事制度たる考察は、一たび罷免された者は復職を弁じたてることが許されないという非常に厳しい禁例を具有している〔本書、第十一章参照〕。ところが、近年の考察では不当にも、〔官僚間の某派閥が〕公法たる右の禁例を手段として善良な連中を排斥し、国家の体面を甚だ傷つけている、と言う。そこで嘉靖帝は、以後は前例としないことを条件に、嘉靖五年より同十一年の七年間に、考察で免職となった官員の内、もし正直・廉潔で才能・器量倶に傑出して、長年士大夫の正しい世論の支持を得ている者については、北京・南京の六科給事中と十三道御史とに公平に推薦させたのち、吏部が調査の上、復職・起用することを許している。

次に、考察を主管する吏部考功司郎中と、選任を主管する文選司郎中の職務に関する政治倫理をみた場合、『明実録』世宗・嘉靖十八年七月辛巳の条には、山東道御史洪垣による「文選司郎中黄禎の貪婪欺罔の状を劾す」との次のような弾劾文がみえる。それによれば、知州王顕祖らが考察で「調簡」の処分を受けたにも拘らず、要衝の知府に補任され、知県何湖が六十を過ぎたにも拘らず御史に選任されたのは、異常事態であった。こうした「夤縁関節し、選法を壊乱」して不正な昇進をしたのは二十員に上った。又、黄禎は京官の考察に当り、品性劣等の曹世盛より収賄して曹を考功司郎中に補任した。又、先任文選司郎中楊育秀は、今度は考功司郎中曹世盛の派閥の援護によって新任の考功司郎中となった。左都御史王廷相らと、都給事中薛廷寵らとが洪御史の弾劾文を再審理した結果は、極めて真憑性の高いものであった。

そこで皇帝は、文選司郎中黄禎を錦衣衛の獄に下して「為民」とし、贈賄によって昇進した王顕祖・何瑚ら二十員と考功司郎中楊育秀とを「為民」の処分とした。だが、皇帝をして「郎中の姦贓はかくのごとし。尚書はいずくに在りて責に因らん[66]」と言わしめた吏部尚書許讃の責任については、同じく『明実録』世宗・嘉靖十八年七月辛巳の条にみえる御史劉士逵の上疏に次のように言う。

尋御史劉士逵復言。近者、官吏貪汚、紀綱漸廃。推原其故、厥有由然。臣見吏部尚書許讃、淑恩混淆于識見之昏。政務鹵莽于性資之躁。紀綱頽廃于行検之巽。人材壅滞于人智之疎。胥吏縦横于聴信之偏。賄賂公行于防範之略。郎中贓敗而猶党庇之。且極言。六部吏役賄濫之弊、指摘甚悉。并以為讃罪。

近年における官吏の貪汚、法制度の退廃の原因を遡及してゆくと、人事行政の統括者たる吏部尚書許讃の責任は免れえない、と言う。許讃の罪とは、りっぱな恩恵も識見の暗さのために正邪が入り混ってごっちゃになっていること、政務も落ちつかない性質のためにがさつとなっていること、法制度も行動を慎重にするつつしみを欠くためにすたれていること、人材もはかりごとにうといために滞っていること、胥吏も偏って人の言を聞き信ずるために勝手な振舞いをしていること、賄賂も歯止めがないために大っぴらに行なわれていること、郎中も収賄で処罰されたのにも拘らず依然として彼を党派的に庇議しようとすること、等であった。

このように、嘉靖中葉時点での撫・按の挙劾、吏部の考察・選考権は、何れも形骸化の危機に瀕していたことが判明する。この法制上の退廃も、林応麒弾劾事件に影響を与えていたことは疑いのない点である。

おわりに

以上を要するに、林応麒の官歴を通じて、そこには彼が操守を廉潔に保持し、官界のタブーに触れながらも、陽明学徒らしく民心の向背にも心を砕きつつ、地方政治に公平の原則を貫こうと王朝の徳政の実現に努力し奮闘した姿勢が浮かび上ってくる。この点は、退職後も同様であった。

反面彼は、その実現を妨害する幾多の障壁とも当然に衝突せざるを得なかった。彼が、呉江県知県時代の僅か二年間の政績に対して巡江苟御史の弾劾を誘発した『貪酷』の誣奏を受け、中でも金花銀の買い占めや呉県調任知県周寵の欧打事件の処理を通じて直面したところの、謹慎退職の縉紳史臣の息子＝監生史壁及び諸義男と、史壁の親族で地方社会に「起滅詞訟・挟制官府・窩売私塩・広放私債・暴横郷里」等の悪事を働く施淮・施政父子等の一味とは、正しくそうした中の最大の官僚の壁＝豪家・豪右・姦であった。

次に弾劾事件をめぐる審理過程及び林応麒『貪』官問題の背景等は、以下のようであった。審理の始まる嘉靖十八（一五三九）年二月四日より皇帝の裁決の下る同二十二年四月十四日迄の五年間に亙る弾劾事件の審理過程を通じて、応麒は計十八員に上る撫・按、按察使副使、府官、州・県官の取調べと往復三十余回の確認調査に耐えぬいた。県レベル、府・道・巡按レベルの審理を通じて、応麒は巡江苟御史による、A（民に科罰して三江橋を改造した）、B（殺人を犯した）、C（暴動を起こした）、D（塩商と癒着して塩引を里甲に派売した）、という四点の弾劾及び、豪右＝史壁・施政一味の手下である史堂・史雲らの七点（イ～ト）に亙る誣奏に盛られた「貪・酷」との批難を、大筋では事実無根として排除し得た。潔白の論拠としては、県段階において応麒の行政能力を保証した一部の糧長・塘長・里長・老人さらには郷老・耆民の証言や、応麒の「貪・酷」を否定した県学生員達の証言も有効であった。

但し、応麒が強いて処罰の対象とされたのは、次の二点であった。第一は、応麒が嘉靖十五年八月、訓述の郁諌に委任して八回に亙って受領させた儒学修復の工事材料費の一部たる銀両を官庫に貯えた、と不用意な供述をしたことが「不応事重」の律に問われた点である。本件は、応麒が官紙銀と贖罪穀とを納めることで落着した。第二は、応麒が同十六年正月の三江橋の改造に際して、公務の入用につき罪を犯した民より財物を科罰徴収した際に、律の限度額をオーバーしていた点である。本件は、律の「科斂修理事例」では「降一級叙用」が原則であったが、一旦は正義の能吏たる応麒に共鳴した舒巡按によって、応麒は簡県への転配又は府教授への就任と判定された。しかし、嘉靖帝の官僚人事に対する厳正な態度に恐れをなした吏部は、最終的には応麒を「降級叙用」と認定して皇帝の裁定をえた。

林応麒が『貪』官であるとして弾劾・誣奏された背景には、その性格的な一面も作用していた。応麒の治績を評価していた巡按舒汀は、その長所と倶に短所として、激昂しすぎる、上司との妥協の精神に欠け〔て交際関係が粗略であ〕る（以上は生員達の証言とも共通）、情熱にあふれ才能に自信過剰となる等をあげ、その結果として呉江県の豪家をとりまく政情の把握がおろかとなり、法を尽し強を鋤くの言動によって事態を面倒にした、と言う。たしかに、応麒が巡江苟御史の弾劾を招いた直接の原因には、苟御史への儀礼の粗略さがあった。だがその背景には豪家が苟御史へ訴え出たほどの彼等の利害にメスを入れようとした応麒に対する怨念が渦巻いていた。

応麒が摘発是正しようとした強＝豪家＝勢家＝豪族の悪事とは、奴僕を放って田土・家屋や人の妻子・金品等を略奪する等の横暴であった。これと付随する深刻な階級矛盾として応麒が直面したのは、田土＝田賦の徴収方式に関わる金花銀の買い占め問題にあった。史壁・施政一味を筆頭とする豪族は、応麒の徴税方法に猛反発した。それは、賦役黄冊の変乱、つまり科則を改めて税額を減少させるものではなく、単に重則田と軽則田との税負担の格差を均等化することであった。即ち応麒の〈均糧条款〉とは、軽則の肥田は豪右に所有され、重則の瘠田は貧難下戸に所有されるという田賦徴収の矛盾に対して、税糧原額の割付け台帳（攤册）外に徴収する金花銀・耗米の科派の不公平な現状を均等化するために、瘠田＝荒田を所有する高科則の貧難下戸に対してはスライド的に金花銀（一両＝四石）の適用を増やし、耗米（毎畝一斗六升）・白銀（一両＝二石）の適用を減らして負担の軽減をはかるが、逆に肥田＝熟田を所有する低科則の豪右に対してはスライド的に耗米・白銀の適用を増やし、金花銀の適用を減少させて負担増をはかるものであった。それは又、本県の窮民を塗炭の苦しみより救済して、豪民に対する窮民の階級的暴動より免れさせようとする方策でもあった。実際に荒・熟田に金花銀を適用する過程では、県総書算（有力糧長層）が金花銀両を小民に高値で売り付けて損害を与えた。その原因は、白銀に比べて金花銀は二分の一の負担減となることより、そこに利殖を求めて荒・熟田をすり替える者の暗躍があったことによる。

応麒は、天災を理由に熟田を荒田と偽って平米五万余石の納税を免れて金花銀を買い漁った「買免」の大戸＝奸戸に対して、毎二石准銀一両で追徴償還させることにした。こうした脱税戸には大戸・糧長層の他に豪右も含まれていた。例えば、縉紳史臣の子＝監生史壁の親族たる施政は、大戸・糧長層と倶に熟田を荒田にすり替えて脱税し、金花銀を買い漁り（買荒・私買）、総書を通じて被災の荒田に課税された貧難戸に売り付ける（剋売）過程で利鞘を稼いでいた。この林応麒による施政等に対する脱税分の金花銀追徴返還の措置が、施政等の反感を買い、嘉靖十六年十二月の徐巡按や同十七年九月の巡江苟御史への告訴につながった。

林応麒は巡江苟御史の挙劾の職権で『貪』官と弾劾されたが、審理過程より『貪』官ではなかったことが判明した。当時におけるこうした挙劾の形骸化は、弾劾されるべき者が推挙され、推挙されるべき者が弾劾される、という矛盾にみるように普遍的な実態としてあった。こうした腐敗は、内外官の官僚考課である考察過程や、官僚選任過程でも贈収賄の瀰漫現象として同様に見られた。にも拘らず林応麒『貪』官問題の審理を数年に亙って支えた一因には、嘉靖二十六年頃までは続く皇帝の官僚統制に見せた熱意もあげられる。

註

（1）拙稿「考察『八法』の形成過程㈠㈡」『九州大学東洋史論集』第十一号、第十二号、一九八三年。

（2）屈万里輯『明代登科録彙編八』台湾・学生書局、一九六九年、四一九九頁。

（3）林応麒『介山稿略』巻九、書簡類、上鄒東廓先生には、「伏念某自壬午（嘉靖元年）童歳、獲侍陽明先師」とも言う。

（4）台湾・偉文図書出版社、一九七七年刊。

（5）『介山稿略』附伝、

会徙六安州判官。到任踰月遷国子監助教。然益不懌於讒間、公不自安。復乞補外。二十六年調泰安州判官。

(6)『介山稿略』巻八、奏疏類、又疏Ⅱ。
(7)「又疏Ⅱ」。
(8)『介山稿略』巻九、書簡類、奉寄曹几山都憲。
(9)『介山稿略』巻十、書簡類、答郭黄厓方伯。
(10)光緒『台州府志』不分巻、名宦伝中、余城、参照。
(11)『介山稿略』巻九、書簡類、与陳南衡春官。
(12)「又疏Ⅱ」。『介山稿略』巻九、書簡類、寄聶華亭従野、参照。
(13)『介山稿略』巻九、書簡類、答呉悞斎都憲。万暦『仙居県志』巻十二、詩文、周臨海均田頌、に見える優免額を除いた官田・寺田の総額は、右の稿略のそれとは若干異なる。
(14)「吏部覆疏」(『吏部考功司題稿下』所収)
嘉靖四年、有已問結該県在官史景春、別巻問結今不在官義父史壁以生員援例納粟監生。
(15)「吏部覆疏」、
嘉靖八年正月内、史壁因放債利、盤典在官罷正近故義父罷漢蕩田一百一十二畝、召人佃種、致伊懐恨。
(16)嘉靖四〇『呉江県志』巻十、食貨志二、徭役、大明官制には、冊役である糧長・扇書・塘長・里長・老人・経催・書算の他に、黄冊には制定されていないが、里長と貢賦に従事する冊役たる県総書算について、次の説明がある。「別有県総書算、以主起存之数。而糧長之中、又復審其上者役之。雖非冊定、然皆与里長従事貢賦之間。故総名之曰冊役云」。
(17)「吏部覆疏」、
本年(嘉靖十四年)十二月内、有呉江県別巻問軍総書張其費良尅売問結先将在官糧長趙宄陶慶等買荒金花銀四万七千四百五十二両、監追未完。
(18)「吏部覆疏」、
嘉靖十五年三月十一日応麒領憑前来到任管事。著別巻問結先在官銀匠魯舟并監故范淮同収前銀。応麒不合失於覚察。以致伊等毎収一両多取耗銀一分、共銀七百七十四両五銭二分。除納庫外、余詐欺銀三百二十九両八銭二分、均分入己。

(19)「吏部覆疏」、一三四八―四九頁。

(20)「吏部覆疏」、
本年〔嘉靖十五年〕十月内、有徽州府不在官塩商蘇英敏・張棠等、各掣官塩共七百五十六引、告府。此県委官査験明白発売訖。

(21)「吏部覆疏」、
嘉靖十六年正月内、又有呉江県在官塘長総甲孫瓊李実等、将本県三江橋傾頽相応改造呈県。（中略＝本文の部分を含む）〔応麒〕又不合故違科罰在官義民史銘、已故鄒南出銀九十六両五銭六分。又借別巻問結陸佩馬記贓銀六十四両、就著鄒南史銘、与同在官匠作蔣傑等買料造完、追銀補給、巻証。

(22)「吏部覆疏」、
本年〔嘉靖十六年〕十一月内、有別巻問結先在官周譓、将該県在官施用、在逃伊義父施淮、同伊別巻充軍男施政等、起滅詞訟、挾制官府、窩売私塩、広放私債、暴横郷里等情、具状告。蒙巡按徐御史批府行県拘提、抗拒不服。比応麒参申巡撫欧陽都御史、批開施淮等抄招、申浙江西道分巡官拏解送院。

(23)「吏部覆疏」、
本年〔嘉靖十六年〕十二月内、（中略）比施政因挾応麒参申捉拏、并監伊、追併侵買金花銀両讐恨被伊訐、将前項魯舟等多詐耗銀、及修学修橋等項情由告（下略）。

(24)「吏部覆疏」、一三五六―五八頁。

(25)「吏部覆疏」、
嘉靖十七年二月、（中略）〔応麒〕添差先在官民快陳宰等、協同平望巡検司弓兵周貴《ママ》等捉拏史壁等不出。該司呈被伊親施淮等助悪拒捕（下略）。

(26)「吏部覆疏」、一三六〇―六二頁。

(27)「吏部覆疏」、一三六三頁。

(28)「吏部覆疏」、一三六八―六九頁。

(29)「吏部覆疏」、
〔本年（嘉靖十七年）四月内〕蒙巡按陳御史批開、審拠。史璧当時実詐伝詔旨賫帖拏人。（中略）今捨其大而問其小、挙法不尽、将何以鋤姦、何以警後。

(30)「吏部覆疏」、一三六五頁。

(31)「吏部覆疏」、一三七三頁。

(32)『明実録』世宗・嘉靖十七年十一月丁酉、
巡《ママ》按直隷御史荀汝安劾知府黎晨、知県林応麒等貪酷有状。吏部議改調。上以該部覆奏含糊、下詔切責。令巡按御史提問、具奏。

(33)「吏部覆疏」、一三六七頁。

(34)註（1）拙稿「考察『八法』の形成過程㈡」、九一―一二頁、参照。

(35)「吏部覆疏」、
「史堂等要得釋罪捏称……等項虚情、具本於本年八月二十日奏。行巡撫欧陽都御史案行兵備道、転行蘇常二府掌印官勘問間、応麒等前罪遇嘉靖十八年二月初四日赦宥訖。各又不合不行首正史璧史景春陳恩周耀濮恵、倶遇例釈放訖。本年四月内、応麒先在官義男林順、又行将情具状於本月内訴。蒙巡按陳御史准、批兵備道、転行蘇常二府会勘。

(36)「吏部覆疏」、
本年〔嘉靖十八年〕十二月内、有太倉州衛先在官軍民王佑・邢寛、不在官蘇瑞等、挙保知州林壆蒞政清勤安民楽業等政績、連名呈。蒙巡按趙御史、案行本道、併行蘇常二府掌印正官、勘問間、史雲仍傍前情添捏。臣兄史朝被応麒科要朝覲盤纏銀二十両不遂、将臣叔弟史玉史茂二命打死。慮告故勒事、難分釈、輒将龐漢所告田土事情、状内添捏截打周知県伍字勢拏外、史相逼招截打刑死非命。又差皂快千人撲捉全家、致死沈氏母子二命。数日之内、共打死五命、等虚情、具本於本年七月内奏。

(37)「吏部覆疏」、
本年〔嘉靖十九年〕七月内、……無錫県知県万虞愷、呉県知県張道前詣呉江県、提吊人巻、将応麒等被劾事情、逐一公同査得。……三江橋料価、亦申巡撫衙門、詳批遵行支。取道河夫銀段造。比応麒却又不合執隠科罰史銘鄒南銀両、捏作応出造完情由、不係科索民財。……又審得。……及勘史雲《堂?》開奏魯舟尅匿官銀、已該本府問罪。見今発県追贓。

（38）「吏部覆疏」、本年〔嘉靖十九年〕七月内、……無錫県知県万虞愷、呉県知県張道前詣呉江県、提吊人巻、将応麒等被劾事情、逐一公同査得。……又審得。派要糧長毎名盤纏銀二十両、厳刑打死徐奎等五十余名、倶無告発、亦無死者之名、身屍下落。

（39）「吏部覆疏」、本年〔嘉靖十九年〕七月内、……無錫県知県万虞愷、呉県知県張道前詣呉江県、提吊人巻、将応麒等被劾事情、逐一公同査得。……及査、已故史茂自被倪坤告伊教唆、在於已故署印李県丞処、行拘聴問、監侯病故。行委去任典史頼文昇相埋訖。又査嘉靖十六年粮長、並無史玉名役、亦無告発詞巻、監故情由。及査、史相解赴察院、審発崑山県監故。相明伊妻沈氏領埋訖。

（40）「吏部覆疏」、本年〔嘉靖十九年〕七月内、……無錫県知県万虞愷、呉県知県張道前詣呉江県、提吊人巻、将応麒等被劾事情、逐一公同査得。……又審得。史景春等、因打周知県解赴察院。史壁懼罪脱逃不出。応麒恐違牌限、添差先在官弓兵周鉞等、拏獲史景春等解府、並無動衆激変。

（41）「吏部覆疏」、本年〔嘉靖十九年〕七月内、……無錫県万虞愷、呉県知県張道前詣呉江県、提吊人巻、将応麒等被劾事情、逐一公同査得。……及査、塩商蘇英敏等告掣官塩投府批県発売。況蘇英敏等係直隷徽州府人、与応麒郷貫窵遠、並無通同郷親派売。

（42）「吏部覆疏」、本年〔嘉靖十九年〕七月内、……又蒙会同常州府張知府委無錫県知県万虞愷呉県知県張道前、……行拘概県該年在官糧・塘・里・老郁晟洪等、幷各郷老・耆民呉錫等、各結称応麒居官賢能、節蒙撫按上司保挙奨励共計一十三次。並無科索民財、及朝覲派要糧長盤纏銀両、並打死人命、激変地方等情、結呈。

（43）「吏部覆疏」、

(44)「吏部覆疏」、本年〔嘉靖十九年〕七月内、……又蒙会同常州府張知府委無錫県知県万虞愷呉県知県張道前、……行拘……在官亦有概学廩増附生員李済等連名呈称。本官在任両年、鋭意向進甘節自貞。若以貪酷為言、実皆無状受誣。但本官之病、負気太高、接人欠和、事上畧於迎送。立己過於峻。厲此謗之所由以招也。

(45)「吏部覆疏」、本年〔嘉靖十九年〕七月内、……又蒙会同常州府張知府委無錫県知県万虞愷呉県知県張道前、……行拘本県在官排年里老潘福・鈕正等、隣佑沈鳳等、各不合扶同結称。史景春等、彼時欧打周知県、委果史壁的在南京坐監。供結在官。具招関府連人解府、赴兵備王副使覆審無異。備招将応麒等於本年〔嘉靖十九年〕十二月二十一日呈解巡按舒御史詳審蒙批。看得招情、査拠原参訴奏事蹟、尚多含糊、難以詳允。兵備道従公覆実、逐壹再行審勘、務見明白招詳報奪。毋枉毋縦。此繳。

(46)「吏部覆疏」、嘉靖二十年三月内、本道陞任、備呈本院。批仰蘇州府、会同常州府掌印正官。査照会問明白的招奪詳報。致蒙蘇州府王知府常州府張知府会同提弔応麒等先後奏詞人巻……覆審前情明白。比応麒将科罰史銘鄒南前銀、仍作応出情。幷続放過郁諫前銀亦招貯庫、混供在官。蒙将史雲問擬奏事、詐不以実、遇例通減二等、杖八十、徒二年。応麒与史景春、俱不応事重、減等各杖六十。応麒照例納米折銀贖罪完日、与副使李士允知州林塁、俱聴候奏請定奪。史雲史景春俱無力擺站的決。

(47)「吏部覆疏」、嘉靖二十年三月内、……及将応麒等、解蒙巡按舒御史詳審批開。審拠招情、既経勘覆明白。中有擬罪未当。仰原問官再速会厳。果無扶異、査照另詳報。繳。致蒙蘇州府王知府常州府張知府会覆問明白。蒙将史雲問擬奏事、詐不以実、遇例減二等、杖八十、徒二年。応麒与史景春、俱不応事重、減等、各杖六十。応麒照例納米折銀贖罪。史雲等審俱無力。史雲擺站、史景春的決。……潘福等、另行。応麒与副使李士允、知州林塁、俱聴候奏請定奪。

(48)「吏部覆疏」、

具招於本年〔嘉靖二十年〕十一月初六日、連人呈解巡按舒御史覆審無異。批開参詳外、倶依擬、林応麒贖罰。仍与李士允林塈通候奏請、明文至日施行。史雲杖発昆陵駅。其余査照発落、庫収管繳。合問潘福等提結蒙府行県追完。

(49) 万暦24『福州府志』巻二三、人文志八、名賢、国朝、舒汀、
字紹安。侯官人。汀為人、簡抗、重気節。少遊郷校。家貧教授。有建安巨室延之誨子弟。主人微有違言。即夜棹舟不告而帰。其励操如此。嘉靖十四年進士。以行人選監察御史。奉命按両淮。按南直隷。按浙。汀素嫉墨吏、一切重縄之。獄詞皆成諸其手。榜有至死者。時議頗謂文深。然所至貪冒屏迹矣。

(50) 「吏部覆疏」、
具招、於本年〔嘉靖二十年〕十月初六日、……具本題奉欽依。吏部知道。蒙部通将前項事情、参看得。巡按御史舒汀勘無実跡、似応開釈。但応麒供称明知有例、故違科罰。巡按御史舒汀参欲量調簡僻、或改教職。雖云情法両盡、未免先後異詞。合仍行巡按御史再行研審。其有無打死人命。激変地方等情。若因科歛修理通提領銀官匠、逐一到官招証。及委官前去、査勘修理工程等項有無是実、取具帰一情詞、逕自具奏、施行。

(51) 「吏部覆疏」、
〔嘉靖二十一年?〕蒙巡按周御史詳批。看得。各該府知府、倶係賢能。本院選委無有能過者。……仰府行令本官会同常州府張知府、再行速勘報奪、毋得遷延委托。又淹人難此繳。……及行常州府張知府関称。職当遵奉。但係原経勘問官員、復爾勘報。不惟嫌疑当避、恐於事体未安。豈敢違悖、自取愆違。況事体公論、猶須隔別。委官則前後覆実事情別白、等因。

(52) 「吏部覆疏」、
〔嘉靖二十一年十一月二十七日、以前?〕及蒙本府査、将前項巡撫夏都御史批申、呈送兵備陳副使。致蒙査得、応麒係是同省郷里、恐渉嫌疑。備由呈詳巡按周御史。批開本道、新任公虚自足服人、何避嫌之有。合速勘報施行、此繳。

(53) 「吏部覆疏」、
〔嘉靖二十一年十一月二十七日、以前?〕随蒙本道、案仰蘇州府王同知常州府李推官、……致蒙蘇州府王同知提吊応麒与史景春等一干人巻、幷提領銀官匠郁諫等、前来听候約日会問間、知州林塈為因在京守候日久、将情具本奏。奉欽依、

吏部知道。該部備咨都察院、転行巡按周御史、案行本道、備行各官、合問間。

(54)「吏部覆疏」、本年〔嘉靖二十一年〕十一月二十七日、又蒙本院憲牌、行道即将応麒等被劾事情、限在十二月十五日以裏、勘問明白、具招呈奪。致蒙本道牌、催王同知李推官、弔取応麒等人巻、到官隔別連日再三会審前情明白。及審詞内中証併屍親王孟松史朝、衆称、史相史茂各因為事監故、委官相理、並非応麒打死。其史壁史景春等、截打周知県懼罪脱逃。応麒遵奉察院明文、又添差兵快協拿。縁無激変地方。修理儒学、逮造三江橋、因無堪動銭粮、応麒委的違例科罰周文震趙謂等銀両。差委訓術郁諌史銘等管工、督令各色匠作馬貴等、各具領状領銀買料造完。恐有捏釈。蒙著郁諌史銘等、公同原估老人呉錫朱鸞幷各匠作、各另開具原買物料工食細数前来、掲査案巻、相同尤恐不的。又経親詣呉江県勘験得、儒学三江橋俱已修造。見在、其合用料銀、俱係郁諌等領足買料巻証、並無応麒匿己幷存貯庫情由。又蒙参照所告応麒打死徐奎等五十余命、委無屍親告発、亦無死者之名的。係史雲混捏奏告、已経問革発配。

(55)「吏部覆疏」、各情是的、具招連人、解道覆審間、史壁希要辨復監生。又将史雲出名具状於本年〔嘉靖二十一年〕十二月二十八日、令史景春抱赴巡按周御史処、訴准。蒙此兵備道厳勘明実、毋縦毋徇。作速併繳。

(56)「吏部覆疏」、嘉靖二十二年正月初十日、又蒙本院憲牌行催。致蒙兵備陳副使、通将応麒等一干人巻、在官覆審明白。将応麒潘福沈鳳鈕正、俱問擬不応事重減等各杖七十。潘福鈕正審稍有力。応麒照例納米。潘福鈕正納工価銀。各折穀贖罪。沈鳳無力的決。史景春先已問結、龐正等供明、具招。呈蒙巡按周御史詳批招情、屢勘相同、似無余異。但事関奏請、不厭周詳兵備道再加鞫究。如果真的、就将一干人犯、通行解院、以憑覆審。……又蒙本道、通行提弔応麒等到道逐一鞫審、重問前情明白、各無異詞。

(57)「吏部覆疏」、嘉靖二十二年正月初十日、……又蒙案発松鎮二府推官黄洪毗葉照、逐一会問明白。不能隠諱実招罪犯。議得林応麒等所犯。林応麒除革前科罰罪名不坐外、与潘福鈕正沈鳳俱、合仍依原擬不応得為而為之事理重者律、各杖八十、俱有大誥減等、各杖七十。林応麒係官。潘福等倶民。潘福鈕正審倶稍有力。林応麒照例納米。潘福鈕正納工価銀。各折穀贖罪。沈鳳審無力依律的決。与問結史景春、供明龐正趙諤徐悦郁諫馬貴謝恭董明孫瓊李実朱鸞呉錫鄒桂史銘蔣傑施用史朝楊三林章郁晟洪王孟松施遂、各発寧家還職著役。

(58) 「吏部覆疏」、
具招、於本年〔嘉靖二十年〕十月初六日、……及蒙本院〔巡按舒汀〕備招。……知県林応麒、負気過高、事上失和。青年鋭於有為。素性厳於嫉悪。……但、以任情行事、不免使気恃才。初則失於政体或疎。既而偏於明作為累。

(59) 台湾　国立中央図書館編『明人伝記資料索引上』、周用。『明史』巻二〇二、列伝第九十、周用。

(60) 小山正明「賦役制度の変革」岩波講座『世界歴史』12、一九七一年。

(61) 『介山稿略』巻十、書簡類、復欧石岡巡撫、
蓋呉江往歳被災圩分凡三百三十有六。圩内額田凡一千一百五十三頃六十六畝九分四厘四毫。而其実荒田畝、止一百四十四頃九十二畝三分二厘九毫。前任巡撫侯公、則以被災圩分既同、田土不宜有異。於是、計圩而派、得平米五万八千二百六十二石四斗五升八勺。毎米四石准銀一両、共計金花一万四千五百六十五両六銭一分二厘七毫。倖得者多而其応得者寡矣。

(62) 『介山稿略』巻十、書簡類、復欧石岡巡撫、
奸書乗機而謀。則以圩内荒熟既異、派法不得不殊。於是、覈畝而派、止得平米七千二百五十八石九斗八合。毎銀一両准米四石、僅該金花一千八百一十四両七銭二分七厘。応派者寡而其余剰者多矣。於是、散売各区、以其余剰軽減之銀而営殖一身、以図違法非常之利、共一万二千七百五十両八銭八分五厘七毫。真情莫掩、細数已明、更無纖毫可以脱漏。遵依追併以俟完報外、伏覩劄開、私買金花、已経行県改正。尚未験派人戸。今断、毎両准米二石聴令完納、似若為改正言也。然当年会計已定。白銀本色各已徴足。更復験派人戸、恐不無重徴之嫌。又蒙開、各犯原買金花銀両、合将三之二入官。余銀姑准作数。似若以贓罰也。然京庫銀両未経停免。雖係私買、尚在会計額定之数。縦旧一両准米四石。今断准米二石。已多追一両。若通計以三両為率、二両入官、止余一両、於正銀尚缺五銭。将何抵補。

(63) 同註(17)。

(64) 同註（18）。

(65) 同註（23）。

(66) 『明実録』世宗・嘉靖十八年七月辛巳、

山東道御史洪垣劾文選司郎中黄禎貪婪欺罔状。内称。知州王顕祖等、考察調簡而補巨郡。知県何瑚年過六十而選御史。幷諸貪縁関節、壊乱選法等事。所指及凡二十員。且言。今當考察京官之期、考功郎中法当妙選才哲。而禎乃以人品鈍下之曹世盛補之。原禎之意、由已以賄。先任文選郎中楊育秀得為考功。育秀受其党護之益、故復薦進。世盛冀為己地。引用柔邪、懐私悞国、人臣不忠、莫大于是。且吏部人才進退之関、士習趨向所在。而禎以庸汚竊位。其奚以澄清天下、興起治功。請加顕黜。上下其章都察院及吏科、従公参論。于是、左都御史王廷相等、都給事中薛廷寵等覆称。御史所論諸関通踪跡、頗有拠。得旨。逮禎錦衣衛獄、拷鞫。疏内所指王顕祖何瑚等二十員、俱以賄進、有干清議。幷楊育秀俱令為民。曹世盛更調別用。郎中姦贓如此。尚書安在因責。廷相廷寵回護失体之罪、而宥之。令十三道公挙隠年選道若何瑚者。于是、十三道以御史王之臣彭世潮楊瞻皮東山応詔。世潮復上疏自理。得旨。之臣等三人別用。世潮調外任。已錦衣衛以禎獄成報。刑部論当削籍。詔黜為民。

結　　語

第一篇　科挙制度

第一章では、明代科挙制の性格について以下の点を明らかにした。

府州県に各一校設置された官立「学校」の学籍に登録された明代の生員は、儒教規範の涵養や強制研修（月課）を担当する教官とか、学校行政と生員の素行管理に当る府州県長官、さらには歳考・季考等の試験や素行の評定を行う提学官といった地方官によって、幾重にも評定管理（提調）されていた。

従って、彼ら生員のうち、同郷出身官僚の保証する推薦書を得て地方長官経由で郷試受験の出題手続きが出来るのは、厳選された極く一部の者に限られていた。

さらに、歳考・季考を経たのち、郷試を目指す科挙生員や、歳貢の生員、郷試合格の挙人や会試再受験の挙人は、地方政府によって旅費の支給や祝儀・酒宴等の賓興を与えられていた。

つまり、郷試合格の生員が「郷貢」（監生として推挙される生員は「歳貢」）と称されたのは、地方政府が彼らを学籍に登録して、礼教秩序の訓育に基づく素行の評定や、経学等の研修・試験に基づく評定を通じて学校行政の中に管理拘束すると同時に、旅費・祝儀等の手厚い公費助成（賓興）を行なうことによって、省＝郷レベルの責任において中央政府（礼部）へ評定推薦（貢挙）した制度的な理念の産物であったと考えられる。

要するに、明代の科挙、特に郷試の受験を志す生員は、自由意思に沿って自薦出願できたわけではなかった。科挙（郷試）は自薦の形式は踏みながらも、実際には幾重もの地方官によって管理評定される学校試の延長線上にある国家による評定推薦の制度としての一面を持っていたと考えられる。

第二章では、明代科挙制度の科目の特色として「判語」を取り上げ、その導入の意味について、以下の点を明らかにした。

明初、太祖・朱元璋が、案件に裁断を下す、つまり法の適用に属する判語を科挙試に導入し、詩・賦を排除して文芸能力を第二義におき、徳行を重視したのは、官僚予備軍たる郷試を目指す科挙生員や歳貢監生を目指す生員が、事実を隠蔽する恐れのある虚文に染まり、儒教倫理の実践を怠って、農桑をはじめとした小農民の再生産に配慮を欠く点の除去を狙ったものであった。

明では洪武三年の郷試に、律義＝法の解釈である「律」が初めて導入された。同十七年の郷試には、法の適用を意味する判決の文句＝「判語」が律に代わって出題され始めた。判語は、以後清の康熙二十六（一六八七）年迄の三百四年間に亙って採用された。郷試・会試の登科録に収録される判語とは、外面的には明律の吏・戸・礼・兵・刑・工の各条目であった。明代前半における科挙の判語は、出題率が刑律に偏向しているが、これは太祖の官員に対する厳罰主義の名残りと考えられる。明代中後半以降の判語の出題率は、礼律〈儀制〉、吏律〈職制〉等が高率を占めるようになったが、そこには官界の腐敗情況に対応した礼教称序・人事行政重視の姿勢が窺われる。

官界の腐敗情況が蔓延化した嘉靖〜万暦期の郷試・会試に頻出された礼律「禁止迎送」という判語の条目の内容については、科挙の受験参考書でもあった明末の律例解説書から推定した。それによれば、判語の総字数は百字〜百四十二字の偶数から成っていた。総字数は、句つまり判詞の節ごとに分解した場合、八股の対句から成っていた。判語「禁止迎送」の前半では、操守を逸脱し或いは堅持した送迎の礼について、歴史上の人物の故事を引用しながら礼法の道理が説明される。次いで後半では、故事の悪例が引用されて訓戒つまり罪状の擬定ののち、処罰が宣示されている。

要するに、礼律「禁止迎送」という判語は、官僚の司法行政において、送迎を遵守又は逸脱した史上の人物についての善悪の例証につづいて、やや抽象的に罪状の擬定と刑罰の宣告に関して裁決・判断を下す文言が、対句から成る八股の駢文の体裁で作成されていたことが分かる。

尚、嘉靖～万暦期の郷・会試に判語の条目「禁止迎送」が頻出した背景には、省長の巡撫、及び巡撫と対等な職権で挙劾・考察を担当した巡按御史、所謂る撫・按による薦挙・糾劾や考察の評語（官評・考語）が情実・賄賂によって逆立ちするような深刻な矛盾の拡がりが見られた。

第三章では、科挙の持つ社会的機能について、宗譜に見える科挙関連の規程を検証した結果、結局それは族内より出身した広義の科挙官僚が赴任地で必然的に腐敗に追い込まれる社会文化的背景をなす装置の役割を果たしていた点を明らかにした。

明清時代の族譜＝宗譜の祠規や義田条規に見える現任官や科挙身分を持つ紳士（進士～生員）に寄付行為を促す科挙条規の変容する過程は、次のようであった。不文の義務である「義挙」という道徳的判断に基づく自主的な奉仕の精神によって、捐田・捐金を促す規程は明初より清末まで一貫して見られたという客観的情況も確かに存在はしていた。だが、明初の洪武年間には、捐田の勧奨規程が現われ、明末の万暦以降には祭田・義田の供出を奨励する規定が現われていた。十六世紀初葉の正徳年間には、ついに捐金を強制する義務規定が出現した。

捐田・捐金を強制された主要な対象は、明代では科挙の各級有資格者＝紳士と現任官とであったが、清代ではその他に昇任者・特命派遣官・退職者等も加えられた。その地域的広がりは、明末では華中（南直隷・浙江）、華南（福建・広東）に見られ、清代後半では華中（江蘇・安徽・浙江・江西・貴州）、華南（福建）、華北（河南・山西）に見られたが、華中の数的増加と華北への波及とが注目された。

また、万暦期には捐田規定が多く、清代後半以降は捐金規定が多くなっていた。その額面も、十八世紀段階の捐金額は、一品の退職者＝銀百両を除けば、内外官の最高額は銀五十両以下であった。十九世紀段階のそれは、知県では銀十両より百両、督撫では銀二、三百両に上昇した事例も現れた。京官の捐金額は一般には地方官の約三分の二ないし半分であった。

捐田・捐金の強制規定が出現した地域は、人材と財源を要件に編まれる宗譜の盛行した江蘇・浙江・安徽・江西・湖南・湖北や福建・広東等の華中華南の先進経済地帯の大部分が含まれていた。しかし同規定は、清代には宗譜の盛行地帯を突破して華中の辺境や華北へも拡大していた。この点は進士の合格者数が、明末に躍進した江南地方の比率が相対的に後退して、その分を辺境や華南華北地帯が補完していた点とも符号している。

科挙体制の末期症状の感を呈した熾烈な受験競争、その為の財源調達と表裏の関係をなす捐田・捐金規定の広がりは、宗族による集団的利己主義をも露呈していた。例えば、清代後半以降では、当人の任官後に宗族が従前の援助額の倍増返還を求める規定が現われた。知県より督撫に至る捐金額は、僅かな俸給以外の勤務地手当＝養廉銀額の中では一ないし十パーセントの比率を占めたが、中には四十パーセントもの捐金を強制し、納期の遅れた場合、族内より専従の徴収人が派遣されて旅費や利子込みで取り立てる規定まで現われた。

こうした、当該明清期の官僚が一度でも宗族による捐田・捐金に伴う搾取の強要と貪官化とを拒否した場合、彼はたちまち郷党の族人より面子を顧みない馬鹿者として非難の集中砲火を浴びて社会的生命を抹殺される環境下に晒されていた。要するに、地方の清廉な知県より皇帝に至るまでが、任官過程より搾取される陋規を寄付して宗族に対する衣食諸般にわたる生活費の一部を保証することを官僚の義務として是認していたのであれば、明末より特に清末に叢生した譴責小説に象徴される官場の腐敗構造には、科挙機能を媒体とした不可避の社会文化的必然性が介在していた。

第二篇　科挙身分の問題

第四章では、十六世紀末の『明実録』に現われた「郷紳」なる用語について、郷と紳とに分解して各々を分析し、その合成語としての意味を時代的推移の中で明らかにしようと試みた。

十六世紀初頭の弘治末年より正徳・嘉靖期以降には、古来からの呼称である縉紳大夫（士夫）等に郷を冠称した郷縉紳・郷大夫等の用語が現われた。この冠称された「郷」は、地方行政区画である省・府・州・県が郷里の意味で使用されたものであり、当該期の官僚士大夫層に強く意識され始めた同郷観念の反映と考えられる。

郷紳や郷縉紳の用例に見る「紳」には、広狭の両義が見られる。狭義の紳は、現任・休退職の任官経験者＝郷官だけを指す用語である。広義の紳には、科挙合格者の紳士・挙人、本来は国子監に在学すべき任官可能な貢・監生や、学校に在籍する生員層までを包括した事例がある。

科挙制下の諸階層を包括する広義の郷縉紳の用語は、生員層一般を除けば明末清初期を通じて広く見られる。しかし、それら諸階層を含む広義の郷紳用語が使用され始める時代的推移には、時間差が見られる。即ち、挙人以上が包括される郷紳用語は明末の崇禎年間より、貢・監生以上が包括される用語は清初より、生員層までが包括される事例は清末以降と考えられる。

要するに、任官経験者より一部の生員層までを包括した広義の郷縉紳・郷士夫等の「紳」を意味する用語が十六世紀初頭の正徳期から清初に現れる過程は、明極末以降に未出仕の科挙・学校出身者層が名望家としての広義の郷紳範疇や紳＝士を意味する「紳士」の範疇として（第五章に関連）包括されていくこと、つまり地方社会の身分制序列に於ける士から紳への実態的変容を物語っているものと考えられる。

第五章では、第四章を受けて十六世紀以降の「紳」の範疇に包括され始めた科挙制下の膨大な諸階層の中で、倶に円襟・大袖で藍色の単衣を着用することが許されていた生員層が、紳を意味する「紳士」と称されるようになった素因を追求した。

古来、任官者を称した「紳士」なる用語も、明代後半には「紳・士」つまり任官経験者や進士・挙人等を指す「紳」と、学校に在籍する貢監・監生・生員等の「士」とを指す用語と化した。ところが、そうした建前的な士＝衿の呼称も、明末の地方社会では紳の範疇で称されることもあった。清代では、紳・士＝紳・衿は会典に記される官用語と化し、士＝衿は貢・監・生員を指した。

しかし、「封建」国家の強制する身分制序列を体現した紳・士＝紳・衿といった原則的呼称と併存して、十八世紀前半の清代の地方志・省例・公牘・公呈・文集等に記された地方政治の実際の場では、紳＝士＝衿を意味する生員以上の科挙身分を包括した「紳士」なる用語が現われていた。

「紳士」出現の一要因としては、雍正・乾隆年間までに整備され、体制擁護の期待すべき官僚予備軍としての貢・監・生員の名誉と実利とを特権的に保証した衣頂の賜給、免役、納税延期、体面擁護等の法的優遇措置が挙げられる。

第六章は、宋代の州試の合格者である挙人が一回限りの資格で終わっていたのとは異なり、明代の郷試の合格者である挙人は終身資格となり、地方社会に新たな名望家として一つの支配階層を形式してゆく過程を検証したものである。

それによれば、明初の洪武・永楽年間、三年ごとの会試に落第した挙人のほとんどは、挙人監生として国子監に在籍していたが、十五世紀中葉の景奏年間には、政府の経費節減政策によって一定の期間を本籍地で過ごす依親の挙人監生として存在していた。在郷の挙人監生は、中央政府の事務見習い生の過不足に応じて国子監に復学していた。十五世紀後半より十六世紀初頭の成化・弘治年間、彼らは監生数の増大と見習い期間の短縮によって、吏部で選考を待つ聴選監生数が激増した結果、任官までに十数年を要する就職難に見舞われた。比較的任官の機会に恵まれていた挙人監生も、任官後の会試受験の際の諸制約の為に、大抵のものは復監を拒否するようになり、郷村社会の中で資格身分を梃子とした活路を模索していた。

復監を拒否する在郷の挙人に対して政府は十五世紀後半以降、会試の受験を規制する科挙条例を頻発した。政府の狙いは納粟監生等の増加による監生の質的低下を阻止して、州県官に人材を得る一方、郷村社会に於ける挙人の政治的行動を排除する点にあった。

科挙規制は、十六世紀前半には、従来の依親の挙人以外に、明初以来散見される未入監の挙人に対しても適用されるが、同世紀の後半には後者を主要な対象としていた。嘉靖二十七（一五四八）年以後の科挙規制は、以上の挙人と毎回の会試落第挙人との全員を対象とした。同時にそれは巡按御史が挙人の送監を担当する官員・胥吏まで処罰するという厳重なものであったが、現実にはほとんどの挙人が帰郷していたことにより、機能してはいなかった。

十七世紀初頭の万暦三十三（一六〇五）年、政府は従来の強制入監規定を撤廃して、挙人が郷里に存在することを認める推薦・考課規定を公布して政策の転換を図らざるを得なかった。これらの新規定は、明末に至るまで機能していなかった。

以上に見た科挙規制の形骸化の過程は、国家が自らの制度的矛盾によって、挙人の郷村社会に於ける名望家としての地位＝学位身分を不動なものとし、在地の支配階級内部に形成された新たな支配層の定着を容認することを意味していた。

第七章は、京官より胥吏に至るまでの身分差等による特権的な徭役の免除である優免つまり免役の条例（則例）が変容する過程を検討した結果、挙人に対して国家の規定した原則上の優免額とは異なり、明末の地方政治の場で決定された優免の運用規定では、挙人は学校出身者の監生・生員よりも格段に高い特権的地位＝学位身分を獲得していたことを検証したものである。

任官していない未出仕の挙人は、均徭法創行直後の正統十（一四四五）年以後は監生と同列に、郷居化の進む弘治七（一四九四）年以後は挙人として人丁二丁の均徭雑役を免除された。優免基準は、均徭銀納化に伴う均徭賦課基準の変化に対応して、弘治・正徳年間には人丁から田糧へ、または田畝のみへも移行していたが、挙人の優免額は、人丁二丁のままであった。

一条鞭法の施行令が出された嘉靖九（一五三〇）年の則例では、均徭の賦課基準に応じて優免基準も糧石・人丁へと移行した。挙人の優免額も、教官・監生・生員と同様に、従来の人丁二丁の他に糧二石が加増され、初めて胥吏のそれ（糧一石・人丁一丁）よりも上回った。

土地集積の進展に対応した嘉靖二十四（一五四五）年の統一制限則例によって、官員は優免の糧・丁額を加増されたが、挙人の優免額は従来のままであった。嘉靖末年以降、徭役面の一条鞭法が進展したのに伴って、万暦十四（一五八六）年には糧と丁の相互換算と糧額に重点を置いた糧・丁の田畝換算とが公認された。その結果、優免基準額は事実上田土に移行したが、内外品官の優免額が初めて挙人よりも上回ったのに反して、糧・丁の準田率を品官以下に引き下げられた挙人の免田額（四十四畝）はまだ監生・生員と同額であった。

ところが、万暦期（一五七三～一六二〇）以降、江南の五府では詭寄・濫免等によって、正役中の負担の重い残存力役部分に対して均田均役の改革が試行された。この改革では、里甲正役には適用されない優免が、正役に付随した雑役の優免に準拠して拡大適用され、優免の基準も人丁は捨象されて田畝だけとなった。官員・紳士の合意に基づく優免の運用規定（または私案）では、科挙・学校等の出身別による身分差が截然と反映されていた。未出仕の挙人の免田額（千五百畝～千畝）は、会典の統一則例の二、三十倍に伸張しており、それは品官待遇に等しかった。

要するに、明末の江南社会において官戸の里甲に編入されたり、名目的土地集積によって階級矛盾を激化させ、役法改革の主要な対象として台頭しつつあった未出仕の挙人（第六章）は、国家権力＝官員と紳士双方の政治力学の産物として、地方政治の場で決定された優免の運用規定においては、科挙出身（科甲）として、学校出身の生監層よりも格段に高い地位が保証されていた。

第八章は、個別史料の限界を視野に入れながら、明代官僚家系における学校・科挙による学位身分保持者や任官経験者の数量的動向を挙人・進士の「登科録」から分析して、宗族に基礎を置く官僚家系の連続的側面を推定したものである。

即ち、明代の挙人合格者のクラスリストを分析した場合、本人以前の三代に、直系だけでなく、傍系血族をも含む科挙身分の戸（A′）、官員経験の戸（B′）、官僚体系の戸（A′＋B′）のそれぞれの連続世代の割合は、非常な高率を示した。また、世代の連続性は、宗族では傍系血族までを含んで算定されていた。さらに、徭役の優免は、本人死亡後も数十年もの長期にわたって継承されていた。特に江南地方では、免役特権の傘下に直系・傍系の親族が包括される普遍的実態がみられた。

右にみた挙人の家系の連続性を示す分析結果を援用した場合、直系親族だけから成る進士合格者のクラスリストから分析された科挙身分の戸（A）、官員経験の戸（B）、官僚体系の戸（C）の各々の連続世代の割合も、官員と学校・科挙身分取得者とを意味する紳士の出身母体が傍系親族をも包括する宗族を基盤としていたことを想起するとき、更に高率化したことは十分に想定される。このことは、明代の学校や科挙出身官僚家系における連続的側面として理解できる。

第九章は、明代地方官の貪官化による腐敗現象の一要因を、ポスト（缺）が資格身分で固定化され、地方官の昇進が絶たれる明代官場に特有な身分制序列の貫徹に求め、同時に清代における明代とは対照的な資格主義緩和策の意味を検討したものである。

それによれば、明代中期以降、監生・貢監生や挙人といった学校や科挙出身の各級有資格者は、地方官に任官した場合、異常に進士資格を偏重する官界の陋習によって、選任・考課で差別され、昇進の願望を打ち砕かれて貪官化の道へ転落していった。

例えば、地方志の職官の条によって、各級有資格者が知県以下の缺に占めた割合を統計化し、清代のそれと対比した場合、明代の各級県缺は、各級資格によって固定的に占められていた。特に知県缺の場合、明代の進士は繁缺へ優先的に配分され、その割合も高率を占めていた。

これに対して、清代の進士は簡缺を経て繁缺へ昇るという外補の制によって、その繁缺に占める割合は相対的に低下し、挙人や貢生・監生と肩を並べていた。さらに清代では、知県〜督撫に至る各級長吏のポストは、生員以上の各級資格からの幅広い任用が実現していた。

このことは、資格主義の生んだ明末以来の官僚政治（吏治）の腐敗を継承することを前提に成立した清朝が、県の佐弐・雑職のポストには資格による一定の身分制序列を温存しながらも、他方では地方官に昇進を保証し、吏治の粛正を企図した政策の一面の成果であった。

同時にそのことは、進士に対する挙人・貢生・監生・生員の社会的価値が相対的に上昇することを意味しており、清代紳士層の存在形態において、官員経験者から進士〜生員に至る国家身分の諸階層が一括して「紳士」と称されるようになった社会的実態にも影響を与えていたと考えられる（第二章参照）。

第三篇　官僚考課制と腐敗

第十章は、朝覲考察制度の成立過程を検討する中で、貪官対策がその創設要因と考えられる点を検討したものである。

中国歴代の伝統的な官僚考課は、明代では考満と呼ばれた。考満が確立したのは、洪武十四（一三八一）年正月の里甲制の成立に伴う明朝専制権力確立後の同年十月のことであった。称職・平常・不称職という総合評定要素を持つ考満による地方官への黜陟では、黜に重点を置く降級〜左遷等の処分はあっても、不称職の者でもほとんどは免官を免れていた。

これに対して、布政司・按察司官や府州県官が上京して天子に謁見する朝覲の制に考察という新たな考課が併設されたのは、洪武十一（一三七八）年であった。だが考察の処分は、礼法上の制裁に止まっていた。しかし、同十八（一三八五）年正月の朝覲考察では、考満による三等の黜陟に加えて、「貪汚・闒茸」等の免官に相当する処罰の考目（総合評定要素）が導入され、朝覲官四千余名の七・七パーセントに当たる三百十四員が免官となった。この背景には、小農民の再生産の確立に伴う生産力の回復・発展と官僚の収奪機会の増大という社会経済的な客観情勢とがあった。つまり、考察の免官規定は収奪機会より貪官部分を排除する為の制度的保証として機能していた。

例えば、朝覲の際に中央政府へ報告する成績査定簿（紀功図冊）に記される考語の評定要素は、小農民の再生産回復過程にあった洪武九年までは、戸口・田土の拡大と教化の徹底に置かれていた。だが、再生産の確立による同十四年の里甲制成立以後のそれは、税・役の限度外搾取を行う貪官・汚吏とは逆の清廉の能吏が評価され始めた。これらの評定要素は、徴税・裁判・教化・治安等三十一項目を収める『到任須知』に集約されていた。

要するに太祖の貪官対策は、考課の財政的保証を成す俸禄制の確立した洪武二十（一三八七）年前後より積極的に推進された。それは一連の疑獄事件にも投影していたと考えられる。だが貪官対策は朝覲考察制度の中でこそ、一層整備された。即ち、それは同十八年の考察に於ける処罰の断行や、同二十三年の貪官・汚吏の一掃を目指した各級地方長官による責任考課条例の発布、更には考課諸規定を整備収録した同二十六年の『諸司職掌』の中に貫徹していた。

第十一章では、明代の朝覲考察において、免官の処分を受けた地方官が処分不服の申し立てを行なって復官を求めた政治行動を厳禁した意味について検証した。

地方官に対する禁令は、会典には十五世紀末の弘治八（一四九五）年に現われたが、これは奏弁の漸増に対する措置であった。しかし、その後も奏弁は日常化し、十六世紀半ばの嘉靖二十四（一五四五）年には、免官のほか降調の処分者までを対象とした新例も出されたが、奏弁は止まなかった。

奏弁には官僚自身が成績上の汚点を抗弁するケースもあった。だが、皇帝が禁令の緩和措置を講じたのは、撫・按→部・院という考察・挙劾当局の評定に誤認があり、それ故客観的に過失のない被処分者が無実を晴らして復官を求める行動に出たからであった。

禁令の緩和措置は、弘治六年、嘉靖十四年、同十七年と出され、特例として復任への途が開かれた。この背景には、愛憎や伝聞に基づく撫・按の報告資料である考語＝官評に依拠せざる得ない考察当局の部・院が、私利私欲に惑わされて朝覲官の賢否を正当に評価できず、冤罪の処分者が続出するという考察矛盾の拡がりがあった。

第十二章は、撫・按の職権である薦挙・糾劾＝挙劾や考察の評語を意味する官評（第十三章）が、明代後半以降に変質し、そこに郷紳も関与した一面を検証したものである。

十六世紀後半の嘉靖期、撫・按の挙劾は、大官には厚く恩を売り、小官にも恨まれないように、という撫・按の昇進を見据えた利己的保身によって、司・道・知府等の大官は多く薦挙するが、通判・県丞等の小官も僅かしか糾劾しないほどにその職権は公正さを欠いていた。

撫・按へ考察・挙劾の官評＝考語を送付すべき司・道、司・道へ官評を送付すべき知府・推官、知府によって評語を記入される府州県官は、撫・按の職権の変質を目撃した途端に、政務は放置して送迎に明け暮れた如く、撫・按に諂う風潮を造り上げた。

一方、撫・按に知府以下の成績の評語＝官評を送付するべき司・道や、司・道に府州県官の官評を送付するべき知府等の中継ぎ中間管理職は、府の推官や知県（倶に正七品）が将来監察官僚の科・道官となる可能性を持つが故に、官評を讃辞で飾り、卑屈な態度で推官・知県と結託していた。しかし、政治倫理が崩壊の速度を速めていた嘉靖〜万暦期の推官・知県等官は、中間管理職の司・道・知府等官に全幅の信頼は置かず、直接に官評の最終評定権者である撫・按と結託するようになった。ここに官評は情実・賄賂に左右されて変質を遂げた。

各省の撫・按に集約される官評が変質して、司・道や知府・推官ルートの官評の送付機能が麻痺した結果、官評のニュースソースは、民間の別系統のルートである窩訪から提供されるようになった。窩訪は明の中期以降に徭役から衙役化した老練な皂隷や無頼層が主役となり、郷紳が官署に送り込んだ胥吏や衙役とも提携し、詐術を弄して情報を探索配信した非合法集団であった（第十四章）。

明末清初期に政情と社会秩序が混乱した江南地方では、特に窩訪が暗躍した形跡が顕著であったことから、当該期の官評は窩訪と気脈を通じていた郷紳家の関与した産物としての一面をも俱有していた。

第十三章は官評なる用語が、狭義には考察の評語である考語を意味し、広義には考察と考満・挙劾という三種から成る明代考課制度に於ける考課の評語を意味することを明らかにした後、官評の出現した要因について撫・按による訪察の機能が変質する過程より検証したものである。

その結果、「官評」が嘉靖期に出現したのは、撫・按が各級地方官より報告を受けた州県官の考語の真偽を確認するために、地方を巡察して情報の聴取を行う訪察の職権が形骸化したことに起因していた。次に訪察が変質したのは、考語の内容を規定する採訪対象が以下のように変質したからであった。まず、明代前半の考語の採訪対象は、里甲制下で郷村の教化を担当し、農民大衆の総意を反映させるために設置された里の老人に置かれていた。しかし、十五世紀前半の宣徳～景泰年間に於ける里老の考語は民意を反映しないものとなっていた。それ故、これより十六世紀前半の嘉靖中葉には、考語は里老に代わって広範な農民大衆から採取すべし、とする原則論が強調され始めた。

ところで、正徳・嘉靖～万暦期（一五〇六～一六二〇）にかけては、銀流通の展開と俱に、内外官の昇官工作は贈収賄の風潮を盛行させた。上下各級の地方官は、昇官の前提をなす考課の関門を通過するために、相互の政績の評語を讃辞で塗り固め、撫・按の訪察を骨抜きにしていた。

職権遂行上の窮地に立たされた撫・按は、離農民から衙役化した皂隷などに官員の政績に関わる情報の提供を求めざるを得なかった。既に訪察の矛盾を熟知していた衙役は、胥吏・無頼と連携しつつ、情報の探索と配信とを営業とする非合法にして悪質な窩訪の組織を結成し（第十四章）、撫・按のみならず有司とも結託した結果、地方官の考語は事実上衙役に操作されて変質していたが、こうした衙役・胥吏の背後には郷紳の陰も見え隠れしていた（第十二章）。

結局、考語の採訪対象が変化した嘉靖中葉以降に官評なる官用語が創出されたのは、考語の採取原則（広詢博訪）と、その実態（偏聴）との乖離という訪察の矛盾によって考語の形骸化が進行する過程で、中央・地方の考察・挙劾の当事者である官員が、自己の評定する変質した考語に公評としての客観的権威付けを行うための苦肉の慣用語であったと考えられる。

第十四章では、明末の政治制度や社会秩序の衰退過程において、本来は官署の衙役から出身した皂隷等が主体となって、政治情報の探索・配信を始めとした業務を暴力的に遂行していた非合法集団の窩訪が出現した要因を分析した。

公使皂隷の衙役化は正統年間に始まり、成化〜正徳期には促進され、彼らの不法収奪に対して処罰条例が出された嘉靖〜万暦期に顕現した。まず、銀流通の展開の下で収奪を目論む地方官は、富民上等戸を対象に額外に至るまで皂隷銀を編派濫増して着服していた。その為、皂隷以下の力差は貧民下等戸に科派されたので、彼らは逃亡・失業して離農民と化し、改めて官署に雇用されるか、又は額外に濫増寄食して、交替制が無視される中で衙役化していった。

衙役化した皂隷の職務は、官署の受付、被疑者の逮捕や官用物資の買い付け、税・役の催促等、地方長官の政務の使用に奔走することであったが、彼らは地方長官や胥吏と共謀して不法収奪を計っていた。

他方、嘉靖期以降の銀経済の発展と、官場に於ける資格偏重とによる情実や賄賂を媒介として、相互の昇進を保証し合う各級地方長官が撫・按へ報告する情報や考語は、虚偽で塗り固められていた。従って、貪官や地方の悪ボス（豪）を査察・逮問すべき撫・按の訪察も、形骸化の危機にあった（第十三章）。この訪察の矛盾に介入して政治情報を提供することで、撫・按と結託したのが皂隷等の衙役を主体とした窩訪の横民であった。

万暦期に於ける江南・湖広の窩訪の組織は、衙役化した皂隷出身のボス＝豪と、ボスの送り込んだ亡命・窮民出身の現役の胥吏や皂隷を構成員とし、撫・按等の上官の胥吏や撫・按の委官＝推官という公権力とも気脈を通じていた。彼らは、地方官の考課や、紳士・民衆の行動に関する情報を探索しておき、それを地方官に対する挙劾・考察とか、或いは徴税・裁判に関わる収奪の便宜とかの為に歪曲して利権の貫徹を企図していた。例えば、窩訪の中には、土豪らのボスの指揮下に、暴力・訴状作成・情報探索・文書管理・盗賊管理など、数種の機能を併せ持ち、徒党千名を擁した非合法集団まで現われていた。

第十五章では、以下の点が明らかになった。里甲農民の破産化を促進させた地方官の貪官化は正統期に萌芽し、弘治・正徳期に漸進して、嘉靖期には顕在化した。貪官化とは、税・役収取など地方官の職権を濫用した不法搾取や収賄などの汚職に染まることを意味した。特に嘉靖期以降、貪官の収奪した財源は、考課業務の一端を担う撫・按、吏部官僚や科道官、さらには地方の退職官僚を含む歳貢監生以上の紳士、吏部権をも制肘し得る閣臣等官へ贈賄された。

その結果、地方官を薦挙・糾劾すべき撫・按の職権が形骸化すると同時に、北京の朝覲考察においても、災害・備荒などの実政に手腕のある能吏は評価されず、賄賂を駆使して送迎に巧みな無能官ほど処分は緩和されるという矛盾が常識化していった。この点は、科道の拾遺の処分や撫・按の挙劾の分析結果からも窺われる。本書で検討した八法とは、考察矛盾としての処分が緩和される過程より次々と謂わば、捏造された総合評定要素としての八目から成る処罰の考目であった。

考察八法の創立過程を、処分者数の計量化と倶に検討した場合、正統年間までの、郷里への強制退職や庶民への身分格下げを意味する『老・疾』＝「致仕」や『貪・酷・在逃』＝「為民」という考目の成立した段階と、天順・成化・弘治以降の、身分剥奪の回避や官界居座りを意味する『罷軟・不謹』＝「閑住」や、『不及・浮躁』＝「調用」という考目の成立した段階とでは、いずれの段階でも考目に対する処分に緩和の跡が確認された。

特に正徳・嘉靖・隆慶・万暦期において、処罰の考目である『不及』の処分の目に「調簡」の他に「降調」、「改調」、「改教」といった多様な緩和条件が創出された過程は、『不及』『浮躁』以下の八法に基づく処分者に適用される再任用の禁止条項より免れることを狙った貪官層が、昇官・発財を願望する内外官僚の総意として中央政府の吏部・吏科等の人事当局に支持されて、官界のより有利なポストに残留し、宗族地主の輿望と投資とに応えるべく昇進＝出世への再起を期する、地位保全の企図を実現する過程として理解される（第三章）。

第十六章では、以下の点が明らかとなった。十六〜十七世紀の明代後半において、朝覲考察の一端を担った吏部・都察院や各省の撫・按による地方官の治績に対する評価の記載内容には、評定要素並びにその等級的細目である評定基準に統一性のなさ、或いは曖昧さが指摘できる。この背景には、考課を管掌する上司の裁量権が最大に許容され、天子の名代（父母官）としての人的資質に関わる統治者たる儒教の徳治（人治）的態度で〈操守〉、能力〈才幹〉、実績〈政〉等の評定要素や、五等級または四等〜八等級といった等級に基づき、「至公」という最高の公正さを求めようとした統一的な評定基準を実質的に排除するための、情実・賄賂といった愛憎に基づく評価の潜伏する十分な余地が残されていた。

また、《朝覲年表》に基づく実際の考察結果を検討した場合、監生や胥吏出身者が大多数を占める府佐〜州県属官や雑職官は、それぞれ千人以上の単位で何らかの処分を受けていた。他方、進士・挙人層でその主要ポスト（缺）が占められた知府以上の尊官たちは、考察の被処分者数も百人以下と至って少なく、彼らが例え真の貪官であったとしても、考察の裁量的運用の妙によって官界居座りを保証される可能性を持っていた（第十五章）。

この点について、嘉靖『寧州志』にみえる地方官の実績の評価＝郷評を官評に読み替えて擬定検証した場合でも、寧州の貪酷官僚の割合は官品が下がるほど貪官率は上昇していた。このことは、考察担当の撫・按が官僚の科挙・学校による出身資格やそれに付随した官品の制約下で、地方官の治績に対する評定要素である操守や治績に関する確実な情報を採取し得ず、かつまた採取し得ても情実・賄賂の介入によって、昇進を保証すべき正統な評価が出来ないという考察矛盾を反映するものでもあった（第九・十二章）。このような考察矛盾の渦中に叩き込まれて最早や昇官・発財という願望を挫かれた府佐以下の府州県官や雑職官たちは、税役・裁判・治安・教化等々の地方政治の実務を処理すべき官場では、宗族の要求とも相俟って必然的に貪酷官僚への道へ転落していった（第三章）。

第十七章は、嘉靖中葉に巡江御史によって『貪酷』と弾劾された蘇州府呉江県知県林応麒の貪酷の真偽について、数年に亙る弾劾訴訟の審理過程より、彼が清廉の能吏であったことを検証し、当該期の挙劾・考察矛盾の所在を浮き彫りにしたものである。

林応麒は、天災を理由に熟田を荒田と偽って平米五万余石の納税を免れて金花銀を買い漁った「買免」の大戸＝奸戸に対して、毎二石准銀一両で追徴返還させることにした。こうした脱税戸には、大戸・糧長層の他に豪右も含まれていた。縉紳史臣の子＝監生史壁の親族たる施政は、大戸・糧長層とともに熟田を荒田にすり替えて脱税し、金花銀を買い漁り（買荒・私買）、総書を通じて被災の荒田に課税された貪難戸に売りつける（刬売）過程で利ざやを稼いでいた豪右の一派であった。この林応麒による施政らに対する脱税分の金花銀追徴返還の措置が、施政らの反感を買い、嘉靖十七年九月の巡江御史への告訴につながった。

林応麒は巡江御史の挙劾の職権で『貪』官と弾劾されたが、審理過程より貪官ではなかったことが判明した。挙劾の矛盾が深刻化していた中にあって、林応麒『貪』官問題の審理が数年に亙って継続された背景には、嘉靖二十六年頃迄は続く皇帝の官僚統制に見せた熱意と同時に、考察処分への不服申し立てである奏弁が嘉靖十四年に特例的に容認されていたという客観情勢も手伝っていた（第十一章）。

原論文一覧

第一篇　科挙制度

第一章　「明代科挙の性格」『九州国際大学教養研究』第七巻第一号、二〇〇〇年。

第二章　「明代科挙制度の科目の特色―判語の導入をめぐって―」『法制史研究』四三号、一九九三年。

第三章　「明清の宗譜にみえる科挙条規―官僚制における腐敗の中国的特質―㈠㈡」『八幡大学論集』第三八巻第三・四合併号、同第三九巻第一号、一九八八年。

第二篇　科挙身分の問題

第四章　「明末清初の郷紳用語に関する一考察」『九州大学東洋史論集』9号、一九八一年。

第五章　「明末清初以降の紳士身分に関する一考察」『明代史研究』第9号、一九八一年。

第六章　「明代挙人層の形成過程に関する一考察―科挙条例の検討を中心として―」『史學雑誌』第87編第3号、一九七八年。

第七章　「徭役優免条例の展開と明末挙人の法的位置—免役基準額の検討を通じて—」『東洋学報』第60巻第1・2号、一九七八年。

第八章　「明代科挙官僚家系の連続的側面に関する一考察」『西南学院大学文理論集』第二四巻第二号、一九八四年。

第九章　「明代の地方官ポストにおける身分制序列に関する一考察—県缺の清代との比較を通じて—」『東洋史研究』第四四巻第一号、一九八五年。

第三篇　官僚考課制と腐敗

第十章　「朝覲考察制度の創設」『九州大学東洋史論集』第十号、一九八二年。

第十一章　「朝覲考察制度下の奏辯について」『和田博徳教授古稀記念明清時代の法と社会』、汲古書院、一九九三年。

第十二章　「明末の吏治体制における挙劾の官評に関する一考察」『九州大学東洋史論集』2、一九七四年。

第十三章　「明末官評の出現過程」『九州大学東洋史論集』8、一九八〇年。

第十四章　「明末寓訪の出現過程」『東洋学報』第62巻第1・2号、一九八〇年。

第十五章　「考察『八法』の形成過程㈠㈡」『九州大学東洋史論集』11、12、一九八三年。

第十六章　「朝覲考察制度の矛盾と貪官の態様」『九州国際大学教養研究』第六巻第二号、一九九九年。

第十七章　「嘉靖期の呉江県知県林応麒の『貪』官問題㈠㈡」『山根幸夫教授退休記念明代史論叢』汲古書院、一九九〇年、『九州国際大学論集教養研究』第一巻第一号、一九八九年。

尚、本書では、これらの原論文にほぼ全面的な修訂を加えてある。

あとがき

もうかれこれ十年ほど前から東洋文庫明代史研究会の山根幸夫先生より論文集出版の勧めと激励とを受けながら、生来の怠惰と雑務とが募り、実現できないままに時間だけが去り行くという情けない日々が続いてきた。今回やっと出版の運びが実現したのは、未だ不十分とはいえ、曲がりなりにも人治に基づく家産制的支配という明清期の専制集権官僚制に対する私の関心事を一通り素描し得たとの錯覚にも以た感触を得たからに他ならない。

今回の著書に収録した原論文一覧を見ても分かるように、私が官僚制の研究に精力を傾注できたのは、一九七〇年代の後半から始まって、一九八〇年代がささやかながらも最盛期であったと言える。

これらの期間を含む前後にわたって、私は今は亡き宮崎大学教育学部の山内正博先生、九州大学文学部東洋史研究室の唐宋時代史を研究された故日野開三郎先生、秦漢～六朝史の故越智重明先生や、教養部の明代史の江嶋壽雄先生、清代史の故中村治兵衛先生といった方がたにご指導を頂いた。このうち、日野先生退職後に着任された明清社会経済史の川勝守先生からは、ほぼ同年輩ということもあり、切磋琢磨の強烈な刺激の下に勉学させて頂いた。特に、大学院入学後の私は、近年『明代清初の女直史研究』（中国書店）を上梓された九大教養部（当時）の江嶋壽雄先生からは息の長い励ましと、ご指導とを頂いた。更に、江嶋先生のご依頼により、東洋文庫の山根幸夫先生主催の明代史研究会に入れて頂いて以後の私は、同先生には史資料の採取方から論考の諸側面に至るまで一方ならぬご指導を頂くと同時に、同研究会の諸氏からも時に辛子の効いたコメントを頂いた。今は、以上の諸先生方及び九大東洋史研究室の歴代助手を始めとした先輩・後輩の皆様、更には東京の明代史研究会の諸賢、学界先学諸兄姉の学恩に対して、深い感謝の気持ちで一杯であり、こうした心が持続できるように今後とも研鑽に努めてゆきたい。

尚、今回の出版にあたっては、山根先生及び、汲古書院の前社長坂本健彦・現社長石坂叡志の両氏より編集手続き万般にわたる助言とご尽力とを頂いたこと、更に編集の具体的作業では小林淳氏に多大なご苦労をおかけしたことに対して厚くお礼を申し上げたい。また、結語の中文要約の労を快く引き受けて頂いた九州国際大学法学部の芦益平教授（中国文学）にも深謝申し上げたい。最後に、編集後半の索引の作成では院終了後の十年間を経済的に支えてくれ、昨年三月に県立田主丸養護学校長を退職した妻昭代、及び九大院在学中の次女真理の手をまたしても煩わせてしまった。このことも終わりなき勉学の新たな出発と銘記したい。

二〇〇二（平成十四）年四月三日

和田正広

汲古叢書

1	秦漢財政収入の研究	山田勝芳著	16505円
2	宋代税政史研究	島居一康著	12621円
3	中国近代製糸業史の研究	曾田三郎著	12621円
4	明清華北定期市の研究	山根幸夫著	7282円
5	明清史論集	中山八郎著	12621円
6	明朝専制支配の史的構造	檀上　寛著	13592円
7	唐代両税法研究	船越泰次著	12621円
8	中国小説史研究－水滸伝を中心として－	中鉢雅量著	8252円
9	唐宋変革期農業社会史研究	大澤正昭著	8500円
10	中国古代の家と集落	堀　敏一著	14000円
11	元代江南政治社会史研究	植松　正著	13000円
12	明代建文朝史の研究	川越泰博著	13000円
13	司馬遷の研究	佐藤武敏著	12000円
14	唐の北方問題と国際秩序	石見清裕著	14000円
15	宋代兵制史の研究	小岩井弘光著	10000円
16	魏晋南北朝時代の民族問題	川本芳昭著	14000円
17	秦漢税役体系の研究	重近啓樹著	8000円
18	清代農業商業化の研究	田尻　利著	9000円
19	明代異国情報の研究	川越泰博著	5000円
20	明清江南市鎮社会史研究	川勝　守著	15000円
21	漢魏晋史の研究	多田狷介著	9000円
22	春秋戦国秦漢時代出土文字資料の研究	江村治樹著	22000円
23	明王朝中央統治機構の研究	阪倉篤秀著	7000円
24	漢帝国の成立と劉邦集団	李　開元著	9000円
25	宋元仏教文化史研究	竺沙雅章著	15000円
26	アヘン貿易論争－イギリスと中国－	新村容子著	8500円
27	明末の流賊反乱と地域社会	吉尾　寛著	10000円
28	宋代の皇帝権力と士大夫政治	王　瑞来著	12000円
29	明代北辺防衛体制の研究	松本隆晴著	6500円
30	中国工業合作運動史の研究	菊池一隆著	15000円
31	漢代都市機構の研究	佐原康夫著	13000円
32	中国近代江南の地主制研究	夏井春喜著	20000円
33	中国古代の聚落と地方行政	池田雄一著	15000円
34	周代国制の研究	松井嘉徳著	9000円
35	清代財政史研究	山本　進著	7000円
36	明代郷村の紛争と秩序	中島楽章著	10000円
37	明清時代華南地域史研究	松田吉郎著	15000円
38	明清官僚制の研究	和田正広著	22000円

著者紹介

和田　正広（わだ　まさひろ）

1942年　鹿児島県生まれ

1973年　九州大学大学院文学研究科博士課程修了、文学博士

著　書『中国官僚制の腐敗構造に関する事例研究』（修訂本）九州国際大学社会文化研究所、1995年。編著『中国伝統社会の歴史的特質 ―宗族・官僚・啓蒙―』中国書店、1997年

汲古叢書38

明清官僚制の研究

二〇〇二年七月　発行

著　者　和　田　正　広
発行者　石　坂　叡　志
整　版　株式会社　中台整版
印　刷　モリモト印刷株式会社

発行所　汲　古　書　院
〒102-0072　東京都千代田区飯田橋二-五-四
電　話　〇三（三二六五）九七六四
ＦＡＸ　〇三（三二二二）一八四五

ISBN4-7629-2537-3　C3322

STUDIES
OF
BUREAUCRACY
IN
THE MING, QING DYNASTY

By

Masahiro WADA

Kyuko Shoin

TOKYO, JAPAN

2002

CONTENTS

Conclusion

By Masahiro WADA

Section 1　The Ke–Ju 科挙 System

In Chapter 1, the features of the Ke–Ju system of the Ming period have been clarified on the following points.

The Ming period sheng–yuan; 生員 were registered at the governmental "school" established one for each local district. They were evaluated and conducted（tí–diào; 提調）by many local officers such as teachers in charge of education of the Confucian discipline or compulsory institution; yuè–kè; 月課, local commissioners in charge of school administration and conducting sheng–yuan behavior, and local educational officers; tí–xué–guan; 提学官 who evaluate the examinations of annual exams; suì–kao; 歳考 or quarterly exams; jì–kao; 季考 and the behaviors.

Accordingly, only a part of those sheng–yuan severely selected may apply for xiang–shi; 郷試 through the local commissioners with recommendation assured by officers from same country of their own.

Additionally, after the annual exams or quarterly exams, Ke–Ju sheng–yuan and suì–gòng; 歳貢 sheng–yuan expecting xiang–shi, ju–ren; 挙人 who passed xiang–shi and the ju–ren who apply for hui–shi; 会試 again, were provided with benefit; bin–xing; 賓興 such as transportation, gratuity and party by the local government.

Namely, the sheng–yuan who passed xiang–shi were referred to as "xiang–gòng 郷貢"（sheng–yuan recommended as jiang–sheng 監生 were referred to as "suì–gòng"）because of the institutional idea, by which the local government evaluated and recommended them; gong–ju; 貢挙 to the

central government; Li division; 礼部 at the responsibility of province; xiang level with great amount of grant-aid such as transportation, gratuity and the like while they registered and conducted them bound in the school administration by way of the evaluations by training of jing study (jing-xué; 経学) and examination, and of behaviors by education of decency.

In general, the sheng-yuan studying for Ke-Ju of Ming period, in particular for xiang-shi could not apply for the examination by recommending one's own person and freely. Although the Ke-Ju system adopted a self-recommendation form, it is considered that the system had a feature of institution of evaluation and recommendation by the political entity, which is on the extension of school examination controlled and evaluated by local officers.

In Chapter 2, the "judicial decision; pàn-yu; 判語" was described as a feature of the subjects of Ke-Ju system in the Ming period and the meaning of its introduction has been clarified on the following points.

In the early Ming period, T'ai-tsu, Zhu-Yuan-zhang introduced the judicial decision; pàn-yu; 判語 into the Ke-Ju examination, which brings in a verdict for a question and belongs to the law application. He excluded poetries; shi; 詩 and fù; 賦, putting literature aside as second-drawer and regarded morality as important. This was to prevent that Ke-Ju sheng-yuan for xiang-shi or sheng-yuan for gong-sheng and jiang-sheng, who were want-to-be bureaucrats would be influenced by a false sentence which might hide facts and fail to practice the Confucian ethic, not paying attention to the reproduction of peasants such as sericulture; nóng-sang; 農桑.

During the Ming period, "Lǜ; 律", which is an interpretation of true-

ness; law, was first introduced into xiang–shi in Hung–Wu 3. From the xiang–shi in Hung–Wu 17, "Pàn–yu (judicial decision)", which is a decision sentence meaning law application, began to be adopted in the exam substituting for Lǜ. Afterwards the judicial decision kept adopted for 304 years to K'ang–xi; 康熙 26 (1687). The judicial decision are recorded in the registered subject of xiang–shi and hui–shi as each schedule of Lì; 吏, Hù; 戸, Li; 礼, Ping; 兵, Xíng; 刑, Gong; 工 of The Ming law (Míng–Lǜ; 明律) superficially. In the early Ming period, the judicial decision of Ke–Ju was under a bias toward Xíng law; 刑律. This may be considered as a remainder of T'ai–tsu draconianism against the officers. After the mid–late Ming period, the judicial decisions were apt to ask on the matters of Li law; 礼律 (yí–zhì; 儀制), Lì law; 吏律 (zhí–zhì; 職制). From this, the attitude respecting an order of decency and personnel administration to treat with the situation of corrupted officers can be seen.

Frequently adopted in xiang–shi and hui–shi from Jia–Jing 嘉靖 to Wan–Li 万暦 during which the corrupted officers propagated were Li law; "Jìn–Zhi–Yíng–Sòng; 禁止迎送". And the content of this schedule of judicial decision was estimated from the case law description of the Ming period, which description was also a reference for the Ke–Ju. According to the description, the judicial decision are compose of from one hundred (100) to one hundred forty two (142) even letters. When we analyzed each clause which is a phrase in judicial decision, the total letter number consisted of an antithesis of eight (8) crotches,. In the front of the judicial decision "Jìn –Zhi–Yíng–Sòng" of pàn–yu, regarding the deviation or observance of Yíng–Sòng, a reason of decency is explained with some references of old stories of historical people. And in the latter, bad references of old stories and the punishment are declared after the admonition, which means a

provisional accusation.

In summary, it is found that the judicial decision Li law; "Jìn-Zhi-Yíng-Sòng" defines the judgment and decision regarding the declaration of suspicion and punishment abstractly, following the examples of good and evil of historical people who observed or deviated from the Yíng Sòng, under the judicial administration of bureaucrat, in a sentence format, consisting of an antithesis of eight (8) crotches.

A subject of judicial decision, "Jìn Zhi Yíng Sòng" was frequently adopted in xiang-shi and hui-shi during the period of Jia-Jing to Wan-Li. As a background for this, serious conflicts such that the critical words; 評語 (official critics; guan-píng; 官評 and studied description; kao-yu; 考語) of recommendation, condemnation and kao chá; 考察 by the local inspectors, so-called fu-àn; 撫按 who are the local government officers xún-fu; 巡撫, and xún-àn; 巡按 who had an equivalent authority of xún-fu in charge of ju-hé; 挙劾 and kao chá be made upside down with favor and bribery, were seen spread.

In Chapter 3, the provisions of Ke-Ju in the Sòng genealogical chart; Sòng-pu; 宗譜 were verified vegarding the social function of Ke-Ju. The result clarified a point that the function played a role of apparatus consisting a cultural background in the society where Ke-Ju bureaucrats in a broad sense from the Sòng family were consequentially driven into corruption at their posts. The process in which the provisions of Ke-Ju modified inducing donation for the officers in charge and gentries (from jìn-shi; 進士 to sheng-yuan) with a status of Ke-Ju is as follows. The gentry is described in cí-gui; 祠規 of the family tree of the Sòng-pu and the provisions of the plough for the poor; yì-tián; 義田 of the Ming period and Qing period. There certainly existed an objective circumstance, wherein

the provisions inducing plough donation; juan–tián; 捐田 and money donation; juan–jin; 捐金 by a voluntary serving spirit according to the moral decision "yì–ju; 義挙" which is a unwritten duty, from the early Ming period to the end of Qing period. However, during Hung–Wu of the early Ming period, the inducing provision of juan–tián appeared and after Wan–Li of the end of the Ming period, the provision inducing jì–tián 祭田 and yì–tián appeared. Finally during the Zhéng–Dé 正徳 of the early sixteenth century, the compulsory provision enforcing juan–jin appeared.

It was the gentry with position of all classes of Ke–Ju who were mainly enforced for juan–tián and juan–jin in the Ming period, while a promoted person, special correspondent and retired person and the like were added to those in the Qing period. The enforcement spread in the middle china (Nán–zhí–li; 南直隷, Zhe–jiang; 浙江); south china (Fu–jian; 福建, Can–ton; 広東) in the end of the Ming period; and in the middle china (Jiang–su; 江蘇, An–hui; 安徽, Zhe–jiang; 浙江, Jian–xi; 江西, Gui–zhou; 貴州), south china (Fu–jian), north china (He–nan; 河南, Shan–xi; 山西) in the late Qing peeiod. Among them the numerous increase in the middle china and the spread in the north china pulled an attention.

Also there were many provisions of juan–tián during Wan–Li and the same of juan–jin after the late Qing period. The amount of juan–jin was less than fifty (50) liang; 両 in silver at maximum for the officers except a case of one hundred (100) liang for the retired in the eighteenth century. The amount in the nineteenth century was in a range of ten (10) liang to one hundred (100) liang in silver for the xian governors, and there were cases up to two hundred (200) to three hundred (300) liang for du–fu 督撫 commissioners. The amount of juan–jin for the city officers; jing–guan 京官 were generally about the two thirds or half of the amount for local officers.

The provisions of compulsory juan–tián and juan–jin were adopted in the districts like Jiang–su, Zhe–jiang, An–hui, Jian–xi, Hú–nan; 湖南, Hú–bei; 湖北, Fu–jian and Can–ton, where the Sòng–pu incorporating talents and finances as essentiality propagated. These districts included economically advanced areas such as the middle china and the south china. However the provisions spread beyond the Sòng–pu area to the outskirts of the middle china and to the north china in the Qing period. This point is consistent with the fact that the number of gentry who passed the exams relatively decreased in Jian–nán; 江南 district which was salutatory in the end of the Ming period, while the districts of outskirts, south china and the north china complemented such decrease.

The severe competition for the examination presented a terminal of the Ke–Ju system. And the spread of the provisions of juan–tián and juan–jin which were affinitive with financing for the competition revealed a collective egoism by the Sòng–zu; 宗族. For example, after the late Qing period, the provision was adopted, by which the Sòng–zu claims for the return of the previous aid in a doubled amount after the aided person entered upon the office. The amount of juan–jin from xian governors to du–fu commissioners accounted for one to ten percent of bonus called yang–lián–yín–é; 養廉銀額 given other than small salary. Some provisions exacted juan–jin by forty percent of the bonus and the delayed payment would result in a collection including transportation and interest by the operative gatherers sent from the family.

If any bureaucrat in the Ming period and Qing period rejected a compulsory exploitation and being sour officers which was accompanied by juan–tián and juan–jin by the Sòng–zu only once, he would have been terminated with his social life being accused by his local family as a fool

who hurt the pride. If, all including the clean local xian governors to the emperor publicly recognized to assure a part of household budget including food and clothing of the Sòng–zu by donating lòu–gui; 陋規 collected at the process of taking an office as duty of bureaucracy, there was an intervened cultural necessity in the society, inevitable with a medium of Ke–Ju function in the corrupt structure of bureaucracy, which was presented in reprehensive novels rampant in the end of Ming period to the end of the Qing period.

Section 2　The Issue of Ke–Ju Status

In Chapter 4, the term "local gentry; (Xiang–shen 郷神)" described in the "Ming history; 明実録" in the end of the sixteenth century was studied, cutting the term half by xiang 郷 and shen 紳, analyzing it respectively and its meaning as a synthesized word was tried to be clarified through the lapse of time.

After the last year of the Hong–zhi; 弘治 in the beginning of the sixteenth century to the Zhèng–Dé and Jia–Jing, the terms such as xiang–shen and xiang–dà–fu; 郷大夫 which prefixed xiang; 郷 to the old names like jìn–shen–dà–fu; 縉紳大夫 (shì–fu; 士夫) appeared. The prefix "xiang; 郷" was used for the local district fractions; sheng, prefecture, province and hsien as a meaning of hometown. It is considered as reflection of hometown idea which was beginning to be recognized strongly by the bureaucrats at the time. The term "gentry; shen; 紳" found in use of local gentry and xiang–jìn–shen; 郷縉紳 has a broad and a strict meaning. The strict shen; 紳 is a term meaning only local officers; 郷官; the officer–experienced who are currently in charge or have retired. The broad shen; 紳 includes examples covering gentry and ju–ren who passed Ke–Ju, gong–sheng and

jian-sheng who should belong to the National University being possible to be appointed to office, and sheng-yuan who belongs to schools.

The broad terms xiang and shen covering all classes under the Ke-Ju system can be seen through the end of Ming period to the beginning of the Qing period with exception of general sheng-yuan classes. However, there is some timelag in the lapse of time for the start of use of the xiang-shen terms. That is to say, xiang-shen terms covering above classes of ju-ren began to be used from Chóng-zhen; 崇禎 of the end of Ming period; the terms covering above classes of gong-sheng and jian-sheng began to be used from the beginning of the Qing period; the examples covering up to sheng-yuan classes began to be used after the end of the Qing period.

In summary, the terms meaning "gentry" such as broad xiang-jìn-shen; 郷縉紳 and xiang-shì-fu; 郷士夫 covering from the officer-experienced to the partial sheng-yuan classes appeared from the Zhèng-Dé of the beginning of the sixteenth century to the early Qing period. The process of the aforementioned is considered to tell that after the very end of the Ming period, the classes from schools and Ke-Ju who had not been appointed to offices were taken in a broad xiang-shen category as notables and in a category of "shen-shì; 紳士" meaning gentry; shì (relevant to Chapter 5), that is a factual modification from shì to gentry under the class order in the local society.

In Chapter 5, corresponding to Chapter 4, a reason that sheng-yuan became called as "shen-shì" was pursued. Sheng-yuan were specially allowed to wear clothes with round york, big sleeves and without lining in an enormous kinds of classes under the Ke-Ju system beginning to be covered in a category of "gentry".

Anciently, the term "shen-shè" meant officers in charge. In the late Ming period, the term changed to the terms "shen and shì" ; a term "shen"

meaning the officeial-experienced, jìn-shi and ju-ren, and a term meaning "shì" such as gong-jian; 貢監, jian-sheng and sheng-yuan. However, the shì; jin; 衿 names in principle were sometimes referred to a category of shen in local societies in the end of the Ming period. In the Qing period, the terms shen and shì; shen and jin were official terms described in rituals and shì; jin meant gong-sheng, jian-sheng and sheng-yuan.

However, accompanied by the names in principle, shen and shì; shen and jin, presenting a class order enforced by the feudatory, the term "shen-shì" was seen appeared, including the Ke-Ju class above sheng-yuan meaning shen; shì; jin at the actual stages of the local politics which were described in official documents; 地方志, 省例, 公牘, 公呈, 文集 and the like during the Qing period in the early eighteenth century.

As a reason of appearance of "shen-shì", the legal courtesy by which pride and practical profit of gongsheng, jiansheng and shengyuan were assured with privilege, as they were expected bureaucrat candidates for the advocate of organization, such as clothes provision, excuse of lalor, deferrable tax and pride defending can be listed. Such legal courtesy was arranged by the years of Yong-Zhèng; 雍正 and Gan-Lóng; 乾隆.

In Chapter 6, the process that the ju-ren who passed xiang-shi in the Ming period, which qualification was for all their lives, formed a new status stratum as notables in the local society was verified. The ju-ren who passed zhou-shi; 州試 in the Sòng period was entitled with the qualification only once.

According to the verification, most of the Ju-ren who failed Hui-shi held once in three years during Hung-Wu and Yung-Lo in the early Ming period were Ju-ren jian-sheng attending the National University. But in the first half of the fifteenth century during Jing-Tai, the retrenchment

policy by the government made them as Ju–ren jian–sheng who return to their permanent place of residence. The Ju–ren jian–sheng reentered the National University depending on the vacancy situation for probationary clerk in the central government. During Cheng–Hua and Hong–Zhi in the late fifteenth to the beginning of sixteenth century, they were under the severe employment situation as it made them to wait to be appointed for more than ten years. This is because the number of tìng–xuǎn–jian–sheng; 聴選監生 waiting for the selection at the Lì division 吏部 increased because of jian–sheng increase and shortened training period. Most of the Ju–ren who had relatively a good chance of being appointed to office began to refuse reentering the University because of many limitations for undergoing the examination after taking his office and sought for the way out with qualification as ting–zi 梃子 in local society.

After the second half of the fifteenth century, the government frequently passed the Ke–Ju provisions regulating the Hui–shi examination against the Ju–ren who refused reentering and staying in their native area. They aimed to exclude political activities in local societies, preventing lowered quality of jian–sheng due to the increase of taxpaying jian–sheng; 納粟監生 and recruiting them as local officers.

In the first half of the sixteenth century, the Ke–Ju regulations were applied not only for the Ju–ren depending on their parents, but also for the same having not entered the University, who were increasing after the early Ming period, while the regulations were actually directed to the latter in the second half of that century. After Jia–Jing 27 (1548), the Ke–Ju regulations were directed to all of the above Ju–ren and the Ju–ren who failed each Hui–shi examinations. At the same time, they were very severe that Xun–an–yu–shi; 巡按御史 would punish officers guan–lì; 官吏 and xu–lì; 胥吏 in charge of compelling the Ju–ren to enter the National Univer-

sity. But the regulations were no longer functioning since most of the Ju-ren were residing in their local area.

In Wan-Li 33 (1605) of the beginning of the seventeenth century, the government changed its policy and did away with the previous regulations compelling Ju-ren to enter the National University and adopted new regulations for recommendations and evaluation allowing them to stay in their local area. These new regulations had not been functioning until the end of Ming period.

The process of the Ke-Ju regulations becoming a deadletter meant that the government, by the contradictory institution of itself, made the status; academic degree of ju-ren fixed as notables in local societies and allowed new feudality stratum formed in the local feudality to be established.

In Chapter 7, the process, in which the ordinance (zé-lì; 則例) of the privilege of exemption from service, ju-mien; 優免 by the class differences from city officers to xu-lì, modified was studied. The result verified that the amount of exemption was different from the principle regulated for ju-ren by the government and that the management provision for the exemption decided at the local political stage in the end of Ming period provided ju-ren with much higher status of privilege, academic degree than that of jian-sheng and sheng-yuan from schools.

The Ju-ren who had not been appointed to office were exempted from labor service of rén-ding-èr-ding; 人丁二丁; treated same as jian-sheng after Zhéng-tong; 正統 10 (1445), the year the jun-yáo-fa; 均徭法 was constituted and as ju-ren after Hon-zhi 7 (1494) with increase of the ju-ren staying in their local areas. The standard of yu-mien was modified

from rén–ding to tián–liáng; 田糧 or to only tián–mu; 田畝 corresponding to the change of the standard of labor imposition, while the amount for the ju–ren was still two rén–ding.

In Jia–Jing 9 (1530) when the i–t'iao–pien–fa; 一条鞭法 was constituted, the standard of exemption changed to liáng–shí; 糧石 and rén–ding; 人丁 corresponding to the standard of labor imposition. The amount of exemption for the ju–ren was added with two liáng–shí other than rén–ding–èr–ding same as teachers, jian–sheng and sheng–yuan, by which addition the amount of the ju–ren exceeded that of xu–lì (one liáng and one rén–ding) for the first time.

The uniform regulation ordinance for the development of land accumulation in Jia–Jing 24 (1545) caused the officers with increased amount of exemption by liáng and ding; 糧 and 丁, while that of the ju–ren was still same as previous. In Wam–Li 14 (1588), the commutation of liáng and ding for tián–mu which antecedes commutation of liáng and ding, and the amount of liáng was authorized with the development of i–t'iao–pien–fa of labor after the last year of Jia–Jing. As a result, the amount of exemption substantially changed to plough. However, to the contrary that the amount of exemption for the pin–guan; 品官 exceeded that of the ju–ren for the first time, the rate of liáng and ding were decreased under the pin–guan and the amount of mien–tián; 免田 of the ju–ren (44mu) was still same as that of jian–sheng and shengyuan.

However, after Wàn–Li (1573 to 1620), the reformation trial of jun–tián–jun–yì–fa; 均田均役法 for the remaining labor part with heavy charge due to abuses such as gui–jì, 詭寄 and làn–mien; 濫免 or the like was carried out in the five cities of Jiang–nan. With this reformation, yu–mien, usually not applied to village to village mayers; li–jia–zhèng–yì; 里甲正役, was applied extendedly according to the yu–mien of zá–yì; 雑役 accompanied

by that of zhèng–yì. The rén–ding was cancelled for the standard of yu–mien and only tián–mu remained. The management provisions (or private idea) of yu–mien according to the agreement of officers; guan–yuan; 官員 and gentry still reflected class discrimination by their derivation such as Ke–Ju or schools and the like. The amount of mien–tián for the ju–ren not yet appointed to office (1500 to 1000 mu) had increased 20 or 30 times as much as that of the original rules of yu–mien and they were accorded pin–guan treatment.

In summary, the unappointed ju–ren (Chapter 6) emerged as a major object of service law reformation, being incorporated in the li–jia of guan–hù; 官戸 in the Jian–gnan society in the end of Ming period, and exasperating conflicts among classes by nominal land accumulation. They were guaranteed much higher status than that of the stratum of sheng and jian, being from Ke–Ju (ke–jia 科甲), under the management provisions of yu–mien decided at the stage of local politics as products of political dynamics of both the government power, represented by guan–yuan and the gentry.

In Chapter 8, the behavior in number of those with academic qualifications and officer experiences via schools and Ke–Ju in the family trees of bureaucrats during the Ming period was analyzed from the registered subject of ju–ren and jìn–shi with consideration of the limitation of individual source. And the successive face of the family trees of bureaucrats based on the Sòng–zú was estimated.

For example, when the class list of the Ju–ren who passed the exams in the Ming period was analyzed, in three generations ascending the person, not only direct descents but also Hù (A') of the Ke–Ju class including collaterals, Hù (B') of the guan–yuan experienced, and Hù (A'+

B') of the bureaucrat system showed an extremely high proportion of successive generations respectively. Also, the successiveness of generations was counted including its collateral for the Sòng-zú. Additionally, the yu-mien of yao-yì was succeeded for years even after the person's death. Especially in Jiang-nan, any direct and indirect family was included under the exemption privilege in fact generally.

With a support showing the succeeding family trees of Ju-ren described as above, Hù (A) of the Ke-Ju class analyzed from the class list who passed the Jìn-shi composed only of a direct family, Hù (B) of the guan-yuan experienced, and Hù (A+B) of the bureaucrat system could be considered as showing a further increased proportion of the succeeding generations respectively, with consideration that the gentry came from a base meaning guan-yuan and qualifications of academic and Ke-Ju based on the Sòng-zú including their collateral families. This can be understood as a succeeding face in the family trees of bureaucrats from schools and Ke-Ju in the Ming period.

In Chapter 9, the reason of corruption among local officers in the Ming period was sought in a complete status system particular to the Ming period dynasty wherein the advancement was blocked for local officers because the post (que; 缺) was fixed by their qualified classes. At the same time the meaning of the policy easing supermacism of qualification in the Qing period, which is contrary to that of the Ming period was studied.

By the study, after the middle of the Ming period, those who were qualified for different levels from schools and Ke-Ju such as jian-sheng, gong-jian-sheng and ju-ren, were discriminated on taking their local offices by mean custom in bureaucracy which palces an emphasis disproportionately on Jìn-shi, descending with their hopes for promotion cra-

shed.

For example, if we examine the percentages of the district offices including that of magistrate held by each of the different levels of candidates as this is noted in the lists of officers in the local gazetteers and compare these percentages with the corresponding percentages for the Qing period, we find that during the Ming period each level of candidates occupied a fixed level of the local bureaucracy. Especially in the case of the post of magistrate the Ming period Jìn–shi were treated preferentially in that they occupied a disproportionately large part of the important magistracies with high income, fán–que; 繁缺.

In contrast to this, the percentage of jìn–shi of the Qing period with high income was relatively low and comparable to that of the ju–ren, gongsheng and jiansheng under the system called wài–bu; 外補 of advancing from lower district posts to the magistrate. Further in the Qing period, broad application from various qualifications from the rank of sheng–yuan was actualized for the posts of magistrate of each class from xian governors to du–fu commissioners.

This shows an outcome of policy with an intention of cleanup guaranteeing possibilities of advancement to holders of local office, while retaining a kind of status system by qualification for the posts of lower district offices like assistant; zuo–èr; 佐弐 and zá–zhí; 雑職.

This also means that the ju–ren, gong–sheng, jian–sheng and sheng–yuan became evaluated in the society relatively highly compared to jìn–shi. And it is considered as it affected the social situation wherein the various stratums ranging from the guan–yuan experienced to classes of jìn–shi and sheng–yuan or the like became referred as “gentry” in the block in the formation of the gentry stratum (See Chapter 2).

Section 3 The Rating System of Bureaucrats and Their Corruption

In Chapter 10, the process of establishment of the rating system was studied the points considered as it was the anti corruption policy that a major reason of incorporation of the rating system zhao–jìn–kao–chá; 朝覲考察 were verified.

The Chinese traditional rating of bureaucrats was called kao–man; 考満 in the Ming period. The kao–man was established in October of Hong–Wu 洪武 14 (1381), which was after the establishment of the Ming period despotic monarchy accompanying the institution of li–jia system in the New Year of the same year. With the chù–zhì; 黜陟 for local officers by kao–man having rating elements of honor; cheng–zhí; 称職, average; píng–cháng; 平常 and failure; bù–cheng–zhí; 不称職, there were punishment like degradation, relegation or the like, while most of them including bù–cheng–zhí escaped being removed terminally.

In the contrast to this, a new kao–kè; 考課, kao–chá; 考察 was added in Hong–Wu 11 (1378) to the system of zhao–jìn by which local officers called bù–zhèng–si; 布政司, àn–chá–si–guan; 按察司官 and fu–zhou–xiàn–guan; 府州県官 come to the central city to be received by the Son of Heaven in audience. However the treatment of kao–chá was limited up to the sanction in rules. Then, at the zhao–jìn kao–chá of the New Year of Hong–Wu 18 (1385), in addition to the three class chù–zhì by kao–man, the subjects of punishments equivalent to the removal such as "tan–wu 貪汚 and tà–róng 闒茸" and the like (comprehensive rating element) were introduced. At this time, three hundred fourteen (314) officers were removed, which number corresponded 7.7% of more than four thousand (4,000) zhao–jìn officers. As the background for this, there was an objective situation of social economic of the recovery and development of

productiveness accompanied by the establishment of reproduction of peasants and of the increase of plunders by officers. Shortly, the exemption provisions of kao–chá functioned as an institutional security to exclude the corrupted rather than plunder.

For example, the rating element of kao–yu; 考語 set forth in the grade book called; jì–qiao–tú–cè; 紀功図冊 to be reported to the central government at the zhao–jìn set high price on expansion of population; hù–kou; 戸口 and plough; tián–gong; 田土, and on the complete cultivation until Hong–wu 9 during the recovery process of reproduction by peasants. However, said rating element after the constitution of li–jia system in Hong–wu 14 by the establishment of reproduction began to evaluate the clean capable officers but not the corrupted and dirty officers who exploit tax and service out of bounds. These rating elements were collected in the "dáo–rén–xu–zhi; 到任須知" which include 31 subjects such as tax levy, judgment, cultivation, order and the like.

In general, the anti–corruption policy by Tai–tsu was actively promoted from and after Hong–wu 20 (1387) when the salary system constituting the financial guarantee of kao–kè was established. This is considered to have affected a series of scandals. However the anti–corruption policy was arranged at most in the zhao–jìn kao–chá system. The policy also was represented by the punishment executed in the year 18 of the era, the responsible rating ordinance by local commissioners of each class in order to clear the corrupted and dirty officers issued in the year 23, and further in the memorandum called "zhu–si–zhí–zhang; 諸司職掌" including the provisions of rating in order published in the year 26.

Any political activity in which a local officer, removed under the zhao–jìn kao–chá of the Ming period, would claim a petition against the

treatment and for reappoint was banned. In Chapter 11, the meaning of the above was verified.

The interdiction against local officers was adopted in code book in the Hong–zhi era 8 of the end of the fifteenth century. This was to treat with gradual increase of the appeal; zóu–biàn; 奏弁. However the appeal became common even after that and in Jia–Jing 24 (1545), a new act directed to the degraded other than the removed but the appeal did not stop. There was a case of appeal a bureaucrat himself claims against the blot in his career. The emperor took action to ease the interdiction because the ratings by the department of kao–chá and ju–hé reported from fu; 撫 and àn; 按 to bù; 部 and yuàn; 院 were misidentification, and because the punished who was objectively faultless took action to exculpate from charge, seeking his reappoint. The easing action for interdiction was issued in Hong–zhi 6, Jia–Jing 14 and 17 and the way to be reappointed turned breakthrough. The background for this was as follows. The report by fu and àn was based on the affection or rumors. The kao–chá authority had to depend on said report; Kao–yu which was officer rating. They were motivated by their own self–interest and could not rightly evaluate the officers who came for zhao–jìn, which led many to be wrongly punished with the spread of kao–chá conflicts.

In Chapter 12, a phase of relationship of xiang gentry with the situation in that the official critics; guan–píng (Chapter 13) meaning critical words of recommendation, condemnation; ju–hé which was the commission by fu and àn modified after the latter half of the Ming period was verified.

During Jia–Jing of the second half of the sixteenth century, the ju–hé by fu and àn was according to the idea of self–saving with consideration of promotion of fu and àn. That was to accommodate the senior officers

well, while accommodating the lower officers at the minimum extent only not to be resented. Thus they patronized the senior officers such as si; 司, dào; 道, zhi-fu; 知府 and the like very well but condemned the lower officers such as tong-pàn; 通判, xiàn-chéng; 県丞 and the like only little. Their commission was so unfair as described above.

Si and dào were to send guan-píng; kao-yu of kao-chá and ju-hé to fu and àn. Zhi-fu and tui-guan; 推官 were to send guan-píng to si and dào. The local officers; fu-zhou-xiàn-guan were to be given critical words by zhi-fu. All of them followed a current to adulate fu and àn once they knew the modification of the commission by fu and àn as leaving affairs, being absorbed in welcome and send-off.

On the other hand, si and dào were to send the critical words; guan-píng of the evaluation for the positions under zhi-fu to fu and àn. The middle managers like zhi-fu were to send guan-píng of the local officers; fu-zhou-xiàn-guan to si and dào. They paid compliments to guan-píng and formed an alliance with tui-guan and zhi-xiàn in an obsequious attitude since tui-guan and zhi-xiàn (both 7 pin) had possibilities of being officers of ka; 科 or dào; 道 jian-chá; 監察 bureaucrats in the future. However, during the period of Jia-Jing to Wan-Li, with the accelerated corruption of political ethics, tui-guan and zhi-xiàn did not rely on si, dào, zhi-fu entirely. Instead they formed an alliance with fu and àn who were authorized to evaluate guan-píng directly at the last point. Thus the guan-píng, has modified, being influenced by favor and bribery. As guan-píng represented by fu and àn modified, the transmittance of guan-píng stopped functioning by way of si and dào or of zhi-fu and tui-guan. Accordingly the news source of guan-píng became provided by other civilian routes; wo-fang; 窩訪. The wo-fang was an illegal group (Chapter 14), specialized in searching and distributing information with skills, in asso-

ciation with xu-lì and yá-yì; 衙役 who were sent to offices by the local gentry, mainly with experienced zào-lì; 皂隷 and wú-lài; 無頼 who changed from yáo-yì 徭役 to yá-yì after the middle of the Ming period as major members. In Jian-nang where the political situation and social order were in chaos from the end of the Ming to the early Qing period, the wo-fang was active prominently. Thus the guan-píng of the period also had a character as a result that the family of local gentry had relationships with the wo-fang.

In Chapter 13, first it was clarified that the term guan-píng meant kao-yu in a strict sense and in a broad sense, critical words; ping-yu 評語 of kao-kè in the kao-kè system of the Ming period composed of three factors; kao chá 考察, kao-man 考満 and ju-hé 挙劾. After that, the reason that guan-píng emerged was verified by the process in which the function of visit by fu and àn transformed.

The emerge of guan-píng in Jia-Jing was subject to the situation that the visiting commission of fu and àn became a deadletter. They made a visit to the local areas in order to test the kao-yu of the district officers reported by the local officers.

Next, the visit transformed because the visiting objects regulating the content of kao-yu changed as follows. First, the visiting objects in the first half of the Ming period were directed to the aged villagers placed to reflect the consensus of common peasants, in charge of cultivation in local villages under the li-jia system. However the kao-yu of them during the years from the years of Xuan-Dé; 宣徳 to Jin-Tai; 景泰 in the first half of the fifteenth century, no longer reflected any consensus. Thus, after that to Jia-Jing of the first half of the sixteenth century, a principle idea that the kao-yu should be collected from common peasants in a broad range

instead of from the old villagers became emphasized.

During the period of Zhèng-Dé, Jia-Jing to Wàn-Li (1506 to 1620), the activities inducing promotion within and without the country made the bribery active in accordance with the development of circulation of silver. The local officers of all classes filled the evaluation ping-yu of political accomplishment of each other with compliments so that they would pass the kao-kè, precondition for promotion, which made the visits by fu and àn nonsense.

It was a crisis for fu and àn to perform their duties and had to obtain the information regarding the political accomplishment of officers from zào-lì who became yá-yì from peasants or the like. The yá-yì already knew the problems on their visits, in association with xu-lì and wú-lài, organized a wily group of wo-fang (Chapter 14) that search and distribute information. They formed alliances not only with fu and àn but also with you-si; 有司, which resulted the situation that kao-yu of local officers became modified being substantially operated by yá-yì. There was also local gentry behind xu-lì (Chapter 12).

After all, the officialese was created after the middle of Jia-Jing when the visiting objects changed under the following situation. The kao-yu became a deadletter due to the conflict of the visits, which was a disjunction between the kao-yu obtaining principle called guan-xún-bó-fang; 広詢博訪 and its actual condition of deviation; pian-ting; 偏聴. In that process, the officers in charge of kao chá and ju-hé of central and local districts were compelled to create officialese to make modified kao-yu of their evaluation look authorized.

In Chapter 14, the reason that an illegal group, appeared in the process

of declination of political institution and of social order was analyzed. The wo-fang was conducting businesses violently such as searching and distributing political information with zào-lì and the like as its major members, who were originally official yá-yì.

The official zào-lì started becoming yá-yì during Zhèng-tong. Their becomings were promoted during Cheng-hua; 成化 to Zhèng-dé and finally emerged during Jia-Jing to Wan-li. It was when the provision of punishment for their illegal plunders was issued. First, the local officers who planned plunders under the development of silver circulation misappropriated out of bounds against the rich with a number of organized zào-lì. Thus, the power gap below the class of zào-lì went; (ke-pài; 科派) to the poor so that they ran away, losing their jobs, becoming gypsy-like peasants. Some of them were employed at the offices while the others ran for làn-zeng-jì-shí; 濫増寄食 out of bounds becoming yá-yì under the situation that the shift system was ignored.

The zào-lì who became yá-yì conducted businesses for the local commissioners, arresting the accused, shopping for the commodity for officers, reminding of tax and service and the like. At the same time they were practicing the illegal plunders in association with the local commissioners and xu-lì.

On the other hand, the local commissioners of each class guaranteed a promotion for each other and reported information and kao-yu which were mostly lies to fu and àn. The development of silver economics after Jia-Jing, and the favor and bribery by disproportionate qualification in offices were made a medium for that. The fu and àn should inspect and arrest the corrupted officers and local bosses (háo; 豪) by their visits, but such visit was on the verge of being a deadletter (Capter 13). The mob; called hén-mím; 横民 of wo-fang with yá-yì including zàolì and the like as

major staffs formed the alliances with fu and àn, providing them with political information, intervening the conflicts of visit.

The organizations of wo-fang in Jiangnan and in Hú-guang; 湖広 during Wan-Li were composed of xu-lì and zào-lì in charge from the refugees and the poor, sent by the bosses háo, who were derived of zào-lì having become yá-yì. They were familiar with the public powers such as xu-lì; senior officers of fu and àn, wěi-guan; 委官(tui-quan; 推官) of the same. They searched for the information regarding kao-kè of the local officers and behaviors of the gentry and masses. Then they distorted the information according to the convenience of plunders for tax and judgment, by which they intended to complete the concession. For example, some of wo-fang conducted various businesses such as violence, preparation of petition, information search, documentation, controlling thieves under the command of bosses like local baron; gong-háo; 土豪. Even an illegal gang consisting of more than one thousand (1,000) members appeared.

In Chapter 15, the following points were clarified. The corrupted local officers promoted the bankruptcy of li-jia peasants. Their corruption began during Zhèng-tong, gradually increased during Hong-zhi and Zhèng-Dé. And it finally emerged in Jia-Iing. Being corrupted meant that the officers took part in dirty jobs including illegal exploitation and bribery abusing their local power of collecting tax and service. Especially after Jia-Jing, the financial sources despoiled by the corrupted officers were distributed as bribery to fu and àn, bureaucrats of Lì division, ke-dào-guan; 科道官, gentry above the class of suì-gòng-jian-sheng; 歳貢監生, the gentry including the retired local officers and the officers of minister level who could interfere the power of the Lì division.

As a result, the duty of fu and àn to recommend or condemn the local officers became a deadletter. At the same time, the capable officers who were good at managing the accidents and the stockpile; bèi-huang; 備荒 were not properly evaluated, while the lazy officers, who strive only for the welcome and send-off with bribery, were exempted from the punishment at the zhao-jìn kao-chá in Bei-jing. This kind of conflicts was common. This can be seen from the analysis results of the ju hé by fu and àn and of gleaning disposal of ke-dào. The eight laws studied here were the subjects composed of eight elements of general rating, continuously forged through the process in which the punishment as a conflict of kao chá was eased.

When the process of eight laws; kao chá being constituted was studied with measuring of the punished, there were two stages at which the following subjects were established; until the Zhèng-tong were the subjects such as "lao; 老 and jí; 疾" ; "zhì-shì; 致仕" meaning compulsory retirement and degeneration down to the common people, as well as "tan; 貪, kù; 酷, zài-táo; 在逃" which is "wéi-min; 為民". After Tian-Shùn; 天順, Cheng-hua, and Hong-zhi were the subjects such as "bà-ruan; 罷軟 and bù-jin; 不謹" ; "xián-zhù; 閑住" meaning escape of being amoved and sticking to the official posts and "bù-jí; 不及, fú-zào; 浮躁" which is "diào-yòng; 調用". The trace of easing the punishment for the subjects was recognized at all stages.

Especially during Zhèng-Dé, Jia-Jing, Lóng-Gìng; 隆慶 and Wan-Li, various easing conditions were created such as "jiàng-diào; 降調", "gai-diào; 改調", "gai-jiào; 改教" other than "diào-jian; 調簡" in the subjects of punishment "bù-jí". This process is understood as follows. The corrupted stratum designed to be exempted from the provisions prohibiting reappointment applied for the punished under the eight laws including "bù-jí",

"fú–zào". They were supported by the personnel offices such as Lì division and Lì department of the central government with the consensus of the bureaucrats who desired for promotion and being rich; fa–cái; 発財. Thus they stayed in more magistrate posts of officers, expecting for promotion and advancement, responding to the popularity; yú–wàng; 輿望 and investment from the Sòng–zu. After all it was understood as the process that the corrupted actualized their contemplation of power conservation(Chapter3).

In Chapter 16, the following points were clarified. In the latter half of the Ming period during the sixteenth century to the seventeenth century, the Lì division and the organizing directors; dou–chá–yuàn; 都察院, and fu–àn of each department who played roles in zhao–jìn kao–chá, evaluated the merits of local officers. In the description of evaluation, there could be pointed out the disunity or ambiguity regarding the rating elements and their class details, and the rating standards. As a background for this, there was a reasonable possibility where the ratings based on the affection such as favor and bribery would incubate. It was because the disposition of the controlling senior officers of kao–kè was granted at maximum and such ratings were to exclude substantially the rating standard system, which sought for the extreme justice of "zhì–gong; 至公" in a master attitude conscientious; cao–shou; 操守 of virtue; rén–zhì; 人治, feeling responsible for the personal quality as the vicarious (parental officers), according to the rating elements such as capability; cái–gàn; 才幹, political merit; zhèng; 政 etc. or to the grades like the fifth grade or the fourth to eighth grade.

Also, studying the actual result of kao–chá under the zhao–jìn–kao–chá "朝覲考察" showed that the local officers and many other officers

mainly from jiansheng and xulì were punished some in a group consisting of more than one thousand (1,000) respectively. On the ther hand, with magistrate posts; que occupied by the stratum of jìn-shì and ju-ren, the senior officers above zhi-fu were not many punished by kao-chá with the number punished less than one hundred (100). Even if they were truly corrupted, it was still possible that they may remain in their posts, in virtue of discretion of kao-chá(Chapter15).

On this point, even when the merit evaluation of the local officers; xiang-píng; 郷評 which is found in the record of níng-zhou; "níng-zhou-zhì; 寧州志" in Jia-Jing was verified simulating with guan-píng, the lower an official grade descended, the higher the corrupted proportion rose in níng-zhou. This reflected the conflicts of kao-chá that it was impossible for fu and àn to justly evaluate to assure the promotion, due to the interference of favor and bribery, unable or even able to obtain certain information regarding conscience; cao-shou and political merit which were the rating elements for the merit of local officers, under the limitation of qualifications of officers determined by Ke-Ju or schools and guan-ping(Chapter9,12). Among such conflicts of kao-chá, the local officers lower than the class of fu-zuo; 府佐 who were broken with their hopes of sheng-guan; 昇官 and fa-cái. Accordingly they inevitably fell to be the corrupted officers, supported by the request by the Sòng-zu, at the offices where they should treat with the local politics such as tax, judgment, police action, education and the like(Chapter3).

In Chapter 17, in the middle of Jia-Jing, Lín-Ying-Qí; 林応麒; xian governors of Su-Zhou-Fu Wú-Jiang-Xian Zhi-Xiàn; 蘇州府呉江県知県 was condemned as greedy; "tan-kù; 貪酷" by xún-jiang yù-shi 巡江御史.

With respect to the truth of it, by the trial process of impeaching judgment continued for years, he was verified as clean capable officer and by such verification, the existence of conflicts of ju–hé and kao–chá at the time was relieved.

Lín–Ying–Qí made a decision against the rich; dà–hù; 大戸 which was villain; jian–hù; 奸戸 of “mai–mien; 買免”, who hunted after jin–hua–yìn; 金花銀 escaping tax duty of more than 50,000 mǐ–shí; 米石, disguising their fertile plough as infertile due to the plague, to pay forfeit of (每二石准銀一両). These tax–dodgers included háo–yǒu; 豪右 other than the stratum of dà–hù and liáng–cháng; 糧長. The government by the relatives of jian–sheng–shi–bì; 監生史壁, children of jìn–shen–shi–chén; 縉紳史臣 earned in the process that they evaded paying taxes by disguising fertile plough as infertile in association with the stratum of dà–hù and liáng–cháng, hunted for jin–hua–yìn (mai–huang; 買荒, si–mai; 私買), and sold the disaster plough to the poor via zong–shu; 総書. The punishment of forfeit against the goverment conducted by Lín–Ying–Qí was objected by them, and resulted in accusation to the xún–jiang yù–shi in September of Jia–Jing 17.

Lín–Ying–Qí was impeached as a corrupted officer by the misconduct of ju–hé by xún–jiang yù–shi, but through the trial process it was cleared that he was not guilty. In the situation of the conflicts of ju–hé being serious, the trial of Lín–Ying–Qí continued for years because of the motivation found in the bureaucracy of emperor which continued until around the Jia–Jing 26 and the fact that the zóu–biàn claiming against the kao–chá was specially accepted in Jia–Jing 14 also supported(Chapter11).

『明清官僚制之研究』

和田　正廣　著

第一篇　科學制度

第一章　關于明代科舉制的性質、有以下清楚的論述：

明代府州縣各設一所官辦“學校”、其在籍生員、要受到擔任儒家規範素養課、必修月課的教師、府州縣管理學校行政和生員品行的有關官員、以及進行歲考、季考、品行評定等被稱爲提學官的多重審核、管轄。

由此可見、那些生員之中、得到同鄉出身官僚的保舉、經過地方長官的篩選、最後能够辦理鄉試手續的、不過是嚴格審查後、所剩下的寥寥少數人。

經過歲考、季考後、准備參加鄉試的科舉生員、歲貢生員、鄉試合格的舉人、會試再考的舉人等、由地方政府支給旅費、並予以祝賀、設慶宴款待。

鄉試合格的生員、被稱作“鄉貢”（作爲監生推薦的生員稱歲貢）、地方政府對他們進行學籍登錄、基于禮教秩序的品行評定、並進行經學研修、考試。在加以學校行政嚴格管束的同時、又給予優厚的旅費、祝賀禮儀等公費贊助（賓興）。由此可見、省至鄉一級的責任、是向中央政府（禮部）評定、推薦生員（貢舉）、這是一種制度化、理念化的產物。

概括地說、明代的科舉、特別是有志于參加鄉試的生員、並不是依照自己的意思、自薦、自願參加考試的、科舉（鄉試）即使是履行自薦的形式、實際上要經過地方官的多重管理、評定、它只不過是學校考試延長綫上的作爲由國家評定、推薦的一種制度的某一環節罷了。

第二章　明代科舉制科目的顯著特征是、在科舉考試中、采用“判語”。其采用的意義、有如下諸點：

明代初年、太祖朱元璋下達命令、案件的裁判、也就是用于法的判語、要排除詩賦、文藝能力次之、重視德行。這是爲了顧及以農桑爲主的小農經濟的再生

產、防止那些准備參加鄉試的生員、以歲貢監生爲目標的生員、他們隱瞞事實、文過飾非、懈怠儒家倫理實踐的弊端。

在明洪武三年的鄉試中、律義、即解釋法的“律”首次導入。洪武十七年的鄉試、具有法律意義的判決文句“判語”、代替律義、開始出題。判語、從此比後、直至康熙二十六（一六八七）年爲止、綿亘三百零四年、一直采用。在鄉試、會試的登科錄里收錄的判語、涉及明律的吏、戸、禮、兵、刑、工等各條目。明代前期的科舉判語、出題率偏重于刑律、這是太祖對官員實行嚴罰後遺留的痕跡。明代中葉以後、判語的出題率、禮律（儀制）、吏律（職制）、占有較高的比例。從中可以窺見當時如何以重視禮教秩序、人事行政的姿態、來應對官僚的情景。

在官僚腐敗日趨嚴重的嘉靖至萬曆時期的鄉試、會試中、禮律“禁止迎送”這一判語條目頻出。其具體内容、從參加科舉考試的參考書＝明末的律例解説書中、可以推斷。從中、我們可以了解到、判語的總字數爲一百至一百四十二字、由偶數構成。句子依節停頓、八股對句組成。判語“禁止迎送”的前半部分、關于脱離操守、或者堅持送迎之禮的、借用歷史人物故事、説之以禮法之理、後半部分、則以反面教訓爲例、進行訓戒、也就是擬定罪狀、宣布處罰。

簡而言之、禮律“禁止迎送”、所謂判語、是在官僚司法行政中、繼引用有關遵守或擺脱送迎歷史人物的正反例證之後、表示裁決、判斷、以對句構成的八股駢文體裁寫就的文辭。

還有、在嘉靖至萬曆年間的鄉試、會試中、判語條目“禁止迎送”頻繁出現的背景、是因爲作爲省級長官的巡撫、以及與巡撫職權相當、擔任舉劾、考察的巡按御使、即所謂撫・按、他們的薦舉、彈劾以及考察的評語（官評、考語）並非根據實際情況而定、而是由于收受賄賂、本末倒置、這種矛盾越來越深刻、越來越擴大的結果。

第三章　關于科舉的社會機能、考察宗譜里與科舉相關規程的結果、可以清楚地發現、由族内出身的廣義的科舉官僚、他們在任上、必然陷入腐敗、這一社會文化背景的形成、其溫床正是這些有關章程規定。

在明清時代的族譜、也就是宗譜的祠規、義田條規里、有促使現任官、具有

科舉身份的紳士（進士至生員）捐贈的科舉條規。其變化過程如下：根據不成文的所謂基于道德判斷、主動奉獻精神的、所謂“義舉”形成的促使捐田、獻金的章程、從明清到清末、始終可見。具體來說、在明初洪武年間、有了獎勵捐田的章程、明末萬曆以後、有了獎勵提供祭田、義田的規定、到了十六世紀初葉的正德年間、終于出臺了強制獻金的義務規定。

強制捐田、獻金的主要對象、明代是各級科舉的有資格者＝紳士和現任官僚、清代則加上昇遷者、特命使臣、退官者。其地域之廣大、明代可見于華中（南直隸、浙江)、華南（福建、廣東)、清代後期可見于華中（江蘇、安徽、浙江、江西、貴州)、華南（福建)、華北（河南、山西)。華北地區數量的增加、並波及華北、爲史家所注目。

還有、萬曆時期、捐田的規定很多、清代後期、獻金的規定更多起來了。其數額、十八世紀時期的獻金額、除一品退官者、納銀一百兩以外、京官和地方官的最高額是銀五十兩以下。十九世紀時期、知縣納銀十兩至百兩、督撫則有的上昇到銀二、三百兩。京官的獻金額、一般來説、不足地方官的三分之二、大約一半左右。

強制規定獻田、獻金出現的地區、盛行將人材、和財源作爲必要條件編入宗譜的、包括江蘇、浙江、安徽、江西、湖南、福建、廣東等華中、華南等經濟發達的大部分地區。上述規定、清代突破宗譜盛行地帶、向華中邊境擴大、直指華北地區。符合此規定的紳士人數、明末躍進的江南地區的比例、相對後退、後退部分、由邊境地帶、華南華北地區等補足。

科舉體制末期癥狀的主要表現是激烈的考試競爭。爲此而調整財源、修改内外關係、擴大捐田、獻金、由宗族而生的利己主義顯現出來了。比如、清代後期、出現了本人任官後、要加倍償還以前援助額的規定。由知府到督撫的獻金額、只占俸給以外任地補貼＝養廉銀額的百分之一至十的比例、其中、也有強制獻金百分之四十的。並規定、如逾期交納、則由族内派專人征收、旅費祭利息也一並納入。

明清的那些官僚、對于宗族的捐田、獻金、以及與此相關的搾取、勒索、貪汚、腐化等要求、哪怕是只拒絶一次、他們就會立刻遭到鄉黨族人中、那些所謂

要面子的蠢人的非難、集中炮火式的攻擊、把自己置身于仕途毀滅的環境之下。

第二編　科舉身份問題

第四章　關于十六世紀《明實錄》里的“鄉紳”一詞、通過將“鄉”、“紳”分解開來、逐一分析、得以了解其詞語的含意、是隨着時代的推移、漸漸明確的。

從十六世紀初的弘治末開始、到正德、嘉靖年以後、由自古以來稱呼的縉紳、大夫（士夫）等、以“鄉”冠之、出現了之鄉縉紳、鄉大夫等用語。冠之以“鄉”、即作爲行政區劃的省、州、府、縣、鄉里的“鄉”字。這一詞語的使用、反映了這一時期士大夫階層強烈的同鄉觀念。

鄉紳或者鄉縉紳里的“紳”字的含意、由廣、狹兩義可見。狹義的紳、是指在任官員、及辭退任等在鄉的任官經驗者＝這里只指鄉官。廣義的紳、是指科舉合格的進士、舉人。國子監在讀的、將來可能做官的貢監生、以至學校里在籍的生員、也都囊括在內的例子也有。

囊括科舉制度下諸階層的鄉縉紳一語、排除一般生員層、明末清初、廣而見之。諸階層都包括其中的廣義的鄉紳用語、其開始使用的時代的推移、具有時間差。就是說、包括舉人以上的鄉紳用語、開始于明末的崇禎、包括貢、監生的鄉紳一語、開始于清初、包括生員層的鄉紳一語、被認爲始于清末。

概括地說、從任過官的、以至擴展到一部分生員階層、廣義的鄉紳、鄉士夫中的“紳”字、從十六世紀初正德年間到清初所變化的過程、包括明末以後、未出仕的科舉、學校出身的階層、作爲名望家的廣義的鄉紳、紳或士意義上的紳士等範疇（第五章關聯）、正說明了地方社會身份制序列、由士轉化爲紳的變動的實際情況。

第五章　在第四章研究的基礎上、進行更深入的探討。十六世紀以後、科舉制度下龐大的諸階層都囊括在紳的範疇之中、那些着用圓襟、大袖、青色單衣的生員們、也被稱爲具有紳的意義的“紳士”。本章就其成因、予以究明。

自古以來、稱爲官者爲紳士。明末後期的“紳・士”、“紳”指任過官者、進

士、舉人等、“士”指學校在編的貢監、監生、生員等。不過、這種場面上的稱謂、士或衿、明代地方上也稱作紳。清代的紳士、即紳衿、記載于會典、作爲官用語流行。士即衿、指貢、監、生員。

但是、體現封建國家強制身份制序列的紳・士與紳・衿的稱謂、原則上並存。十八世紀前期、清代的地方志、省例、公牘、公呈、文集等、記入地方政治實際情況時、紳＝士＝衿的意義是包括生員以上、具有科舉身份的“紳士”。

“紳士”出現的一個重要原因是、國家給予了那些完全可以期待的、作爲官僚預備軍的貢、監生員等在名譽及實利方面以特權保證、實施了諸如衣頂的賜給、免除徭役、延期納稅、維護體面等法的優惠措施。這一措施、直至雍正、乾隆年間才整理完備。

第六章　與宋代州試及第的舉人、只限具有一次資格不同、明代鄉試及第的舉人、擁有終身資格。爲此、有心要對作爲一地之新興的有名望的支配階層的形成過程、進行考察。

明代洪武、永樂年間、每三年一度會試落第的舉人的大部分、以舉人監生資格編入國子監。十五世紀中葉的景泰年間、由于政府實行節儉經費政策、舉人監生曾一度一定時期回原籍依親生活。後來、因爲中央政府事務實習生不足、這些返鄉的舉人監生又得以在國子監復學。從十五世紀後期至十六世紀初的成化、弘治年間、由于監生數量增大、見習時間縮短、致使在吏部等候選考的監生人數激增、出現了要十幾年才能任官、這一就職難的問題。那些比較幸運、得到了任官機會的舉人監生、在任官後的會考時、因受諸多制約、大都拒絕復監。他們回到鄉里、以資格身份爲杠杆、探索出路。

十五世紀後期、政府針對那些拒絕復監的在鄉舉人、屢屢出臺了控制會考的科舉條例。政府的目的、一方面是爲了防止因納粟監生的增加而降低監生的質量、確保向州縣輸送人材；另一方面則是爲了防範鄉里舉人的政治行動。

十六世紀前期、科舉條規除適用于依親的舉人外、也適用于明清以來散見的未入監的舉人。同世紀後半期則以後者爲主要對象。嘉靖二十七（一五四八）年以後的科舉條規、適用于上述舉人和每次會考落第的舉人、即以全體舉人爲對象。

同時、那些巡按御使對擔任送監的官員、直至胥吏、制定了嚴厲的處罰條例；但實際上、因舉人歸鄉而受罰的、幾乎沒有、其機能並未發揮。

十七世紀初的萬曆三十三（一六〇五）年、政府廢除了強行入監的規定、發布了准許舉人可滯留于鄉的推薦、考課的新規定、使政策得以轉換。但直至明末、這些新規定、也沒有具體實施。

以上所見到的科舉條規的形式化的過程、我們完全可以説、這是由于國家自身制度上矛盾所至。這是因爲、舉人在鄉里、作爲名望家、其地位、讀書人的身份不會改變、在當地支配階級内部形成新的支配層。國家對這一既成事實、采取了視而不見的態度。

第七章　從京官到胥吏、根據不同的身份等級、享有特別免除徭役的優免權。研究其免役條例（則例）的變化過程、我們發現、具體實施規定與國家對舉人規定的原則上的優免額不一樣。明末地方政壇決定的優免的實施規定、舉人比學校出身的監生、生員具有明顯高的特權地位、資格身份。以上、便是本章所要探討的内容。

正統十（一四四五）年、制定均徭法以後、未做官的、即未出仕的舉人、與監生同列。由鄉居化的弘治七（一四九四）年起、舉人可免兩丁的均徭雜役。優免標准、隨着均徭納銀化、徭役課賦標准也相應變化。弘治、正德年間、由人丁轉爲田畝糧食、或者只轉爲土地田畝。舉人的優免額、還是免兩丁、未作變動。

嘉靖九（一五三〇）年、頒布施行一條鞭法。與均徭的課賦標准相呼應、優免標准轉向糧石、人丁、舉人的優免額與教官、監生、生員、同樣、由從來的免兩丁、再加增糧兩石、第一次高出胥吏（糧一石、人丁一丁）。

與不斷的土地兼併相對應、根據嘉靖二十四（一五四五）年的統一限制條例、官員優免的糧、丁額有所增加、舉人的優免額仍然照舊。嘉靖末年以後、隨着徭役方面的一條鞭法的實施、萬曆十四（一五八六）年、糧和丁的相互換算、以及以糧爲重點的、糧、丁的田畝換算被公認。其結果、優免標准額事實上轉向田畝、中央和地方官員的優免額第一次不比舉人高、糧、丁的准田率下降到了品官以下舉人的免田額（四十四畝）、與監生、生員同額。

但是、萬曆年間（一五七三〜一六二〇）以後、由于江南五府的詭寄、濫免、開始對正役負擔過重的殘存力役部分、進行均田均役的改革。這項改革、對里甲正役不相應的優免、以其附屬雜役的優免爲依據、進行處置、優免的標准、捨棄人丁、只留田畝。在官員、紳士意見一致的基礎上制定的優免實施規定（草案）、反映了因科舉、學校等出身不同、身份等級也截然不一樣。未出仕舉人的免田額（千五百畝至千畝）、比起會典的統一條例、擴大了二、三十倍、與官員的待遇相等。

概括地説、明代的江南社會、將官戸編入里甲、他們以各種名目吞併土地、致使階級矛盾激化。作爲役法改革的主要對象、正在抬頭的未出仕的舉人（第六章）、這一國家權利（官員）與紳士雙方政治力學的產物、在地方政治舞臺決定的優免實施條規里、科舉出身（科甲）的、比學校出身的生監層、保有顯著的地位。

第八章　原封不動地將某個史料移入視野、分析舉人、進士《登科錄》中、在明代官僚世家里、由學校、科舉出身而保有身份地位的；任過官的數量動向、可以從一個側面推斷他們與置于宗族基礎的官僚世家的有關聯係。

也就是説、通過分析明代舉人合格者名簿、我們可以看到、本人以前的三代、不僅直係血族、也包括旁係血緣、具有科舉身份的人家（A′）、任過官的人家（B′）、官僚世家（A′＋B′）等各種情況。其中、世襲的比例較高。世代相襲、直係宗族、旁係血緣都算在內。還有、徭役的優免、本人死亡之後、長達幾十年、可以繼承。特別是江南地區、直係、包括旁係親族、大家都置于免役特權的大傘之下。這種情況、普遍存在。

由上述舉人世家承襲的結果、進一步探討僅由直係親族而進士及第者名簿中、具有科舉身份的人家（A）、任過官的人家（B）、官僚世家（C）、他們各自世代承襲的比例、如果聯想起官員及紳士的出身母體、學校、科舉身份取得者、均是以宗族（包括旁係親族）爲基盤的事實、可以想見、是很高的。這一點、可以理解爲、明代學校、科舉出身的官僚世家、具有承襲性。

第九章　明代地方官貪污成風。其腐敗的重要成因是、官缺用資格身份固定化、從而斷絶了地方官的昇進之路。在研究明代官場如何貫徹其特有的身份制序

列的同時、探討在清代、對比明代資格主義而采取的緩和政策的意義。

明代中葉以後、稱之爲監生、貢監生、舉人等學校・科舉出身的各級有資格者、他們出任地方官時、由于特別偏重進士資格這一陋習作祟、選任・考課差別化、使一些人昇進的希望破滅、從而走入貪汚之路。

比如、根據地方志的職官條、各級有資格者、所占知縣以下空缺的比例、與清代相比較、明代的各級縣缺、根據各級資格而占有固定的比例。特別是知縣缺、因明代的進士優先分配繁缺、其占有比例較高。

與明代不同、清代的進士、要經過簡缺再昇入繁缺、實行了所謂的外補制。所以、其繁缺的比例相對的低、和舉人、貢生、監生等比肩。還有、在清代、由知府至督撫各級長官的職位、能廣泛任用生員以上的各級有資格者。

我們知道、清朝是在繼承產生資格主義的明末官僚腐敗政治（吏治）的基礎上成立的。所以、它一方面對于縣以下的佐貳、雜職等職缺保持一定的身份制序列、另一方面則保證地方官的昇進；其企圖嚴肅吏治的政策、具有一定的成果。

這就意味着、舉人・貢生・監生・生員等的社會價值、相對進士來説、有所上昇。這對清代紳士層的存在形態－從任過官的、到進士以至生員等具有國家身份的各階層、一並稱爲“紳士”－這一社會實際狀況的形成、給予了一定的影響(參考第二章)。

第三篇　官僚考課制及腐敗

第十章　通過研究朝覲考察制度的形成過程、探討貪官對策的創設原因。

中國傳統的官僚考課、明代稱爲考滿。洪武十四（一三八一）年正月、里甲制度設立、這標志着明代專制制度的確立。同年十月、考滿也隨之誕生。由所謂稱職、平常、不稱職等評定內容構成的考滿、主要是對地方官進行黜陟。黜的重點是降級、左遷；不稱職者、幾乎很少免官。

爲此、洪武十一（一三七八）年、並設了布政司、按察司官、府州縣官等上京謁見天子的朝覲考察制、即新的考課制、但考察後的處分仍只限于禮法上的制裁。可是、同十八（一三八五）年正月的朝覲考察、由考滿的三等黜陟、加上了

“貪污、闒茸”等相當于免官處罰的考目（總合評定要素)、四千多朝覲官的百分之七點七、三百一十四名官員被免職。其社會背景是、隨着小農再生產的確立、生產力不斷恢復和發展、官僚的掠奪加大、這一社會經濟客觀形勢。也就是説、考察的免官規定、不過是爲了清除由掠奪而滋生的弊端的一種制度保證機能。

比如、朝覲時向中央政府報告的成績查定簿（紀功圖册）里記入的考語的評定要素、到小農經濟恢復的洪武九年爲止、戸口、田畝的擴大和教化等項、均納入進去、但是到再生產恢復後的同十四年、里甲制度成立、那些貪官汚吏、他們在税、役限度外、進行瘋狂搾取、反而被評爲清廉的能吏。這些評定要素、征税、裁判、教化、治安等三十一條款、都匯集在《到任須知》里。

概括來説、太祖的貪官對策、在考課的財政保證、俸祿制度確立的洪武二十（一三八七）年前後、開始積極推進、對一連串貪污案件的處理、便是這些對策的投影。而貪官對策、在朝覲考察制中、才進一步完備。其具體表現是、在同十八年考察時、對處罰的堅決執行、同二十三年以一掃貪官汚吏爲目標的、與各級地方長官有關的考課責任條例的發布、還有、同二十六年整理、收錄諸考課規定的《諸司職掌》之中、也有所貫徹。

第十一章　在考察明代的朝覲制度過程中、我們了解到、受到免官處分的地方官、他們不服申述、要求復官；政府對這一政治行動、嚴加禁止。對此、我們進行有關的探討。

對地方官的這一禁令、會典里見于十五世紀末的弘治八（一四九五）年、這是針對當時奏辯的不斷增加而采取的斷然措施。但是、那以後、奏辯仍日常化。十六世紀中葉的嘉靖二十四（一五四五）年、雖對免官及降職者頒布了新的條例、但奏辯仍未中斷。

奏辯中、也有某些官員爲自己成績上的汚點而抗辯的；皇帝確也對禁令實行過緩和措施。這是因爲、所謂撫・按、部・院對考察、舉劾當事人作了錯誤的評定、所以不得不爲那些客觀上確無過錯的被處分者昭雪、復官。

緩和禁令的措施、弘治六年、嘉靖十四年、同十七年頒發。這一舉措、爲特例者開通了復官之路。其出臺的背景是、考察當局部・院只是依據那些由撫・按

提供的基于愛憎和傳聞的報告資料作成的考語、即官評、結果必然爲私利私欲所感、對朝覲官的賢否、不能作出正當的評價、致使蒙冤受罰者續出、考察的矛盾擴大。

十二章　撫・按的職權、是制作具有官評意義的薦舉、糾劾及考察的評語＝考語。考語從明代後期開始變質。本章就此探討與鄉紳相關的某些問題。

十六世紀後期的嘉靖年間、撫・按的舉劾是向大官賣人情、小官則不讓他記恨、只圖本人昇進、利己保身。所以、對司・道、知府等大官、大多推薦、對通判、縣丞等小官、只是少數彈劾。其職權欠少公正。

司・道向撫・按報送考察、舉劾的官評考語、知府・推官向司・道報送官評考語。由知府記入評語的府州縣官、剛好目睹了撫・按職權的變質、他們于是擱下政務、忙于迎送、造成了對撫・按的諂諛之風。

另一方面、給撫・按送知府以下官員的成績評語＝官評的司・道、給司・道送府州縣官官評的知府等中轉的中間管理職、他們以爲、府里的推官、知縣（皆爲七品）將來可能成爲科・道官等監察官僚、對官評用華詞麗語加以粉飾、卑躬屈膝、勾結推官・知縣。但是、在政治倫理加速崩壞的嘉靖至萬曆時期的推官・知縣等官、他們對中間管理職的司・道、知府等全然不信任、勾結擁有官評最後評定權的撫・按、這樣、官評實際上爲人情、賄賂所左右而變質。

由于集結在各省撫・按的官評的變質、這就意味着通過司・道、知府・推官這一渠道報送官評、其機能已陷入麻痺。結果、官評的消息、變成由民間的其他梁道、窩訪提供。所謂窩訪、是明中葉以後、以由徭役而衙役化的老練的皂隸、無賴階層爲主體、與那些由鄉紳送給官衙的胥吏、衙役聯手、弄虛作假、搜索並提供情報的非合法集團（第十四章）。

在明末清初、政局和社會秩序混亂的江南地區、窩訪暗中活躍的形跡十分明顯。當時的官評則是窩訪以及與其氣脈相通的鄉紳的一個相關產物。

第十三章　官評這一用語、可以狹義的理解爲考察評語的考語、也可以廣義的理解爲由考察、考滿、舉劾這三種形式組成的明代考課制度的考課評語。本章

主要從因撫・按而導致訪查機能變質的過程、考察官評產生的要因。

官評產生于嘉靖時期。起因于撫・按接到地方官的有關州縣官考語的報告、爲了確認其眞僞、到地方巡査、收集情報、聽收匯報；而這一訪査職權、實際上流于形式。

訪查的變質、主要表現在規定考語内容的采訪對象有了以下質的變化。起初、明代前期考語的采訪對象是在里甲制度下、那些擔當教化、能反映農民大衆集中意志而特設的鄉里老人。但是、到了十五世紀前期的宣德～景泰年間、里老的考語已不能反映民意。于是、從這個時期開始、到十六世紀前期的嘉靖中葉、強調考語原則上應該以廣泛的農民大衆代替里老、采取他們的意見。

但是、從正德・嘉靖直至萬曆年間（一五〇六～一六二〇）、在銀流通進行的同時、盛行贈受賄之風、上下各級地方官、爲了通過昇任的前提＝考課這一道關口、他們對政績評語、互相加以厚厚的包裝、抽去了撫・按訪査的主要内容。

在職權行使中處于窮地的撫・按、不得不從那些脱離農民隊伍、衙役化的皂隸那里尋求與官員政績有關的情報。那些已經孰知訪查矛盾的衙役與胥吏、無頼等聯手、結成收集情報、發送信息的惡劣的窩訪組織（第十四章）。他們不僅勾結撫・按、還勾結有司。地方官的考語事實上被衙役操縱而變質、在衙役、胥吏的背後、還隱約可見鄉紳的陰影（第十二章）。

結果、在考語的采訪對象變化了的嘉靖中葉以後、創造出的官評這一官用語、不過是由于考語的采取原則（廣詢博訪）和實際情況（偏聽）乖離的所謂訪查矛盾、致使考語在其形式化的進行過程中、中央、地方擔任考察、舉劾的當事者官員、他們爲自己評定的、具有客觀權威的、變了質的、欺人害己的習慣用語罷了。

第十四章　在明末政治制度、社會秩序的衰退過程中、出現了官衙衙役出身的皂隸爲主體的、從事收集發送政治情報工作、並在實施中貫以暴力、非合法的窩訪集團。本章試分析其產生的原因。

公使皂隸的衙役化始于正統年間、成化至正德時期又有所促進；嘉靖至萬曆時期、頒布了對他們的不法掠奪進行處罰的條例。起初、那些企圖隨着銀流通而進行掠奪的地方官、他們以上等戸爲對象、額外地編派、濫增皂隸銀、攫爲己有。

爲此、那些逃亡、失業、流民化的農民、重新被官衙雇用、並且額外地增派寄食、無視交替制、使其衙役化。

衙役化的皂隸所行使的職務是、接待官署、逮捕可疑者、購置官用物資、催促稅役等。他們雖也爲地方官的政務驅使而奔走、但更多的是與地方官、胥吏共謀、策劃不法掠奪。

另一方面、嘉靖以後、隨着白銀經濟的發展、加之以官場偏重資格、所以、各級地方長官以人情、賄賂爲媒介、互相確保昇進。他們給向撫・按提供的情報、考語、也加以厚厚地粉飾。因此、本因對貪官、地方惡豪、進行稽查、法辦而事前進行的撫・按的訪查、也陷入形式化的危機之中（第十三章）。因提供政治情報而介入訪查矛盾的、是那些勾結撫・按、以皂隸等衙役爲主體的窩訪橫民。

萬曆年間、江南、湖廣的窩訪組織、由衙役化皂隸出身的頭目（惡豪）、以及被他們送進去的那些亡命、窮人出身現役胥吏・皂隸等構成。他們與撫・按等上方官員的胥吏、撫・按的委託官員＝推官、所謂公的權利、氣脈相通。他們搜集地方官的考課、紳士・民衆行動的有關情報、以便征稅、裁判等掠奪方便、歪曲地貫徹權利。例如、窩訪之中、在土豪頭目的指揮下、出現了暴力、訴訟作成、情報收集、文書管理、盜賊管理等具有多種機能、甚至擁有千名黨徒的非合法集團。

第十五章　主要明確以下問題：促使里甲農民破產的地方官的貪汚化、在正統時期開始萌芽、弘治、正德年間日趨漸進、嘉靖年間越來越明顯化。貪官化、意味着擔任稅・役的地方官、他們濫用職權、進行不法搾取、收受賄賂等、其職權、全都染上了貪汚的色彩。特別是嘉靖以後、貪官掠奪的財物、全都贈賄給了那些擔當一部分考課業務的撫・按、吏部官僚和科道官、還包括地方上的退官者、歲貢監生以上的紳士、以及牽制吏部大權的內閣大臣。

其結果、在擔任薦舉、糾劾地方官的撫・按的職權流于形式的同時、對那些在北京朝覲的、對災害、備荒等實政有能力的官員、不能正確評價。爲賄賂所驅使、對那些巧于送迎的無能官員的處分緩和下來。矛盾日趨尖銳化、日常化。這一點、可以從對科道諫官的處分及撫・按舉劾的分析結果中窺見到。本書要探討

的八法、從考察矛盾的緩和處分過程逐一說的話、是作爲捏造的總合評定要素的八項處罰考察條目。我們不妨把八法的創立過程和處分者數一起加以探討、結果可以發現、無論是正統年間的強制退官鄉里、身份降爲庶民的“老、疾”＝‘致仕’；“貪、酷、在逃”＝‘爲民’、所謂考目的成立階段、還是天順、成化、弘治以後剝奪身份的回避、官界地位不變的“罷軟、不僅”＝‘閑住’；“不及、浮躁”＝‘調用’、所謂考目的確立階段、對考目來說、緩和處分的痕跡、都是顯而易見的。

特別是正德、嘉靖、隆慶、萬曆時期、處罰考察條目“不及”的處分目里、‘調簡’以及其他‘降調’、‘改調’、‘改教’等多樣緩和條件的創出過程、應予以如此理解：那些貪官們、爲了阻止“不及”、“浮躁”以下、在八法基礎上針對處分者再任用條例的實施、他們得到希望昇官發財、代表上下官僚總體意見的中央政府吏部、吏科等人事當局的支持、使官界有利的職位空缺、希望不負宗族的投資與衆望、以圖將來昇進或東山再起、從而達到保全自己地位的目的（第三章）。

第十六章　主要探討以下諸問題。十六至十七世紀的明代後期、在擔當朝覲考察一部分工作的吏部・都察院、各省撫・按等對地方官治績評價的記載内容中、評定要素及其等級細目、沒有統一的評定基准、或者說不明朗。究其背景、原來、容許掌管考課的上司擁有最大的裁量權、他們作爲天子的代表（父母官)、從與人的資質相關、能成爲統治者的儒教的德治（人治）出發、以態度（操守)、能力（才幹)、實績（政）等爲評定要素、在五等或四至八等、所謂等級的基礎、追求所謂最高公正的“至公”的統一基礎；這些均被排除。所以、所謂基于人情、賄賂等愛憎基礎上的評價、其潛存暗在、具有充分的余地。

還有、在《朝覲年表》的基礎上、探討實際的考察結果、我們也可以看到、監生、胥吏出身占大多數的府佐、以至州縣屬官、雜職官等、千人以上、分別受到不同處分。進士、舉人出身占主要的知府以上的尊官們、因考察而被處分者、不足百人。他們之中即使是真正的貪官、只要巧于裁量、仍具有在官界留任的可能性（第十五章)。

關于這一點、在嘉靖《寧州志》里所見到的評價＝鄉評（≒官評)、我們姑且

把它當成官評來擬定查證、從中可以發現、寧州貪酷官僚官品的下降率比不上上昇率。之所以如此、是因爲擔當考察的撫・按、因科舉・學校出身的資格、以及附帶的官品的制約、他們難以得致對地方官治績的評定要素、操守、業績的確實情報、並且、納得的情報滲入了人情、賄賂的成分、不能作出保證昇進的正統評價、從而反映了考察的尖鋭矛盾（第九・十二章）。如此被卷入考察矛盾旋渦的那些府州縣官、雜職官等、他們昇官發財的願望只能受挫。在處理税役、裁判、治安、教化等地方實務的時候、這些人與宗族的要求相呼應、必然滑向貪官酷吏之路（第三章）。

第十七章　嘉靖中葉、曲巡江御使彈劾的“貪酷”、蘇州府吳江縣知縣林應麒一案、圍繞其貪酷的真僞問題、彈劾、訴訟長達數年。本爲清廉幹練之吏、却蒙此奇冤、由此刻畫了這一時期舉劾、考察的矛盾所在。

林應麒對那些以荒年爲由、僞報熟田爲荒田、免税額折合米五萬余石、用以買金花銀、魚爲己有的“買免”大戸、即奸戸、責令其每兩石核銀一兩、追繳返還。這些逃税戸、包括大戸（囤糧戸）及其他豪右。縉紳史臣之子、監生史壁的親戚施政、他們和大戸（囤糧戸）共同將熟田偷換成荒田逃税、買金花銀占爲己有（買荒、私買）、通過總書將受災的荒田課以賦税、強行推銷給貧困戸（剋賣）、以此漁利。由于林應麒對施政者采取了追繳逃税份額金花銀、強制返還的措施、因而引起施政者的反感。嘉靖十七年九月、他們向巡江御使提起訴訟。

林應麒被巡江御使利用舉劾職權、以貪官彈劾；通過審理、判明其並非貪官。在舉劾矛盾日漸深刻化之中、林應麒貪官問題的審理、曆時數年、其背景、既顯現了直至嘉靖二十六年左右、持續不斷的皇帝官僚統治的熱忱、同時、又與嘉靖十四年、對考察處分不服、提起的奏辯、特別予以容認、這一客觀形勢有相當的關係（第十一章）。

索　　　引

引用書目索引

正史・実録　他

な行

は行

ま行

詔令奏議

あ行

か行

さ行

た行

は行

ま行

や行

ら行

宗譜　他

あ行

か行

さ行

た行

は行

ま行

や行

ら行

地方志

あ行

か行

さ行

た行

な行

は行

ま行

や行

ら行

わ行

職官

か行

さ行

た行

は行

ま行

ら行

政書

さ行

た行

な行

は行

ま行

ら行

別集　他

あ行

か行

さ行

た行

な行

は行

ま行

や行

ら行

事項索引

き

さ行

さ

す

の

は行

は

ひ

れ

ろ

わ行

わ

歴史人物索引

あ行

あ

い

う

え

お

か行

か

ま行

も

や行

ゆ

よ

ら行

ら

り

ろ

研究者索引

絵　　図

1．清代乾隆年間、蘇州府城の按察使司衙門で挙行された院試をとりまく文具店など街の賑やいだ情景（徐揚『盛世滋生圖』五二、院試考場）
2．万暦『営山県志』（四川）営山県地里図
3．同書、県治之図
4．同書、県治図、県学図
5．同書、書院図
6．万暦『新昌県志』（浙江）巻首図、学宮図
7．同書、県治図
8．同書、県衙図
9．万暦重修『如皐県志』（南直隷）如皐県図、県治図
10. 嘉靖『覇州志』（北直隷）州城之図
11. 同書、〔都察院・按察司・察院〕
12. 同書、儒学之図、州治之図
13. 嘉靖『固始県志』（河南）巻二、名宦像
14. 同書、郷賢像

《出典の編刊出版社》

1．は遼寧省博物館・中国歴史博物館・蘇州市地方志編纂委員会編著『盛世滋生図』文物出版社、1986年

6．～8．10. ～12. 13. ～14. は、『天一閣蔵明代方志選刊』上海書店、1981年、重印精装本、2．～5．9．は、『天一閣蔵明代方志選刊続編』上海書店、1990年。

1．清代乾隆年間、蘇州府城の按察使司衙門で挙行された院試をとりまく文具店など街の賑やいだ情景（徐揚『盛世滋生圖』五一、院試考場）

2．万暦『営山県志』（四川）営山県地里図

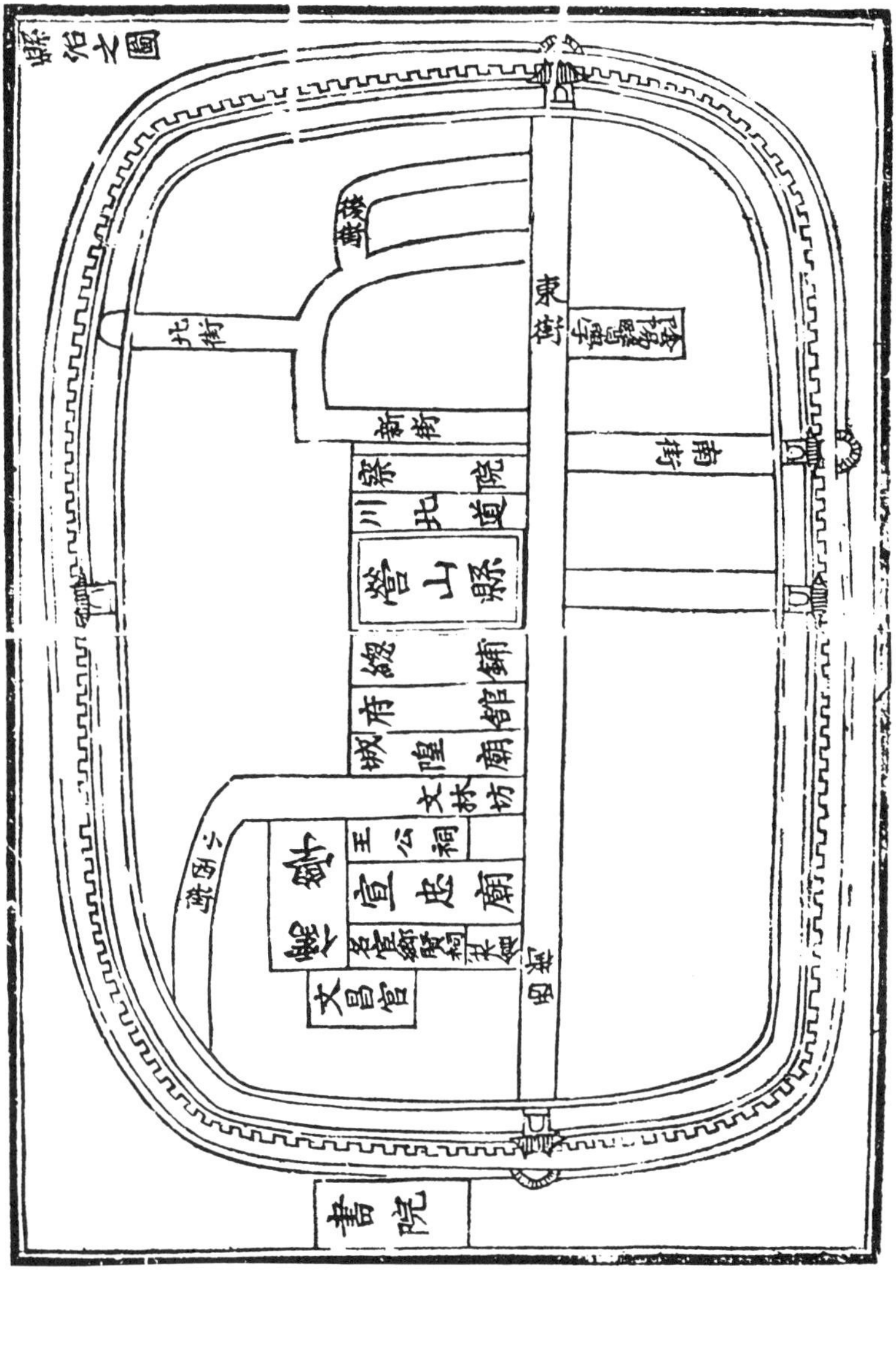

3．万暦『営山県志』（四川）県治之図

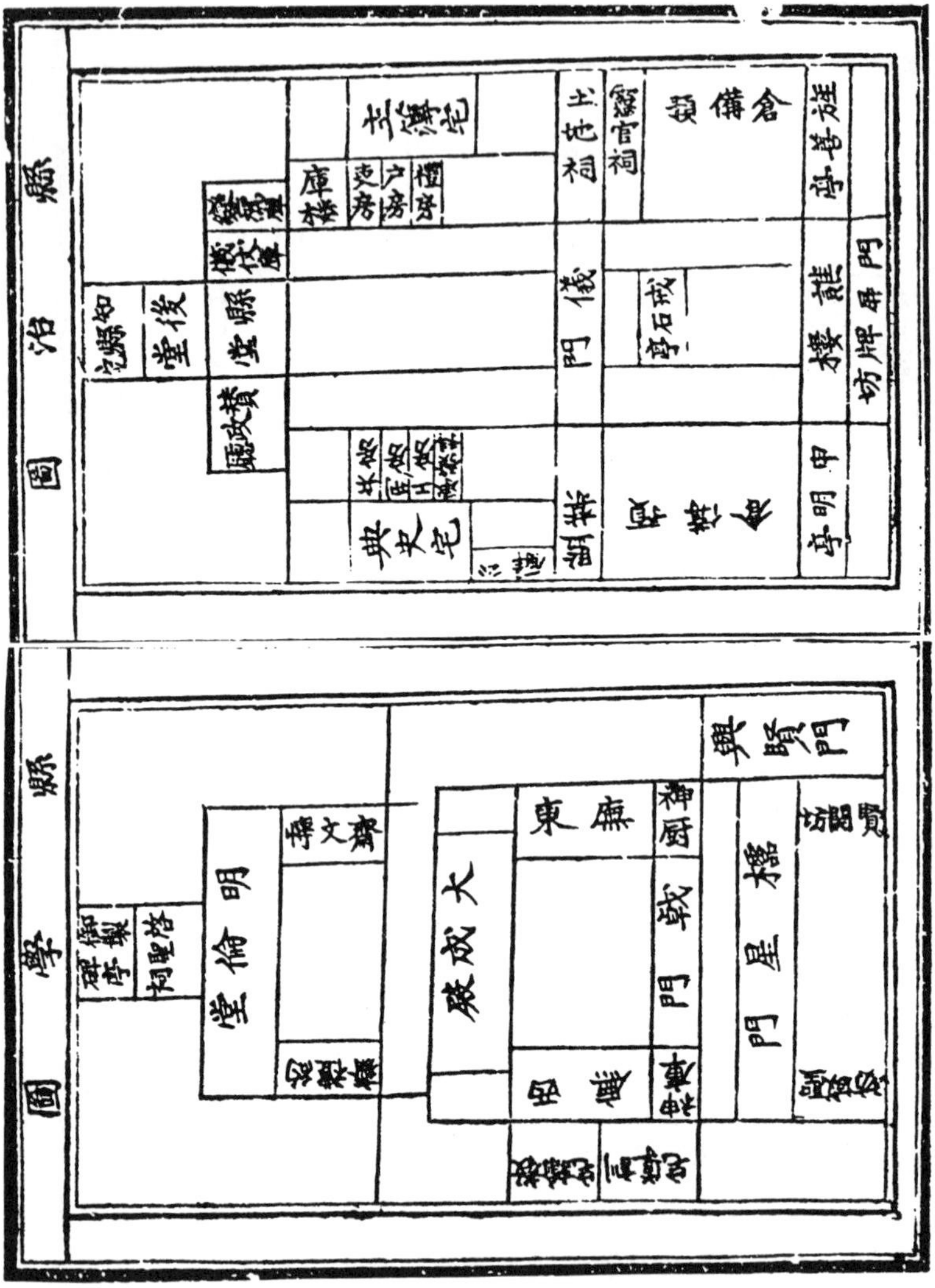

4．万暦『宮山県志』（四川）県治図、県学図

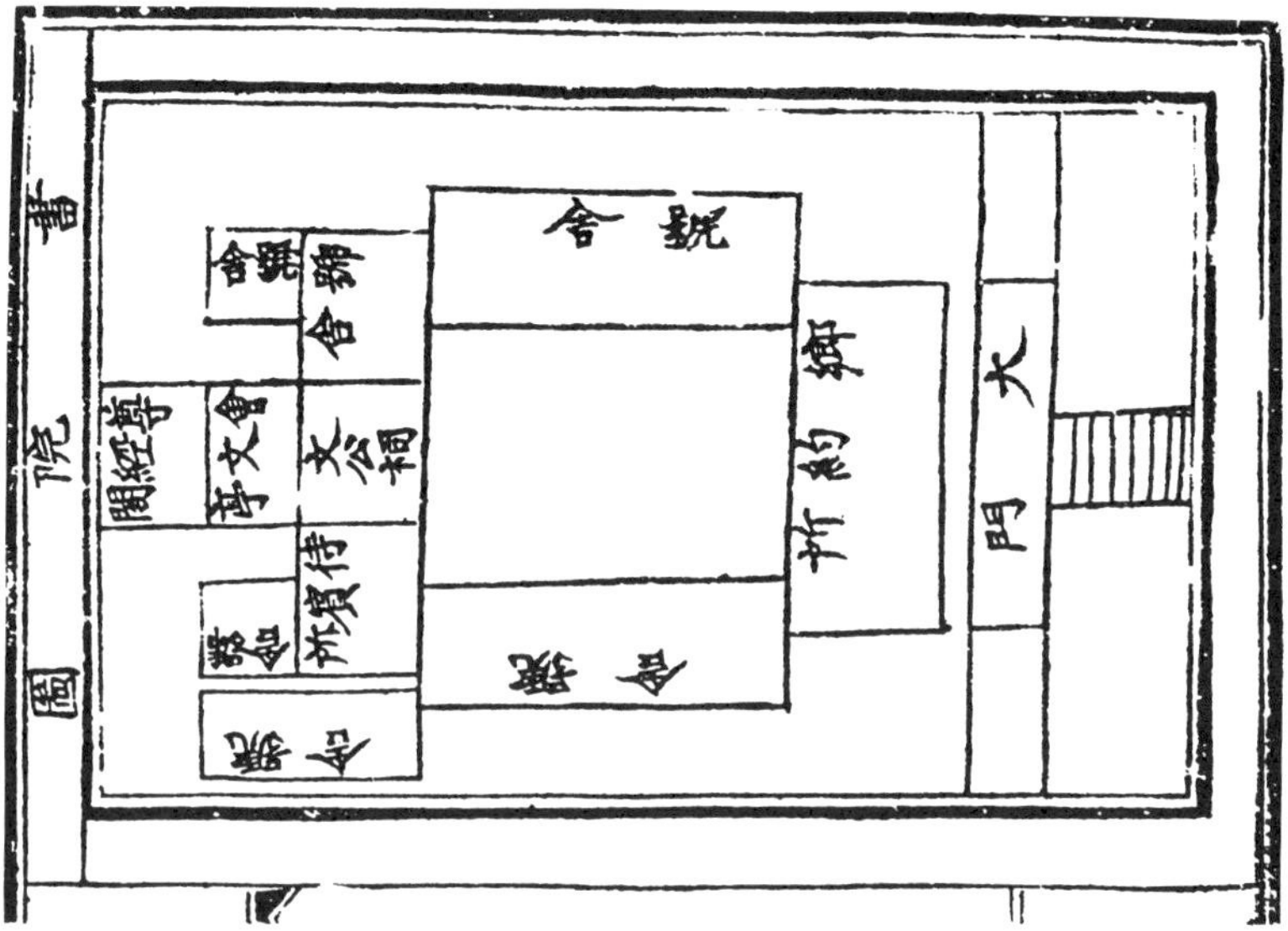

5．万暦『宮山県志』（四川）書院図

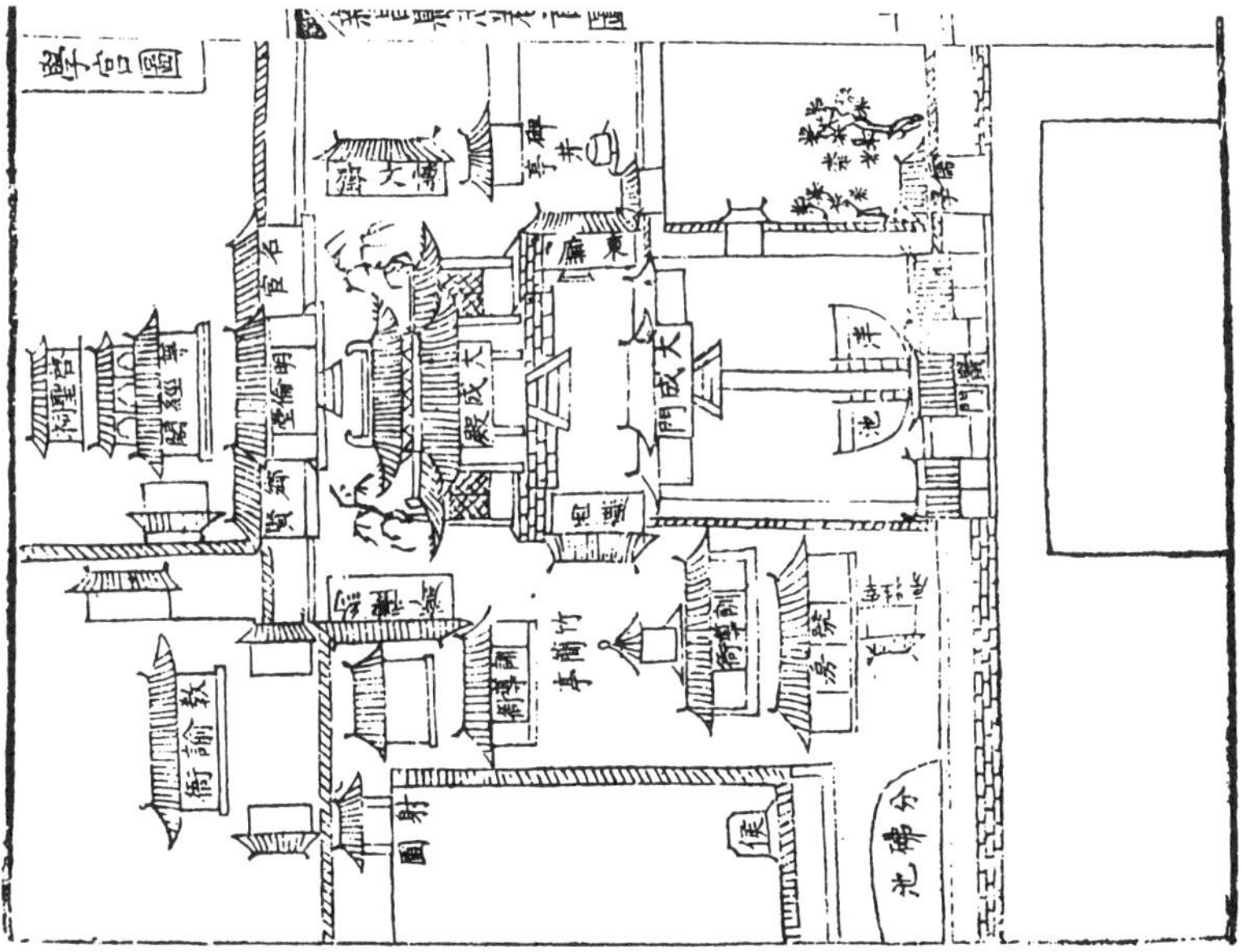

6．万暦『新昌県志』（浙江）巻首図、学宮図

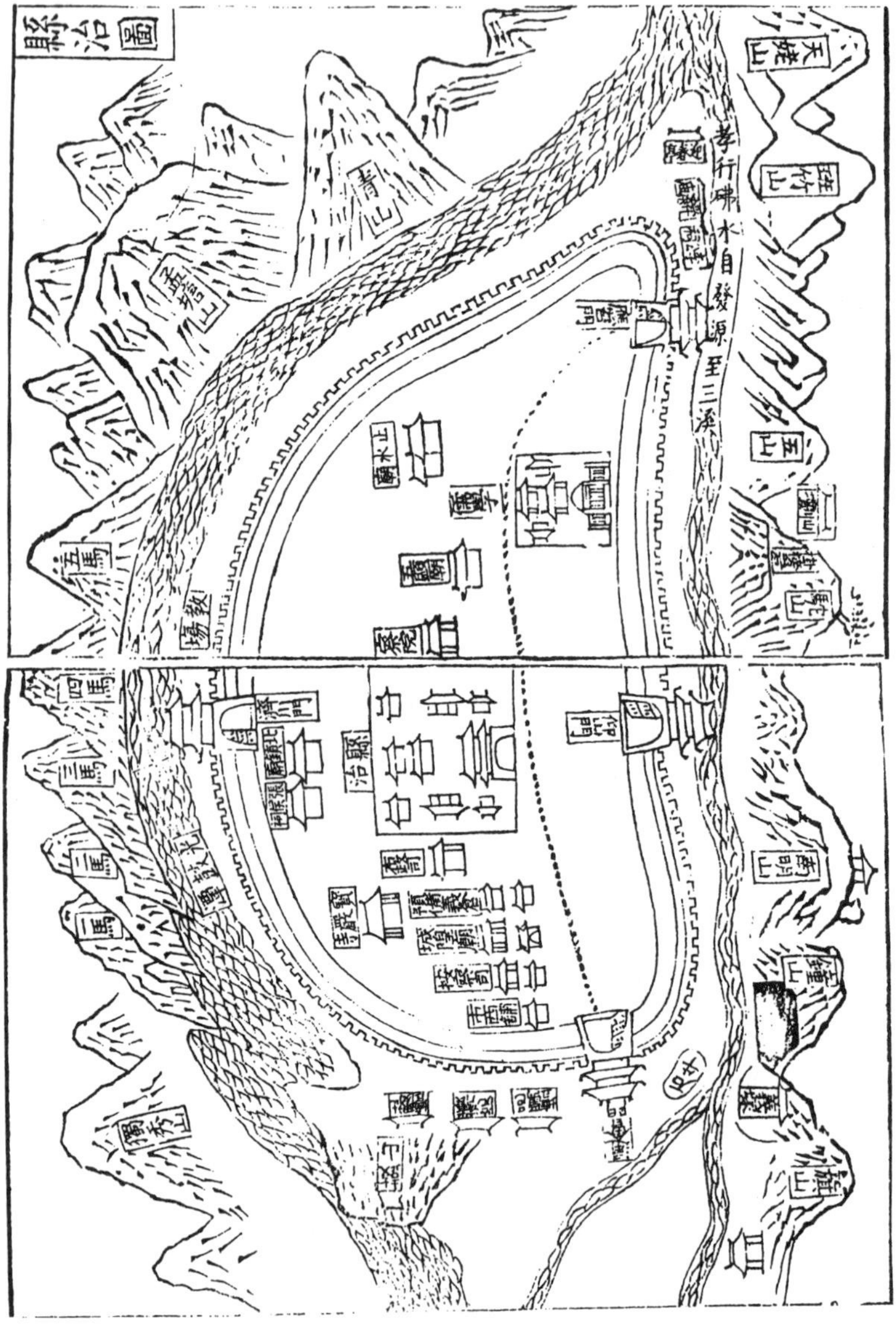

7．万暦『新昌県志』（浙江）巻首図、県治図

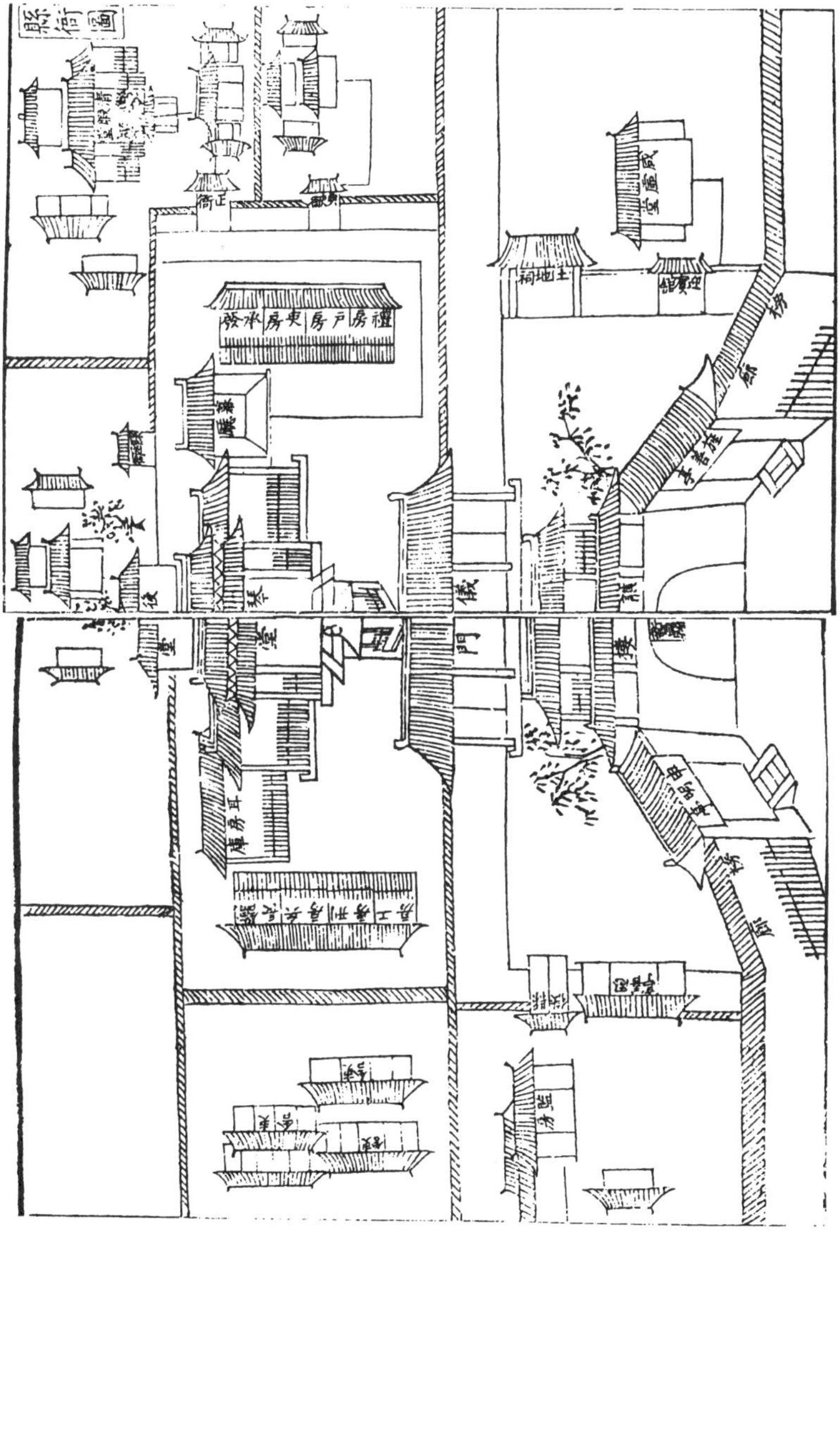

8. 万暦『新昌県志』(浙江) 巻首図、県衙図

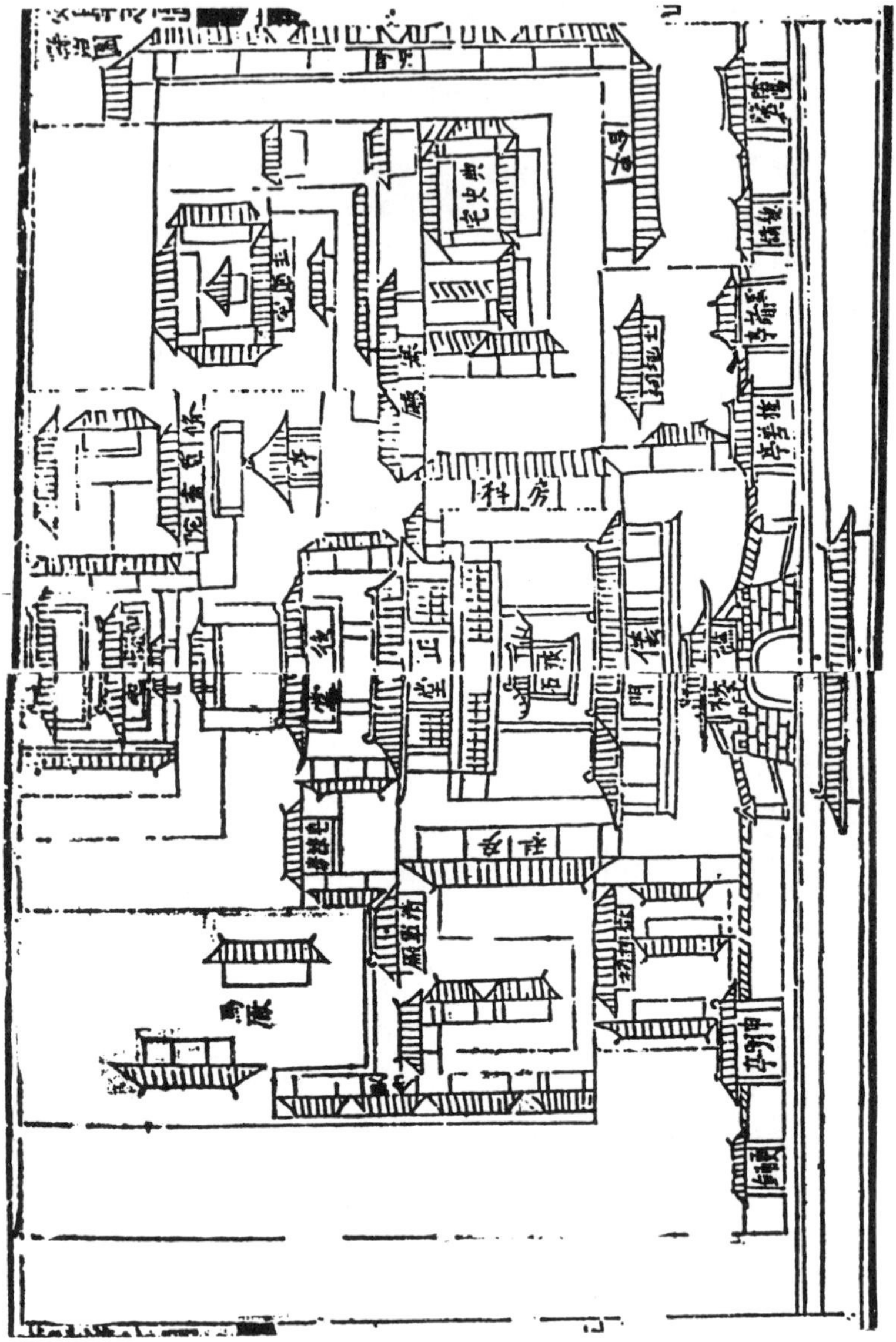

9．万暦重修『如皐県志』（南直隷）如皐県図、県治図

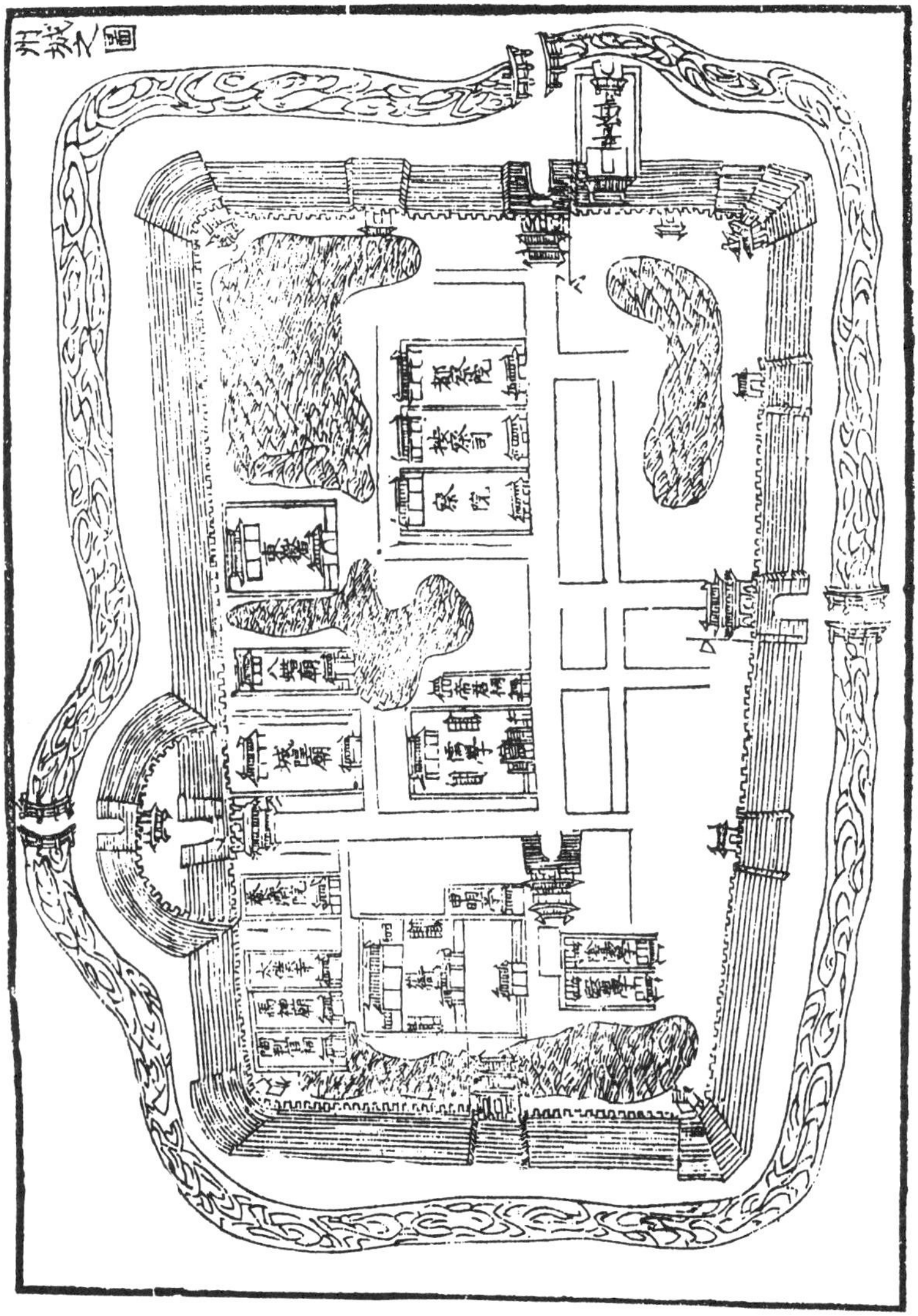

10. 嘉靖『覇州志』（北直隷）州城之図

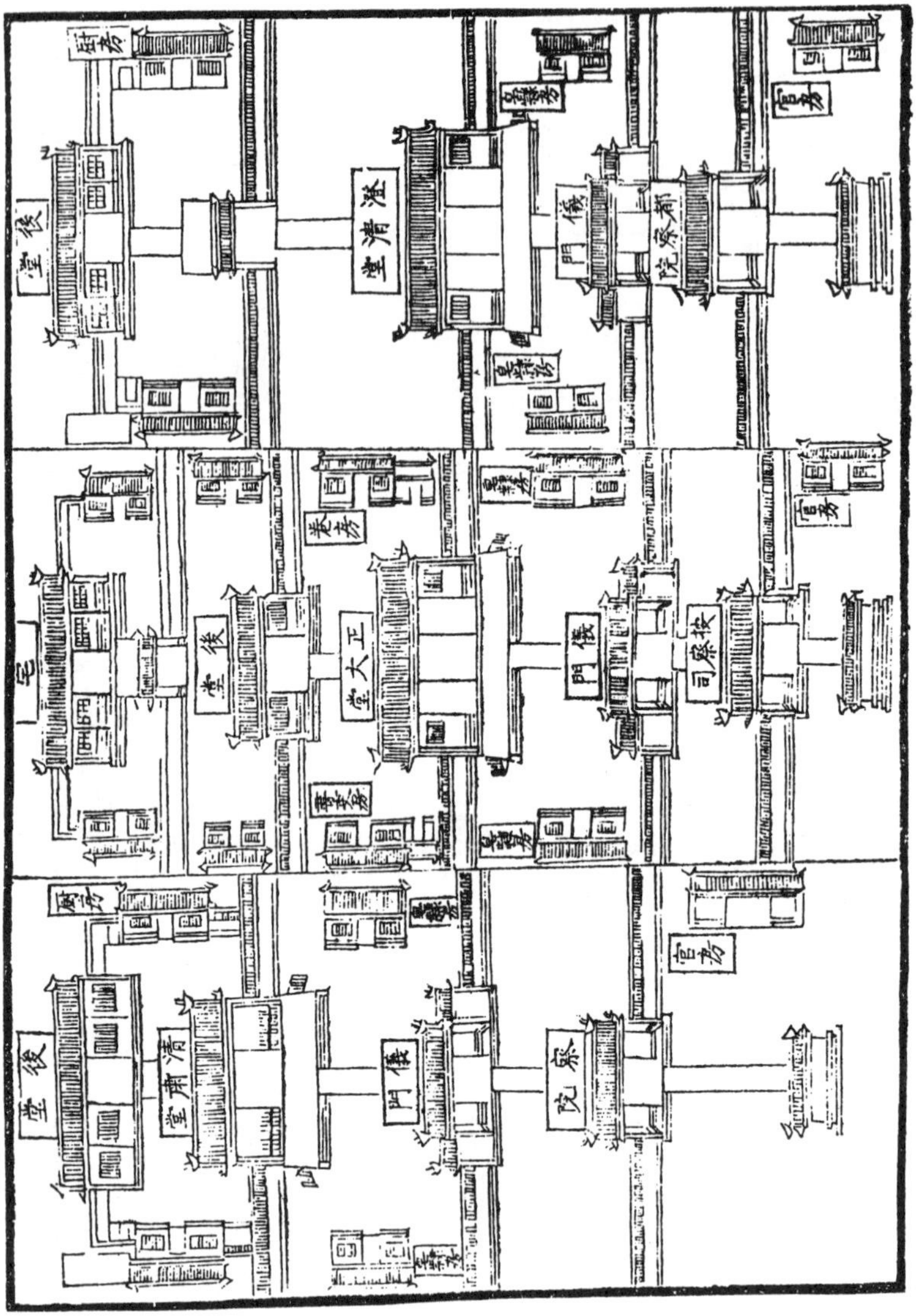

11．嘉靖『覇州志』（北直隷）州城之図〔都察院・按察司・察院〕

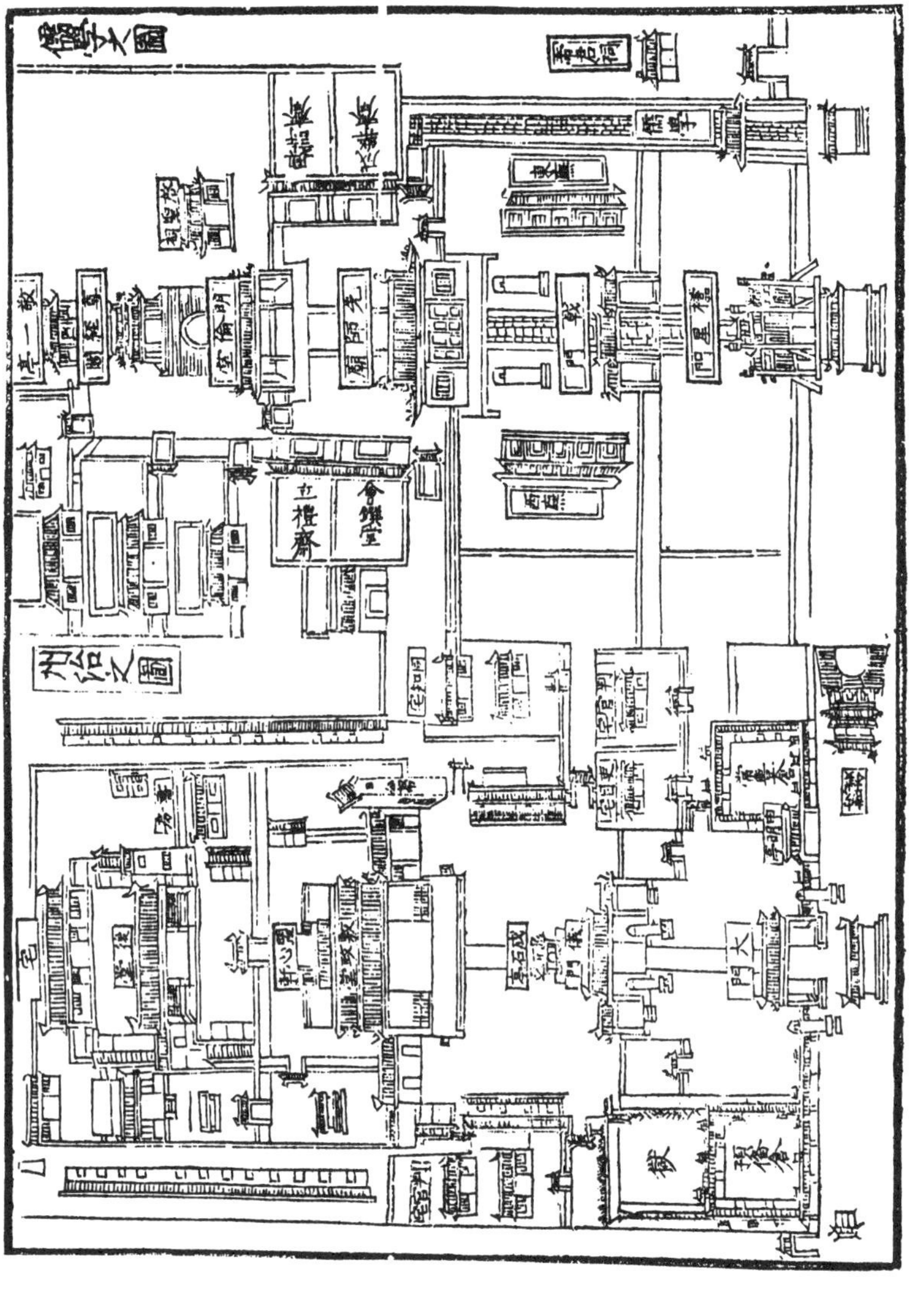

12. 嘉靖『覇州志』（北直隷）儒学之図、州治之図

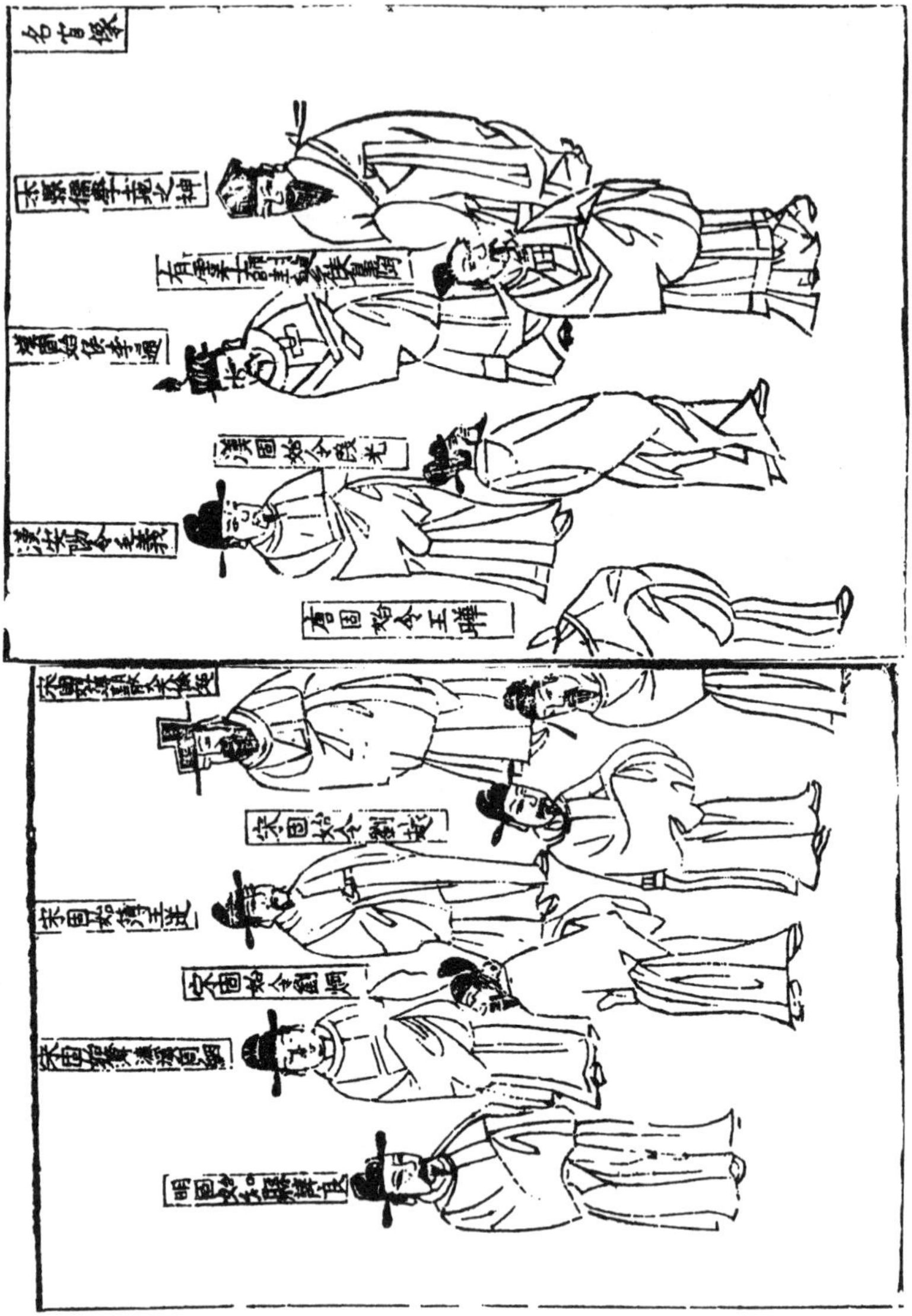

13. 嘉靖『固始県志』（河南）巻一、名宦像

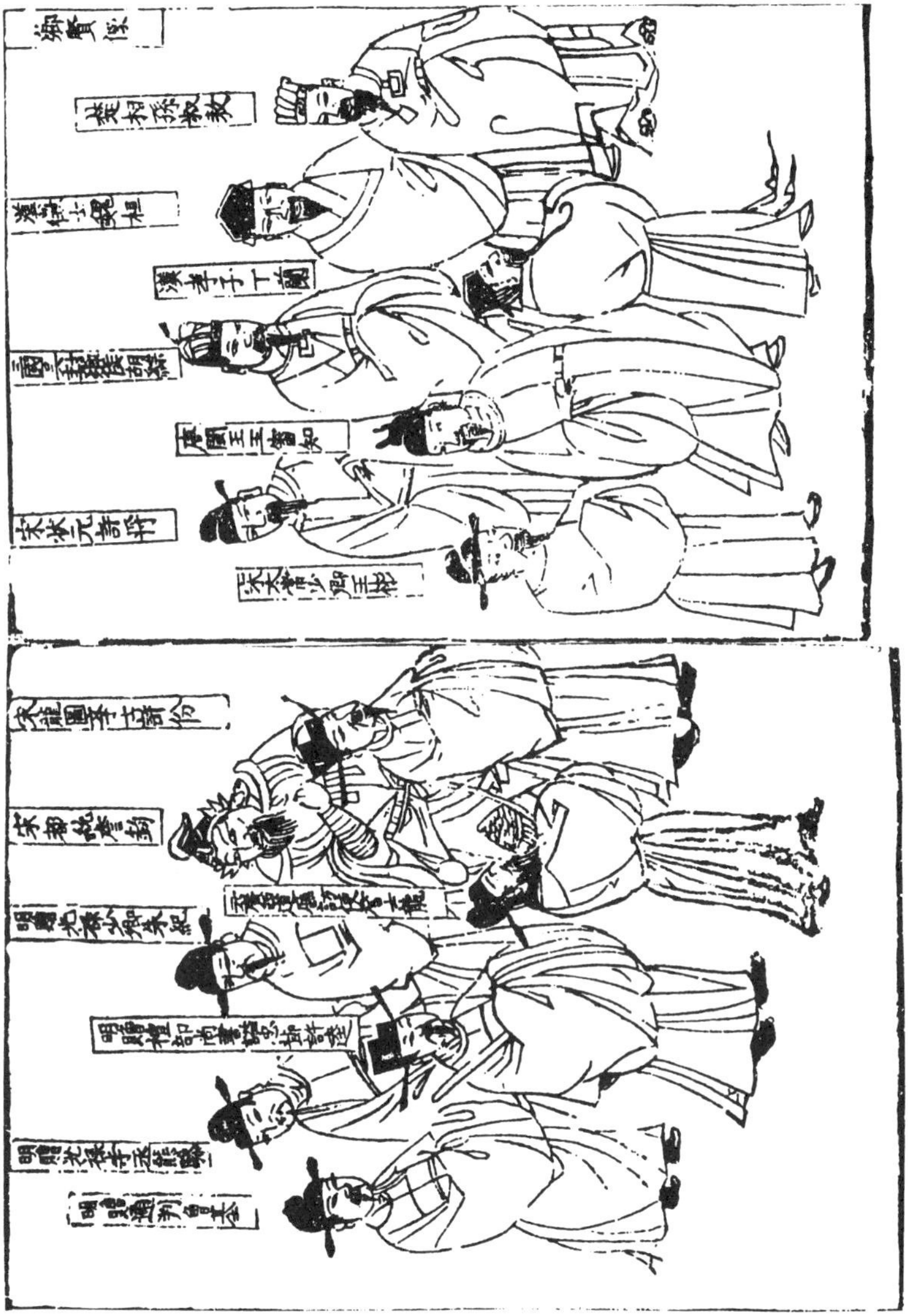

14. 嘉靖『固始県志』（河南）巻一、郷賢像